Gerhard Ernst

**Textes français privés des XVII<sup>e</sup> et XVIII<sup>e</sup> siècles**

# Beihefte zur Zeitschrift für romanische Philologie

---

Herausgegeben von
Claudia Polzin-Haumann und Wolfgang Schweickard

## Band 400.2

Gerhard Ernst

# Textes français privés des XVII$^{e}$ et XVIII$^{e}$ siècles

Volume 2

DE GRUYTER

ISBN 978-3-11-047087-1
e-ISBN [PDF] 978-3-11-048200-3
e-ISBN [EPUB] 978-3-11-048003-0
ISSN 0084-5396

**Library of Congress Cataloging-in-Publication Data**
Names: Ernst, Gerhard, Dr. phil., author.
Title: Textes français privés des XVIIe et XVIIIe siècles / Gerhard Ernst.
Description: Boston : De Gruyter, 2018. | Series: Beihefte zur Zeitschrift für romanische Philologie ; 400 | Includes bibliographical references. Contents: volume 1. Chronique memorial (1657-1693) / Pierre Ignace Chavatte -- Livre de raison (1650-1661) / Anne-Marguerite Le Mercier -- Journal de ma vie (1764-1802/1803) / Jacques-Louis Ménétra -- Detail de tout ce qui c›est passé Depuis le 30 mars 1774 (1774/1775) / Montjean -- Journal (1607-1662) / Jacques Valuche -- Journal (1610-1624) / Guillaume Durand/Lionel Durand -- Journal de famille (1611-1763) / Famille Goyard -- Journal (1658-1685) / Famille Dusson -- Memoires de ce qui s›est passé (1689-1725) / Jean Desnoyers -- Journal (1722-1725) / Isaac Girard.
Identifiers: LCCN 2018009052 | ISBN 9783110470871 (hardback)
Subjects: LCSH: French language--17th century. | French language--18th century. | French prose literature--17th century. | French prose literature--18th century. | France--Civilization--17th century. | France--Civilization--18th century. | BISAC: LANGUAGE ARTS & DISCIPLINES / Linguistics / General. | LANGUAGE ARTS & DISCIPLINES / Linguistics / Historical & Comparative. | LITERARY CRITICISM / General.
Classification: LCC PC2081 .E76 2018 | DDC 447--dc23 LC record available at https://lccn.loc.gov/2018009052

**Bibliografische Information der Deutschen Nationalbibliothek**
Die Deutsche Nationalbibliothek verzeichnet diese Publikation in der Deutschen Nationalbibliografie; detaillierte bibliografische Daten sind im Internet über http://dnb.dnb.de abrufbar.


Satz: Dörlemann Satz, Lemförde
Druck: CPI books GmbH, Leck

www.degruyter.com

# Sommaire

# Table des matières

# 5 Jacques Valuche/NN Valuche : *Journal* (1607–1662)

## 5.1 Introduction

### 5.1.1 L'auteur et son texte

Jacques Valuche, l'auteur de ce texte, naquit le 5 septembre 1597 à Candé (à env. 20 km au nord-ouest d'Angers), où il mourut le 27 janvier 1662. Il était marié à Jeanne Moquehan, avec laquelle il eut six enfants.[1] Célestin Port, historien et éditeur de son journal, écrit qu'il était « sans doute originaire d'Angrie où le nom de sa famille reste encore à la Valuchère » (Port 1870, 6, 332).

La lecture du texte ne donne guère d'informations sur sa vie. Il devrait avoir commencé la rédaction juste avant 1626 : les entrées portant sur les années 1607–1625 ne couvrent que 8 pages, et elles ont été sans doute rédigées à des dates ultérieures.[2] Le journal est précédé d'une note non datée : *Icy est remarque et mins par escript plusieurs article remarcable et aultres choses qui ont arrive et passe dans candé et aulx environs comme des cherttes de biens et quand jlz ont rabaisse de pris comme les logemens de compaignee des soldartz et beaucoup d'aultres articles comme je peu recognoistre et ouy dire* (1r). La personne de Valuche ne joue qu'un rôle mineur dans ses annotations, sa famille aucun. Dans son texte, il ne parle de lui-même qu'à la 3e personne singulier : au mois de juillet 1630, il entreprend un pèlerinage au mont Saint-Michel, accompagné de sept hommes de la ville ; en 1633/34, il est *procureur de fabrice* (= fabrique) de sa paroisse (16v) ; en 1640, il est l'un des deux *collecteurs du sel* (36v), à partir de février 1645, il est *procureur des trépassés* (56r), chargé *de recueillir les deniers* de la *boîte des trépassés* Pour l'année 1653, il est nommé *collecteur de la taille* (73r, 75r) ; Julien Valuche, collecteur de la taille en 1658, devrait être son fils (né en 1634), mais Jacques Valuche ne dit rien sur ce lien de parenté. La dernière annotation de la main de Jacques Valuche date du 18 janvier 1662, neuf jours avant la mort de l'auteur. En résumé, on peut dire que Jacques Valuche est membre de la petite bourgeoisie, très lié à l'église (Saint-Pierre) de son bourg, dans lequel il a occupé à plusieurs reprises différentes fonctions dans l'administration paroissiale et communale.

---

1 Cf. les quelques feuilles (11 pages) du début du XXe siècle accompagnant le manuscrit de Valuche, qui contiennent la généalogie de la famille.

2 Cf. la première note de l'année 1626 : *En l°annee 1626 je commensce a escrire plus amplement que cy devant comme l°on voit cy apres* (5r).

https://doi.org/10.1515/9783110482003-006

Cette activité dans des fonctions administratives a certainement laissé des traces dans la terminologie de son texte et dans la façon de s'exprimer. S'y ajoute l'influence de certaines sources de caractère officiel, et on a de temps en temps l'impression de se trouver devant des copies de textes publics. Ainsi, entre autres, 20r/v (*arest donne a paris le 28 febvrier 1635· et signe de marpot*), 22r (*ordonnances du roy*), 31r (*Le dimanche 17e octobre missire jean besson a faict publier une commission pour les notiffications de la baronnie de candé*), 63v-64v (*Arest et declaration du roy portant revocation de touttes commissions extraordinaires*), 90r/v (mariage de Louis XIV avec l'infante d'Espagne), etc. À la page 46v, il est fait mention d'une affiche *ala portte de lauditoire de cande.* où est publié *ledit des seaulx*. À la différence du texte de Chavatte, il est pourtant ici plus difficile de distinguer entre ce qui est une copie pure et simple d'un texte public, un résumé de celui-ci ou le texte de Valuche lui-même, dont la langue est influencée par la source. C'est pourquoi on a renoncé ici à distinguer graphiquement – comme on a fait pour Chavatte – entre texte original et copie.

### 5.1.2 Le manuscrit et ses particularités graphiques

#### 5.1.2.1 État du manuscrit, écriture, mise en page

Le manuscrit se trouve aux Archives départementales de Maine-et-Loire (Angers), cote 1 J 2679. Il comprend 120 feuilles, env. 25 × 17 cm, numérotées (seulement au recto) de 1 à 108. Le texte de Valuche se trouve aux pages 1r-96r. Diverses mains plus récentes ont ajouté des annotations pour les années 1672 et 1677 (96r), la copie (modernisée linguistiquement) d'une charte du XIII^e siècle et la généalogie de la famille Valuche (« faite en 1901 par Perrers Henry archéologue à Candé »). Dans la présente édition on a renoncé à reproduire cette généalogie. Sur la deuxième page de couverture, une autre main a ajouté ultérieurement : « A M. Brossais, prestre de Candé. Ce livre est aux enfants de Candé ».

L'historien Célestin Port, dans son édition partielle (Port 1870), en a modérément normalisé l'orthographe et la grammaire : il a introduit la ponctuation moderne, les diacritiques et les majuscules. Pour ce qui regarde l'orthographe, nous nous limitons à donner quelques exemples des modifications apportées au texte par l'éditeur du XIX^e siècle (l'indication de la référence est ici superflue) : *jmage* → *image*, *samedy* → *samedi*, *mecredy* → *mercredy*, *qui ly* → *qu'il y*, *deulx compagne* → *deux compagnies*, *fourment* → *froment*, *bouesseau* → *boisseau*, *voliret* → *volèrent* (pour *acheviret* la graphie est maintenue).

Le manuscrit présente un problème bien particulier : il comprend des pages écrites par une autre personne, sans doute un membre de la famille, peut-être l'un des fils de Valuche. Mais au XVIII^e siècle, un possesseur ultérieur a encore ajouté des entrées (p. ex. 4r, en marge, on trouve une remarque de 1772, à supposer qu'il faille bien lire 1772 et non 1672). On peut reconnaître une deuxième main aux pages 63v-64r, 64v-68v ; les annotations écrites de Valuche et de l'autre main s'entremêlent, mais on peut toujours les distinguer. Dans la mesure du possible, nous avons essayé dans les notes d'attribuer le texte aux différentes mains.

Dans la première moitié du manuscrit, une page comprend environ 35 lignes ; l'écriture se fait de plus en plus serrée et on en arrive ainsi, vers la fin, à 46 lignes par page. L'écriture est petite et régulière, d'une main exercée ; l'écriture de la deuxième main est un peu plus anguleuse. Jacques Valuche a utilisé tout l'espace de la feuille disponible à droite ; il a laissé à gauche une marge d'environ cinq centimètres où sont écrits les petits résumés de son texte. On ne trouve pas de césure à la fin de la ligne. S'il lui manque de l'espace à la fin de la ligne, il ne coupe pas les mots, mais écrit le dernier plus serré, ou bien il raye un mot déjà commencé et le répète à la ligne suivante (9v : *~~apa~~/a paris* ; 12r : *~~heu~~/heure* ; 42r : *~~lendem~~/ lendemain*) ; on trouve aussi des abréviations occasionnelles dues au manque de place à la fin de la ligne : *comadement* 86r, *journellement* 76v, *parfaitement* 33r, *bouesseau* 11v. S'il lui reste trop d'espace à la fin de la ligne, l'auteur trace un trait horizontal ou étire en longueur la dernière lettre.

À l'exception des mots rayés en fin de ligne, on trouve peu de mots et de passages corrigés (cf. cependant, entre autres, 43v, 83r). Rares sont également les mots ou annotations rajoutés à une date postérieure. Il est exceptionnel de trouver des remarques métatextuelles comme *fault tourner le fueillet pour achever larticle* (1r) ou *jay raye le non* dans un passage où l'auteur parle d'un *grand jureur et blasfemateur du nom de dieu* (11r). À la page 70r, on trouve un renvoi *au feillet 6 de ce papier.*

Ces dernières remarques pourraient faire penser à un éventuel public. Mais on n'imagine pas (d'après la nature du texte entier) que Jacques Valuche ait pensé à un public autre que lui-même et (éventuellement) sa famille.

#### 5.1.2.2 Mots amalgamés/mots séparés

L'amalgame d'un mot fonctionnel avec le mot suivant est usuel, mais il est loin d'être systématique. Ce phénomène concerne surtout les cas suivants : article + substantif (ou adjectif) suivant, préposition *de*, *à*, *en* + article + substantif, formes composés du verbe, pronom + verbe, pronom (+ négation) (+ *y*, *en*) + verbe. On a ainsi : *lanuict* 1v, *laste messe* ‹la sainte messe› 18v, *letout* 18v ; *d elelexion* 64r, *genier asel* ‹greniers à sel› 65r ; *aeste* ‹a été› 64r, *asorti* 9v ; *seretiret* 18r, *lavoient* 66v ; *napoint* 66v, *nya* 68v, *jl ya* 7v

L'auteur ne sépare pas les mots aujourd'hui séparés par un apostrophe : *destre* 1r, *davoine* 5v, *dabitz* ‹d'habits› 30v, *dangers* ‹d'Angers› passim, *alissue* 21r ; plus rares sont les cas où il renonce à l'élision : *jusque au jeudy* 2r, *que il* 2v, *que elle* 7r (à côté de *quelle* ‹qu'elle›), *que un cheval* 13v.

Si un mot commence par une voyelle identique à la lettre finale du mot précédent, une des deux voyelles peut disparaître ; il s'agit surtout de la préposition *à* suivie d'un mot commençant par <a> : *angers* ‹à Angers› (très fréquent), *angrie* ‹à Angrie› ; *ariver* ‹à arriver› 16r, *sa esté* ‹ça a été› (44r, 85r etc.), *a quil* ‹à qui ils› 3r. On a l'impression que Valuche se rend compte de ce phénomène dans un passage où il finit par produire une hypercorrection : *a ~~d~~adax* ‹à Dax› 90r. Pour les consonnes, le phénomène correspondant est plus rare : *jl ount* ‹ils l'ont› 80v ; et inversement : *on ny avoit esté*'on y avait été' ou ‹on n'y avait été› ( ? ) (11r).

Séparation de mots : Au lieu d'un tiret (dans la graphie d'aujourd'hui) : *demi heure* 13v, *apres midi* 43r, *quelque uns* 19r ;

pour des mots composés qui sont unis graphiquement dans la graphie moderne : *en fin* 11r, *par tout* 13r, *au tour* 4v, 8r etc.;

séparations « irrationnelles : a) mots fonctionnels : *qui ly avoit* ‹qu'il y avait› 8v, *qui lavoit* ‹qu'il avait› 15v, *si lestoint* ‹s'ils étaient› ; b) mots pleins : *a busoit* ‹abusait›, *cy mettieres* ‹cimetières› 4r (mais *cymettieres* 1r), *y cy* 15r (mais *jcy* 1r), *par lement* 65r.

Pour la coupure des mots à la fin de la ligne, v. le paragraphe précédent.

#### 5.1.2.3 Majuscules/minuscules

Certains caractères connaissent une variante « décorative » en début de mot ; ces variantes n'existent que pour certaines lettres et l'auteur s'en sert d'une manière très irrégulière : ***a**ugustins* 1r, ***b**led* 41r, ***c**ymettieres* 1r, ***g**abriel* 23r, ***l**autre* 1r, ***o**rdonnance* 80r, ***r**oy* 1r, ***s**ergent* 41r, ***t**out* 42r, ***v**ingt* 1r ; pour l'autre main on trouve en outre ***n**antes* 65v, ***m**archadise* 65v, ***p**oint* 66v. Cette variation graphique n'est pas respectée dans notre édition. On ne tient pas non plus compte d'autres variantes graphiques, dont quelques-unes sont liées à la position dans le mot (comme *l*, *m*, *n*, *r*, *s* à la fin du mot).

#### 5.1.2.4 Signes diacritiques, accents

On constate dans le manuscrit de Jacques Valuche l'absence totale de la cédille, de l'accent grave et de l'accent circonflexe.

L'accent aigu est mis quelquefois (mais pas d'une façon systématique) pour marquer la voyelle [e] à la fin du mot, surtout pour les noms propres de lieu (*candé*, *cossé*, *loueré*) et de personne (*rené*, *andré*, *hervé*), sur les participes passé (*baillé*, *rabaissé*, *changé*), mais aussi sur certains substantifs et adjectifs (*curé*). Pour les formes féminines terminées par [e], l'accent est mis, en général, sur le deuxième *e* : *gelleé*, *broueé*, *eaulx deriveé*. Plus énigmatique, l'usage de l'accent aigu sur *e* atone à la fin du mot, qui reste exceptionnel : *tavergné* ‹taverne› 36r, *cresmé* ‹chrême› 48v. Dans les cas suivants, où se suivent deux voyelles (écrites), la fonction de l'accent graphique n'est pas claire : *espee nué* 21v, *bastié* ‹bâtie› 15r, *couéttes* 33r.

Mais, en général, même l'accent aigu est rare (et limité, comme on vient de le dire, à [e] en fin de mot) ; ainsi dominent les graphies du type *este* ‹été›, *rarette* ‹rareté›, *alle*(*s*) ‹allé(s)›, *rene* ‹René›, *commoditte* ‹comodité›, *publie* ‹publié›, etc.[3]

L'auteur des pages 63v sqq. place quelquefois un tréma sur la seconde de deux voyelles écrites finales (pour indiquer la longueur vocalique ?) : *charteë* 63v, *donneë* 64r, *nommeë* 64r ; il lui arrive aussi d'écrire *refondüé* ‹refondue› 64r.

#### 5.1.2.5 Ponctuation

Pour tout signe de ponctuation, on ne trouve que des cas isolés d'emploi d'une barre oblique,[4] dont la fonction est cependant plutôt de séparer deux mots trop rapprochés (ex. 4r, 31v) ou les mots d'une liste de noms (ex. 42r). Dans cette dernière fonction, on trouve aussi le point médian (12r). Pour faciliter la lecture, on a ajouté dans cette édition des barres obliques (/) indiquant des unités de sens et qui correspondent, grosso modo, à un point final. L'usage du point médian se rencontre plus fréquemment pour séparer les chiffres du reste du texte : *·7· sepmaine* (1r), *·5· ou ·6· ans* 1v, ·1609· (1v) etc. L'indication de l'année est très souvent soulignée (ou même encadrée).

#### 5.1.2.6 Abréviations, sigles

On peut observer une fréquence particulière des abréviations occasionnelles dues au manque de place en fin de ligne (v. supra).

Noms des mois : *7bre*/*7bre*/*7enbre*, transcrits ici septem$^{bre}$, septembre, septenbre ; *8bre*, *9*$^{bre}$ : octobre, novem$^{bre}$ dans notre transcription.

Nous donnons ici la liste alphabétique des autres abréviations ; on n'indique la page que dans quelques cas exceptionnels ; on y trouvera soulignées les lettres omises ou représentées par un signe d'abréviation dans le manuscrit.

---

3 Mon étudiante Lena Jordan a constaté dans son mémoire de maîtrise (« Die Graphie im *Journal* von Jacques Valuche (1607–1662) », Regensburg 1999) un usage croissant de l'accent aigu dans la deuxième moitié du manuscrit : de 51r à 96r, elle a compté 319 occurrences de l'accent aigu (exclusivement sous la plume de Jacques Valuche) contre 112 de 1r à 50v.

4 Les rares cas de barres obliques qui sont de la main de Valuche seront indiqués dans les notes.

*4xx = 80* (3v)
*bouesseau*, *bouesseau*
*collecteurs*, *collecteurs*
*12 cent* (76v)
*demeurant*, *demeurer*
*deniers*, *deniers*
dit : *audit*, *auxdits*, *ausdites*, *aladite*, *dedit*, *dudit*, *deladite*, *desdits*, *desdites*, *cedit*, *ledit*, *lesdites*, *sadite*, *sesdits*, *oudit* 4v, *esdits cymettiers* 24v. Occasionnellement, notre auteur se sert de la même abréviation pour écrire le substantif ‹l'édit› : *lesdit de revocation* 38r.
*libvres*, *libvre*, *libvres*
-ment : *comandement*, *processionnalement*, *journellement*, *parfaictement* (ces quatre exemples toujours en fin de ligne), *malheureusement*, *principallement*
*monsieur*, *messieurs*, *messieurs*
*monsieur* 57r, *monseigneur* 15v
*monsieur* 84r, *monseigneur* 10v
*missire*, *missire*, missir$^{e}$
*madame*
*maistres*, *mestre*
*noble* 86r
*notaire*
*premiere*
*present*
*procureur* 12v, *procureur* 50r
*saintz*
*sepulture* 74r (3 occurrences)
*sou*, *sous*
*tournois*

On n'a résolu ni les noms propres abrégés ni les abréviations usuelles, encore intelligibles aujourd'hui : *st*, *st*, *ste*, *ste* ; *sr* ; *mrs*.

Certains auteurs connaissent le tilde pour indiquer un <n> ou un <m> double ou préconsonantique. Valuche n'a pas recours à ce moyen graphique, à la seule exception d'un tilde sur le deuxième *a* de *marchadise* 65v. On est d'autant plus étonné de trouver des graphies où manque un <n> préconsonantique : *commesser* 31r, *commescement* 95r, *defuct* ‹défunt› 15v, *lintedant* ‹l'intendant› 16r, *lordonnace* ‹-ance› 19v, *deviron* ‹d'environ› 74v, *comdepnes* ‹condamnés› 14v, *chadelle* ‹chandelle› 73r, *eviron* 74v, *jcoïgnoto* ‹incognito› 90r (dans un passage copié). Il y a certes d'autres consonnes oubliées dans la graphie, mais pour <n>, les cas d'omission dépassent la moyenne. Le cas contraire, un <n> préconsonantique ajouté, se trouve dans *contrantz* ‹contrats› 31r et *extranctz* 31r. Cf. également les graphies du type *prins* ‹pris›, *prindrent* ‹prirent›, *mins* ‹mis›, dues à des raisons morphologiques.

La deuxième main des pages 63v – 68v présente un pourcentage d'abréviations bien plus élevé ; elles sont transcrites selon les mêmes principes.

#### 5.1.2.7 Lettres qui prêtent à confusion

*m, n, u/v :* la difficulté à distinguer ces lettres peut conduire à des problèmes d'interprétation ; ainsi : *le feu ne senanimoit* [ou : *senavivoit*] *que davantage* 93r. Cf. aussi les nombreux passages du type *le bled avonce/anonce bien* (= ‹avance›/‹annonce›).

*i/r* dans les cas où manque le point sur le *i* (*seit* 72v en marge).

*c/e* ; dans la combinaison *cz* (*porcz* 45v) le *c* n'est presque pas lisible.

Pour l'autre main s'ajoutent les problèmes (de lecture) suivants : *e* ressemble quelquefois à *o*, *s* à *f*, *l* à *t*, *n* à *z* (à la fin du mot), *e* à *s* (à la fin du mot).

#### 5.1.2.8 Correspondances phonographiques

Comme il a été dit dans le chapitre introductif, on ne donnera pas ici une description complète du système graphique de Valuche. Il s'agit seulement d'aider le lecteur dans le déchiffrement de ce texte, de lui donner un mode d'emploi pour la lecture. On ne commente pas ici les graphies qui correspondent à une prononciation dialectale/régionale (ou populaire, sans être dialectale). On ne discute pas non plus les graphies totalement isolées, qui seront expliquées dans les notes.

**Voyelles**

**Voyelles orales**

**[e], [ə]**

Le graphème <ai> est fréquemment remplacé par <e>. En combinaison avec d'autres phénomènes, comme la séparation ou l'amalgame de mots, les lettres muettes ajoutées ou ôtées, il en résulte des graphies difficiles à déchiffrer : *je peu* ‹j'ai pu› 1r, *je faict* ‹j'ai faict› 59r, *je le porttee* ‹je l'ai portée› 61v, *este* ‹était› 59v, *je ne se* ‹sais› 77r, *mere* ‹maire› 65r (autre main).

**Voyelles syncopées**

*charttee* ‹charretée› 38v, *crises* ( ! ) ‹cerises› 38v, *febvreulle* ‹féveroles› 75v, *restroit* ‹resteroit› 90v

Pour un cas inverse : *debvera* 38r.

**Instabilité des voyelles protoniques**

*her**i**ditaire* 92v, *solen**i**lment* 85r, *barth**i**lemy* 68v, *fus**e**liers* 68r (autre main), *subs**e**stance* 38v, *p**i**pittre* 44v.

**<i>/<j>/<y>**

En début de mot, on trouve toujours <j>, avec valeur vocalique ou consonantique : *jcy* 1r, *jl* passim, *jmage* 40r, *jntention* 48v ; *jamais* passim, *jour* passim.

Au milieu du mot, c'est <i> qui a les deux valeurs : *article* 24r etc., *cildre* 52r ; *desia* 12r, *reiecs* ‹rejet› 47r. On trouve aussi <i> avec valeur de semivoyelle : *mestaier* 57v, *paier* 68r, *voiage* 94v.

Pour la valeur vocalique, nous trouvons aussi <y> dans les différentes positions : *lundy* passim, *basty* 4r, *beny* 4v, *aussy* 18r, *lespy* ‹l'épi› 25r, *cy* passim ; *hyver* 1r, *yvrongne* 19r, *celuy* 21r, *may* passim, *pays* 53v, *cyldre* 58v, *que yl y portte* ‹qu'ils y portent› 18v, *tuyret* ‹tuirent› (= ‹tuèrent›) 37v.

**<e>/<a> devant [r], [l]**

Dans cette position les deux graphies peuvent se remplacer l'une l'autre : *escroualles* 2r, *garison* 86r, *eriere* 22r, *merques* ‹marqués› 38r.

**[o]/[u]**

Pour ce qui est de la variation [o]/[u], Valuche se trouve souvent du côté des « ouïstes » : *bouesmes* ‹bohèmes› 21v, *fourment* passim, *maltoustiers* 43r, *picouroint* ‹picoraient› 2r.

**Omission de semi-voyelles**

*boutonnere* 18r, *prinsonners* 56r, *tabler* 43r, *poirers* 84v ; *minuct* 85r, *menusier* 83v, *ensuvant* 70v, 76v, *depus* 73r.

**Voyelles nasales**

Dans la graphie des voyelles nasales, on a souvent <n> au lieu de <m> : *fain* 13r, *enmene* ‹emmené› 8r, *enpeche* ‹empêché› 26v, *exentz* ‹exempt› 32v, *jnportun* 60r, *contesse* 9r.

Pour la notation de la nasalité, v. aussi 5.1.2.6.

Pour la voyelle [ã], on trouve <an> comme <en>, souvent dans les mêmes mots : *lieutenent* 46v/*lieutenant* 97r, *commendement* 25v/*commandement* 67v, *les pouvente* ‹l'épouvante› 2v, *tentz* ‹tant› 18r ; *commansera* 34v/*commenser* 81r, *trante* 67r, *vanter* ‹venter› 45v. À la page 12r, Valuche corrige (*la nuict*) *ensuivant* sur *ensuivent* ; aurait-il pris conscience de la norme graphique ?

Au-delà de ces phénomènes purement graphiques, certaines graphies semblent correspondre à une prononciation [ã] au lieu de [ɔ̃] : *cande* ‹Condé› 16r, *acampagne* ‹accompagné› 90r, *len* ‹l'on› 39v ; mais on trouve aussi le cas contraire : *mondement* ‹mandement› 79v. Il faut se rappeler cette variation [ã]/

[ɔ̃] pour juger des cas comme *advonce* ‹avancé› 1v, *avoncement* 16r, *ladvoncement* 20r, *advancement* 42r, *avonsce* ‹avance›. Il y a des passages où – vu l'identité des lettres <v>/<u> et <n> – on pourrait penser aussi bien au radical lexical *avonc-* (c'est-à-dire ‹*avanc-*›) qu'à *an*(*n*)*onc-*.

## Consonnes

### Consonnes étymologiques et historiques

La graphie des consonnes étymologiques (ou faussement étymologiques) ne cause pas, en général, de gros problèmes : *cest* ‹cet› passim, *chasque* passim, *lausmonne* 32r (peut-être erreur graphique pour *laumosne*), *escuz* ‹écus› 63v ; *deubz* ‹dues› 84r, *doibt* ‹(il) doit› 90r, *droict* 90r, *voicturiers* 31v, *chault* ‹chaud› 13v, *haulte* 79r ; *achepter* 24v. Pour les consonnes faussement étymologiques, on trouve des cas connus et répandus à côtés de graphies plus singulières : (*il*) *peult*, *admiral*, *dapte* ‹date› 17v, *scavoir*, *puictz*, *condenpne* ‹condamné›, *cyldre* ‹cidre› 15v, *compte* ‹comte› 9v (confusion d'homophones ?), *comptent* ‹contents› 29v, *lapsomption* ‹l'assomption› 2r (erreur due au <p> suivant ?), *espitre* ‹épître› 87v, *rheinne* ‹reine› 94r, *matheriaulx* 91v, *dismanche* 66r (autre main).

Assimilations dans des mots ‹savants› : *sussides* 24r, *succides* 51r, *sucsides* 24r, *sussistance* 66v, *colleteurs* 75v.

### Consonnes simples/consonnes doubles

La graphie simple ou double des consonnes à l'intérieur du mot est le domaine de l'arbitraire le plus complet.[5] Il y a de fréquentes variations d'un mot à l'autre et pour le même mot ; cela est vrai pour la position entre préfixe et morphème lexical, tout comme pour l'intérieur du morphème lexical et pour les suffixes. Nous donnons seulement quelques exemples (on trouve presque toujours des variantes graphiques) : *proffit* 21r, *abille* 21v, *voullant* 13v, *aulcunne* 55v, *lavoinne* 67r, *coppie* 44r, *estappes* 46v, *pippe* p., *encorre* p., *lauttre* 2v, *petitte* 38r, *portte* p., *cherttee* ‹cherté› 45r. – *labesse* ‹l'abbesse› 33v, *acort* ‹accord› 21r, *afamer* ‹affamée› 10r, *aliret* ‹allèrent› 70v, *taile* 10v, *domage* 50v, *feme* 19r, *prenet* ‹prennent› 42v, *opose* ‹opposé› 6r, *arive* ‹arrivé› 16r, *seriret* ‹serrèrent› 43r.

---

5 Le nom même de notre auteur apparaît sous les deux formes *Valuche* et *Valluche ;* nous suivons dans notre graphie (*Valuche*) l'exemple de l'historien C. Port (cf. n. 2).

**Consonnes (grapiques) sonores/sourdes**

Dans certains cas, les graphies qui confondent consonnes sourdes et consonnes sonores pourraient bien refléter une prononciation réelle (cf. Catach 1995, § 60). Cela semble particulièrement vrai pour <g>/<c> dans *segrettement* 31v, *segont* 85v (comme aujourd'hui pour ce terme). Dans d'autres cas, la réalisation phonique est loin d'être sûre : *ocmente* ‹augmenté› 37v, *locmentation* 82r, *vacabont* 47v. Autres consonnes : *dendre* ‹d'entre› 9r (si ce n'est pas une erreur ; on a une centaine d'occurrences de *d'entre*), *citre* 49v, *sistre* 38v (à côté de *ci(l)dre*) (cf. Thurot 1883 II, 237), *cadedalle* ‹cathédrale› 70r (sous l'effet du <d> de la syllabe suivante ?), *bagadelles* 92r ; *qui sexetent* ‹qu'ils excèdent› 71r, *descouttre* ‹découdre› 18r ; *naffre* ‹navré› 17r, *natife* ‹native› (influence de la forme masculine) 43v. Parfois Valuche semble se rendre compte de la difficulté de distinguer correctement les consonnes sonores et les sourdes : dans *bled* 51v, *absolu* 89v, *tomba* 93r, il corrige *b* sur *p ;* dans *atendre* 74v *d* est corrigé sur *t*.

**Muta cum liquida en fin de mot**

La disparition d'une liquide après une consonne plosive, phénomène bien connu d'une prononciation populaire, se reflète souvent dans la graphie : *maiste* ‹maîtres› 14v, *cyde* 53v ‹cidre›, *preste*(*s*) ‹prêtre(s)› 89r ; dans des mots composés ou dérivés : *orpheuverie* 18r, *contefaicte* 39v. Les graphies *hostre* ‹hôte› 9v, *touttre* 15r, *rompl*e ‹rompre› 83v, *desmoniacle* ‹demoniaque› 19r peuvent être considérées comme des hypercorrections, avec influence d'un autre suffixe dans le dernier cas.

**Graphies de [s] et [z]**

Ce qui est vrai pour la « confusion » graphique entre consonnes doubles ou simples l'est sans doute également pour le cas de <s>/<ss> entre voyelles, soit à la fin du préfixe, soit à l'intérieur du morphème lexical : la variation graphique ne correspond pas à une variation phonique. Exemples de <s> pour <ss> : *aseche* ‹asséché› 32r, *asister* 30v, *chases* ‹chassés› 43r, *ysu* ‹issu› 83v, *euse* ‹eusse› (*comme si ce euse este* ‹comme si c'eût été›) 34r, *pesse* ‹pèse› 39v ; cf. aussi *dedicase* 64r et *presedantes* 63v, avec <s> pour <c>. Le cas contraire – <ss> intervocalique pour <s> – est plus rare ; mais on trouve *faissoint* ‹faisaient› 31v, *pesse* ‹pèse› 46r, *pluvieusse* 11v, *garnisson* 73v.

Par ailleurs, on trouve de fréquentes variations dans la graphie de [s], qui respectent néanmoins toujours la distinction [s]/[z] :

<c> : *arcenat* ‹arsenal› 20r, *ce* ‹se› passim, *cy en est bien trouve* ‹s'y en est bien trouvé› 45r, *ces* ‹ses› p., *cy* ‹si› passim, *service* ‹(qu'ils) servissent› 11r, *decendus* 44r.

<s> : *se* ‹ce› p., *sa este* ‹ç'a été› 44r, 49r, *sinquente* 7v, *garson* 13v.

<sc> : *commenscer* 91r, *glasce* 20v, *soursce* 23r, *apersceu* 38v, *fasce* ‹(qu'ils) fassent› 18v.

<ss> : *commenssa* 56r, *garssons* 33r, *composission* 40v.

<ti> : *antienne* 17v, *lamition* ‹la mission› 57v, *permition* 77r.

**Graphies de [k]**

Les graphies <c> et <qu> (et même <q>) peuvent se remplacer l'une l'autre : *apliquable* 11r/*aplicable* 69r, *publiqation* 25v, *quevalliers* ‹cavaliers› 67v, *saqrement* 93r ; *callitte* ‹qualité› 17v, *cardescu* ‹quart d'écu› 24v. Les graphies avec <cq> ne sont pas rares : *avecq* passim, *lesvecque* 4v. Le <ch> d'origine grecque se trouve remplacé par <c> devant consonne ou voyelle vélaire : *cœur* 59v, *crestiens* 80v.

**Graphies de [ʒ]**

Pour <i>, <j> v. supra. On trouve quelquefois <g> même devant <a> : *sergans* 65v, *gougars* ‹goujats› 54r.

**[ʃ]/[s]**

On trouve des alternances dans les deux sens : *closse* ‹cloches› 96r, mais *ches deulx mois* ‹ces› 87r, *couchinet* ‹coussinet› 82v, *paroichialles* 3v. Reste à savoir s'il s'agit ou non du reflet d'un phénomène phonétique dialectal.

**[ɲ]/[n]**

La graphie <n> au lieu de <(i)gn> pourrait correspondre à une prononciation déviante : *asinnee* ‹assignée› 47v, *resination* 5v. On trouve aussi le contraire, <gn> pour <n> : *cheigne* 27v, *cheignette* ‹chaînette› 18r, *encheigner* 11r, *tavergné* ‹taverne› 36r.

**[r]**

En position préconsonantique [r] tombe quelquefois sous l'effet de la dissimilation : *abres* 50v, *mecredy* passsim ; après consonne : *pretise* ‹prêtrise› 86r ; entre voyelles : *chiurgien* 12v, 37v, *areages* ‹arrérages› 85v, *areagee* ‹arréragées› 78v.

**<h>**

<h> manque dans *lyver* ‹l'hiver› 11v, *abille* ‹habile› 21v, *labit* ‹l'habit› 1v ; un *h* hypercorrect apparaît dans *habondance* (21 occurrences) et *lhoster* ‹l'ôter› 36v.

**Consonnes finales**

Dans la perspective de l'orthographe d'aujourd'hui, on trouve les cas suivants :

- Graphie historique (ou pseudohistorique) ou traditionnelle qui a été abandonnée entre l'époque de Valuche et aujourd'hui : *bled* passim, *court* ‹cour› 20r, *moings* 79r, *avecques* 30v, *prez* ‹prés› 64v, *jlz* passim.
- Omission d'une consonne (graphique) finale : *cler* ‹clerc›52v, *dan* ‹dans› 20v (les autres occurrences toujours avec *-s*), *cardescu* ‹quart d'écu› 24v. Cette consonne peut également tomber devant le <s> du pluriel, ce qui n'est pas anormal, même pour la variété standard de l'époque (au moins pour *t*/*d*, *k*/*g*) : *habittans* 14v, *grans* 19v, *frans* ‹francs› 39r, *bouches* ‹bouchers› 24v, *estranges* ‹étrangers› 24v.
- Certaines graphies reflètent l'omission d'une consonne finale réintroduite plus tard à l'écrit comme à l'oral : *collecteus* 60v, *plusieus* 69v, *peris* ‹perils› 71r, *jous* ‹jours› 83r.
- Parmi les consonnes finales qui tombent, c'est surtout la chute de *l* (graphique et phonique) qui pose des problèmes de lecture liés à *i* ‹il› (avant consonne et avant voyelle) et les différentes possibilités de séparation et d'amalgame des mots : *qui* ‹qu'il› 22v, 25r, 46v etc., *qui* ‹qu'ils› 38v, *qui est* ‹qu'il est› 94v, *siluy* ‹s'il lui› 51r, *qui leurs* ‹qu'il leur› 21v. Hypercorrection : *jl* ‹y› 74r.
- Même un [ə] final ne préserve pas toujours la consonne de la chute (graphique et/ou phonique) : *hars* ‹hardes› 29r, *nottais* ‹notaires› 31r, *daumois* ‹daumoires› 87v.
- Très souvent une consonne finale est mise au lieu d'une autre ; cela prouve, en général, que l'on ne prononçait ni l'une ni l'autre (pour quelques consonnes il s'agit des restes d'une graphie historique) : *poignart* 37v, *chault* ‹chaud› 13v, *quant* ‹quand› 31v, *prent* 6r, *vend* ‹vent (subst.)› 56r, *pris* ‹prix› 84v, *ches* ‹chez› 3r, *poix* ‹poids› 46v, *suit* ‹suif› 10v, *esteulx* ‹éteufs› 14r, *voirs* ‹voix› 6r, 95r, *arcenat* ‹arsenal› 20r, *fondeu(l)x* ‹fondeur(s)› 35v, *avois* ‹avoir› 38v, *tempt* ‹temps› 68r, *ladvenis* ‹l'avenir› 64r (les deux derniers exemples d'une autre main), *guarnir* ‹garnis› 94v.

### 5.1.2.9 Orthographe grammaticale

L'« arbitraire » qui règne dans la graphie des consonnes (et des syllabes) finales est lourd de conséquences pour la graphie des marques grammaticales, qui se trouvent à la fin des mots.

**Noms et pronoms**

La marque du pluriel (*-s*, *-z*, *-x*) manque dans 10 % des cas. Inversement, on trouve cette marque ajoutée à des substantifs au singulier : *en abondances* 26r, *son* *bagages* 16v, *une batailles* 43r, *de bonne heures* 27v, *dudit extraictz* 31r, *un exentz des gardes* 42r etc. Des corrections du type *les pluye ont este jnportunes* (*jnportunes* corrigé sur *jnportune*) 84v révèlent les doutes de l'auteur dans ce domaine.

Pour le pronom *ils*, les formes sans <s> ou <z> (*jl*, *yl*, *i*) sont de loin plus fréquentes que <*jlz*> ; pour *elles*, on trouve la graphie sans *-s*. *leurs* (adj. poss. au pluriel) admet la graphie <*leur*> (10 occurrences) à côté de <*leurs*> (45).

La marque du genre se trouve d'une façon plus régulière. Il est surprenant que pour les adjectifs au féminin pluriel, on constate un pourcentage de près de la moitié (46 %) de formes portant la marque du genre, mais pas celle du nombre : *eaulx salle et bourbeuse* 35r, *deulx espee nué* ‹deux épée nues› 21v etc.

Formes hypercorrectes : *grande nombre* 27r/*grand nombre* 6r, *toutte ce mauvais temps* 37r.

Pour l'adjectif *grand*, on observe en général le phénomène bien connu de l'identité du masculin et du féminin : *grand messe*, *grand maladie* etc.

**Flexion verbale**

On ne se penchera pas ici sur le système morphologique, mais on mentionnera seulement les difficultés de lecture créées par une orthographe déviante (surtout pour la graphie des voyelles [e], [ɛ], [ə] et les problèmes liés aux consonnes finales).

[e]/[ɛ]/[ə] : *je faict* ‹j'ai fait› 59r, *je ne pas* ‹je n'ai pas› 96r, *je le signé* ‹je l'ai signé› 84r, *et marie* ‹est marié› 90r.

*-ent :* on trouve les graphies -<nt>, -<et>, -<e>, -<t>, -<es> : *avoint* 1r, *aliret* ‹allèrent› 2r, *eusset* 9r, *f(e)uret* 2r, *alasse* ‹allassent› 35r, *qui le vende* ‹qu'ils le vendent› 38v, *tous ceulx qui avoit* 15v, *fauches* ‹fauchent› 93r.

Participe : il ne faut pas oublier que l'accent manque en général, cf. *este* ‹été›, *alle* ‹allé› etc. Du fait de l'homophonie des désinences, on trouve aussi des participes en <-er> : *ont commenser* 35v, *furet retirer* 3r, *guarnir* ‹garnis› 94v.

Infinitif : omission du *-r* final, cf. *prie* 7r, *recovre* 2v. – On peut trouver un <s> ajouté à l'infinitif (*vendres*, *prendres*, *faires*) ou remplaçant le <r> final (*menes*, *lavois* ‹l'avoir› 38v).

Imparfait : on a en général <oi> comme marque de l'imparfait. Mais on trouve quelques cas de <e>, surtout après la diphtongue [wa/we] : *croyet* 26v, *poyet* ‹payait› 33v, *voyet* 5r, *solempniset* 49v.

Passé simple : on notera les formes en *-is*, *-it* des verbes en *-er*, cf. *jally* 78r, *je commensi* 56r, (*il*) *allit* 76v, *gastist* 78v etc.

## 5.2 Texte

**1r**

Jcy est remarque et mins par escript plusieurs article remarcable et aultres choses qui ont arive et passe dans candé et aulx environs comme des cherttes de biens et quand[6] jlz ont rabaisse de pris comme les logemens des compaignee des soldartz et beaucoup d°aultres articles comme je peu[7] recongnoistre et ouy dire/

**Et premier**

Foyres et marche au bourg de bescon

Foyre au louroux

En lan ·1607· le roy henry ·4e· donna au baron de bescon trois foires scavoir une au premier jour du mois de may et l°autre vingt et huictiesme[8] octobre avecq un marche tous les vendredis au bourg dudit bescon et une foire le jour st lorens au bourg du lourous besconnay*is*/

Grand froid qui dure ·7· sepmainne/

Grand hyver 1608.

En l'an ·1608· les premiers jours de janvier et 8 jours devant[9] le froid commenssa qui dura plus de ·7· sepmainne sans desgeler/ s°il desgeloit un jour jl regeloit la nuict ensuivant/ jl fist du verglas la vigille des roys et de la naif[10] ledit jour des rois qui dura en quelque endroictz avant que d°estre toute fondu ·7· sepmainne/ l°on passoit avecq beufz chevaulx et charettes par sur la riviere de loyre/ le vin glassoit es tonneaulx/ les chesnes et aultres arbres[11] en partoint/ des personne transcissoint de froid/ les oyseaulx mouroint/ c°est pourquoy on l°apelle l°an du grand hiver/

Cymettieres de st jean et st nicolas clos de mur/ fault

En lannee ·1608 mestre rene brossais prestre cure de st denis de cande et aulmonnier[12] de st jean a faict clorre les cymettieres de st jean et de st nicolas qui n°avoin*t* jamais

---

**6** *quand* au-dessus de la ligne.
**7** *je peu* : *je pus* ou *j'ai pu.*
**8** *huictiesme* : *c* corrigé sur *t.*
**9** *et 8 jours devant* au-dessus de la ligne.
**10** *naif* : *neige*
**11** *arbres* au-dessus de la ligne.
**12** *aulmonnier* : *l* rajouté.

tourner le fueillet pour achever l°article

este clos/ et en a jouy 12 ans 74 journees[13]/ on y enteroit tous les habitans de cande/ c°es [xxx] [l]e parnage[14] du bergeail de st jean st nicolas l*e* bien [xxx] et de la grenollee/ jl y avoit dans lesdites cymettieres plus de six vingtz tomb[eaux] [xxx] ee de[xxx]

**1v**

douze annee pour la closture/ et les a ffermeis[15] a la somme de ·25 librvres[16] a jean besson boucher/

Feriers du mecredy de pasques et pentecoste permins de travailler

En lan 1609 charle miron esvecque d°angers avec l°advis de son clerge au sinode ordinnaire osta les festes du mecredy des feriers de pasques et de la pentecoste/ ledit sinode tenoint[17] le XI jour de juing jour st barnabe/ n°on feut[18] plus de ·5· ou ·6· ans avant que le monde vouleust travailler/ et jl y en avoit sur les champs qui y eroint et ne vouloint poinct lier leur beufz plus de 20 ans apres/

Augustins de cande reformer *sic*[19]

En lan ·1609 les augustins de cande ont este refformes a la diligence de frere rene marce l°un des moyne du couvent et enfant de la brocherye en la cornoille/ jlz vivoint d°une mauvaise vie/ le plus souvent jl n°y avoint[20] que la cloche a chanter leurs matines/ ceulx qui vouluret prendre l°abit de refformation jl leur feut permins/ jl ny eut que frere tristan breheret et ledit marce qui prinset ladite refformation/

Le roy henry 4 tue

Le vendredy ·14$^{e}$· jour de may 1610 le roy henry ·4· feut tue de deulx coups de cousteau en la ville de paris estant en son carosse par francois ~~rav~~ ravaillard praticien angoulmois/

---

13 *12 ans 74 journees* au-dessus de la ligne.
14 *parnage* : *panage*
15 *a ffermeis* : *a affermées*
16 *25 libvres* : souligné par l'auteur.
17 *tenoint* corrigé sur *tenoit*.
18 *non feut* : *on fut*
19 *sic* d'une autre main.
20 *avoint* corrigé sur *avoit*.

lequel feut faict mourir le ·27e· jour dudit mois de may et son filz[21] lois 13e du non ~~son filz~~[22] succeda a la couronne/

Pris du bled

En l°an ·1612 le bled vault 10 sous le bouesseau le fourment 14 sous le bouesseau/

Gellee au mois de may

En l°an ·1614 la nuict d°entre le 9e et 10e jour du mois de may jl fist une mechante gelee qui gasta les bledz et le bois qui estoit advonce/ le bled vallut ~~30 sous~~ 24 sous[23] le bouesseau/ jl ne feut poinct de noix peu de vin et de fructage/ glose 24 sous g[lo]se 1614 la gellee fist entre la nuict de st nicolas et de st mathurin qui est le dimanche/

**2r**

Champ bellay loge a cande

Le vendredy ·30e· jour de may 1614 monsieur de champ bellay avecq son regiment de bien mille hommes de cheval ont arive a cande pour y loger/ jlz ne faisoint que danser et faire bonne chere au despens des habittans/ jlz avoint des estappes es paroisses circonvoisinnes ou jl picouroint/ freigne la cornoille et angrie ne feuret poinct picoures/ jl ne deslogiret poinct jusque au jeudy ensuivant octave du sacre et aliret loger a jngrande/

Entree du roy angers

Entree du roy a nantes

Le vendredy ·8e· aoust 1614 lois 13e roy de france et de navare faict son entree en la ville d°angers/ les feulx de joye se firet sur la riviere et sur le port proche les trigles le lendemain 9e/ et le lundy XIe dudit mois jl alla faire son entree en la ville de nantes ou jl toucha ~~de~~ les malades des escroualles le jour de l°apsomption nostre dame/ et en retournant de nantes son regiment des gardes vint loger a cande une nuict et de la a bescon/ et le jour qu°il ariva a cande madame de montmorancy avoit desloge de cande/ au matin les habitans de cande la receuret honorablement/ aliret audevant d°elle

21 *son filz* au-dessus de la ligne.

22 *~~son filz~~* au-dessus de la ligne.

23 *24 sous* au-dessus de la ligne.

Regiment des gardes a cande
Madame de montmorancy a cande

jusque a s$^{t}$ julien de vovantes et les prestres la receuret a˘la portte de l°esglise comme dame de cande/

**1614**

Couvent des carmes a challain

Le mecredy ·29$^{e}$· apvril cristophle foucquet seigneur de challain et president en la court de parlement a rennes mint la premiere piere du couvent des carmes dudit challain qu°il a faict bastir aupres de son chasteau/ et y donna trois mestairie/ et du˘depuis les religieulx ont basti peu a peu et aqueste d°aultres heritages/

**2v**

Plessis de juigne loge a cande

Le ·1· jour de novembre 1615 un dimanche feste de toussainctz monsieur le plessis de juigne est venu loger a cande avecqz sa compagnee de gendz de pied/ ont couche deulx nuictz a cande/

Voce loge a cande
Ransonne tous les habitans
Les habitans s°en fuisset

Le ·8· decembre 1615 feste de la conception nostre dame monsieur de voce avecqz sa compagnee de gens de pied est venu de[24] challain loger a cande/ et ont ~~rasso~~ ransonne les habittans dudit cande en sortte qu°ilz ont este contrainctz de prendre l°esˆpouvente et s°en fuir les uns angers a bourmont angrie et aultres forteresse de tous costes pour eviter la tirannie des soldartz et les ranssons/ feuret deulx jours a cande/ vont loger a st julien en faire aultant/

Vallee pique mouche loge a cande/

Au˘bout de quinze jours la vallee pique mouche y vint aussy loger/ en fist aultant au reste des habitans qui estoit demeures audit cande tant que tout feut contrainctz de sortir

---

24 *de* : *d* corrigé sur *l*.

Voir page 97[25]

Le reste des habitans quitte/

Jl n°en demeura que deulx

Soldartz enmenne les bestiaulx

Ravageoint tout

et oster tout leur bien/ ce qui demeuroit estoit tout perdu/ jl ne demeura que deulx habitans a cande piere godier et vincent harembert qui souffriret de grande pertte/ jl n°estoit aulcunne sepmainne que jl ne ~~des~~ vint des[26] [~~xxx~~] compaignee a cande/ comme les uns ~~ari~~ deslogeoint les aultres arivoint/ c°estoint tous normans et manceaulx qui menoint tous les bestiaulx en leur pais si n°on ne les degageoit ou si les seigneurs n°alloit les recovre[27]/ et ceulx de sur le pais volloint et emporttoint tout en leur maisons/ c°estoint tous soldartz de l°armee de monsieur de vendosme/

1616

Bled enchery

Le bled vault 25 sous le bouesseau et[28] au mois de mars ensuivant jl vault 30 sous/ cecy tient de˘la gelee du mois de mars de may 1614/ jl se trouva du petit bled de flandre a nantes qui servit beaucoup mais jl ne respondoit pas a pain comme l°auttre/ jl en failloit tousiours ·6·$^{l}$i$^{b}$vres par bouesseau ou peu moings/

**3r**

## 1616

L°armee de monsieur de vendosme

St denis maillot loge a cande

Pont piere loge a freigne

Le lundy gras ·6$^{e}$· febvrier 1616[29] l°armee de monsieur de vendosme c°estoit amassee de tous costes et firet montre aulx environs du lion d°angers[30]/ et puis les soldartz s°en˘ailliret de toutz costes ou jlz acheviret de perdre tout/ ledit jour ·6· febvrier le regiment de st denis maillot et ballee et bois jourdon vindret loger a cande/ et voliret l°esglise de st denis ou estoit du bien des habittans/ le mesme jour le regiment de pont piere alla aussy loger a freigne/ ravagiret la mestairie de la brettiere proche bourmont le mardy gras comme monsieur le compte estoit a disner/ jl feuret 8$^{e}$ jours sur le pais/ l°on

25 *voir page 97* d'une autre main.
26 *vint des* au-dessus de la ligne.
27 *recovre* : *recouvrer*
28 *et* au-dessus de la ligne.
29 *1616* au-dessus de la ligne.
30 *lion dangers* : *Lion d'Angers*

avoit range les bestiaulx aulx forteresses/ le povre monde y enduroit si grand froid a coucher dehors a cause de la grande froidure qu°il faisoit/ st denis maillot revint a cande a˘la [~~xxx~~] fin du caresme pour achever de ravaiger quelqz maisons a beaulieu qui c°estoint conservee soubz l°ombre d°un de˘gens de monsieur de vendosme nome st germain qui estoit de la bouverais en vris/

**1616**

1616
La paix est faicte/
Soldartz se retiret en grand peril de leur vie

Au mois d°apvril la paix se fist/ ladite armee c°est dissipees et rompue par une permission divinne/ et les soldartz estoit desvalises en se retirant chacun ches soy/ estoint tues masacres et assommes [~~xxx~~] par tous cantons ou jl estoint trouves tant que c°estoit grande pittie/ jlz faisont pittie a ceulx a quil[31] avoint tant faict de mal/ et quant ceulx qui s°echapiret furet retirer ches eulx la pluspart moureret miserablement/

1616
Habitans de cande ramenager
Bled ravale

**1616**

Au mois de may les habitans de cande se sont ramenages a cande en grande joye et resiouissance/ jl faissoit un beau printemps qui feut la cause que le bled revint a 14 sous[32] le bouesseau/ le fourment 18 sous le bouesseau/

**3v**

Cresme se donne a st denis

En lan 1617 Guillaume foucquet de la varanne evesque d°angers visita les principaulx lieux des doyennes de cande et de craon/ jl donna le <le> cresme au mois d°octobre en

**31** *quil* : *qui il*
**32** *14 sous* : souligné par l'auteur.

l°esglise de st denis de cande/ jl ne c°estoit poinct donne de vie d°homme audit cande/ jl y avoit des personnes ages de $4^{xx}$[33] ans qui le receuret/ le monde y venoit de 4 et 5 lieulx au˄tour dudit cande pour le recepvoir/

Ceste article est de l°annee 1615/ Mariage de lois 13$^{e}$ roy de france

En lan 1615 le roy lois 13$^{e}$ du non alla a bordeaulx au devant de anne d°autriche fille du roy d°espagne laquelle jl espousa/ mena avecq luy elizabeth sa seur que le filz du roy d°espagne espousa/ aussy la royne leur mere alla jusque a boyonne pour ~~d~~ conduire sa fille elizabeth et recepvoir sa brus/

Chapelle de st gilles ruynee

En lan 1616 cy devant les augustins de cande ont ruyne et abattu la chapelle de st gilles qui estoit proche leur couvent vers amont ou jlz ont tire la piere pour leurs bastiment ou pastis apelle s$^{t}$ gilles/

Cymettiere neuf a st denis

En lan 1619 rene brossais prestre cure de st denis de cande et aulmonnier de st jean a faict clore un cymettiere au bout vers aval de l°esglize dudit st denis/ et le benist le premier dimanche de l°advent avecq permission de monsieur d°angers/ jl n°y[34] avoit jamais eu de cymettiere

N°on ne met plus de paillee dans les esglises a noel

Antiennement n°on mettoit de la paillee dans les eglises paroichialles a la feste de noel et sur les champs au quatre festes de l°annee/ monsieur d°angers a aboli ceste coustume la/ cela estoit trop deshonneste/

**4r**

Entreprinse de bastir le clocher de st denis par brossais cure

En caresme de lannee 1620 ledit brossaïs cure dudit st denis c°est oblige de faire bastir un clocher a˅ladite esglise a ces propres cous et despens/ ne demande aulcunne chose que la jouissance des cymettieres de st jean et st nicolas des pendans dudit st denis pour l°espace de 20$^{e}$[35] ans/ et au cas

33 *4$^{xx}$: 80*
34 *ny* corrigé sur *y*.
35 *20e* : souligné par l'auteur.

Jl jouist des cymettieres

N°on luy donne la vielle escolle

Premiere piere beneiste

Les deulx cloches refondue/
3 cloches refondüe en 1772 fruitier etant cure et parain d'une[37]/
N°on luy donne de viel estain et erain

La grosse cloche fondue

quil moureut apres le clocher basty jl relaisse la jouissance desdits cy^mettieres a˘la paroisse sans que ses herittiers y pretende aulcunne chose/ et aussy s°il mouroit avant ledit bastiment acomply sesdits heritiers ne seroint tenus le parachever/ lesdits paroissiens le feroint achever si bon leur semble/ n°on luy a aussy baillé un viel aplascement de maison et jardin apelle la vielle escolle proche ladite esglise que ledit brossaye a vendu a mathurin derreu forgeur/ ledit acort passe par charle drouet nottaire de˘la baronnie dudit cande /[36] Le dimanche de quasimodo ledit brossaïs a beni la premiere pierre dudit clocher processionnallement/ et luy mesme l°a possee au fondement au coing vers midy/ et y faict travailler les ouvriers sans relache de jour en jour/ le lundy des rogations jl fist faire refondre les deulx cloches et grossir de plus de moittie/ les deulx cloches pesoint plus de 800 $^{l}$i$^{b}$vres quant elle ont este refondue/ jl fist la queste par la ville/ jl trouva bien 200 $^{l}$i$^{b}$vres de viel erain et estain/ jl luy prinst envye d'en donner une plus grosse cloche qui feut fondüe la <la> vigille st michel du mois de septembre/ et pese plus de 700 $^{l}$i$^{b}$vres/ tant que ledit brossaïs a faict bastir ledit clocher et cloche a ses despens sans aulcunne rescompensce que ce que dessus/ tant que le clocher et cloches jl y en a couste environ de deulx milles deulx centz livres/ tous les journalliers a 12 sous par jour tant les massons que charpentier[s] pour pas et despens/

36 *cande* : souligné par l'auteur ; / de la main de l'auteur.
37 *3 … parain d'une* d'une main plus tardive.

**4v**

Clocher acheve de bastir et cymettiere clos

Apres ledit clocher basti oudit an 1620 ledit brossaïs a acheve de faire clore l°esglise dudit st denis et a beny le cymettiere tout au tour de ladite esglise/ ledit brossaïs est decede[38] le 23e novembre ~~16~~ 1626 et la jouissance desdits cymettiere a retourne a˘ladite fabrice[39]/

Du bouquet passe par cande/ va loger au louroux

En l°an 1620 monsieur du bouquet avecq sa compagnee de gens de pied a passe par cande/ n°on leur portte du vin sur la gree st jean que n°on leur donne/ vont loger au louroux/ c°estoit le jour de la feste de la magdelainne/

Baron de vesins passe par cande

Oudit an 1620 monsieur le baron de vesins passe aussy par cande/ va loger audit louroux/

Mille bresze loge a cande

Va loger a combree

Le 13e du mois daoust 1620 apres la bataille des poncz tesse monsieur de mille bresze est venu de bescon loger a cande avecq sa compagnee de chevaulx legers/ a este deulx jours/ deslogea le jour de l°asomption nostre dame/ alla loger a combree/

Piere du picquet charoyee

En l°an 1621 les messieurs de cande le lundy gras ont faict charoyer la piere du piquet qui est proche le petit cande/ et l°ont prinse au trois pieres proche les moulins st jean/ jl y avoit quinze couple de beufz/ jl fallut faire des proulleres de bois/ celle de fer cassoint/ elle feut menee sur une trinne au son du tambourd et du baril/

1622

L°esglise des augustins de cande benye

Le dimanche 16 octobre feste de st mainbeuf l°esvecque de st brieu a beny l°esglise des augustins de cande avecq permission de monsieur de nantes/ jlz avoint crainte que elle feust profannee/

38 *est decede* au-dessus de la ligne.

39 *fabrice* : *fabrique*

5r

## 1626

| | |
|---|---|
| Pris du bled | En l°an 1625 le bled vault 25 sous le bouesseau et aulx moissons ne vault que 14 sous le bouesseau/ |
| 1626<br>Chertte de bled | En l°annee 1626 je commensce a escrire plus amplement que cy devant comme l°on voit cy apres/ ou dit an le bled vault 25 sous le bouesseau argent comtent/ sinon que jl s°en trouva ancenis jl eust este plus cher/ l°on voyet forsce povres chercher leur pain/ |
| La paix aulx rochelois | Au mois d°apvril 1626 les rochelois ont acorde la paix avecq le roy suivant l°edit de nantes/ jlz ne l°ont pas tenue/ |
| Eaulx desrivee<br>Foingz gastes | Le mardy 19e may eaulx desrivee qui ont gaste les foingz au bas lieux/ |
| Esclairs gaste la fleur du bled<br>Gresle sur la levee | Le jeudy 21e may feste de l°ascention sur les huict heures du soir grandz esclairs et tonneres qui guastiret les bled et fourmentz qui estoint en fleur/ et la nuict ensuivant force gresle sur la levee de saumur qui gasta plusieurs paroisse entre aultres les rouziers/ |
| Galleriens | Le jeudy 4 juing a passe par cande 35 forceres encheines qui venoint de bretagne/ |
| Tonnere tombe au chasteau d°angrie | Le lundy 8e juing grandz esclairs et tonnere qui tomba dans le chasteau d°angrie par une cheminee et sortit par la croisee/ toutte le[40] reste de la sepmaine feut mesme tourmente jusque au dimanche suyvant avecq eaulx desrivee/ |
| Le roil chante messe | Le dimanche 14e juing missire denis le roil a celebre sa premiere messe en l°esglise de freigne/ |
| Rouveraye chante messe | Le jeudy 18 juing missire mathieu rouveray a celebre sa premiere messe en l°esglise de louere jour de l°octave du sacre/ |
| Hamon chante messe | Le dimanche 21 juing missire jean hamon a celebre sa premiere messe en l°eglise de rochementru/ |
| | Le jeudy 2e juillet le roy lois XIIIe ariva/ |

**40** *le* : *e* corrigé sur *a*.

**5v**

**1626**

| | |
|---|---|
| Le roy loge ancenis[41] | ancenis sur les 7 heures du soir et la royne sur les 9 heures/ et le lendemain a nantes/ |
| Baron de contenant loge a cande | Le vendredy 3e juillet monsieur le baron de contenant avecq sa compagnee de cent mestre de cheval est venu loger a cande/ et le lendemain a ~~pense~~ pennesse et la bourdiniere/ |
| Gendarmes loger a vris | Le lundy ·6e juillet a passe des gendarmes par cande/ on leur baille une pochee d°avoine/ vont loger a vris/ |
| Eaulx desrivee | Le 9 juillet eaulx desrivee/ |
| Soldartz loger a challain et vris | Le dimanche 12 juillet jl y avoit des soldartz au lion d°angers qui vindret loger a challain/ et le lendemain a vris ou jl feuret 2 jours/ |
| Eaulx desrivee | Le samedy 1 aoust jl fist une grande nue[42] de pluye et aussy le lendemain/ les eaulx estoint desrivee et foingz gastes es pres[43] bas/ |
| Drouault prens poscession de st martin | Le mardy 4 aoust maistre vincent drouault escollier prins poscession de la chapelle de st martin en l°esglise de st jean par resination que luy a faict missire piere chaumon/ |
| Pris du bled | Le bled vault 16 sous le bouesseau/ |
| Fourier chante messe | Le dimanche 1 novembre missire mathurin fourier a celebre sa premiere messe a la cornoille/ |
| Povre femme bruslee en la petite chapelle de st nicolas | Le samedy 6 novembre une povre femme qui se retiroit dans la petitte chapelle de st nicolas brusla toutte vive/ |
| Brossaye decede | Le lundy 23e novembre missire rene brossaïs cure de cande et aulmonnier de st jean est decede/ est en˘sepulture au |

41 *ancenis* : *à Ancenis.*
42 *nue* : *nuée*
43 *pres* : *prés*

| | |
|---|---|
| Hereau et cheusse a qui aura l°aumonnerie | millieu du cœur de l°esglise de st denis/ ledit jour missire nicolas herreau et missire george cheusse recueille les voirs[44] des habittans a qui aura l°aumonnerie/ |

**6r**

**1626**

| | |
|---|---|
| Doien de cande entens les voirs pour cheusse | Le mecredy 25 novembre ledit cheusse a faict venir le doyen de cande du bourg dire et le cure de chalain esperant s°en pourvoir suivant une requeste obtenue qu°il estoit mande au premier esclesïastique sur ce requis ouir et entendre les voi[r]s des desdits habitans/ |
| Hereau s°i opose | Ledit hereau s°i est opose d°aultant que c°estoit une surprinse/ sont alles ensemblement angers[45]/ |
| Aultre requeste | Aultre requeste du jeudy 26 novembre et ordonnance par laquelle jl estoit dit quil auroint un cure le dimanche ensuivant pour entendre lesdites voirs qui est le 26e novembre/ jl firet venir monsieur chardon cure de chaze/ ledit cheusse voyant n°avoir pas la plus˘haulte voir eut peur et fist signifier une oposition a jean drouault procureur de fabrice et defenses a tous les prestres de non ne publier ladite ordonnance et de ne faire aulcunne nomination/ et fist signifier un |
| Cheusse a tours Herau angers[46] | apel audit hereau/ et est alle a tours pour ce faire pourvoir/ et ledit hereau angers/ |
| Cheusse prent pocession | Le jeudy 3e decembre ledit cheusse a print pocession de ladite aulmonnerie/ ledit hereau si opose et luy faict donner asination par devant monsieur l°oficial d°angers/ |
| Hereau s°i opose | |

44 *voirs : voix*
45 *angers : à Angers*
46 *angers : à Angers*

A st nicolas entendre les voirs | Peu pour cheusse | Grand nombre pour hereau | Hereau prent pocession

Le dimanche 6 decembre en l°esglise de st nicolas feut publie une aultre ordonnance dudit oficial avecq mandement du lieutenant general de faire asembler lesdits paroissiens pour eslire un aulmonnier/ et ledit cure de chaze et joubert sergent royal sont venus en ladite esglise de st nicolas pour entendre les voirs/ jl s°en est peu trouve pour ledit cheusse et grand nombre pour ledit hereau/ ce voyant ledit cheusse c°est opose aˇladite nomination/ le jeudy 10e ensuivant ledit hereau a prins posession deˇladite aulmonnerie/

**6v**

**1626**

La perriere bruslee

Le mecredy 9. decembre la mestairie de la perriere en la cornoille est bruslee avecq les foings et fourage et dix beufz de harnois/ n°est demeure de logement que la chambre du mestaier/

Chasteau d°ancenis ruyne et abattu

En ce mois de decembre le chasteau d°ancenis a este ruine et abattu par le commandement du roy/ monsieur de ville serin en avoit la charge qui y faisoit aller les paroisse par forsce/

Pris des danree et[47] vivres et bled | Grande contagion angers

Le bled vault 16 sous le bouesseau/ le vin 6 sous le pot/ le beure 3 sous la livres/ la viande fort chere/ la dentelle defendue et remise des aˇpresent/ force maladie contagieuse en plusieurs ville et bourgs entre aultre angers/ beaucoup des habitans ont sorti de la ville a cause de ladite contagion/

47 *danree et* au-dessus de la ligne.

**1627**

Harembert et talourd collecteurs de˘la taille

Le dimanche 7$^{e}$ febvrier jean harembert et guillaume talourd nommes collecteurs de˘la taille/

Godier fermier des cymettiere

Le dimanche 28$^{e}$ febvrier les cymettiere et pres despendant de˘la fabrice de s$^{t}$ denis affermers[48] a jean godier a 52 $^{l}$i$^{b}$vres/

Morice prent pocession de˘la cure de st denis

Le dimanche 7$^{e}$ mars monsieur lezin morice prestre a prins pocession de˘la cure de st denis assiste du doyen de cande du bourg˘d°ire/

Eaulx desrivee

Le 9$^{e}$ may eaulx desrivee/

Chaumon prestre decede

Le lundy 10$^{e}$ may monsieur piere chaumon prestre chapelain de la chappelle de st martin servye a st jean de cande est decede/ a fonde un salut au jour du sacre/ ~~age~~ aage de 85 ans/

Galleriens

Le jeudy 20$^{e}$ may 40 galleriens encheingner ont passe par cande/

**7r**

**1627 1627**

Hereau pourveu de l°aumonnerie

Le jeudy 10 juing monsieur nicolas hereau et monsieur Georg[e] cheusse qui estoint en proces a qui auroit l°aumonner[ie] ce sont acorder ensemble/ et elle demeure audit hereau/ et le 16 juing jl a faict faire proces verba[l] des despendences de˘ladite aulmonnerie et tere qui en despendent raportte par jacques huchede sergent royal/

Procession Demander le beau temps a beaulieu

Le dimanche 27$^{e}$ juing a cause des eaulx et pluye[s] jnportunes on est alle a procession a nostre dame a beaulieu pour demander le beau/ ce que elle nous octroya des le lende

48 *affermers* : *affermés*

main/ temps chaud et sec qui dura jusque aˇla magdlainne sans changer/

Laubin prent pocession deˇla magdlainne pour hiret

Le vendredy 16e juillet monsieur lois laubin vicaire de challain asiste de son cure print pocession de la chapelle de la magdlainne despendant de st jean de cande pour jean hiret escollier a paris/ et la print a st denis a cause que jl ne peult entrer en l°esglise de st jean dont jl euret proces luy e[t] l°aumonnier/ et perdit angers/ et ledit aumonnier eult arest a paris a son profit le[49] /

Procession Demander le beau temps a beaulieu

Le dimanche 1 aoust a cande des pluye jnportunes/ on est alle en procession a nostre dame a beaulieu pou[r] demander le beau/ ce que elle nous octroya des ledit jour/

Prieres de 40 heure aulx augustins

Le mardy 10e aoust prieres de 40 heures aulx augustins/ duriret 4 jours a 10 heures par chaque jour/ et est par tout le diocesse de nantes pour prier dieu pour le roy qui est malade/ les processions [de] la cornoille freigne maumusson st mars vris et rochementru jlz sont venus[50] faire leur prieres/

Plessis de juigne loge a freigne

Le lundy 30e aoust a passe par cande le plessis de juigne avecq sa compagnee qui venoit de combree/ et alla loger a freigne et deˇla a monstrelais/ ont telleme[nt] battu et ransonne les povre gens dudit freigne et [~~xxx~~] rochementru qu°il abandonnoint leur logis/

**7v**

**1627**

[So]ldartz aˇla [cor]noille

Le mardy ·31· aoust 2 compagne du regiment du plessis de juigne ont passe par cande/ venoint de noellet/ vont a la cornoille et de la a monstrelaye/ ont aussy batu et ransonne aˇla cornoille/

49 Blanc après *le*.

50 *venus* corrigé sur *venues*.

[O]raison de 40 [h]eures a st denis

Le vendredy samedy et dimanche ·3·4·5·$^{e}$ jour de sesptembre n°on a faict l°oraison de 40 heures aˇst denis/ et processions beaulieu et aulx augustins et a st jean pour prier dieu pour le roy/

Baron de l°ambriere [l]oge a vris et a villemoisantz

Le samedy XI$^{e}$ septembre le baron d°ambriere est venu de chamveaulx loger a vris avecq sa compagne[e] de gent de pied/ ont este ·2· jours battu et ransonne/ devoint aller aˇla cornoille/ les habitans deˇla cornoille luy ont donne sinquente et trois escus/ sont alle loger a villemoisans/

Bois du pin [lo]ge a cande

Le jeudy 16$^{e}$ septembre l°on a faict des baricades a cande pour empecher la compagnee de bois du pin d°y entrer/ jlz ont entre par composition que chaque soldart aura 20 sous par si mieulx jl n°aime estre noury ches son hoste avecq deffensce de ne ransonner aucuns habitans/ jl venoint de louere et vergongne/ estoint 300· soldartz/ ont este 2· jours a cande/ sont alles a pouille et messange/

[Si]ege aˇla [r]ochelle

Au commencement du mois de septembre monsieur le frere du roy a mins le siege devant la rochelle/

[V]in cher et bled

Le bled vault 20 sous le bouesseau/ le fourment 24 sous/ le vin 8 sous le pot/ et d°aultre a 10 sous le pot/ grande habondance de cistre/ l°este pluvieulx/ n°on a[51] battu les bledz que en l°autonne/

[E]sclaire et grande chaleur

Depuis le 22$^{e}$· septembre jusque au 28$^{e}$ grande chaleurs entremeslee de ventz tonnere pluye esclairs/

[B]aron de blaison [a]la cornoille

Le mardy 29$^{e}$ septembre le baron de blaison avecq sa compagnee vint de beaucousin loger aˇla cornoille ou jl yˇa 20 soldartz de st julien et de la chapelle glen qui les y atendoint/ jl debvoint

51 *a* : *n'a*

**8r**

**1627 1627**

Le baron de blaison passe par cande

desloger le jeudy/ leur chariot cassa/ jlz demeuriret jusque au lendemain/ ont tellement battu et ransonne les pouvre gens de la cornoille pour avoir de l°argent que la pluspart ont quitte/ le vendredy 1 octobre ont passe par cande/ on leur a portte 53 potz de vin et <et> ·2· dousainnes de pain blanc au chesne godin ou chaque soldart a beu en son rang/ le capitaine c°estoit vante que si n°on ne faisoit boire ses soldartz a cande que <*r*> yˆl˘y logeroit/ jl est aussy alle ·20· soldartz dudit cande avecq luy/ ont enmene avecq eulx deulx charttes[52]/ jusque a auvergne ou jl sont alle loger et en ont retins une pour mener leur bagage/

Missire vincent drouault prend 2e pocession de st martin

Le vendredy 1 octobre vincent drouault escollier a prins une segonde pocession de la chapelle de st martin asiste de monsieur jean hiret cure de challain/

Le roy passe par saumur

Le roy a passe par saumur et est alle voir le siege a la rochelle/

Ducarttier loge au tour de cande

Le samedy 9e octobre monsieur du cartier avecq sa compagnee de gensdarmes est logee a combree/ sont venus a louere/ ont prins 32 pistolles/ et sont venus loger a vris en passant par le bois de villatte/ jlz ont este desvalizer de ce qui estoit en leur chariot/ leur chiurgien tue et deulx aultres blesser/ le mecredy 13 octobre sont retourner loger a louere a cause dudit vol/ le vendredy 15 octobre sont alle loger a st julien/ le dimanche sont venus a prefoure esperant loger a cande ou en avoir de l°argent/ mais on estoit alle angers prier monsieur le baron de pont chasteau auquel ledit du carttier estoit alle demander son logement audit cande durant qu°il feroit recherche de la pertte qu°i avoit perdu a louere/ jl n°eut point de logement en anjou/ jl envoya[53]

52 *charttes* : *charretées*
53 *envoya* en marge.

un de ses genstilhommes luy faire deffencer de non loger a cande/ le ·19e· octobre deslogea de prefoure/ alla loger a juygne ruygne/

**8v**

**1627 1627**

Constart procureur de fabrice

Le dimanche 17e octobre josept constart apotiquer nomme procureur de fabrice a st denis/

Meslet et le ray collecteurs du sel

Le dimanche 14e novembre piere meslet et piere le ray nommes collecteurs du sel/

On˘ne peult ensemenser

Les teres sont cy enfondue d°eau que n°on ne peult les ensemenser/ fault faire le˘scenoir[54] apres la charue/

Deffaicte de anglois en lisle de re

Le mecredy 10e dudit mois ~~doctobre~~ de novembre monsieur de montmorancy a deffaict les anglois en l°isle de re conduitz par bonquoiquant admiral d°anglettere/ ce qui en demeure s°en sont fuis par permission du roy/

Garnier cure d°angrie decede

Le fransois cure d°angrie

Le samedy 25e decembre est decede monsieur piere Garnier cure d°angrie lequel n°a pas este deulx ans cure/ monsieur francois le francois chapelain de st thibault est demeure cure et baille sa chapelle a monsieur rene bellanger prestre angrie/

Le bled vault 24 sous le bouesseau le fourment 27 sous/ la viande fort chere a cause du siege de˘la rochelle/ la chandelle de suif vault 7 sous la livre/ le beure 3 sous la livre/ l°este et l°autonne ont este si pluvieulx qui jl y en a qui n°ont battu leurs bledz que environ la toussaintz et ensemensce leurs teres que es advent de noel/ les forteresse du chasteau d°ancenis acheve de razer/

Larceau a ymages de nostre dame a˘la vexttaie

Jl y a long temps qu°iˆl˘y avoit une jmage de nostre dame dans un pied de chesne proche le vilage de˘la vexttaye en la cornoille/ le chesne est tombe/ le mestaier portta l°image

54 *lescenoir : le semoir ?*

ches luy/ renee girard vefve prioulleau a faict faire un arceau de muraille au lieu ou estoit ledit chesne et y a mins l°image/ le monde[55] y va de trois ou quatre lieus a la ronde/ jnvocquet le non de la vierge marye les uns pour avoir alegeance de la fiebvre et pour aultres maladye/ ceulx qui y font leurs voiages°en trouve bien/ les ~~de~~ offrandes des voyages sont donne aulx prestres de la cornoille/

**9r**

**1628**

Veron a chantte sa premiere messe

Le dimanche 9e janvier monsieur jean veron a celebre sa premiere messe en l°esglise d°angrie/

Un augustin a chante sa premiere messe

Le dimanche 6e febvrier un novisse des augustins de cande a celebre sa premiere messe/ et a esleu pour parain et marainne monsieur d°angrie et madame la contesse de chasteauroux/ ce que n°on avoit poinct encore veu qu°il eusset ny parain ny marainne/

~~Vol~~ a l°esglise de st denis vollee

La nuict d°endre vendredy et samedy 19e febvrier l°esglise de st denis a este vollee de cinq nappes d°autel et des deulx parementz de l°autel nostre dame de satin bl*eu* et l°a[ute]l de˘sainte margueritte d°esta*min*e bleue/ ont rompu la vittre de ste margueritte pour entrer en l°esglise/

Egiptiens a cande

Le mardy 22e febvrier les egiptiens ont loge a cande/ ont este jusque au samedy ensuivant/

Babele beuneche collecteurs de˘la taille

Le lundy 20e mars ont este nommes hector babele et francois beunesche collecteurs de la taille/

Cinq compagne de soldartz

Le dimanche ·2e· apvril deulx compagne de gendz de pied ont passe par cande qui venoint de combree/ l°une conduitte par monsieur de la pon*t*ze alla loger a montrellaye/ l°autre conduitte par monsieur de cyzi alla loger a˘la cornoille ou

55 *monde* : *e* corrigé sur *y*.

estape feut faicte a 32 sous par jour pour chaque soldart/ ledit jour deulx aultres compagnee qui estoint loges au bourg˘d°ire passiret par louere/ portiret grande pertte ches drouault hostre/ l°une alla par angrie le louroux/ alla loger a ~~vi~~ villemoisant/ l°auttre passa par la cornoille/ portit grande pertte ches gratien hoste/ alla loger a montrellaye/ ledit jour une aultre compagnee qui venoit de maille passa par vris et freigne/ alla loger a beligne/ toutte ses compagnee estoint du regiment du plessis de juigne/ estoint presser d°aller a˘la rochelle rafraichir le siege/ le lendemain le prevost de chasteaugontier vint apres par ramasser les soldartz qui fuyssoint et en emena avecq luy plusieurs/

**9v**

**1628**

Douart rendu catholique

Le vendredy 7e apvril abrahan douart armeurier enfant de paris compagnon a cande c°est rendu catholique en l°esglise de st denis/ et receu avecq belle ceremonye chantee par monsieur le predicateur dudit st denis augustin et tout les prestres dudit st denis avecq le veni creator et te deum/

Baron de tesse loge pres segre^et[56]

Le jeudy 27e apvril le regiment du compte de tesse estoit loge aulx environs de segre qui alla loger <a loger> a marans la chapelle sur le don gené et bien ou jl battoint et ransonnoint le povre monde/

Deulx chegnes de galleriens [~~xxx~~] huguenotz et prinsoniers

Le dernier jour d°apvril a arive a cande deulx chesgnes de galleriens l°une tout huguenotz anglois mathelotz qui ont este prins sur mer en amenant des vivres aulx rochelois ou jl estoint 39/ lautre prinsoniers de bretagne ou jl y en avoit 50/

Menard a chantte sa premiere messe

Le dimanche 4 juing monsieur michel menard a celebre sa premiere messe en l°esglise de˘la cornoille/

Poictevin a chante sa premiere messe

Le dimanche 9e juillet monsieur francois poictevin a celebre sa premiere messe en l°esglise de st denis/

56 *segre et* : *Segré*

Fouquet seigneur de challain decede

Le jeudy 20e juillet le corps de cristophle fouquet ~~seig~~ vivant seigneur de challain et president a renne a este passe par cande pour mener enterrer audit challain aulx carmes qui estoit decede des le mois de juing ~~apa~~ a paris/ jl y avoit environ de 70 prestres ou religieulx a sa sepulture/

Godier procureur de fabrice

Le dimanche 17e septembre jean godier nomme procureur de fabrice de st denis/ en aˇsorti josep costart/

Pris du bled

Le bled vault 22e le bouesseau/ le fourment 25 sous/ le vin 5 sous le pot/ le beure 4 sous la livre/

~~Derval~~ Duval[57] c°est rompu le col/ est tombe de sur son cheval

Le vendredy 22e septembre vincent ~~derval~~ ~~derval~~ duval[58] fort viel et marayeur de chasteaugontier tomba de sur son cheval/ c°est rompu le col es vallerais entre cande et prefoure en son retournant/

Contagion commense a cande

**10r**

**1628**

Contagion a cande

Morice cure decede

Le samedy 6 octobre est decede monsieur lezin morice prestre cure de st denis de cande lequel n°a este cure que 19 mois un jour/ n°a rezide que XI mois/ durant lequel temps jl a faict faire de grande ormentations[59] au presbitaire scavoir un escallier les chambres et grenies de sur la grande salle et ycelle carleler[60]/ laquelle n°estoit que une grande halle/ et faire blanchir par tout et faire clore le jardrin tout au tour la paroisse/ luy donna 150 livres et en mins plus d°aultant d°aultre de son argent/ est decede de contagion au grand

57 *Duval* au-dessus de la ligne.
58 *duval* au-dessus de la ligne.
59 *ormentations* : *ornementations*
60 *carleler* : *carreler*

Soret vicaire

regret de tous les habitans d°aultant que c°estoit un bon cure homme de bien qui ~~est~~ aymoit fort ses paroissiens/ a este entere en l°esglise de st nicolas/ monsieur francois soret vicaire atendant aultre cure/

Deffence a ceulx qui vont au malade

Le dimanche 22 octobre defence faicte aulx chiurgriens et apotiquaire qui asiste les malade de ne frequenter avecq les habittans/

Gilleberge c°est tue a˘son moulin

Le jeudy 26^e^ octobre piere gilleberge mounier au petit chandelier de st jean en gressant son moulin sa [~~xxx~~] robbe s°est entourttee[61] au tour du fer ou jl c°est estouffe/

La rochelle rendue

En ce mois d°octobre la ville de la rochelle c°est rendue en l°obeissance du roy apres avoir este afamer par le siege et de la digue qui enpechoit que les anglois ne leur donnasse des vivres/

Cathelinnais et gilleberge collecteurs ~~du sel~~[62] du sel

Le dimanche[63] 5 novembre jean cathelinnais et jean gilleberge nommes collecteurs du sel/

Te deum chante aulx augustins et a˘st denis

Le dimanche 5^e^ novembre les augustins ont chante le te deum en reiouissance de la reduction de la ville de˘la rochelle/ et le dimanche 12^e^ novembre chante aussy en l°esglise de st denis/

Mauboussin prend pocession de˘la cure de˘st denis

Le lundy 13 novembre monsieur urban mauboussin prestre a prins pocession de la cure de st denis asiste de monsieur francois soret vicaire dudit st denis/

Bellanger a chante sa premiere messe

Monsieur rene bellanger chapelain de˘st thibault d°angrie a celebre sa premiere messe a nostre dame des ardrillers a saumur/

---

61 *entourttee* : *entortillée ?*

62 *~~du sel~~* au-dessus de la ligne.

63 *dimanche* au-dessus de la ligne.

**10v**

## 1628

Contagion et du nombre

Pris des vivres

Pris du bled

La chapelle de st jacques tombee

En ceste annee 1628 grande contagion a cande/ est decede a cande et faux bourgs bien 50[64] personnes quasi tous enfans/ le bled vault 21 sous le bouesseau/ le fourment 28 sous/ le bled noir 12 sous/ la pippe de cildre ne vault que cent sous/ le vin V sous le pot/ le beure 4 sous la livre/ la chandelle de suit 7 sous la livre/ la viande fort chere/ les marches de cande n°ont rien vallu en l°autonne a cause de la contagion/ la chapelle de la gree st jacques est tombee en ruyne/

## 1629

Marce novisse a chante messe

Le 1$^{e}$ janvier frere anthoine marce novisse aulx augustins a celebre sa premiere messe aulxdits augustins/

Meubles bailles a mauboussin cure

Le mardy 13$^{e}$ febvrier les habittans de cande ont baille 50 tournois a monseigneu$^{r}$ mauboussin leur cure/ quelle somme sera reputtee pour meubles qui demeureront au presbittaire/ l°escript passe par monsieur jean gaudin nottaire de˘la baronie de cande/

Li*n*enais a chante sa messe

Le dimanche 25$^{e}$ febvrier monsieur rene li*n*enais a celebre sa premiere messe a st denis/

Prieres de 40 heures a˘st denis

Le dimanche 8 apvril jour des rameaulx ont[65] a commense le prieres de 40 heures a st denis qui ont est[66] par quatre jours/ le dimanche lundy mardy 12 heures par jour et le jeudy 4 heures/

---

**64** 50 : souligné par l'auteur.
**65** *ont* : *on*
**66** *est* : *été*

Ra*n*ary et huchede collecteurs de˘la taile
: Le dimanche 22$^{e}$ apvril piere ra*n*ary et jacque huchede nommes collecteurs de la taille/

Monsieur le prince de conde loge a cande
: Le mardy 15$^{e}$ may monsieur le prince de conde a loge a cande en s°en venant de˘la bretagne prendre pocession des biens de monsieur de rohan par don que luy en avoit faict le roy/

Grande habondance de pluye durant 3 ou 4 sepmaine

**11r**

**1629**

Cloche de˘st jean remonttee
: Le 8 juing monsieur hereau aulmonnier de st jean a faict remonter la cloche de la chapelle qui avoit este cassee/ elle ne pesoit que 38 / elle pese 76 $^{l}$i$^{b}$vres/

Contagion finie
: La contagion est finye grace a dieu/ jl en[67] est mort tant <tant> de l°an passe que de ceste annee bien 800 personne/

Pris du bled
: Le bled vault 19 sous [l]e bouesseau/ le fourment 26 sous/

Procession a˘la primauldiere
: Le dimanche 2$^{e}$ juillet on est alle en procession a˘la primauldiere/ jl˘y a bien ·30· ans que n°on n°y avoit este/

Drouault et constart rendus leur compte de fabrice
: Le dimanche 26 juillet jean drouault a rendu son compte de fabrice qui avoit este 3 ans procureur et josep constart qui avoit este un an/ l°ont rendu a jean godier procureur de fabrice es presences de monsieur mauboussin cure et jacques le voyer senechal/

Grande chaleurs
: Grandes chaleurs du depuis le commencement de juillet jusques a la fin du mois d°aoust/ beau pour recuillir les

Pris du bled
: biens de˘la tere/ le bled vault 15 sous le bouesseau/ le fourment 22 sous/ le beure 5 sous la livre/ le vin 4 sous le pot/ le

Pris des danree
: cildre 1 sou le pot/ contagion au bourg de beaulieu/

67 *en* au-dessus de la ligne.

| | |
|---|---|
| Visitte de l°oficial | Le 30 septembre monsieur l°oficial d°angers a faict sa visitte a°st denis/ a faict deffence aulx prespres[68] de ne confesser derriere l°autel et de n°aler a˘la taverne a peinne de 32 sous d°amende/ et aulx hostes qui vendront vin durant le service 60 sous/ et aulx habitans qui boiront au taverne durant le service cent sous/ et a ceulx qui mettront leurs chappeaulx et s°acouderont sur les autelz V sous/ le tout apliquable a˘la fabrice/ |
| Proces verbal du presbitaire | Le jeudy 25 octobre faict proces verbal de l°estat du presbitaire de cande par mauboussin cure raportte par monsieur charle[69] drouet sergent et nottaire dudit cande/ |
| Remon et gilleberge colleteurs du sel | Le XI^e novembre daniel remon et gabriel gilleberge nommes collecteur du sel/ |
| | Le jeudy 30 aoust cy dessus est decede ~~jean le xxx~~/ j°ay raye le non[70]/ grand jureur et blasfemateur du non de dieu/ tout son langaige n°estoit pour afirmer en menterie ou aultrement qu°i vouloit que ses os service[71] de cheigne pour encheigner les dames/ jl demeura muet le lundy de devant sans parler/ aloit et venoit a˘ses affaire buvoit et mangeoit et ne pouvoit dire mot/ en fin jl mourut comme cela sans [~~xxx~~] parler ny entend[re]/ |

**11v**

**1629**

| | |
|---|---|
| La jeunesse tue | Le lundy 3 decembre sur les ·10· heures du˘soir un archer de gabelle feut tue pres l°image nostre dame qui se nommoit la jeunesse/ |

68 *prespres* : lapsus pour *prêtres.*
69 *monsieur charle* au-dessus de la ligne.
70 *jay raye le non* au-dessus de la ligne.
71 *service* : *servissent*

Bled encherist

A cause des pluye qui sont jnportunes en ceste autonne le bled encherist/ jl est a 18 sous le bouesseau/ le fourment a 24 sous/ le fructaige est ~~raze~~ rare/ les chastaigne a 15 sous le bouesseau/ les noix a 12 sous le bouesseau/

## 1630

Cymettieres affermer a beauvais

Le dimanche 17$^{e}$ mars les cymettieres et pres despendant de la fabrice de st denis ont este affermes a guillaume beauvais advocat a 64 $^{l}$i$^{b}$vres[72] par an et pour cinq annee a˘la charge d°avoncer tout l°argent pour estre employe a faire faire un tabernacle a st denis/ ledit bail passe par guillaume deille nottaire royal/

Lesne et bitort collecteurs de la taille

Le lundy 4$^{e}$ mars cy devant ont este nommer collecteurs de la taille piere lesne et francois bitort/

Pris du bled

Les pistolles rabaisse de pris

Toutte la saison de l°yver a este pluvieusse avecq grandz ventz jnpeteulx qui rompoit les arbres/ le bled vault 21 sous le bouesseau/ le fourment 25 sous/ la livre de beure 5 sous/ le poisson fort cher/ remumentz sur les pistolles/ ce mettoint a 8 $^{l}$i$^{b}$vres/ a present a 7 $^{l}$i$^{b}$vres 10 sous/ cela faict grand tort aulx marchantz/

Drouault a celebre sa premiere messe

Le dimanche 7$^{e}$ apvril missire vincent drouault chapelain de la chapelle de st martin a celebre sa premiere messe en l°esglise de st denis/

Galleriens

Le lundy 27$^{e}$ may jl a passe par cande 66 <s> forcieres enchesgner qui venoint de bretaigne/

Tonneres et esclairs

Le samedy 1 juing grandz tonneres et esclairs qui ont este universel qui venoit de haulte soulaire/ qui a perdu tous les bledz et aultre choses qui estoit en fleur/ qui a cause grande cherttee et famine cy apres/

---

**72** *a 64 libvres* : souligné par l'auteur.

**12r**

**1630**

Bles enlever

Commencement de faminne

Bled enchery

Les brettons ont enleve les bledz du pais d°anjou pour les vendres aulx estrangers/ et avoint desia vendu les leurs qui a cause grande chertte de grains et faminne cy apres comme jl est [~~xxx~~] remarque au jours et mois comme jl a enchery cy apres/ jl vault a present ·30 sous· le bouesseau de bled/ le fourment ·32 sous·/ defensces faictes en anjou de non enlever les grains faicte apres bonne ~~heu~~ heure et de non les mener en bretaigne/

Grand jubile

Le dimanche 16 juing le jubile a finy par tout l°anjou qui avoit commensce le ·2e· dudit mois/ les stations estoint a cande processionnalement/ le premier a st jean/ le segont aulx augustins/ le troisiesme a nostre dame a beaulieu avecq salut tous les soirs/ auquel n°on refferoit le st sacrement qui estoit tous les jours sur l°autel/ et le dernier jour dudit jubile ont est encorre alle en procession audit beaulieu/

8 pellerins au mont st michel

Le lundy ·2e· juillet jl est alle 8 pellerins de cande au mont st michel qui sont jean godier mathurin meslet<.> daniel remon rene taulpin francois cheusse <·> gabriel gilleberge <·> piere belin et moy jacques valluche/

St andre de corsin canonise

Le lundy ·22e juillet les carmes de challain ont canonise st andre de corsin en leur esglise avecq grande jndulgence a ceulx qui visitoint ladite esglise/ en a este faict le semblable par tout les couventz de carmes avant ou apres ledit jour/ nous y sommes alles en procession a vespres/ jl estoit carmes/ jl y a bien 200 ans qu°il ~~estoit au~~ mourut au duche de milan/ et y fut canonise en lan 1628 /

Procession a beaulieu demander de˘la pluye

Le dimanche 28e juillet ont est alle en procession a nostre dame a beaulieu demander la pluye a cause des grandes ~~sechecher~~ secheresse qui faisoit perir les fruictz/ ~~nous~~ jl en fist[73] en habondance des la nuict suivante avecq tonnere et esclairs/

---

**73** *jl en fist* au-dessus de la ligne.

**12v**

**1630**

| | |
|---|---|
| Bled enchery | Au mois de juillet le bled vault ·34 sous le bouesseau/ le fourment ·38 sous/ |
| Esvesque d°angers donne le cresme a st denis | Le jeudy 8$^{e}$ aoust [~~xxx~~] charle de rueil esvecque d°angers a faict sa visitte a cande/ a faict venir les paroisses circonvoisinnes comme angrie le louroux bescon ver chaze louere challain/ et donna le cresme le lendemaïn/ |
| Bled enchery | A la fin du mois d°aoust le bled vault 40 sous le bouesseau/ le fourment 45 sous/ |
| Estatz tiennet ancenis | Les estatz de bretaigne tiennet ancenis/ jl avoint commensce le 15$^{e}$ aoust/ ont finy ·1$^{e}$ septembre/ |
| Cathelinnais procureur de fabrice | Le dimanche ·20$^{e}$ octobre jean cathelinnais ~~et jean gilleberge collecteurs~~ a este nomme procureur de fabrice/ en a sorti jean godier/ |
| Tabernacle beny | Le vendredy ·1$^{e}$ novembre nostre tabernacle de st denis a este mins sur le grand autel et beni ledit jour par missire urban mauboussin cure/ jl couste 220 $^{l}$i$^{b}$vres/ |
| Bricet chavire collecteurs du sel<br><br>Bellanger greffier collecteurs de la taille | Le dimanche ·3$^{e}$ novembre piere bricet hoste et mathurin chauvire collecteurs du sel et michel bellanger chiurgien et francois greffier collecteurs de la taille/ l°esglise de st denis vollee la nuict ensuivant[74] de peu de chose/ |
| Bled enchery | Le lundy 10$^{e}$ novembre le bled vault a˘la halle 50 sous le bouesseau/ le fourment 56 sous/ pluye fort ennuyeuse qui est la cause que n°on ne peult ensemenscer les bledz que vers la st andre/ au moingz plusieurs/ |
| Grand froid | Le 13$^{e}$ decembre le froid a commensce qui dura 15 jours avecq grande neiges qui firet a noel/ qui fist mourir les choux et |

74 *ensuivant* corrigé sur *ensuivent*.

Habondance de vin et fruict — beaucoup de jeunne bois/ les genetz moururet es champs/ a este grande habondance de vin et aultre fruictz aulx arbres/ en aultre[75] de glan qui a beaucoup servy au povres gens pour faire du pain a cause de la chertte du grain qui vault 53 sous le bled/ le fourment 65 sous/ le tout au petit bouesseau/ jl n°a poinct este de bruit de guere en ceste passe passee/

Pain de glan

Bled enchery

**13r**

**1631**

Bled ravalé

Le lundy ·20e janvier le bled vault a˘la halle de cande mesure au petit bouesseau 50 sous/ le fourment 60 sous/ a˘la fin dudit mois jl ne[76] vault que 48 sous/ le lundy 24e febvrier ~~jl~~ le bled vault ·50 sous/ le 10e mars le bled vault 53 sous/ le fourment 64 sous/ le lundy 17e mars le bled vault ·60 sous/ le lundy 24e mars le bled vault ·65 sous/ le fourment ·67 sous/ le bled noir 38 sous/ l°avoinne grosse 30 sous/ l°avoinne menue 17 sous/ tout au petit bouesseau cy devant et cy apres/ le jeudy ·28e mars le bled 70 sous/ le fourment rouge 75 sous/ et le lundy 14e apvril le bled ne vault plus que ·56 sous/ le fourment ·66 sous/ le bled noir 35 sous/ le jeudy 8e may le bled ·50 sous/ le lundy 12e may le bled ·45 sous/ le fourment ·55 sous/ le bled noir ·27 sous/ et tout de grain qui venoit de˘vers chasteaubriant fougeres et craon/ lequel grain sortoit de la normandise qui n°avoit pas este gastee de l°esclair qu°i fist le premier jour de juing l°an dernier/ lequel esclair perdit la fleur de bled et aultre[s] grains par tout ou elle donna/ c°estoit pittie de voir le povre monde/ beaucoup mouroint de fain/ les aultres mangeoint du pain de glan de grenne[77] de lin de citroulle et de beaucoup d°aultres sorttes/ les povres gens du poictou euret beaucop a souffrir/ estoint secz comme couraulx de bois/ mouroint sur les chemins/ la famine estoit tousiours plus grande en allant vers haulte

Bled enchery

Bled ravalé

75 *en aultre* : *en outre*
76 *ne* au-dessus de la ligne.
77 *grenne* : *graine*

soulaire/ n°on tient que ledit esclair avoit comensce[78] vers le lymouge et finy vers le mont s[t] michel dont beaucoup de province en feuret perdue/ et qui feut le pire c°est que les estrangers s°aperceuret du mal plustost que nous qui vindret enlever les bledz de sur le pays/

Habondance de grand pain

Le lundy ·12[e] may jl y avoit a˘la halle de cande plus de deulx charttie de grand pain qui estoit venu a charge de cheval de fougeres et de la bretagne de plus de 15 li[e]ue/ avant depuis le grain rabaisse de pris peu a peu comme l°on voit cy apres/

**13v**

**1631**

Goupil et denion volleurs

Pendus a Chateaugontier

Jl y avoit en freigne deulx hommes l°un nomme goupil l°autre denion qui faisoit faict de voller/ et descouvroint les logis pour desrober le bled et aultre chose/ c°estoit la fain qui les y avoit jncites/ jl feuret prins le 17[e] may et mener a chatheaugontier par carle drouet sergent de cande/ et feuret pendus des le lendemaïn d°aultant que l°enqueste avoit este faicte sur le pais/

Bled rabaisse

Enchery

Rabaisse

Le lundy de la pentecoste 9[e] juing le bled vault 40 sous/ le fourment 50 sous/ le bled noir 27 sous/ le lundy 16[e] juing le bled 45 sous/ le dernier de juing le bled 40 sous/ le fourment L sous/ le lundy 14 juillet le bled 36 sous/ le fourment 45 sous/ le 21[e] juillet le bled 28 sous/ le fourment 40 sous/

Un garson que un cheval a[79] tué

Le lundy 14 aoust un jeunne garson serviteur de missire francois raguideau fermier de la saull*a*ye estoit sur un cheval au carefour du marche de cande au bout de la rue st jean/ voullant faire passer son cheval ledit cheval se cabra et tomba a la renversse/ la poumette de la selle crevit la poitrinne dudit garson/ et mourut demie heure apres/

**78** *comensce* au-dessus de la ligne.

**79** *a* au-dessus de la ligne.

| | |
|---|---|
| Galleriens | Le samedy ·23 aoust jl a passe par cande 54 forceres encheignes qui venoint de bretaigne/ |
| Bled rabaissé | Le lundy ·8e septembre le bled vault 25 sous le fourment 32 sous/ |
| Thomassin procureur de fabrice | Le dimanche ·21e septembre a este nomme procureur de fabrice estienne thomassin/ en a sorti jean cathelinnais/ |
| Este chault et sec | L°este a este fort chault sans faire de pluye que une nuee qu°i fist ·8e aoust aulx environs de cande/ n°on ne pouvoit travailler dehors a cause de la chaleur/ |
| Bled ~~rabaisse~~ encheri | Le lundy 6 octobre le bled vault 27 sous le fourment 35 sous/ |
| Bled rabaissé<br>Pris des danree | Au mois de decembre le bled vault 26 sous/ le fourment 32 sous/ le bled noir et l°avoinne grosse 14 sous/ la livre de beure 5 sous/ le vin 4 sous le pot/ en ladite annee forsce maladie contagieuse en plusieurs lieues et paroisse circonvoisinnes de cande/ et a este fort grande angers dont grand nombre des habitans sont alle demeurer aulx champs/ |

**14r**

**1631**

| | |
|---|---|
| Grosse gresle | Le mardy ·3e febvrier apres midy jl fist une grande nuee de gresle grosse comme prunnes et quelque grains comme esteulx avecq grand desrivement d°eaulx partout/ |
| La rivraye bruslee | Le mardy 10 febvrier la mestairie de la rivraye de˘la burliere en la cornoille a brusle/ |
| Garnison a chasteaugontier<br>A cossé<br>A candé | Le regiment du plessis de juigne est en garnison a chasteau gontier/ estoint en si grand nombre qu°il fallut qu°il en sortist cinq compagnee/ deulx aliret a cossé en garnison/ les trois aultres vindret loger a bouelle/ et le lendemain dimanche gras ·22efebvrier sont venue en garnison a cande/ les capitainnes se nommoint de beaumont la georgette et st gilles/ ont faict leur corps de garde soubz la halle/ police faicte sur le pain noir de ·5· cartons celuy d°un sou le pain blanc 1 livre d°un sou/ le 10e mars la georgette fist mettre |

sa compagnee en arme/ et sont alles au grand cymettiere de st jean ou jl leur a faict faire l°exercisse de guere pour les jnstruire/ le jeudy ·XI$^{e}$· de˘mars ont desloge de cande/ retourner a bo*u*elle de˘la a chasteaugontier/ et tout le regiment en a sorti le dimanche ·14$^{e}$ mars/

Godier a rendu son compte de fabrice

Le dimanche 14$^{e}$ mars jean godier a rendu son compte de fabrice raportte par monsieur jean besson nottaire royal/

Du val loge a˘la cornoille

Le mecredy ·24$^{e}$ mars jl arivit a˘la cornoille la compagne[e] de monsieur du val gentz de pied qui venoint de pensé/ le lendemain passiret par la pouese/ aliret loger a bren et de la a gene/

Morice cure de st denis prent pocession

Mauboussin cure de auvergne

Le vendredy ·19$^{e}$ mars jl est venu cinq hommes d°ancenis prestres et aultres prendre pocession de la cure de st denis pour monsieur nicolas morice aussy d°ancenis luy absent/ lequel morice a permutte une chapelle qu°il avoit avecq monsieur urban mauboussin cure dudit st denis/ lequel mauboussin a permutte ladite chapelle avecq la cure de auvergné/ est a present audit auvergné/ monsieur piere gi*n*bourt et monsieur francois soret sont demeures vicaires jusque a ce que ledit morice vienne*t* resider/

**14v**

**1632**

Bled rabaissé

Le lundy ·29$^{e}$ mars le bled vault 22 sous/ le fourment 28 sous/

Du bouquet loge a loueré

Le lundy ·5$^{e}$ apvril monsieur du bouquet ~~estoit~~ vint <de> de la chapelle sur le don loger a louere et de la a st julien/ c°estoint gens de pied/

De lire loge a loueré

Le samedy 10$^{e}$ apvril la compagnee de monsieur de lire est venue de st erblon/ a passe par cande/ on luy a donne une halebarde et du pain et vin qu°il ont demande soubz la halle/ sont alle loger a loueré/ sont gens de pied/

Loc marias

Le jeudy absolu 8$^{e}$ apvril la compagne de gendarmes de monsieur de loc marias estoit logee a rouger/ le 10 est venue loger a avernné/ n°on alla de cande parler au capitaine et le prier de ne venir pas loger audit cande/ ce qu°il promint sans s°i fier/ n°on fist la queste par cande pour amasser de l°argent pour faire la despensce des habittans qui yroin[*t*] a gizeulx trouver monsieur du bellay gouverneur d°anjou pour le prier de ne donner aucun logement audit cande/ guillaume de beauvais jean cathelinnais jean baron habitans partiret le mardy[80] ~~lundy lendemain~~ de pasque 13 apvril/ jl ne cessa de pleuvoir tout ledit jour jusque au lendemain dont jl feuret en grand danger de ce noyer a longue/ ledit sieur du bellay leur donna sauvegarde et lettre particuliere comme jl prioit de ne loger pas audit cande/ le jour de pasques alla loger a st erblon le mecredy 14e a mesange le jeudy 15e apvril audit cande/ le 16 les habittans ariviret de gizeulx/ ledit loc marias estoit a jouer au maistre au grand cymettiere de st jean/ n°on luy montra ladite lettre/ dist qu°il n°estoit pas heure de desloger/ deslogea le lendemain 17 apvril/ alla au lion d°angers/ le lundy 19e apvril alla loger a champigne/ jl n°avoit que ·20· maiste qui faisoit cent chevaulx sans son chariot et six mulletz/ jl ne logea que en six hostelerie/ contiret toutte leurs despensce mais jlz ne poyiret rien/ la pluspart estoint exemptes/ qui fut la cause d°un grand proces a˘la paroisse/ <les> ceulx qui estoint exemptz gaussoint les aultres/ jl n°y avoit que 377 libvres de despence/ rene pipault hoste a l°image nostre[81] mania le proces/ tous les habittans furet comdepnes[82] poyer avecq lettres d°asciette tant qu°il feut esgaille[83] 750 libvres/

80 *mardy* au-dessus de la ligne.

81 *nostre : nostre dame ?*

82 *comdepnes : condamnés*

83 *esgaille : égalé*

**15r**

**1632**

| | |
|---|---|
| Gauvaing et meslet collecteurs de˘la taille | Le dimanche 15e apvril francois gauvaing et mathurin meslet nommes collecteurs de la taille/ |
| Chappelle dela gaziottriere bastié | Le mardy ·XIe may la chapelle de la gaziottriere en angrie a este commenscee/ deffunct francois aubert tanneur habitant dudit village l°avoit fondee par son testament/ missire charle d°andigne seigneur d°angrie a mint la premiere piere au millieu du pignon vers amont/ ambroise pinart vefve dudit aubert avecq ses enfans l°ont presentee a monsieur francois le francois cure dudit angrie/ lequel cure et pinart l°ont faict bastir moittie par moittie et jean moquehan de la valluchere a faict faire le ballet sur la grande portte/ |
| Fosse de la brocherie abattu | Le lundy ·28e juing les habittantz de cande sont alles au bat du tambourd abattre un fosse au communs de la brocherie despendent dudit cande/ lequel fosse n°avoit este faict que le vendredy de devant par un nomme gondart demeurant angers qui l°avoit faict faire pour mettre avecq son lieu du busson qui est tout proche lesdits communs/ |
| Cheusse a celebre sa premiere messe | Le dimanche 4e juillet monsieur rene cheusse a celebre sa premiere messe en l°esglise de st denis/ |
| Pris du bled | Le lundy 12e juillet le bled vault 24 sous/ le fourment 30 sous/ |
| Jubile universel | Le dimanche XIe juillet le grand jubille universel envoye par le pape urban ·8e· pour les nicessites de touttre l°esglise chrestienne a fini en les esglise de la ville et faubourgz d°angers/ et a commensce par tout l°anjou cedit jour/ jl duroit ·15· jours/ jl failloit jeusner le mecre[84] ~~vend~~redy vendredy samedy de l°une des deulx sepmaine et comunier le dimanche ensuivant/ faire trois processions a la volonte du cure/ |

**84** *mecre* au-dessus de la ligne.

| | |
|---|---|
| Grosse gresle tonnere et pluie | Le dimanche 1 aoust sur le midy jl se leva un grand tonnere et esclairs et pluye y^cy/ mais ensuitte ladite nuee jl fist force gresle qui rompoit tout entre vers les pontz ce fondon st lambert/ bien en 12 ou 15 paroisses audessus |
| Pris du bled | d°angers/ le bled vault 20 sous le bouesseau et le fourment · 26 sous/ |

**15v**

**1632**

| | |
|---|---|
| Galleriens | Le samedy XI^e septembre jl a arive a cande ·58 forceres enchesgner qui venoint des prinsons de bretagne/ |
| Morice cure residé | Le lundy 18^e octobre monsieur nicolas morice cure de st denis y est venu resider audit cande/ |
| Pris du bled | Le lundy 25^e octobre le bled vault 18 sous/ le fourment 24 sous/ l°avoinne grosse 10 sous/ la menue 7 sous 6 deniers/ tout au petit bouesseau/ |
| Monsieur de montmorancy decapitte | Le samedy 30^e octobre jl fist de grandz esclairs sans tonnere ny pluye/ n°ont tient que c°estoit lors de la mort de monsieur de montmorancy qui feut descapite dans la ville de toulouze par le commandement du roy d°aultant qu°i^l˘avoit suivy monsieur qui avoit leve les armes contre le roy/ mesmes tous ceulx qui avoit leve les armes pour luy feuret desclares crimnelz des le mois d°aoust dernier/ |
| Service pour monsieur de montmorancy | Le mardy 16 novembre jl a este faict un service solennel en l°esglise de st denis pour prier dieu pour repos de l°ame de monsieur de morancy/ |
| Monseigneur le prince de conde seigneur de cande | Le roy a donne la tere de cande chasteaubriant et tout c*y* qui despent desdites teres a monsieur le prince de conde beau frere dudit sieur de montmorancy/ |
| La coliniere bruslee | Le mecredy 24^e novembre la mestairie de la colinniere en la paroisse d°angrie a brusle avecq touttes les pentions des bestiaulx et aultre bien qui estoit audit logis/ la mestairie est aulx enfans de defuct mathieu mo*n*ssault/ |

| | |
|---|---|
| Chapelle a casson ou jl se faict miracle | En ceste annee 1632 jl y a une chapelle fondes en l°honneur de madame st anne en la paroisse de casson en bretaigne ou jl se faict des miracles/ le monde y abonde de tous costes pour y faire voyages/ |
| Grande seicheresse pour la saison | Au mois de decembre les eaulx sont aussy retiree es puictz et fontainnes comme au mois d°aoust/ le bled vault comme cy devant/ la viande asses a bon pris/ le vin vault 5 sous le pot/ le cyldre 2 sous le pot/ les biens de la tere sont fort beaulx qui donne un grand contement[85] au povre peuple/ |
| Boiffumee et beauvais colecteurs du˘sel | Le dimanche 21e novembre cy devant jean boiffume et rene beauvais nommes collecteurs du sel/ |

**16r**

**1633**

| | |
|---|---|
| Pris du bled | La saison de l°hiver a passe sans froid ny aultre mauvais temps/ beau avoncement des biens de la tere/ le bled vault 18 sous le bouesseau/ le fourment 23 sous/ |
| L°intendant de monsieur le prince de conde | Le lundy 4e apvril l°intedant de monseigneur le prince de conde estoit a cande ou jl a donne asignation aulx officiers de la justice d°aller trouver mondit seigneur a chasteaubriant/ |
| Esclipse de soleil | Le vendredy 8 apvril esclipse de soleil sur les trois heures apres midy qui menasse de grand malheurs ariver/ |
| Chappelle de la gaziottiere beneiste | Le dimanche ·10e apvril monsieur francois le francois cure d°angrie a beni la chapelle de la gaziottiere en [~~xxx~~] angrie[86] par permission de monsieur d°angers en l°honneur de dieu et de la vierge et de monsieur st francois patron du fondateur/ |
| Pris du bled | Le lundy 9e may le bled vault 20 sous/ le fourment 26 sous/ et a enchery a cause que les brettons l°ont sere sur le pais pour |

85 *contement* : lapsus pour *contentement*.

86 *angrie* au-dessus de la ligne.

| | |
|---|---|
| Bled prins sur mer | l°envoyer sur la mer/ dont jl y en a qui y en ont bien perdu/ et ont este prins en l°isle de nermoustier/ |
| Pottier morissault binault collecteurs de˘la taille | Le mardy 17e may jean pottier piere morissault julien binault nommes collecteurs de la taille/ jl y a bien du rehault de˘ladite taillee/ |
| Galleriens | Le lundy 25e juillet jl a arive a cande deulx chesgnes de forceres ou jl y en a 65 encheigner/ |
| Monseigneur le prince de conde loge a cande | Le mecredy 3 aoust les paiges et les gardes ~~de~~ et le[87] bagage de montseigneur le[88] prince de cande ont ~~ari~~ arive a cande/ les gardes sont alle loger a rochementru/ et monsieur le prince a arive a cande le samedy 6 aoust au soir qui y a couche une nuict/ et le lendemain alla a chasteau briant/ |
| Pluye ennuyeuse | Les pluye sont ennuyeuse/ n°on ne peult battre les bledz/ jl vault 18 le bouesseau/ |

**16v**

**1633**

| | |
|---|---|
| Pistolles rabaissee | Le pistolles ce mestoit a 8 livres 6 sous et les escus d°or a 4 livres 6 sous le tout par edit/ et les marchans les mestoint a 8 livres 10 sous et les escus a 4 livres 10 sous/ |
| Grenier a sel basti | Monsieur claude le bretton grenettier au grenier a sel de cande faict bastir le grenier a sel de cande au lieu et place du four a˘ban de cande/ et y a faict charoyer le sel qui estoit au viel grenier qui est dans la rue de la poullaglerye/ |
| Monsieur le prince de conde faict tenir ses asisses a cande | Le lundy 19e septembre monsieur le prince est venu de chasteaubriant a cande pour faire tenir ses assises generalles ou toutte la noblesse despendant de˘la baronnie sont venus rendre leurs hommages/ et a aferme sadite baronnie a monsieur[89] claude le bretton grenettier a 800 livres/ et ledit le |

87 *et le* au-dessus de la ligne.
88 *le* : *l* corrigé sur *d*.
89 *monsieur* au-dessus de la ligne.

bretton ne la tenoit avant que a 550 $^{l}$i$^{b}$vres/ le mecredy 21$^{e}$ septembre monsieur le prince s°en va au don et a chantusseaulx/ et ses paiges et ses gardes avecq son bagages sont alles loger a beaucousin/

Habondance de grains/ bled rabaissé

Jl est grande habondance de toutte sortte de grains grace a dieu/ le bled vault 15 sous/ le fourment 20 sous/ l°avoine grosse 7 sous/ le tout au petit bouesseau/

Valluche procureur de fabrice

Le dimanche 9$^{e}$ octobre moy jacques valluche ay este nomme procureur de fabrice/ et en a sorti estienne thommassin/

Beau temps pour ensemenscer les teres

Le commencemant d°octobre est beau pour ensemenscer les grains/ dura jusque au ~~mar~~ lundy 24/ la pluy commensca sur les 3 heures apres midy qui dura jusque au 26[90] octobre sans cesser de pleuvoir/ et apres tousiours pluye ennuieuse/

Bucheulx de la st simon et jude

N°on ne commensce a vendanger que en la sepmaine de la toussainctz

Le jeudy 27$^{e}$ octobre la pluye commensca sur les 9 heures du matin/ et la nuict ensuyvant jl fist un si grand orage de vent verglas pluye et neiges qui rompoit toutte sortte d°arbres/ rompoit des branches grosses comme le corps d°un homme/ jl en abastit asses pour tout l°hiver/ c°est pourquoy n°on la nomme le bucheulx de la st simon et jude d°aultant que c°estoit le jour de st simon et st jude/

**17r**

**1633**

Hiret et guyot collecteur du sel

Le dimanche ·6$^{e}$ novembre mathurin hiret et claude guiot nommes collecteur du sel/

Bled enchery a cause des pluye

Le lundy 21$^{e}$ novembre le bled vault 21 sous le bouesseau/ et encherist a cause des pluye jnportunnes que n°on ne peult parachever ~~se~~ d°ensemancer les teres/

**90** *26* : *6* corrigé sur *8*.

L°esglise de st denis vollee

La nuict d°entre le lundy 21e novembre et mardy l°esglise de st denis a este vollee/ ont rompu la serure du grand coffre/ ont prins 9·10 napes d°autel 10 livres de fil blanc/ ont essaye de crochetter tous les aultres coffres et fenestres/ ont print l°argent d°un des troncz/ la nuict ensuyvant jl feut jette dans la court du presbittaire cinq ~~pa~~ nappes et la nuict du vendredy ensuivant encorre jette en ladite court une nappe et cinq livres de fil que monsieur le cure a rendu/

L°esglise de st jean vollee

La mesme nuict du 21e cy dessus jl ont aussy entre en l°esglise de st jean/ ont fracasse deulx calice d°estain pour voir s°il estoint d°argent et les ont laisses/ ont emportte deulx aubes de toille/ l°aumonnier oyant le bruit courut apres jusque au trois pieres/ ce voyant presses lessiret lesdites aubes pour s°en courir plus fort/

Pluye cessee

Le lundy 21e decembre les pluyes ont cesse et c°est tourne en froid qui dura 15 jours/ plusieurs achevet de semer les bledz/

Esdit sur les pistolles

Jl cest encorre faict un edit de deffences de ne[91] prendres les pistolles a plus de 8 livres 6 sous et les escus a 4 livres 6 sous/ mais les marchantz les prennes et mettet a quel pris que bon leur semble et hausset tousiours de pris peu a peu/

En ce mois de decembre a nantes en la paroisse de st saubin missire michel fouellet prestre enfant de cande lequel a donne a la fabrice de st denis le plus beau et le plus vallant de deulx calices qu°il a a la charge que la fabrice fera dire a perpetuitte un service au jour et feste de ~~st~~ monsieur st michel au mois de septembre et asigner ledit service de dimanche de devant/

91 *ne* au-dessus de la ligne.

**17v**

**1634**

Procuration a aube pour avoir le calice de fouellet

Le dimanche 1e janvier je jacques valluche procureur de fabrice de st denis de cande ay faict faire procuration raportte par monsieur jean gaudin nottaire signes de 35 habittans/ laquelle procuration je mins es mains de francois aube demeurant a segre/ lequel alloit a nantes/ auquel les habitantz donne pouvoir de delivrer de monsieur de l°yverniere executeur de deffunctz monsieur michel fouellet un calice d°argent dorre/ lequel aube a a˘portte ledit calice et le [xxx] a[92] mins entre les mains desdits paroissiens[93] le 16e janvier avecq un voille et palme[94] de taffettais rouge garny[95] de croix de passement d°argent deulx corporaulx et un purificatoire de toille le tout en une boursce de camelot violet/ et luy ay baille descharge comme procureur de fabrice[96] minse au pied de la minutte de˘ladite procuration/ le calice est une fort belle piece antienne/ le dapte en est soubz la patte/ 1539/ jl pese une livre et demie/ jl est garny sur la patte d°un crucifix une nostre dame un st jean un coeur naffre d°une fleche et sur la poumette 8 figure d°apostres le tout en bosse d°argent/ glose a des paroissiens comme procureur de fabrice/

Prioulleau rennier douart collecteurs dela taille

Le dimanche 15e janvier piere prioulleau mathurin rennier et abraham douart nommes collecteurs de la taille/

Ordonnances sur les francz fiefz

Le dimanche 26e mars a este publie ordonnance du roy au prosne de la grande messe porttant qu°il failloit que toutte sortte de personnes de quelque callitte et condition qu°il feusset tant d°esglise nobles et aultres qui tiennet des heritaiges a fret et hommages ou estant en main mortte eusset

92 *a* au-dessus de la ligne.

93 *desdits paroissiens* au-dessus de la ligne.

94 *et palme* au-dessus de la ligne.

95 *garny* : *n* corrigé sur *y*.

96 *comme procureur de fabrice* au-dessus de la ligne.

a en faire desclaration et la portter ches martin le masson angers/

Febvrier pluvyeulx

Pris du bled

Le mois de febvrier et de mars fortz pluvieulx et le mois d°apvril fort rude et sec/ ceulx qui ont d*u* bled en leurs greniers ne veullet pas s°en deffaire/ jl vault 20 sous le bouesseau/ le mois de may temps doulx/ le bled ne vault que 18 sous/

Jndulgensces au confraires de nostre dame du mont^sera

Le dimanche 21e may un homme qui se dit estre de nostre dame du mont^sera a aportte une bulle de grande jndulgence et pardons a ceulx qui vouldront s°enroller en la confrairie de nostre dame du mont^sera estant confesses et comunies et repentant de leur peches/ donnant de leur biens a leur volonte/ participer au prieres/ jeusnes aulmonnes de tous/ les confreres ont commins monsieur francois soret prestre pour recullir ce qui sera donne/

**18r**

**1634**

Commission de˘la taille

Le dimanche 4e juing a este publie la comission de˘la taille taillon et cre*u*e de g*au*sons et tu*rc*ye et leve[97]/ tout ensemble se monte 1483 libvres 10 sous[98] sans comprendre 4 deniers pour livre et 10 sous par lieue qui est pour les collecteurs pour leur peinnes d°aller faire leurs taulx angers/

Esdit du roy de reiglement sur les tailles

Esdit du roy faict au conseil tenu a paris le 23 apvril 1634 ou jl est enioingt de taxer tous ceulx qui sont anoblis depuis ·56· ans/ et toutte sortte de fermiers/ de gens d°esglise et de noblesse et tous esclesiastique qui font plus d°un lieu en leur main soit closerie ou mestairie n°auront pouvoir que d°en faire un seulement/ et tous brettons qui font des teres en anjou exepte les vignes/ aussy enioingt de taxer tous habittantz des villes franches qui ensemensce des teres es

97 *de gausons et turcye et leve* au-dessus de la ligne.

98 *1483 libvres 10 sous* : souligné par l'auteur.

paroisse taillable aultre que vigne et jardrins/ et ceulx desdites ville franche qui passe tout l°este sur les champz et qui se˘retiret vers les mois de decembre et janvier/

Passement deffendus

Le lundy 5e juing lendemain de la pentecoste a este publie esdit du roy porttant deffensces a touttes personnes de quelque qualitte et condition qu°il soint de non ne portter aucuns bouttons passementz d°or et argent ny passement de millan cheignette dentellee errierepoinct[99] poinct ~~croisse~~ croize/ enˆfin de toutte sortte d°enrichisement sur les abitz d°or argent soit fin ou faulx ou ~~orfe~~ orphevrerye ny aussy cordons escharpes bandriers ceintures qui soit aussy d°or argent fin ou faulx ny orpheuverie de non ne porter soye sur soye[100]/ seulement aulx hommes porter sur le long du canon de leurs chausses et aulx extremittes de leurs pourpoinct et deriere leurs bouttonnere un ou deulx passement seulement/ et aulx femmes au bas de leurs robes et cotillons et celles des enfans aussy un ou deulx/ le tout sur pennes de 1500 libvres[101]/ et aulx tailleurs qui feront lesdits abitz 300 libvres[102] et privation de ne travailler jamais/ et defensces a tous gentilhommes de ne faire a leur laquais et servitteurs aucuns abitz de soye ~~peu de temps~~/ n°on avoit tentz de peine a descouttre les passementz/ mais bien un mois apres chacun en porttoit fors d°or argent fin ou faulx ny orfeuverïe/

**18v**

**1634**

De˘la noe a celebre[103] sa messe

Le dimanche 25e juing monsieur claude de la noe a celebre sa premiere messe en l°esglise d°angrie/

Grande chaleur

Grande challeurs et seicheresse cy extreme que les biens de la tere en perisse/

---

**99** *errierepoinct* : *arrière-point*

**100** *soye sur soye* : *soie sur soi* (?)

**101** *1500 libvres* : souligné par l'auteur.

**102** *300 libvres* : souligné par l'auteur.

**103** *celebre* : *r* corrigé sur *l*.

| | |
|---|---|
| Jubile a st denis | Le dimanche 9e juillet le jubile a ouvert a st denis/ auquel jour n°on est alle en procession aulx augustins/ le mecredy a st jean/ le samedy a nostre dame a beaulieu/ jl dure ·15e· jours/ jl fault jeusner le mecredy vendredy samedy de l°une desdites deulx sepmainnes/ |
| Chaleur cessee | Le lundy 17e juillet la chaleur a cesse et les pluye ont commensce qui font grand tort a amasser les foingz et grains/ |
| Chaleurs commensce<br>Pris du bled | Au commencement du mois de septembre a faict de tresgrande chaleurs et seicheresses qui faisoit tort au bledz noir/ elle a dure jusque a˘la st mathieu et st morice qu˘il c°est tourne en pluye/ le bled vault 20 sous/ le fourment 23 sous/ |
| L°archidiacre faict sa visitte a st denis | Le vendredy ·29e septembre monsieur l°archidiacre d°oultre mayenne a faict sa visitte a st denis/ jl a ordonne que le prieu de st nicolas fera mettre ladite esglise de st nicolas en reparation tant vitre carreau que couverture et fournira d°ornementz propre pour celebrer la˘ste messe le˘tout dans ·3· mois/ et defence aulx prestres de non n[e] porter aucuns ornemens pour y dire la messe/ le tout a peine de confiscation du benefice et de rendre les ornementz que yl y portte/ de les rendre au procureur dans ledits ·3 mois a celle fin que lesdits procureurs fasce jnventaire de tous les ornementz dudit st denis/ et a ordonne que les procureurs qui ont este cy devant rendront leurs compte dans lesdits ·3 mois a peine de 20 livres d°amende/ |
| Drouet procureur de fabrice | Le mecredy 18e octobre charle drouet a este nomme procureur de fabrice/ et moy jacques valuche en ay sorty/ |
| Beau vendanger | Durant l°autonne jl a faict beau faire vendange amasser les bledz noirs asses en bon nombre grace a dieu/ beau labourer et ensemanscer les teres/ le tout au contentement du povre peuple/ le bled vault 18 sous le bouesseau/ |

**19r**

**1634**

Jnventaire du bien de l°esglise de st denïs

Le dimanche 29 octobre je jacques valluche cy devant procureur de fabrice ay faict faire jnventaire de tout les ornemens de l°esglise de st denis tant croix calices custode cyboire en fin de tout ce qui despent de l°esglise et aussy des meubles de bois/ et en ay charge charle drouet a present procureur/ l°inventaire raportte par monsieur jean gaudin nottaire/

Soldartz passe par bescon louroux

Vont a chasteaugontier

La sepmaine de la toussainctz jl a passe plusieurs soldartz par bescon et louroux pour aller en garnison a chasteaugontier/ une brigade alla louere faire feinte d°y loger pour en tirer de l°argent/ n°on ne leur bailly rien/ jl vint un capitainne faire battre le tambour a cande pour amasser des soldartz/ jl n°en trouvit aucun qui voullut s°enroller/

Cosneau et fouellet collecteurs du sel

Le dimanche 12e novembre julien cosneau francois fouellet nommes collecteurs du sel/

Blasphemateur possede

Le lundy 27e novembre un nomme[104] apres avoir beu et yvrongne faisoit de grandz juremens et blasphesmes cy execrables disant qu°il vouloit que le diable l°enportast s°il ne tuoit sa feme estant au logis/ sa feme estant advertie s°osta[105]/ luy estant au logis devint comme desmoniacle et possede du diable/ et comme muet ne parloit poinct faisant des signes comme s°il eust veu le diable/ feut trois jours comme cela/ la parolle luy estant revenue le voullant exorter[106] jl disoit qu°il estoit au diable et que jl enporteroit[107]/ les prestres et religieulx avoint beau luy faire des remonstrances/ jl ne vouloit poinct se reconscillier/ quelque uns disoint qu°il en abusoit/ mais luy estant venu en son bons sens dist qu°il n°en abusoit poinct/ est a present sain d°esprit/

**104** Blanc après *nomme*.

**105** *sosta* : *s'ôta*

**106** *exorter* : premier *r* corrigé sur *t*.

**107** *jl enporteroit* : *il l'emporterait*

L°autonne resemble a un beau printemps

Seicheresse en decembre

Pris du grain

Toutte l°autonne a este comme un beau printemps/ les fleurs des jardrins commune et en nombre/ les genetz fleuris/ toutte sortte de plantes reverdisoit/ les bledz s°a*v*onsoint et estoint aussy beaulx comme au mois d°apvril dernier/ le tout au contentement du povre peuple et au mescontentement des usuriers/ les puitz et fontainnes estoint aussy sterilles au $15^{e}$ decembre comme en este/ car on travailloit bien a y en puiser en beaucoup de lieulx/ le bled vault 16 sous/ le fourment 20 sous/ le bled noir et l°avoine grosse a 8 sous/ le tout au petit bouesseau/

**19v**

**1634**

Grans jours a poictiers

Estatz de bretaigne a dinan

Jnterestz rabaisser

Grand debvoirs eslever

Chapelle bastie au bois joulain

En ceste annee 1634 les grans jours ont tint a ~~p[xxx]rs~~ poictiers/ les estatz de bretagne ont tenu en la ville de dinan/ en ceste ditte annee le roy a rabaisse les jnterestz/ jl se souloit ce poyer au denier seize qui est pour cent livres 6 $^{l}$i$^{b}$vres 5 sous/ et a present jl est au denier 18 qui vault [~~xxx~~] ce*n*t[108] unze soulz un denier un ties[109] de denier pour 100 $^{l}$i$^{b}$vres/ en ceste ditte annee le roy a leve de grand debvoirs sur les marchandise qui passe d°une provin*s* en l°autre comme 40 sous par cheval 16 sous par beuf 8 sous par vache au dessus des debvoirs antiens et sur toutte aultre sortte de marchandise/ en ceste ditte annee monsieur du bois joulain a faict bastir une chapelle en sa maison du bois joulain en angrie/

**108** *cent* au-dessus de la ligne.
**109** *ties* : *tiers*

1635

**1635**

| | |
|---|---|
| Tonneres et esclairs | Le vendredy 5$^{e}$ janvier jl a faict de grandz esclairs et tonneres par endroitz/ |
| ~~Naif et~~ Habondance de pluye et verglas et neif | Le samedy 27$^{e}$ janvier jl fist de la nef toutte ajournnee[110]/ et le jeudy 1 febvrier jl fist du verglas et grande abondance de pluye qui dura jusque au dimanche ensuivant de sortte que les eaulx estoint desrivee de tous costes/ |
| Ordonnances des grandz jours de poictiers | Le dimanche 4$^{e}$ febvrier jl a este publie au prosne de la grande messe de st denis une ordonnance venue des grandz jours qui tiennet a poictiers portant deffence a tous habittans de non ne travailler au dimanche et aultres festes solennelles et de non ne jouer a quelque jeu que ce soit durant le st et divin service celebre dans les esglises parochialles a peines de ·20 $^{l}$i$^{b}$vres· d°amende/ les hostes qui vendront vin durant ledit service qui seront loger ches eulx ~~con~~ confiscation de leurs logis et ceulx qui sont a louage 20 $^{l}$i$^{b}$vres d°amende/ le tout moittie a la fabrice et l°autre moittie aulx renfermer d°anges/ l°ordonnace a este faicte par les esclisiastique au procureur du roy/ cela est par tout [~~xxx~~] l°anjou/ |

**20r**

**1635**

| | |
|---|---|
| Talourd a celebre sa premiere messe | Le dimanche 4$^{e}$ mars monsieur jean talourd a celebre sa premiere messe en l°esglise de la cornoille/ et est demeure vicaire en ladite esglise soubz[111] desmarians cure/ |
| Cymettieres affermer a besson | Le mardy 6$^{e}$ mars les cymettieres et pres descendantz de la fabrice de st denis ont este affermes a monsieur jean besson nottaire a la somme de 48 $^{l}$i$^{b}$vres par an a la charge de planter deulx arbres par an[112] dans celuy de st jean et une dans celuy |

**110** *ajournnee* : *la journée*
**111** Blanc après *soubz*.
**112** *par an* au-dessus de la ligne.

de st nicolas et les entretenir de clostures/ le bail raportte par monsieur guillaume deille nottaire/

Pris du bled

Au mois d°apvril beau temps pour l°advoncement des biens de la tere/ le bled vault 16 sous le bouesseau et le fourment 20 sous/

Voylle sur le tabernacle de st denis

A la feste de pasques 8e apvril n°on a posze un voille de taffectau rouge sur le tabernacle de st denis/ lequel couste 64 [l]i[b]vres du brodeur sans la frange/ a este [~~xxx~~] poye des deniers provenus de la ferme des cymettieres/

Commission pour le sallepestre

Le mesme dimanche 22e apvril a este publie une commission qui feut hier en dernier desnonce a drouet procureur de fabrice porttant arest de la court par laquelle jl est leve sur touttes les villes de la france six vingt cinq mille livres par an durant cinq annee pour estre delivree a un nomme monsieur francois sabattier demeurant au petit arcenat[113] de paris/ lequel a marchande a fournir ledit arcenat par chacun an le nombre de deulx centz sinquente

**20v**

**1635**

Cande taxe cent livres pour le sallepestre

milliers de sallepestre qu°il doibt rendre dans le magasin/ de laquelle somme cande en a este taxe la somme de cent livres pour l°an passe poyable dans quinzainne et cent livre pour l°an present poyable dans quatre sepmainne/ le tout apres la signification/ et d°an en an la somme de cent livres poyable le dernier jour de janvier de chacun an/ et fault portter ledit argent a paris en la maison dudit sabattier ou aultre commins portant sa quittance/ ledit arest donne a paris le 28 febvrier 1635· et signe de marpot/

Les paroissiens de chasteaupanne noyes

Le mecredy 25e apvril feste de monsieur st marc la procession de chasteaupanne allant en voyage a˘la pommeraye se sont tous noyes sur la riviere de loyre/ jl n°en est demeure que quatre/

113 *arcenat* : *arsenal*

| | |
|---|---|
| Monsieur a passe par jngrande | Le lundy dernier apvril monsieur frere du roy a passe par jngrande et nantes pour aller vers l°isle de re le croisil et tout ce pays bas/ a faict charger six bastelle de sel au croisil pour aultres qui estoint avecq luy pour mener au pais d°amont./ |
| Bled rabaisse de pris | Au mois de may les bledz ont beau florir d°un vend d°amont et haulte galerne/ le bled vault quatorze escus la chartte[114]/ le fourment dixhuict escus/ |
| Mechante gellee | Le dimanche 27e may feste de la pentecoste le vent se jetta de galerne qui causa de la gellee toutte les nuictz enttre aultre le vendredy premier juing qu°il gella bien serre avecq glasce en des endroictz/ les febvereulles[115] cistroulles et fougere estoint gellee/ et les bledz ce sont trouver entregrener/ |
| Commission de˘la taille | Le jeudy 7e juing l°on a publie la comission de˘la taille qui se monte 1093 libvres/ et elle recreu de 300 libvres plus que l°an passe/ jl ne fault poinct nommer de collecteurs qui ne soint taxes plus de centz soulz d°aultant qu°il leur est permins ce rabaisser de centz soulz par^ce qu°il n°ont plus de gaiges/ |

**21r**

**1635**

| | |
|---|---|
| Tedeum chante a˘st denis | Le dimanche 10e juing l°on a chante le te deum a˘l°issue de vespres en signe de resiouissance de˘la bataille que le roy a gaigne devant la ville d°anvers ou n°on tient qu°il a este tue 6 milles et 8 cent prinsonniers tous espagnolz et 12 piece de canon/ |
| Galleriens | Le dimanche 10e juing jl a passe par cande 64 forceres enchegner qui venoint de bretagne/ |
| Acort entre le cure d°angrie et celuy | Le lundy 4e juing 1635 monsieur francois le francois cure d°angrie et monsieur nicolas morice cure de cande se sont |

**114** *chartte : charretée*
**115** *febvereulles : féveroles*

de cande pour les dismes

acorder ensemble du proces qu°il avoint touchant la tierce parttie des dismes de cande hors les murailles ancienne de la ville que ledit cure d°angrie demande/ de˘quoy jl a en sentence a son proffit au presidial d°angers d°aultant que le cure de cande n°y a poinct deffendu de˘peur qu°il luy en coustast de l°argent/ celuy d°angrie n°avoint aucuns tistres que des baulx affermes/ neantmoingz celuy de cande luy avoit faict signifier un appel/ mais ce n°est pas ce qu°il cherchoit que d°i deffendre/ a mieulx ayme donner ces dismes et que l°autre luy donnast les despens/ et a envoye procuration a paris comme jl consent que ledit cure d°angrie jouisse de ladite tierce parttie des dismes dudit cande au cas qu°il ne luy couste aulcune chose et que le tout ce fasce au despens dudit cure d°angrie/ la sentance ne portte que la tierce parttie des dismes en certtains cantons/ et l°acort et procuration pour faire donner un arest au proffit dudit cure d°angrie portte la tierce parttie des dismes de cande/ ledit acort et procuration a este passe presbittaire de cande par lois drouault nottaire de rochedire es presences de monsieur briant et j frotte[116] escolliers a cande/ jl n°y a aucun escollier a cande et n°y en a eu de long temps qui portasse ce non la cy ce n°est quelque escollier qui passe pais/ voila comme le cure de cande a mieulx ayme perdre ces dismes que d°i deffendre/ et les prent a present ~~a~~ affermes du cure d°angrie/

**21v**

**1635**

Ordonnance au proffit des taverniers

Le lundy XI^e juing jour st barnabe a este publie a vespres de st denis une ordonnance du roy avecq deffences aulx hostes et cabarettiers de non ne poyer aulcunne chose a des mallettoustiers qui avoint esleve un poyage sur les hostes scavoir centz livres sur les hostes et sinquente livres sur les cabarettiers avecq permission de les mettre en justice et de les tuer s°il ce rebelle/

116 *j frotte* : nom propre ?

| | |
|---|---|
| Esgiptiens a cande | Le dimanche 17e juing jean charle capitaine des bouesmes a loge a cande en l°escurie du soleil et en la boucherie/ n°a desloge que le 28 juing ensuivant dudit mois/ |
| Operatteur michel le petit flamant grand sautteur | Le mardy 10e juillet jl a arive a cande un operatteur qui se nomme michel le petit flamant ainsi qu°il dit/ et dit estre de st messantz/ c°est le plus beau sauteur que l°on scauroit avoir veu/ jl chemine tres librement sur les deulx mains les piedz en hault/ jl faict tout le tour de son corps sans toucher a tere se jettant a˘la renversce ayant les mains contre la teste/ sautte cul par sur teste par sur deulx espee nué estant sur bout sans toucher ausdites espee/ n°ayant que une main a tere se jette cul contre mont/ ce trouve sur ses deulx jambes/ sautte cul contre mont par sur 8 personnes estant a quatre piedz estant sur le ventre comme une carppe/ se jette trois piedz en hault par plusieurs fois sans cesse/ et montre plusieurs aultres dispositions en public dans les ruee sans prendre aucunne chose/ jl a este 8e jours a cande ou jl n°a pas faict grande fortune de ces operattions[117]/ et comme jl deslogeoit jl y en a arive un aultre operatteur qui ce dit plus abille pour ses operattions/ mais jl ne montre rien en public/ jl vent tout ses drogues en chambres/ jl a este a cande |
| Yart operateur | jusque au ·6e· septembre/ jl se nomme yart et dit estre de rouen/ |
| Belin et gilleberge collecteurs de la taille | Le dimanche 15e juillet piere belin et mathurin gilleberge nommes collecteurs de la taille ont esgaille par devant les esleus qui leurs ont oste touttes leurs taxes a cause qu°il n°ont plus de gaiges/ |

**22r**

**1635**

| | |
|---|---|
| Le ban et eriere ban publie en | Le jeudy 19e juillet le ban et eriere ban a este publie en ~~lad~~ l°audittoire de cande au bat du tambourt par boisleau |

117 *ou jl … operattions* au-dessus de la ligne.

l°audittoire de cande

sergent royal et enregistre au greffe dudit cande pour envoier par touttes les paroisses de la baronnie dudit cande avecq l°ordonnances du roy que le senechal dudit cande a deslivre commissions a˘tous les sergens tant royaulx que de la baronnie pour portter aulx cures desdites paroisses et par eulx publie et certiffier a ce que toutte la noblesse et ceulx qui sont subiect audit ban n°en ygnore/ et leur est enioingt ~~de~~ a toutte la noblesse de l°anjou de s°equiper d°armes d°hommes et des chevaulx pour se trouver au pallais d°angers le ·20·21·22·23[118]·24·25· jours de juillet pour recepvoir l°ordonnance de monsieur du bellay gouverneur de ~~laj~~ l°anjou pour aller trouver le roy pres la ville de challons en champagne pour recepvoir le commandement de sa maieste pour aller a l°armee/ le tout sur peinne de confiscation de leurs fiefz subiectz a ban et ariere ban et privation de leur noblesse et desclarer rotturiers/ les ordonnances faictes a fontainne˄bleau le XI$^{e}$ juillet et publiee au palais roial d°angers le jeudy 16 juillet en cedit mois de juillet/ les brettons ont envoye un regiment de gentz de cheval au roy qu°il ont nomme les dragons/ la bretagne les entretient au service du roy/ jl est mande derechef a toutte la noblesse de l°anjou de ce trouver au 4$^{e}$ du mois d°aoust angers pour recepvoir le commandement de monsieur le marquis du belloy et sont renvoyer de l°asignation a eulx donnee par ledit sieur du belloy qui estoit a˘la fin dudit mois de juillet/ et le dimanche ·5$^{e}$· aoust [~~xxx~~] sont tous alles au pais d°amont/

Le brettons ont envoye un regiment au roy

Hiret varie

Le vendredy 24 aoust mathurin hiret tainturier estant varie d°esprit sorttant de ches luy pour s°en courir print un cousteau et se couppa la gorge/ et mourut[119] bien deulx heures apres/ jl y avoit trois sepmaines qu°il estoit varie/

118 ·*23* au-dessus de la ligne.

119 *mourut* en marge.

**22v**

**1635**

Soldartz de la rochegiffart passe par cande

Le mardy 28e aoust a passe par cande une compagnee de soldartz a pied qui venoint du poictou/ avoint loge a beligne et la seron/ aloint loger a combree/ estoint du regiment de la roche giffart/

Esgiptiens

Le samedy 1e septembre les bouesmes ont loge a cande dans la boucherie/ n°on poinct desloge jusque au 20e septembre/

Jl fault que la noblesse marche

Le dimanche 2e septembre ordonnance publie et enioinctz a tous gentilhommes de marcher en[120] avant/

Bailler par declaration leur revenu

Le dimanche 16e septembre aultre ordonnance publiee et enioinctz a tous gentilhommes qui n°ont voulu obeir audit ban et aultres qui ont fiefz de bailler par declaration la valleur de leur terres et [fi]efz/

Pris du bled

Aulx ayres jl ne c°est pas trouve du grain comme n°on esperoit a cause d°une gellee qu°i avoit faict le vendredy 1 jour de juing qui les avoit entregrener/ mais jl n°a pas enchery pour tout cela car jl en estoit tant les deulx dernieres annee grace aˇdieu/ le bled vault 15 sous le bouesseau/ le fourment 18 sous/

Soldartz loger aˇla cornoille

Aulx louroux

Le mardy 25e septembre la compagnee du capittaine de la guintonniere est venu de couffe loger aˇla cornoille/ le lendemain au louroux besconnaye/ le capitainne ~~les a~~ a lesse ses soldartz audit louroux et en est alle chercher d°aultr*e* en bretagne/ n°on poinct desloge que le 3e octobre/

Le febvre a celebre sa premiere messe

Le dimanche 30e septembre monsieur nicolas le febvre a celebre sa premiere messe angrie/ estoit enfant deˇla cornoille/

Girart a celebre sa premiere messe

Le dimanche 7e octobre monsieur jean girart a celebre sa premiere messe a vris/

120 *en* au-dessus de la ligne.

Macault a celebre sa premiere messe

Le dimanche 21e octobre monsieur jean macault a celebre sa premiere messe en l°esglise de challain/

Cotherel a tue bourgeois

Ledit jour jl fut fulmine cinq mounitoires a˘st denis

Le dimanche 21e octobre francois cotherel serviteur de monsieur rousseau recepveur au grenier de cande et jacques bourgeois serviteur a l°escu de bretagne/ ledit cotherel ayant une espee et ledit bourgeois une trique de fagot escrimant l°un contre l°autre/ ledit cotherel donna de la pointe de son espee dans le cœur dudit bourgeois qui tomba mort/ l°autre s°en est fuy/

**23r**

**1635**

Cochet ses jette dans un puitz

Ledit jour une meschante fille fist un enfant qu°el le defist et l°entera dans des pieres en un champ de la boue d°angrie

Le dimanche 21e octobre nicolas cochet estant au lit malade et faute du malin esprit se jetta dans un puitz/ sa femme estant venue de la grande messe ~~le~~ ne le trouvant poinct au lit courut de tous costes/ le trouva dans un puitz a˘la renverse/ l°ayant faict oster dudit puitz jnteroge dist que jl avoit faict le signe de la croix avant ce jetter dans ledit puitz/ jl mourut le lendemain au soir/

Deulx minotz de sel ostes de sur cande

Monsieur gabriel le proust grenettier a oste deulx minotz de sel a cande/ jl n°y en a plus que 30 minotz/

Taulpin et lesveille collecteur du sel

Le dimanche XIe novembre rene taulpin et marin lesveille nommes collecteurs du sel/

Gilleberge procureur de fabrice

Le dimanche 23e decembre a este nomme procureur de fabrice jean gilleberge/ en a sorti charle drouet/

| | |
|---|---|
| Haste tombe dans le puitz de˘la cohue | Le mardy [~~xxx~~] XIe[121] decembre cy devant monsieur piere haste sergent et nottaire de la baronnie tomba dans le puitz de˘la cohue sur les 6· heures du soir/ jl n°estoit en l°eau que jusque au genoul/ de˘quoy bien luy en prins/ jl ne se blessa aucunement/ d*e* la sepmainne mesme jl pleut en habondance tant que le puitz enplit presque d°eau/ n°on luy dist que jl estoit alle faire commendement au soursce de s°aviver/ la secheresse estoit alors[122]/ |
| Pris du bled | Jl n°a poinct pleu toutte l°autonne/ jl˘a faict beau ensemenscer les labourage/ les eaulx estoint fort retiree/ le bled vault 15 sous le bouesseau/ le fourment 18 sous/ le beure 4 sous la livre/ la chandelle de suif 10 sous la livre/ le vin 10 sous le pot/ |
| Officiers du grenier suprimes | En ceste annee les procureurs et lieutenantz des greniers a sel qui avoint este cres depuis ·15· ans ont este suprimes/ |
| | La noblesse est revenue de la guere environ noel/ jlz n°ont poinct de volonte de retourner a cause de la grande disette qu°il ont endure/ au moins ceulx qui n°avoint guere d°argent/ ceulx du parti contraire brusloint toutz villages et bourgades par ou jl passoint/ |

**23v**

**1635**

| | |
|---|---|
| Comandement de paier le sallepestre | Jl est venu a cande un huissier de paris[123] pour la troisiesme fois faire commandement a cande de poyer deulx centz livres pour deulx annee du salpestre et pouldre a canon/ en s°en retournant prins rene pipault prinsonnier comme habi*t*tant/ sortit soubz caution/ ledit sergent alla a la fleche faire taxer ses courses a cent sïnquente livres les trois tant que en principal que frais du sergent et dudit pipault/ la somme |

**121** *XIe* au-dessus de la ligne.
**122** *alors* au-dessus de la ligne.
**123** *de paris* au-dessus de la ligne.

ce monte 366 $^{l}$i$^{b}$vres[124]/ de laquelle some monsieur nicolas hereau prestre et aulmonnier en a preste a˘la paroisse 300 $^{l}$i$^{b}$vres[125] qui ont este minze[126] entre les mains de jean gilleberge procureur de fabrice/ toutte ladite somme a este esgaille sur tous les cottiser en˘la taille a 3 sous 10 deniers pour livre/

Meur et denee decharges de 80 minoz de sel

En ceste annee les habittans de meur et dennee ont habandonne les paroisse a cause des taxes qu°il avoint/ la cause qu°il ont oste 80 minotz de sur le grenier d°ingrande/ duquel nombre jl en a este mins sur le grenier de cande 24 minotz qui ont este esgailles sur touttes les paroisses dudit grenier/

1636

**1636**

Thomin a celebre sa premiere messe

Le dimanche 6$^{e}$ janvier monsieur piere thomin a celebre sa premiere messe a vris/

La teste a celebre sa premiere messe

Le dimanche 13$^{e}$ janvier monsieur piere la teste a celebre sa premiere messe en l°esglise de st denis/

Daulcy a celebre sa premiere messe

Le dimanche ·13$^{e}$· janvier monsieur daulcy a celebre sa premiere messe en l°esglise du pin/

Le dimanche 24$^{e}$ febvrier a este publie la commision de la taille qui se montte en somme 1622 $^{l}$i$^{b}$vres[127]/ celle de lannee derniere ce montoit[128] /

**124** *366 libvres* : souligné par l'auteur.
**125** *300 libvres* : souligné par l'auteur.
**126** *minze* : *mises*
**127** *1622 libvres* : souligné par l'auteur.
**128** Blanc après *montoit*.

**24r**

**1635**

Fresnaye le royer a donne 9 $^{l}$i$^{b}$vres de rantte

Le lundy 25$^{e}$ febvrier salomon le royer sieur deˇla fresnais a donne aˇla fabrice de st denis et aulx paroissiens de cande la somme de 9 $^{l}$i$^{b}$vres de rantte a perpettuitte a prendre sur son <son> lieu de la teffettais en vris/ lequel lieu jl a aultre fois a rantte a deffunct mestre jean jamet vivant senechal dudit cande aˇla charge qu°il ne sera poinct taxe a l°advenir en aulcunne succide[129] qui ce trouve en cande tant taille sallage que aultre/ et ne donne ladite somme de 9 $^{l}$i$^{b}$vres que a commenscer du jour de son deces/ l°escript est raportte par monsieur guillaume deille nottaire royal audit cande/

Beau et bon froid

Pris du bled

Le mardy 19$^{e}$ mars jl commensca un froid rude qui dura jusque au 27$^{e}$ dudit mois qui estoit fort nissesaire qui[130] les biens de la tere qui s°avonssoint trop/ le bled vault 15 sous le bouesseau/ le fourment 18 sous/ la livre de beure 6 sous/

Grands sucsides

Le sou pour livre de vantte et revantte

Sussides rabattue

Le vendredy 14$^{e}$ mars cy devant l°autre article jl vint un huissier de la court aˇportter une commission a cande de nouveaulx sucsides sur les bestiaulx qui se vande ~~6d~~ six deniers pour livre et de grandz acquitz sur touttes sortte de peaulx tant aulx bouchers tanneurs que cordonniers/ le sou pour la vantte ~~de~~ et revantte de toutte sortte de marchandise de quelque natture quel~~que~~ puisse estre et aultant de fois qu°elle sera vandue tousiours le sou pour livre a charge/ rene pipault nottaire pour serrer lesdits acquitz jl commensca a faire la visitte le 10$^{e}$ may ensuivant ches les tanneurs cordonniers courayeurs megisciens et bouches[131] mais jl ne luy a este rien poye/ car monsieur qui estoit hors la france a son entree au mois de juillet prochain a faict oster ses grandes sucsides la et aussy la cinquiesme parttie du droict de voittures ~~se~~ qui se prenoit sur les voycturiers le droict de parisi qui avoit este erige en l°annee 1634/

**129** *succide* : *subside*
**130** *qui* : sic.
**131** *bouches* : *bouchers*

Constart et mondierne collecteur de˘la taille — Le dimanche 30^e mars jacques mondierne et josep constart tous deulx apotiquaire ont este nommes collecteurs de la taille/

Segre erige en baronnie — En ceste annee 1636 segre a este erige en baronnie a la persuasion de monsieur bautrud seigneur dudit segre/ et est ayme du roy/

**24v**

**1635**

Or et argent a hausse de pris — En ce mois de mars le roy lois a rehausse toutte sortte de monnoye de or et argent tant de france de des pays estranges/ les escus dor qui se mettoint entre marchandz a 4 livres 4 sous a present a 4 livres 14 sous/ le cardescu qui estoit a ·16 sous a present a ·20 sous/ le teston qui ne valloit que 15 sous 6 deniers a present a 19 sous 6 deniers/ le franc qui valloit 21 sous 4 deniers a present a 27 sous/ la pistolle d°espagne qui ce mettoit a 8 livres 10 sous a present a ·9 livres/ la piece d°espagne de ·8· realles ce mestoit a 48 sous a present a 57 sous 6 deniers/ et toutte sortte d°aultre or et argent rehausse/ ledit esdit a este veriffie es cours des monnoye a paris le cinquiesme dudit mois et enregistre au greffe du siege d°angers le 15^e dudit mois et an 1636/

Visitte du doyen de cande a˘st denis — Le vendredy 18^e apvril le doyen de cande cure du bourg˘d°ire a faict sa visitte a st denis/ a faict deffence de n°ensepulturer les corps es cymettiers de st jean et st denis croyant qu°il n°estoit poinct clos/ voyant celuy de st nicolas bien clos c°est rapelle de son jugement/ c°estoit monsieur[132] le cure qui luy donnoit a entendre pour evitter la penne qu°il a a conduire les corps esdits cymettiers/

Grande brouee — Le mardy 6·7·8·9^e· ensuivant jl fist de grande brouee qui gasta les lins qui estoint en fleur/

132 *monsieur* au-dessus de la ligne.

Grandz tonneres et esclairs

et gresles

Le dimanche XI$^{e}$ may sur le soir jl fist de grandz esclairs et tonneres et pluye/ n°on dit que la gresle avoit perdu des endroitz de plusieurs paroisses aulx environs de chasteaugontier/ et le lendemain ·12$^{e}$ la gresle gasta aussy aulx environs de champtosse et sa*v*veniere/ toutte la sepmainne ne feut que tonneres et esclairs/

Bled enchery

L°estranger en˘a perdu

Le bled a enchery a cause que l°estranger en a oste de sur le pais/ jl y en a qui se sont hazarder d°en achepter et le vendre audit estranger qui l°a perdu sur la mer/ qui est un grand bien pour le povre peuple/ jl vault a present ·18 sous le bouesseau/ le fourment 20 sous/

Grands orages

Le jeudy 22$^{e}$ may feste du st sacrement jl fist de grand orages de tonneres esclairs et pluye/ en aultre jl se leva deulx nuee/ l°une de haulte galerne l°autre de basse soullaires qui s°asembliret sur les foresteries/

**25r**

**1635**

Gresles au louroux angrie vris et challain

En la paroisse du louroux ou jl gresla de si grosse gresle qui estoit comme eufz de poulle et grosse pomme toutte faicte a quaire en sortte que elle gasta tout par ou elle passa tant grains fructage que jardrinage/ ~~entre~~ premier ausdites foresterie[s] haye guiot le breil la roussaye pareil[133] audit louroux en angrie la valluchere faucillonnaye br*i*entaye co*u*terie blottaye aulx eurdres casi*n*ere pinauldaye au bourg d°angrie/ passa par l*es* valleraye en la paroisse de vris/ alla finir aulx aulnais en˘la paroisse de challain/ ou elle avoit frappe n°on eust dit qu°i avoit este roulle des pippes par le bled es aultres ne pour que elle n°eust pas couche le bled/ jl n°y avoit poinct de grain dans l°espy/ elle contenoit demie lieue de large/ elle estoit si grosse qu°il s°en trouvoit enco*r*re le dimanche dans des fosses qui n°estoit pas toutte fondue/ elle tua des brebis sur la gree de piere bise en angrie/

**133** *pareil* au-dessus de la ligne.

**On commense a seyer**

Le premier jour de juillet on a commensce a seyer les bledz/

**Gauvaing procureur pour contraindre le terttre rachere de bastir la chapelle de ste margueritte**

Le dimanche ·$6^{e}$· juillet les paroissiens de cande ont donne procuration a francois gauvaing pour contraindre les presentateurs de la chappelle de madam$^{e}$ st margueritte de faire bastir et esdiffier une chappelle a st denis au droict du pupittre vers galerne comme le fondateur y a oblige ses herittiers qui sont presentateurs par son testament/ la procuration passe par guillaume deille nottaire a cande/ cest monsieur du terttre rachere nomme balode qui est presentateur dont son filz en est chappelain/

**Or et argent hausse de pris/ l°autre rabaisse**

Les monnoyes d°or[134] de frances espagne et d°ytalie ont hausse de pris depuis le mois de mars dernier/ l°escu de france qui valloit 4 $^{l}$i$^{b}$vres 14 a present a ·5 $^{l}$i$^{b}$vres 4 sous/ la pistolle d°espagne qui estoit a ·9 $^{l}$i$^{b}$vres a present a ·10 $^{l}$i$^{b}$vres/ la pistolle d°ytalie qui estoit a 8 $^{l}$i$^{b}$vres 12 sous a present a ·9 $^{l}$i$^{b}$vres 12 sous/ l°argent de france est demeure au pris de l°esdit dudit mois de mars/ les monnoye d°aultre pays estranges les unes ont hausse de pris les [~~xxx~~] aultres rabaisse comme jl est portte par l°esdit du roy donne a fontaine^bleau le ·$5^{e}$ juing 1636 et publie en la court des monnoye le $28^{e}$ dudit juing et publie le $30^{e}$ juing par les carefours de paris/ jl y a jusque au nombre de 72 especes d°or ou argent/

**25v**

**1635**

**Arest contre la noblesse pour secourir le roy en picardye**

Le vendredy ·$15^{e}$ aoust jour de l°assomption nostre dame a este publïe un arest du parlement de paris et enioinct a toutte sortte de noblesse et gentilhommes d°aller $15^{e}$ jours apres la publiqation trouver l°armee de monsieur de soissons en la picardie pour secourir le roy contre les espagnolz qui ont

134 *dor* au-dessus de la ligne.

prins la ville de la capelle/ et veullet entrer plus avant en france si le roy n°est secouru/

Segont mandement a˘la noblesse

Le dimanche ·24e aoust a este publie un segont mandement a la noblesse d°aller se trouver en la picardie et des deffensces du roy de non s°enroller a aultres capitainne que avecq monsieur du bellay gouverneur d°angers s°il n°ont commission signee du roy et dudit sieur du bellay/

Prieres de 40[135] heures

Plus mandement de monsieur d°angers de faire l°oraison de ·40· heures par tout son diocesse pour prier dieu pour le roy et qu°il plaise au bon dieu nous donner sa paix/ n°on a pas faict ladite oraison a st denis mais n°on a faict trois processions scavoir le mecredy 27e a st jean/ le vendredy aulx augustins/ le samedy a nostre dame a beaulieu/ et le tout retourne processionnalement a st denis/

Soldartz se leve es paroisses

Le dimanche 31e septembre monsieur de la basse riviere de ste janne capittainne de cent soldartz a faict publier qu°i luy est enioingt de lever sa compagnee es paroisses de cande segre lion d°angers st janne louere et gené/

Troisiesme mandement a˘la noblesse

Le dimanche 7e septembre aultre mandement comme jl est enioinct a la noblesse d°anjou de se tenir prest de monter a cheval tous esquippes d°armes le ·15e· septembre pour aller servir le roy en picardie/

Rachere loge a vris au louroux aulx faulxbourgz d°angers

Le lundy 8e septembre monsieur de la rachere avecque sa compagnee a vris et le lendemain au louroux ou jl coucha une nuict/ et le lendemain alla en garnison es faulxbourgz d°angers/ ou c°est que tous les soldart qui se sont leves en anjou par le commendement du sieur du bellay s°i sont trouver ou jl ont este jusque au mardy 16e dudit mois/ ou c°est qu°il ont faict montre de bien ·900 soldartz/ et sont alles vers la picardie/

135 40 : souligné par l'auteur.

**26r**

**1636**

Habondance de tous biens grace au˘bon dieu

En ceste annee jl a este grace a dieu des biens en abondances de toutte sortte/ le bled vault 12 sous le bouesseau/ le fourment 16 sous/ le bled noir 8 sous/ l°avoinne 8 sous/ on ne trouve quasi pas des tonneaulx a mettre le vin/ jl s°en est vendu aulx lieulx ou sont les vendanges 4 $^{l}$i$^{b}$vres/ les aultres V $^{l}$i$^{b}$vres la pipe vide/ tant jl est grand besoing de tonneaulx/ jl se vent du vin a 12 $^{l}$i$^{b}$vres/ la pippe du cyldre a 4 $^{l}$i$^{b}$vres/ et aultre a 60 sous la pippe/ tant jl en est et que l°annee est fertille en tous [~~xxx~~] biens[136] grace a dieu/

Davy a chante sa premiere messe

Le dimanche 5$^{e}$ octobre monsieur rene davy a celebre sa premiere messe en l°esglise de rochementru/

Coulombeau a chante sa premiere messe

Le dimanche 12$^{e}$ octobre monsieur andre coulombeau a celebre sa premiere messe en l°esglise d°angrie/

Eaulx desrivee

Bled enchery

Ceulx qui ont seme les bled au commencement ont eu beau/ sur le dernier de˘la semaison jl n°a faict que pleuvoir en habondance/ entre aultre le jour st rene jl fist des pluye et ventz jmpetueulx qui estoit le mecredy/ et le vendredy ensuivant mesme temps de sortte que les anciens diset n°avoir poinct veu les eaulx plus desbordee et desrivee/ le dimanche 16$^{e}$ et le lendemain ·17$^{e}$· novembre mesme temps tant que l°eau emmene les labourage/ et n°on a acheve de semer que environ la s$^{te}$ kthurinne[137]/ le bled vault 43 $^{l}$i$^{b}$vres la charttee/ avant jl ne valloit que 39 $^{l}$i$^{b}$vres la charttee avant les pluye/

Chevauchee a cande

Le mecredy 10$^{e}$ decembre la chevauchee de˘la taille faicte a l°image nostre dame/

Besson cathelinnais collecteurs du sel
3 minotz de hault

Le dimanche 21$^{e}$ decembre jean besson nottaire et claude cathelinnais nommes collecteurs du sel/ jl n°y avoit l°an passe que 30 minotz/ monsieur le bretton grenettier en charge en a hausse de trois minotz/

---

**136** *biens* au-dessus de la ligne.
**137** *kthurinne* : *Catherine*

Challonnerie au tramblay en challain

En ceste annee 1636 monsieur cathurin grosbois prestre a faict bastir et esdifier une esglise et challonnerie au vilage du tramblay en la paroisse de challain avecq toutte sortte de logement et de meuble pour servir ausdits challoinne qui sont quatre a qu°il a donne a chacun deulx centz livres de rante/ et y ont este jnstalles en l°annee suivante 1637/ jl y a plus de 20 ans qu°il commensoit a bastir/ fist faire une chappelle pensant faire apres un monastere/ fist rompre l°esglise et se resolut de faire bastir ladite challonnerye/

**26v**

**1636**

Estatz a nantes

Le estatz ont finy a nantes en decembre mais jl <est> ont recommensce a les tenir au commenscement du mois de janvier 1637 d°aultant que jl n°avoint pas vide toutte leurs affaires/

Avoynne fort chere

Jl c°est trouve des marchantz de tours et orleans qui ont faict amasser les avoinne grosse en ce pais cy/ qui est la cause que elle est bien chere/ elle ne valloit que 24 $^{l}$i$^{b}$vres la charttee/ jl s°en est vendu a 30 $^{l}$i$^{b}$vres 35 $^{l}$i$^{b}$vres jusque a ·40 $^{l}$i$^{b}$vres/ n°ont tient que c°est pour semer en la beausse d°aultant que elle avoint este menee en l°arme du roy/

Contagion aulx villes

Jl y a eu de grande contagions angers nantes rennes et laval et en plusieurs lieulx/ mesme a st michel dubois en˘la baronnie de cande/

1637

**1637**

Costart procureur de fabrice

Le dimanche 18$^{e}$ janvier piere costart cyerger a este nomme procureur de fabrice de st denis/ et jean gilleberge en a sorti/

60 sous de rehault par minot de sel

Le lundy 16$^{e}$ febvrier un sergent d°angers nomme baranger est venu a cande aportter une commission de 60 sous de rehault par minot de sel/ venoit de pouence/ alloit

Emprunctz sur les villes et gros˘bourgz

jngrande aussy en portter/ et par mesme moyen porttoit les commissions des emprunctz que le roy faict par les villes et gros˘bourgz de la france/ jl en avoit seize milles livres pour le lion d°angers/ douze mille a chaze sur ergoue/ dixhuict mille a challain/ n°on croyet qu°il y en avoit aussy dixhuict mille pour cande/ mais jl dit que jl croyet que monsieur le prince avoit enpeche tous ceulx qui en ont eu/ n°ont poinct poye de taille en la presente annee/ ont eu diminution des [~~xxx~~] deulx partz dudit emprunctz/ laquelle diminution c°est resgaillee l°annee suivante sur lesdites paroisse qui en avoint eu et sur aultres gros˘bourgz/ nous en avon eu deulx mille livres/

Monsieur de la meilleraye loge a jngrande varade la chapelle montrelaye la roussiere et st erblon

Le jeudy 19e mars monsieur de la meilleraye gouverneur du chasteau de nantes a mene son regiment loger jngrande ou jl a este ·4· jours/ apres a varade chapelle montrelaye la roussiere et a st erblon ou jl ont este 4 sepmaine/ et ont ruyne plusieurs habittans/ et puis ont este menes en grande haste vers la basse bretaigne/

**27r**

**1637**

Jubile universel

Le dimanche 5e apvril a fini le jubile en˘la ville et faulxbourgz d°angers/ et a ouvert par toutte les paroisses de l°anjou qui est le dimanche des rameaulx/ et a fini le ·19e· apvril jour de quasimodo/ jl se faict le premier jour une procession generalle/ et fault jeusner le mecredy vendredy et samedy sans faillir aucun desdits trois jours de l°une desdites deulx sepmaines que dure ledit jubile/ fault se confesser comunier apres ledit jeune/ ceulx qui gaigne ledit jubile sont expentz de la comunion de pasques d°aultant que c°est en la quinzaine/ c°est pour prier dieu pour les rois et princes crestiens/ jl ce celebre par toutte la crestiente/

L°escurye du lion d°or[138] ~~soleil~~ bruslee

La nuict d°entre le jeudy et vendredy st ·10e· apvril l°escurie du lion d°or de cande a brusle ou estoit pour lors l°enseigne du soleil ou rene taulpin estoit hoste/ ladite escurie sur la rue st jean jl n°y avoit que un an que elle estoit bastie/ jl se trouva si grande nombre de monde pour esteindre le feu qu°i ne dura pas plus de deulx heures et ne andommagea poinct le logis/

Tonneres et esclairs et gresle

La nuict d°entre le mardy et mecredy ·27e· may jl fist <jl fist> de grandz esclairs et tonneres avecq pluye et gresle qui n°endommagea aucune chose grace a dieu/ et le lendemain force pluye doulce de˘quoy jl en estoit grand besoing/ jl n°avoit poinct faict de pluye depuis quant la chandeleur/ les biens de la tere perissoint a cause de la seicheresse/

L°on coupe les bledz des la st jean

Foing fort cher

L°on ~~dimanche~~ a commensce a seyer les bledz des la st jean/ a cause de la seicheresse le foing est fort cher/ jl en est si peu que ceulx qui ont du bestial cherche a qui le vendre et rien n°en achepte a cause que n°on n°a pas de˘quoy le nourir/ la charttee de foing ce vent ·30 libvres· et encore n°on n°en trouve pas/ car jl ne s°en est poinct seré es pris hault/ le bestial est a˘bon marche et celuy qui est gras est cher/

**27v**

**1637**

Commission de la taille

Le dimanche 7e juing a este publie la commission de la taillee taillon et crue des garnisons et turscye et levee/ elle se monte 1458 libvres 14 sous[139]/ celle de l°annee derniere ce montoit 1622 libvres[140]/

Gilleberge et le cerf collecteurs de˘la taille

Le dimanche ·5e· juillet gabriel gilleberge et rene le cerf ont este nommes collecteurs de˘la taille/

---

**138** *lion dor* au-dessus de la ligne.
**139** *1458 libvres 14 sous* : souligné par l'auteur.
**140** *1622 libvres* : souligné par l'auteur.

Pris du bled

Le mecredy 5e aoust jl fist une journee de pluye doulce qui feut propre pour les pottages des jardrins/ le bledz vault 16 sous le bouesseau/ le fourment 22 sous/

Soldartz au louroux

Le jeudy ·6e· aoust jl a arive une compagnee de soldartz a˘la cornoille pour y loger/ mais quant jlz ont veu[141] les armes de monseigneur le prince dans un posteau[142] n°on poinct eu envye d°y loger/ sont aller au louroux besconnaye et de la a marans pour aller trouver le regiment de monsieur de˘la roche giffart qui est en garnison a cran/

Galleriens

Le lundy 10e aoust jl passa par cande une cheigne de forcers de ·45· et un a cheval qui estoit de bonne maison/ duquel nombre jl y avoit 7 turcz qui avoint este prins a st malo en un vaisseau d°escumeur de mer qui fut prins/

Grande contagions aulx environs de cande

Le lundy 14e septembre jl a este faict deffence aulx habittans de non ne frequenter ceulx des paroisses pestiferee/ jl y a grande contagion ancenis jngrande st sigismont la cornoille freigne st suplice la chapelle glen et challain dont jlz ont ferme les porttes des esglises de la chapelle glen et de st suplice/ et n°i ont poinct dit de messe durant plus de ·4· mois/

L°on vendange de bon heure a cause de˘la seicheresse

L°on a vendange des le ·14e septembre et beu du vin nouveau a cande des le [~~xxx~~] 16e suivant/ grande habondance de noix chastaignes et glan qui ont este aussy meure de bonne heures/ et grande [~~xxx~~] habondance de vin grace a dieu/ et grande rarette de toutte sortte d°aultre fructages/

**28r**

**1637**

Commission du sel

Le dimanche 1 novembre la commission du salaige publie/ jl n°y a plus que ·31· minot/ monsieur de la foucheraye grenetier en a oste deulx minotz/ le minot vault 31 libvres 17 sous/

141 *veu* au-dessus de la ligne.
142 *posteau* : *poteau*

**Le bec et greffier collecteurs du sel**

Le dimanche 8e novembre nicolas le bec et francois le greffier nommes collecteurs du sel/

**La chapelle de st jacques beneiste**

Le mecredy XIe novembre jour et feste de monsieur st martin monsieur jean le mee prestre prieu de vris[143] la chapelle de st jacques a la gree pres cande/ et l°avoit faict bastir en ceste annee 1637 comme jl y a este condenpne par <par> sentence de nantes et arest du parlement[144] de rennes atendu que elle despent du prieure de vris/ elle estoit tombee en ruyne en l°annee 1628 durant un nomme[145] jectou qui estoit prieu/

**Le pris des danree**

Jl a faict peu de pluye toutte l°annee qui est la cause que le beure a este fort rare/ jl vault 6 sous la livre/ le bled 18 sous le bouesseau/ le fourment 24 sous/ le vin ·3 sous 4 deniers le pot/ jl n°a poinct este de lins en ceste annee que bien peu es jardrins bas/ les bledz et fourmentz sont beaulx es champs grace a dieu/ un froid sec sans desgeler commensca le jour monsieur st estienne et dura jusque au jour des roys qu°il desgela par verglas et pluye/

1638

## 1638

**Le large a celebre sa premiere messe**

Le dimanche 3e janvier monsieur julien le large a celebre sa premiere messe en l°esglise de freigne/

**Mo*u*steau a celebre sa premiere messe**

Le mecredy ·6·e janvier jour des rois monsieur piere ~~mousteau~~ mo*u*steau a celebre sa premiere messe en l°esglise de vris/

**Gauvaing procureur de fabrice**

Le dimanche ·10·e janvier francois gauvaing nomme procureur de fabrice/ et en a sorti piere costart/

**Commission d°une partie de˘la taille**

Le dimanche ·7·e febvrier publie la commission d°une moittie de˘la taille qui ce montte 874 libvres[146] sans le 1 sou pour livres pour les collecteurs/ fault poyer au 15e febvrier et

143 Il manque un verbe après *vris*.
144 *parlement* : *r* corrigé sur *l*.
145 Blanc après *nomme*.
146 *874 libvres* : souligné par l'auteur.

| | |
|---|---|
| | 15 may prochains/ jl en est bien venu d°aultre apres et le 1 sou pour livre que les collecteurs ont rendu/ |

**28v**

**1638**

| | |
|---|---|
| Denis prestre decede | Le mecredy 10e febvrier monsieur rene denis prestre est decede a˘la cornoille/ |
| Belle saison | Tout le mois de febvrier a este fort beau pour les biens de la tere/ |
| Habondance de beure avecq raval | Le lundy 8e mars jl cest trouve au marche de candé si grande abondance de beure tant en pot que en coing qu°il a baissé de pris/ jl valloit ·6 sous la livres/ jl ne vault plus que 4 sous 5 deniers la livres/ ceulx a qui n°on en demandoit avant le caresme n°en avoint poinct esperant le vendre 7 ou 8 sous la livres/ mais jl ont perdu a le garder/ jl n°a vallu tout le caresme que 4 sous 6 deniers la livres/ |
| Chappelle de˘la devanssaye beneiste | Le dimanche 14e mars monsieur[147] boullay prestre cure de marans a beni la chapelle de la devanssaye en ladite paroisse dudit marans que un de ses chappellains nomme monsieur rene tesnier avoit faict bastir l°an dernier [~~xxx~~] 1637 et donne de son bien pour la servir/ elle est dedie au non de monsieur st marcoul/ |
| Guillaume triglot et fouellet collecteus de˘la taille/ ont estes ostes et nommes | Le dimanche 21e mars gauvaing procureur de fabrice a nomme collecteurs de la taille glaume triglot et francois fouellet/ les paroissiens ne les ont pas trouver solvable pour esgailler/ claude cathelinnais par l°advis des paroissiens et ce faisant fort desdits paroissiens presenta requeste a messieurs les esleus pour que jl en feut nomme d°aultre/ quand jl feut venu avecq sa requeste lesdits paroissiens n°en firet compte/ jl feut contrainct d°y demeurer collecteur et print avecq luy jean le duc/ |

147 Blanc après *monsieur*.

Greffes a faire les taulx a vendre

Le lundy de quasimodo ·12e apvril les greffes a faire les taulx tant de sel que de la taille estoint a vendre au palais royal d°angers/ ceulx qui les acquerons auront pour gages ·12 libvres[148] des paroisses de 300·[149] feulx et au dessus/ et de celle de 200[150] feulx et au dessus ~~9libvres~~ 9 libvres[151]/ et celle de cent feulx et au dessus ·6 libvres·[152]/ et seront exemptz de toutte charge de paroisses/ et par cedit esdit ceulx qui les avoint acquis auparavant ont este suprimer/

**29r**

**1638**

Segonde commission

Le dimanche 18e apvril a este publie une commission de 365 libvres pour la nouriture des soldart du cartier d°hiver es pais estranges conquis par le roy es annee derniere poyable a un nomme renart/ les collecteurs ont le sou pour livres/

Monsieur desouges loge a louere et prefouré et combree

Le vendredy 23e apvril la compagnee de monsieur desouges estoit a ryalle et a˘la barre d°avy/ est venue loger a loueré prefouré et le lendemain a combree/

Mechante brouee

Le samedy 8e may jl fist une mechante brouee qui gasta les lins et arbres et aultre choses qui estoint en fleur pour lors/

Gresles a bescon la poueze vers gené et marans

Le jeudy 13e may jour de l°ascention au soir jl se leva de tonnere orage et esclairs et gresle sur la paroisse de bescon qui perdit une parttie des paroisses dudit bescon la pousze vers gené et finit en marans/ et perdit tous les bledz par ou elle passa/ elle ne contenoit que un cart de lieue de large/

L°esglise de st denis vollee des gros cyerges

Le vendredy 14e may lesglise de st denis de cande a este vollee de deulx gros cierges de cire jaulne et de deulx petitz blancz et un petit jaulne de une livre et demie piece qui estoit sur

148 *12 libvres* : souligné par l'auteur.
149 *300* : souligné par l'auteur.
150 *200* : souligné par l'auteur.
151 *9 libvres :* souligné par l'auteur.
152 *6 libvres :* souligné par l'auteur.

le grand autel/ le tout pese environ de 64 libvres[153] de cyre/ jl ont aussy desrobe une nappe sur l°autel de ste margueritte/ un tapis de sarge vertte qui estoit sur la chere/ deulx rideaulx d°estamine rouge qui estoint au grand autel/ toutte la pertte est bien de 810 libvres[154]/ jlz ont passe par la vittre d°entre la pettite portte et les fons avecq une *e*schalle[155] de deulx troux des houssars[156] et de quatre battons lies avecq des hars[157]/

Tonneres et esclairs

La nuict d˘entre la vigille de la st jean et ledit jour 24e juing jl fist tonnere et esclairs qui endommagea la vigne qui estoit en fleur/ le tonnere tomba en st mars de la jaille et tua deulx vaches qui estoit a jacques madre de cande/

**29v**

**1638**

Grande rarette et chertte de lins

Jl est grande rarette de lins/ jl n°ont rien vallu depuis quatre ans que bien peu es jardrins bas/ le bon lin vault dix soulz la livre/ ceulx qui en avoint garde les annee derniere bon et mauvais ont tout vendu ceste annee/ et ne s°en trouvoit plus sinon que les flamans en ont amene a nantes que les marchantz et touttes sorttes de personnes y vont en achepter/ leur couste ·7 sous· la livre du meilleur et 6 sous l°autre prins a nantes/ le povre monde estoit bien enserre et le mestier des femmes estoit a bas s°il ne ce feust trouve du lin de flandre/

Lins de flandres

Troisiesme commission dela taille

Le dimanche XIe juillet l°on a encorre publie une commission de mille sept livres douze soulz/ c°est la troissiesme de ceste annee/ l°on faict commandement aulx collecteurs de rendre le sou pour livre qu°il prenoint/

153 *64 libvres :* souligné par l'auteur.
154 *810 libvres :* souligné par l'auteur.
155 *eschalle* : *échelle*
156 *houssars* : *r* corrigé sur *s*.
157 *hars* : *harts*

Douart besson livennais madre et le jay maistres bouchers a candé

Le dimanche XI[e] juillet piere douart julien besson jacques [~~xxx~~] livenais et mathurin madre maistres bouchers a cande ont commenscé a portter de la viande dans la boucherie/ c°est monseigneur le prince de cande qui a faict despecher les lettres de maistrise/ jl y en avoit ancyennement[158]/ mais les gueres avoint este la cause de l°abolissement/ jl n°y a environ de trante quil[159] aloint encorre portter de la viande a la boucherie/ mais jl n°y avoit plus de maistrise/ tous les habittans habilloint de la viande quant jl voulloint/ jl firet faire lundy dernier au bat du tambourt deffences a tous hostes de non abiller de la viande pour vandre a˘la fin de ce mois/ monsieur delhommeau et monsieur chostart jntendant de monseigneur le prince y ont jnstalle francois le jay a˘ladite maistrise/ jl n°y sont pas alle que deulx ou trois mois que jl n°aint este comptent[160] d°y aller/ chacun vent sa viande ches soy et les habittans en habillet quand jl ont pres[161]/

**30r**

**1638**

Temps obscur

Le jeudy ·22[e] juillet feste de la magdlainne les habittans de cande alloint en procession a monsieur st julien bien une heure de devant jour/ comme nous partions de st denis jl se leva une tourmente de tonnere et esclairs et un temps couvert/ comme on arivoit au gué sammau[nnais] que n°on ne voyet ni ciel ny tere que quand les esclairs faisoint/ n°on travallit bien a se ranger jusque au village de pibois tant jl faisoit noir/ n°on tomboit par tere faulte de clartte/ nous vismes peu de pluye mais jl en fist bien a˘la cornoille/ et fist de la gresle qui gasta la pluspart des paroisses de st sigismont et villemoisant/

Gresle qui gasta en s[t] sigismont et villemoisant

---

**158** *ancyennement* : *y* corrigé sur *i*.
**159** *quil* : *qui*
**160** *comptent* : *contents*
**161** *pres* : *prêt*

Procuration pour vendre madye

Le dimanche 15e aoust mrs les officiers et justicies ~~ont~~ de candé ont faict faire procuration que plusieurs des habittans de candé ont signee pour vendre les communtz de mandye a monseigneur le prince/ jl en promet deulx milles quatre centz livres/ sont este les messieurs dudit candé qui ont demande a les vandre d°aultant qu°il estoint faches de˘quoy les povres gens parnageoint leurs chevaulx et aultres bestiaulx et pechoint es ruysseaulx et en jndignation qu°il ne leur bailloint point de poisson/ jl luy[162] ont faict envye de les achepter et ceulx qui ont signe ~~les~~ luy donnet leurs partz desdits comuntz/ monsieur delhommeau et monsieur chostart estoint ~~es~~ venus pour ce subiect a celle fin de contracter/ la pluspart des habittans n°en ont pas la volonte/ lesdits communtz sont encorre demeurer en leur essensce/ c°est monsieur guillaume deille qui a raportte ladite procuration/

Baudart cure du louroux decede de contagion

Le mecredy 25e aoust est decede monsieur estienne baudart prestre cure du louroux besconnais home fort regrette a˘cause du bien qu°il faisoit a˘ladite paroisse principalement au povres/ lequel s°employet pour servir a˘ladite paroisse et y mettoit de son bien/

**30v**

**1638**

Le prestre vicaire et richart chapelain decedes de contagion

Et en ladite sepmaine est aussy decede monsieur estienne le prestre vicaire dudit louroux et missire jean richart chappelain de˘ladite esglise tous de contagion/ et n°est demeure personne audit bourg qui ne soint mortz de contagion que ceulx qui ont fuy fors monsieur jean bourgeois prestre[163] lequel y est demeure pour asister les malades et n°a poinct este malade/

162 *luy* au-dessus de la ligne.
163 *prestre* au-dessus de la ligne.

Naissance de monsieur le daulphin

Le mardy ·7e·septembre est ne monsieur le daulphin et le jeudy ·9· dudit mois ceulx de la ville d°angers en ont faict les feulx de joye/ n°on entendoit les canons jouer de bien avant en la bretagne/ et le lundy ·13e· dudit mois nous en avons aussy faict les feulx de joye a cande/ sur le soleil couche et nuict fermee les habittans qui ont des armes les tiret a*v*ecques charabaulde/ par les rues chandelles et flambeaulx aulx fenestres/ le tout en signe de resiouissance de sa naissance/

Soldartz menes a doué

Le roy a commande que l°on levast des soldartz par les paroisses pour mener a doué a un grand commissaire qui y est pour les recepvoir pour les mener a l°armee/ l°on y a envoye pour candé francois rondeau et brice cha*n*-*n*eau garsons que francois gauvaing procureur de fabrice y a conduitz jusque a doue asiste de jean beliart tenturier paroissi*o*n[164]/ et a faict habiller lesdits rondeau et cha*nn*eau d°abitz tous neuf et d°espee et baudrier tant que le charoy/ et abitz et esquipage couste environ de 75 libvres[165] aulx habittans dudit candé/

**31r**

**1638**

Besson greffier des notiffications

Ledites notifications son continue par arest du 4e janvier de l°anne 1657 et le bureau establi a jngrande/ sous le fuellet[166] 84[167]/ nottaire royal

Le[168] roy a descharge tous ceulx qui ont acquis depuis le 1 janvier

Le dimanche 17e octobre missire jean besson a faict publier une commission pour les notiffications de la baronnie de candé/ lesdites notiffications estoint erigee de l°an 1581 du regne de henry de vallois ·3e du non mais elle n°avoint pas

---

**164** *paroission* : sic
**165** *75 libvres* : souligné par l'auteur.
**166** *fuellet* : *feuillet*
**167** *84* : souligné par l'auteur.
**168** Le passage suivant, très décoloré, a été écrit en travers dans la marge gauche.

1630 jusque au 1 janvier 1640 et ceulx qui ont poye ault*ant pour*/ l°argent en yra au roy/ et descharge tous ceulx qui feront parttage *a* l°advenir/ jl n°y aura subiect aulx nottifications que ce qui debvera vanttes le surplus suivant l°edit du mois de mars 1640/ et l°edit par [lequel] jl descharge est du 9e aoust 1640/

este executtee en ce pais/ ladite commission portant que tous acquereurs faisant contrantz[169] au desoubz de 20 libvres poyront 15 sous et au dessus poyront 30 sous/ et est a commenser des le premier jour de janvier 1630/ et est enioingz a tous nottais royaulx et aultres qui sont demeurants au dedantz de ladite baronnie de faire extranctz[170] de tous contractz partages eschanges et contreschange et l°aportter audit besson qui leur donnera ·5· sous par chasque article dudit extraictz et lesdits acquereurs n°entront poinct en pocession *d*esdits heritages jusque apres l°an et jour de ladite notification a commesser du jour que lesdits greffiers sont jnstaller/ le tout a penne de 100 libvres[171] d°amende tant au nottaires que manqueront d°aportter leur extraict et qui fauldront a l°advenir en delivrant les grosses des contractz d°avertir les acquereurs de les[172] fair*es* notifier audit besson/ le tout dans mois apres l°advertissement/ et aulx acquereurs que ledit besson aura adverti/ le tout a˘penne[173] de ladite somme de 100 libvres[174] qui sera pour le tout audit besson greffier/ et est d*e*˘mesme par tout l°anjou et aultres province du ressort du parlement de paris/ et en l°anne 1639[175] 1639[176] lesdites notiffications ont bien rehausse de pris/ et un huissier a faict commandement audit besson de prendre de 50 libvres 15 sous/ au desoulz de 100 libvres ·30 sous/ au desoulz de 300 libvres 60 sous/ jusque a 1000 libvres 4 libvres/ et tousiours par chasque mille hausser de 20 sous/ et en lannee 1640[177] ont bien hausse lesdites notifications au desoulz de 20 libvres 15 sous/ [de] 30 libvres 1 libvres 15 sous/ 40 libvres 2 libvres/ de 50 libvres 2 libvres 5 sous/ de 60 [~~xxx~~] libvres 10 sous/ de 70 libvres 2 libvres 15 sous/ de 80 libvres 3 libvres/ de

169 *contrantz* : sic
170 *extranctz* : sic
171 *100 libvres* : souligné par l'auteur.
172 *les* au-dessus de la ligne.
173 *apenne* : *à peine*
174 *100 libvres* : souligné par l'auteur.
175 *1639* corrigé sur *1679*.
176 *1639* répété au-dessus de la ligne.
177 L'indication de l'année est encadrée dans le manuscrit.

90 $^{l}$i$^{b}$vres *3* $^{l}$i$^{b}$vres 5 sous/ de 100 $^{l}$i$^{b}$vres 3 $^{l}$i$^{b}$vres 15 sous/ de 150 $^{l}$i$^{b}$vres 4 $^{l}$i$^{b}$vres 5 sous/ de 200 $^{l}$i$^{b}$vres 4 $^{l}$i$^{b}$vres 15 sous/ de 250 $^{l}$i$^{b}$vres 5 $^{l}$i$^{b}$vres 5 sous/ de 300 $^{l}$i$^{b}$vres 5 $^{l}$i$^{b}$vres 10 sous/ de 400 $^{l}$i$^{b}$vres 5 $^{l}$i$^{b}$vres 15 sous/ de 500 $^{l}$i$^{b}$vres 6 $^{l}$i$^{b}$vres/ de 600 $^{l}$i$^{b}$vres *6* $^{l}$i$^{b}$vres 5 sous/ de 700 $^{l}$i$^{b}$vres 6 $^{l}$i$^{b}$vres 10 sous/ de 800 $^{l}$i$^{b}$vres 6 $^{l}$i$^{b}$vres 15 sous [~~xxx~~]/ de 900 $^{l}$i$^{b}$vres 7 $^{l}$i$^{b}$vres/ de 1000 $^{l}$i$^{b}$vres 7 $^{l}$i$^{b}$vres 5 sous/ de 1100 7 $^{l}$i$^{b}$vres 10 sous/ de 1200 $^{l}$i$^{b}$vres 7 $^{l}$i$^{b}$vres 15 sous/ de 1300 $^{l}$i$^{b}$vres 8 $^{l}$i$^{b}$vres/ de 1400 $^{l}$i$^{b}$vres 8 $^{l}$i$^{b}$vres 5 sous/ de 1500 $^{l}$i$^{b}$vres 8 $^{l}$i$^{b}$vres 10 sous/ de 1600 $^{l}$i$^{b}$vres 8 $^{l}$i$^{b}$vres 15 sous/ de [~~xxx~~] 1700 $^{l}$i$^{b}$vres 9 $^{l}$i$^{b}$vres/ de 1800 $^{l}$i$^{b}$vres 9 $^{l}$i$^{b}$vres 5 sous/ de 1900 $^{l}$i$^{b}$vres 9 $^{l}$i$^{b}$vres 10 sous/ de 2000 $^{l}$i$^{b}$vres et au dessus 15 sous pour chaque 500 $^{l}$i$^{b}$vres dont le pris des contratz augmentra/

**31v**

**1638**

Quatriesme commission

Le dimanche 24$^{e}$ octobre publie une commission de bien 600 $^{l}$i$^{b}$vres quant tout feut esgaille comprins tous gaiges/ c°est pour la nouritture des soldartz durant le cartier d°hiver dernier/

Commission du sel

Le dimanche 31$^{e}$ octobre la commission du sel feut publiee de 30 minotz/ missire gabriel le prous*t* grenettier en charge en a oste un minot/

Cure de candé c°est oblige de chanter un sufrage au grand cymettiere de st jean de cande

Le samedy 31$^{e}$ octobre missir$^{e}$ nicolas mori*ce* cure de st denis de cande c°est oblige a missir$^{e}$ charle dandigne seigneur d°angrie de dire et chanter luy et ses chappelains un suffrage au devant de˘la croix du grand cymettiere de st jean de cande au jour et feste des trespasser quand jl y conduyra sa procession ou bien au devant du crusifix de st denis quant le temps sera mal˄propre pour aller en procession/ jl y avoit proces entre eulx deulx pour ledit suffrage car jl c°est trouve des declarations des precedens cures qui advoint[178]

178 *advoint* : *avoient*

le debvoir chanter/[179] et a˘la charge audit cure de le rendre par declaration a l°advenir a˘la chastellenie d°angrie/ ledit acort passe par missire jean besson nottaire royal a cande en son tabl*ier* qui a portte la minute au chasteau d°angrie pour la faire signer audit seigneur dudit angrie/

Flamantz amene du lin a nantes et enmene du vin et du bled

En ce mois d°octobre les flamans en amenant du lin a nantes avoint achepte grande quantitte de vins tant d°anjou que du compte nantois jusque au nombre de quatre milles tonneaulx/ et avoint achepte du bled segrettement qu°il faisoint fonsser dans lesdits tonneaulx/ et enmenoint tout en guise de vin et en ont bien enmene avant que d°estre descouvertz/ cela a bien faict encherir le bled/ jl ne valloit que 42 libvres[180] la chartte et a present 50 libvres/ mais cela a bien faict rabaisser les lins de pris car jl en ont amene en si grand nombre a nantes que ceulx qui y vont pour en achepter s°en estonne/ jl ne vault plus que 23 libvres le cent/ le monde y va en si grande habondance pour en achepter de tous costes que n°on ne voit que voicturiers de lin/ si le povre monde n°eust trouve ceste routte jl n°estoit plus d°argent sur le pais pour poyer les taillee/

Pris du bled

**32r**

**1638**

Prevost d°angers loge a cande

Le mecredy XIe novembre monsieur de la lande prevost d°angers asiste de ·50· hommes de cheval a loge a cande/ ceulx qui vouloint aller avecq luy jl les esquippoit de chevaulx et d°armes/ jl prenoit les chevaulx ou jl en trouvoit a˘la charge de les rendre/ au revenir jl alloit au croisil tacher de prendre missire des mestairie/ mais jl c°estoit sauve/ jl ruyniret ses maisons et abatiret ses bois ainsi que diset ceulx qui estoit alles/

179 / de la main de l'auteur.
180 42 libvres : souligné par l'auteur.

| | |
|---|---|
| Commission des empruntz | Le dimanche 14e novembre a este publie la commission des emprunctz qui se montte 2000 livres et 6 deniers pour livre pour les collecteurs/ c°est du reste des emprunctz que[181] [xxx] les villes et gros bourgz avoint este taxes en l°annee 1637 dernier/ |
| Deffences d°esgailler les emprunctz | Le mecredy 29e decembre les paroissiens ont faict deffence aulx collecteurs de non esgailler lesdits emprunctz/ et leur prometet de les guarantir des frais s°il en ont/ |
| Saulner et poirier collecteurs du sel | Julien saulner et jean poirier nommes collecteur du sel/ |
| Pris des danree en ceste ann*e*e | Tout l°este et le commensement de l°autonne a este si sec que les puitz fontainne et ruisseaulx ont aseche/ si la seicheresse n°eust poinct este le bestial estoit hors pris/ jl estoit desia plus cher de la moittie que l°annee derniere/ les normantz l°ont enleve pour menes es prvinces[182] ou la guere avoit tout ruinne/ jl se mouroit faulte de foingz et aultres pensions/ n°on estoit contrainct de les tuer tous maigres/ le bestial qui estoit gras fort cher/ grande habondanc*e* de vins en ceste annee/ jl vault 4 sous le pot/ le bled 16 sous le bouesseau/ le fourment 19 sous/ l°avoinne grosse 12 sous/ le beure 6 sous la livre/ la chand[elle] de suif 7 sous/ tant de tailles et sucq des que la pluspart des laboureur quittet et ce retiret es villes et bourgz pour mandier leur pain/ |
| Cordeliers d°ancenis sorttet et y entre des recolle*r* | En ceste annee 1638[183] monseigneur de nantes avoit oste les cordeliers d°ancenis et y avoit faict venir des recoller[184] en leur couvent qui rendoint les rantes a ceulx qui les leur debvoint et vivoint d°aulmonnes/ les habitans leur ont dit que ce nourisse de leur r[a]nttes s°il vouilloint et qu°il ne leur donneroint poinct l°ausmonne puisque jl avoint du bien/ |
| Les recoller sorttet et les cordeliers y rentre | quant jl ont veu cela jl s°en sont retourner et les cordeliers ont rentre en leur couvent et a leur contentement/ jl estoint bien desplaisant de sortir/ |

**181** *que* : *e* corrigé sur *i*.
**182** *prvinces* : lapsus pour *provinces*.
**183** *1638* au-dessus de la ligne.
**184** *recoller* : *recollets*

**32v**

**1639**

Pean et le fort segrettains

Le lundy ·3·$^{e}$ janvier piere pean et henri le fort se sont acorder ensemble et qu°il seroint tous deulx seqrettains moittie par moyttie/ leur acort passe par monsieur charle drouet nottaire/ jl avoint proces ensemble a qui le seroit/

Commandementz de poyer les enpruncz

Le samedy 29$^{e}$ janvier jl est venu un exentz[185] des gardes a candé faire commandementz de poyer les emprunctz/

Chariotz faictz angers

Au commencement de ceste annee jl est venu ~~angers~~ en la ville d°angers des ouvriers pour faire des chariotz qui ont abattu les ormeaulx au^tour d°angers qui estoint propre pour employer/ et ont faict des chariotz en grandz nombre et de nonpareille force/ les moyeulx des roues sont gras[186] comme cartz ou n°on met du vin/ n°on dit que jl y a bien ·7· centz livre de fer a chaque chariot/ jl a este achepte en bretaigne 4 *o* 5· centz chevaulx pour les enmener/ n°on dit qu°il n°ont jamais de rien servy et qu°il ont estes perdus en la mer/

Ban et ariere ban publie

Le dimanche 13 mars la commission du ban et ariere a este publie et le lendemain au marche de cande au bat du tambourt pour ce trouver le premier du mois de juin ensuivant angers/

Buffe et chovin collecteurs des emprunctz

Le dimanche 3 apvril rene buffe et jean chovin nommes collecteurs des emprunctz pour en faire la collecte avecq jean le duc et claude cathelinnais collecteurs de la taille/

Beauvais prinsonnier pour les empru[nc]tz

Le vendredy 25$^{e}$ mars cy devant l°autre article guillaume beauvais advocat et habittant de cande arivant angers feut prins prinsonnier pour les emprunctz de cande/ et feut 15$^{e}$ jours prinsonnier avant que l°on fist aucune diligensce pour l°oster/ on a empreste de l°argent scavoir de monsieur

---

**185** *exentz* : *exempt*
**186** *gras* : lapsus pour *gros ?*

anthoinne godeffroy recepveur au grenier 300 l̲ib̲vres[187] et de monsieur nicollas hereau prestre aulmonner de st jean 300 l̲ib̲vres[188] et de monsieur gaudin advocat et nottaire a cande 200 l̲ib̲vres[189]/ le tout faict la somme de mille livres que francois gauvaing procureur de fabrice a portte a chignon ou ce faict la

Argent empreste

**33r**

**1639**

N°on portte de l°argent a chignon

recepte desdits emprunctz/ quelle somme de mille livres jlz ont prinse/ et n°ont poinct consenti l°eslargisement dudit beauvais qu°il n°eusset les aultres mille livres/ jl fallut que ledit beauvais sortist soulz caution en˘prestast ledit gauvaing et luy ~~unze~~ unze centz livre a rante constituee et portit luy mesme les aultre mille livres audit chignon[190]/ les cent livres de surplus ont servi au frais du contractz de constitution et voyage dudit chignon/ et ledit beauvais a faict appeller la paroisse pour le descarger de˘ladite some qu°il a empreste que poyer les frais qu°il a faict en son seiour estant prinsonnier/

Vent qui brusle les˘fleurs des arbres

Le mecredy st 20e apvril jl se leva un vent de haulte galerne grand et tempestueulx qui brusloit le jeune bois des arbres qui estoit tandre comme de la vigne/ des noyers brusloit la fueille et fleurs des arbres qui estoint fleuri pour lors/ jl dura jusque au lendemain jeudy absolu apres midy/

N°on dessouille les˘couettes

Au mois de mars et apvril jl court un bruit qu°il se trouve des serpens et aultre animaulx es couéttes et traverlitz/ n°on les dessouilles/ n°on trouves des couronnes des panaches des boucquetz et fasson de serpentz et aultres animaulx le tout

187 *300 libvres* : souligné par l'auteur.
188 *300 libvres* : souligné par l'auteur.
189 *200 libvres* : souligné par l'auteur.
190 *audit chignon* au-dessus de la ligne.

de plume/ le tout cy bien faict et lie de teille de chambre[191] et de lin si bien passe l°un par dans l°autre que l°on travailloit bien a deslier l°un d°avecq l°autre/ et d°aultre sortte de cordage et filletz tous couvertz de plume/ et [~~xxx~~] arange le tout comme s°il eust este faict de main d°homme/ l°on dit qu°il a este faict mourir a rouen une sorciere nommee nicolle du pre qui dit que c°est elle par artifice du diable qui a faict ce trouver cela dans lesdites couettes et qui avoit cause tant de fiebvres l°an dernier par toutte la france principallement au hommes et garssons dont le monde en mouroit en grand nombre/ et donna advis a˘sa mort qu°il failloit dessouiller lesdites couettes ou˘bien que les fiebvres ne cesseroint poinct/ et quelle fist cela en jndignation d°un garson qui avoit este executte de justice que elle desiroit espouser/

**33v**

**1639**

L°esglise parochialle de nioyseau bastie

Au commansement du mois de may madame l°abesse de nioyseau a faict commenscer une esglise parochialle pour paroissiens dudit nioyseau/ elle a achepte de vielle mazures de logis et jardrins pour faire bastir ladite esglise et un cymettiere au coste vers galerne/ monsieur esveillon grand vicaire de st morice en a beni les fondementz la premiere sepmainne dudit mois de may/ et le dimanche 17e juing 1640[192] claude de rueil esvesque d°angers a beni et dedie ladite esglise et cymettiere ~~ladite abesse~~ au non de dieu et de la glorieuse vierge marie/ et de monsieur[193] / ladite abesse a faict bastir ladite esglise a celle fin de faire enclore la vielle et cymettiere dans l°enclose de sa maison/

et bennie le 17e juing 1640

Vent froid contre la saison

Le jeudy 23·24 et 25e juing jl fist des ventz qui estoit cy froidz contre la saison que n°on estoit contrainctz se chauffer/

191 *chambre* : *chanvre*

192 L'indication de l'année est encadrée dans le manuscrit.

193 Blanc après *monsieur*.

| | |
|---|---|
| Pris du bled | Le bled vault 14 sous le bouesseau/ le fourment 17 sous/ |
| Meslet procureur des trespasser | Le mecredy 20e juillet les paroissiens de cande ont esleu un procureur pour portter la bouette des trespasses par l°esglise a˘la charge de poyer par chasque sepmainne 18 sous pour trois messes et faire celebrer tous les ans quatre services solennelz/ et le surplus de ce qu°il amasera sera enploye au reparations des ornementz de ladite esglise/ et rendra compte tous les ans au procureur de fabrice de˘ladite esglise de st denis/ les prestres n°estoint poinct en sepmainne/ n°on leur poyet toutte les sepmainne a chacun une messe/ jl se sont mins en sepmainne/ le dimanche 29e juillet 1640 |
| | monsieur le cure a commensce/ le trois messes se diront le dimanche le lundy et le mecredy et celuy qui sera en sepmainne aura vingt soulz/ |

**34r**

**1639**

| | |
|---|---|
| Visitte de monsieur l°archidiacre | Le dimanche 28e aoust guy lasnier archidiachre de st morice d°angers faisant sa visitte a st denis de candé eut advis que l°on mestoit des gerbes es esglise de st nicolas et st jean/ fist diffensces de non n°y celebrer la messe que elle n°eusse este rebeneiste/ et pour se faire donna pouvoir a monsieur nicolas hereau prestre aulmonnier de st jean de benir celle dudit st jean/ ce qu°il fist le mecredy ensuivant/ donna aussy pouvoir a monsieur nicolas morice prestre cure dudit st denis de benir celle de st nicolas/ ce qu°il fist la vigille de monsieur st nicolas du mois de decembre ensuivant/ et donna charge audit cure de faire apeller le prieu pour faire faire les reparations de l°esglise dudit st nicolas/ |
| Habondances de bledz et fourmentz<br><br>Raritte d°eaulx et de ventz | En ce mois d°aoust l°on a cuilly des bledz en habondance grace a dieu/ jl ne vault que ·10 sous· le bouesseau/ le fourment ·15· sous./ mais a cause de la grande seicheresse et rarette d°eaulx et de ventz l°on estoit contrainctz d°aller faire mouldre ses grains jusque a grec et monstreul et channon sur la rivieree *de* mayenne/ ceulx qui avoint des farinne de bledz les vendoint 20 sous/ celle de fourment 24 |

sous le bouesseau/ faulte de meus*l*e le povre monde endu-roit comme si se euse este faulte de bled/ l°on meult le bled aulx meusle a gruau/

Processions generalles — Le dimanche ·XI^e^· septembre l°on a faict procession generalle pour prier dieu pour le roy et pour les niscessites du temps/ nous sommes alles en procession a nostre[194] a beau-lieu/ et ceulx de chase sur ergouls y sont aussy venus et es aultres paroisses ou les cures ont eu volonte d°y conduire leurs processions/

Rarette d°eaulx et de ventz — La rarette d°eaulx et de ventz continue en grande seiche-resse/

Commandement de poyer la taille — Le lundy 26^e^ septembre alanneau sergent des tailles a faict commandement a jean gaudin jean godier jean gilleberge et rene pipault de poyer les carttes escheue de ladite taillee faulte que l°on a faict a cande de nommer des collecteurs pour faire la collecte de ladite taillee/

**34v**

**1639**

Remon taulpin et houdayer collecteurs de la taille — Le jeudy 29^e^ septembre daniel remon rene taulpin et marin houdayer ont este nommes pour faire la collecte de la taille/

Grande mortalitte a maumusson — Grande contagion et discenterie en la paroïsse de maumus-son tant qu°il ne dise plus de messe en l°esglise parochia-lle/ monsieur le cure a eu pouvoir de dire la messe soulz une tantte au coing d°un champ pour la commoditte de ses paroissiens/

Jl fault que tous ceulx qui ont du bien de main — Le dimanche 2^e^ octobre a este publie un arest de par le roy comme jl est enioingtz a tous beneficies tant seculiers que reguliers procureurs de fabrice hospitaliers et en general

194 *nostre* : *nostre dame ?* V. n.81.

mortte le baille par desclaration

tous ceulx qui possede du bien qui est en main mortte soit par dismes ranttes heritaiges ou aultrement qu°il ayet a faire desclaration dudit revenue de leurs benefices ~~et lenvoier angers quilz en et~~ et l°envoier a jacques pottier greffier angers/ pour se subiect jl ne se trouve rien exentz que les ~~cures~~ cures et les hospitaulx dont le revenu va a nourir les povres/ et neantmoingz l°esdit porttoit que ceulx qui avoint du bien en main mortte depuis ·20· ans et les religieux qui avoint este jnstaller depuis ·30· ans/

Pipault collecteur du cartier d°octobre/ jl est decede le ·12· decembre ensuivant[195]/ a este nomme guillaume le royer

Le dimanche 2[e] octobre rene pipault a este nomme collecteur pour esgailler et faire la collecte de ·7· minotz et demi de sel pour le cartier d°octobre atendu que le roy veult que a˘l°advenir les officiers des greniers a sel n°envoye plus leurs commissions que au premier jour de janvier ou l°annee commansera pour le sallaige comme elle faisoit au premier jour d°octobre/ c°est pourquoy jl commande que es paroisse ou on nomme ·8· collecteurs que on en nomme deulx et ou en nomme 4 que on en nomme un pour esgailler ledit cartier d°octobre/ cecy ce faict d°aultant que au pais d°amont les recepveurs generaulx commensce a faire leurs recepte que au premier janvier/ et jlz ont presente requeste pour que ceulx de l°anjou y commense aussy l°annee audit premier janvier/ car rendant leurs comptes jlz estoint obliger d°en dresser deulx/

**35r**

**1639**

Grand maladie de discenterie universelle

Au mois d°octobre les maladie de discenterie se sont tant enrascinnee de tous coustes tant es villes et aulx champs que de toutte costes que l°on puisse aller le monde s°i meurt en si grand nombre que homme vivant n°avoit poinct veu si grande mortalitte pour estre universelle/ n°on tient que c°est a cause de la grande sterilitte d°eaulx qui est es puitz

195 *le ·12· decembre ensuivant* au-dessus de la ligne.

et fontainne et des eaulx salle et bourbeuse que l°on a beu qui a engendre la maladie de discenterie/ car du depuis la st jean jusque aulx environs de noel le monde en beaucoup de lieulx n°avoint pas une gouste d°eau tant pour eulx que pour les bestiaulx/ jl failloit que beaucoup alasse avecq des charttes[196] en querir es grandes rivieres pour leurs bestiaulx/

Gaudin ·le duc gilleberge· gauvaing cathelinnais et pipault prins pour ayser[197]

Le lundy ·21·e novembre jl est venu des sergentz a candé pour signifier des commissions a jean gaudin jean le duc jean gilleberge francois gauvaing claude cathelinnais et rene pipault qui ont este taxes pour ayser/ auquelz <auquelz> le roy leur donne des contratz de constitution a prendre sur la maison de ville a paris/ en a este par toutte les paroisse de mesmes ou jl ont trouve des habittans quelque peu ayser/

Commission des subsistances

Le dimanche 27e novembre a este publie une commission pour les subsistance des gens de guere/ nous en avons pour ~~500 *libvres* 564 *libvres*~~ 568 libvres[198] en tout qu°il fault porter a chasteaugontier/

Le samedy ·3·e decembre a este publie angers l°esdit du roy sur le rabais de l°or leger/ de[199] chaque grain d°or leger jl en fault rabattre ·19· deniers/ jl ce trouvoit des pistolles et escus legers presque de toutte la moittie/ ceulx qui en avoint en grand nombre y ont bien perdu/ pour ce qui est de l°or qui est de poix[200] jl vault le pris qui est portte par l°esdit de 1636[201] / l°on avoit crainte que la monnoye blanche rabesseroit de pris/ jl y a esdit le 26e ~~dernier d~~ novembre dernier[202] faict a paris comme jl est enioingtz de prendre et mettre touttes espesces de monnoye blanches au pris portte par ledit esdit de 1636[203] / glose dernier/

---

**196** *charttes* : *charrettes*
**197** *ayser* : *aisés*
**198** 568 *libvres* au-dessous de la ligne.
**199** *de* au-dessus de la ligne.
**200** *poix* : *poids*
**201** L'indication de l'année est encadrée dans le manuscrit.
**202** *dernier* au-dessus de la ligne.
**203** L'indication de l'année est encadrée dans le manuscrit.

**35v**

**1639**

Les puitz et fontainnes se remplisset

En ce mois de decembre les ruisseaulx puitz et fontainne ont commenser a ce remplir d°eau au soulagement du peuple car jl en estoit grand besoing/

Pris des denree

En ceste annee ·1639· jl a este peu de vin poinct de cyldre a cause qu°il n°estoit pas du fructaige/ le bled vault 12 sous le bouesseau/ le fourment 16 sous/ l°avoine grosse 10 sous/ le vin 6 sous le pot/ le beure 8 sous la libvre/ la chandelle de suif ·9· sous la libvre/

Les fondeulx descendet les cloches du clocher

Le mecredy ·21·e decembre jl est trouve des fondeulx qui se sont offertz a mettre nous[204] deulx petittes cloche en une/ et n°ont rien demande que la volonte de ce qu°il plaira a chacun habitant de leur donner lors qu°il aront[205] faict une bonne cloche remontee au clocher bien sonnante/ et ledit jour ont descendu de nostre clocher une cloche qui estoit cassee et une aultre qui estoit bonne pour les faire fondre toutte deulx en une/ le samedy dernier jour dudit decembre jl ont fondu nostre mettal/ lequel pese 828 libvres[206]/ et ont manque la cloche de toutte les ans[~~xxx~~] ansces/ et le vendredy ·3·e janvier 1640 jlz ont refondu ledit mettal et faict ladite cloche/ mais plusieurs habitantz ont este curieulx de voir ladite cloche avant que elle feut froide/ bien une heure apres sont alle la ~~de~~ deterrer/ et un nomme rene groslier pinthier aussy habittant fist jetter de l°eau dessus qui cassa ladite cloche/ tant que ledit groslier s°obligea ausdits paroissiens de la faire refaire a ses despens et de la mesme pesanteur que elle estoit/ et marchanda avecq les fondeulx a 25 libvres[207]/ et luy jl fournira de tout/ jl ne fourniront que de leurs peinnes/ jean godier aussy habittant avoit achepte 100 libvres de mettal de˘quoy jl voulloit faire faire une petitte cloche pour

---

**204** *nous* : *nos*
**205** *aront* : *auront*
**206** *828 libvres* : souligné par l'auteur.
**207** *25 libvres* : souligné par l'auteur.

servir d°appeau/ lequel mettal a aussy este jette dans le fourneau et le samedy 28e janvier jlz ont refondue ladite cloche/ et l°ont beneiste le lendemain apres vespres/ et monsieur gabriel proust grenetier et renee le prestre[208] femme de monsieur jean huchede procureur fiscal l°ont nommee denise/ elle pese 930 libvres/

**36r**

**1640**

L°esglise de st denis rebeneiste

Le lundy 30e janvier jean derreu aracha le bout du netz <nee> a andre jouon estant a voir ladite cloche qui estoit au bas du clocher/ dont sortit grande efussion de sang dans l°esglise de st denis que cymettiere/ qui feut la cause que jl ne feut poinct dit de messe dans ladite esglise le mardy et mecredy ensuivant/ le jeudy ·2e febvrier jour de la purification de la bien heureuse vierge marie monsieur le cure la rebeneist par permission de monsieur d°angers/ ladite cloche feut remonttee audit clocher mardy dernier janvier/

La cloche remonttee au clocher

Pettite cloche monte au clocher

Le vendredy 10e febvrier jl a este fondu une petitte cloche laquelle pese 102 libvres que jean godier a donne pour servir d°appeau quant n°on commenscera le service/ le dimanche 12e febvrier elle feut beneiste apres vespres/ et monsieur jean gaudin advocat et magdlaine lesne l°ont nomme magdlainne/ et feut le lendemain audit clocher/

Grand blasphemateur meurt apres son blasphesme

Le vendredy 27e janvier un homme nomme[209]     qui estoit de chaze sur ergoulz beuvant avecq un de ses beaulx freres faisoit des jurementz et blasphesmes execrable disant qu°il vouloit que dix milles pippes de diable l°enportasse s°il beuvoit jamais avecq son dit frere/ s°en alla au logis/ feut bien une heure/ s°en retourna a˘la tavergné/ trouva son dit frere/ beut avecq luy/ son dit frere luy dist / tu avois tant jure que tu ne boirois jamais avecq moy/ s°en retourna ches luy/

**208** *le prestre* : nom propre.
**209** Blanc après *nomme*.

va voir a son estable pour donner du foing a ses chevaulx/ ne retournant poinct au logis l°on alla voir ce qu°il faisoit/ l°on le trouva mort sur un monsceau de foing/ l°on croyet qu°il dormoit/ n°on ne voulut pas l°esveiller/ mais d°enuye que jl ne s°esveilloit poinct l°on le remeust et l°on le trouva mort/ l°on le visitta/ n°on n°y trouv*a* auchunne chose que une petitte noirseur a˘la gorge/

**36v**

**1640**

Beauvais procureur de fabrice

Le mecredy ·25·e janvier rene beauvais a este nomme procureur de fabrice de st denis/ et en a sorti francois gauvaing/

Talourd prinsonnier pour la subsistance

Le mecredy ·25e· janvier guillaume talourd habitant de cande feut prins prinsonnier a segre et mene es prinsons de chasteaugontier pour la somme de 284 libvres[210] faisant moittie de la taxe a˘quoy cande avoit este taxe pour la subsistance des gens de guere du roy/ le samedy ·29·e janvier francois talourt son frere habitant dudit chasteaugontier est venu a cande pour faire les diligensces pour l°hoster de prinson/ les habitans dudit cande luy ont mins entre les mains la somme de 300 libvres[211] qu°il a employer a poyer ladite somme de 284 libvres[212] et le surplus a poyer le geollage et aultre frais/ le dimanche ·29·e dudit janvier jacques charlery et jean boyffumee ont este nommes avecq ledit beauvais procureur de fabrice pour esgailler et faire la [colle]cte desdites subsistance/

Charlery boiffumee et beauvais collecteurs de˘la subsistance

Valluche et brossais collecteurs du sel

Le dimanche 12e febvrier jacques valluche et rene brossaïs nommes collecteus du sel/

**210** *284 libvres* : souligné par l'auteur.
**211** *300 libvres* : souligné par l'auteur.
**212** *284 libvres* : souligné par l'auteur.

Prioulleau a donne aulx augustins de cande 70 $^{l}$i$^{b}$vres de rantte

Le mecredy des cendres ·22·$^{e}$ febvrier piere prioulleau sieur de la caillerye habitant de candé garsson soubz l°age de ·56· ans est decede et ensepulture aulx augustins dudit candé/ a ~~perpet~~ donne ausdits augustins a perpettuitte par chacun an la somme de [~~xxx~~] 70 $^{l}$i$^{b}$vres[213] de rantte a tous jamais/ et a asigne ladite rantte sur son lieu de la gaignardaye en vris a˘la charge ausdits augustins de dire et celebrer aussy a perpetuitte un service solennel tous les mois de l°an au ·22.$^{e}$ jour de chaque mois et a toutte les festes de nostre dame un salut/ et a aussi donne aulx prestres de s$^{t}$ denis 4 $^{l}$i$^{b}$vres 15 sous[214] aussi de rantte a˘la charge de dire un service en l°esglise dudit st denis le jour et feste de missire st piere et st pol et un salut au jour de la chandeleur/ et a donne a une fois poyee 200 $^{l}$i$^{b}$vres[215] a l°ospital de st yves de rennes/ et aussy 200 $^{l}$i$^{b}$vres[216] a l°ospital de st jean dangers aussy a une fois poyee/

Aulx prestres de st denis 4 $^{l}$i$^{b}$vres 15 sous a prendre sur son logis de la rue aulx moinne de candé

**37r**

**1640**

Le gendre a celebre a messe

Le dimanche ·XI$^{e}$ mars monsieur rene le gendre enfant de noellet a celebre sa premiere messe en l°esglise de nostre dame de beaulieu/

Contagion au bourg d°angrie

La contagion a prins au bourg d°angrie la premiere sepmainne de caresme qui est la cause que monsieur le cure est alle dire les messes de paroisses et les absollutions aulx jours de lundy mecredy et vendredy en l°esglise de st jean et en la chapelle de la gaziottiere alternativement pour la commoditte des paroissiens/ tous les habitans du bourg ont fuy/ le mecredy de la sepmainne sainte sont retourner faire le service en l°esglise dudit bourg/

213 *284 libvres* : souligné par l'auteur.
214 *4 libvres 15 sous* : souligné par l'auteur.
215 *200 libvres* : souligné par l'auteur.
216 *200 libvres* : souligné par l'auteur.

L°iver a passe sans froid

Toutte la saison de l°hiver a passe sans faire aucun froid fors quelque petitte gellee sans glace/

Grandz ventz jnpetueulx / qui brusla la fleur des arbres

Le dimanche de rameaulx ·1·e jour d°apvril jl se leva de grand vent de galerne fort froid qui dura ~~2 o 3~~ ·2· ou ·3· jours tantost d°un coste et d°aultre/ toutte la sepmainne fort rude/ et le dimanche ·8·e apvril jour et feste de la resurection de [~~xxx~~] nostre seigneur jl fist un ventz jnpestueulx de basse solere/ vent salé qui gasta les arbres qui estoint en fleur/ et brusla le jeune bois des noyers et aultres arbres qui ont le bois tendre avecq force neif pluye et gresle par endroitz/ le temps dura en ventz facheulx et d°iver jusque au samedy 28e apvril que le temps c°est changé en pluye doulce avecq desris d°eaulx es ruisseaulx/ toutte ce mauvais temps n°aportta rien qui vaille apres luy/ car les bledz estoint en espi qui feuret gastes comme l°on voira au mois d°aoust apres la recolltte des bledz/

Galleriens

Le lundy 14e may a passe par candé une chesgne de forcere qui venoint de bretaigne/ jl y en a ·52· encheigner/

Commission de˘la taillee

Le dimanche ·20e may la commission de la taillee publiee/ jl y a en somme pres de 2280 libvres[217] ou plus/

Beauvais et beliart et cosneau collecteurs

Le lundy 28e may ont este nommer collecteurs de˘la taillee chacuns de guillaume beauvais jean beliart et julien cosneau/

**37v**

**1640**

Belle fleuraisson des bledz/ et a bon marche le bled

Au mois de may la fleuraison des bledz est fort belle/ l°espi fleurissoit tout a˘la fois ce qui n°avoit pas acoustume de ce faire/ n°on esperoit grande abondance de bledz/ c°est pourquoy le bledz [~~xxx~~] ne[218] valloït plus que 10 sous le boues-

217 *284 libvres* : souligné par l'auteur.
218 *ne* au-dessus de la ligne.

seau et le fourment 14 sous/ jlz feuret tous escous de fleur en ·8· jours et ne s°en portiret pas mieulx apres/

Abelinne a celebre sa premiere messe

Le dimanche 24e juing monsieur francois abelinne a celebre sa premiere messe en l°esglise de st denis/

Commandement au greffier des notifications de ce faire poyer

Au mois de juillet jl a este faict commandement a monsieur jean besson greffier des notifications de contraindre et de ce faire poyer desdites notifications a ceulx qui ont faictz des contractz/ et ont bien ocmente[219] le pris desdites notifications/ jl en est faict mention *au* fueillet ·31· cy devant en 1638/

Gauldin et plermer tues

Le lundy ·6· aoust feste de la st sauveur et foire a candé sur les neuf a dix heures sur soir au carefour de la fresnaye dudit candé feut tue et asasinne jean gaudin sergent royal d°un cousteau ou poignart par un nomme forestier tailleur a la roussiere/ et gilles plermer son recors tue d°un coup d°espee aussy audit carefour par un nomme roullet chiurgien/ au moins n°on dit que se feuret ledit forestier et roulet qui les tuyret d°aultant que jl s°en^tre^cresloint[220] ches taulpin hoste au soleil/ et furet tues a˘la portte/ et aussy que jl s°en fuiret/ et le mesme soir sur la mesme heure feut aussy tue et asasinne un garson de chasteaugontier qui conduisoit les chevaulx de sivanne marayeur/ venant de nantes s°en retournant audit chasteaugontier feut tue par des˘la les vallerais sur le chemin allant a prefoure/ aussy au mesme chemin feut asomme george de beauvais garson gentilhomme s°en allant de cande coucher au bois joulain ches son oncle le sieur dudit bois˘joulain [~~xxx~~]/ ledit de beauvais ne mourut que le mecredy ensuivant/ n°on ne scait qui les a asommes/ un garson qui estoit avecq ledit [~~xxx~~] marayeur eut un coup de baston sur les espaules et fuit jusques audit prefoure demander du secours/ quant jl y feuret les voleurs estoint fuis[221]/

Deulx aultres asommes sur le chemin de prefoure

219 *ocmente* : *augmenté*
220 *sen tre cresloint* : *s'entrecriailloient* ou *s'entre-querellaient.*
221 *jusques ... fuis* en marge avec référence dans le texte.

**38r**

**1640**

Prierres de ·40· heures

Le dimanche 19 aoust on est alle en procession aulx augustins et retourne dire la messe ~~aulx~~ a˘st denis/ c°estoit pour prier dieu pour le roy et pour la paix et princes crestiens/ qu°il plaise au bon dieu les assister et leur donner victoire contre les ennemie de˘la france/ ladite procession estoit pour les prieres de ·40· heures/ les augustins les faisoint le jour de˘la transfiguration/ et ont este faicte par toutte la france/

Les douzains vallet quinzains

Le lundy 13e aoust cy devant a este atache au posteau du marche de cande un [~~xxx~~] edit du roy comme jl est enioingt a ceulx qui ont des douzains de les portter a la monnoye angers ou jl seront m*ar*ques d°une petitte fleur de lis/ et vaudront quinze deniers/ duquel rehault jl y aura un denier pour celuy qui les portera et deulx deniers pour sa maieste/ et l°edit n°est que pour durer deulx mois seulement a commenscer dudit jour 13e aoust/ apres cela ceulx qui ne seront poinct merques[222] de˘ladite pettite fleur de lis seront escr*ie*s/ au moins lesdit le portte/

Revocation des notifications jusque en 1640

Lesdites notifications ont este revoquee par edit du roy du 7e decembrë en l°annee 1644

Jl a este envoye un edit a mestre jean besson greffier des notiffications par lequel le roy entent que ceulx qui ont faict dedit contractz depuis le 1 janvier 1630 ne seront tenus faire notifier/ jl n°y aura que ceulx qui sont faictz depuis le 1 janvier 1640 / et a descharge tous ceulx qui font des partages et eschanges entre coherittiers/ jl n°y aura rien subiect que ce qui debvera vante le tout pris portte par l°esdit du mois de mars 1640/ n°on voit ce que jl est deu pour ladite notification au feillet 31 cy devant/ l°esdit de revocation a este faict a amiens au conseil du roy le 9e aoust 1640/ ceulx qui ont nottifie pour les 10 annee passee qui ont fini au premier janvier dernier est perdu pour eulx/ cela yra au roy/

222 *merques* : *marqués*

**38v**

**1640**

La ville d°aaras[223] en l°obeissance du roy

La ville d°aras au pais d°arttois c°est rendue en l°obeissance du roy de france le 9$^{e}$ aoust 1640 apres l°avois asiegee/

Les bledz [~~xxx~~] sont entregrener es champs

Au mois d°aoust jl n°a pas este des bledz aulx ayres comme l°on esperoit/ jl n°en est que le tiers au pris de l°an dernier/ n°on ne c°est poinct apersceu qu°il feusset entregrener es champs que au mois de juillet/ ceulx qui avoint des bledz vieulx ne vouloint pas le vendre esperant qu°il encheriroit/ mais les greniers en sont plains grace a dieu en beaucoup de lieulx/ et le charansson le pert/ qui est la cause qu°il fault qu°i le vende/ et vault ·15· escus la charttee et le fourment ·20· escus/

Pris du bled

Peu de vendanges

Au mois d°octobre les vendanges ne sont pas tant grande et n°est plus de vins vieulx/ jl veulet le vendre 75 $^{l}$i$^{b}$vres la pippe/ les hostes le vende 10 sous le pot/ mais jl c°est trouve des pommes par contree/ de˘quoy jl se faict grande habondance de sistre qui est la cause que le vin ne peult encherir/ povre et beaucoup des riches boivet du cistre/ jl vault 15 $^{l}$i$^{b}$vres la pippe/ les hostes le vande 2 sous 8 deniers le pot/ le vin nouveau vault 8 sous le pot/ toute la saison d°este depuis la moittie du mois d°aoust a este pleuvineuse de petitte pluye qui destourboit[224] le monde a bastre tant que beaucoup n°ont battu leurs bledz que au mois d°octobre/ jl n°a este aucuns fructages en ceste annee que des pommes/ poinct de preunes poires noix pesches crises[225] et peu de chastaignes/

Habondance de cistre de pommes

Peu d°aultres fruictz

Vaillant et bellanger collecteurs de˘la subsestance

Le dimanche 14$^{e}$ octobre piere vaillant et piere bellanger nommes collecteurs de˘la subsistance/

223 *daaras* : *d'Arras*

224 *destourboit* : *r* au-dessus de la ligne.

225 *crises* : *cerises*

**39r**

**1640**

4 foires royalles a cande

~~et marche au vendredy~~

En ceste annee 1640 monseigneur le prince de <de> conde a eu permission du roy d°esriger[226] quatre foires royalles a cande de deulx jours chaque foires/ scavoir le jour de la micaresme et le lendemain le jour st nicolas ·9·$^{e}$ may et le lendemain et le jour de la visitation ·2$^{e}$ juillet et le lendemain et le jour de la st denis ·9·$^{e}$ octobre et le lendemain ~~et marche de bestial au vendredis de toutte lannee~~/ ladite permission a este publiee a st denis au prosne de la grande messe le dimanche [~~xxx~~] 27$^{e}$[227] octobre/

Rabais sur touttes espesces de pieces d°argent legeres tant de france que estrangere

Au mois d°octobre 1640 edit publie ~~pou~~ faict de par le roy au mois de juing pour la diminution du marc et poix de l°argent ro*ngn*e suivant les arest de˘la court des monnoye avecq les declarations du roy du mois de juing et 18$^{e}$ octobre ~~dernier~~ dudit an/

le marc des car˘d°escus vault 23 livres 18 sous 3 deniers/
le marc des testons vault 23 livres 11 sous/
le marc des frans vault 21 livres 14 sous 9 deniers/
le marc des ducattons de millan florence savoye venize parme et flandre vault 24 livres 9 sous 1 denier/
le marc des realles d°espagne et chelins d°anglettere vault 23 livres 14 sous 7 deniers/
le marc des patagons de flandre 22 livres 9 sous 3 deniers/
l°once des escus d°or de france vault 46 livres 10 sous/
l°once des pistolles d°espagne vault 44 livres 13 sous 9 deniers/
l°once des escus et pistolle d°italie 43 livres 11 sous 3 deniers/

Les aultres pieces tant or et argent qui sont de poix trebuchant au pris acoustume/ faict et areste[228] en˘la court des monnoye le ·XI·$^{e}$ octobre 1640/

---

**226** *desriger* au-dessus de la ligne.
**227** *27e* au-dessus de la ligne.
**228** *areste* : *arrêté*

**39v**

**1640**

Rehault de l°once d°argent

Aultre edit du roy pour le reglementz des mònnoye du ·30·e octobre 1640/

Touttes especes d°argent estant pesantes se prendront a leur prix ordinnaire/ estant legeres a cause du fray de ·6· grains car˘d°escus testons et francz et celles de plus bas pris de ·2· ou ·3· grains/ tout le reste qui ne sera du ~~prix~~ poix sera mins a l°once suivant le tarif/

l°once des car˘d°escus de 20 sous vault 3 livres 3 sous/
l°once des testons de 19 sous 6 deniers vault 3 livres 2 sous 1 denier/
l°once des frans de 27 sous vault 2 livres ~~17 sous 3 deniers~~ 18 sous 2 deniers[229]/
l°once des realles d°espagne de 58 sous vault 3 livres 3 sous/
l°once des ducatons de millan de 3 livres 7 sous vault 3 livres 4 sous 3 deniers/
l°once des ducattons de flandre et d°avignon vault 3 livres 1 sou/
l°once de phillipes dalles de flandre de 3 livres vault 2 livres 13 sous 6 deniers/
l°once des patagons de flandre de 54 sous vault 2 livres 14 sous/
l°once des pieces au lion vault 2 livres 2 sous/
l°once des pieces a l°egle de 30 sous vault 2 livres 5 sous 10 deniers/
l°once des pieces au gros bonnet de 28 sous vault 2 livres 18 sous 6 deniers/
l°once des pieces a l°egle non contefaicte de 27 sous vault 2 livres 7 sous 3 deniers/
l°once de dalle de l°enpire de 55 sous vault 2 livres 16 sous 7 deniers/
l°once des testons de lorainne vault 2 livres 7 sous/
l°once des testons de dolle et besanson vault ~~2~~ 2 livres 5 sous/

229 *18 sous 2 deniers* au-dessus de la ligne.

Jl a couru un grand bruit que tout or et argent leger yroit au billon et que toutte aultre espece d°or et argent rabaisseroit de pris au pris qu°il estoit avant l°edit de 1636/ c°est pourquoy chacun qui en avoit s°aquittoit/ ceulx a qui len[230] estoit deu[231] ne pressoint point leurs debteurs/ n°on gardoit les douzains et doubles/ n°on tenoit que seroit au premier janvier prochain ce qui n°a pas este/ l°on pesse[232] tousïours or et argent/

**40r**

**1640**

Froid sec

Jl a passe un long temps d°annee sans qu°il eust faict de froid avant la st andre/ en ceste annee le froid a commensce le vendredy ·22·e novembre feste de st clement par une grand frime qui dura jusque a ·6·e decembre feste de st nicollas qu°il fist aussy une grande frime sans desgeller tout le temps jusque au lendemain ·7·e decembre/ la froidure recommensca le jeudy ·27·e decembre feste de st jean/ et le dimanche ·30·e jl fist grande habondance de neif qui dura sans fondre jusque au ·7·e janvier ensuivant/

En ceste annee 1640 les ouvriers [xxx] boistiers sabottiers merainners ont acheve d°abolir et ruiner tous les bois de la forest de beligne qu°il avoint commensce a abattre en l°annee 1622/ les habittans dudit beligne et aultres[233] ont prins a rantte le fons de ladite forestz de monsieur de vandosme chacun a sa commoditte/ ce sont clos et ont faict terre labourable chaintres et pres et faict bastir des maisons pour y faire mestairie et closerie tout durant les 18e annee que ladite forest a este en abat/ avant que elle feust ruynnee la grosse de grandz sabotz ne valloit que ·12· libvres francz/ a present elle vault ·18· libvres francz/ encorre on en trouve pas car

230 *len* : sic
231 *deu* : *dû*
232 *pesse* : *pèse*
233 *et aultres* au-dessus de la ligne.

tous les bois ont este abattus de tous costes depuis ·20· ans/ le gros bois est fort cher/ jl vault 30 sous la charttee 30 sous le fagot/ le vin vault ·8· sous le pot/ le cildre 2 sous 8 deniers le pot/ la chandelle de suif 9 sous la livre/ le beure vault 6 sous la livre au marche/ le bled vault 16 sous le bouesseau/ le fourment ·22 sous le bouesseau/ l°avoinne grosse 12 sous le bouesseau/

Presidial a chasteaugontier

En ceste annee 1640 le roy a erige un presidial a chasteaugontier/

Chapelle du mortier^plat bastie en la paroisse de varade/ et achevee de bastir en l°annee 1642

En ceste annee 1640 dom julien mesnil prestre a commensce a faire bastir sa chapelle de mortier^plat en la paroisse de varade fondee de st josep/ et y a mins une jmage de st just ou le monde y <*a*> va en voiage en grand nombre/ jl *a* aussi faict bastir le logis du chapelain et du closier le tout neuf dans une piece de tere a luy apartenans/

**40v**

**1641**

Grosbois le fondateur du tramblay est decede

Le mecredy 9e janvier feut ensepulture missire cathurin grosbois prestre qui est celuy qui a faict bastir et edifier l°esglise maisons bastimentz en^fin tout le logement des[234] challoigne d[e] st lois du tramblay/ et les a tous rantes comme jl sont a present/ et y est ensepulture en ladite esglise/

Commission du sel

Le dimanche 13e janvier la commission du sel publie/ jl y a 29· minotz/ nous en avon un de rabais/ cest monsieur ~~le voyer grenettier~~ garnïer president[235] et monsieur puisset controlleur en l°absence du grenettier en charge qui est le voyer/ trois jours apres ledit le voyer a voulu refaire les departementz/ jl nous en a rehausse de ·3· minotz qui est ·32· minotz/

234 *des* corrigé sur *de*.
235 *garnïer president* au-dessus de la ligne.

Gemin et madre collecteurs du sel

Le dimanche 3$^{e}$ febvrier a este nomme pour collecteurs du sel piere gemin et piere madre/ n°ont esgaille que la commission des 29 minotz/

Huissiers recherche les taxes de nottaire et sergent royaulx et bouchers

Le lundy 25$^{e}$ febvrier jl est venu a cande sept[236]<·7·> huissiers ou recors tout a cheval pour rechercher les taxes qui avoint este faictes sur les nottaires et sergent royaulx et sur les bouchers/ les bouchers dudit cande avoint des lettres de maitrise quil[237] ont aparu qui les a exentes/ les sergent et nottaires ont ferme leurs porttes quant lesdits huissiers ont veu/ jl <est> ont prins a composission et leurs ont rabattu plus de la moittie de leurs taxes aulx nottaires qui est deille et besson/ leur taxes se montoit pres de 120 $^{l}$i$^{b}$vres et jl ne leur couste que a chacun 40 $^{l}$i$^{b}$vres/ les sergent qui sont pottier et re*nn*ier n°ont rien poye/ lesdits huissiers les ont adjourner et a^tache leurs exploictz au posteau du marche pour respondre a beaufort/

**41r**

**1641**

Temps rude et froid

A la fin du mois de febvrier et le commencement du mois de mars a este fort rude avecq du vent tousiours de galerne ou haulte galerne fort froid et gelee qui dura jusque au ·21· dudit mois de mars/ jl paroist peu de bled es champs qui est la cause que ceulx qui en ont en leurs grenïes n°en veulet poinct vandre/ jl ne valloit que 45 $^{l}$i$^{b}$vres la charttee/ a present jl vault 54 $^{l}$i$^{b}$vres/ mais les greniers en beaucoup de lieux en sont remplis de ceulx de deulx ans/ le fourment vault 69 $^{l}$i$^{b}$vres la charttee/

Bled enchery

Sergent cherche le merc de preud houme sur les peaulx

Le jeudy 21$^{e}$ mars jl est venu a cande des huissiers pour faire la visitte ches les tanneurs et pellettiers megisciens pour le merc de preudhomme qui est par peau de beuf 3 sous/ par peau de vache 2 sous/ par peau de veau 4 deniers/ par

**236** *sept* au-dessus de la ligne.
**237** *quil* : *qui* ?

peau de moutton 3 deniers/ jl ont executte christophle le roux tanneur pour la somme de 90 $^{l}$i$^{b}$vres pour tous ceulx de cande pour les trois annee derniere passee/

Faulx saulniers fouettes

Le mardy 26$^{e}$ mars le boureau de la ville d$^{o}$angers est venu a cande qui a baille le fouet a unze povre faulx saulniers a la portte du grenier et au carefours du terttre de la fresnaye et de la cohue/ jl ne leur a seulement baille a chacun un petit coup de verge en chacun carefour/

Belle sepmainne s$^{te}$

Toutte la sepmainne s$^{te}$ a este comme un petit este en temps doux et chauld jusque au lendemain de pasques/ et neantmoingz tousiours fort beau temps pour les biens de la tere sinon qu$^{o}$il paroisse fort peu es champs/ la charttee de bled vault 57 $^{l}$i$^{b}$vres/ le fourment 72 $^{l}$i$^{b}$vres la charttee/

Bled encheri

Gabillart prestre

Le lundy ·25·$^{e}$ mars feste de l$^{o}$anonciation de nostre dame monsieur charle gabillart prestre a celebre sa premiere messe angrie/

**41v**

**1641**

Soldartz a candé

Le vendry ·5$^{e}$ apvril jl a loge a cande un capitainne qui cherchoit des soldartz/ jl en avoit environ de quinze avecq luy/ et les menoit vers chasteaugontier/

Monsieur belot commissaire angers pour faire les taxes

Au mois d°apvril jl est venu angers un commissaire nomme monsieur bellot lequel leve sur tous les habittans d°angers de grande taxes fort exessives/ jl y en a qui en poist[238] cinq milles livres les aultres moins comme mille livre 500 $^{l}$i$^{b}$vres 600 $^{l}$i$^{b}$vres 200 300 $^{l}$i$^{b}$vres 100 $^{l}$i$^{b}$vres/ le commun peuple moins/ et taxe aussy des ayses es paroïsses du ressort de

238 *poist* : *paient*

l°eslection d°angers/ a taxe a cande gabriel sarazin senechal ·50 libvres/ claude le bretton grenettier 30 libvres/ gabriel le proust grenetier 50 libvres/ jean huchede procureur fiscal 45 libvres[239]/ rene baron controlleur 70 libvres/ anthoinne godefroy ·120 libvres/ nicolas le vanier greffier 40 libvres/ jean gaudin advocat 100 libvres/ jean godier marchant 130 libvres/ jean le duc marchant 100 libvres/ rene poictevin apotiquaire 40 libvres/ abrahan le *b*ec apotiqua*ire* 20 libvres/ claude cathelinnais hoste 80 libvres/ mathurin renier sergent 30 libvres/ et ont publie ladite commission au prosne de la grande messe de st denis le dimanche 19e may feste de la pentecoste/ lesdites ayses ne seront poinct taxes en la taillee d°aultant que la taillee est diminuee [~~xxx~~]/

Taxes sur les habitans de cande

Audit mois d°apvril 1641 jl est venu en anjou des commissaires pour jnstaler le sou pour livres de vanttes et revanttes de la marchandise/ l°ont jnstale a°chasteaugontier et [~~xxx~~] a craon/ mais les commis ont este battus aulx environs dudit craon/ ledit commissaire est aussi alle angers pour l°installer/ monsieur le mere dela ville n°a pas voullu luy tenir main fortte croyant que c°estoit une faussette[240]/ et a parti d°angers le 10e may pour aller a paris trouver la maieste scavoir ~~scavoir~~ si c°estoit luy qui levoit touttes les daces sur le peuple/

Commissaire du sol pour livre

Au mois de mars 1643 le roy a descharge ses subiectz dudit sol pour livre aultrement nomme subvention

**42r**

**1641**

Le jeudy 16e may jl est venu a cande des huissiers ~~p~~ qui vont par les paroisses saisir le temporel des abayes benefices bouettes[241] des fabrices et trepasses faulte d°avoir baille par declaration le revenu dudit temporel au roy/ jl prenoint es

Huissiers saisisse le temporel des benefices

239 *jean huchede procureur fiscal 45 libvres* au-dessus de la ligne.
240 *faussette* : *faussete*
241 *bouettes* : *boîtes*

Prenne les bestiaulx aulx landes

landes et communs les bestiaulx quil y trouvoint parnager[242] et les emenoint angers pour les vandre disant que lesdites landes sont du domaine du roy/ jl failloit aulx habitans les leur oster de force ou composer avecq eulx/ et vont par tout l°anjou en faire aultant/

Commission de la taille

Le dimanche 19e may feste de la pentecoste a este publie la commission de la taille qui se monte ~~environ~~ tout exgaillé 1802 livres 3 sous/ n°on na poinct taxes ceulx qui estoint prins pour ayses[243]/

Gilleberge/[244] pean/[245] poirier et saulnier collecteurs de la taille

Le dimanche 2e juing jean gilleberge jean pean jean poyrier julien saulnier nommes collecteurs de la taille/

Peu d°aparence de biens en la tere

Grande aparence de biens en la tere

Pris du bled

Tout le mois d°apvril a este fort rude sans aucun advancement des biens de la tere avecq peu d°aparence de bledz es champs/ mais tout le mois de may a este fort propre pour leur advancement/ car jl faisoit de la pluye chaude des rayee de soleil que la ou jl sembloit n°avoir rien en la tere jl c°y est tant trouve de biens que c°est un grand contentement au peuple et mescontentement aulx usuriers/ car jl fault qu°il rabaisse le bled de pris au mois d°apvril et may/ jl n°avoint poinct de bledz dans leurs greniers mais au mois de juing jl c°y en est bien trouve/ jl cherchet a qui le vendre/ jl vault 17 sous le bouesseau et 22 sous le fourmen[t]/

Esclairs et grande chaleur

Le mardi 4e juing sur le soir jl fist de grandz chaleurs et esclairs et une grande brouee seiche/ le ~~lendem~~ lendemain au matin les bledz estoint en la force de leur floraizon/ et a faict toutte la sepmainne de grande chaleurs/

242 *parnager* : *panager*
243 *non ... ayses* en marge.
244 / de la main de l'auteur.
245 / de la main de l'auteur.

**42v**

**1641**

Le sol pour livre angers

Le samedy $4^{e}$ juing les commissaires ont voulu lever et serer le sol pour livre angers sur touttes sortte de marchandise/ les revanderesses de danree s°i sont oposee et les acabloint de coups/ et en faisoint tout de mesme $8^{e}$ jours devant tant que jlz ont este contraint ce retirer/

Foire royalle a cande la premiere tenue

Le mardy ·$2^{e}$· juillet ont commensce les foires royalles a cande/ a laquelle foires y avoit grand nombre de bestial et aultre marchandise/ et le lendemain s°i trouva encorre quelque peu de bestiaulx/ mais jl n°y avoit poinct de marchandz/

Forcerre passe par cande

Le jeudy $25^{e}$ juillet a passe par cande une chaisgne de forcere qui venoint des prinsons de bretagne/ jl y en avoit ·62· a˘la chaigne/ jl furet battus a st julien de vovantte/ et en feut oste deulx de force/ et le capitaine des go[xxx]*l*te[246] feut blesse/ ~~des~~ et le menoint en une litiere/

Grande chaleurs

Tout le mois de juillet et la moittie du mois d°aoust a este en grande seicheresse et grande chaleurs/ jl n°a faict aucunne pluye depuis le vendredy 28 juing jusque au jeudy $15^{e}$ d°aoust la nuict qu°il fist de grand tonnere et abondance de pluye/ tout durant la seicheresse jl a faict beau amasser les foingz et les bledz/ mais les potages estoint bien rare ~~qu~~ car n°on n°en pouvoit afier a cause que la tere estoit trop seiche/

Freigne n°egaille ni taille ny sel

Le mardi 13 d°aoust jl courut un bruit que jl y avoit grand nombre de sergent a la cornoille qui alloint a freigne pour enlever les bestiaulx de la paroisse pour les recepveurs des tailles car jl n°esgaillet rien/ les habitans ostiret tous les bestiaulx de˘ladite paroisse/ jl˘*ne* se trouvit poinct de sergens/[247] les povres habitans quant jl savet que les sergens

---

**246** *des go[xxx]lte* au-dessus de la ligne.
**247** / de la main de l'auteur.

sont en pais jl s°enfuisset es bois et se cache la ou jl peuvet de˘peur d°estre prins/ jl prenet des povres car les plus riche se cachet/

**43r**

**1641**

Le sol pour livre a st bartholemy

Le jour de la st bartholemy a la foire des landes jl se trouvit des commins pour serer le sol pour livre/ jl le seriret sur le bestial a˘la sortie de˘la foire en quelque endroictz/ et es aultres endroictz jl feuret chases/ et se rangiret tous ensemble/ et en amasiret ce qu°il peuret/ et a˘la foire de roche˘d°ire a l°angevine jl avoint dresse leur tabler et en faisoit la recepte/ mais les gentilhommes de clisse et aultres les chassiret et s°en fuiret en grande diligence/ et laissiret leurs argent poix et balan*ce*/ et en s°en courant jl tuiret un nomme grimault marchant de fil/ jl estoint bien ·30·[248] maltoustiers/

A˘la foire de la roche˘d°ïre

Bataille en la lande du druglay en forme de broueé

Le mardi 3e septembre dans la lande du druglay en la paroisse de loueré toute proche le moulin sur les trois heures apres midi[249] jl feut veu dans ladite lande une batailles de gens de cheval et de pied/ et n°i avoit que ceulx de pied a se battre et a s°entre˄tuer/ le tout en forme de broueé/ cela dura bien une heure/ ceulx qui viret cela croioint trouver bien des soldartz mortz/ et jl ne s°i trouva rien/

Commette au ciel

Le jeudi 5e septembre sur la nuict fermee nous vismes une grande flambe de feu au hault du ciel laquelle s°esvailla vers midi comme un grand brandon de feu qui se finit en un petit rondeau/ cela jetta une si grande lumiere qu°il faisoit cler comme le jour/ mais en un clin d°eil[250] la lumiere feut esteintte/ ceulx qui estoint es logis ne viret que la clartte/

---

**248** *·30·* : souligné par l'auteur.
**249** Au-dessus de la ligne : *finit a soleil couche.*
**250** *deil* : *d'œil*

**43v**

**1641**

Grand vent froid

Grande gelee pour la˘saison

Le lundy ·23$^{e}$ septembre jl fist un grand vent de galerne[251] fort froid tant que l°on cherchoit l°abry au soleil/ et le lendemain 24 une grande gelleé qui tre*n*it[252] la fueille des voliers et gelit du raizin ce qui n°a pas aydé a˘la vendange a murir/

Chevauchee

Le [~~xxx~~] jeudy 26$^{e}$ septembre la chevauchee de˘la taillee a tint a candé ou plusieurs paroisses y sont venue/ c°estoit monsieur de lanberdiere testart esleu d°angers qui la tenoit/

~~Beliart procureur de fabrice~~

~~Le dimanche 29e septembre a este nomme pour procureur de fabrice de st denis jean beliart teinturier/ et en a sorti rene beauvais hoste/~~ beliart n°a pas voulu ofic*i*er/

La subsistance

Ledit jour 29$^{e}$ a este publie la commission de la subsistance qui se monte environ de unze cent livres/

Fouchart et gilleberge pour la subsistance et rene grosbois

Le dimanche 6$^{e}$ octobre francois fouchart et rene gilleberge collecteurs de la subsistance et rené grosbois/

Testament de paule leroyer

Le samedi ·14$^{e}$ septembre paule le royer natife de cande femme de[253] daniel bouchardïere du pin feut ensepulturee ledit jour dans l°esglise dudit pin/ avoit faict un testament des le 6$^{e}$ juin 1637 passe par monsieur piere colïn et daussi notaires de la chastellanie de la chapelle glen ledit colin et garde minutte par ledit testament/ a donne a la fabrice du pin 18 $^{l}$i$^{b}$vres 15 sous de rantte hipotequaire qui luy sont deubz par rene daniel et[254] bodin sa femme a˘la charge de luy faire dire a perpetuite une messe a basse voix par sepmaine au mesme jour de son obit/ et a˘la fabrice de st denis de cande 25 $^{l}$i$^{b}$vres de rantte hipotequaire qui luy

---

**251** *de galerne* au-dessus de la ligne.

**252** *trenit* : *traîna ?*

**253** Blanc après *femme de*.

**254** Blanc après *et*.

sont deubz par francois cathelnnais sieur de la mariolle a la charge de luy faire dire a perpetuitte une messe chanttee de beatta les deulx premiers samedis de chaque mois/ et aussi audit st denis 3· grande messe chanttee au jour de˘son obit/ les deulx premiers ~~de~~ en l°honneur de la ste trinitte et l°autre de requiem aussi a perpettuitte/

**44r**

**1641**

Aubert prestre

Le dimanche ·6·e octobre monsieur michel aubert prestre a celebre sa premiere messe en l°esglise d°angrie/

Foire royalle a cande deulxiesme premiere tenues

Le mecredy 9e octobre a tenu la foire royalle de la st denis a cande/ auquel jour jl y avoit force bestiaulx et en feut bien vendu/ et le lendemain jour st cler jl s°i en trouva encorre et s°i en vendit encorre quelque peu/

Gohier prestre

Le dimanche ·13·e octobre monsieur charle gohier prestre a celebré sa premiere messe en l°esglise d°angrie/

Le sol pour livre jnstalé angers

Le mardi 29e octobre monsieur le marechal de brezé a faict jnstaller le sol pour livre dans la ville d°angers/ les oficiers et habittans ont eu beau s°oposer/ jl n°ont peu l°empecher/ un battellier pour avoir dit quelque parolle contre la volonte du roy feut pendu et bruslé apres/

Bastiment de la chapelle de st margueritte de st denis de candé

Le jeudi dernier jour d°octobre la chapelle de ste margueritte a st denis du coste vers galerne a este parachevee/ jl avoint commensce a i travailler le vendredi 7e juing/ et le lundi ·10·e juing dernier monsieur le cure benist la premiere piere/ s°a este noble homme[255]      de balodde seigneur de la rachere demeurant a noellet qui l°a faict bastir luy et ses coherittiers herittiers de deffunct francois le pelletier et de margueritte davoinne comme estans decendus de leur lignee/ lequelz pelletier et davoynne ~~f~~ fondiret ladite chapelle par leur tes-

255 Blanc après *homme*.

tament faict de le seiziesme may 1518/ passe par j collas[256] nottaire/ laquelle minutte a depuis ou portecolle[257] de guillaume deille nottaire de la baronnie de candé environ lannee 1572 comme l°on voit par des coppie que ledit deille a delivre a bricet commissaire sur le temporel de ladite chapelle/

**44v**

**1641**

A cause de la chapelle de ste margueritte qui a este bastie en l°esglise de st denis de candé l°on a transportte les deulx autels qui estoint au costes des longereres de˘ladite esglise/ scavoir l°autel de nostre qui estoit vers galerne/ les habittans l°ont faict transporter dans le pipittre du coste vers midi [~~xxx~~] dans une vouste qu°il ont faict faire dans le mur et ont faict faire la chaire dans le mur vers galerne ou estoit ledit autel/ et pour tout leur couste[258] 40 livres tournois bailles a george godart et rene boucher massons/ et n°on a donne l°autel de ~~ste mar~~ st jacques ou se servoit ladite chapellanie de ste margueritte pour transporter dans ladite chapelle de ste margueritte vers galerne/ le crucifix estoit entre lesdits deulx autelz sur un arceau de bois bien fassonne que l°on a rompu/ et le lundi 24 jour de mars l°an 1642 l°on a apose le crusifix a un <un> des tirans de l°esglïse/ et le mecredi ·26e dudit mars beliart procureur de fabrice a faict descendre un jube[259] qui estoit au pignon de˘ladite esglise vers aval/ et l°a faict planter au travers de l°esglise pour separer le coeur d°avecq la˘nef/ et le ~~xxx~~ 23e jour ~~de~~ d°apvril 1642 l°image de st francois et de ste margueitte ont este apossee sur ledit autel par un nomme augeul qui les avoit faicte de tere au gué de loueré/ et sont des 2· ou ·3· lopims chaque ymage/ et le 28e septembre monsieur le curé a beny lesdites ymage/ et la

256 *j collas* : nom propre.
257 *portecolle* : *protocole*
258 *couste* : *u* corrigé sur *s*.
259 *jube* : *jubé*

vigille de noel 1642 ledit beliart a faict transporter ledit crucifix entre les deulx voultes au millieu du cœur et les quatre angelotz au quatre coingz des deulx[260] voultes desdites chapelles/ c°est jacques valluche qui a paye estienne gaulguet qui a transportte ledit crucifix et angelotz/

**45r**

**1641**

Au temps d°este dernier jl a este cully des grains asses en habondance grace a dieu plus que n°on ne croyoit et pres de la moittie plus que l°an passe en beaucoup d°endroictz/ le bled vault 16 sous le bouesseau/ 20 sous le fourment/ 8 sous l°avoinne grosse/ 6 sous l°avoinne menue/ des fruict aussi honnestement fors que jl est peu de poïre/ le cildre vault 8 livres la pippe/ 8 deniers la pinthe du vin/ de la moittie plus que l°an passe/ l°an passe jl se vandoit 60 livres la pippe du vin d°anjou/ et a present n°on en a a 25 livres la pippe/ jl ne vault que 2 sous la pinthe/ des nois asses honnestement/ peu de prunnes/ le beure cher/ jl vault ~~6~~ 6 sous la livre/ la chandelle de suif 7 sous 6 deniers la livre/ les bois de chauffage fort cher/ jl veulet vendre le fagot 35 sous le cent et 35 sous aussi la charttee de gros bois/ au commencement de ceste annee l°avoncement de tous les biens de la tere n°estoit guere belle/ qui causoit la chertte de toutte sortte de biens/ le bled valloit 20 sous le bouesseau/ le fourment 24 sous/ encorre ceulx qui en avoint n°en voulloint pas bailler sinon que le charensson le guastoit/ mais a la recoltte de tous les biens jl s°en est trouve asses grace a dieu/ qui a cause le raval ~~sinon~~/ mais jl est tant levé de taillee et subsistance daces et maltousterie sur toutte sortte de marchandises et danree que le povre peuple ne peult plus le supporter/ cause que les uns fuisset en bretagne les aultr*es* quitte tout pour mandier leur pain/ les mestaiers[261] et closiers quittet/ qui n°ont pas le

260 *deulx* : *d* corrigé sur *v*.
261 *mestaiers* : *i* corrigé sur *e*.

moien de supporter quittet tout a leurs maistres/ quant c°est a˘la recoltte de leurs bledz les sergentz manget tout/ et ne sont pas plustost quitte/

**45v**

**1641**

Le sol pour livre a candé

Le vendredi 8ᵉ novembre le sol pour livre a este establi a cande/ jl est venu un greffier de l°eslection d°angers nomme[262] barault/ et ont jnstale un nomme ~~anthoinne~~ andré[263] bastart pour commis qui est d°ingrande/

Beau froid

Le lundi ·9·ᵉ decembre jl a commenscé a geler/ un froid sec qui dura sans degeler huict jours/ propre pour les biens dela tere/

Feu de tonnere au clocher du louroux

Le samedi ·21·ᵉ decembre feste de monsieur st thomas jl fist du tonnere et esclairs oultre la saison/ et sur les ·7·ᵉ heures du soir[264] de grandz esclatz de tonnere et esclairs dont le tonnere tomba en la poincte du clocher du louroux besconnaye/ en feu/ printz au desoubz de la pommette et croisee dudit clocher tant que ladite croisee creva un grand endroit de la couverture de l°esglise ou elle tomba/ ledit clocher brusloit comme une chandelle alumee sinon que le monde s°i jetta en abondance avecq force eau/ tout le reste des festes de noel ne fist que tonner esclairer la nuict et pleuvoir et vanter ce qui est oultre la saison/

Pris des danree

Le bled vault 18 soulz le bouesseau/ le fourment 22 sous le bouesseau/ les hostes mettet le vin a 4 sous le pot/ jl acheptet le meilleur sur les lieulx 22 livres la pippe/ qui est la cause c°est que les brettons n°oseroint plus vandre de vin d°anjou qui ne leur couste plus de 45 livres d°acquit par pippe sans le pris que leur couste ledit vin/ le cildre vault 8 livres la pippe rendue a candé/ la chandelle de suif 7 sous 6 deniers la livres/ le beure 5 sous 6 deniers la livres/ le bois fort cher/

262 Blanc après *nomme*.
263 *andré* au-dessus de la ligne.
264 *du soir* au-dessus de la ligne.

**46r**

**1642**

Jubile unniversel par toutte la ~~chrs-tiente~~ crestiente

La premiere sepmaine de janvier 1642 a ouvert un jubile unniversel par tout l°anjou pour ~~pour~~ faire prieres a dieu pour touttes les nissescittes du pouvre peuple a ce qu°il plaise au bon dieu nous conserver en son esglise et nous donner sa paix/ jl estoit commensce en l°esveche de nanttes des le mois de novembre dernier et es aultres provinces aussi avant ou apres/ jl duret trois mois a commenscer du jour de la publication de la bulle/ jl ne fault faire que une procession et jeuner le vendredi de devant le dimanche que n°on veult comunier/ ceulx qui ont des peches reserver au papes et aulx esvesque jl fault jeusner le mecredi vendredi et samedi devant le dimanche que n°on veult comunier/ n°on peult avoir absolution de tous peches comme en l°annee du grand jubile fors le veu de chastete et le voiage de jerusalem/ est aussi bon comunier le dernier dimanche des trois mois comme en tous les aultres/ et on ne le peult gaigner que une fois dans lesdits trois mois/ les stations de candé c°est en nostre esglise de st denis et de st nicolas/

Edit sur les monnoyes

Au commencement de ceste annee le roy a rehausse les car˘d°escus qui valloint 20 sous a 21 sous/ les testons de 19 sous 6 deniers a 20 sous 6 deniers/ les francz de 27 sous a 28 sous/ et lesdites pieces qui ne <ne> seront du poix ou jl faudra les six grains jl ne vauldront que ledit pris d°acoustume/ jl fault que toutte les pieces estrangeres tiennet toutte le poix pour valloir le pris d°acoustume/ a rabaissé l°once des francz de XI deniers/ n°on ne pesse[265] plus l°argent que de quatre espesses/ le roy a assemble les unes avecq les aultres et faict un edit pour recongnoistre les especes d°argent qu°il fault assembler de chaque pessee/

265 *pesse* : *pèse*

**46v**

**1642**

| | |
|---|---|
| Tonnere tombe a˘st piere de nantes et a st julien | Le jeudy 9·e janvier jl fist du tonnere qui tomba sur le portail de st piere de nantes qui le gasta tout/ et tomba aussi sur [~~xxx~~] le clocher de st julien de vovantes qui le descouvra/ et y fist beaucoup de ruynes la ou j*l* tomba esdits deulx lieulx/ |
| Commission du sel abraham douart et groslier colecteurs | Le dimanche 26e janvier la commission du sel publiee de 29 minotz/ les collecteurs du sel nommes ledit jour qui sont abraham douart et rené groslier/ |
| Janvier pluvieulx | Tout le mois de janvier a este pluvieulx avecq grandz ventz tonneres et eaulx deriveé/ |
| Soldartz au lion d°angers | Le jeudi 6e febvrier au soir jl a loge au lion d°angers une compagnee de soldartz a pied de bien 4 o[266] 5· centz hommes qui ont loge par estappes a 10 sous par chaque soldart ~~ne~~/ c°est aller en l°armee de monsieur le daulpin/ le lieutenent ce nomme monsieur le marquis de pessé/ |
| Beliart procureur de fabrice de st denis | Le dimanche 16e febvrier jour de la septuagesime[267] jean beliart teinturier a commensce a portter la bouette[268] de la fabrice de st denis comme procureur de ladite fabrice/ en a sorti rene beauvais/ |
| Cymettieres affermer a besson | Le dimanche 23e febvrier les cymettieres et pres despendentz de la fabrice de st denis de cande ont este affermer a julien besson boucher a cande pour le pris de 47 ˡiᵇvres par an/ ~~le~~ bail rapportte par mestre guillaume deille nottaire audit cande/ |
| Seaulx a cande | Le lundi gras 3e mars juilien besnart sergent royal au louroux a afiché a˘la portte de l°auditoire de cande l°edit des seaulx |

**266** *o* : *ou*
**267** *jour de la septuagesime* au-dessus de la ligne.
**268** *bouette* : *boîte*

Revoque par esdit du roy de 7[e] decembre 1644

Baron commins pour seller

pour seller tous exploitz et touttes actes nottairisee tant obligations quittances que aultres a peinne de 10 l[i]b[vres] d°amende et lesdits actes de nulle valleur/ et c°est mestre rene baron controlleur[269] audit cande qui est commins pour sceller/

**47r**

**1642**

Parement d°autel violet a˘st denis

Le dimanche gras 2[e] mars mathurin meslet a donne un parement d°autel de camelot viollet au grand autel de st denis/

Soldartz de la bretaigne conduitz a nantes

La segonde sepmaine du mois de mars les paroisses de la bretaigne ont mene les soldartz que le roy leur commande lever en leurs paroisses en la ville de nantes au commissaire deputte pour cest effect pour les ~~conduire~~ enroller pour aller[270] a l°armee/ n°i sont aller que en apvril ensuivant[271]/

Foire royalle tenue a˘la micaresme a cande la premiere fois

Le jeudi 27[e] mars jour de la micaresme la foire a tenu a candé la premiere fois/ jl y avoit peu de bestial mais jl y avoit bien du monde pour un commensement/ jl y vint trois archers d°angers pour ayder aulx commis a serer le sou pour livre/

La garnison d°ancenis a desloge

Soldartz de˘la bretaigne marche avant

Le jeudy 3[e] apvril la garnison qui estoit ancenis jl y avoit un mois a desloge/ et sont alles s°embarquer a˘la fosse de nantes/ et les soldartz[272] qui ont este leves en˘la bretaigne par les paroisses ont este menes s°embarquer a plermel ou bien ou croisil et aultres pors de mer/

---

**269** *controlleur* : premier *r* corrigé sur *l*.

**270** *enroller pour aller* au-dessus de la ligne.

**271** *ni ... ensuivant* rajouté ultérieurement.

**272** *soldartz* corrigé sur *soldatz*.

Commission dela taille

Le dimanche 13e apvril a est[274] publie aˇla commission deˇla taille qui se monte 1973 libvres et 26 libvres en une aultre comission sans comprendre 14 des habittans qui sont taxes apart pour aises qui ne seront poinct taxes ou rolle deˇla taille/ jl fault esgailler 22 libvres deˇla taxe de monsieur le proust grenettier et 28 libvres deˇla taxe de monsieur gaudin advocat/ ont de rabais deˇleurs taxes sur des requestes presentee aulx esleus/ et encorre 26 libvres 10 sous en une petite commission et 6 deniers pour livre qui demeurerot aulx collecteurs pour leurs gaiges tant que tout se montte ~~20023~~ 2023 libvres sans 50 libvres de reiecs des ayses/

14 habitans prins pour ayses

Taillee se montte 2023 libvres sans 50 libvres de reiecs[273] des ayses

Godier le roux et triglot collecteurs

Le dimanche 27e apvril jean godier cristophle le roux et guillaume triglot nommes collecteurs deˇla taille/

**47v**

## 1642

Nuee de orage gresle et pluye

Le vendredi ·25e apvril feste de monsieur st marc jl se leva un orage de tonnere en haulte soulaire qui causa une grande nuee de gresle et pluye tout ensemble qui fessoit si furieusement la ou elle donnoit que elle abattoit les poyres des poiriers/ rompoit les jardrinages/ elle n°a guere faict de domage que sur candé/ elle ne contenoit guere de largeur/ elle n°a poinct faict de mal aulx bledz ni a la vigne/

Foyre royalle tenue a la st nicolas a candé pour la premiere fois

Le vendredi 9e may feste[275] le[276] translation de monsieur st nicolas/ la foire royalle a tenu a cande pour la 4e et la premiere audit jour/ jl n°y avoit pas grand bestial car elle n°avoit poinct este asinnee aulx paroisses/ jl s°i estoit trouve des marchantz et du monde honnestement pour la premiere fois/

---

**273** *reiecs* : *rejets*
**274** *est* : lapsus pour *este.*
**275** *feste* : *fêté*
**276** *le* : sic.

Deffences de ne mener les bestiaulx pestre en mandie

Le dimanche 1e juing monsieur le senechal et procureur fiscal ont faict publier une ordonnance faicte par eulx avecq deffence au circonvoisins de cande de non ne mener leurs bestiaulx parnager en mandye despendant des comuns de candé a peine de 30 livres d°amende/ et aulx habitans dudit cande a peine de 10 livres d°amende/ et enioingtz aulx sergens de ladite baronnie de prendre lesdits bestiaulx et les mener a justice/

Commission pour prendre les fais^neantz pour mener a˘la guere

Le lundi 2e juing un nomme laubin nomme brettonniere en sa seigneurie/ et est de loueré/ lequel avoit commission du roy porttant permission de prendre tous faulx saulniers et vacabont et gentz de neantz c°est a dire qui ne font rien dans le pays pour les mettre prinsonniers pour les envoyer a˘la guere/ jl y avoit un sergent royal[277] nomme cheusse/ sa seigneurie est beauchesne/ qui estoit avecq luy/ jl en prindret quelque uns/ mais jl feuret mins en libertte/ jl laissit sa commission a jean gilleberge dudit candé pour ce qui est de candé/

**48r**

Le bled vault 16 le bouesseau

**1642**

Taxe sur la fabrice de st denis

Le dimanche 15e juing jl a este publie a cande une edit du par lequel la fabrice de st denis a este taxee a 196 livres et 19 livres 16 sous pour les deulx soulz pour livre avecq permission de vendre du temporel de ladite fabrice s°il y en a/ et le lundi ~~25~~ 7 juillet beliart procureur de fabrice a faict publier a vendre ledit temporel en l°auditoire de cande/ jl ne c°est trouve personne qui est[278] mins a pris/

Grande tourmente de ventz

Le dimanche 6 juillet jl fist une grande tourmente de ventz et pluye tout adiournnee qui cassoit les arbres/ entre aultres les pruniers qui estoint charges de preunnes/

277 *royal* au-dessus de la ligne.
278 *est* : *ait*

Le tiers des sergentz vont a˘la guere

Le bled vault 20 sous le bouesseau

Le lundi 14e juillet un archer du provost d°angers nomme la riviere fleuriau est venu a cande desnonscer aulx sergentz tant royaulx que soubalternne que de quelque condition qu°ilz puisset estre de˘se trouver le samedy 19e dudit juillet angers ou jl sera faict eslection du tiers desdits sergentz pour les envoyer a˘la guere/ et les deulx aultres tiers fourniront d°argent pour les armer et esquiper pour les mener et conduire a l°armee en picardie/

Faulx saulnies fouettes

Faulx saulniers fouettes

Le mecredi 16e juillet le boureau d°angers est venu a cande pour donner le fouet a six faulx saulniers qui estoint es prinsons dudit cande/ jl y en a un nomme moutton qui n°a pas voulu avoir le fouet et est demeure en ladite prinson/ le boureau avoit eu une pistolle par chacun/ quant jl a eu baille le fouet aulx cinq aultres jl est alle oster ledit mouton hors de prinson et l°a envoye/ et en fouettit aussi le jeudi ~~29~~ 28e[279] du mois d°aoust six aultres faulx saulniers audit candé/

**48v**

**1642**

Visitte de monsieur d°angers

Le dimanche 24e aoust sur les six heures du soir claude de rueil esvesque d°angers ariva au bourg du louroux besconnaye/ et le lendemain donna le ~~cresme~~ st sacrement de confirmation/ et fist asembler [~~xxx~~] huict paroisses audit bourg du lourous pour jnteroger[280] les prestres et recepvoir leurs plainctes/ et le mardi 26e dudit mois fist aussi sa visitte au bourg˘d°ire de huict paroisse et donna aussi le cresme/ et le jeudi 28e dudit mois fist aussi sa vissitte a pouenscé de huict paroisse et donna aussi le cresmé/ et le vendredi 29e dudit mois fist aussi sa visitte au bourg de challain aussi de huict paroisse ou candé et angrie chase sur ergous y sont alles/ et donna aussi le cresme/ et a mins tout le doyenné de candé huict paroisse a chaque station/ de˘la est alle a chantoscé/

---

**279** *28e* au-dessus de la ligne.
**280** *jnteroger* : premier *e* inséré au-dessus de la ligne.

Pris du bled

Tout le mois d°aoust a este malpropre pour battre les bledz/ jl a faict force tonnere et esclairs et pluye tant que jl y en a bien qui n°ont battu que au mois de septembre/ le bled vault 22 sous le bouesseau/ le fourment 25 sous le bouesseau/

Service pour la reynne mere

Le mardi 2 septembre jl a este celebré un service en l°esglise de st denis pour prier dieu pour le repos de l°ame de marie de medecis mere de nostre roy laquelle est decedee hors la france/ et monsieur d°angers a ordonné que par toutte les paroisses et abaye de religieulx jl soit celebré un service a son jntention/

Peu de grains

Hadondance[281] de preunnes et les noix qui ne vallet rien

En ceste annee 1642 jl est cully peu de bledz et aultres grains qui est la cause que le bled a encheri/ plusieurs en ont moins de la moittie/ les aultres des trois partz moins que l°an dernier/ mais jl est encorre des bledz vieulx grace a dieu/ jl est force preunnes de toutte sorttes et des noix en abondance/ mais elle ne vallet rien par tout/ elle sont toutte noire/ jl est peu d°aultre fructage/

**49r**

**1642**

Monseigneur le prince a cande

Le dimanche 5$^{e}$ octobre monsigneur le prince a arive a cande sur le midi qui venoit de bailler ses terres chasteaubriant et aultres a˘ferme/ et ledit jour a baille aussi candé et chandeaulx a ferme a guillaume talourt et claude cathelinnais son gendre/ et a baille nos mandye par ledit bail qui estoint nos communs/ le tout pour mille livrs tournois par an a commenscer au premier janvier 1644/ et jouiront des mandie des a˘present sans rien en poyer jusque a˘la fin de ladite annee 1644 qu°il commensceront a poyer ladite ferme de 1000 $^{l}$i$^{b}$vres/ et mondit seigneur fera clore lesdites mandie a ses

281 *Hadondance* : lapsus pour *abondance*

despens l°an prochain/ et a desloge le lundi au matin au poinct du jour/ et alla a la messe au louroux en passant pour aller angers ou jl feut receu honnorablement des messieurs de la justice tant du presidial que de eslection et du maire et eschevins/

~~Bled~~ Bled[282] enchery

Tout le mois d°octobre a este fort pluvieulx et mapropre[283] pour ensemenscer les terres qui est la cause que le bled a encheri/ et vault a present ·75·$^{l}$i$^{b}$vres la charttee/ plusieurs n°ont seme que apres la toussainctz/

Deˇla marche tue

Le mecredi 15e octobre a este en la maison du prieure de vris rene deˇla marche feut tue[284]/ dont un nomme bongar feut prins prinsonnier des le jour par apres/ missire jean le mee prieur feut aussi mins prinsonnier le 16 novembre a cande et deˇla aˇla chapelle glen/ et son serviteur aussi/ et aultres qui y estoint so*nt* en fuitte/ ledit prieur a de grandz ennemis sur les bras/ et neant^moingz ce n°est pas luy qui a asasinne/ mais sa[285] este en sa maison/

Reiectz dela subsistance

Le dimanche 26 octobre a este publie une commission des reiectz de la subsistance de l°annee 1641/ montan*t* 60 $^{l}$i$^{b}$vres et plus/

**49v**

**1642**

Trepas de monsieur le cardinal deˇrichelieu

Le jeudy 4e decembre a decede monsieur le cardinal duc de richelieu en sa maison a paris/

L°eslection de richelieu deschargee

Le dimanche 14e decembre a este publie une commission des reiectz des tailles qui ont este ostee de sur l°eslection de richelieu/ jl ont descharge ladite eslection de 27 milles ~~livres~~

282 *Bled* au-dessus de la ligne.
283 *mapropre* : *malpropre*.
284 *feut tue* au-dessus de la ligne.
285 *sa* : *ça a*

neuf centz livres qu°il ont jettee sur les aultres eslections/

65 $^{l}$i$^{b}$vres a candé — nous en avont pour nostre part a cande 65 $^{l}$i$^{b}$vres/

Chevauchee a candé — Le lundi 15$^{e}$ decembre mestre abraham hervé l°un des esleus d°angers a faict sa chevauchee a candé/

Ceste annee 1642 n°a pas este trop fertille en toutte sortte de biens/ le bled est cher/ jl vault 78 $^{l}$i$^{b}$vres la charttee/ le fourment ~~86 libvres~~ 86 $^{l}$i$^{b}$vres la charttee/ l°avoinne grosse 40 $^{l}$i$^{b}$vres la charttee/ la pippe de vin d°anjou 50 $^{l}$i$^{b}$vres/ la pippe de citre 18 et 19 $^{l}$i$^{b}$vres/ le vin vault 6 sous le pot/ le cidre 2 sous 8 deniers le pot/ le beure 5 sous la livre/ la chandelle de suif 7 sous la livre/ l°huille de noix fort chere d°aultant que les noix ne vallet rien en ceste annee/ le fructage fort rare/ le bestial est un peu milleur marche que l°an passe/ toutte l°autonne fort pluvieuse avecq desris d°eaulx/ jl n°a encorre faict aulcunne gellee q°une petitte gellee le jour des jnocent et l°autre le lendemain/ le bois fort cher 35 sous la charttee/ le fagot 35 sous/ les genettz 20 sous la charttee/

Festes remueé — Au mois de septembre *d*ernier le pape urbain 8$^{e}$ a oste les festes qui suivet/ la conversion st pol la st barnabe la visitation *d*e nostre dame la magdlaine la st sauveur la st luc les trespasses la st martin/ et au lieu jl vouloit que l°on solempniseroit la st josep la ste anne la st silvestre/ les evesques n°en ont faict compte et l°on solempniset les festes comme [~~xxx~~] de coustume/

**50r**

**1643**

Grandz ventz — Le jeudi ·1· jour de l°an jl fist de grande tourmente de ventz et pluye/

Commission du sel jean chouin et piere fournier collecteurs — Le dimanche XI$^{e}$ janvier feut publie nostre comision du sel qui se montte 29 minotz mesme nombre de l°an passe/ et le dimanche 25$^{e}$ dudit mois jean chouin et piere fournier nommes collecteurs/

| | |
|---|---|
| Talourd procureur de fabrice | Le lundi 2$^{e}$ febvrier jour de la chandeleur feut nomme procureur de fabrice de st denis guillaume talourt/ et en a sorti jean beliart/ |
| Bled enchery<br>Bled enchery<br>Bled enchery | Le bled vault 28 sous le bouesseau/ le fourment 30 sous le bouesseau/ l°avoinne grosse 12 sous le bouesseau/ et au conmensement du mois de mars le bled vault 30 sous le bouesseau/ et le fourment 32 sous bouesseau et l°avoinne 13 sous le bouesseau/ a˘la my mars le bled vault 32 sous le bouesseau/ le beure est asses commun au caresme/ jl ne vault pas moins encorre 5 sous la livre/ |
| | Le dimanche 15$^{e}$ mars a este publie la commission de la taille le taillon crue des garnisons et la subsistance et encorre d°aultre/ elle se montte tout en somme 3768 $^{l}$i$^{b}$vres sans comprendre encorre 6 deniers d°une part pour les collecteurs et 6 deniers encorre pour livre d°aultre part et 2 deniers encorre sur toutte ladite somme cy dessus/ tant que tout se montte en somme 4~~0~~ mil[286] 30 $^{l}$i$^{b}$vres ou plus[287]/ jl n°y a poinct de coqz de paroisse ny d°ayses/ la commission enioingtz de taxer les gentilhomes s°il ne porttet les armes au service du roy/ deffent aulx sergentz de non ne prendre chevaulx beufz ny chartte[288] ny lit ny aulcune ustancille de mestiers o˘quoy n°on gaigne sa vie/ et permet de saisir les revenus des brettons des teres qu°il font en anjou pour toutte leurs taxes/ et descharges les collecteurs de touttes asinations a eulx donnee par les brettons[289] pour la delivrances de leurs biens saisis/ |
| La subvention et sou pour livre abattu | Au commensement dudit mois de mars le roy a descharge ses subiectz de la subvention et sou pour livre/ |

**286** *mil* au-dessus de la ligne.
**287** *ou plus* au-dessus de la ligne.
**288** *chartte* : *charrette*
**289** Au-dessus de la ligne : *courtz de bretaigne*.

**50v**

**1643**

| | |
|---|---|
| Beau temps<br>Temps doux<br><br><br>Bled encheri<br><br>Grande gellee au matin | Tout le mois de mars a este fort beau et propre pour les biens de la tere/ une fort belle sepmainne ste pour estre temps doux qui est la fin du mois de mars et commensement du mois d°apvril/ le bled et le fourment a un mesme pris/ jl vault 100 $^{l}$i$^{b}$vres la charttee/ la sepmainne d°apres pasques temps rude avecq grande gellee tous les matins toutte la sepmaine/ |
| Bled enchery | A la my apvril le bled vault 34 sous le bouesseau/ grande seicheresse/ le fourment 36 sous le bouesseau/ |
| Collecteurs deˇla taille gaudin drouet renier et sadet | Le dimanche 26$^{e}$ apvril ont este nommes collecteurs de la taille charle drouet rene le cerf rene porcher et estienne sadet/ auˇlieu du cerf monsieur jean gaudin et au lieu dudit porcher malade est guillaume rennier/ |
| Temps rude<br><br><br><br>Grande gelee<br><br><br>Deulx gellee<br><br><br><br><br><br><br><br>Gresle et orage | Tout le mois d°apvril a este fort rude de grand vent de galerne et amond/ geler toutte les nuict/<br>et entre aultre le jeudi 23$^{e}$ jour de st george jl gelit si estroit que la glasce estoit espoisse part tout/ et les groue portoint la ou donnoit le vent/ mais tout estoit bien sec/ mais le mecredi et jeudi derniers jours dudit mois d°apvril jl avoit faict de la pluye au soirs de devant et fist deˇla gelle aulx deulx matins/ qui a faict du domage aulx arbres comme noiers et la vigne[290]/ n°on ne scait encorre du bled/ jl n°est pas encorre en espy/ au moins fort peu/ la nuict ensuivant 1 may le vent se tourna d°aval/ et a faict force pluye doulce et quelque jours froide qui dura jusque a XI$^{e}$ dudit mois qu°il fist de l°orage et gresle/ une nuee sur challain entre le pont touon et challain qui fist du domage et une nuee entre le bourg du louroux et angrie et loueré[291] qui firet du domage aulx abres/ |

**290** *et la vigne* au-dessus de la ligne.
**291** *et loueré* au-dessus de la ligne.

et le lendemain se tourna en un grand vent d°amont fort froid et *h*affre[292]/

**51r**

**1643**

Bled enchery

Bled encheri

Le vendredi 15e may le bled a este vendu a cande 40 sous le bouesseau/ le fourment n°est pas plus cher/ le temps est fort rude et froid/ et le lundi 18e may vendu 45 sous le bouesseau/ encorre jl ne s°en trouv*e*t poinct fors qu°ilz se trouv*e*t force rebelut et sou*v*endier qui est amene d°angers duquel les povres gens se servet a meslier[293] parmy du bled quand jl en peuvet avoir/ le povre monde endure beaucoup et y en a bien qui ne mange guere de pain parce˘que jl n°ont pas de˘quoy en avoir/

Deces du roy lois de bourbon

Le jeudy 14e may cy devant[294] feste de l°ascention de nostre seigneur est decede nostre bon roy loys de bourbon 13 duquel le povre peuple esperoit du soulagement a cause des grande succides tailles et subsistance qui sont esleves sur la france/ je prie le bon dieu qu°i luy donne son paradis s°i luy plaist/

Le daulphin couronne roy de france et la royne regente

Le lundi 18e may le daulphin loys ~~14~~ de bourbon 14 du non a este couronne roy de france age de 4 ans 7 mois 24 jours en fin/ jl estoit [xxx] le 7e septembre 1638/ et anne d°autriche sa mere feut esleue regente en france avecq son dit filz/

Bled enchery

Poueson sur les bledz

Le lundi 8e juing le bled vault 50 sous le bouesseau/ le fourment au mesme pris/ jl c°est trouve apres la fleuraison des bledz je ne sce quelle espece de poueson[295] sur les bledz qui rent les espis tout rouge et rouge le grain dans la chasse/ et ne se trouve dans ladite chasse que de la poussiere rouge ce qui estonne fort les povres gens car cela se voit par˄tout/ le

---

**292** *haffre* : *affreux* ?
**293** *meslier* : *mêler*
**294** *14e may cy devant* au-dessus de la ligne.
**295** *poueson* : *poison*

povre[296] monde va angers d°ou jl ont permission de oster de la ville chacun trois ou <q>quatre bouesseaulx de bled tout au plus/ ceulx qui en oste davantage c°est en segret/ jl leur couste 30 sous le bouesseau/ les aultres aportte du souvendier et du pain comme jl le peuvet avoir/ tourner le fueillet[297]/

**51v**

**1643**

Les bledz se sont refaictz

Environ le 20e juing jl fist de petitte pluye qui lava les bledz/ dont jlz ont bien faict par apres/ et ne sont pas moins entregrener/ le bled[298] vault encorre 50 sous et le fourment aultant/

Bled ravale [d]e pris

Au commencement du mois de juillet jl s°est trouve grande habondance a nanttes/ qui a montte ancenis qu°il se vendoit 45 sous a cande/ mais jl sentoit/ jl ne vault que 70 sous le bouesseau ancenis qui est le grand bouesseau/

Service pour le roy

Le mecredy 8e juillet a st denis de cande on a faict un service pour le repos de l°ame du deffunct roy par le commandement de monsieur d°angers/

Bled ravalle de pris

Le mecredi 15e juillet jl a este amene du bled d°ancenis que a amene mathurin esvault dudit ancenis/ jl ne l°a vendu que 40 sous ou 41 sous le bouesseau/ et le reste du mois de juillet jl n°en s°en trouve poinct a candé du tout que celuy d°ancenis qu°il y vende 70 sous le grand bouesseau/ qui est du bled qui est venu de sur la mer par nanttes/ mais au commenscement du mois d°aoust jl n°en veulet plus laisser sortir d°ancenis a cause qu°il ~~nen~~ s°en trouve peu dans les champz/ le povre gens n°en trouve ni pour or et argent/ mais les boulengers n°en peuvet trouver si ce n°est de ceulx qui ont besoing d°argent/ et le vende 45 sous le bouesseau/

Bled enchery

encorre sont ceulx qui sont niscessaire qui le battet pour le vendres/

---

**296** *povre* au-dessus de la ligne.

**297** *tourner le fueillet* séparé du texte par une ligne horizontale.

**298** *bled* : *b* corrigé sur *p*.

Bled enchery

Vin enchery

Le lundi 10e aoust le bled feut vendu ·50· escus la chartee/ c°est le commun pris/ j°en vy vendre une charttee ~~55~~ sinquente cinq escus au louroux/ beaucoup ne mange guere de pain faulte de bled/ jl n°est pas tant de bled que l°an passe/ pres de˘la moittie/ et n°y en a poinct de vieulx/ qui est la cause qu°il est si cher/ le vin vault 7 sous le pot/

**52r**

**1643**

Foussaieurs en mandie

Le lundi 17e aoust jlz ont commensce a cloze[299] et foussayer mandye/ sont des habitans de cande qui ont marchandé avecq monsieur chostart a dix soulz par toize/ c°est l°intendent de monseigneur le prince/

Deffence de monsieur de here pour le faict de la taille

Le dimanche 23e aoust jl a este publie une edit et deffence de monsieur de here commissaire general pour le roy en anjou touraine et le maynne pour le faict des taille/ comme jl est deffendu a tous collecteurs de la taille de non ne saisir par execution ny bestiaulx graïns sur les cotïses[300] bien les saisir et les mener vendre aulx proches villes et bourgz au plus offrant pour eviter les frais et la ruyne que faisoit les sergens sur les povre gens qui disposoint de leurs saizie a leur volonte et vendoint a qui bon leur senbloit/

Doubles a un denier

Le 17e du mois de aoust a este publie a paris esdit du roy par lequel touttes sorttes de doubles sont mins a un denier/ et publie angers le jeudi 3e septembre/ les marchandz qui scavoint le rabais portoint leurs doubles a bisachee[301] sur les champs pour s°en deffaire et <et> trouver les povres gens/ jl y en a qui y ont bien perdu/

Bled de bretaigne rabaisse le pris

Au commensement du mois d°octobre les brettons ont commensce a bailler le bled seigle a 40 sous le bouesseau/ jl se sont veu abondance de bledz noirs et beau temps pour les

**299** *cloze* : *clore*
**300** *cotïses* : *cotisés*
**301** *bisachee* : *besaces* ?

recullir/ jl le prenet a chasteaubriant qui est bled du pais/ les aultres vont a nantes en querir qui est du bled danz[xxx]/ ainsi n°on l°apelle/ si ce n°estoit ses bledz la l°anjou seroit bien miserable car jl ne s°en trouve grain a vendre que celuy qui vient de bretaigne/ jl est abondance de pommes et de noix/ le cildre vault 2 sous le pot/ peu de vendange/ le vin vault 8 sous le pot/ n°on parle qui vandra 100 livres la pippe/ cy ce n°estoit l°abondance du cildre jl le pouroit bien/

Habondance du cildre
Peu de vendange

**52v**

**1643**

L°establisement du sou pour˘livre sur le vin cildre biere et poiré/ cela n°a guere duré pas un an

Le vendredi 9e octobre jl a este publie un edit du roy pour l°establissement du[302] sou pour livre sur toutte sortte de boitte scavoir 30 sous par pippe de vin 15 sous par pippe de cildre et biere et 10 sous par pippe de poiré et de°ne charoier ladite boitte sans aquit sur peine de confiscation des beufz et charttes[303] et boittes et amendes/

Fondation a˘la chapelle de la gaziottiere

Le lundi ·20e octobre ambroise pinard vefve ~~defunct~~ francois aubert et francois et perinne les aubertz ses deulx plus jeunes enfans ont donné fondé et legué a la chapelle de la gaziottiere en la paroisse d°angrie la somme de vingt et cinq[304] 25 livres tournois de rantte par an a perpetuitte asignee sur tous leurs biens et en particulier sur leur lieu de mazeris en la paroisse de ver a˘la charge de dire tous les mecredis de l°an aussi a perpettuite une messe a basse voix et aulx trois des principalles festes nostre dame aussi une messe a basse voix/ ladite fondation faicte a˘la charge et condition que apres le desces de monsieur francois le francois prestre chapellain de ladite chapelle que la presentation leur demeurera et ne se poura presenter que a un prestre ou cler estudiant pour

302 *du* au-dessus de la ligne.
303 *charttes* : *charrettes*.
304 *vingt et cinq* au-dessus de la ligne.

estre prestre qui soit de ladite paroisse d°angrie/ ledit ~~aubert~~ deffunct aubert ~~mar~~ vivant mary de˘ladite pinart avoit ~~donn~~ fonde ladite chapelle du mesme lieu du mazery/ mais les enfans de˘ladite pinard avoint faict rompre ladite fondation ~~et eulx lont~~/ ledit escript cy dessus passe par monsieur jean besson nottaire royal a candé ledit 20e octobre cy dessus/ ladite chapelle avoit este bastie et beniste comme on voit cy devant fueillet 15 et 16/

L°esglize de st denis blanchie

La segonde sepmainne du mois de novembre 1643 jean beliart teinturier cy devant procureur de fabrice a faict blanchir l°esglize de st denis avant que de randre son compte/

**53r**

**1643**

Bled rabaisse de pris

Au commencement du *mois* de novembre les estrangers ont amene en grande abondance de bledz a nantes qui˘l^a rabaisse de pris/ et se vend a˘la halle de cande 35 sous le bouesseau/

Bled enchery

Au commencement du mois de decembre les marchantz de bretagne ont retins[305] le bled des estrangers pour l°envoier en espagne qui est la cause qu°il a encheri/ et vault 40 sous le bouesseau/ le fourment 48 sous/ l°avoine grosse 20 sous/ mais lesdits marchantz ont este[306] mins prinsonier[s] et menes a paris par des exentz des gardes/

Pris des danree

Bled encheri

Le vin vault 7 sous le pot/ le cildre 2 sous le pot/ le beure 4 sous la livre/ la chandelle de suif 6 sous 6 deniers la livre/ l°huille de noix 15 sous le pot/ la cent de fagot ~~3~~ 35 sous/ la charttee de gros bois 30 sous/ au commencement de janvier le bled vault 43 sous le bouesseau/

**305** *retins* : *retenu*
**306** *este* au-dessus de la ligne.

**1644**

Cymettiere affermes

Jl n°en couste que environ de 90 libvres[307] par compossition faicte en faveur de monseigneur le prince

Le dimanche 10e janvier nous avons afferme nous[308] cymettiere et prees despendantz de nostre fabrice a 44 libvres par an a maistre jean huchede procureur fiscal a la charge d°anoncer tout le bail qui est ·9· annee[309] pour estre enploie a poier la taxe que le deffunct roy avoit faict taxer nostre ditte fabrice qui est ~~14 19~~ 196 libvres et bien des frais qu°ilz nous ont faict du depuis ladite taxe par nostre nesgligence de n°avoir pas voulu poier/ et maistre jean besson nottaire royal qui en[310] estoit fermier a casse son bail a la priere des paroissiens/

**53v**

**1644**

Chevauchee a pouanceé

Le mardi 12e janvier la chevauchee a tenu en la ville de pouancé par missire estienne feraud l°un des esleus d°angers ou candé/ y est alle freigne la cornouaille et angrie et des[311] paroisse eslongnee de ·8· lieue/

Bled enchery

Le bled vault 45 sous le bouesseau/

Debvoir sur le vin et cildre

Le dimanche 24e janvier a este publie un [~~xxx~~] edit du roy et arest du conceil de debvoir sur le vin/ scavoir 30 sous par pippe et ~~7 sous 6 deniers~~ 15 sous[312] par pipe de cyde sur l°aniou le mayenne et tourrainne/ et monsieur le marechal de bresze a faict diminuer la taxe sur l°aniou a 15 sous la pippe de vin et 7 sous 6 deniers les cildre/ ont faict leur visitte de le lendemain audit cande le lundy 25e janvier/

307 *90 libvres* : souligné par l'auteur.
308 *nous* : *nos*
309 *annee* corrigé sur *ans*.
310 *en* au-dessus de la ligne.
311 *des* corrigé sur *de*.
312 *15 sous* au-dessus de la ligne.

| | |
|---|---|
| Bledz a nantes | Au commecsement[313] du mois de febvrier les messieurs de la ville de nanttes ont ~~dire~~ faict dire par touttes les paroisses du diocesze dudit nantes qu°ilz ayent a aller querir du bled audit nantes et y porter de l°argent et qu°ilz en ont faict venir de pays estrange/ |
| Buffe et tabiret coll*ect*eurs du sel | Le dimanche 6e febvrier ont este nommes collecteurs du sel gabriel buffe et piere tabiret/ |
| Monsieur jean besson procureur de fabrice | Le mecredi 10e febvrier jour des cendres monsieur jean besson nottaire royal a commensce la charge de procureur de fabrice/ et en a sortti guillaume talourd/ |
| Touttes sorttes de douzains a quinze deniers | Au mois de febvrier les douzains qui ne sont poinct marques ont este mins a quinze deniers aussi bien que les marques par edit du roy donne a paris le 20e febvrier 1644/ |

**54r**

**1644**

| | |
|---|---|
| Bled rabaisse | Au commenscement du mois de mars le bled a rabaisse de pris a 41 sous et 42 sous le bouesseau a cause de la grande habondance qui c°est trou[ve] a nantes et aussi que les brettons amene tant a cande de grand pain boulenge a 20 sous chaqz pain/ |
| Soldartz au lion d°angers | Le mecredy 16e mars jl a passe par angers un[314] regiment de soldart a pied de bien dix sept centz soldartz et bien aultant en esquipage tant chariotz que aultres atiras[315] et gougars[316]/ sont alle loger au lion d°angers ou jl ont faict de grande despensce de plus de trois mille livres/ debaquret[317] que le vendredi ensuivant 18e dudit mois/ debvoint aller loger a cran/ les habittans leur bailliret de l°argent et du pain et du vin et |

**313** *commecsement* : sic.
**314** *un* corrigé sur *une*.
**315** *atiras* : *attirail*
**316** *gougars* : *goujats*
**317** *debaquret* : *débarquèrent*.

A cossé

aultres conmodites pour vivre/ et aliret loger a cossé et de la vers laval/ n°on dit que c°est le regiment de navare de 25 compagnee/ jl en envoirit[318] 5 conpagn*e* a montreul/

Le lion d°angers
A ceaulx

Et le vendredi st 25$^{e}$ mars aultres compagnee encorre passee par angers/ voulloint encorre loger audit lion/ jl fallut qu°il leur baillasse [xxx] 800 $^{l}$i$^{b}$vres/ alliret loger a seaulx et au*c*tres paroisses aupres/

Bled rabaisse

Le lundy 4$^{e}$ apvril abondance de bled et pain boulange au marche de cande/ le bled fut vendu 38 sous le bouesseau/

Tourner le fueillet chapittre au carmes de chal-lain 22 apvril[319]

Apvril beau
Gellee en may
La vigne noiers gelles

Le mois d°apvril a este doux et agreable pour les biens de la tere/ mais le vendredi 28 dudit mois le vent se jetta en galerne qui y fut jusque au vendredy 13 du mois de may/ jl gela tous les jours entre aultre le mecredi 4 et mecredi XI dudit mois de may que les[320] vignes[321] et noyers geliret/

**54v**

**1644**

A˘la foire de st marcoul/
Le paige blesse/
un aultre paige tue

Le dimanche[322] premier jour de may a l°asemblee de la st marcoul a la devanssays en marans jl eut un volleur qui frappa un nomme le paige du[323] village de bonville d°une boyonne/ un de ses freres nomme piere le paige mestayer

---

**318** *envoirit* : *enverrait ?*
**319** Cf. 54v.
**320** *les* corrigé sur *la*.
**321** *vignes* corrigé sur *vigne*.
**322** *dimanche* au-dessus de la ligne.
**323** *du* : *u* corrigé sur *e*.

| | |
|---|---|
| | de la didomiere en ver courut apres/ jl le frapa du mesme cousteau et tomba mort sur la place/ ledit voleur feut prins |
| Le volleur pandu | le lendemain et pandu en la sepmaine et mene seicher la ou jl avoit faict le delit/ |
| Mené seicher a marans | |
| Le prevost de˘la monnoye d°angers a cande | Le lundy et mardi 9 et 10e may piere delhoumeau prevost roial juge et garde de la monnoie d°angers est venu a cande faire la visitte sur tous pois et ballances a peser or et argent/ prenoit 13 sous par chaque balance et aposoit son pinsceau sur chaque poidz et pille/ jl y avoit un nomme martineau avecq luy qui bailloit des poidz a ceulx qui en voulloint/ prindrent anthoinne thomassin pour leur greffier/ jl y revindrent encorre le lundy 16e may fe[st]e de˘la pentecoste/ faisoint adiourner par˘devant luy ceulx qui n°y portoint pas leurditz poidz/ |
| Chapittre aulx carmes de chal-lain | Le vendredy 22e apvril cy devant le chapittre a commensce au carme a challain et finit le jeudy 28e dudit mois/ jl y avoit de grande jndulg[en]ce a ceulx qui se confessoit et comunioint et visitoit l°esglise des carmes dudit challain/ |
| Le mois de may froid | Le commenscement du mois de may jusque au 13 jours n°a este que gellee qui a faict de grand dommage a beaucoup d°arbres/ le reste dudit mois grande chaleurs et seicheresse/ |
| apres chault et seic | et le commenscement du mois de juing abondance de pluye dousce dont les biens de la tere profittet a foisson/ et les bled et aultres grains profittet a merveilles dans les champs/ le |
| Pris du bled | bled tient pris de 38 sous le bouesseau/ |

**55r**

**1644**

| | |
|---|---|
| Commission de la taillee | Le dimanche 5e juing a este publie la commission de la taille taillon crue et subsistance et du sol pour livre mins avecq ladite commission/ lequel se montte tout ensemble esgaille 3 mil 8 cent 2 livres 15 sous/ |

Guiot bordier poictevin et rennier collecteurs de la taille

Le dimanche 19e juing claude guiot francois bordier rene poictevin et piere rennier ont este collecteurs de la taille/

Bled rabaisse de pris

Bled rabaisse

Le samedi 2e juillet le jour de la foire de la visitation de nostre dame jl y avoit a la halle de cande grande habondance de bled et pain boullenge tant que le bled feut vendu 30 sous le bouesseau/ et le lundi XIe dudit juillet 26 sous le bouesseau/

Gabelleurs exemptz de la taille

Le dimanche 17e juillet jl a este publie au prosne de la grande messe de st denis un arest du conseil du roy du 8e juin dernier par lequel les commis et capittainne et archers de gabelle sont exemps de taille et de ~~touttes~~ logement de gens de gueres et d°aultres charge au moien qu°ilz soint de la qualitte qu°ilz ont declare en l°annee 1634/ je ne sce quelle est leur declaration/

Taxes sur tous estatz

Commission pour le couronnement du roy

Le dimanche 24e juillet a este publie au prosne de la grande messe de st denis un arest du conseil du roy du 8e may dernier par lequel tous officiers marchandz et artissans de quellque estat que ce soit poiront des taxes pour le couronnement du roy/ plus une commission de 160 livres et 2 sous pour livre a quoy candé a este taxe comme ville pour marches et foires franches poyables dans six sepmainnes apres aussi pour le couronnement du roy/

La royne d°angletere fugitive en france

Le vendredi 12e aoust la royne d°angletere seur du deffunct roy de france lois XIII a fuy d°angletere pour conserver sa foy catholique a cause que les milours d°anglettere vouloint la faire mourir/ est venue en france/ a loge ancenis ledit 12e aoust/ y a seiourne deulx nuictz/ le dimanche 14e dudit aoust elle alla loger a angers/ elle avoit tourne le roy son mary qui c°estoit rendu catholique/ c°est pourquoy jlz l*eur* font la guere et faict mourir leur roy/

55v

**1644**

| | |
|---|---|
| Grande seicheresse<br>Bled rabaisse de pris<br><br>Belle pluye<br><br>Bled rabaisse | Au mois d°aoust grande chaleurs et seicheresse/ beau pour amasser les bledz/ jl vault [~~xxx~~] 25 sous le bouesseau/ le fourent[324] 28 sous/ l°avoinne 12 sous/ jl a este du grain plus de la moittie que l°an dernier/<br>Du depuis le mois de juing jl n°a faict aulcunne pluye qui ayet arouze la tere jusque au dimanche 18e septembre que jl en fist en abondance qui a bien servy a la vigne et aulx fruictz et labourage/ et puis c°est remins au beau temps/ le bled vault 22 sous le bouesseau/ |
| Beau temps toutte l°authonne/<br>Chevauchee a cande le 7e novembre tenue par monsieur piere testart l°un des esleus d°angers<br><br>Les notifications et petitz seaulx abolis par esdit du roy du 7e decembre 1644<br><br>Bles rabaisse de pris | Toutte l°authonne a est fort belle pour ramasser toutte sortte de fruictz/ beau faire vandange et du vin asses mediocrement veu la gellee qu°i avoit faict au printemps/ jl vault 6 sous le pot/[325] poinct de vin au compte nantois/ les vignes y avoint toutte gellee/ jl est force fructaige tant poire pommes et chastaignes peu de noix et preunes/ le cildre vault X livres la pipe/ 10 deniers la pinthes et 8 deniers[326]/ belle sepmaison des bledz/ le tout au contentement des povres gens/ habondance de glan qui est la cause que les porcz ont este a meilleur marche que l°an passe/ a la fin de novembre le bled vault 20 sous le bouesseau/ le fourment 25 sous/ |

324 *fourent* : *fourment, froment*
325 / de la main de l'auteur.
326 *et 8 deniers* au-dessus de la ligne.

Ordonnan*c*e de messieurs de here et bauthrud[327] pour nommer des collecteurs pour l°annee 1645

Le dimanche 20$^{e}$ novembre a este publie une ordonnance de messieurs denis de herre commissaïre et guillaume bauthr*u*d jntendant pour le faict de la justice et tailles pour l°anjou/ par laquelle jlz ordonnet que les procureus sindicz ou de fabrice ayet a nommer des collecteurs de la taille pour lannee 1645 de^dans le mois courant a peinne de 100 $^{l}$i$^{b}$vres d°amende contre lesdits procureurs et que aucun collecteur ne poura ny ne sera receu a se faire descharger apres le 15$^{e}$ decembre passe a celle fin que quand les commissions seront venue qu°ilz soint pres a esgailler/

Le *d*imanche 27$^{e}$ dudit mois ont este nommes chacuns de francois gauvaing rene groslier et piere proust

**56r**

**1645**

Jean beliard procureur de fabrice pour la 2$^{e}$ fois

Le vendredy 6$^{e}$ janvier feste des rois a este nomme procureur de fabrice de st denis jean beliard teinturier au lieu et place de jean besson lequel est decede/

Froid sec

Le samedy 7$^{e}$ janvier commenssa un grand froid sec qui dura huict jours sans desgeler/

Vent jmpetueulx

Le jeudi 26$^{e}$ janvier jl commenssa un grand vend et dua[328] jusque au dimanche ensuivant avecq grande pluye/ lequel brisa beaucoup d°arbres et logis/ jl jetta le clocher de ve*r* a bas et une des cloches aussi/ laquelle ne se cassa poinct/ rompit aussi le clocher de la chapelle glen/

Febvrier sec

Le commen*c*ement du mois de febvrier a este et sec et la fin temps doux comme un printemp*s* propre pour l°advoncement des biens de la tere/

327 *bauthrud* : premier *u* au-dessus de la ligne.
328 *dua* : lapsus pour *dura*.

Commission du sel/ Boyvin et payteul coll[ecte]urs

Le dimanche 12e febvrier commission du sel publie de 29 minotz a 37 livres 7 sous d°obolle[329] le minot/ et le dimanche ensuivant 19e dudit febvrier on[t] este nommes pour collecteurs michel boyvin chiurgien et jacques payteul cordonnier/

Jacques valluche procureur des trepasser

Des le jour de la chandeleur 2e dudit febvrier mathurin meslet a quitte la bouette[330] des trespasser/ et monsieur le cure et ses chapelains m°ont prie de recullir les deniers de ladite bouette/ et je commensi le dimanche 5e dudit febvrier/

Monsieur le prevost d°angers a cande

Le lundy 3e apvril monsieur martineau prevost d°angers est venu a cande asiste de 15 ou 16 de ses archers/ lesquelz ont print trois [~~xxx~~] des habittans en reputation de faire la faulce monnoye/ tous trois freres/ [~~xxx~~] et un nomme la motte qui est de beligne et rene eschelart de la cornoille qui estoint venus au marche aussi acuser de faulce monnoye/ ensemble trois larons de chevaulx qui estoint prinsonners audit cande qui estoint dudit beligne tant qu°il en emmena huict avecq luy audit angers/

**56v**

**1645**

Jubile en bretaigne

Le dimanche 16e apvril feste de la resurection de nostre[331] seigneur jl ont eu un grand jubile en l°eveche nantois envoye par nostre st pere le pape jnocent[332] du non qui l°a envoye par toutte la crestiente/ et n°est esleu pape que de l°an dernier 1644 apres le desces de urbain 8e du non/ et ont gaigne ledit jubile le dimanche de quasimodo et les dimanches[333] d°apres ensuivant/

Cymettiere de beaulieu clos

En ce caresme dernier 1645 les mazuriers de beaulieu ont faire clore leur cymettiere dudit beaulieu a la diligence de

**329** *dobolle* au-dessus de la ligne.
**330** *bouette* : *boîte*
**331** *nostre* : *n* corrigé sur *s*.
**332** Blanc après *jnocent*.
**333** *les dimanches* corrigé sur *le dimanche*.

missire vincent drouault fermier du prieulle/ lequel cymettiere n°avoit jamais este clos/

La lune de mars fort rude

La lune de mars a commensce le 26e dudit mois qui a este fort rude avecq gelee et temps sec jusque au 18e apvril que le temps c°est tourne en une grande chaleur qui a faict avonscer toutte sortte de arbres lesquelles sont grace a dieu belles et fleurie a merveilles au grand contentement du peuple/ et neantmoings grande seicheresse sans faire aulcune pluye/

Bled rabaisse de pris

A la fin d°apvril le bled vault 18 sous le bouesseau/ le fourment 22 sous/ car les bledz et aultres gaignages sont beaulx a merveillee es chanps fors es tere rudes a cause de la grande seicheresse/

Missire rene le fort a celebre sa premiere messe

Le dimanche 16e apvril jour de la resurection de nostre seigneur missire rene le fort a celebre sa premiere messe en l°esglise de st denis comme natif de cande/

Excomunye contre les faulx monoyeurs

Le dimanche 7e may monsieur le prevost d°angers a faict fulminer une excomunie a st denis a la requeste de monsieur le procureur du roy a l°encontre des faulx monnoyeurs/ et le lendemain est venu a cande pour recepvoir les desclarations/ et puis de jour en jour ses archers n°ont cessé d°aller et venir a cande et au tour pour tacher d°en prendre et pour faire aller les tesmoingz angers/

**57r**

**1645**

Ferier de la pentecoste/

Jubile en anjou

Le lundy 5e jour de juing a commensce le jubile en anjou envoye par nostre st pere le pape jnocent 10e par toutte la crestiente pour prier dieu pour la ste esglise catholique pour l°extirpation des heresie pour la paix et concorde entre tous les rois et princes crestiens/ nostre processïon pour comenscer ledit jubile feut le mardy 6e l°un des feriers de la pentecoste a nostre dame a beaulieu et jeusner le mecredy vendredy et samedy de la sepmaine pour comunier le dimanche ensuivant ou la sepmaine d°apres avecq le sallut au jours des jeusnes et dimanches desdites deulx sepmaines/

Commission de la taillee

Le dimanche 18e juing a este publie la comission de la taille crue et subsistance et aultres[334] qui ce montte en somme 3 mille 7 centz ~~38~~ 32[335] livres 13 soulz/

La procession a 2 heures apres midy

Le jeudy 22e juing octave du sacre la procession du st sacrement n°a poinct este faict a candé que a l°heure de vespres a cause de la pluye qu°i a faict au matin/

Bled rabaisse de pris

Au mois de juillet le bled vault 15 sous le bouesseau/ le fourment 20 sous le bouesseau/ le vin 5 sous le pot/ le beure 5 sous la livre/ la laine nette 16 sous la livre/ beau temps pour ramasser les grains qui sont en abondance grace a dieu/

Ordonnance de monsieur de here pour les opositions

Le dimanche ~~2~~ 30e juillet jl a este publie une ordonnance de monsieur de herre au prosne de la grande messe de st denis par laquelle aucun habitans taxe ne poura s°oposer et ny sera receu que au prealable jl n°ait paye les taxes escheue et deffensses au esleux de l°eslection d°en prendre congnoissance/ *cy*[336] qui a este publie aulx aultres paroisses/

**57v**

**1645**

La mestairie de la courlaye jnscendieé et bruslee

La nuict d°entré[337] le vendredy et samedy 19e aoust la maison grange estable foing paille et les bledz dans le grenier et meuble du mestaier tout feut jncendie et bruslé de la mestairie de˘la courlaye en vris/ c°est francois livenais qui en estoit mestaier/ ladite mestairie aparttient a charle rigault tanneur demeurant a prefoure/ jl ne feut rien conservé que le bestial/ faulte d°eau n°on ne peult rien conserver/

**334** *et aultres* au-dessus de la ligne.
**335** *32* au-dessus de la ligne.
**336** *cy* : *ce ?*
**337** *dentré* : *d'entre.*

De beauvais celebre sa premiere messe a paris

Le samedy 5e jour du present mois d°aoust missire guillaume de beauvais prestre enfant natif de cande a celebre sa premiere messe a paris aulx peres de la˘mition /

Bled rabaisse de pris

Jl a este des bledz habondamant bien plus que l°an passé/ jl vault douze soulz le boueseau/ le fourment rouge 18 sous le bouesseau/ peu d°avoine/ elle vault 12 sous le bouesseau/ aussi bien que le bled les vignes et aultres fruictz perissoint a cause de la grande seicheresse qu°i avoit faict depuis la st jean/ mais le dernier jour du mois d°aoust et trois jours ensuïvant jl fist grande habondane de pluye que toutte sortte de fruict proffitte grace a dieu/ le bestial est a nonpris aulx foires d°aultant qu°il n°est poinct d°herbage/

Habondane[338] de fruictz

Doyen de cande faict sa visitte

Le dimanche 3e septembre[339] missire rene jousseau prestre doyen de cande a faict visitte a st denis ledit jour sur les six heures du soir/ et toutte la sepmaine suyvante par tout le doyenne dudit cande asiste de monsieur jean hiret prestre curé de chaillain/ c°est pour la premiere foïs d°aultant qu°il n°est doyen que depuis un an par resination que luy a faict son oncle cure du bourg˘d°iré/

**58r**

**1645**

Croixs faictes en l°eglise de st denis

Le mecredy ·9e· aoust jean beliart procureur de fabrice de st denis a faict faire des croixs[340] dans l°esglise dudit st denis avecq de petitz chandeliers pour mettre des cyerges durant le service du jour de st lorens qui est le jour de la dedicasse de ladite esglize le 10e dudit mois d°aoust/

Grande abondances de˘vins et

En l°autonne jl a tant este cully de vins et cyldre que n°on ne pouvoit avanger a tonneaulx/ jl a fallu que beaucoup aten

338 *habondane* : lapsus pour *abondance.*

339 *3e septembre* au-dessus de la ligne.

340 *croixs* corrigé sur *croix*.

cildre et aultres sorte de fructaiges

dise a faire leurs cydre[341] a quant jl y a eu des tonneaulx de vin nouveau vide/ le vin couste sur les lieulx 20 libvres la pipe[342] en anjou/ en bretaigne 12 libvres la pipe[343]/ le [~~xxx~~] cidre 4 libvres la pipe/ mais les debvoirs sont grandz/ jl vault a cande 4 sous le pot/ et le cildre 1 sous le pot/ les tonneaulx a mettre du vin valloint 45 sous/ tant que grace au bon dieu jl a este cully en ceste annee du bled et aultre grains et de toute sortte du fructaige que c°est une grande resiouissance au peuple/ les avoinnes ont este chere et sont au pris du bled qui est 13 sous le bouesseau/ les chastaigne vallet ~~16~~ 12 sous le bouesseau/

Charlery et meslet collecteur du sel

Le dimanche 17e decembre ont este nommes collecteurs du sel pour l°annee 1646 jacques charlery chiurgien et mathurin mellet sarger/

Madame d°angrie decedee

En ce mois de decembre est decede madame marthe du porc de la portte dame d°angrie/ est decedee a vezins et a este ensepulture audit vezins et a la tour/

**58v**

**1646**

Jean boiffumé procureur de fabrique

Le samedy 6e jour de janvier 1646 a este nonme procureur de fabrique jean boiffumé/ et en a sorti jean beliard/ la chevauchee de messieurs les esleus d°angers tint jeudi dernier en la ville de pouansce a l°ostellerie de st piere par missire rene serezin l°un des esleus/ jl n°y est rien alle pour cande/

Chevauchee a pouanscé

Ordonnance de messieurs de here et bautrud

Suyvant l°ordonnance de messieurs de herre et bautrud jntendend de la justice d°anjou lesquelz enjoignet au procureurs de fabrice de nommer des collecteurs de la taille n°eust jl que trois ans qu°ilz y eusset passe sur peine d°amende y

---

**341** *cydre* : *r* corrigé sur *l*.

**342** *la pipe* au-dessus de la ligne.

**343** *la pipe* au-dessus de la ligne.

ausdits procureurs faulte qu°il feront d°en nommer 15 jours apres ladite ordonnance publiee/ et jean boiffumé nostre procureur de fabrice a nomme michel bellanger chiurgien gabriel gilleberge nommer et francois be*un*eche marchant qui tout ont desia faict taillee et salaige/ et ont este nommes le dimanche 21$^{e}$ janvier a vespres/

Bellanger gilleberge et be*un*eche pour la segonde fois collecteurs de˘la taillee

Garnison au lion d°angers 5 sepmaine 4 jours durant

Le mardy 6$^{e}$ jour de febvrier la compaignee de monsieur le cardinal de mazarin conduitte par monsieur de cossë qui est composee de soixante maistre et chevaulx logers a desloge du lion d°angers/ qui y a este en garnison du depuis le samedy 30$^{e}$ decembre dernier jusqz a ce˘jourd°huy 6 febvrier sans comprendre le regment[344] de la royne qui y a loge et celuy de monsieur le marechal de brezé qui y ont loge durant ladite garnison une nuict/ le tout a portte un grand dommage aulx povres parroissiens/

Bled rabaisse de pris

Au mois d°apvril le bled vault dix soulz le bouesseau/ le fourment 15 sous le bouesseau/ le printemps est fort beau/ tous les biens de la tere tans les arbres que les bledz s°avonscet au contentement du peuple/

**59r**

**1646**

Comission de˘la taillee

Le dimanche 15$^{e}$ apvril a este publie la comission de la taillee crue taillon et subsistance qui se monte trois mille six centz huict livres neuf soulz/ tout esgaille ce montte trois mille sept centz livres/

Pierres beneistes engravee dans les autelz

Le vendredi 4$^{e}$ may j°e faict engraver une piere beniste sur l°autel de s$^{te}$ margueritte de l°esglise de st denis/ laquelle piere missire piere moquehon curé de gené m°a donnee et aussi faict engraver une aultre dans l°autel de nostre dame/

344 *regment* : *régiment*

laquelle piere estoit de ladite esglise/ et n°avoint que celle la pour les deulx autelz/

Gresles a˘la cornoille

Le vendredy 25e jour de may jl fist un grand orage de tonneres et esclairs et gresles/ laquelle gresle fist en la paroisse de la cornoille et guatist les villages de˘la pellairie vesyffais beraudiere prevoste de pellon et parttie de˘la cittollerie grezeau mounerais et aultres teres circonvoisines/

Procession de cande a ancenis a nostre dame de grace

Le dimanche 1e jour de juillet monsieur le curé de st denis a conduist sa procession a nostre dame de grace en la ville d°ancenis/ en laquelle procession jl y avoit bien 300 personnes ou plus tant de cande que des circonvoisins/ c°est une ymage de nostre dame qui est de toute[345] antiquitte dans une fenestre par dehors de l°esglise de st piere d°ancenis/ et l°an dernier quelque personnes faisant leurs devottions s°en sont bien trouver/ et a present jl s°i faict des miracles/ et le monde y arivet de tous costes pour y faire leurs devotions/

Grande challeurs

Grande habondance de bled

Aulx mois de juin juillet et aoust jl a faict de grande seicheresse et extreme chaleurs/ en juillet et a[u]st beau amasser les bledz et aultres grains qui sont en grande habondance grace a dieu/ le bled vault dix escus la charttee/ le fourment tout foindre/ jl vault dix huict escus la charttee/ peu d°avoinne plus chere que le bled/ car elle gelit les trois premiers jours de febvrier qu°il desgelloit sur jour/

**59v**

**1646**

Missire piere p[xxx] pipart baron de rochementru decede

Le dimanche 12e aoust a este ensepulture en l°esglise de rochementru missire piere pippart cy devant prieu dudit lieu/ lequel avoit resinné a missire jean hamon son nepveu/ lequel est decedé jl y a cinq a six ans/ et un nomme moriceau prestre bretton qui estoit a rome s°en fist pourveoir et l°a resinnee a missire guillaume bonnin qui la pocede a pressent/ ledit pipart a fonde une chapellanie en ladite

345 *toute* : *e* corrigé sur *t*.

esglise au[346] mecredy une[347] messe par sepmaine/ et l°a fondee d°un ~~pettit~~ petit lieu sis audit bourg de rochementru qu°il a acquis/ et l°a nomme la pipardrie/ et en a pourveu missire piere gasnier escollier son nepveu/

Chappellanie fondee en l°esglise de rochementru

Au mois de juing dernier messire charle dandigné escuier seigneur d°angris a faict faire une chapelle au coste de galerne de l°eglise parochialle dudit angris/ jl y avoit auparavant la chapelle de st thibault qui n°estoit que en apentif[348]/ lequel jl a faict ruyner et n°a laisse que l°autel de st thibault qui est au demeure au dessus de ladite chapelle de nostre dame nouvellement bastie/ laquelle chapelle est pour mettre l°autel de nostre dame de ladite esglise/ et a ~~f~~ faic[t] faire le coeur pour mettre les prestes a chanter soubz le crucifix et clore de cheres pour seoir les prestres et un balustre au devant du grand autel/ lequel coeur et balustre este[349] faict en l°annee 1648[350]/

**60r**

**1646**

L°esglize de la cornoille rebastie et beneiste le dimanche 27 janvier 1647[351]/

Au mois de juing dernier 1646 missire michel bertin prestre curé de la cornoille et missire michel menart prestre chapellain de la chapelle de la burliere par leur mesnagement qu°ilz ont faict sur ladite parroisse d°une queste faicte sur les habittans pour refaire le coeur de ladite esglise qui estoit prest a tomber et aussi de leur costé qu°ilz ont aussi donne pour ayder a bastir et de monsieur de breche seigneur de ladite parroisse qui a donne tout le bois pour faire la charpente dudit coeur/ audit mois de juing a este commensce

346 *au* au-dessus de la ligne.
347 *une* au-dessus de la ligne.
348 *apentif* : *appentis*
349 *este* : *était*
350 *et a faic*[*t*] ... *lannee 1648* d'une autre main.
351 *et beneiste* ... *1647* rajouté.

ledit bastiment/ jl y avoit un pignon soubz le clocher[352] qui ocupoit toute l°esglise qu°il ont rompu/[353] ~~avecq~~ et font[354] un grand autel qu°il font faire aussi/ et missire morille apvril conseiller au parlement de rennes seigneur de la burliere a cause de sa fille a faict faire une chapelle au coste de galerne a ses despans avecq la voutte pour y entrer de ladite esglise/ et mestre piere de la marquerais advocat au parlement[355] de rennes seigneur de villegontier a donne 330 libvres pour faire une chapelle au coste de midy/

Missire simon bellanger a celebre sa premiere messe

Le dimanche 28e octobre feste de messieurs sainctz simon et jude missire simon bellanger a celebre sa premiere messe en l°esglise d°angris/

Bled enchery

Du depuis le 8e octobre jusque a la fin dudit mois d°octobre les pluies ont este bien jnportun[es] qui est la cause que n°on n°a pas peu semer si aysement/ et pour ce subiect ceulx qui ont du bled a vendre n°en veullet pas bailler et ceulx qui en vendet le vendet douze soulz le bouesseau/

**60v**

**1647**

Gogneul et jamon collecteus du sel

Le mardy 1e janvier 1647 feut nomme pour collecteurs du sel chacuns de francois gog*n*eul et roch jamon

L°esglise de˘la cornoille rebeneye

Le dimanche 27e janvier 1647 missire michel bertin prestre cure de la cornoille a rebeney l°eglise de˘ladite cornoille apres le bastiment faict/

Service pour monseigneur le prince de conde

Le mardy 29e janvier a este faict en l°esglise de st denis de cande un service solennel pour le repos de l°ame de deffunct messire henry de bourbon prince de condé et baron dudit cande/ auquel service jl y avoit monsieur le doien

352 *clocher* : *l* corrigé sur *h*.
353 / de la main de l'auteur.
354 *et font* au-dessus de la ligne.
355 *parlement* : *r* corrigé sur *l*.

dudit cande qui y offisoit avecq grand nombre de cures scavoir celuy de bouellé combree chaze sur ergous louere challan la cornoille freigne st mars rochementru vris vicaire d°angrie prieu de ver et de beaullieu/ jusque au nombre de 33 prestre hors de cande et 6 dudit cande sans comprendre tous les augustins dudit cande et deulx religieulx de ponctron/ et de noblesse monsieur le marquis de gillebourg et bourmont et aultres gentilhomes circonvoisins et aultres peuples en grande habondance/ le prieu desdits augustins feist l°oraison funebre/ ledit prince de conde estoit decede le mardy premier jour [d]e l°an et le lendemain 1647 1647/

**61r**

**1647**

Chevauchee a candé

Le lundy 14e janvier la chevauchee faicte par[356] l°un des esleus a este faicte a cande a l°image nostre dame/ et jean fouellet tonnellier a este mins commissaire des mauvais chemins/

Bourgeois faict marcher l°horloge

Le samedy 19e janvier 1647 phillipe bourgeois cordonnier habitans de candé c°est oblige de faire sonner l°horloge de st denis et de y aller deulx fois par jour/ et ne doibt fournir que de sa peinne/ et pour jcelle n°on luy donne la some 10 livres par an a prendre sur les fermes des cymettieres/ l°escript passe par missire charle drouet nottaire dudit cande pour durer ladite convention trois ans/

Declaration des parroissiens de˘la cornoille[357] pour les seigneurs de la burliere et villegontier

Le dimanche 10e febvrier les parroissiens de la cornoille ont faict declaration comme jl recongnoisset que noble home morille apvril conseiller au parlement de rennes sieur la chamiere et de la burliere a faict bastir la chapelle de l°esglise de˘la cornoïlle celle du coste de l°evangille a ses propres coups[358] et despens/ et damoiselle margueritte megret sa

356 Blanc après *par*.
357 *cornoille* : *c* corrigé sur *p*.
358 *coups* : *coûts*

belle mere dame de˘ladite burliere a donne 200 $^{l}$i$^{b}$vres pour aider a bastir le coeur de ladite esglise/ et noble home rene de˘la marquerais advocat au parlement de rennes et seigneur de villegontier[359] a faict bastir la chapelle du coste de l°espistre aussi a ses despens et que sens eulx le bastiment n°eust este faict et que[360] les habittans n°avoint pas le moien/ et ladite declaration passee par maistres jean pottier et louis me*n*art nottaires de la baronie dudit <c>cande la minutte et[361] au portecolle dudit pottier audit cande/

**61v**

**1647**

Douart bellanger buffe collecteurs dela taille

Le lundy 18e mars 2e lundy de caresme a este nomme collecteur de la taille chacuns de abraham douart piere bellanger et gabriel buffe/ gabril buffe c°est faict descharger/ les paroissens ont nomme rene buffe son frere[362]/

Beau printemps

Pris du bled fourment et avoines

Tout l°hiver jl n°a faict aucun froid jusque au mois de febvrier/ des la premiere sepmaine du mois de mars le temps se tournit en doulceur que les biens de la terre s°a*v*once au grand contentement du peuple/ les lins sont beaulx a merveille/ le bousseau de grene du lin vault 64 sous/[363] au mois d°apvril le ~~5~~ 5 et 6 dudit mois jl fist de grandz tonneres qui eschaufiret la tere/ le bled vault 33 $^{l}$i$^{b}$vres la charttee/ le fourment 60 $^{l}$i$^{b}$vres la charttee/ l°avoine grosse 36 $^{l}$i$^{b}$vres la charttee a cause que l°avoine est fort rare/ la menue avoine 12 sous le bouesseau pour semer/ le beure 7 sous la livre/ tout durant le caresme au marche/

---

**359** *et seigneur de villegontier* au-dessus de la ligne ; ces mots sont répétés à la fin du passage, suivis de *glose*.

**360** *que* corrigé sur *quel*.

**361** *et* : *est*

**362** *gabril buffe cest ... son frere* rajouté.

**363** / de la main de l'auteur.

Cloche cassee

Le dimanche 7 apvril a la sepulture de perinne jve vefve beauvais jl fut casse une de nos cloches nommee renee/ celle que deffunct missire rene brossais cure de st denis avoit donnee faisant bastir le clocher en l°annee 1620/

Croix pour les trespasser

Le dimanche 21e apvril jour de pasques je jacques valluche procureur des trespasser ay achepte une croix pour servir aulx sepulture et service desdits trespasser/ laquelle couste vingt et une livre dix soulz/ et poiee des <des> deniers de la bouette[364] desdits trespasser/ je l°e porttee a st denis ledit jour de pasques/

Commission de la taillee

Les festes de pasques a este publie la commission des tailles et subsistance qui se montte touttes esgaillee la somme de trois mil trois cent trante et une livre cinq soulz/

**62r**

**1647**

Bodart a chante messe

Le dimanche 23e juing en l°octave du sacre missire jean bodart enfant de cande a celebre sa premiere messe a st denis/

Bled enchery

A la st jean au mois de juing ont c°est aperceu que les [~~xxx~~] bledz es champs n°estoint <nestoint> guere beaulx a cause que la floraison n°avoit poinct este belle a cause des pluyes jnportune/ les jarseaulx [xxx] fougeres et aultre bourier les ont gaster et aussi entregrener/ et c°est bien enlevé bledz et fourment de sur le pais et passer en bretagne/ ledit bled a encheri jusque a 45 livres la charttee/ et n°en valloit que 30 livres avant/

Hiron senechal de cande

Le lundy 8e juillet 1647 a este receu senechal de cande en l°auditoire dudit cande maistre jean hiron filz de monsieur hiron advocat angers par vendition que luy en a faict noble homme gabriel de sarazion cy devant senechal/

364 *bouette* : *boîte*

Soldart de cande — Le dimanche 26e aoust jl a este publie une ordonna[c]e de monsieur le marechal de brezé quil enioinct a tou[te]s les paroisses du ressort d°angers de fournir d un soldart et le mener audit angers pour y estre enrollé/ n°on a envoye pour cande un compagnon cordonnier qui travailloit ches charle huchedé/

Bled enchery — Au mois de septembre le bled vault 2 16 sous le bouesseau/ le fourment 23 sous/ jl n°a pas este [xxx] moittie bled de l°an passe/

Visite a st denis de monsieur l°archidiacre — Le lundy 16e septembre monsieur martine martineau archidiacre d°angers a faict sa visitte a st denis sur les trois heures apres midy/ a defendu aulx prestres de non aller a˘la taverne a peine de 30 sous d°amende/

**62v**

**1647**

Bled enchery — Au mois de novembre a˘la fin dudit mois le bled vault 18 sous le bouesseau/ et des le mois de decembre jl vault 20 sous le bouess[ea]u et 25 sous le fourment/

Bled enchery

Vin enchery — Jl n°a pas este du vin comme l°an passe/ le bon vin vault sur les lieux 40 livres la pippe/ le cildre 12 livres la pippe[365]/ le beure vault 6 sous la livre au marche beure frais/ la chandelle de suif 7 sous 6 deniers la livre/

Beure chere

Chapelle du gue de louere benye — Le dimanche 22e decembre 1647 missire jean jousseau doyen de cande a beny la chapelle du gue de loueré que jean gaboury sieur de la lande et seigneur dudit gue de louere a faict bastir tant ladite chapelle que toutte la maison et dommaine depuis vingt et cinq ans qu°il n°y avoint que un chetif corps de logis au millieu d°une piece de terre/ et n°est basti que depuis 25 ans [a]u environ/

365 *la pippe* au-dessus de la ligne.

La cornoille aquise par le seigneur de bourmont

Monsieur le marquis de la tour la*n*dry seigneur de bourmont a acquis la chastelaie de la cornoille de monsieur de turbillé son cousin germain/ laquelle cornoille avoit sorti de bourmont et baillee en mariage a la mere dudit sieur de turbillé qui estoit tante dudit seigneur de bourmont/ et a couste quarente et cinq mille livres/ le contract faict angers des le 25[e] juillet 1647 dernier/

**63r**

**1648**

Gendarmes angers

Les premiers jours de janvier 1648 monsieur le marechal de brézzé a faict venir force quevallerie en la ville d°angers/ lesquelz ont fort opresse et ranssonne les habittans entre aultre les riches/ jl y ont este six sepmaine[s]/ les derniers n°ont deloge que le 12[e] febvrier ensuivant/ les uns ont retourne vers amont les aultres desca qui sont retourner loger a craon la ou jl avoint loge en venant angers/

Bernier procureur de fabrice

Le dimanche 19[e] janvier a este nomme procureur de fabrice michel bernier/ en a sorti jean boiffumé/

Menet et chefdeville collecteurs du sel

Le dimanche 1[e] febvrier ont este nommes collecteurs du sel jean menet et thomas chefdeville/ ont 29 minautz a esgailler/

Comission de˘la taillee

Le dimanche 22[e] mars a este publie la commission de la taillee subsistance taillon crue des garnisons et tursie et levee/ laquelle ce montte en some trois mille trois cent/

Godier genin et bellanger collecteurs de la taillee

Le dimanche 10[e] may ont este nommes pour collecteurs de la taille chacuns de jean godier piere genin et jean bellanger/

Bled enchery

A la st jean le bled vault 20 sous le bouesseau/ au mois de juillet 22 sous/ a la magdlainne 25 sous le fourment 30 sous le bouesseau/ et ne se trouve plus de bled a˘cause de la rarette en bretaigne qui l°ont tout enleve en ce pais et tout le long de la riviere de mayenne depuis angers/ l°ont mene a laval pour l°envoyer au pais du mayenne ou jl y est fort cher/

qui est la cause que les povres gens et riche qui c°estoint desgarnis de bled jl a fallu en battre pour manger du pain/

**63v**

## 1648

Cloches de gené benye

Le dimanche 5$^{e}$ juillet ont este benie les deulx cloches de gene par maistre piere moquehan prestre curé dudit gene/ et la groste[366] nommee anne par noble homme [~~xxx~~] rene[367] dandigne seigneur de ribou et damoiselle anne de champaigne fille de monsieur de la motte ferchault/ ledit dandigne filz aisné de noble homme rene dandigne seigneur de la blanchaye en s$^{te}$ jane/ et la petitte nommee margueritte par[368] demeurant a lousserie audit gene et margueritte le royer fille de piere le royer fermier dudit ribou/

Bled[369] enchery

Au mois d°aoust les premiers bleds bastus [~~xxx~~]/ il en a este vendu vingt six escuz la charteé/ et a la mi aoust 72 $^{l}$i$^{b}$vres la charteë/ jl est cher a cause que n°on ne peult battre a cause des pluye[370]/

Jubilé universel

Le pape jnocent 13$^{e}$ du non a donne par toute la chretianté un jubilé pour prier dieu pour toute les necessitez de l°eglize et pour la paix entre tous les roys et prince chrestiens et pour tout le soulagemen$^{t}$ de tout le pauvre peuple/ qui a commence es ~~paro~~ paroisses du ressort d°angers le dimenche 2$^{e}$ de ce mois d°aoust et finy en la ville d°angers ledit jour/ et avoit este baigné par tout l°evesche nantois durans le mois de juillet dernier/

---

**366** *groste* : *grosse*
**367** *rene* au-dessus de la ligne.
**368** Blanc après *par*.
**369** A partir d'ici, le reste de la page est écrit par une autre main.
**370** *jl est cher ... pluye* de la main de Valuche.

Arest du roy et declaration come il donne les arreages des tailles

Arest ~~du roy~~ et declaration du roy portant revocation de touttes commissions extraordinaires mesme des jntendans de justice es province du royaume avecq decharge a ses sujects du reste de touttes les tailles du passe jusque a l°anneé 1646/ laquelle y est compris aussy/ et decharge de demy cartier de la taille taillon et subsistance pour les annee 1648 et 1649 a la charge de poyer le tout desdits ans le mois de janvier prochain durant les annees presedantes/ verifie en parlement le 18 juillet 1648 ~~autre decl~~/

**64r**[371]

## 1648

Autre declaration du roy come il remis le cart des tailles a l°advenis

Autres[372] declaration du roy verifie en parlement/ sa maiesté seante en son lict de justice le 31$^{e}$ juillet 1648 et de son resgne le 6$^{e}$ an signe louis et plus bas par le roy la reine regente sa mere presente de guenegault/ portant remise de tous les arreages du passe des tailles taillon et subsistance jusque en l°annee 1646 mesme ladite annee 1646 en remise d°un demy cartier desdites tailles taillon et subsistance de l°anne 1648 et remise d°un cartier desdites tailles taillon et subsistance de l°annee 1649 a condition que l°on poira tout le surplus dans le mois de febvrier ~~164~~ 1650/ ou a faute n°y a rien remis du tout/ et les autres annees suivvantes tout de mesme/ et a este jnprime angers par rene hernault jnprimeur du roy au mois d°aoust suivant/ a este envoye par toute les paroisses du ressort dudit angers pour estre publie au prosne des grands messes de chasque paroisse/ et a este publie a s$^{t}$ denis de candé le dimanche 16$^{ie}$[373] aoust par ordonnance de messieurs de l°elexion et verifié par le s$^{r}$ cure pour estre ranvoie au greffe de ladite elexion/

371 Cette page est écrite par une autre main.
372 *autres* : *s* au-dessus de la ligne.
373 *16$^{ie}$* : sic.

Cloche de st denis refondüé

Le samedy 12$^{ie}$ jour de septembre a este fondue une cloche qui avoit este donneë par deffunct missi$^{re}$ rene brossais curé de cande en l°annee 1620 [~~xxx~~]/ et avoit este fondue la ~~*veille del*~~ vigille de la dedicase de s$^{t}$ michel du mois de septembre en ladite annee 1620 et nommee renee par ledit sieu$^{r}$ cure brossais/ lequel avoit faict bastir le clocher de st denis et le tout a ses propres coust et despens comme [xxx] au 4$^{ie}$ feillet de ce present papier/ et ladite cloche refondue a este beniste par missi$^{re}$ nicollas morice cure dudit st denis le mardy 15$^{ie}$ septembre 1648/ et nommeë anthoinennete par noble ho*mm*$^{e}$ anthoinne godefroy recepveu$^{r}$ au genier[374] a sel de cande et marie bodart feme de missi$^{re}$ jean huchedé procureur fiscal dudit cande/ et a˘este fondue en la bous[xxx]-serie dudit candé par un fondeur no*mm*$^{e}$ paris/

Le parrain a donne 20 $^{l}$i$^{b}$vres pour la cloche et cent sous au fondeux

Battus[375] les bles la fin de sept$^{enbre}$

Pris du bled

Le temps a este mal propre pour battre les bledz/ toutte la lune du mois d°aoust toutte pluvieuse/ la pluspart n°ont battu que aulx environs de la st michel/ jl a este des bledz asses habondament et avoinne et bledz noirs aussy/ bien peu de vendange qui n°est que apres la st denis/ le bled vault 22 sous le bouesseau/ 30 sous le fourment/ 10 sous l°avoine grosse/ le tout au mois d°octobre/ les tas de bledz et fourment qui estoint dehors la pluspart ont estes gastes a cause des pluie/ jlz ont germes ensemble/

**64v**

**1648**

Reminse du 5$^{e}$ des tailles[376]

Declaration du roy portant reiglement sur le faict de la justice police financee et soulagement des subiectz de sa maieste/ Verifie en parlement le vingt et quatriesme octobre mil six cent quarente et huict/

---

**374** *genier* : *grenier*

**375** Ces passages sont de la main de Valuche.

**376** Ce passage est de la main de Valuche.

Portant que encorres par les arest du mois de juillet et aoust dernier le roy n°eust donne que le demi cartier des tailles de ceste annee 1648/ jl en remit par le present un cinquiesme des tailles taillon crue et subsistances et de tout gages des officiers desdites tailles/ et descharge du sold[377] pour livre et de 20 sous par pippe de vin et 10 sous par cildre pour l°entree de touttes sorttes de villes et bourgz et villages et tant de droictz qu°il a este par le present que je ne scay ce que c°est/ entre aultres descharges sa ville de paris de beaucoup de grandz debvoirs comme de LX sous par minot de sel sur ladite ville et de cinq grosses fermes des ~~gabelles~~ traic[xxx][378]/

Jl[379] n°a fait gueres beau ensemanser les terres/ la plus part n°ont ensemancé que apres la toussainctz/ et aussy a cause qu°ilz n°ont battu les bleds la plus part que au moys d°octobre / le bled vaut ~~ving~~ 24 sous le bouesseau a la fin de˘l°annee/ les m[rs] du parlement continuent tousjours pour le soulagement du peuple et pour chasser m[r] le cardinal de mazarin hors la france/ le pere[380] prieur des augustins de candé a fait clore tout leurs prez tout autour du logis avecq murailles en cette annee 1648/ et au commencement de˘l°anneé 1649 jl a fait clore le pastis de st gille sur le bord de˘la fonteinne de pissepré/

**65r**[381]

## 1649

Le mecredy 6[ie] janvier 1649 la ~~rine~~ reyne et m[r] le cardinal de mazarin ont enlevé le roy de˘paris et sont allez a s[t] germain a cause que les messieurs du par^lement le vouloient avoir pour vider les arrestz soubz son nom/ et y a bien du remu-

377 *sold* : *sou*

378 *traic*[xxx] d'une autre main.

379 Ce passage est d'une autre main.

380 Blanc après *pere*.

381 65r-68v d'une autre main.

ment a˘la court entre les seigneurs et les m[rs] du parlement/ et y a force trouppes au˄tour de paris/

Missi[re] rene brossais procureur de frabrice[382]

Le dimanche 17[ie] janvier missi[re] rene brossais a esté nomme procureur de fabrice de st denis au lieu [~~xxx~~] de michel bernier qui en a sorty/

Bleds enchery

Bled enchery

Rabaisse de prix

A la fin du mois de janvier le bled vaut 26 sous le bouesseau/ les pauvres gens n°en peuvent trouver pour leur argent d°autan[t][383] que les bleds ne paroissent rien ~~en~~ es champs ensemansez/ et ceux qui ont du bled dans leurs greniers ne veullent pas encores le vendre esperant qu°il e*n*chergi*ra*[384]/ et au mois de febvrier jl vaut trante solz le bouesseau/ au mois de mars jl s°en est trouvé en grande abondance a nantes qui est la cause qu°il est revenu a 28 sous le bouesseau/ et aussy a cause du grand bruit de˘guerre beaucoup en ont vandu/ et le pauvre monde s°etonne beaucoup de˘le voir es champs comme il est/ car beaucoup esperent ne ceuillir pas la semance/ car on voit des pieces de [xxx] *t*erres ou n°en voit aucunnement/

M[r] de la trimouille gouverneur des armees et gens de guerre desdites provinces

Monsieur de˘la trimouille [~~xxx~~] gouverneu[r] de˘l°anjou bretagne poitou xaintonge normandie le mainne et beaucoup d°autres provinces par le commendement et ordonnance du parlement jl a este receu angers gouverneu[r] le mardy 30[ie] mars/ m[r] le comissair[e] de jalesne gouverneu[r] du chasteau a˘monitionne ledit chasteau/ et les habittans de˘la ville ont redoublé toutes leurs gardes/ les m[rs] d°angers ont eu defiance de˘leur mere/ jlz ont mis un majour par sur luy/ ~~il ont pill~~ les soldars de˘la ville ont pillé et ruyné la maison de m[r] grands capitenne des gabelles d°anjou/ et ont mis tous les prisonniers dehors/ et ne veullent point laisser passer aucun[s] sergans avecq des prisonniers aux portes de˘la ville/

382 *frabrice* : lapsus pour *fabrique*.
383 *dautant* au-dessus de la ligne.
384 *enchergira* : *enchérira* ?

Mr de˘la trimouille par ordonnance du parlement a envoyé des ordonnances au geniers[385] a˘sel pour estre publiees par les paroisses/ comme jl remettent la moytie de tous les arreages du passé au moyen que l°on poye l°a*u*tre moytie dans trois jours/ comme jlz remettent aussy la moytie du prix du sel de˘l°anne presente sans rabattre rien des gages des officiers que les collecteurs leur poiront/ et sy on ne poyent dans huictainne on sera descheu de˘ladite remise/ sedit argent pour estre employ[e] a poyer les soldarts que ledit sr de˘la trimouille levera/

**65v**

**1649**

1649
Grand trouble angers[386]

Les habittans d˘angers avoient soupson que le chasteau leur voullust faire la guerre/ jlz faisoient la garde fort et serne[387] et avoient commancé a faire miner soubz le chasteau/ le roy fist la paix qui fut la cause que tout est demeure comme au^paravant/ les gouverneurs n°ont point changé de province/ ladite pais fut aresteé et signeé a st germain le jeudy absollu premier jour d°apvril/

Les marchandise passe librement depuis nantes jusque angers sans aquit[388]

Tout durant ses troubles toute sorte de marchadise[389] tant sel que autre chose alloit librement de nantes angers par sur la˘riviere de˘loire sans que personne leur demandast aucun acquit/ le recepveur de˘la chambre d°jngrande avoit fuy et mesme les gabelleux de˘la pointe en sorte que le˘sel a monté au pais d°amont [~~xxx~~]/ et n°en ont point laisse a nantes ny ansenis/

385 *geniers* : *greniers*
386 *grand trouble angers* de la main de Valuche.
387 *serne* : *cernée*
388 *Les ... aquit* de la main de Valuche.
389 *marchandise* : tilde sur le deuxième *a*.

Missire piere boussart a celebre sa premiere messe a chalain[390]

Le dimanche 18$^{ie}$ apvril 1649 missire pierre boussard a celebre sa premiere messe en l°eglize de challain/

Monsieur de la meillerais angers/ Monsieur le marquis de jarsé au tour d°angers[391]/ Alla anger le jeudy 22$^{e}$ dudit apvril

Apres la paix faite m$^{r}$ le marechal de bresze gouverneu$^{r}$ d°angers voulloit faire la guerre aux habittans de ladite ville d°angers/ et les menassoit de ruyner ladite ville/ et avoit une armee de deux milles hommes a˘ce que l°on dit et conduite par monsieu$^{r}$ le marquis de [~~xxx~~] jarzé/ les dits habitans d°angers estoient resolleus de˘les attendre et ~~avoir~~ s°estoient mis a refaire la garde et faire des barricades es faux^bourgs/ ledit s$^{r}$ marechal alla angers/ monsieu$^{r}$ l°evesque d°angers le suplya mesme m$^{me}$ la princesse de guimené et autres seigneurs de voulloir laisser vivre lesdits habitants en paix ce qu°il accorda a condition qu°il logeroit huict cens de ses soldars es fauxbourgs de ladite ville et aux despans de˘ladite ville jusque au quinziesme de may prochain/ jlz ont delogé dudit angers le lundy 17$^{e}$ de may/ et sont allez loger au˘lion d°angers et autres paroisses/

**66r**

**1649**

De beauvais le besson collecteu$^{r}$ d[u] sel

Des le dimanche unziesme apvril mais$^{tre}$ guillaume de beauvais et mais$^{tre}$ mathurin besson furent nommez collecteurs du sel/

Bled anchery

Le 23$^{ie}$ apvril le bled vaut 30 sous le bouesseau/ au commensement du mois de may jl vaut trente et deux solz le bouesseau/ le 8$^{ie}$ may trante et quatre/ <le> lun*di* 17$^{ie}$ dudit may 36 sous le bouesseau et le bled noir 30 sous le bouesseau au cause que plusieu$^{rs}$ personnes en veullent semer/

Arest pour contraindre les

Le dismanche 9$^{ie}$ may a este publye au prosne de la grande messe un arest et deffance de croire ny dire qu°il soit plus

390 *Missire ... chalain* de la main de Valuche.
391 *Monsieur ... dangers* de la main de Valuche.

collecteurs de poyer les tailles

donné des arreages des taillees que ce que le roy et le parlement en ont donné le 31ee juillet 1648/ et anjoint de poyer promptement les t[aill]ees de 1647 tout au long et celles de 1648 a˘la reserve d°un cinqiesme/

Deffance aux prestres de non aller a˘la taverne

Ledit ·9ie a este ~~pubby~~ publye des deffances envoyéé de mrs les grands vicaires d°angers contre les prestres de non aller a la taverne pour quelle cause que ce soit sy ce n°est aux passagers sur peinne de deux mois de prison pour la premiere fois six mois la seconde et la 3ie un an antier/

Le mardy des rogations XIe de may est deceddé missire francois le francois prestre cure d°angrie et chapelain des chapelles de st ~~th~~ thibaut et st rené et de la gasiottiere en angrye et de st [~~xxx~~] elier en chalain/ et fut ensepulturé le jeudy jour de˘l°ascention de nostre seigneur 13ie dudit may/ auquel jour jl y avoit grande jnfluence de peuple et de autres grand nombre de pauvres/ et le jeudy 20ie dudit may [~~xxx~~] en a esté fai[t] le leve/ jl y av[oi]t 57 prestres et 4 religieux augustins et plus de 800 cens pauvres pour recevoir la charité/ jl a donné la chapelle de st elier a son petit nepveu pierre belin et celle de˘la gaziottiere a son petit nepveu andre symon/ et celle de st thibaut et st rené mr d°angrye les a donnéés a missire mi[ch]ellai[n] le [xxx]b*a*re/ et la cure mr curé de st nicolas et l°evesque d°angers l*a* a donnees toute depescheé a missire jacque le tonnelier prestre confesseur des religieu*lx* de°la vistasion[392] dudit angers qui en a print pocession le dimanche 16ie dudit may assisté de missire nicollas le febvre vicaire dudit angrye qui l°a mis en pocession/

Pocession prinse des cha[pe]lles de st thibaut et de st rene le samdy ~~19~~ 19ie juin 1649 Pocession de˘la cure d°angrie par missire jacques tonnelier

392 *vistasion* : sic

**66v**

**1649**

Bled rabaissé de prix

Les premiers lundis de juin le vaut[393] trante et quatre solz le˘bouesseau/ le 3ie lundy 32 sous et 22 sous le bled noir/ grand abondance de pain boulangé qui vient de bretagne qu*i* est la cause de raval de˘bled/

Point de grand messe ny de vespres a st denis

Le dimanche 20ie juin jl n°a˘point este dit de grande messe ny de vespres a st denis d°autant que le curé c°est faché a cause que les heritiers de deffunct monsieur le cure d°angrye l°avoient fait ajournes pour leur paier 18 libvres 6 sous 8 deniers qui est la tiers partie du prix de˘l°aferme des dismes de candé/

Bled rabaissé

rehaussé

Le vendredy 2ie juillet jour de˘la vistation de nostre dame le bled vaut 28 sous le bouesseau et lundy d°apres 26 sous/ a la madelaigne ensuivant jl vaut trante solz le bouesseau/

Commission de la taille

et recrue

Le dismanche 18ie juillet a este publye la commission dela taillee taillon crue et sussistance/ lesquelles se monte en somme 2695 libvres/ et une petite recrue pour l°insterest de˘l°argent que ont empresté les eschevins d°angers pour la maison d[e] ville/ laquelle commission se monte 33 libvres/

Bellanger cosneau pasteu*l* et bodart collecteurs de la taille

Le dimanche 29ie aoust a esté nomme collecteur de˘la taille chacuns de andré bellanger jullien cosneau jacque pasteul et jullien bodart/

Entree du roy louis 14ie en paris

Le mecredy 18ie aoust 1649 le roy louis quatorziesme qui avoit sorti de˘paris le 6ie janvier dernier d°avant les troubles du parlement a rantré ledit jour 18ie aoust en la ville de paris estant en son carosse luy et monsieur son frere/ et une des porsieres[394] la reine regente sa mere et mme de monbasson/ et monsieur le prince de condé et mr le prince de contif a l°autre portiere/ et mr le [~~xxx~~] cardinal mazarin entre eux deux/

**393** *le vaut* : *le blé vaut*
**394** *porsieres* : *portières*

jl alla bien trois cens milles habitans en arme jusque a bourxe qui est bien trois lieux de˘paris sans ~~le~~ comprendre m[rs] les bourgeois qui firent leurs visites quand sa majesté fut en ville/ les m[rs] du parlement avoient fait dresse[r] des tables par tous les carefours ou la majes[te] passoit avecq pain et vin ~~p~~ et tous ceux qui voulloist boire/

**67r**

**1649**

Gellee[395]

Le vendredy 17[e] et samedy 18[e] septembre 1649 jl fit de la gellee bien serree qui perdit la pluspart des bledz noirs es bas lieux et dursit la vendange/

Pris du bled

Le bled vault trante soulz le bouesseau et le fourment trente et cinq soulz/ jl ne s°en peut trouver/ ceulx qui en ont ne veulet pas vandre/

Pris du grain

Et a˘la s[t] denis le bled vaut 33 sous le bouesseau/ le froument 36 sous/ le bled noir quinze solz/ l°avoine grosse quinze solz et l°avoinne menue 12 sous tout au petit bouesseau/ au mois de novembre aussy 33 sous le bouesseau/ le bled noir comble 18 sous le bouesseau et l°avoinne grosse aussy/ l°avoinne menue douze soulz tout au petit bouesseau/ les porcz fort maigres qui est la cause que le menu grain en est plus cher/ et se trouve peu de porcz gras a cause qu°il n°est ny glan ny fruict/ il se baille du bled a trante un et a 32 sous bouesseau/

Porcz maigres et chers

M[r] l°evesque de dol donne le cresme a challain

Le dismanche 10[ie.] octobre et dimanche 17[ie] dudit octobre m[r] l°evesque de dol a donne le cresme et confere[396] les ordres mineurs a quelques escolliers en l°eglise de challain/ est*oi*n[t] venu voir m[r] de challain qui [e]st son beaufrere/

Chevauchee

Le lundy 22[ie] novembre monsieur delaporte un des esleuz d°angers a ~~fait~~ tint la chevaucheé a candé a l°ostelerie du cheval bla[nc]/

395 Les deux premières notes sont de la main de J. Valuche.
396 *confere* : *conféré*

| | |
|---|---|
| Soldardz [xxx] angers | Le dimanche 28$^{ie}$ novembre il *a* deloge des soldartz du lion d°angers et son*t* allez loger angers [xxx] se deuer[xxx] des garnisons aus lion et a angers |
| Prix des danreé | Au mois de decembre il ne fait aucun froid/ les bleds sont fort beaux es champs/ il vaut trante et trois solz le bon/ le froment 40 solz/ l°avoinne grosse 18 solz/ l°avoinne menue 14 solz/ le bled noir comble 18 solz/ le beurre 9 solz/ la chandelle de suif 6 solz 6 deniers/ le vin 9 solz le pot et le sidre 2 solz 6 deniers le pot/ il fait cher vivre/ |

**67v**

**1650**

| | |
|---|---|
| M$^{rs}$ les princes detenuz | Le mardy 18$^{ie}$ janvier m$^{rs}$ les princes de conde et de contif et de longueville tous troies freres ont este conduitz au bois de vincennes prinsonniers par comandement du roy/ huict jours apres l°on a lier*tié*[397] les garnisons de l°anjou/ |
| Doien de cande deceddé | Le lundy 24$^{ie}$ janvier est decedé missi$^{re}$ jan jousseau doien de candé cure du bourg˘d°ire de maladie contagieuse et qui est ~~fg~~ fort grande audit bourg˘d°iré/ |
| Boivin procureur de fabrice | Le mardy 25$^{ie}$ janvier feste de la conversion s$^{t}$ paul a este nomme procureur de fabrice de s$^{t}$ denis mais$^{tre}$ michel boivin/ et en a sorty mais$^{tre}$ rené brossais/ |
| M$^{r}$ pinson doien/ c°est un nomme rattier prestre a la trinitte d°angers qui est demeure doien | Le jeudy 10$^{ie}$ feuvrier missi$^{re}$[398] pinson curé de c*a*rbeil a prins pocession de ladite doienné et cure du bourg˘d°ire assiste de missi$^{re}$ jan hiret curé de challain/ ledit pinsson a este tué malheureusement d°un levier de pressoir qui desbanda et luy donna par l°estomac qui le tu*at*˘en novembre 1650 *o*udit an[399]/ |
| Prolongé le bail des cimettieres a | Les paroissiens de cande ont prolonge le bail des prez et cimettiere de˘la fabrice a mais$^{tre}$ jan huchedé procureur |

**397** *lon a liertié* : *on a alerté ?*

**398** Blanc après *missire*.

**399** *ledit pinsson ... oudit an* de la main de Valuche.

missi$^{re}$ le procureur huchede/ le bail finira en 1658[400]

fiscal pour le temps de six anneé a commanser en ce mois de feuvrier et encores deux ans de l°autre bail qui font huict annee/ jl en poioit 44 $^{l}$i$^{b}$vres par an/ on luy a laisse a 40 $^{l}$i$^{b}$vres par an d°autant qu°il a avon*c*e cent 100 $^{l}$i$^{b}$vres pour poier l°interest pour trois annee ~~de l~~ fin*i*e au mois d°apvril dernier de *l*a somme de 600 $^{l}$i$^{b}$vres que lesdits paroissiens doivent angers/

Soldars ~~de cheval et~~ *q*uevalliers a challain

Le jeudy 16$^{ie}$ feuvrier jl est venu des soldarts a challain loger que on dit qu°ilz sont pour faire poier les arreages des tailles/

Bled rabaisse

Au commancement du mois de mars le bled vaut 30 sous le bouesseau/ encore jl s°en baille a 28 sous/ c°est une joie que de voir tous les biens de˘la terre/ neantmoings les pauvres gens qui n°ont pas du bled endure bien/

Menard et ricoul collecteu$^{rs}$ du sel

Le dimanche 6$^{ie}$ mays a este nomme collecteu$^{r}$ de sel maist$^{re}$ louis menard greffier et notai$^{re}$ de˘la baronnie de candé et p*i*erre ricoul/

**68r**

**1650**

Soldarts pour faire paier les tailles

Le dimanche 20$^{ie}$ mars jl est venu au louroux une compaignee de gens de cheval pour faire paier les tailles/ jlz y ont este deux jours/ passirent le mardy par cande pour aller a freigne ou jlz feurent trois jours/ repassirent par candé le vendredy 25$^{ie}$ pour aller a noeslet/ lesdits soldarts ne sortoient point des logis que on n°eust paié les tailles/ *c*°estoit un tresorier qui les men*oit*/ jl estoient bien soixan$^{te}$ et dix de cheval/

Guerin a celebre messe

Le dimanche 27$^{ie}$ mars maist$^{re}$ charle guerin prestre a celebré sa premiere messe en l°eglize de˘freigné/

M$^{r}$ de rohan gouverneu$^{r}$ en anjou

Le mardy 29$^{ie}$ mars m$^{r}$ de rohan a fait son entreé angers comme gouverneur de˘l°anjou/

---

400 *a missire ... en 1658* de la main de Valuche.

Boueteau a celebre messe

Le vendredy 3ie mars maistre[401] boueteau prestre a celebré sa premiere messe en l°eglize de vriz/

Chasteau de saumeur randu

Au mois d°apvril le gouverneur du chasteau de saumeur ne vouloit pas randre la place au roy et vouloit causer la ruine de˘la ville/ jl s°estoit fortifie et admonitionné pour endurer le siege/ enfin par accommodement a la fin dudit mois d°apvril jl a randu <la randu> la place/ la ville luy a donne trante mil livres sans le don du roy/

Pris du bled

Le bled vaut 28 sous/ jl tient tous jours corp jusque a tant que on voie la fleuraison/ jl ne s°est veu de vie d°homme plus belle aparance des biens de˘la terre a˘ce que disent les anciens de toute facons tant en la terre que aux arbres/ le tempt fort propre/ le mois de febvrier estoit tout doux/ tout le mois de mars rudde et froid qui avoit retarde les biens/ et le mois d°apvril sans aucune geleé/

Mr jariel commins au grenier

Bouttet et[402] helbert commins pour les arreages de sel

Le vendredy 12ie may a este receu par les officiers du grenier a sel de˘candé maistre mathurin jariel pour commins a faire la recepte dudit grenier au lieu et place de maistre anthoinne godefroy/ et[403] pour receuillir tous les areages avecq luy quinze soldarts nomez les fuseliers qu°il meinas luy mesme par les paroisses avecq des archers de gabelle et des sergens pour prendre les collecteurs prisonniers avecq toute sorte de rigeur/ et le mardy 24ie may jl est venu un autre comis avecq un controlleur pour receuillir lesdits areages/ et ledit jariel est cerveur pour servir l°annee presente et a l°avenir qu°i ne donne aucun terme qu°il n°as de˘l°argent/ ledit commis se nomme jan herbert [de] la ~~mer~~ mairrerie/ et l°autre se nomme boutet/

---

**401** Blanc après *maistre*.
**402** *Bouttet et* de la main de Valuche.
**403** *et* au-dessus de la ligne.

**68v**

**1650**

Bled anchery — Au mois de juin le bled vaut 30 sous le bouesseau/ et au commancement de juillet jl se vend 32 sous le bouesseau d°autant que les greniers sont vides et qu°il n°y˘a plus/ jl n°y[404] que ceux qui en ont quelque poche plus que leur provision qui en vendent/

Bled rabaissé — Au commancement du mois ~~de jui~~ d°aoust le˘bled vaut 25 sous/ a la s[t] sauveur 22 sous/

Thievin de beauvais le roux collecteurs 1650 — Le lundy 25[ie] juillet cy davant furent nommez pour collecteur de˘la taille chacuns de jan thievin rene de beauvais et cristophle le roux/ ont egaillé deux mil quattre cens quatre vingts/

Prix du bled rabaissé — A la fin du mois d˘aoust 1650 le˘bled vaut 20 sous le bouesseau/ s°en est le commun prix/ quelque uns en baillent a 18 sous/ il fait villain achever de battre le˘bled et a˘cause des pluies/ le fromment vaut[405] 28 sous le bouesseau/ au commencement du mois d°octobre jl vault 20 sous le bouesseau/ le fourment 30 sous le bouesseau/ ceulx qui en ont veulet encherir/ au cause que les pluye sont jnportun*e* n°on ne peult achever de battre ny beau mener ny semer/ le vin encherist a cause que les vignes sont gastee depuis jngrande jusque bien avant en bretagne d°une nuee de gresle qu°i fist le mardy 24[e] ~~dest~~ du mois d°aoust vigile de st barthilemy d°un grand orage qui se leva aulx environs de nantes qui se separist en deulx/ l°une alla devers laval/ l°autre vint finir jngrande qui gasta tout par ou elle passa/ jl pleust bien a cande en grande abondance et grosse gresle/ mais elle ne gasta rien grace a dieu/

L°avoine grosse 10 sous le bouesseau

Orage et gresle

Pris du bled — A la toussainctz le bled vault 20 sous le bouesseau/ le fourment 30 sous le bouesseau/ jl y a 3 sepmainne qu°il faict beau semer/ les porcz sont fort chers et toutte sortte de viande/ le

404 *ny* : *n'y a*

405 Tout ce qui suit est de la main de Valuche.

vin est cher/ jl vault 45 $^{l}$i$^{b}$vres la pippe[406] sur les lieux et le ~~cildre~~ cyldre a bon marche/ jl vault 8 $^{l}$i$^{b}$vres la pippe/

Chevauchee

Maistre germain arthauld l°un des esleus d°angers a faict la chevauchee a cande le lundy 7$^{e}$ novembre/

Hanry ~~arthault~~ arnault[407] evesque d°angers

Missire henry ~~arthault~~ arnault[408] abé de st nicolas d°angers evesque audit angers/ et a tenu les ordres au quatre temps de noel/ et ne veult poinct passer de prestre qu°il n°ayet du scavoir/

**69r**

**1651**

Guenin*e*au president

Le voyer grenetier

Au commenscement de ceste annee 1651 mestre jean gueni[n]eau president du grenier a sel de cande et missire claude le voyer grenetier oficiers nouveaulx ont commensce <a> ~~f~~ a officer au departement du sel et a tenir la jure*dict*ion[409] dudit grenier/

De beauvais recepveur des traictes

Mestre estienne de beauvais nottaire de la barronne de cande recepveur des traictes au burreau de cande au lieu et place de deffunct missire rene baron/

Service pour madam$^{e}$ la princesse de condé le jour de st thomas

Le mecredy 21$^{e}$ decembre dernier 1650 jl a este faict un service a st denis pour prier dieu pour le repos de l°ame de deffuncte madame la princesse de condé nostre dame ~~et~~ de cande vefve de deffunct monseigneur le prince de condé/

Desbordement d°eaulx de tous costes

Tout le commencement du mois de janvier a este fort pluvieulx/ et grande abondance d°eaulx qui feuret le 14·15·16[410] dudit mois de janvier avecq desbordement d°eaulx de tous

406 *la pippe* au-dessus de la ligne.
407 *arnault* au-dessus de la ligne.
408 *arnault* au-dessus de la ligne.
409 *jure*diction : *dict* corrigé sur [xxx].
410 *14·15·16* : souligné par l'auteur.

costes/ environ de 30· logis sur les grandz pontz d°angers bouliversces en l°eau et le reste qui n°en vault guere mieulx/ les moulins des toilles aussi emmenes/ la levee rompue en plusieurs endroictz tant que les habitans d°angers proche la riviere ont este en grand peril/ jl ne c°est poinct veu de vie d°homme ne de aucunne memoire un tel desbordement d°eaulx/ aussi a cande en la rue st jean tous les logis estoint cy jnbibes d°eau les plus bas que n°on ne pouvoit aller par dedans que sur des planches/ n°on n°oiet parler de tous costes que [~~xxx~~] ruyenes de moulins chaussee et maisons sur les rivieres/ l°eau emmena aussi la chaussee hue et un des moulins/ l°eau estoit angers en l°esglise de la trinitte des carmes/ en la rue de la tannerie donnoit jusque aupres de la fontainne de pied de boullet/ les deris d°eaulx duriret angers quinze jours/ n°on ne passe sur ledit grandz pontz que par dedans des batteaulx combles ensemble bout a bout a cause que les grandz sont rompus/

Bled rehausse — Au mois de janvier le bled vault 22 sous le bouesseau/ ceulx qui en ont n°en veullet poinct bailler/

Mandement pour nommer des collecteurs — Le jeudy 2e febvrier feste de la chandelleur a este publie un mandement a˘la requeste du procureur du roy comme jl est enioingt aulx [pro]cureurs de fabrice de chasque paroisse de nommer des collecteurs de la taille/ ou bien jlz seront contrainctz eulx et 2 ou ·3· des plus haultz taxes de faire la collecte~~urs~~/ et a chaque habitans qui n°assistera pas a˘ladite nommation poira d°amende 3 sous parisi aplicable a˘la fabrice/

**69v**

## 1651

Mondiere procureur de fabrice — Le dimanche 6e febvrier a este nomme procureur de fabrice de st denis missire jacques mondiere apotiquaire au lieu et place de missire michel boyvin/

Triglot et masscot collecteurs de sel — Le dimanche 19e febvrier a este nomme pour collecteurs du sel guillaume triglot et jean masscot/

Grand froid en febvrier et mars

Jl a faict grande froidure et gellee tout le mois de febvrier/ et desgelloit le hault du jour a cause du[411] soleil qui estoit chauld tant que cela a faict mourir les bledz et avoinnes es mauvaise terre/ et a continué tout le mois de mars jusque au 25e dudit mois de mars change en temps doux/

Messieurs les princes en liberté

Le dimanche 5 mars apres la grande messe de st denis l°on a chante le te deum en signe de resiouissance de messieurs les princes de conde et de contif et de longueville qui estoint detenus prinsonniers au havre de grasse/ ~~et~~ jlz avoint estes ostes du b*o*is de vincenne pour y mener/ et apres midi dudit jour[412] la pluspart des habitans dudit cande se mire~~tet~~ en armes pour faire les feulx de joye/ et aliret en armes jusque au chasteau d°angrie saluer monsieur qui les receut honorablement avecq une colation dedans la salle et du vin a seiglee dans la court pour tous ceulx qui vouluret boire ou jlz tiriret plusieurs coups de pouldre tant devant ledit chasteau que dedans/ jlz estoins quelque 70 armes[413] avec deulx tambours/ et s°en remiret faire le haraulx et cheribaulde au puitz de la cohue avecq plusieus coups tires/ lesdits princes estoint detenus des le 18 janvier 1650 et le cardinal mazarin chassé de la france/

Feulx de joie faictz a cande et angrie

Le cardinal mazarin hors de france

Soldartz a combree et bourg˘d°ire

Le mardy 14e febvrier jl sortit de cr*a*on deulx compaignee de gens de cheval qui estoint en garnison/ l°une vint a combreu l°autre au bourg˘d°ire en garnison ou elle feuret trois sepmaine/ jl vivoint sur l°argent des tailles desdites paroisses/

L°esglise de beaulieu vollee

La nuict d°entre le dimanche 19e mars et le lundi l°esglize de beaulieu feut vollee par un nomme jacques jougan qui est filz d°un boulenger du faulbourg st elier de rennes/ lequel entr<et>it par la vitre du couer de l°esglize du coste de midi avecq une eschelle et des hars de genetz pour descendre en l°esglize/ jl rompit le tabernacle/ print deulx vielle custodes de cuyvre/ ostit les babeaulx et ornemens de la nostre

411 *du* au-dessus de la ligne.
412 *dudit jour* au-dessus de la ligne.
413 *armes* : *armés*

dame/ print un choisible[414] un parement d°autel des nappes/ ouvrit le tronc des trespasses/ jl fut prins a maumusson la ou jl avoit vendu des chappelletz et agnus dey/ jl advoua tout et les mena la ou jl avoit caché en un monceau de piere au taillis de la botteris/ les archers du prevost le vindret querir a cande et le ameniret angers ou jl feut pendu le mardy 28e mars/ et le bourreau le ramene a cande le jeudi 30e dudit mars et le pendit a un loszier au carefour de pisoyson pres beaulieu/

**70r**

## 1651

Maistres jean hiron et jean huchede desputes pour cande

Le dimanche 4e jour de juing 1651 a este publie au prosne de la grande messe de st denis celebreé[415] aulx augustins une ordonnane[416] du roy comme jl est enioingt en chasque paroisse d°eslire des despustes pour ce trouver en la ville de tours aulx estatz qui tiendront le huictiesme de septembre prochain/ et a˘lissue de vespres dudit jour nous avons esleu soubz le ballet dudit st denis chacuns de mestre jean hiron senechal et maistre jean huchedé procureur fiscal/

Maistre louis le morre a print pocession de st nicolas de cande

Le dimanche 25e juing a este publie au prosne de la grande messe de st denis[417] celebree a st jean a cause de la feste de st eloy la prinze[418] de pocession du prieure de st nicolas de cande faiste par maistre louis le more chalonne en l°esglize cadedalle[419] du mans par la resinassion que luy en a faict daniel bignon cy devant prieu/ ladite pocession faicte audit st nicolas au son de la cloche le mecredy 21e juing sur le soleil couche/

414 *choisible* : *chasuble*
415 *celebreé* : *c* corrigé sur *d*.
416 *ordonnane* : *ordonnance*
417 *de st denis* au-dessus de la ligne.
418 *prinze* : *prise*
419 *cadedalle* : *cathédrale*

Hereau prestre aulmonnier decede / Cheusse pourveu de˘ladite aulmonnerie / Jl print procession

Le samedy 8e juillet 1651 est decede missire nicolas hereau prestre aulmonnier de st jean de cande/ et a este ensepulture le lendemain au coeur de l°esglize de st denis du coste de galerne/ et des le jour messe a l°issue de la grande jl feut nomination de missire rene cheusse pour estre aulmonier sans que <que> aulcun prestre s°i oposast/ et de[420] le mardy ensuivant XIe jour dudit juillet jl print pocession asiste de missire vivant drouault chapellain de st martin qui le mint en pocession/ le tout se fist sans aulcune opositions ce qui ne c°estoït poinct encorre veu que les prestres enfans de cande n°eusset proces et failloit qu°il en feut dit[421] par arest ou sentence/ ledit hereau estoit aulmonnier des le mois de decembre 1626 par arest comme jl ce voit au feillet 6 de ce pappier/ ledit cheusse est alle demeurer audit st jean le mecredy 19e jour dudit juillet/

Comission dela taillee

Le dimanche 16e jour de juillet la commission de la taillee crue et subsistance a este publie/ le tout se monte 2390 libvres/

Gasnier madre et bourneuf collecteus de˘la taille

Le jour de dimanche a este nomme collecteur de la taillee chacun de gatien garnier piere madre et jean bourneuf/

Bled enchery

Le bled vault 24 sous le bouesseau/ et a˘la fin du mois d°aoust jlz veulet vendre 30 sous le bouesseau/ le fourment 35 sous le bouesseau/ l°avoine grosse 12 sous le bouesseau/ le tout a enchery au cause que jl n°a este guere cully de gren aulx moissons comme l°on croyet/ ceulx qui en ont ne veullet pas le vandre/

**70v**

**1651**

Justice planttee en vris

Au mois d°aoust 1651 monsieur de la saullaye a faict planter un gibet a˘la gree de st jacques en sa paroisse de vris la ou jl

420 *de* : *dès*
421 *dit* au-dessus de la ligne.

y en avoit d°aultrefois eu un qui avoit este rompu jl y a bien 30 ans/

Missire louis de sanson de millon prieu de st nicolas de cande

Le vendredy 6$^{e}$ octobre missire louis de sanson de millon a prins pocession du prieure de st nicolas de cande sur le soleil couche dudit jour au son de la cloche/ et sa pocession a este publiee au prosne de la grande messe de st denis le dimanche ensuivant/[422]

Les gardes de monsieu$^{r}$ le duc de rohan loger a cande

Loger a la poueze

Loger a brain

Le mardy 21$^{e}$ novembre 1651 les gardes de monsieu$^{r}$ le duc[423] de rohan gouverneur de l°aniou sont venus loger a cande/ jlz ont prins 30 $^{l}$i$^{b}$vres en entrant et ce sont loges ·2· a ·2· par estiquette/ jl estoint 30 gardes/ n°on leur donnoit a chacun 10 sous qui faisoit tous les jours ·15 $^{l}$i$^{b}$vres/ jl deslogiret le mardy 28$^{e}$ novembre/ et aliret loger a la poueze ou jl furet jusque au lundy 4$^{e}$ decembre ensuvant qu°ilz revinret a cande esperant aller audevan[t] dudit sieur duc de rohan jusque a baing ou jl feuret/ et de la revinret a cande ou jl feuret jusque au dimanche ensuivant 12$^{e}$ dudit decembre qu°ilz aleret loger a brain sur longuenee/ et le bagage dudit duc de rohan passa par cande le lundy 18$^{e}$ dudit decembre/

Deulx compagnee de cavaliers loges a candé

Le dimanche 17$^{e}$ decembre 1651 jl est venu a cande du lion d°angers deulx compagnee de cavallerie pour y loger a desseing de ruyner cande et ce remonter de chevaulx d°abitz et d°armes a ce qu°ilz nous diret/ *un*ne compagnee estoit conduitte par monsieu$^{r}$ le chevalier de val *a*voir lieutenant de son frere/ l°autre conduit par monsieu$^{r}$ de billiers lieutenan de missire de soulier/ n°on fist composition a 140 $^{l}$i$^{b}$vres par jour/ et esperoit passer le cartier d°hiver/ n°on esgaill*a* ladite somme sur les abitans/ l°un estoit taxe 5 $^{l}$i$^{b}$vres/ des aultres 4 $^{l}$i$^{b}$vres 10 sous· 70 sous· 50 sous· 40 sous· 35 sous· 30 sous· 25 sous· 20 sous· 15 sous· 10 sous le tout par jour/ d°aultres moingz selon leur moien/ et pensoint bien se reiouir a cande/ mais jlz feuret mander pour aller joindre l°armee vers la xainteonge/ et deslogiret le samedy 23$^{e}$ decembre/ et avant que de deloger jl fallut leur bailler

422 / de la main de l’auteur.
423 *le duc* au-dessus de la ligne.

| | |
|---|---|
| Jl vont loger au pontecé | 200 livres/ et aliret loger aulx pontcé/ et a passe par le lion d°angers grand nombre de pistons par aller aussi joindre l°armee du roy/ |

**71r**

**1652**

| | |
|---|---|
| Les habitans du pontece ont ronpu les pontz | Les habitans des pontecé leur rompiret les pontz/ jl leur faillit revenir trouver monsieur le duc de rohan pour les faire passer et y mener du canon pour leur bailler le passage/ quand les habitans viret le canon jl se rendiret/ et les cavaliers logiret a discretion/ et monsieur de rohan changit le gouverneur du chasteau/ |
| Jubile en bretaigne | Les bretons ont eu le grand jubilé a la feste de noel dernier/ quatre sepmaine durant les [~~xxx~~] cures de chaque paroisse sont obliges de mener leur procession a nantes/ et les plus jeunnes et dispostz sont aller faire leurs stations audit nantes/ les aultres les ont faites dans leurs parroisses/ |
| Pris du bled et fourment<br><br><br><br><br><br>Pris des danree | Des noel le bled vault 32 sous le bouesseau/ le fourment 36 sous/ l°avoine [~~xxx~~] 15 sous le bouesseau/ et ne hausse pas de pris a cause des bruictz de guere que le monde n°oze s°en charger et que ceulx qui ont du bled tache de le vandre/ la pluspart des habitans de cande ont presque tout desloge au moins osté du meilleur de leurs bien a cause de la guere/ prest a achever de desloger si n°on est surprins a cause du mauvais trestement que font les gens de guere/ le vin vault 5 sous le pot/ le cildre 16 deniers le pot/ jl est en abondance de vin et peu de cildre/ et des noix asses en abondance/ le beure est fort cher/ jl ce vent 7 sous la livre au marche/ la viande est chere et le bois/ la chandelle de suif 8 sous la livre./ |
| Desrivement d°eaulx<br><br><br><br>Les habitans du lion ont desloge | Au millieu du mois de janvier 1652 grand desrivement d°eaulx a cause des pluie jnportune/ et tout le monde bien estonne et espouvente a cause des bruictz de guere/ les habitans du bourg du lion d°angers ont tous desloge a cause qu°ilz ne pouvoit plus suporter les logement de tant de regiment de soldartz qui ont passe par ledit lion pour aller vers le poictou/ |

**Lescart et binault collecteur du sel**

Le dimanche 14e janvier jean bellanger et francois binault nommes coll[ect]eur du sel/ ledit bellanger c°est faict descharger le mardi 23e dudit janvier/ et a nomme a ses peris[424]      escart escrivain/

**Esdit sur les monnoie**

Esdit pour les monnoie du 10e janvier et veriffie le 12e a paris/ les louis d°or a XI libvres 10 sous/ les pistolle d°espagne a XI libvres 6 sous/ les escus d°or a 5 libvres 12 sous/ les louis d°argent a 68 sous/ et deffence de non ne fondre les monnoie de france a peine de mille livre d°amende/

**Sauvegarde de monsieur le duc de rohan**

Monsieur le duc de rohan gouverneur de l°aniou a envoie une sauvegarde a cande pour empecher le logement des gens de guere en ce qu°i sex*e*tent[425] son pouvoir dapp*te*[426] du 20e janvier/

**71v**

## 1652

**Garnison a champtosé**

En la 3e sepmaine du mois de janvier 1652 monsieur le compte de go*u*alo frere de monsieur le compte d°a*v*a*n*gourt a entre au chasteau de champtosé et y a mins garnison/ et l°amonitionne de toutte sortte de provision qu°il prent la ches les paroissiens/

**Garnison au pontesé**

Monsieur le duc de rohan a mins garnison au pontesé/ et ł la y tient fort et y fortifie pour y atendre[427] le siege/

**Garnison a st mars**

Le vendredy 26e janvier 1652 monsieur dorvault seigneur de st mars de la jaille et monsieur de la meilleraye gouverneur de nantes ont mins garnison dedans le chasteau dudit st mars de bien 40e soldartz/

**Le roy a saumur**
**Le siege angers**

Le roy est venu de poicties ~~angers~~ a saumur pour mettre le siege devant angers le 7e febvrier 1652/ la reyne et monsieur le cardinal mazarin avec luy/

---

**424** *peris* : *perils* ; blanc après *peris*.
**425** *qui sexetent* : *qu'ils excèdent*
**426** *dappte* : *daté*
**427** *atendre* : *d* corrigé sur *t*.

Les faulxbourgz de bresigne et st michel ruynes

Le samedy 9$^{e}$ febvrier monsieu$^{r}$ le marechal de quincourt a entre au faulxbourg de bresigné et puis en celuy de st michel/ et ont ruyné lesdits faulxbourgz/

Monsieu$^{r}$ de rohan ne veult pas ce rendre

Le roy fist parler a monsieu$^{r}$ de rohan scavoir s°il vouloit rendre la ville/ jl fist responce qu°il la rendroit au roy moiennant [~~xxx~~] que monsieu$^{r}$ de mazarin n°y entrast poinct/

Assemblee au lion d°angers minze en desroutte

Messieurs de chanpt bellay et de la courbe du bellay faisoit assemblee au lion d°angers de gentilhommes et cavaliers pour prendre les faulbourge st nicolas et st lazare/ monsieu$^{r}$ de rohan y envoya bien [~~xxx~~] six cent cavaliers qui enpechiret ladite assemblee/ et les miret en desroute/ et rompiret les pontz dudit lion/

Monsieu$^{r}$ de chanpt bellay monsieu$^{r}$ dela courbe du bellay monsieu$^{r}$ le baron de sautray monsieu$^{r}$ le marquis de st suzanne loger a cande

Le samedy 26$^{e}$ febvrier monsieu$^{r}$ le marquis de ste suzanne gouverneur de la fleche qui avoit les gentilhommes de son ressort avecq ses gardes avecq messieurs de chanpt bellay la courbe du bellay et baron de sautray qui avoint levé de˘la cavalerie vers craon chasteau gontier st denis d°aniou vindret loger de segre a cande[428] d°aultant que les pont du lion estoint rompus/ et les prevostz de la fleche bauge et chasteaugontier avecq leurs archers aliret loger au louroux/ ladite cavalerie deslogit de cande mardi 27$^{e}$ febvrier et alla loger a bescon/ ceste nuict la poincte a este prinze par trahison la ou[429] monsieu$^{r}$ de rohan avoit garnison/ et de ses gens tues/

La ville d°angers rendue

Le pontese rendu

Monsieu$^{r}$ de quincourt et monsieu$^{r}$ de rohan sont d°acort

Le mecredy 28$^{e}$ febvrier monsieu$^{r}$ de quincou[rt] et monsieu$^{r}$ de rohan s°acordiret ensemble et rendit la ville a condition qu°il sortiroit et se retireroit la ou bon luy sembleroit fors au pontesé et tous les prinsonniers rendus d°une part et d°aultre/ le pontesé ne se rendit que se samedy 2$^{e}$ mars ensuivant/ les sol[d]artz ont monte vers le mans/

---

**428** *a cande* au-dessus de la ligne.
**429** *la ou* : *là où*

Monsieur de la meilleraie gouverneur d°aniou

Le roy a mins monsieur de˘la meilleraye gouverneur d°aniou et monsieur de fourvillé gouverneur du chasteau/ ledit sieur de la meilleraie estoit alle trouver le roy/ et a arivé angers le jeudi 14e mars/

**72r**

**1652**

Ruyné les paroisses par la ou jl passe

Les soldartz ont tout ruine depuis anges[430] tout le long de la riviere de loire jusque a chantoseaulx et desca jusque jngrande et tout aussi sur la levee par˘dela angers/

Jnventaire des papies de st jean

Le samedi 10e febvrier jl a este faict jnventaire des papiers de l°aumonnerie de st jean par missire rene brossais notaire de cande/

Monsieur de birague de la portte et du teil loges a˘la cornoille

Le ~~mardi 19e~~ vendredi 22e [431] mars 1652 jl a passé au port de varade trois compagnee de cavalerie dont les capitaine se nomme messieus le chevalier de birague le chevalier de la portte et <et> du teil/ sont venu loger a la cornoille une nuict la ou jl ont ranssonne et faict de grande despense/ le lendemain 23e mars ont passe par cande et alle loger a challain/

a challain a ermaille a craon

l°un des capitaine a loge au chasteau/ jl ont este deulx jours/ et sont alle loger a ermoillé et de la a cron en garnison/

Carie au grand autel de st denis

A la feste de pasque 31e mars jacques valluche procureur des trespasser a faict mettre une carie au grand autel de st denis qui couste six francz des deniers des trespasser/

Taulpin procureur de fabrice

Le dimanche 3e du present mois de mars rene taulpin cierger a este nomme procureur de fabrice/ et en a sorti jacques mondiere sieur du gue/

Bled enchery

Au conmensement du mois d°apvril le bled vault ~~30 sous~~ 30 sous le bouesseau/ le fourment 38 sous/ au millieu le bled vault 35 sous et a la fin [~~xxx~~] 38[432] sous le bouesseau/ et le

---

430 *anges* : *Angers*

431 *vendredi 22e* au-dessus de la ligne.

432 *38* au-dessus de la ligne.

fourment 45 sous/ et en may 40 sous le bled au commensement dudit may/

Commission de˘la taille

Le dimanche 5e de may a este publie la commission de la taillee subsistance et crue/ laquelle se montte deulx mille trois cent quatre vingt[433] livres ni plus ny moingz que l°an passe/ et le mardi 14e dudit may missire germain arthault l°un des esleus est venu a cande pour faire proces verbal du logement des soldartz et des perttes que l°on a receu a cande/ et a este aussi a la cornoille challain et ermaillé la ou ont loges les soldartz/

Proces verbal des perttes advenu a cande

Grande seicheresse

Jl n°a faict aucunne pluye tout le mois de may tant que les menus gaignage et jardrinage es hault lieulx ne faisoit que perir a cause de la grande seicheresse/ les bledz ont eu beau florir du vent d°amont et haulte galerne/ jl n°a poinct faict de pluye que environ le 8e de juing/ le bled vault 42 sous le bouesseau/ jl se trouve grande habondance de [~~xxx~~] pain boulengé qui est amene de chasteaubriand qui sert bien au povre gens/

Pris du bled

Collecteurs de la taille [missire] nicolas le bec [missire] michel boivin roch jamon jean poirier

Rene taulpin avoit nomme collecteurs de la taille jean boiffume thomas du tertre et jean binault le dimanche 2 juing/ mais jl c°est trouve une nomination faicte d°office par les esleus du 1 juing de michel boivin/ nicolas le bec roch jamon et jean pairier sont ceulx qui esgailleront/

**72v**

**1652 1652**

Bled rabaisse
Grande seicheresse
L°on se*i*t le bled

Le lundy 24 juing 1652 le ble[d] feut vendu a˘la halle de cande 36 sous le bouesseau/ grande chaleurs/ jl n°a poinct faict de pluie depuis le mois de may jusque a˘la premiere sepmaine de juillet/ l°on a commence a seier les bledz au tour

433 Blanc après *vingt*.

Pluye jnportune pour la saison

de cande le 3e de juillet/ les pluye ont commensce le 7e juillet qui sont bien jnportune et font grand ennuy a se*i*er les bledz et a seicher les foings/

Deffensce de non ne boire aˇla taverne durant le service divin

Henry arnault esveque d°angers fist une ordonnance au sinode de la pentecoste portant deffensce a tous les diocesains d°aniou de non ne boire ni manger aulx tavernes et cabarez durant tout le service divin et sermon qui se faict es esglize parochialles *c*e jour de dimanche et aultres festes/ et aulx hostes de non leur bailler ni pain ni vin/ le tout sur peinnes d°excomunication/ et mesmes a tous tripotiers joueulx de mail de boulle de non tenir leurs jeulx ouvertz sur mesme peine/ dont aucun prestre ne poura bailler absolution que l°evesque ou son penitencier/ et enioingtz a tous cures de publier ladite ordonnane[434] par trois dimanche au prosne de la grande messe/ a este publie a cande les dimanch*e*s dernier jour de juing 7e ·14e juillet/

Publie aˇst denis

Trois compagnee de cavallerie sortte de crannois

Les trois compagne de cavallerie conduitte par messieurs de birag*u*e de la portte et du teil qui ont touioure este au crannois depuis le 28e mars dernier jusque au jeudi 13e juing 1652 qu°il ont passe par le lion d°angers pour aller vers touarsse/ et ont portte de grande pertte d*an*s le crannois et l°election de chasteaugontier/

Bled rabaisse de pris

Aˇla magdlaine le bled vault 30 sous le bouesseau/ a la my aoust 28 sous le bouesseau/

Soldartz angers et a sablé/ ceulx de sablé leurs ont portte les clefz/ sont retourner angers

Les premie*r*s jours du mois d°aoust monsieu*r* de la meilleraie a envoie deulx mille soldartz a sablé la ou jl y avoit garnison avecq une compaigne de cavalerie qui estoit a chaze henry et a la rouauldiere et au tour de chasteau gontier pour faire payer les tailles/ ceulx de sablé leur ont porté les clefz/ lesdits soldartz sont retourner angers la ou jl ont este jusque au 10e dudit mois qu°ilz ont desloge et alle a to*u*arssé/

De la portte et guiart font recepte des tailles a candé

Le lundi 12e aoust missire francois de la portte l°un des esleus de l°election d°anges avec missire jean guiart ont plante a cande leur burreau pour faire la recepte des tailles

434 *ordonnane* : *ordonnance*

pour les parroisses qui sont a mi chemin d°angers et cande/ sont retourner angers au mois de novembre/

Besnart comins au grenier

Le lundi 19$^{e}$ aoust jl est venu un conmissaire de paris de la part du roy pour changer les comins du grenier a sel/ au lieu de missire mathurin jariel et missire jean ebert jl a mins missire gatien besnart procureur du roy audit grenier pour faire la recepte tant du courant que des arerages/

**73r**

**1652**

Messieurs jariel et mayrie remins recepveurs

A la fin du mois de septembre monsieu$^{r}$ jariel et monsieu$^{r}$ de la mairie ont este remins a leur office de recepveur au grenier/ et monsieu$^{r}$ besnart en a sorti qui n°y a este que six ou sept sepmaine/

Chevauchee a cande

Le lundi 14$^{e}$ octobre monsieur ferand l°un des esleus a faict sa chevauchee a cande ches monsieu$^{r}$ taulpin/

Pris du bled

Le bled vault 90 $^{l}$i$^{b}$vres la charttee ou˘bien 30 sous le bouesseau/ le fourment 38 sous le bouesseau/ l°avoine grosse 18 sous le bouesseau/

Pocession missire bellanger cure d°angrie

Le mardi 22$^{e}$ octobre missire simon bellanger prestre et vicaire angrïe a prins pocession de la cure dudit angrie par la resination que luy en a faict missire jacques le tonnelier prestre confesseur des dames de la visitation angers/

Hereau boiffume ~~du tertre~~ valluche[435] et chefdeville collecteurs de la taille

Au mois de novembre 1652 rene taulpin procureur de fabrice de st denis a nomme collecteurs de la taillee de l°annee 1653 jean hereau jean boiffume ~~thomas du tertre~~ jacques valluche[436] et thomas chefdeville suivant l°ordonnance de m$^{rs}$ les esleus d°angers/ moy jacques valluche ay este nome d°office/ angers le 15 juillet au lieu dudit du tertre[437]/

---

**435** *valluche* au-dessus de la ligne.

**436** *jacques valluche* au-dessus de la ligne.

**437** *moy ... tertre* rajouté en caractères plus petits.

Lenbarré controlleur des traictes

Au mois de decembre le filz de monsieur de la chesnais lenbarré d°ingrande a este mins controleur des traictes a cande au lieu et plasse de francois gauvaing qui ne l°a este bien que 3 ou 4 mois/

Morice cure de cande decede

Le vendredy 27e decembre a este ensepulture missire nicolas morice vivant cure de st denis/ lequel a este cure depus le 19e mars 1632 qu°il print pocession de ladite cure comme jl ce voit au fueillet 14e cy devant/

Pris des [~~xxx~~] danreé

En ceste annee jl a este grande abondance de vins et de cildre/ du commencement jl ne valoit que 25 livres la pipe/ a present 30 livres vin d°aniou et vin breton 20 livres la pipe/ celuy d°aniou vault 4 sous le pot et le breton 18 deniers[438] la pinthe/ le cildre au commencement la pipe valoit 4 livres a present cent soulz/ jl vande 1 sous le pot/ le beure 7 sous[439] la livre au marche/ la chadelle de suif vault 9 sous[440] la livre/ la viande fort chere/ et le bois jl vault 35 sous[441] la chartee et le fagot aultant/

Esdit des monnoye

Au dernier mars 1654 louis d°or a 30 livres/ louis d°argent a 60 sous/ pistolle d°espagne a 10 livres/ escus d°or a 6 livres 4 sous

Au mois de febvrier cy apres 1653 jl y a eu esdit sur les monnoie/ les louis d°or a 12 livres ceulx d°argent a 70 sous/ les escus d°or a 6 livres 4 sous/ les pistolles d/espagnes a 11 livres 16 sous a rabesser de pris de trois mois en trois mois jusque a revenir au pris portte par les premiers esditz/ toutte le monoie tant d°or que argent escrie et deffensce de non les mettre et enioint au billon/

---

**438** *18 deniers* : souligné par l'auteur.
**439** *7 sous* : souligné par l'auteur.
**440** *9 sous* : souligné par l'auteur.
**441** *35 sous* : souligné par l'auteur.

**73v**

**1653**

| | |
|---|---|
| Missire piere girault a prins pocession de la cure de cande | Le mecredi 8e janvier 1653[442] missire piere girauld prestre confesseur des urselinnes d°angers a print pocession de la cure de st denis de cande asiste de missire lezin feslet cure de la megnanne/ |
| Jnventaire de papiers de la cure de cande | Le mecredi 8e janvier a este faict jnventaire des papiers de la cure de st denis de cande raportte par missire mathurin besson nottaire de cande/ |
| Six compagnee du regiment de picardie en garnisson a cande<br><br>Le non des capitaines de bonvillette et sibourg de morfontaine et cardillac de gamache et maugi<br>Enpreste que 2077[443] livres procuration pour emprunter 3600 livres [xxx] qu°il ont touche 2001 livres rendu en 1657[444] | .Le lundi gras 24e febvrier 1653 six compagnee de soldartz de regiment de picardie sont venus en garnison a cande/ ont loge au louroux en passant ou la nuict les prins/ partie des capitaine vinret des le dimanche faire les estiquettes qui est missire de bonvillette et missire de sibourg/ les aultres capitaine c°est missire de morfontaine et missire de cardillac/ les deulx aultres c°est missire de gamache et missire de maugy/ jl ont este 6 sepmaine audit cande/ n°on donnit au˘sieur de bonvillette 250 livres pour aller a paris a celle fin de tacher d°avoir un deslogement d°une partie des compagnee d°aultant qu˘il voiet bien que les soldart estoient trop espoix[445] en chaque maison/ tel habitans 8 aultres 7 aultres 6 aultres 5 aultres 4 aultres 3 2 1/ et n°estoit plus que environ de 42 habitans audit cande/ desquelz jl fallut faire procure pour enprunter [xxx] 3600 livres pour leur bailler[446] et pour faire obliger lesdits habitans[447] par force/ l°un des capitaine alloit par les maisons avecq 12 soldaltz qui rompoint tout ches ceulx qui ne vourloint pas s°obliger avecq missire mathurin besson nottaire et missire guillaume de beauvais l°un des habitans/ jl nous promettoint de nourir |

**442** *1653* au-dessus de la ligne.
**443** *2077* : le premier *7* corrigé sur *0*.
**444** *rendu en 1657* au-dessus de la ligne.
**445** *espoix* : *épais*
**446** *bailler* au-dessus de la ligne.
**447** *habitans* au-dessus de la ligne.

700 $^{l}$i$^{b}$vres pour desloger
De bonvillette et sibourg loger au louroux

les soldartz quant jl auroint touché nostre argent/ le lundi 17$^{e}$ mars n°on leur baille ladite somme de 3060 $^{l}$i$^{b}$vres/ et n°en feusmes plus soullaiger/ leur taxes des soldartz feut faicte a 10 sous par jour a chaque soldartz/ les uns les prenoint et faisoint bien du mal par apres/ les aultres aymoint mieulx les nourir pour avoir patience/ ledit sieur de bonvillette obtint aˇla fin deslogement par le moien d°un commissaire

De morfontaine et cardillac a louere de gamache et maugy a st sigismond et eulx deulx venus aˇla cornoille et apres a champveaulx et repasses par cande pour aller loger a bescon

et de monsieu$^{r}$ bigot tresorier a tours qui vinret faire reveue par les maisons/ et viret bien que les soldartz estoint trop presser/ avant que de desloger faillut leur bailler encorre 700 $^{l}$i$^{b}$vres/ et delogiret le samedi 5$^{e}$ ~~m~~ apvril/ les capitaines firet montre au grand cymettiere sans que les soldartz seusset ou jl alloint/ ledit capitaines tiriret au billet/ ledit de bonvillette et sibourg alliret au louroux/ ledit de ~~gamache~~ morfontaine[448] et cardillac a louere/[449] ledit gamache et maugy a st sigismond ou jl feuet[450] jusque a 25 apvril ou jl vinret aˇla cornoille esperant y passer le reste du cartier d°iver/ jl leur vint deslogement le lendemain samedi 26 dudit apvril/ et passiret par cande pour aller a champveaulx la ou jl ne trouviret aucuns habitans/ jl ravaigeoit par tout au tour dudit champveaulx avecq une grande ruyne/ jl [~~xxx~~] failleut que le prevost de nantes vint aˇla chapelle glen pour empecher le desordre/ et en print de prinsonniers/

Tous les habitans de champveaulx ont tous delogé/ Les soldartz ont tout ruyne ale[n]tour dudit chanpveaulx

448 *morfontaine* au-dessus de la ligne.
449 / de la main de l'auteur.
450 *feuet* : *furent*

**74r**

**1653**

Deulx capitannes ledit de cardillac et ledit de maugy n°ont poinct este avecq leurs compagnie

Le samedy 10e may ledit gamache et le sergent la vallee conducteur de la compagnie de maugy desloGiret dudit chanpveaulx/ passiret par cande/ alliret loger a bescon/ et ledit morfontaine et cardillac de loueré le lundi 12e dudit may/ et alliret loger a brain sur longuene/ et ledit de bonvillette et s[ibo]urs[451] deslogi*r*et aussi du louroux/ sont tous retourner vers angers/ ce feut monsieur de da*mené* l°un des gendres de la bu*rlel*iere qui estoit a paris lors que les deux[452] compagnie dudit de gamache et maugy euret deslogement de st sigismond/ et leur feut donné a˘la cornoille/ et luy jl obtint aussi le deslogement de˘ladite cornoille ou jl ne couchiret qu°une nuict/ ledit sieur de da*mmené* envoiit un messager en poste depuis paris/ les soldartz desloGiret une heure apres le messager a˘leur grand regret/ jl esperoit faire fortune a˘ladite cornoille/

Le sieur de da*mmené* obtint deslogement de la cornoille estant a paris

Commission de˘la taillee publiee

Le dimanche XIe may feut publie la commission de la taillee crue et subsistance qui se montte 2014 livres *tant* de soulz/ jl y eu rabais de moins environ 400 livres moins que l°an dernier par la solisitation de monsieur girault nostre curé/ jl y a aussi 28 livres en une petite comission/

Bled rabaisse de pris

Le bled a conmensce en ce mois de may a rabaisser de pris a 28 sous le bouesseau/ le fourment a 36 sous/ c°est une grande resiouissance que de voir les biens de la [t]erre/ le 20e may 24 sous le bouesseau/

Grand jubile en aniou

Le grand jubile a ouvert en anjou le dimanche 18e may/ et <et> durera deulx mois et non plus/ monsieur d°angers a partagé les paroisses/ par chasque jour 10 paroisses fors les dimanches et festes sollenelles qu°i n°y en yra poinct de

451 *et sibours* au-dessus de la ligne.
452 *deux* au-dessus de la ligne.

processions/ jl fault que touttes les paroisses d°anjou jl[453] aillet en procession/ celle de cande est au lundy 7e juillet/ ceulx de hors l°aniou ne le peuvet gaigner [~~xxx~~]/ les aultres provinces l°avoit eu es annee pre[c]edentte[454]/ cande y feut faire ses stations le vendredi ~~26~~ 27e juing/

Bled rabaissé

A˘la st jean le bled vault 20 sous le bouesseau/ n°on commence a seier les bled autour de cande le lundi 7e juillet/

Le regiment de˘la villette all*e* loger a montreul

Le regiment de cavallerie de monsieur de la villette estoit angers le jeudi 12e juing feste du sacre/ monsieur d°angers les fist arester es faulbours jusque a tant que la procession feut reto[ur]nes a st morice/ pensoit aller loger au˘lion d°angers ledit jour du sacre/ les habitans leur donniret 700 $^{l}$i$^{b}$vres/ et aliret loger a montrue*i*l/

Jubilé finy

Le jeudy 17e juillet le jubilé a finy en anjou/ lequel avoit comensce le dimanche 18e may/ durant lequel tenps les processions de tout ~~lajou~~ l°anjou y sont alle le gaigner angers/ tous˘le˘iours durant ledit jubile monsieur d°angers a donne la confirmation avant et apres midi/

Bled rabaisse de pris

Le bestial est cher

Au mois d°aoust quant les bledz ont est[e] batus jl ne valoit plus que 15 sous le bouesseau/ le fourment 25 sous le bouesseau/ la grosse avoine 16 sous le bouesseau/ elle est plus chere que le bled/ le beure vault 7 sous la $^{l}$i$^{b}$vres/ le bestial est hors pris aulx foires/

**74v**

## 1653

Commissaire des tailles a cande

Le samedi 30 aoust 1653 jl est venu a cande un commissaire tresorier de tours nomme charle gille qui a faict venir les paroisses circonvoisinnes pour aporter les rolles et quitances des annes 1647·1648·1649·1650·et 1651 pour voir ce qu°il ont poye et les frais qu°ilz ont paye/

453 *jl* : *y* ?
454 *pre*[c]*edentte* : [c] corrigé sur *d*.

| | |
|---|---|
| Monsieur girault cure est venu resider | Le samedi 30$^{e}$ aoust 1653 missire piere girault curé cande est venu resider en sa cure/ |
| Bled encheri | A la fin du mois de septembre le bled vault 18 sous le bouesseau/ n°on tient quil sortoit hors la province qui est la cause du rehault/ 8 jours apres 20 sous le bouesseau/ et[455] 30 sous le fourment/ |
| Monsieu$^{r}$ le marquis vezins decede/ ensepulture le vendredy 24 octobre ensuivant a vezins | Le samedi 20$^{e}$ jour de septembre les lettres vinret a monsieu$^{r}$ d°angrie que son filz le marquis de vezins estoit decede a paris apres s°es[tr]e battu en dueil/ |
| Edit pour les teres homages | Le dimanche 12$^{e}$ octobre a este publie a st denis un edit du roy portant jnionction a tous rotturiers qui tienet des teres hommages de les aller declarez angers ches[456] et porter leurs derneres quitances/ |
| Messager vollé | Le messager d°angers a rennes nome guillotin feut volle aulx cinq chesnes proche cande en venant d°angers d°*e*viron de 8000 $^{l}$i$^{b}$vres ou plus qui estoint a missire de la c*o*ch*e*tti*ll*e de*n*iau conseiller a rennes/ ce feut le samedi XI$^{e}$ octobre/ |
| Visite a st denis de missire l°archidiacre | Le lundi 21$^{e}$ octobre missire martineau archidiacre a faict sa visite a st denis sur les dix heures du matin et de la angrie sur les deulx heures et au louroux sur le soir/ |
| Thomassin commis aulx traictes | Ledit jour jl feut donne commission a estiene thomassin pour estre commis des traictes au bureau de cande au lieu et place de estienne beauvais son nepveu qui est decede/ |
| Sepulture de monsieu$^{r}$ le marquins de vezins a vezins | Le mardy 28$^{e}$ octobre c°est faict le sepulture de hault et puissant seigneur messire[457] dandigne marquis de vezins audit vezins/ son corps feut ensepulture aussi audit vezins vendredi dernier 24$^{e}$ de ce present mois/ monsieur bellanger |

455 *et* au-dessus de la ligne.

456 Blanc après *ches*.

457 Blanc après *messire*.

cure d°angri est alle audit sepulture/ monsieur d°angris son pere n°y est pas allé/

Chapelle de camelot noir a st denis

A˘la feste de toussainctz guillaume de beauvais et jeanne apvril sa femme ont donne a[458] st denis une chapelle toutte complette de camelot noir avecq un drap mortuel [~~xxx~~]/

Volleurs pendus aulx cinq chesnes

Le samedi 15e novembre le boureau d°angers apres avoir roue les voleurs qui avoint volle le messager le XIe octobre les amenes[459] et les a [~~xxx~~] pendus a un des cinq chesnes la ou jl avoint faict le vol/

Commissions des ustancilles des gens de gueres pour les cartiers d°hiver de l°an passe et de cestu[y]

Messieurs les esleus d°angers on envoie une commission de 97 livres pour les ustancilles du cartier dernier et 12 livres de rehault sur le taillon et enioingt aulx collecteurs de l°anne de l°esgailler/ une aultre commission montant 292 livres pour les ustancilles du cartier de ceste *y*ver pour les collecteurs de l°annee 1654 pou[r] estre av*o*nsce/

**75r**

**1653**

Andre bellanger et piere et piere *les* gilleberges collecteurs de˘la taillee et ustancille

Le lundi 8e decembre feste de la conception de nostre dame andre bellanger et piere et piere les gilleberges ont este nommes collecteurs de l°ustancille du cartier d°hiver de ceste annee ensemble de la taillee susbsistance taillon crue de ceste annee 1654 par la conmission/ jl ont esgaille 300 livres 10 sous dequoy jl y en a 200 livres d°avonce sur la taillee prochaine/

Ustancille

Et les collecteurs de l°annee presente 1653 ont esgaille 121 livres scavoir 98 livres pour l°ustancille du cartier d°hiver passe que pour la nouriture des prinsoniers espagnolz qui ont este six mois prinsonniers au chasteau d°angers les six

458 *a* au-dessus de la ligne.

459 *amenes* : *a amenés*

Prisonnies espa-gnolz

mois premiers de l°an que 12 l̲ibvres de rehault sur le taillon que 9 l̲ibvres pour la nomination de moy jacques valluche qui ay este nomme d°office pour serer un escart de˘la taillee que jean herreau jean boiffume et thomas chefdeville [~~xxx~~] collecteurs avoint lessé pour thomas du tertre qui s°en est fuy quant jl feut nomme/

Pris des da*n*ree en l°annee 1653

tant bled vin ~~cher~~ chair beure que aultres danree

En ceste annee 1653 touttes choses pour la vie de l°homme a este chere/ premier le bled vault 20 sous le bouesseau/ le fourment 30 sous le bouesseau/ l°avoine grosse 15 sous le bouesseau/ l°avoine menue aulx rentes segneurialles 28 sous le grand bouesseau/ le vin 5 sous le pot/ la viande chere jusque a 3 sous 6 deniers la l̲ibvres de beuf/ toutte sortte de viande plus chere du tiers que l°an dernier/ le bestial aulx prisages aussi du tiers ou plus/ le bergeail jl s°en est vendu pour nourir jusque a 70 sous piece/ les porcz gras jl s°en est vendu jusque a 60 l̲ibvres au marche de cande plus chers de presque de la moittie que l°an dernier/ les veaulx de laict au marche plus chers aussi de la moittie/ le beure 8 sous la l̲ibvres/ la chandelle de suif 10 sous la l̲ibvres/ le bois fort cher/ l°huile de noix 16 sous le pot/ l°huille d°olifve 9 sous la l̲ibvres/ et neantmoingz a est[460] bledz et vins en ceste annee en grande habondance/ les vins ont este enleves de sur le pais/ les estoffes de lainnes fort cheres/ la lainne nette vault 20 sous la l̲ibvres/ le fil d°o*u*ge qui souloit valloir 50 sous la l̲ibvres a present jl vault 70 sous la l̲ibvres/ et la toille au cas pareil/ tout a enchery de plus du tiers/

Miracles a˘la nostre dame du pinnelier pres segré 1653

Defunct monsieur chardon vivant cure de chaze sur ergous avoit faict bastir une chapelle au vilage du pinelier en st aubin du pavail pres segré fondee de nostre dame/ avoit este delaissee d°y dire la messe depuis ł l°angevine derniere/ jl c°y est trouve de grands devotions et c°y faict de miracles/ et on y va de tous costes/

---

**460** *est* : *été*

**75v**

**1654**

Mathurin besson procureur de fabrique

Le mardy 6 janvier 1654 feste des rois a este no*m*é procureur de fabrice missire mathurin besson notair$^{e}$ au$^{ˇ}$lieu et place de rene taulpin/

Comission du sel

Le dimanche XI$^{e}$ janvier a este publie la comission du sel qui se monte 2 minotz de sel a 41 $^{l}$i$^{b}$vres 15 sous le minot/ le sel ne valloit que 4 $^{l}$i$^{b}$vres 14 sous 6 deniers le bouesseau/ a present jl vaudra 5 $^{l}$i$^{b}$vres 3 sous 6 deniers le bouesseau/

Fouchart et garnier colleteurs du sel

Le dimanche 1$^{e}$ febvrier a este nommé pour collecteurs du sel francois fouchart hoste a l°image nostre dame et gatien garnier qui est fermier de villeg*o*ntier qui y estoit alle demeurer a noel dernier/

Bureau a cande pour faire la recepte des tailles

Le dimanche 15$^{e}$ febvrier a este publie a st denis un establissement de bureau pour faire la recepte des tailles a cande tant pour l°annee presente que des a[re]ages faicte par monsieur de la portte l°un des esleus d°angers/

Grande seicheresse

Du depuis le 15 febvrier jusque au 15$^{e}$ apvril qui sont trois mois entiers jl n°a faict aulcune pluye qui ait arouzé la <la> tere tant que la seicheresse estoit si grande que les biens de la tere ne faisoint que perir/ de tous costes n°on c°est mins a faire des processions la sepmaine de pasques qui estoit la premiere sepmaine d°apvril et l°autre sepmaine suivante/ de tous costes n°on c°est mins en devotion tant que le bon dieu nous a donne de la pluye en abondance/

Vantes des bois es forestes de chasteaubriand

Le mecredi 4$^{e}$ febvrier jl a passe par cande un commissaire de la part du roy qui alloit a chasteaubriand pour faire vante des bois des forest a monsieur le prince de condé d°aultant que le roy l°a despossede de tous ses biens/

Esleus suprimes angers

Le samedy 21$^{e}$ mars jl a este publie un edit du roy au palais roial d°angers par lequel jl suprime tous les esleus de l°eslection fo*r*s cinq qui y restoint/

Les lins sont geles es jardrins

Le jeudy vendredi et samedy de la sepmaine saincte 2·3·4 jours d°apvril le vent c°est jette de basse galerne et a faict de fortte gellee qui a perdu et gaste tous les lins qui estoint leves/ qui a faict encheris le lin/ jl se vent 8 sous la $^{l}$i$^{b}$vres le bon lin/

Soldartz loges jngrande

Les mecredi 13$^{e}$ apvril les gardes qui avoint conduit monsieur le cardinal de res au chasteau de nantes ariviret jngrandes ou jl ont loge par estiquette/ et ont prins vingt pistolle avant que de desloger/ jl n°ont loge que une nuict/

Gellee et brouee

Le mecredi 13$^{e}$ may jl a faict une gellee qui a gelé les noyers et volliers febvreulle[461] et cytroulle et melons en beaucoup de lieulx et non pas par^tout/ et le samedi et dimanche 16 et 17$^{e}$ may a faict de grande brouee qui a brusle les arbres qui estoint en fleur en beaucoup de lieux et non par^tout/

**76r**

**1654**

1654
Dix pellerins de cande sont alles au mont st-michel

Le vendredi [~~xxx~~] 15$^{e}$ may jl a parti de cande 10 pellerins pour aller au mont st michel qui sont jean beliart rene lesné piere pollier jacques morissault julien houdaier claude drouet claude phalais[462] gelineau guilaume bonnet et anthoine cosneau/ monsieur le cure de cande leur dist la messe au matin et leur donna la benediction/ et alla au devant d°eus au revenir qui estoit le jeudi ensuvant jusque au chesne godin avecq la croix ou jl feut chante le tedeum en revenant en l°esglise de st denis/

Cardelin operateur a cande

Le jeudi dernier jour d°apvril jl est venu a cande un operateur nomme le sieur cardelin qui venoit de segré/ jl estoint 3 hommes et 4 femeles/ jl ont este jusque au jeudi 28$^{e}$ may qu°il sont alles a ancenis/

Bled rabaissé

A la fin du mois de may le bled vault 17 sous le bouesseau/ le fourment 25 sous le bouesseau/

---

**461** *febvreulle* : *féveroles*
**462** Blanc après *phalais*.

Laine chere et toutte sortte de marchandise

Toutte sortte de marchandise a hausse du tiers/ la laine salle vault 12 sous la livre/ jl s°en vant jusque a 13 sous la˘livre/ le bestiail jl se vande des vaches avecq leur veau 45 $^{l}$i$^{b}$vres ancores 50 $^{l}$i$^{b}$vres jusque a 60 $^{l}$i$^{b}$vres/ jl se vand des couple de beufz de harnois jusque a 200 $^{l}$i$^{b}$vres/ des veaulx de laict des plus chetif 5 $^{l}$i$^{b}$vres aultre 6 $^{l}$i$^{b}$vres aultre 7 $^{l}$i$^{b}$vres/ les mouttons 5 $^{l}$i$^{b}$vres jusque a 6 $^{l}$i$^{b}$vres/ le tout en cande/ ceulx qui achetet du grosbois et le font charoier jl leur revient a 50 sous la charttee/ le fagot 45 sous la charttee/ les genetz et la rame a 25 sous la charttee/ jl n°y a rien a marche que le pain et le vin/ le beure 7 sous la livre/ les grand [~~xxx~~] porcz de nouriture 20 $^{l}$i$^{b}$vres et plus s°il s°en rencontre quelque uns qui soint gras/ jl s°en vand jusque a 50 $^{l}$i$^{b}$vres 60 $^{l}$i$^{b}$vres/ les plus chetif c°est 40 $^{l}$i$^{b}$vres/

Monsieur de˘la meillerais faict abatre des bois a˘la cornoille

Jl ce sont retirer au commencement du mois d°aoust suivant

La premiere sepmaine du mois de juing monsieur de la meillerais a envoié a la cornoille des comissaires avecq des boistiers pour abatre des chesnes dans les bois des chermerais/ et ne prene que des plus beaulx et les font priser/ monsieur le marquis seigneur de ladite cornoille avoit vandu ledit bois a des marchandz/ jl fault que les chartiers des paroisses de˘la cornoille beligne et aultres paroisses circonvoisines[463] aille charoier le bois a 40 sous par tour a˘le mener jusque a [~~xxx~~] jngrande[464]/ ceulx qui n°y veulet pas aller de bon gre jl fault que jl y aille a leur depens par force et 10 $^{l}$i$^{b}$vres d°amende/

Josep le cerf a celebre messe

Le dimanche 21$^{e}$ juing missire josep le cerf a celebre sa premiere messe a st denis enfant de cande/

**76v**

**1654**

Monsieur$^{r}$ roland un des fermiers des gabelle loge a cande

Le samedi 4$^{e}$ juillet 1654 jl est venu a candé un des partisans ou commissaires des gabelles de france/ jl venoit de pouencé et des aultres greniers/ jl deslogit le mardi 7$^{e}$ dudit mois et est alle jngrande/ jl se nomme monsieur roland/ jl changit

463 *circonvoisines* au-dessus de la ligne.
464 *jngrande* au-dessus de la ligne.

le recepveur dudit pouencé/ les messieurs du grenier de cande alliret au de*v*ant et le reconduire[465] avecq les archers de gabelle jusque a moitie che*m*in d°ingrande/

Sacrement du roy louis 14e

Le dimanche 5e juillet a l°issue de vespres de st denis l°on a chanté le te deum a cause du sacrement du roy louis 14e qui fut des le 14e juing dernier/

Procession a nostre dame du pinnelier

Le samedi XIe juillet monsieur nostre curé a conduit la procession a nostre dame du pinnelier pres segré/ jl y avoit beaucoup de monde/ jl c°y faict de grand miracles/

Miracles Magdlaine godier

Marguerritte garnier

Un petit robert

A present jl y avoit cinq/ ~~que~~ magdlaine godier n°avoit cheminé/ n°on la portoit/ et l˘y[466] a este menee [~~xxx~~] par rené taupin son mary/ achevit sa neufvaine/ le samedi 7e juing de l°octave du sacre elle se leva et s°en allit en sa chere toute seulle/ a present chemine avecq un baton en sa main/ come aussi marguerite garnier tenue de jean boiffume aussi de candé/ jl y avoit un an que elle ne s°aydoit poinct du tout du bras droit/ avoit cherche toute sorte de remede/ aussi le mesme jour 7e juing escriva une lettre de sa main/ et a present s°en ayde/ jl y avoit aussi un enfant agé de 14e ans filz d°un nome robert demeurant a chase sur argous qui estoit jnpotent environ noel dernier/ l°y mena faire une neufvaine/ a present jl chemine sans batons ny *ou*veilles/ et c°y <y> faict journellement des miracles/ le monde y aborde de tous costes/

Excomunication contre ceulx qui se batront en dueil

Le dimanche 12e juillet jl a este publie au prosne de la grande messe de st denis un mandement de monsieur d°angers qui porte excomunication a tous ceulx qui se batront en dueil mesme ceulx qui porteront le defy/ mesme defence de non les enterer en terre ste/ et n°y aura aucun prestre qui les puisse absoudre que monsieur d°angers ou son oficial/ se a est[467] par lettre du roy qui en a suplié les esvesques/

---

465 *reconduire* : *re* au-dessus de la ligne.

466 *et ly* : *elle y*

467 *est* : *été*

Commission de˘la taillee qui ce monte 12 cent libvres

Le dimanche 19e juillet a este publié la comission de la taïlle crue taillon et subsistance qui ce <ce> monte tout ensemble [~~xxx~~] douze cent livres et dix livres en une recrue du courtage et six deniers pour livre sur le tout/ pour les collecteurs jl y a huict cent livre du rabais moins que l°an passé/ qui a este par le moien de monsieur nostre curé qui alla angers voir ses amis deulx jours devant le departement/

Pris du bled et fourment

Le bled ce vent 19 sous le bouesseau/ le fourment 27 sous/ et la farine bien plus cher qui en auroit/

**77r**

## 1654

Les peres de la˘mition a cande

Ont estably le rosaire perpetuel

Ont estably la confrairie de nostre[468] des agonisans a st denis

Le samedi 25e ~~aoust~~ juillet[469] 1654 pere bernardin et pere bonaventure capucins faisant la˘mition par l°aniou par la permition du st pere le pape jnocent et aussi par la permission de henri arnault esveque d°angers sont venu a cande pour y precher/ ou <ou> jl ont este jusque au lundi 17e du mois d°aoust/ ont tous les jours preche deulx fois touiours a confesser le monde qui s°i presentoit depuis le matin soleil levé jusque a queque fois a quatre heures du soir que jl y en avoit qui comunioint encore/ aveq si grande habondance d°auditeurs au jours de dimanche et festes que n°on s°i entre^estoufoit/ ont establi le rosaire perpetuel a tant de monde de tous les costes es paroisses circonvoisines/ le dimanche 16e aoust jl ont establi la confrairie de nostre dame des agonisans/ auquel establisement on a porte le st sacrement sollenellement par devant le presbitaire et par la rue au moinne avant vespres/ et la predication apres vespres beaucoup de personne y esvanouiret a cause de la presse qui y estoit/ jl ont des parementz d°autel et aultres ornemens pour se servir a celebrer la ste messe/ jl sont alle se reposer en leur couvent angers/

---

**468** *nostre* : *nostre dame ?* V. n.81.

**469** *juillet* au-dessus de la ligne.

| | |
|---|---|
| Esclipse de soleil de peu de duree | Le mecredi $12^{e}$ aoust jl c°est faict une esclipse de soleil sur les $9^{e}$ heures du matin/ elle a este de peu de duree/ jl c°estoit trouve je ne se[470] quelz edit ou memoire jnprimes sans scavoir par quy lequel menassoit le peuple presque a perir/ et menacoit du jugement qu°il ne failloit poinct paroistre de˘peur |
| Menassoit de grandz desastre | de mourir/ le monde amassoit de l°eau des le soir tant de puitz que de fontaine et des erbiers de santeurs et geniebre pour faire de la fumee/ personne n°osoit [~~xxx~~] bastre le bled dans les ayres crainte du desastre qui estoit menasse/ et la grace a dieu jl ne feut rien de tout cela/ elle feut de cy peu de |
| N°on n°ose mettre les bestiaulx dehors | duree que beaucoup ne s°en aperseuret poinct s°il n°estoint dehors/ le monde n°osoint mestre leurs bestiaulx dehors cra*in*te du tonnere foudre esclairs et gresles dont ce memoire menassoit/ |
| Grand disette de pain a fault de meutte de ventz et d°eaulx | A la mi˘oust et toutte la sepmaine suivante la disette de pain est si grande que beaucoup de personne jeune par force/ a cause du vent qu°i n°en faict poinct et que la seicheresse est fors grande les moulins ne meulet poinct/ jl y en a qui vont querir du pain jusque angers/ jl fist du vent qui commensoit trois jours devant la st bartholemy en grande habondane[471] qui dura peus de temps/ |
| Captif delivres des main[s] des turcz | Le jeudi $27^{e}$ aoust jl a loge a cande 38 captif qui ont este racheptes des turcz par les moinnes de la charite/ jl y avoit un des moines des mathurins de chateaubriand qui les conduisoit a paris/ |

**77v**

**1654**

| | |
|---|---|
| Gabeleurs mins a pied et les fusillers gabeleurs [~~xxx~~] remins a cheval en 1656 | Au commenscement du mois d°aoust 1654 tous les gabeleurs ont este mins a pied et ostes de candé pour leur residence/ et n°est demeure que deulx fusillers a cande/ tous les aultres ont este aussi mins a estre gabeleus a segré a bescon gres neufville et aultres paroisses/ |

**470** *se* : *sais*
**471** *habondane* : *abondance*

Foire roialle a montrellais

Jl a este erigé une foire royalle a montrellais le jour de la st sauveur 1654/

Rosaire jnstale a angris

Le dimanche 20e de septembre jl a este estably a angris la confrairie du rosaire par deulx peres jacobins d°angers que monsieur le cure dudit angris envoia querir/

Le siege levé de devant aras/ et te deum chante

Le dimanche 20e du septembre l°on a chante a st denis le tedeum ~~deum~~ suivant le mandement de monsieur d°angers en reiouissance de ce que le roy a faict lever le siege de devant aras/

Doien de candé faict sa visite

Le lundi 28e septembre 1654 missire leonard louis doien de candé fist sa visitte en nostre esglize de st denis dudit cande/ aˇlaquelle visite jl condanna[472] tous les procureurs de fabrice de rendre leur comptes/ jl y a 19 ans qu°il n°en a poinct este rendu/ c°estt par l°advis de monsieur d°angers qui les a conda*n*nes en 58 libvres d°amende aplicable a l°hopital de st jean d°angers qu°il envoira un huissier luy mesme pour executer ceulx qui mepriseront de les rendre/

Petite cloche sur leˇgrand autel deˇst denis

Le samedi 3e octobre 1654 simeon da*v*y couvreur d°ardoise a percé la muraille du clocher pour entrer sur la voute de l°esglise/ et a descendu la petite cloche magdlaine du hault du clocher et l°a passeé par sur ladite voutte et l°a minze[473] dans la fenestre du pignon du grand autel/ et pour ce a eu soixante soulz et douze a chevalier pour la resevler[474]/

Mondiere brossais et bordier collecteurs dela taillee

Le dimanche 1r novembre a este nomme collecteur deˇla taille chacuns de jacques mo[n]diere rene brossais et francois bordier pour l°annee 1655/

Chevauchee a cande

Le lundy 2e novembre missire estienne feraud l°un des esleus d°angers a faict sa chevauchee a cande au cœur roial/

472 *condanna* : *c* corrigé sur *d*.

473 *minze* : *mise*

474 *resevler* : lapsus pour *relever*.

| | |
|---|---|
| Ayme jan comins au grenier de cande | Des le quinziesme octobre dernier jl est venu a cande un comins a faire la recepte du grenier a sel nomme missire[475] piere ayme jan/ et a sorti missire[476] mathurin jariel qui est alle en un aultre grenier/ |
| Nouveau debvoir erige/ boyvin comins a cande pour le poisson de mer | Le vendredi $4^{e}$ decembre 1654 ~~jl~~ michel boyvin chiurgien a este comins un debvoir sur toutte sortte de poisson provenu de la mer et du papier et biere qui passera par cande/ jl y a six livres seize soulz par chaque cent de morue vertte/ pour les marchantz ~~de~~ qui[477] demeureront a cande ne poiront rien/ mais quand jl passeront jl poiront/ jl y a deulx comins enbulant[478] a cande/ trois a st michel du bois pour guetter les marchandz/ |
| Pris du bled | Le bled vault [~~xxx~~] 18 sous le bouesseau/ le fourment 28 sous/ l'avoine 14 sous/ |
| Conmission des taille pour l°anne 1655 | Le [d]imanche $20^{e}$ decembre la commission de la taillee a este publiee pour l°annee 1655/ jl y a unze cent livres et deulx cent pour l°ustancille et les six deniers pour les collecteurs/ |

**78r**

## 1655

| | |
|---|---|
| Heccart procureur de fabrice | Du dimanche $17^{e}$ janvier 1655 a este nomme pour procureur de fabrice de st denis nicolas heccart escrivain au lieu de missire mathurin besson/ |
| Trois soleilz paroisset au ciel | Le vendredi $29^{e}$ janvier 1655 des le matin jl c°est veu trois soleilz parestre au ciel un de cha[cu]n coste du soleil qui n°a[voi]nt aucune lumiere que la rotondite/ estoint esloignes du soliel[479] comme anviron midi/ l°un a dix heures l°autre a deulx heures apres midi et aloint comme le soleil/ jl feuret |

475 *missire* au-dessus de la ligne.
476 *missire* au-dessus de la ligne.
477 *qui* au-dessus de la ligne.
478 *enbulant* : *ambulant*
479 *soliel* : lapsus pour *soleil*

veu jusque environ deulx heures apres midi/ et estoint visible a toutte personne/ le temps estoit comme a demi couvert et neangmoing le soleil luizoit/

Eeaulx desrivee

Bled rabaissé

Le jeudi 18e febvrier et la nuict ensuivant jl fist tousiours de la pluye qui feut la cause que le lendemain les eaulx estoint desrivee a tous les passages au tour de cande/ n°on ne pouvoit y passer/ et puis c°est tourne en beau temps doulx propre pour les biens de la tere qui s°a*v*once/ le bled est a seize soulz le bouesseau/ le fourment a 26 sous le bouesseau/ le temps doux continue jusque bien [~~xxx~~] en[480] mars/

Chapelle a la saullaye en freigne

Au mois de febvrier 1655 monsieur de la saulaye a faict faire un autel en une de ses tours pour faire une chapelle ou oratoire qu°il veult fonder de LX libvres de rantte/ et a este benie par missire jean taillandier cure de freigne et missire vincent drouault prieu de beaulieu le lundi 18e dudit mois de febvrier/

Chapelle aulx essars en angrie

Monsieur andre coulombeau chapelain des essars

En ladite annee 1655 mademoiselle du perin dame des essars en angrie a faict bastir une chapelle a sa maison des essars/ et l°a fondee de 50 libvres de rantte/ et en a donne la presentation a[481] missire simon bellanger cure dudit angrie/ et [~~xxx~~] est reservee la presentation[482] apres luy/

Jl pleut du sang tout proche les murailles du chasteau de bo*u*ellé le lundi de la passion

Le lundi 15e mars jl pleut du sang proche les[483] murailles du chasteau de bo*u*elle/ la servante du fermier menant ses bestiaulx en champs durant une grande nuee de pluye vit tomber du sang sur elle/ et vit des pieres contre tere ensanglanttee/ quand elle feut au logis sa coueffe estoit aussi ensanglanttee/ n°on alla voir contre ledit chasteau/ et des pieres qui estoint sanglantte/ monsieur le cure en ramassa avecq ladite [~~xxx~~] coueffe de la servante pour justifier la veritte/

---

**480** *en* corrigé sur *de*.

**481** *a* corrigé sur *au*.

**482** *est ... presentation* au-dessus de la ligne.

**483** *les* corrigé sur *le*.

7 pellerins du louroux viennet du mont st michel

Le dimanche XI$^{e}$ apvril jl a passe par cande [~~xxx~~] sept pellerins qui venoint du mont st michel qui estoint du louroux de˘quoy missire michel cra*nn*ier en estoit un/ a leur arivee du bourg monsieur le cure et ses prestre alleret au devant prossesionallement/ j°ally avecq eulx audit louroux/

Comission du sel trois minotz de rabais
96 minotz de rabais

Le dimanche XI$^{e}$ apvril a este publie la comission du sel de cande qui se montte *124*$^{e}$ minotz/ nous en avons trois minotz de rabais/ le grenier de cande a este descharge de ·96$^{e}$ [484] minotz/

**78v**

**1655**

Le grenier de cande rabaisse de 96 minotz

3 minotz de rabais sur cande

En ceste annee 1655 le grenier de cande a este descharge de 96 minotz qui ont este reiettes sur d°aultres greniers/ cande en a eu ·3· minotz de rabais pour <pour> sa part/ jlz ont mins le rabais sur les paroisses les plus areagee/ monsieur de here a envoie un comins qui avecq les officiers ont faict les departements/

Mars doux apvril rude

Tout le mois de mars a este fort doux/ tous les biens de la tere ne s°avonssoint que trop/ mais tout le mois d°apvril a este fort rude qui les a bien retarder/ les arbres qui ont fleuri durant le mois de mars ont bien faict/ celle qui ont fleuri durant le mois d°apvril le vent a [~~xxx~~] brusle les fleurs et mesme les gist de beaucoup d°arbres/

Tablau de la nostre dame des agonisans a st denis

Le dimanche XI$^{e}$ apvril le tablau de la nostre dame des agonisans a este posé sur l°autel de nostre dame de st denis/ jl a couste 130 $^{l}$i$^{b}$vres/ s˘a[485] este un peintre d°angers nomme loiset qui l°a faict/

Bled rabaisse de pris et le fourment

Au commenscement du mois de may le bled se vent seize soulz/ et jl s°en achepte qui ne couste que 14 sous le boues

---

**484** *96e* : *6* corrigé sur *0*.
**485** *sa* : *ça a*

seau/ ceulx qui en ont ne trouve pas a qui le vandre/ c°est un grand contentement que de voir les biens de la terre/ le fourment 22 sous le bouesseau/

Alexandre 7e pape du˘non cardinal de[486]

Au commenscement de ceste annee 1655 jl a este esleu un pape nommé alexandre 7e au lieu de jnocent 10e qui estoit decede/ jl est [~~xxx~~] cardinal de[487] /

Orages et gresles en la chapelle st julien et avergné

Moulin bruslé

Gresle a pouillé

Le dimanche 16e may jour de la pentecoste jl fist de grandz tonneres et esclairs/ jl fist de la gresle fort grosse qui gastist les bledz en partie de˘la chapelle glen st julien et a*v*vergne/ et le lendemain le tonnere tombit dans un moulin a vent tout proche les carmes de chalain qui brusla tout ledit moulin/ tous les jours de la sepmaine jl fist de grandz orage/ le vendredi 21e may la gresle gastist aussi en la paroisse de pouillé et beaucoup de vignes en aniou/ et apres cela de la pluie fort doulce pour l°a*v*oncement des biens de la tere/ les esclais[488] ont entregrené les bledz/

65· galeriens

Le jeudi 26e may jl a passé par cande une chesgne de force*r*e ou jl y en avoit 65 encheignes qui venoint des prinsons de bretaignes/

Le soldartz de monsieur de [~~xxx~~] cosquin et los marias a cande

4 compagnee a monsieur de la meillerais

Le mardi premier jour de juing jl a arivé a cande quatre compaignee de soldartz a pied qui venoint de chasteaubriand/ n°ont rien loge a cande que dans les hostellerie/ ont payé partie de leurs despensce/ ont tout ravagé sur les chemins/ rompoint les porttes/ et ont tout ravagé[489] sur le chemin depuis st julien jusque au louroux/ sont alle loger angers/ sont a monsieur <le> [~~xxx~~] de [~~xxx~~] la[490] meillerais[491]/

**486** Blanc après *de*.
**487** Blanc après *de*.
**488** *esclais* : *éclairs*
**489** *ravagé* au-dessus de la ligne.
**490** *la* au-dessus de la ligne.
**491** *meillerais* en marge.

79r

1655

| | |
|---|---|
| Gemin et beliard collecteurs du sel | Le dimanche 6e juing 1655 ont este nonmes pour collecteurs du sel piere gemin et jean beliard/ ont 24 minotz de sel a esgailler/ 3 minotz moings que l°an dernier/ |
| Espousailles de monsieur le marquis de vesins | Le lundi 7e juing 1655 rene[492] dandigne marquis de vesins filz de monsieur d°angris a espousé madame de la noe colin fille de defunct monsieur de la noe colin conseiller au parlement de rennes/ c°est monsieur d°angers qui les a espouses[493] audit angers/ |
| Monsieur de serviand senechal d°aniou/ abel de servient sénéchal[494] | Le samedy 24e juillet 1655 monsieur de serviand senechal d°aniou a monte en siege au palais d°anger cedit jour pour presider pour sa premiere fois/ |
| Roche˘d°iré vendu a monsieur de serviand | En ceste annee 1655 ledit seigneur de serviand a aqueste la tere et chastelannie de la roche˘d°iré de monsieur le marquis de narmoustier/ |
| Logis basti pour loger le prieu de rochementru | En ceste annee 1655 et[495] en l°annee derniere missire guillaume bouin prestre prieu de rochementru a faict bastir un logis pour loger le prieu et une grange a mettre les gerges[496]/ jl n°y avoit auparavant que une petite chambre haulte au bout du logis du mestaier ou se logeoit ledit prieu/ |
| Esdit sur les deniers | Le 21e juing edit veriffie a paris [~~xxx~~] pour ce qui est des deniers a 17 sous la livre toutte sortte de deniers estrangers et tous doubles et deniers marques a trois fleurs de lis arestes[497] a un denier piece/ et defence de non ne les refuser sur peine de 500 livres d°amende/ et tous les estrangers au desoubz |

492 Blanc après *rene*.
493 *espouses* : dernier *s* corrigé sur *r*.
494 *abel de servient sénéchal* d'une autre main.
495 *et* au-dessus de la ligne.
496 *gerges* : *gerbes* ?
497 *arestes* : *arrêtées*.

de 4 onces deulx pour un et nommes obole et les pieces de trois blancz a dix huict deniers piece/ et les liartz trois deniers/ le tout sur les mesmes peine et amende cy dessus/

**Bled rehaussé de pris**

Au commenscement du mois d°aoust 1655 le bled a rehaussé de pris/ jl est a 20 sous le bouesseau/ a 28 sous le fourment/ a 13 sous l°avoine grosse/ le tout a cause que lors que n°on a seié les bledz jl y a le tiers de moingz que l°an dernier au cause des tonneres et esclairs qui firet a la my may dernier qu°i fist tout couler la fleur des bledz/

**Missire hanry arnault evesque d°angers a faict visite a st denis**

Le lundi 29e aoust missire hanry arnault esveque d°angers a sorti dudit angers/ est venu loger a candé/ fist sa visite a st denis le lendemain mardi 30e dudit aoust et y celebrit la messe/ fist sa visite apres la messe aveq procession au^tour de l°esglize/ et puis jl donnit la confirmation apres midi en l°esglize dudit st denis a plus quinze centz personne/ le mecredi premier septembre jl allit visiter l°esglize d°angrie et puis de la a challain/

**Chevauchee a candé**

Le lundi 20e septembre missire louis gremond l°un des esleus d°angers a faict la chevauchee a cande ou les paroisses circonvoisines y sont venue/

**Monsieur trichet a celebre sa messe**

Le dimanche 26e septembre missire rene trichet a celebre sa premiere messe[498] en l°esglize de la cornoille/

**Monsieur davy a celebre sa messe**

Le dimanche 3 octobre missire jean davy a celebre sa premiere messe en˘l°esglise de freigne/

**79v**

1655

**Belle sepmaison**

La sepmaison des bledz et aultres graïns a este aussi belle que personne d°aage diset n°en navoir poinct veu de plus belle/ car jl n°a pas faict une journnee qui ait enpeché de labourer/ et de la pluie propre pour faire lever les bledz/ a˘la st martin le bled ne vault que 18 sous le bouesseau/ le four

498 *messe* corrigé sur *en*.

Bled rabaissé

ment plus que 24 sous le bouesseau/ tout le comensement du mois de novembre ne semble que d°un printemps et tout le reste dudit mois/

Monsieur le prince de conti faict vente des bois de chasteaubriand

Le dimanche 28e novembre a este publié au prosne de˘la grande messe une mondement[499] de monseigneur le prince de conti pour la vante des bois des forestz de chasteaubriand et aultres bois en despandant a commanscer le lendemain 29e dudit mois en l°auditoire dudit chasteaubriand pardevant monsieur veseau commissaire et jntendand dudit monseigneur/

Commission du sel

Le dimanche 21e decembre a este publié la commission du sel pour l°annee suivante 1656/ jl y a 24 minotz/

Esclairs et tonneres

Le tonnere tombe en l°esglize du˘louroux/ et toutte ruinnee

Le mecredi au soir 22e decembre jl fist de grandz tonneres [et] esclairs et pluye/ le tonnere tombit dans le clocher du louroux besconnais qui le descouvrit/ rompit touttes les <les> vitres de ladite esglise/ [et] rompit l°image de ste anne et deulx doigtz de l°image de la vierge/ et beaucoup de desordre et de ruine en ladite esglise/ jl feut en la cuisine du presbitaire/ jetit une broche avecq du roux en la place et le pot au feu par les cendres/ frere lorens frere de monsieur le cure le *v*it monter par la cheminee en forme d°une boule/ un nomme jean vaisinee demeurant au coste de l°esglise an˘droit du grand autel oiant le desordre sortit en la rue/ jl luy passa par entre les jambes le rendit sourd et muet pour quelque heures de temps/ bruslit ses chausses/ et neantmoingz sans aucun mal luy faire/ jl y a 14 ans 24 heures a mesmes heures qu°il estoit tombe en feu dedans ledit clocher et l°avoit bruslé/ ce feut le 21e decembre de l°annee 1641/

Missire jean fa*v*rie a celebre sa messe

Le mardi 28e decembre 1655 missire jean fa*v*erye a celebre sa premiere messe en l°esglise de vris/

Missire piere mo*u*teau a celebre sa messe

Le dimanche 2e janvier 1656 missire piere mo*u*teau a celebre sa premiere messe en l°esglise de vris/

499 *une mondement* : *un mandement*

Portail deˇla saulaie refaict

En ceste annee 1655 monsieur de la saulais a faict refaire son portail et pontz de sa maison deˇla saulais pres beaulieu/ jl n°avoit poinct este rebasti depuis[500] que le siege l°avoit rompu qui feut en l°annee 1590 au mois de febvrier/

**80r**

**1656**

Pris des danres

En l°annee derniere 1655 jl a este fort peu de vin moittie moins que l°an passe/ le vin vault 7 sous le pot/ peu de pommes/ le cildre vault 2 sous 8 deniers le pot/ peu de noix/ l°uille vault 14 sous le pot prins angers/ le beure 6 sous la $^{l}$i$^{b}$vres au marche/ la chandelle de suif 9 $^{l}$i$^{b}$vres la $^{l}$i$^{b}$vres/ le bois tousiours cher/ le fagot vault 50 sous le cent/ la charttee de bois 50 sous/ les genetz 30 sous la charttee/ le tout en cestˇyver/ le cont*rin*e au pris de 20 sous le bouesseau/ le fourment 24 sous le bouesseau/ le bled et fourment est a meilleur marche ailleurs que a cande/

Pris du bled

Grand froid

Le samedi premier janvier 1656 le froid a commenscé qui a dure 4 sepmaine sans desgeler/ les grande rivieres commensoint a glascer/ jl a faict 15 jours de froid noir sans que le soleil pareut et 15 jour que le soleil paroissoit/

Comission dela taillee

Le dimanche 6 febvrier a este publie nostre commission de la taillee/ jl y a 12 $^{c}$ent $^{l}$i$^{b}$vres dune part et 2 $^{c}$ent $^{l}$i$^{b}$vres de lauttre et 9 $^{l}$i$^{b}$vres pour le courtage/ jl y a bien du rehault par tout l°aniou/ nous en avon 100 $^{l}$i$^{b}$vres plus que l°an dernier/ monsieur nostre cure feut angers lors des departement qui feut la cause que nous n°avon pas tant de rehault comme les aultres paroisses/ gabriel gilleberge abrahan douart et jean bellanger collecteurs de la taillee/ ledit gilleberge pour la 3$^{e}$ fois et douart aussi et bellanger 2$^{e}$ fois/

Gilleberges douart et bellanger collecteurs

Ordonnance pour le scel

Ledit jour 6$^{e}$ febvrier feut aussi publie une ordonnance de par le roy de non ne mettre a execution aucune acte si elle

500 *depuis* : *i* corrigé sur *s*.

ne sont sellee angers par l°un des eleus qui sera tous les jours depuis 10 heures jusque a 11 heures pour le subie*i*ct au palais[501]/ et coustera par chacun acte cinq soulz tant pour les escartz des tailles que toutes aultres actes a mettre a execution/ et defence aulx sergentz de les y mettre sans ledit scel/

Pris du bled et fourment avoinne et grenne de lin

Au mois de mars les bledz sont fort beaulx dans les [~~xxx~~] champtz/ le bouesseau vault 18 sous/ encorre jl s°en trouve a moins/ le fourment 22 sous le bouesseau/ l°avoinne grosse 12 sous le bouesseau/ la grenne de lin vault cent soulz le bouesseau et s°en est vendu jusque a 28 sous la mesure/ sur la fin du mois de mars jl s°en est vendu plus que quinze soulz la mesure/

Francois meslet s°e*st* pandu luy mesme

Le mardi 14^e mars francois meslet mestaier au ~~g~~ grand bois en la paroisse de gené durant la messe fist une corde et l°atachit au hault dune echelle[502]/ et la se passit au col et s°etranglit/ n°on ne scait pourquoy sinon qu°il estoit tout pensif depuis quelque temps/ jl n°y avoit pas cinq mois qu°il estoit marie/

**80v**

**1656**

Batesme de charle dandigne

Le mardi 21^e mars 1656 a este baptise angers charle dandigne filz de monsieur le baron de vezins/ feut son parain monsieur d°angrie son grand pere et marain*n*e madame de la noe colin sa grande mere/ le samedi ensuivant le te deum feut chante en l°eglize d°angrie et une chariba*u*de sur les teras[503] au droict de la portte du chasteau dudit angrie/

Pris du bled

A la fin du mois de mars le bled se vent ~~60~~ 60 l^ib^vres la charttee et s°en vent 21 sous le bouesseau/ ceulx qui n°en veullet que quelque[s] les bouesseaux/ et neantmoingz les bledz sont aussi beaulx dans les champs que n°on scauroit les souhaitter/

---

**501** *au palais* au-dessus de la ligne.
**502** *echelle* : *c* corrigé sur *s*.
**503** *teras* : *terrasses*

Jubile par toutte la france en aniou alexandre pape 7$^{e}$ du non

Alexandre 7$^{e}$ du non nostre[504] <le> st pere a envoie un jubile par toute la france pareil de celuy de sinquente pour prier dieu pour la paix entre les rois et prince crestiens/ jl a este en aniou a˘la feste de pasques a commenscer le lundi de˘la sepmaine ste/ nous avons faict une procession ledit lundy depuis st denis jusque a˘st jean/ jl fault jeusner le mecredi vendredi et samedy de la spmaine[505] ste pour comunier ou˘bien en l°autre sepmain*ne* d°apres pasques pour y comunier aussi en l°une ou l°autre des deulx sepmain[es] car jl dure quinze jours/ jl ount[506] aussi en l°eveché nantois/

En l°eveche nantois

Lettre du roy

Le roy a envoie aussi une lettre a tous les evesques de son royaume comme jl les prist <de> d°inciter tout le peuple de prier dieu pour la paix/ monsieur d°angers l°a*s* envoye par touttes les paroisses de son diocese/

Mars sec

Apvril pluvieulx

May chault

Pris du bled et du vin

Tout le mois de mars a este fort sec et aussi febvrier qui estoit froidureux/ et le mois d°apvril fort pluvieulx depuis le huic*ti*esme jusque a˘la fin avecq deris d°eaulx au petitz passage/ mais le moy de may temps agreable pour les biens de la tere qui s°a*v*onscet au grand contentement des povres gens/ le bled vault 60 $^{l}$i$^{b}$vres la chartte et le fourment 75 $^{l}$i$^{b}$vres la charttee/ ceulx qui ont du bled ne s°en defont que de force car jl en fault a bien de povres gens/ les hostes de cande ont mins le vin a 6 sous le pot/

Assemblee a jngrande

Le lundi 24$^{e}$ apvril cy devant 1656 grande partie de la noblesse du bas aniou ont faict assemblee au bourg d°ingrande pour deliberer de quelques affaires et en desputer un pour aller a paris trouver le roy touchant des matoustes[507] que n°on veult eslever sur eulx/ a ce que n°on dit jl c°estoint desia essembles au lion d°angers/

Debvoir sur le vin et cildre/ a 30

Le dimanche 14$^{e}$ may a este publié a st denis un arest du roy pour 30 sous par pipe de vin et 15 sous par pipe de cildre

504 *nostre* au-dessus de la ligne.

505 *spmaine* : sic.

506 *jl ount* : *ils l'ont*

507 *matoustes* : *maltôtes*

sous le vin et 15 sous le cildre de vantte et revantte

poiré et biere/ et pouvoir de rompre les porttes des celie[r]s a ceulx qui ne vouldront les ovrir et a paier depuis le pr[emi]er juillet 1654/

**81r**

1656

Belle fleuraison des bledz et avoncement des biens de la tere

Le mecredi 16e may 1656 jl fist de la pluye tout le long du jour qui fist verser les bled et aultre jardinage/ des le lendemain le vent se tourna d°amont par fois et de haulte galerne qui dura 17 jours tant que les bledz ont eu beau fleurir et se relever au grand contentement du povre peuple/ ensemble les arbres escousse de fleur/ les vignes l°annee en abondance/ le samedi 3 juing jl fist du tonnere avecq de la pluye dousce/ le bled ne se vent pas moingz 22 sous le bouesseau/ et le fourment 26 sous/ l°avoine 14 sous/ les bledz passoint a nantes pour aller sur la [~~xxx~~] mer/ n°ont tient qu°il ont este arester [~~xxx~~] au mescontentement de ceulx qui les y avoint faict mener/

Pris du bled et fourment et avoine

Monsieur le prince de conty seigneur de cande
Ordonnance du roy

Le dimanche 28e may jl a este publié a˘st denis une ordonnance du roy et enioinct a ceulx qui avoint receu les fermes des teres de chasteaubriand candé et aultres tere de rendre l°argent entre les mains de monsieur thouri gouverneur audit chasteaubriand pour estre emploie au bastiment et reparations qui s°i [~~xxx~~][508] font/ et main levee a tous ceulx qui avoint acheptè des bois et aultres qui estoint sasis[509]/ le tout au proffit de monsieur le prince de conty seigneur dudit chasteaubriand et aultres teres en despendant/

Mains levee aulx fermiers et marchantz

A^bournement des francz fiefz

Le dimanche 18e juing jl a este publie a˘st denis un arest du roy comme ceulx qui ont des francz fiefz poiront de rantte par chacun an au dernier vingt du revenu de ce que vallet leurs teres qui sont en francz fiefz a commenser du premier

**508** *si* [~~xxx~~] au-dessus de la ligne.
**509** *sasis* : *saisis*

juillet de l°annee 1654/ et y a un fermier pour dix ans a commenser dudit juillet 1654 qui a non[510]/

Monsieur le marechal de la meillerais loge a cande/ a osté 6 prinssoniers

Le vendredi 14e juillet 1656 monsieur le marechal de˘la meillerais a loge a cande ou estant on luy a donne advis quil y avoit des prinssoniers malade/ a envoie son medecin les visiter/ jl en trouvit six qu°il ostit/ leur donna a chacun son louis d°un escu et fist payer leurs gist et geolaige et les envoia/ jl s°en alla loger a chasteaubriand et de la a rennes/

Pris du bled

Le vin cher

Au mois de juillet le bled vault 20 sous le bouesseau/ 24 le fourment/ les gerbes sont bonnes es champs et asses en abondances/ les vignes on coulé/ le vin rencherist/ jl se vent 70 livres la pipe/ n°on dit qu°il le veullet vendre sur les lieux 80 livres la pipe/ les hostes le vandet 7 sous le pot a cande a 8 sous en quelque lieux/

Asemblee du clerge de france publiee aulx prosnes de touttes les paroisses de l°aniou a˘la grande messes

Le dimanche 20e aoust a este publié en la chere de˘st denis lettre circulaire de messieurs les prelatz de l°asemble generalle du clerge de france tenue a paris au grand couvent des augustins le premier apvril 1656 contre sertains mandians de la ville d°angers qui avoint escript contre l°eveque dudit angers/ et disoins que n°on n°estoit poinct oblige d°assister a˘la grand messe de paroisse et mesme pour recepvoir le sacrement de penitence et mesmes pour se faire aprouver a˘la confession/ et que estant refuses cela leur valoit comme aprouver mesme pour prescher es paroisses/ et beaucoup d°aultre choses que ladite asemblee a censuré et comdenpné pour ereur et chisme/ ladite asemblee de ·51· archidiacre ou esvesque et de 32 abbes prieulx et aultres tous d°un acort/ et a este publie ou˘sera par touttes les paroisses de l°aniou/

510 Blanc après *non*.

**81v**

<u>1656</u>

Abondance de bledz

Au mois d°aoust jl a esté bonne abondance de bledz aulx ayres/ en quelques endroictz plus de moittie que l°an dernier/ le bled vault 54 libvres la charttee/ jl n°estoit pas[511] de bledz vieulx/ jlz avoint este tous enleves segrettement et mins sur la mer ou beaucoup de marchantz ont perdu leurs poches/ le fourment n°a pas este en si grande abondance/ jl vault 24 sous le bouesseau/ l°avoine grosse plus rare que l°an dernier/ elle vault 14 sous le bouesseau/ le vin vault 8 sous le pot et 7 sous en d°aultres endroict/ jl est rare jusque a tant qu°il en est[512] este cully\[513] des pommes en grande abondances/ le cildre nouveau vault 20 deniers le <le> pot/ les aultres le vendet 2 sous le pot/

Les soldartz font leur gros au˘lion d°angers

En la derniere sepmaine de septembre 1656 jl c°est faict le gros d°un regiment de soldartz au lion d°angers qui se sont leves en bretaigne/ jl avoint leur passage par cande sans que monsieur de la meillerais les fist destourner/ partie a coste de st julien/ les aultres du coste de la riviere de louere/ jl ont este 8 jours audit lion/ jl y eut deulx ~~lieuten~~ lieutenant qui feuret a gené chercher des provisions/ jl disniret ches monsieur le curé/ les habitans dudit gené leurs meniret audit lion 52 <deulx> grands pains 400 libvres de beuf 2 mouttons 2 pippes de cildre/ apres le gros faict jl prindrent la routte angers/

Gog*n*eul boulay et le coc collecteur de la taille 1657

Le dimanche 1e octobre a este nomme pour faire la collecte des taille de l°anne prochaine 1657 francois gog*n*eul jean boulay et jean le coc/

Te deum chante a˘st denis

Le dimanche 22e octobre feut chanté a˘st denis le te deum apr[e]s vespres a cause de deulx villes que le roy a reprins sur l°ennemy l°une la capelle/ monsieur d°angers avoit rescript une lettre a monsieur le curé/

---

**511** *pas* au-dessus de la ligne.

**512** *est* : *ait*

**513** \ de la main de l'auteur.

Maltoustiers battus angers

Liberte aulx marchandz en la ville

En ceste sepmainne jl y a eu angers des maltoutiers qui penssoit eriger un bureau de malthoute sur toutte les danree qui se vande en la ville/ 1 sous par pot de vin/ 6 deniers par pinthe de laict/ 4 deniers par paquet de potaige/ 4 deniers par douzaine d°eufz et sur touttes aultres danree/ la populace s°es jettee sur eulx qui les a bien battus et mins en fuitte/ et a present les marchandz vont et viennet par la ville/ rien ne leur demande d°aquit/

Voisinne a celebre sa premiere messe

Le dimanche 8e jour d°octobre cy devant missire piere voisin*ne* a celebre sa premiere messe en l°esglise du louroux besconnais/

Au mois de novenbre la lanpe de st denis est alumee[514] jour et nuict pour continuer a l°advenir

Le vendredi 3e novembre et le lendemain jl a faict du vent d°aval si grand et jnpetueulx qu°il rompoit et derinssoit les chesnes et aultres arbres aveq grande habondance de pluye/ les eaulx estoint fort rare/ jl n°avoit faict aulcune pluye durant toutte la sepmaison qui a este fort belle/ le bled vault 54 livres pris du bled la charttee [~~xxx~~]/ le fourment ~~63~~ 69 livres la charttee/

**82r**

**1656**

La mestairie du bois et nocquetuere d°angris retiree par monsieur

Au mois d°octobre 1656 monsieur d°angris a faict le retraict de la mestairie du bois et nocquetuere[515] qui est proche le bourg d°angris/ elle avoit aultrefois sorti de la maison et donnee en mariage a une de ses tanttes/ jl a faict le retraict sur la vefve gabori guichardiere/

Soldartz angers

Deulx habitans et une femme pendus

Sur la fin du mois de novembre 1656 jl est venu angers un regiment de soldartz en jndignation que les habitans avoint chasee les martoustiers au mois d°octobre dernier/ et ont prins des habitans prinsonniers et menes au chasteau le nombre de 17/ le dimanche 3e decembre ensuivant des povres habitans qu°ilz ont soupssonne avoir este a la gassan*d*e/ jlz

---

**514** *alumee* corrigé sur *alume*.

**515** *et nocquetuere* au-dessus de la ligne.

<est> ont prins la nuict du dimanche au matin/ les porttes de la ville fermee ledit matin/ et prennet encorre des habitans et les mettet encorre audit chasteau/ et le samedi 9 decembre jl ont establi le sou pour pot de vin par toutte la ville/ et ont marque le vin es caves et seliers/

Le sou pour pot de vin angers

[xxx] autel basti a˘st denis

Le samedi 16$^{e}$ decembre l°autel de nostre dame des agonisans a este achevé a s$^{t}$ denis/ jl revient a 200 $^{l}$i$^{b}$vres tout faict/ s°a este un nomme erault qui l°a faict qui est d°ancenis/ ladite somme a este donnee par defunct missire guillame de beauvais et jeane apvril sa femme pour l°ocmentation de˘ladite chapelle/

Commission de˘la taillee

Le dimanche 17$^{e}$ decembre a este publie la commission de la taillee qui se monte 12 cent livre d°une part et 200 $^{l}$i$^{b}$vres d°aultre et 8 $^{l}$i$^{b}$vres pour le courtaige/ c°est en tout ~~148~~ 1408 $^{l}$i$^{b}$vres

Pris du bled

Pris du vin du cildre du beure des porcz et aultres danree

et de brebis

Et˘en ceste annee 1656 les danree ont este a meilleur marche que les annee precedentes/ le bestiail a moins du cart que l°an dernier/ a este abondance de bled/ jl vault a present 54 $^{l}$i$^{b}$vres la charttee/ jl s°en vent 19 sous le bouesseau/ le fourment 24 sous le bouesseau/ la grosse avoinne 13 sous le bouesseau/ jl a este peu de vin/ jl se vent la pippe[516] 50 $^{l}$i$^{b}$vres/ aultre 54 $^{l}$i$^{b}$vres/ le pot 7 sous/ aultre 6 sous/ grande abondance de pommes/ la pippe de cildre vault 10 $^{l}$i$^{b}$vres/ le pot en vault 20 deniers/ jl a este peu de noix/ le pot d°huille nous couste prins angers 16 sous/ le beure vault au marche 6 sous la livre/ les porcz a meilleur marche que l°an passe/ ceulx de 20 $^{l}$i$^{b}$vres coustoint l°an dernier 30 $^{l}$i$^{b}$vres/ le cent de fagot 40 sous/ la charttee de grosbois 40 sous/ les genetz 30 sous/ la laine nette a 16 17 18 sous la livre/ la bonne sarge drappe 60 sous l°aune/ le bergeail a meilleur marche/ la brebis qui se vandoit l°an passe 6 sous pour nourir a present 30 sous/ neantmoingz jl s°en est bien mort/

516 *la pippe* au-dessus de la ligne.

Taxes sur les sergent et nottaire royaulx

et sur les sergent des cours soubalterne

En ceste annee 1656 le roy a levé des taxes sur les sergentz/ les royaulx poist[517] cent livres/ le segont commendement que on leur faict leur couste 25 livres/ les sergent des cours soubalterne leur taxes est de 25 livres/ et le segond commendement leur couste 5 livres/ le tout poyable a deulx fois le premier payement en faisant le commandement l°autre trois mois apres/ la taxe des nottaire royaulx est de[518]/

Ledits taxes suprimee/ ceulx qui n°ont poinct paye ont bien faict en febvrier

Les nottaires des aultres cours n°ont poinct de taxe/ au commensement du mois de janvier 1657 ont ne voit que sergent courir par les paroisses pour faire paier ledits taxes/ les uns se cachet et sont executes/

**82v**

**1657**

Les francz fiefz suprimes

et taxes sur les paroisses

Aultre taxe sur les paroisse au mois de septembre ensuivant fueillet 84 ou cande est taxe 59 livres

Le premier dimanche du mois de janvier 1657 jl a este publie un arest du roy par lequel les francz fief sont suprimes pour l°advenir fors les taxes qui sont faictes seront payee/ et par chaque paroisse ou jl y aura 70 feux elle paira 100 livres celles de 100 feux 150 livres celles de 150 feux 200 livres celles de 200 feulx et au desus 300 livres/ et sera prins 6 habitant de chaque paroisse pour faire l°advonce/ lesquelz en pouront prendre 6 aultres habitans en se desduisant ce qu°il en pouront debvoir pour leur part/ lesquelz feront ladite advonce jusque a tant qu°il ayet pouvoir d°esgailler/ jl n°y aura rien exentz que les collecteurs de l°annee 1657/ et fauldra payer le segond commendement qui sera faict/

Missire julien mesnil decede a mortier plat en

Le lundi 15e janvier 1657 est decede missire julien mesnil a mortier plat en la paroisse de varade/ auquel lieu jl fist bastir une chapelle en l°annee 1640 et la fist desdier au non de

517 *poist* : *payent*
518 Blanc après *est de*.

| | |
|---|---|
| varade chapelain dudit lieu | monsieur st josep et st just/ auquel lieu y a grand devotion a monsieur st just/ auquel lieu jl fist bastir le logement du chapelain et du closier avecq un puitz une vigne et toute sortte de commodites pour ledit chapelain et closier/ et l°a donnee |
| Poilpre chapelain apres luy | a sa mort a un prestre nomme missire anceau poilpré son parent/ a este ensepulture/ |
| Chapelain de st martin decede | Le lundi 15e jour de janvier 1657 a este ensepulture au[519] de l°esglise de beaulieu missire vincent drouault prestre fermier du prieuré de beaulieu et chapelain de la chapelle de st martin en l°esglise de l°aumonnerie de cande/ lequel a este chapelain 29 ans 8 mois 5 jours/ missire rene cheusse aulmo- |
| Missire george cheusse chapelain | nier dudit st jean a donne ladite chapelle a missire georges cheusse son oncle [~~xxx~~] regent[520] de la chapelle d°aligné/ lequel est age de 74 ans/ jl y a 48 ans quil a chante messe/ est enfant de cande/ c°est ledit aulmonnier qui˘l°a presente a qui bon luy semble mais qu°il soit enfant de cande/ |
| Missire georges cheusse a prins possession de˘la chapelle de st martin | Le jeudi 25e janvier 1657 monsieur jean beauvais diacre en[521] prins pocession de la chapelle de st martin pour missire georges cheusse regent de la chapelle d°aligne pres la fleche/ sa prinse de pocession publies a st denis le dimanche ensuivant/ |
| Jean beliart procureur de fabrice | Le dimanche 28e janvier a este nomme procureur de fabrice jean beliart teinturier au lieu et place de nicolas heccart/ |
| Chasuble blanc venu de paris | Monsieur baron de paris a donné a st denis de candé un chasuble de satin blanc avecq la bousce[522] voille et deulx couchinet[523]/ le tout garny et bordé de passement d°or/ jl a non jean baron/ jl est enfant de cande/ est age de environ de 72 ans/ n°on dit qu°il a donne a st severin de paris 70 livres de rantte pour chanter tout l°office du st sacrement a perpetuitte le dimanche lundi et mardi gras/ |

519 Pas de blanc après *au*.
520 *regent* au-dessus de la ligne.
521 *en* : lapsus pour *a*.
522 *bousce* : *bouche*
523 *couchinet* : *coussinet*

Rosaire a gene

Le dimanche 4$^{e}$ febvrier 1657 le rozaire a este jnstalé en l°esglise de gene par les peres jacobins d°angers/

**83r**

**1657**

Comission du sel publiee

Le dimanche 25$^{e}$ febvrier 1657 a este publie[524] aˇst denis la commission du sel qui se monte 32 minotz/ nous avons este rehausses de 8 minotz/ le minot vault 42$^{l}$i$^{b}$vres/

Missire deˇla besnardais c°est noyé

Le jeudi 22$^{e}$ febvrier cy devant le corps de noble homme[525] simon garsson seigneur de la besnardais enˇla paroisse de ver a este trouve noyé en la riviere d°erdre aupres de bonoeuvre/ et ledit corps a este une nuict dans l°esglise de beaulieu/ le lendemain monsieu$^{r}$ le curé de cande l°a conduict par cande jusque a st jean/ et mademoiselle de la lussiere sa mere[526] l°a faict conduire[527] jusque audit ver pour y faire la sepulture/ l°ont mene dans un chariot de la saulais/ et le seigneur est alle aˇla sepulture comme estant son cousin re*nn*e de g*er*main/

A este ensepulture a ver

Guiot et bouet collecteurs du sel/ guiot descharge sur piere jahan

Le dimanche XI$^{e}$ mars ont este nom*m*es pour collecteurs du sel claude guiot et rene bouet boucher/ guiot est descharge sur piere jahan/

Jubile en aniou

Le dimanche XI$^{e}$ mars le jubile a commence en aniou de cande/ nˇon est alle en procession apres midi de st denis a st[528] jean/ et revenus a st denis aˇla predication et a vespres/ jl y a aiourdhuy quinze jous qu°il avoit commensce enˇla ville d°angers/ jl dure quatre sepmaines/ jl fault jeuner un des vendredis d°une des dites sepmaines avant que de comunier/ nostre st pere le pape alexandre l°a envoie par

524 *publie* : *u* corrigé sur *l*.
525 Blanc après *homme*.
526 *sa mere* en marge.
527 *conduire* au-dessus de la ligne.
528 *st* en marge.

| | |
|---|---|
| | toutte la crestiente pour prier dieu pour la paix entre les rois et princes crestiens pour l°extirpation des heresies qui s°acroisset pour les contagions qui gastet des provinces es[529] jtalie que contre le turc qui anticipe sur les venitiens durant que les roys s°entre^font la guere/ ledit jubile est pareil de celuy de sinquente ans/ et jl a finy le samedi de quasimodo/ auquel l°on porta le st sacrement au^tour de l°esglise/ et a l°issue le teum[530] chante/ jl est aussi en l°esveche nantois/ |
| Jubille fini | et ne finira pas sitost de quinze jours apres celuy d°aniou/ |
| Missire piere grandin a celebre sa premiere messe | Le dimanche premier jour d°apvril feste de pasques missire piere grandin a celebre sa premiere messe en l°esglise de chaze sur ergous/ |
| Missire jean beauvais a celebre sa premiere messe | Le dimanche 8e apvril jour de quasimodo missire jean beauvais enfant de cande a celebré sa premiere messe en l°esglise de st denis de cande/ |
| Missire rene go*u*dé a celebre sa premiere messe | Le dimanche 15e apvril missire rene go*u*dé prestre a celebre sa premiere messe en l°esglise de combree/ |
| Parement tanné a˘l°autel de nostre dame | A˘la feste de pasques 1e apvril 1657 missire philipe besnart a donne un parement ~~dautel~~ pour l°autel de nostre dame de st denis qui est de damars tanne/ ledit besn[art] procureur du roy au grenier a˘sel de cande/ |

**83v**

**1657**

| | |
|---|---|
| Grand vent d°amont fort froid | Le mecredi 14e mars 1657 le vent tournit d°amont aveq un grand vent[531] froid et halle[532] touiours d°amont ou de haulte galerne sans faire aucune pluye jusque au samedi 21e apvril/ |

---

**529** *es* : *en*
**530** *le teum* : *le Te Deum*
**531** *vent* au-dessus de la ligne.
**532** *halle* : *hale*

Grande seicheresse

Gelle/ pluye dousce

Bled rabaïsse de pris

le vent c°est tourne d°aval aveq habondance de pluie le samedi 31$^{e}$ mars vigille de pasques/ jl fist de petite pluye sur le soir et la nuict de la gellee qui gelit les noiers tant que <que> la fleur y demeura toutte grislee[533] et n°est point tombee/ le dimanche 15$^{e}$ apvril nous feusme en process[ion] a nostre dame a beaulieu/ jl fist une nuee de pluye des le jour apres vespres sans que le vent ce tournist/ les jardrinages et aultres menus gaignages ne profitoint poinct/ les pluie continue[t] en pluye doulce tant que les biens de la tere profitet a veue d°eil au grand contement[534] des povres gens/ le bled se vent 48 $^{l}$i$^{b}$vres la chart*e*e au mois de may/ le fourment 63 $^{l}$i$^{b}$vres la charttee/

Soldartz loges au louroux

Le mardi 20$^{e}$ du mois de mars cy dessus le regiment de monsieur de la meillerais qui avoit est[535] presque deffaict a l°armee vint du lion d°angers loger au louroux ou jl feuret deulx jours/ et de la a st sigismont/ jl n°estoint pas quatre vingt soldartz de restes[536]/

Armoires a st denis pour mettre les ornement

Table pour rompre le pain benist

Le samedi 12$^{e}$ may 1657 nous avons portte en l°esglise de st denis une paire d°ermoires pour mettre les ornement de ladite esglise/ rene chevalier menusier les a faictes et fourni de tout bois/ jl [le]s a vandue 40 $^{l}$i$^{b}$vres/ et nicolas meg*u*eau cerusier[537] a eu 10 $^{l}$i$^{b}$vres pour les ferer/ elle coustet en tout 52 $^{l}$i$^{b}$vres/ nous avons passe le grand coffre derriere l°autel qui estoit ou n°on a place ledit ermoires au coste vers galerne du grand autel/ et une table au coste du grand autel contre la murailles pour poser le calice aulx festes solennelles/ et une aultre table a balustre de^soubz le crucifix pour romple le pain benist/

Julien le compte rendu catholique/

Le jeudi 7$^{e}$ juing jour de l°octave du$^{v}$s$^{t}$ sacrement a l°issue de vespres julien le conpte paigneur d°estain qui estoit comme

533 *grislee* : *grillée*
534 *contement* : *contentement*
535 *est* : *été*
536 *de restes* : *de restés*
537 *cerusier* : *serrurier ?*

| | |
|---|---|
| sa feme est de holande | atheiste/ alloit a˘la messe et aulx predications/ et n°avoit jamais communié/ a faict profession de vivre en vray crestien en presence de monsieur le cure et de tous ses chapelains et de plusieurs habitans/ ledit le compte est natif de la normandise ysu[538] de huguenotz/ et sa femme est du pais de holande bonne catholique/ jl ont este es jndes orientales bien dix ou douze ans apres este gabeleur a laval/ et se sont habitues a cande depuis deulx ans et demi/ sa femme est bouttonniere/ |
| Monsieur pi[er]e talour a celebre[539] sa premiere messe | Le dimanche <dernier jour de>[540] 3 ~~may~~ juing ~~dernier~~ jour de l°octave du st sacrement missire piere talour a celebre sa premiere messe en l°esglise de la cornoille/ |
| ~~Missire piere [xxx] a celebre sa premiere messe~~ | ~~Le dimanche 17e may feste de la trinite missire piere [xxx] a celebre sa premiere messe en lesglize de [xxx]/ cest le premier apvril quila chante~~/ |
| Banniere a st denis | Le dimanche 1e juillet pierre jahan pontchasteau a donne une banniere a st denis de damars rouge double aveq le manche/ |

**84r**

**1657**

| | |
|---|---|
| 4 compagne de soldart du regiment de monsieur de la meillerais a cande | Le jeudi 29e juing 1657 jl a arivé a candé quatre compaig[ne] de soldartz du regiment de monsieur de la meillerais qui sont conduictz par les commandans de monsieur de los marias/ jl n°ont logé que dans les hostellerie et cabaretz/ et les capitannes ont tout poyé leurs despensce/ sont alles angers prendre les armes et de la a beaufort faire le gros du regiment/ jl n°avoint que 10 sous par jour a despenscer/ |
| Pris du bled | A la my juillet ont seye les bledz/ jl se vent [~~xxx~~] seize soulz[541] le bouess[eau]/ le fourment vingt et deulx soulz le boues- |

**538** *ysu* : *issu*
**539** *celebre* : *c* corrigé sur *s*.
**540** *dernier jour de* au-dessus de la ligne.
**541** *seize soulz* au-dessus de la ligne.

seau/ les uns disent en trouver es champs plus que l°an dernier les aultres moins/ a 15 sous le bled/ a 23 sous le fourment au mois daoust/

Ad[mor]tissement de deulx mille cent livres aveq les jnterest au couvent des urselinnes d°angers

Au mois d°aoust 1657 les habitans de cande ont admorti deulx milles cent livres aulx urselinnes d°angers qu°ilz avoint enprunte en l°annee 1653 durant la garnison de picardie qui estoit loge audit cande/ ledit admortissement a este faict de la somme de deulx mille six cent livres que les tresoriers de paris nous ont faict rendre par monsieur apvril qui a l°argent pour le rendre a ceulx qui fourniret d°ustancille a ladite garnison/ monsieur chostart d°angers a faict la diligence dudit admortissement et jnterestz qui estoin[t] deubz/ nous debvons encorre six cent livres a[542] de cossé/ auquel n°on a aussi paye l°interest/ jl est reste [~~xxx~~] deulx cent livres de l°argent qui nous a este rendu d°aulta[nt] que n°on nous a rendu deulx mille six cent livres/

Don faict par jeanne apvril de 100 libvres a st denis

Le jeudi 9$^{e}$ aoust jeanne apvril vefve de defunct missire guillaume de beauvais a faict un escript par lequel elle donne a son deces la somme de cent livres tourn[ois] a st denis de cande pour achepter un enscenssouer ~~dar~~ d°argent/ les escript passit par missire rene brossais nottaire de cande/ je l°e signé/

Rene huchede novisce a pont[io]n

Le dimanche 12$^{e}$ aoust rene huchede filz de monsieu$^{r}$ l[e] procureur huchede a este receu novisce a pontion/ jl n°a pas este un an/ jl a jette le froc et s°en est alle[543]/

Esdit des notificat[ion]s des contractz de tous changemens d°heritages par contractz et bailles a rante et eschange

Le dimanche 2$^{e}$ septembre 1657 a este publie a st denis ledit des notfications[544] des contractz au pris de l°edit du mois de may 1640/ l°on voit le pris qu°il fa[ict] pour chaque forme dedit contract au fueillet [~~xxx~~] 31$^{e}$ en l°ane 1638 cy devant/ le burreau desdites notificat[ions] est establi a jngrande ches missire piere outin/ lesdits notific[ations] avoint este revoques en l°annee 1644 par esdit du roy et reminse a commenscer le 4$^{e}$ janvier de ceste anne 1657/

542 Blanc après *a*.

543 *jl na pas … est alle* rajouté ultérieurement.

544 *notfications* : sic

Piere o*u*tin din-grande greffier

Taxes sur les paroisses a˘la descharge de francz fiefz

Le dimanche 9$^{e}$ septembre a este publie a st denis un arest du conseil touchant les francz fiefz/ ceulx qui ont des te[r]es hommagee sont descharges des taxes/ et ont jetté sur les paroisses/ jl y en a pour cande 59 $^{l}$i$^{b}$vres et six deniers pour [xxx] enioinct au colecteurs de l°annee prochaine 1658 de l°esgaill[er]/

Au fueillet 82 cy devant jl y avoit une aultre taxe que celle citte/ a abollie

**84v**

**1657**

Pris du bled

A langevine le bled vault 16 sous le bouesseau [~~xxx~~]/ le fourment 26 sous/ l°avoinne grosse 12 sous le bouesseau/

Piere boiffume julien valluche guillaume bretault court [co]llecteur de la taille 1658

Le dimanche 9$^{e}$ septem$^{bre}$ a este publie une ordonnance de messieurs de l°eslection comme jl est enioinct au procureur de fabrice de nommer des collecteurs pour la taillee de l°annee 1658/ jean beliart procureur a nomme le dimanche 6$^{e}$ octo$^{bre}$ piere boiffume anthoine guiot et rene poictevin et en˘la plac*e* dudit guiot et poictevin julien valluche et guillaume bret[~~xxx~~]/

Belle sepmaison

[P]ris du bled

Eaulx desrivee

La sepmaison des bledz a este fort belle/ mais a l°issue de ladite sepmaison les pluye ont este jnportunes/ le bled continue tousiours au pris de 16 sous le bouesseau et le fourment au pris de 26 sous le bouesseau/ neant moingz ceulx qui en ont ne veulet pas s°en defaire/ jl n°y a que ceulx qui ont affaire d°argent a en vandre/ les pluye ont dure jusque a 15$^{e}$ decembre/ les eaulx feuret desrivéé le 12$^{e}$ dudit decembre/

A˘la fin de l˘annee [1]657 pris de

En l°annee 1658 a este des bledz asses en abondance/ peu de fourmentz et avoinne/ le bled feut prins a 16 sous/ le four-

[to]ute sorttes de danree

ment a 26 sous et l°avoine grosse a 12 sous le bouesseau/ jl n°y a eu aucunes fructages[545] en cande que des prunnes/ les pommes fort rares/ part^tout les cildres n°ont este faict que de poires qui estoiet asses en abondance ou jl y avoit des poirers/ le cildre [~~xxx~~] vault 2 sous le pot/ moins de vin du tres que l°an passe/ mais jlz n°ont poinct sorti du pais qui est la cause qu°il n°a pas encheri/ jl vault 35 $^{l}$i$^{b}$vres la pippe sur les lieulx/ a cande jl vault 6 sous le pot et d°aultre aussi bons a 5 sous le pot/ jl[546] aulcune noix a cande ny autour/ l°huille vault 14 sous le pot prinze angers/ a cande la chandelle de suif 8 sous la $^{l}$i$^{b}$vres/ le beure 7 sous la $^{l}$i$^{b}$vres/ la viande a pris honneste plus que les annee derniere/ le bestial ne s°est poinct enlevé/ le fagot a 40 sous le cent/ le grosbois 40 sous la charttee/ les genetz a 20 sous la charttee/

[Missire] mathurin martin [a] celebre sa premiere [mes]se a roche-mentru

Le mecredi 25$^{e}$ decembre feste de st estiene missire math[u-rin] martin a celebre sa premiere messe en l°esglise de roche-mentru/

1658

## 1658

[Les] 4 deniers par˘quitance leves sur chacun cotisé Lesdits 4 deniers ont este [su]primes de[547] le mois [de] febvrier ensuivant/ [ave]cq defence de non les [fai]re paier a˘peine [de]

Le samedi 12$^{e}$ janvier 1658 jl est venu a cande un nomme mathurin cran*n*ier sergent roial du faulx bourg st jacques pour faire conmandement au collecteurs de la taillee de l°annee 1657 de paier le droict de quitance qui se monte deulx quitance par cartier de chacun cotisé es rolle de la taille qui font 8 quitance a chacun et a 4 deniers par chacune quitance qui faict 2 sous 8 deniers par chacun taxé ches roolle/ l°esdits en estoit des l°anne 1654/ mais jlz ne l°ont leve en l°anne 1657/

545 *fructages* corrigé sur *fructage*.
546 Pas de blanc après *jl*.
547 *de* : *dès*

| | |
|---|---|
| 300 $^{l}$i$^{b}$vres d°amende [xxx]/ commendent de les[xxx]ier par arest dudit mois de febvrier | |
| Commission de˘la taillee | Le dimanche 13$^{e}$ janvier a este publie la commission de la taillee qui ce monte mil cinq cent trois livres/ |
| Commission du˘sel | Ledit jour a este publie la commission du˘sel qui se monte 32 minotz a raison de 42 $^{l}$i$^{b}$vres 5 sous 6 deniers le minot/ |

**85r**

**1658**

| | |
|---|---|
| Missire adam bellot a celebre sa premiere messe au lion d°angers | Le dimanche 13$^{e}$ janvier 1658 missire adam bellot a celebre sa premiere messe en l°esglise du lion d°angers/ |
| Jean bellanger procureur de fabrice | Le dimanche 27$^{e}$ ~~febvrier~~ janvier[548] jean bellanger a este nommé procureur de fabrice/ et jean beliart en a sorti/ |
| Heccart et beliart ont rendu leurs compte de fabrice | Le dimanche 17$^{e}$ febvrier nicollas hecart qui a este procureur de fabrice es annee 1655 et 1656 a rendu son compte/ et jean beliart procureur en l°anne 1657 a aussi rendu le sien/ |
| Grande froidure et neiges et eaulx desrivee entre aultres grande rivieres | Tout le mois de janvier jl a faict une grande froidure et force neiges/ le^quel froid n°a poinct fini que au 17$^{e}$ febvrier/ et a l°issue dudit froid[549] abondance de pluye et les eaulx desrives au passage au tour de cande/ |
| Les 4 deniers par quitance suprimes | Le dimanche 24$^{e}$ febvrier a este publie au prosne de la grande messe de st denis un arest de la cour des aydes par lequel jl est faict defences a tous collecteurs des tailles de non ce |

548 *janvier* au-dessus de la ligne.
549 *froid* au-dessus de la ligne.

Commandement de[550] les paier par arest dudit mois de febvrier

faire payes des 4 deniers par quitance a peine de 300 libvres d°amende/

Rene buffe et ~~roch jamon~~ collecteurs du sel francois bo[r]dier

Le dimanche 24e febvrier a este nomme pour collecteurs du sel rene buffe et roch jamon/ ledit jamon c°est descharge et a faict nommer d°office francois bordier/

Prieres de ~~40 he~~ 40 heures a st denis et jndulgences

Le dimanche gras 3e mars les prieres de quarente heures ont este en l°esglise de st denis de cande pour les trois jours du carnaval pour enpecher les desbauches qui eusse peu ce faire a caresme prenant/ s°a este missire josep le cerf prest[551] audit st denis qui les a faict venir de monsieur d°angers/ lequel a envoie d°angers monsieur chardon et monsieur artault prestres pour y precher et pour confesser/ lesquelz avoint le pouvoir d°absoudre les cas reserver a l°esveque/ lesdits dimanche lundi et mardi gras tout le service a este faict solenilment en ladite esglise aveq la predication vespres et salut/ et le st sacrement expose sur le grand autel aveq la procession le mardi au soir/ et le st sacrement porte au^tour de l°esglise/ la pluspart des habitans ont communie et aultres circonvoisins/ quelque libertins s°en offensoint disant que *ce* n°estoit que pour les enpecher de ganbader/

Desbordement d°eaulx a paris

Le pont marie enporte avecq les logis

La nuict d°entre jeudi 28e mars une heure apres minuct au matin vendredi 1e jour de mars jl se fist un si grand desbordement d°eaulx a paris que elle enporta la plus part du pont marie aveq bien 25 ou 30 maisons tout ce qui estoit dedans tant hommes femmes enfans et tous les biens qui estoin[t] dedans/ cela vint sans que n°on s°en print garde/ celuy qui me l°a mandé estoit aussi loge aupres desdits pontz en dangers du peril/

Le mois de mars froid

Tout le mois de mois <de mars> a este fort frois[552] et rude aveq un grand vent de haulte galerne tout le cours de la lune de

---

**550** *de* corrigé sur *des*.
**551** *prest* : *prêtre*
**552** *frois* : *f* corrigé sur *d*.

<de> mars qui commensoit des le lundi gras 4e du mois/ et ne cessit poinct de gelee et froidure jusque au commenscement de la lune d°apvril qui feut le mardi 2e dudit apvril/ et le mardi 9e apvril jl fist une pluye dousce toutte la journee aveq tonneres et esclairs sur le soir de sortte que ledit jour a faict un grand avoncement au biens de la tere qui n[e] c°estoit poinct avonces durant le mois de mars/

En apvril belle journees de pluye

**85v**

**1658**

Apvril rude et sec

Le mois d°apvril sec/ tousiours le vent de haulte galerne/ les bledz n°avoncet poinct et demeuret la plus part la ou jlz sont clers/ n°on ne voit aucuInes fleurs que es pruniers et peschers/ temps chault les festes de pasques qui sont au 21e 22e 23e apvril/ le bled encherist a 50 livres la charttee/ la pluspart des lins sont geles comme ceulx qui feuret semer a la my mars ne peuret lever/ les derniers sont fort beaulx/

Sursaience des areages du sel pour six mois

Audit mois dapvril le roy a donne sur^sayence[553] de areages du sel pour six mois des restatz deus[554] du tenps de jacques datin et philipes du hamel aveq defences a leurs comins de non contraindre les collecteurs et ayses pour lesdits restatz et de les delivrer de prinson/ s°a este monsieur de challain qui en a este la cause d°aultant que sa paroisse estoit fort areagee/ mesme aussi de non ne contraindre les officiers pour leurs gaiges/

Un augustin a preche qu°il n°y avoit poinct de peche de n°asister

Le premier dimanche d°apvril un augustin de cande prechant en leur chaire a[555] presche haultement qu°acun[556] habitant n°estoit poinct oblige a sa grande messe de paroisse sur peinne de peché mortel et qu°il leur montroit comme jl n°y

553 *sur sayence* : *surséance*
554 *deus* : *dus*
555 *a* au-dessus de la ligne.
556 *acun* : lapsus pour *aucun*.

| | |
|---|---|
| pas a sa grande messe de paroisse | estoint poinct obliges/ et aportist un livre qu°il leur leut en la chaire/ |
| Missire jean morin a celebre sa premiere messe a st denis | Le mardi 23e apvril festes de pacques missire jean morin enfant de cande a celebre sa premiere messe a st denis/ |
| Missire[557] mathurin cadotz a celebre sa premiere messe au louroux[558] | Le dimanche 5e may missire mathurin[559] cadotz enfant du louroux a celebre sa premiere messe en l°esglise dudit louroux/ |
| Mars apvril may fort rudes<br><br>Pris du bled<br><br>Gellee | Tout le mois de mars le mois d°apvril ~~jusque ala my~~ et le mois de[560] may le vent a tousïours este de galerne et haulte˘galerne en sortte que les biens de la tere n°avonssoint en rien/ les bledz n°ont fleuri que a˘la fin du moys de moys[561]/ de[562] le premier jour du moy de may et le 15e jl fist deulx grande gellee qui ont grislé beaucoup de noies chastaigners chesnes et aultres arbres/ mesmes les lins aveq un grand vent qu°il fist ont brouy en beaucoup de lieulx et des vignes par cantons/ le bled vault 18 sous le bouesseau/ ceulx qui en ont le veulet vendre LX libvres la charttee/ <en> jlz sont en[563] beaucoup de lieulx biens menus es champs a cause de˘la seicheresse et qu°il n°ont peu monter/ touttes sorttes d°arbres sont fort belles et si fleurie de tous costes que n°on s°esbluist a˘les regarder/ les trois mois de mars apvril et may temps rude et vent de galerne et amont/ sur la fin les bledz et aultres choses n°avonscoit fort peu/ le[564]/ |

557 *Missire* au-dessus de la ligne.
558 *au louroux* au-dessus de la ligne.
559 *mathurin* rajouté.
560 *et le mois de* au-dessus de la ligne.
561 *moys* : *mai*
562 *de* : *dès*
563 *jlz sont en* en marge.
564 Blanc après *le*.

Grandz ventz et jnpetueux et eaulx desrives

Le segont j*o*ur de juing le vent c°est jette d°aval/ vent cy jnpetueulx qu°il rompoit les arbres/ abattoit les fruictz/ couchoit les bledz par tere/ et les eaulx en si grande abondance que elle estoit desrives de tous costes/ tout gastes les pretz bas sur les ruisseaulx qui dura quinze jours/ ceulx qui ont du bled a vandre ont fermé leurs greniers tant que le bled se vant 22 sous le bouesseau/ encorre n°on en peult trouver/

Bled enchery

**86r**

## 1658

Le jeudi 6 juing 1658 au sinode

Monsieur d°angers a son sinode qui tint au quatre tenps deˇla pentecoste voiant les pluye et aultre mauvais temps si j*n*portuns commandit a tous les cures de son diocese de faire processions et aultres prieres pour apaiser l°ire de dieu/ ce qu°il firet les jours suivant tant que des le dixiesme jour dudit mois de juing le vent c°est tourne en sec aveq grande chaleurs qui a faict escouler les eaulx et avonscement aulx biens de la tere/

Processions et prieres pour apaiser l°ire de dieu

Missire piere belin a celebre sa premiere messe angris

Le dimanche 23e juing 1658 missire piere belin enfant de candé a celebre sa premiere messe en l°esglise d°angris d°aultant que ses parens et amis y sont demeurans/

Pris du bled enchery/ rabaisse

Aˇla st jean le bled vault 25 sous le bouesseau/ jl s°en vent a 26 sous quinze jours apres 24 sous et a 23 sous le bouesseau/ et le fourment 30 sous le bouesseau/ le temps est fort beau pour l°advoncement des biens de la terre/ quand s°a este a seier les bledz jl s°en trouvet fort peu dans les champs moings de plus de la moittie que l°an passé/ aˇla magdlainne jl vault 25 sous le bouesseau/

Bled enchery

Noble home charle rousseau seigneur des essartz tué

Le lundi 5e aoust 1658 noble homme charle rousseau seigneur du perin et des essartz en angris feut tue enˇla paroisse de combree par noble homme charle despeaulx seigneur de noyans/ a ce que n°on dit sans s°entre^vouloir de mal/

Te deum chante a˘st denis pour la garison du roy et luy rendre grace a dieu de sa sante

Le dimanche XIe aoust a l°issue de vespres en l°esglise de st denis de cande feut chante le te deum et aultres prieres en action de grace rendue a dieu de la bonne garison de nostre roy qui estoit alle en flandre aveq son armeee et estoit reven*e*e malade en la ville de callais la ou jl a receuvert[565] la sante aveq l°aide de dieu/ n°on a aussi faict angers le mesme jour les feulx de joyes et canons tirer par le comandement du roy qui avoit envoye lettres aulx esveques de˘son royaulme pour en rendre grace a dieu/ ce que a faict monsieur d°angers au principalle paroisse de son diocesse/

Feu de joy ce faict angers pour rendre grace a˘dieu

Pris du bled

A l°angevine le bled vault 26 sous le bouesseau/ le fourment a 32 sous le bouesseau/ l°avoine grosse a 15 sous le bouesseau/ ala fin <de> du mois de septembre jl vau*l*t 28 sous le bled/ et le fourment 36 sous/ l°avoine grosse 13[566] sous/ l°avoine menue 12 sous le petit bouesseau/ et au rantes 35 sous le grand bouesseau/

Missire bertrand gilleberge a celebre sa premiere messe

Le dimanche 22e septembre missire bertrand gilleberge a celebre sa premiere messe en l°esglize de st sanson d°angers/ jl avoit receu l°ordre de pretise[567] hier 21e septembre/

Pris du bled

A la toussainctz le grain au mesme pris qui est 28 sous le bled/ 36 sous le fourment/ 15 sous l°avoine grosse/

Sursaience des areages du sel finie

Sursaience des areage du sel finie/ les recepveurs desdits areages n°on[568] pouvoir de rechercher que une annee laquelle qu°il vouldront depuis 1650 jusque 1655 <s> que a fini le bail de missire jacques datin/ jl n°est poinct parle des aultres annee/

---

**565** *receuvert* : sic.
**566** *13* corrigé sur [xxx].
**567** *pretise* : *prêtrise*
**568** *non* : *n'ont*

**86v**

**1658**

Francois dandïgné a prins pocession de la chapelle de st$^{e}$ margueritte

Le jeudi 28$^{e}$ novembre 1658 francois dandigné escuier clers tonssuré filz de monsieu$^{r}$ de la jaille de noellet a prins pocession de la chapelle de ste magueritte deservie en l°esglize de st denis de cande par missire jean du vacher prestre curé de combree suivant la demission que en a faict missire piere de balode curé dudit noellet audit dandigné/

Grande neige et froidure

Jl n°a poinct faict de neif en tout le crannois et chasteau gontier

Le lundi 9$^{e}$ decembre la nuict jl fist grande habondance de neif/ et des la nuict mesme grand froid tant que la neif feut 12 jours a couvrir la tere sans remettre ny desgeler tant le froid estoit aspre d°un vend d°amont/ apres au bout de douze jours jl fist un beau degel et pluye en habondance/

Gendron et jamon collecteurs de la taille pour 1659

Le dimanche 15$^{e}$ decembre a este nomme pour collecteurs pour esgailler la taillee de l°annee prochaine 1659 missire george gendron sergent roial et jacques jamon et[569]/

Commission de˘la taillee

Le dimanche 22$^{e}$ decembre a este publie la commission de la taillee de l°anne 1659 qui se monte en tout les sommes 1404 $^{l}$i$^{b}$vres/ jl y a de cent francz moins que ceste annee/

Pris de toutte sortte de danree a cande

Pris du bled

[L]a viande

En ceste annee 1658 jl a este moins de bled de la moittie que l°an passé et y en a peu de vieulx en ce pais/ jl vault 30 sous a present/ le fourment 36 sous/ l°avoine 15 sous/ le bestial a m[ei]lleur marche de la moittie que l°an dernier/ le beuf a˘la boucherie 2 sous la livre/ asses moiennement de vin/ jl vault 5 sous le pot/ l°estranger n°a pas eu congé d°enlever le vin d°anjou/ habondance de pommes a candé et aulx environs/ le cildre vault 2 sous le pot/ fort peu de noix ycy au^tour/ mais au pais d°amont en abondance/ le pot d°huille vault 14 sous angers/ la livre d°huille 8 sous la livre/ la chadelle de suif 7 sous la livre/ le beure en pot 6 sous la livre/ le bois asses commin[570] a cande ceste annee au cause qu°il c°est

569 Pas de blanc après *et*.
570 *commin* : *commun*

Le bois

Rarette de potages

abattis des bois au tour de cande/ la charttee de bois 35 sous/ le fagot 40 sous le cent/ la charttee de genetz 20 sous/ les potage comme les chous ont tous gelé a cande et aulx environs/ poinct de naveaulx a cause de la seicheresse de l°esté/ jl n°est demeure aucun chous es jardrins que ceulx que la neif avoit ~~covert~~ couvert/

1659

Ornementz vers a˘st denis

**1659**

Le dimanche 19[e] janvier 1659 n°on a parue[571] le grand autel de st denis d°ornementz vert/ un voille de tabernacle un devant d°autel un choisible[572] garny/ le tout achepté par monsieu[r] le cure scavoir 20 [l]i[b]vres d°une amende 20 [l]i[b]vres de la confrairie de nostre dame des[573] agonisans et 20 [l]i[b]vres que une dame de cande a baille pour un cottillon de soye qui avoit este donné/ et parementz au deulx aultres autelz/ le tout couste environ de 80[l]i[b]vres/

**87r**

**1659**

Juridiction du grenier au mardi de l°advis de tous les officiers

Le lundi 27[e] janvier 1659 messieurs les president[574] grenetiers controlleurs et procureur du roy et tous aultres officiers du grenier a sel de cande tous d°un consentement ont mins la juridiction dudit grenier au mardi d°aultant que le lundi jlz ne pouvoint a˘la baronnie/ et <et> audit grenier les advocatz en estoint jncomoder/ et failloit tousiours de la chandelle alumee au soir dudit lundi/ et ont tous[575] signé au greffe ledit transport/

**571** *parue* : *paré*
**572** *choisible* : *chasuble*
**573** *des* corrigé sur *de*.
**574** *president* au-dessus de la ligne.
**575** *tous* au-dessus de la ligne.

| | |
|---|---|
| noyers plantes au grand cimetiere de st jean janvier 1659 | En ce mois de janvier j°ay plante 12 noyers au grand cimettiere de st jean le long de la muraillee vers midi et au droict comprins deulx qui sont desia grandz entre la claye et la passee que jl y a 12 ans que j°y avois plante et 8 aultres noiers que j°ay aussi plante ceste annee et l°an dernier qui sont en allans vers [xxx] et aval dudit cimettiere proches les jardrins/ |
| Pris du bled | A˘la fin de janvier le bled vault 32 sous/ le fourment 38 sous/ |
| La maison de la trigle pour servir de collaige a cande | Le lundi 17e febvrier missire jean le mee prestre prieu de vris a donné aulx habitans de cande sa maison et apartenance de trille aveq un grand jardrin clos de muraille qui est au devant de la portte dudit logis/ et l°a donne a˘la charge qu°il serviroit de college pour loger des regentz pour jnstruire la jeunesse/ l°escript passe par[576] nottaire a cande/ |
| En la[577] chapelle du rosaire d°angris la premiere piere de l°autel minze | Le lundi 17e febvrier 1659 monsieur d°angris a mins la premiere piere de ~~la chapelle~~ l°autel[578] du rozaire en l°esglize dudit angris du coste vers midi de˘ladite esglize/ ledit seigneur a non charle dandigne et le cure missire simon bellanger/ |
| recoldel a prins pocession du pieure[579] de rochementru | Le lundi 17e febvrier missire[580] recordel preste demeurant a st suplice des landes a prins pocession du prieure de rochementru apres le deces de defunct missire guillaume bonin vivant prieu/ |
| Garnier et megueau collecteurs du sel | Le mecredi des cendres[581] 26e febvrier a este nommé collecteurs du sel nicolas garnier et nicolas megueau/ jl ont trante et deulx minotz de sel/ jl vault 46 livres 4 sous 1 denier le minot/ |
| Poinct de froid en janvier et febvrier | Tout le mois de janvier pluvieulx/ febvrier sec sans faire aucune gelee ni froid *ches*[582] deulx mois jusque au 4 jour de mars que le vent se jetit en haulte galerne et amont/ et fist |

576 Blanc après *par*.
577 *la* au-dessus de la ligne.
578 *lautel* au-dessus de la ligne.
579 *pieure* : *prieuré*
580 Blanc après *missire*.
581 *des cendres* au-dessus de la ligne.
582 *ches* : *ces ?*

En mars temps sec et gelee/
Les lins n°ont[583] peu lever/ les aultres geles/ les derniers beaulx

Pris du bled

Bled a nantes

4 sepmaine de froid qui a este beau pour retarder les bledz es champs qui s°avonssoint trop pour la saison/ mais les lins qui estoint les premiers semes n°ont peu lever/ ceulx du commensement du mois de mars ont gelé et aussi que la seicheresse a este grande aveq le froid/ jl n°a faict aulcune pluie depuis le dimanche gras [~~xxx~~] 23e febvrier jusque en la sepmaine ste/ le bled c°est vandu en mars 34 sous/ 40 sous le fourment/ jl s°en est bien trouvé a nantes qui est la cause qu°il ne hausse pas de pris et aussi que ceulx qui ont des greniers les ont ouverz d°aultant qu°ilz sont beaux es champs/

**87v**

**1659**

Chappes blanches donnes par monsieur baron de paris/ 3 chappes 2 daumoires un chasuble/ le tout blanc

et ornementz rouges/ 2 daumoires un chasuble

2 chapes rouges un parement d°autel et pupitre [a]la st denis 1659

A la feste de pasques 1659 jean baron natif de cande et bourgeois en la ville de paris a donné et envoié a st denis de cande trois chappes de damars deulx daumoires et un chasuble le tout[584] blanc/ l°une pour porter l°encens les deulx aultres pour psalteurs du coeur et un parement d°autel [~~xxx~~]/ un aultre parement pour le pupitre ou n°on chante l°espitre/ jl avoit donne l°an dernier aussi un chasuble et deulx daumois de satin rouge a la feste de toussainctz/ et avant un chasuble blanc un voile deulx couesinetz[585] garnis de passement d°or/ c°est au fueillet 82 cy devant/

**583** *nont* : premier *n* au-dessus de la ligne.
**584** *deulx … le tout* au-dessus de la ligne.
**585** *couesinetz* : *coussinets*

Pris du bled

Au commenscement d°apvril le bled vault 32 sous le bouesseau/ aˇla me[586] apvril 30 sous et aˇla fin 28 sous/ au commensement du moy de may a 27 sous/ aultre a 26 sous le bouesseau/ aˇla fin de may 28 sous/ auˇcommencement de juing 30 sous/ aˇla fin de juins 32 sous/ le fourment 38 sous/ aˇla fin de juillet 22 sous le bouesseau/ au mois d°aoust 23 sous/ le fourment 32 sous/

Printenps[587] sec au commenscement

Depuis le dimanche gras $23^{e}$ febvrier jl n°a faict aulcune pluye qui eut arouse la tere jusque au vendredi $16^{e}$ may fors une petite nuee legere qu°i fist le vendredi st $XI^{e}$ apvril/ les jardrinage ont demeure a profiter comme les lins poix et febves et les avoines orges[588] par la trop grande [~~xxx~~] seicheresse/ les bledz la ou jl y a du fons de tere sont parfaictement beaulx/ jl fist une gelee la nuict au matin du jeudi $24^{e}$ apvril qui a gele les noiers grande partie des vignes comme la bourgongne au compte[589] nantois et les chesnes et partie d°aultres arbres qui estoint en fleur/

A prins pocession du prieure de rochetru

Le mardi $17^{e}$ juing missire[590]      prestre qui est de la ville de tours a prins pocession de la prieuré de rochementru assiste de missire piere girault cure de cande et missire[591]      recoldel prestre a st suplice[592]/ l°avoit aussi prinse le 17 febvrier dernier/

Missire rene bordier prins pocession de la cure de st michel du bois

Le dimanche $22^{e}$ juing missire rene bordier prestre age de 26 ans et chapelain en l°esglize de st michel du bois a prins pocession deˇla cure dudit st michel asiste de[593]      / elle luy a este presente par monsieur le duc de brissac aˇla prïere de monsieur de la boullais et aultres de ses amis/

---

**586** *me* : *mi*
**587** *Printenps* : deuxième *n* corrigé sur *p*.
**588** *orges* au-dessus de la ligne.
**589** *compte* : *comté*
**590** Blanc après *missire*.
**591** Blanc après *missire*.
**592** *suplice* : sic.
**593** Blanc après *asiste de*.

Charibaude a st denis la vigile st jean

Le lundi 23 juing vigille de la nativite de missire st jean baptiste missire piere girault cure de st denis pour tacher d˘ablir[594] les debauches qui se font aulx charibauldes dans les carefours au soir jl en a faict faire une androict de l°esglise de st denis ou luy et tous nous[595] chapelains sont alles en procession tous chapes/ ou jlz ont chante le veni creator et benedictus et les oraisoins propres/ retournant en l°esglise chante le te deum/ et puis apres fist une remonstrances des abus qui se font au charibaudes dans les rue que l°esglise defent/ jl y avoit a gené des peres capucins qui convirет[596] monsieur le cure dudit gene a en faire aultant contre leur esglise/ et eulx mesme y asistiret/ n°on voiet tous les ans de grandes desbauches en dances et yvrongnerie quelque fois toutte la nuict et puis s°entre^batre/

Aussi une a gené

Pris du bled

A˘la fin du mois d°aoust le bled se vant 75 livres la chartee/ le fourment 32 escus la charttee/ l°avoine grosse 14 escus

**88r**

## 1659

Nostre st pere le pape alexandre 7e a canonize missire st thomas de villenefve a rome le jour de la toussainctz l°an dernier 1658/ jl estoit augustin et archeveque de valence/ le general de l°ordre desdits augustins demandit permission au st pere que la feste de la canonisation feut par tous les couventz des augustins de la crestienté/ ce qu°il luy a donne aveq plenieres[597] jndulgences a tous ceulx qui seront confesses et comunier et repentans de leurs peches au couvent des augustins de cande/ les jndulgences commensciret le[598] dimanche 20e juillet ou monsieur le curé de la cornoille vint processionalement ou jl dit la grande messe/ jl˘y eut la predication

594 *ablir* : *abolir*
595 *nous* : *nos*
596 *conviret* : *convièrent*
597 *plenieres* corrigé sur *pleniere*.
598 *le* : *l* corrigé sur *d*.

et a l°issue des vespres missire le curé de st denis aveq tous ses chapelains tous chapes vindret querir les augustins et prestres de˘ladite cornoille/ alliret processionalement a˘st denis aveq une telle habondance de peuple que tous les asistan*s* en estoint tous ravis de joye/ le mardi 22 juillet feste de la magdlaine monsieu$^{r}$ le curé d°angris et monsieu$^{r}$ le cure de beligne ameniret aussi leurs processions aveq aussi telle habondance de peuples a˘la predication et a vespres/ le vendredi 25$^{e}$ juillet monsieu$^{r}$ les curés du˘louroux et de l*o*gne[599] y amen*a*t aussi leur procession[600]/ et le samedi 26$^{e}$ juillet feste de s$^{te}$ anne monsieu$^{r}$ le prieu de vris monsieu$^{r}$ le cure de st mars monsieu$^{r}$ le cure de freigne aussi/ et le dimanche 27 juillet la procession de pensce et celle de maumusson et celle de st denis ou monsieu$^{r}$ le curé dist la grande messe/ et apres midi celle de loueré ou jl c°est veu une telle habondance de peuple qu°il faillait faire la predication dans l°enclose de st gille/ et a l°issue des vespres une procession aussi celebre qu°on scauroit la souhaitter conduite a nostre dame de beaulieu ou asistiret tous les religieulx tous les prestres de st denis tous chapes les prestres de maumusson et ceulx de louere aveq les croix <et bannieres> et bannier[es] dudit st thomas/

la devante suivie de quantite de povres ayant chacun un tourteau en memoire dudit st thomas/ lesdits a*n*nonces aussi faicte a la procession qui se fist jl y a huict jours/ jl ne c°estoit et ne scauroit se voir plus grande habondance de peuple tous en devotion qu°il y en avoit en ladite procession/ car les prestres estoint en ladite esglise de beaulieu que les rue toutte plaine de peuple jusque en la grande rue de cande et a plein les murailles desdites rue sans compter le monde a˘plein carefours qui estoint pour voir les ceremonie de˘ladite procession/ car oultres ledits prestres jl y avoit encorre plusieurs prestres en soutanne/ nombres de petitz enfans revestus tous en ordre deulx a deulx apres/ monsieu$^{r}$ le marquis de la tour landri et madame marchoint apres et

599 *et de logne* au-dessus de la ligne.
600 *leur procession* corrigé sur *la sienne*.

plusieurs aultres gentilhomes et gens de condition apres/[601] ledit mardi 22e juillet dans l°enclost de st gille apres soleil couche jl feuret des feulx de joye aveq plusieurs flanbeaulx en l°air a perte de veue/ tous les soirs le salut apres soleil couche aveq grande devotion/ jl y avoit audites processions faicte a st denis et a beaulieu trois tambours trois violons fleut[602] et hault bois/ le tout a˘la reiouissance de tous ceulx qui y ont asiste tant a˘ladite procession que de ceulx qui avont[603] le contentement de voir marcher en ordre/

Le dimanche 6e dudit juillet les jndulgence avoint aussi est[604] ouverte au couvent d°angers/

**88v**

1659

Henry arnault esveque d°angers a cande

Le mardi 2e septembre monsieur d°angers venant de jngrande passa par cande/ jl visita l°esglise de st denis en passant et alla coucher aulx aulnais en chalain/ monsieur le cure n°y estoit pas a cande/ jl estoit alle angers/

Pris du grain et aultres danree

Au mois d°octobre le bled vault 24 sous le bouesseau/ le fourment 29 sous/ l°avoine grosse 14 sous le bouesseau/ l°avoinne menue aulx ranttes vault[605] le grand bouesseau/ le beure vault 7 sous la livres au marche/ les porcz sont fort chers/ le grand bestial a bon marche au pris des annee precedents/ la chandelle de suif 8 sous la livres/

Commission de la taillee

Le dimanche 16e novembre a este publié la commission de la taillee de l°annee 1660 qui se monte en tout douze centz/

Martineau et gogneul collecteurs de la taille

Le dimanche 30e novembre jour st andre feut nomme collecteur de la taillee pour l°annee 1660 missire urbain martineau apotiquaire et jean gogneul/

601 /de la main de l'auteur.
602 *fleut* : *flûtes*
603 *avont* : sic.
604 *est* : *esté*
605 Blanc après *vault*.

Au commenscement du mois de decembre le bled vault le bouesseau 22 sous/

Taxes sur les advocatz

Le mardi 2e decembre les advocatz du grenier a sel n°ont poinct[606] monte au pallais d°aultant que le roy leur demande a chacun 660 libvres et de prendre des lettres de finances pour avoir pouvoir d°estre procureur/ et n°ont poinct tenu l°audiance jusque au mois de janvier le 2e mardi 13e janvier/

Pris des danree

En ceste annee 1659 jl a este moins de bledz que l°an dernier par endroictz/ jl vault a present 24 sous le bouesseau/ le fourment 30 sous/ l°avoine grosse 15 sous le bouesseau/ le bestiail a meilleur marche de beaucoup que l°an dernier fors ceulx qui ont de la gresse qui sont chers/ du vin moins que l°an dernier a cause des gellee/ jl vault 6 sous le pot a cande/ le bon vin sur les lieulx se vant 50 libvres la pipe/ en d°aultre lieulx moins a 45 libvres d°aultre a 40 libvres selon la bonte/ jl n°a este aucuns fruict au^tour de cande fors quelque poires/ le cildre se vant 3 sous le pot et 25 libvres la pipe/ poinct de noix du tout aussi environ cande/ mais jl y en a au^desus d°angers/ l°huille en vault 16 sous le pot/ le beure vault 7 sous la libvres au marche/ la charttee de bois et le cent de fagot vault 35 sous chacun/

Commenscement d°un grand et long froid

Le lundi 15e decembre 1659 le grand froid a commensce qui a dure dix sepmaine jusque au lundi 24e febvrier sans desgeler/ tous les grande rivpvieres estoint glacee en sortte que les marchandise ne marchoit poinct/ tousiours vent d°amont ou de haulte galerne en sortte que le povre monde qui n°avoit poinct de bois patissoit car les chartiers ne pouvoinct marcher/ sur les paves des villes n°estoit rien que verglas comme la neif avot remins et regeles/ le monde tomboit dessus qui s°estropioint/ les glaces des grandes rivieres ont remins fort aisement d°aultant que le degel a este fort beau/ le temps a este tout le mois de mars et apvril comme un ~~pr~~ printemps/ fors a˘la my apvril habondance de pluye chaude/ tout le reste du mois belle aparensce des biens de la tere/

Les grandes rivieres touttes glaces

Beau temps/ belle aparence des biens de la tere

606 *poinct* au-dessus de la ligne.

**89r**

## 1660

| | |
|---|---|
| Commission du sel | Le dimanche 4[e] janvier feult publié la commission du sel a 32 minotz/ |
| Missire anthoinne bertault procureur de fabrice | Le dimanche 18[e] janvier a este nomme pour procureur de fabrice de st denis missire anthoinne bertault au lieu et place de jean bellanger qui y a este deulx ans/ |
| Missire antoine arnault a prins pocession de st nicolas de cande | Le dimanche 25[e] janvier missire anthoine arnault cler tonssure nepveu de missire henri arnault esvesque d°angers a faict prendre pocession de la prieuré de st nicolas de cande par le segretaire dudit evesque asiste de missire jean morin prestre a cande/ les tesmoingz sont missire jean huchede procureur nicolas bordier et moy jacques valluche/ |
| Bodmier et ergon collecteurs du sel | Le dimanche 25[e] janvier a este nomme collecteurs du sel jude bodmier[607] sergent et mathurin ergon/ |
| Pres de la fabrice affermes | Le dimanche 1[e] febvrier soubz le ballet de st denis a este passé le bail des cimetiere et pres de la fabrice de st denis a missire claude pean pour le prise[608] 55 $^{l}$i$^{b}$vres par an a conmenscer au jour de la chandeleur/ le bail passe par[609] / |
| Pris du bled | Au commenscement de febvrier le bled vault 26 sous le bouesseau/ au milleu de febvrier 28 sous/ et aˇla fin 30 sous/ le fourment 32 sous le bouesseau/ |
| La paix faicte entre les roys de <de> france et d°espagne et monsieur le prince de condé et aultres seigneurs | Le dimanche 29[e] febvrier 1660 l°on a chante le te deum a st denis a l°issue des vespres suivant le mandement de monsieur d°angers en resiouissance de la paix faicte entre les rois de france et d°espagne et monsieu[r] le prince de conde/ ladite paix a este arestee a ayx en provence le 3 febvrier 1660 et publiee a paris le 13 dudit febvrier/ et angers le dimanche 22 febvrier une procession generalle depuis st maurice jusqz |

607 *bodmier* : *d* corrigé sur *b*.

608 *prise* corrigé sur *pris*.

609 Blanc après *par*.

| | |
|---|---|
| | a st aubin a˘laquelle asisasteret[610] tous les chaloigne de˘la ville d°angers ou monsieur d°angers celebrit la messe pontificalement/ et revenir[611] a st maurice en mesme ordre/ et le lendemain 23e dudit febvrier processions en touttes les |
| Feux de joye angers | paroisses de˘la ville et faubourgz d°angers/ et le mardi 24e dudit febvrier les feulx de joye faictz en ladite ville d°angers/ et toutes la sepmaine ne feut que processions es paroisses de la ville et grande resiouissance/ |
| Pris du bled | Au mois de mars le bled a continué au pris de 28 sous le bouesseau/ et le fourment 32 sous/ |
| Seminaire d°angers beny | Le vendredi 2e apvril monsieur d°angers a beny le seminaire d°angers qui est basti au faulxbourg st jacques/ c°est missire josep le cerf preste natif de cande qui en a esté le premier entrepreneur dudit seminaire/ |
| Pris du bled et vin | Au mois d°apvril le bled vault 28 sous le bouesseau/ le fourment 32 sous/ le vin vault 7 sous le pot/ |
| Galleriens a cande | Le jeudi 29e apvril jl a deslogé de cande une cheigne de forcerres qui venoint des prinssons de bretaigne/ jl y en avoit 45 encheignes/ |
| L°esglise de vris rebastie | En ce mois d°apvril ont[612] a jette l°esglise de vris tout la neif[613] a bas pour le rebastir/ faire un clocher deulx chapelles en croix/ et madame de la saullais a mins la premiere pierre le[614] apv[ril] / |

**89v**

## 1660

| | |
|---|---|
| La conversion du sieur cotibi | Le jeudi 25e apvril 1660 jeudi absolu[615] monsieur cotibi ministre de poictiers c°est converti a la foy catholique/ mon- |

610 *asisasteret* : lapsus pour *asisteret* (= *assistèrent*).
611 *revenir* : *revinrent*
612 *ont* : *on*
613 *neif* : *nef*
614 Blanc après *pierre le*.
615 *absolu* : *b* corrigé sur *p*.

ministre de poictiers

sieur de poictiers le receut a bras ouvertz en presence de plus de dix milles personnes tant catholiques que huguenotz dont plusieurs huguenotz ce convertiret aussi/ ledit jeudi absolu les religionnaire l°atendoit en leur preche/ dont jl leur escrivit une lettre comme tout ce qu°i leur avoit presche tout le temps de sa vie estoit faulx et contre sa croiansse/ mais qu°il ne pouvoit plus durer en ceste faulce croiansse/ mais dit qu°il a trouve es escript de son defunct perre aussi ministre comme jl declaroit aussi la mesme opinion/

Autel du rosaire basti en l°esglise de gene

Au mois d°apvril 1660 l°autel du st rozaire en l°eglise de gene a este faict en la chapelle de la motte ferchault faict par piere pean de louvainne a la diligence de monsieu[r] le cure et de rene melois procureur de la confrairie/ jl a couste 50 [l]i[b]vres pour la fasson/ ledit sieur moquan cure a aussi faict faire l°autel de st fiacre en ladite esglise dudit gene a ses despens dans lequel jl y a trois niche pour mettre les ymages scavoir celle de st fiacre st eloy et st clair/

Autel de st fiacre

Fers a faire le pain a chanter a st denis

Au mois dapvril 1660 monsieur le cure [~~xxx~~] girault a faict faire des fers a faire le pain a chanter/ jl coustet bien 25 [l]i[b]vres/ jl y a[616] 13 [l]i[b]vres 10 sous de l°argent de la confrairie de nostre dame des agonisans et le reste d°un hag*ui*gna[xxx]/

Missire jean baron decede a paris bienfaiteur en nostre esglise de st denis de cande

Au commenscement du mois d°apvril 1660 est decede a st[617] a paris honneste homme jean baron natif de cande age de 75 ans/ lequel a donne a nostre esglise de st denis de cande des ornemens rouges et blanc pour plus de 15 centz livres depuis ·3 ans/ le don se voit au fueillet 87 cy devant/ dieu luy face pardon/

Pris du bled

Au commenscement du mois de may le bled vault 26 sous le bouesseau/ le fourment 30 sous/

Bestiail cher

Le bestiail est plus cher de la moittie plus que l°an dernier/

---

616 *a* corrigé sur *en*.

617 Blanc après *st*.

Arest contre les blasphemateurs d*u* *n*on[618] de dieu

Le dimanche 23$^{e}$ may 1660 a este publie a st denis un arest contre mathurin guibert blasphemateur duˇst et sacré non de dieu/ ledit arest portant qu°il a faict l°amende devant la grande portte de st maurice la corde au col la torche en la main et le bourreau aˇle conduire et a 40 $^{l}$i$^{b}$vres d°amende et banni pour 9 ans de [~~xxx~~] l°aniou/ c°est monsieu$^{r}$ d°angers qui a enio[in]gt a tous les cures de son diocesze de plublier[619] ledit arest pour donnes craincte aˇtous les blasphemateurs/

Missire jean sadet a celebre sa premiere messe

Le dimanche 30$^{e}$ may ~~a celebre ast denis~~ missire jean sadet enfant natif de cande a celebre sa premiere messe en l°esglise de st denis de cande/

Pris du bled

Au mois de juing le bleds vault 27 sous et 28 sous le bouesseau/ jl ne s°en trouve plus guere dans les greniers/ si les bretont n°en eusset prins a nantes jl auroit este bien plus cher/

**90r**

**1660**

Louis 14$^{e}$ du non et[620] marie/ Le 4$^{e}$ ou 6$^{e}$ juing le roy a espouse l°infante d°espagne/ et ont espouse a fontarabie le 2$^{e}$ juing/ et la consommation du mariage le 5$^{e}$ a st jean de luz/ le roy l°as espousee luy mesme en personne en presence du roy d°espagne/ tout le voiage du roy d°allee et de venue pour ledit mariage a este faict en grande solennite assisté de grandz personnages/ monsieur l°archeveque de panpelune y offico*i*t et <et> y celebra la messe qui y feut chantee enˇmusique don louis daro/ ausi^tot que elle feut finie l°archeveque acampagne du patriaches des jndes et de l°eveques de freins et aultres eclesiastques descendit de l°autel et s°aprocha du lieu ou estoit le roy et ~~la reynne~~ l°infante/ un notaire apostolique leut la dispensce du pape

618 *du non de* corrigé sur *de cande*.
619 *plublier* : sic.
620 *et* : *est*

et dom louis daro la procuration en vertu de laquelle jl pouvoit espouser la royne/ ceste lecture achevee l°archeveque demanda par trois fois a l°infante si elle vouloit espouser louis de bourbon roy de france/ a quoy elle respondit autant de fois de bonne grace si qui est le mot decisif et qui veult dire ouy en nostre langue/ ensuitte elle se tourna vers le roy son pere et se jettant a ses piedz luy demanda sa permission et sa benediction tout ensemble/ le roy la luy donna et luy mint un anneau au doigt comme jl avoit este convenu/ ce feut alors que dom louis daro espousa la reynne au non du roy et que ceste auguste ceremonnie feut achevee/ ainsi tout la cour ce retira fors <fors> que le roy d°espagne print sa fille reynne de france et l°a^compagna jusque au pallais ou elle disna en public au coste droict de son pere/ et elle estoit ce jour la habillee en satin ~~blanc~~ brode d°argent et ornee de plusieurs chaignes d°or et de bandes de diamans et pierreries/ mademoiselle qui y estoit allee jcoïgnoto[621] ne peut si bien se cacher quand elle feut a fontarabie que le roy d°espagne ne luy envoiast plusieurs carosse a˘la rencontre/ et elle feut a˘l°apres disnee pour saluer la reynne/ voulant luy baiser le bas de sa robe la reynne la releva/ luy presenta sa main a baiser/ et apres l°avoir enbrassee elle a[622] mena en sa chambre ou elle feuret longuement ensemble/ le [~~xxx~~] roy en temoignage de la joye fist dresser un balet ou plusieurs princes et princesses de grandz seigneurs et dame y danceret comme jl estoit juste q°une belle fin couronnast un si beau commencement/ les deulx roys en suitte du mariage se virent en particulier le 6 du courant dans l°isle de la conference/ le lendemain 7[e] jlz y retourneret/ et ce feut la que s°embrassant estroictement jlz jurerent la paix/ ensuitte de˘quoy sa maieste catholique remint la nouvelle reynne entre les moy[623] du roy son espoux/ la reynne mere la print en mesme temps dans son carrosse et touttes ces maiestes se separeret aveq des signes d°une amitie mutuelle/ la cour d°espagne s°en retourna des le 8/ et la derniere ceremonie

---

**621** *jcoïgnoto* : sic.
**622** *elle a* : *elle la*
**623** *moy* : *mains* ?

ce fist le 9e et que la cour devoit partir le 12e pour estre deulx jours a bayonne et de la passer <a> ~~d~~ a˘dax ou jl devoit ce faire des superbes entrees/

**90v**

**1660**

les lettres portent aussi que monsieur de la meillerais devoit regaler leurs maiestes en passant en poictou/ que monsieur le cardinal aveq le marechal de grandmont devoint partir devant/ ce^pendant le roy restroit[624] quelque temps a chambourt/ et que son eminence et une partie de la cour ce rendroint a paris pour ordonner de touttes choses/ et qu°elle yroint se reioindre aveq monsieur le prince a fontaine^bleau ou le roy recevra les complimens de toutes les cours souveraines/ ce^pendant monsieur de crequy feut choisi pour porter le present des nopces c°est a scavoir une cassette de pierreries prisee de quelq°uns deulx cent mille escus et d°aultres quatre cent mille aveq un baguier de douze bagues au millieu desquelles est un grand diamant quatre pendant d°orreilles et aultres pierreries estimes 4 mille escus/ voila ce qui c°est veu par escript qui n°en est q°une partie [~~xxx~~] tirree desur les escriptz d°aultant qu°il y en eust eu trop long a escrire/ et d°aultres lettres parlet de˘la revenue du roy et de ses logement par le poictou pour s°en retourner a paris au commencement du mois d°aoust/

Pris du bled

A la st jean le bled vault 25 sous le bouesseau [~~xxx~~]/ jl y en a qui ont besoing d°argent/ quelque^uns en ont vendu a 15 escus la charttee/ d°aultres a 16 escus en leur avanssant l°argent/ neantmoings au mois d°aoust jl ce vent 18 escus la charttee quant on a eu battu/ et s°est trouve des bl*edz* grace a dieu asses en grand nombre du tiers plus que l°an passe/

Grande nueé de pluye

Le jeudi [~~xxx~~] 16e aoust jl fist une grande nueé de pluye tonnere et orage dont beaucoup de batteulx[625] firet la gache

**624** *restroit*: sic.
**625** *batteulx*: *batteurs*

dans les erres[626] ou beaucoup ont perdu du bled comme en freigne la cornoille et le louroux ou˘la nuee portta le plus/ et pleut en si grande abondance que les ruysseaulx en furet desborder ou la nuee porta les deulx jours suivant/ jl fist encorre de la pluye en d°aultres paroisses/ lequelles pluye estoint nicessaires a cause de la grande seicheresse/ et puis jl se tourna au beau le dimanche 22e aoust pour achever de battre les bledz/

Bled rabaisse de pris

A la fin du mois d°aoust ont vent le bled 54 livres la charttee/ jl en a esté du tiers plus que l°an passé/ le monde ceulx qui en ont ne veulet pas le vandre/ jl n°y a que les petitz fermiers pour paier leurs fermes/ a˘la fin du mois de septembre le bled se vent 60 livres la charttee et le fourment 100 livres la charttee/ jl est peu de fourme[nt]/ jlz sont tous fouedres[627] et gastes/ la grosse avoine 42 livres la charttee/

Bled rehausse de pris

Pris du fourment et de l°avoinne

**91r**

## 1660

Jntendant de monseigneur le prince

Le dimanche 17e octobre monsieur[628] jntendent de monsieur le prince de conde a logé a cand[e]/ et est alle a chasteaubriand pour bailler a ferme la tere dudit chasteaubriand candé et aultres en despendant pour neuf annees a commenscer a˘la toussainct 1661/

Grande abondance de pluye

Le dimanche 17e octobre a cause des pluye ennuieuse qu°il faisoit monsieur nostre curé asina la procession pour invoquer la vierge a nostre dame a beaulieu/ comme la procession sortoit de st denis le temps[629] estant couvert et menas-

Processions a

626 *erres* : *aires*
627 *fouedres* : *foudroyés*
628 Blanc après *monsieur*.
629 *temps* au-dessus de la ligne.

nostre dame a beaulieu

soit abondance d°eau/ la nue se separe en deulx du coste du midi et galerne ou jl tomba grande abondance d°eaulx et gresles/ le temps change en beau qui dura jusque a la fin du mois de novembre tant que n°on achevit d°ensemenscer les bledz sans en perdre journnee/ monsieur le cure d°angris y amena aussi sa procession le lendemain jour st luc/ les aultres cures en leurs paroisses faisoint aussi des processions en d°aultres lieux ou la devotion les portoit/

Beau temps pour ensemenscer les bledz

St nicolas de cande repare

En ceste annee 1660 l°on a recouvert l°esglise et clocher[630] de st nicolas de cande/ faict refonscer ledit clocher de terrasses ou la voutte estoit rompue d°antiquite/ ont faict rompre les aultelz des deulx chapelles qui estoint enfonses soubz de petites vouttes hors de l°esglise qu°ilz ont rompue et aplanir lesdites voutttes de [~~xxx~~] murailles/ faict refaire les pilliers par dehors desdites chapelles qui estoint rompus/ le tout racomode par piere rivrais couvreur lequel a eu 120 livres missire anthoinne arnault prieu dudit st nicolas nepveu[631] de monsieur d°angers/ ce n°est pas luy qui l°a faict reparer/ c°est celuy qui la a donne ladite prieure qu°i avoit marchande avant/

Masseot et gaudin collecteurs de la taillee de 1661

Le dimanche 7 novembre ont este nommes pour faire la collecte de la taillee de l°annee 1661 chacun de jean masseot hoste et jean gaudin sarger/

Commission du sel

Le dimanche 21e novembre a este publié la commission de sel pour lannee 1661 ou jl y en a 32 minotz mesme nombre de ceste[632] annee a 44 livres 6 sous 2 deniers le minot/

Entree de monsieur dalcourt angers

Le dimanche 29e novembre monsieur le compte dallecourt gouverneur d°aniou fist son entree en la ville d°angers ou il feut receu en grand honneur des grandz seigneurs et gentils hommes[633] de l°aniou et de tous les habitans d°angers tous en armes et mins en ordre/ et toutte la sepmaine fist visitte

630 *et clocher* au-dessus de la ligne.
631 *nepveu* : *ne* corrigé sur *en*.
632 *ceste* : *ce* corrigé sur *le*.
633 *hommes* corrigé sur *homme*.

es principalles esglise dudit angers ou monsieur d°angers y assistoit/ lesdits seigneurs qui l°assistoint estoint couvers d°abitz a qui mieulx mieulx et montes a cheval/ c°estoit a qui parestroit le mieulx/ et marchoint en ordre ou chacuns estatz alloint en ordre et a qui seroit le mieulx couvert/

Possession de la chapelle st martin pour missire rene huchede soubdiacre

Le samedi 18e decembre 1660 missire jean morin prestre a prins pocession de la chapelle de st martin en l°esglise de st jean de cande pour mestre rene huched soubdiacre a luy presentes par missire rene cheusse aulmonnier dudit st jean apres le deces de missire george cheusse qui n°a este chapelain que 3 ans 9 mois/ est decede au mois d°octobre dernier age de [~~xxx~~] 78 ans a˘la chapelle d°aligné/

**91v**

**1660**

Pottier et picart collecteurs du sel

Le dimanche 19 decembre 1660 ont este nommes pour faire la collecte du sel chacuns de missire [~~xxx~~] denis pottier ~~sergent~~ nottaire roial et [~~xxx~~] rene picart tissier/

Commission des tailles 1192 livres

Le dimanche 26e decembre a este publié la commission de la taillee subsistance et aultres qui se monte en tout unze cent quatre vingt douze livres/

Commission de 50 livres

Et une aultre petite commission de cinquente livres pour les gaiges des esleus qui avoint este subprimes jl y a deulx ans et remins a present/ leurs gaiges estoint demeures a paier/ et a present jlz ont jette sur les paroisse/

Jl fault porter les roolles et quitances angers

Et une ordonnance de messieurs les esleus comme jl fault que tous les collecteurs des annee 1647 1648 1649 1650 1651 1652 1653 1654 1655 1656 portent tous leurs roolles et quitance angers pardevant monsieur de serezin l°un des esleus et deputé pour entendre les plaintes des collecteurs/ scavoir s°il ont paié plus ou moins qu˘ilz n°ont receu/ et si les sergens les ont exigé en frais pour leur estre faict droit sur les vingt millions que le roy a remins sur les taillee et saillage a la venue de son mariage/

| | |
|---|---|
| L°esglise de vris rebastie de la˘nef chapelles et clocher<br><br><br><br>A couste 1800[634] | En ceste annee 1660 les habitans de vris ont faict refaire leur esglise tout a neuf scavoir la˘nef et deulx chapelles l°une a midi l°autre a galerne et un clocher au pignon vers aval/ et pour le˘tout faire ont marchande aveq piere rivrais couvreur demeurant a rochementru pour la somme de dixhuict cent livres tournois et 45 journ*ees* de beufz pour charoier les matheriaulx fors qu°il nest poinct oblige aulx vitres tant serures que aultres choses pour lesdites vitres ny au carrelaige de˘ladite esglise ny aulx lambri/ auparavans des cloches n°estoint que au hault du pignon dans des fenestres/ le coeur de ladite esgise[635] avoit este aussi rebasti tout a neuf depuis vingt ans/ |
| Pris des danree<br><br>du vin<br><br><br><br>de˘la viande<br><br>du beure<br>des porcz<br><br><br><br><br>Pris du bled | En ceste annee 1660 jl a este du vin asses en habondance/ la pippe se vent sus[636] les lieulx a plusieurs pris selon le cru/ jl se vent a cande 5 sous le pot/ jl c°est culli des pommes en quelque endroict asses en habondance/ le cildre vault 20 deniers le pot/ asses habondament de noix au pais d°amont/ le pot d°huille vault 14 sous/ le beuf fort cher a 2 sous 6 deniers la libvre/ le bestial au foires a vallu du tiers plus que l°an dernier/ n°on n°avoit de vie d°homme les porcz si chers/ les gras ce vandoint a cande les plus chetifz[637] 20 libvres d°aultres jusque a 25 libvres 30 libvres 35 libvres jusque a 40 libvres ou plus selon qu°il estoint/ les godillons tous a˘la ra*e* 10 libvres/ d°aultres jusque a 12 [~~xxx~~] libvres[638] a 15 libvres 16 libvres/ le beure parˆfois 7 sous la˘livre et en pot 6 sous la libvre/ le bergeail s°es bien mort par endroict/ la brebis vault 30 sous pour nourir/ aultres plus ou moins/ le bled tient pris a 20 sous le bouesseau/ 30 sous le fourment/ jl estoint tous fouedres ceste annee cause qu°il est cher/ |

634 *1800* : souligné par l'auteur.
635 *esgise* : sic.
636 *sus* : *sur*
637 *chetifz* : *t* corrigé sur *f*.
638 *12* [~~xxx~~] *libvres :* au-dessus de la ligne.

**92r**

**1661**

| | |
|---|---|
| Missire simon talour a celebre la messe a st jean angers | Le dimanche 2e janvier 1661 missire simon talour a celebré sa premiere messe a st jean d°angers/ jl est natif d°angris du faulx bourg st jean les cande/ |
| Plaisans et dechaus operateurs a cande | Le mardi 4e janvier jl a sorti de cande des operateurs nommes de beauchans et en son non louis de larmenier/ l°autre plaisans qui ont este a cande loges au lion d°or trois sepmainnes a sauter et ganbader sur leurs theastres en vandant leur orvietan et aultres bagadelles/ jl estoint bien quinze ou seize personnes a nourir/ les uns jouoint du violon de˘la basses les aultres danssoint/ |
| Desris d°eau et temps ennuieulx a˘la pluye | Le dimanche ·9e · janvier ·10· et ·11e · suivant les deris d°eaulx ont este au passages de tous costes a cause des pluye qu°i ont faict/ jl y a bien ·6· sepmainne qu°il n°a faict aucune journne entiere de beau temps/ tousious de la pluye ou brouee ou temps couvert/ faire aucune gelee depuis le 24e novembre dernier qu°il en fist une/ les bledz n°avoint estes sepmes que apres la toussainct qui ne s°avonset peu a cause qu°ilz sont laves d°eau/ ceulx de devant la toussainct sont beaulx/ les pluye continue tousiours/ |
| Procession a beaulieu | Le ~~dimanche~~ mardi[639] 25e janvier monsieur nostre cure nous a mene processionalement a nostre dame a beaulieu avant vespres pour jnvoquer la vierge marie pour demander le beau temps qui commencit des l[e] jour et fut sans pleuvoir jusque au 4 jour du mois de mars/ |
| Jaugeurs du vin a cande | Le mecredi 26 janvier jl est venu a cande des jaugeurs du vin/ jlz ont este par˘touttes les hostellerie de cande et ont prins 7 sous 6 deniers par chasque pipe ou jl y avoit du vin dedans/ |
| Messager d°angers passe | Au commenscement de ceste annee 1660 le messager d°angers c°est separe a deulx fois la sepmaine/ le mecredi |

639 *mardi* au-dessus de la ligne.

| | |
|---|---|
| par cande deulx fois la sepmaine | au soir l°un vient d°angers et l°autre de rennes/ et tous deulx viennet loger a cande/ l°un va angers l°autre retourne a rennes/ le samedi au soir celuy d°angers vient loger a cande/ et le dimanche au soir celuy de rennes vient aussi loger audit cande pour aller angers/ et loget tous deulx a l°escu de bretaigne audit candé/ |
| Jndulgence plenieres a st denis au 3 jours[640] du carnaval | Le dimanche gras 27e febvrier et le lundi et mardi gras ensuivant jl y a jndulgence pleniere a st denis de cande envoyé par nostre st pere le pape a la solicitation des enfans de defunct missire jean baron natif de cande decede a paris au mois d°octobre dernier/ lequel par son testament a desiré que lesdites jndulgence feusset audit st denis a la diligence desdits enfan[ts]/ elle sont pour 7 ans avecq matines grande messe vespres et salut au soir/ le tout office de st sacrementz/ |
| Missire francois poictevin prestre asiste de missire rene bellanger cure de chase sur argos a prins pocession de la chapelle st martin | Le lundi 7e mars missire francois poictevin prestre natif de cande comme plus antien prestre a prins pocession de la chapelle de st martin en l°esglise de st jean dudit candé/ l°a prinse apres missire rene huchede soubdiacre a qui missire rene cheusse l°aumonier l°avoit prensentee[641] au plus fort a qui l°aura/ |

**92v**

**1661**

| | |
|---|---|
| Deces [~~xxx~~] de monsieur le cardinal mazarin Mariage de | Le mecredi 9e mars 1661 a decedé au bois de vincennes monsieur le cardinal mazarin/ et le lesset[642] 15 jour avant que de l°ensepulturer/ le va voir qui veult sans aucun enpechement/ et avant que de mourir jl a marie une des niepces aveq monsieur le grand maistre filz de monsieur de la meillerais/ |

**640** *jours* : *s* corrigé sur *d*.
**641** *prensentee* : *présenté*
**642** *lesset* : *laissent* ou *laissaient*.

| | |
|---|---|
| monsieur le grand maistre | lequel a present se nomme monsieur le duc de mazarin/ j°en ay veu une lettre daptes[643] a paris du 12e mars par laquelle j°e aprins ce que dessus et aussi que monsieur le[644] duc de |
| Deces de monsieur le duc du brissac | brissac est decede/ |
| Le mois de mars pluvieulx | Tout le mois de mars pluvieulx en habondance aveque deris d°eaulx bien souvent qui jncommodoit les passages/ et faisoit du tonnere/ et tout le mois d°apvril aussi qui faisoit grand tort au biens de˘la tere/ ceulx qui ont du bled a vendre le veullet rehausser/ neantmoings il ne vault encorre que |
| Pris du bled | vingt soulz le bouesseau/ |
| Au mois de may | Tout le mois de may[645] a encorre este asses pluvieulx/ la premiere sepmaine pluvieuse l°autre beau temps/ ainsi tout le mois de may les sepmaine entremeslee/ et neantmoins |
| Le bleds vault 20 sous le bouesseau | les bledz ont asses bien fleury/ jl continue a vingt soulz le bouesseau/ |
| Bouet grenon davy et combre maistres bouchers a cande | Le jeudi 10e juing monsieur chotart jntendant de monsieur estant a candé a instalé quatre maistres bouchers audit cande scavoir rene bouet gatien grenon jean davy et anthoinne combre/ et leur a baille a chacun une lettre en parchemin seellee et signe de monsieur le prince a paris le 25e apvril dernier signe louis de bourbon/ son defunct[646] en avoit aussi instalé 4 en l°annee 1638 qui sont decedes/ les lettres ne sont pas heriditaire/ quant un desdits bouchers moura ses enfans ne heriteront pas dedites lettres/ jl se voit au feillet 29 cy[647] devant ceulx qui estoint bouchers auparavant/ |
| Nostre st pere le pape alexandre 13e du non a envoie un jubilé par toutte la crestiente | Le pape alexandre 13e du non a envoié par toutte la crestiente un jubilé universel pour prier dieu qu°i luy plaise apaiser la furie des turcz qui s°avonsce jusque sur la tere des crestiens jusque en la hongrie/ et ont prins des villes sur lesdits crestiens de la hongris/ ledit jubile a ouvert en la ville d°angers |

643 *daptes* : *datée*

644 *le* : *l* corrigé sur *d*.

645 *de may* au-dessus de la ligne.

646 *son defunct* : *son défunt père ?*

647 *cy* : *c* corrigé sur *d*.

le lundi 30 may/ et monsieur d°angers l°a envoie par tout l°aniou/ et en a baille les bures aulx cures estant au sinode qui tint le 8e juing pour en faire l°ouverture par tout l°aniou le lundi ·13·e juing pour durer ·15· jours/ fault jeuner le mecredi vendredi et samedi de l°une ou l°autre desdites deulx sepmaines/ nous feusmes en procession ledit jour de lundi aulx augustins ou la grande messe feut celebree et retournes processionn*al*ement a st denis/ ledit jubile est pareil du grand jubile qui se ouvre en ·50· ans/ jl a aussi ouvert en bretaigne le dimanche 19e juing en quelque paroisses comme jlz ont receu les burles/

**93r**

## 1661

Beau temps

Le lundi 13e juing 1661 le beau temps a commensce comme le jubilé a ouvert qui a dure toutte la quinzaine dudit jubile et encorre apres/ le bled a haussé de pris a cause qu°il n°est guere beau es champs/ les bouriers jarseau[648] et aultres sorttes d°herbes les ont gaignes tant bled que fourment/ et vault 24 sous le bouesseau/ le fourment 34 sous/ les fourmentz sont encorre plus perdus que le bledz car beaucoup les fauches[649] pour bailler aulx bestiaulx/

Bled enchery

Le tonnere tombe en une maison a cande en la rue de la fransceserie/ brusla le superfie d°une maison

Le vendredi 24e juing 1661 feste de la nativite de monsieur st jean baptiste sur les 3e heures apres midi jl se leva un grand orage de tonneres et esclairs et pluye/ lequel tonnere tomba[650] en feu au carefour du marche de cande ou tenoit la foire/ le feu roulant par la rue ce jetta par une portte monta par la cheminee et par le tuyau desdits chemine/ tomba sur une maison et en un jnstant le feu print par toutte la charpente qu°i consommoit/ jl y avoit grande habondance de peuple a cause de la foire lesquelz montiret au grenier/ aveq force eau et mesme la pluye qui tomboit du ciel le

648 *jarseau* : *gerzeau*
649 *fauches* : *fauchent*
650 *tomba* : *b* corrigé sur *p*.

feu ne s°en˘av*iv*oit que davantage/ monsieur le cure de st denis y aporta le st sacrement en grande solennite asiste de ses chapelains chantant le miserere pangeligua et aultres tenant le st saqrement au devant dudit logis/ incontinant le feu s°apaisa/ jl le passa vers galerne ou il feut chante la litanie des saintz et des salutz de la vierge/ incontinent le feu s°apaisa parˆtout/ jl renporta le st sacrement a st denis en grande solennite asiste de plus de 300 personne tant de cande que circonvoisins chantant le te deum ave marie stella aveq un salut le posant dans le st[651] tabernacle/[652] un homme m°a dit avoit parle a un homme de balléé ou jl y a aussi une foire avoir veu ledit jour de st jean tonber le tonnere en la rue dudit balléé ou tient la dite foire en trois lieux de˘ladite rue ou le monde tombait par tere espouventes dudit orage/ et ~~nont~~ neantmoingz aucune personne ne feut blessé/ aveq une nuee d°orage si grande que en un pré proche ledit balléé elle enmena plus de 20e veille de foing dans la riviere dyves proche les ballee/ le lendemain samedi 25e juing audit cande jl se leva encorre une nueé de tonnere et esclairs orage et grelles qui epouventoit les habitans/ et neantmoingz la grace a dieu elle ne fist pas grans dommage/ seulement coucher les lins et orges es jardrins/

Le st sacrement c°y feut aportte Le feu apaise

Le jour st jean le tonnere tua deulx beufz en la paroisse de combree

Orage aussi faict ledit jour a la foire de ballee/ ledit jour st jean le tonnere tombe en trois endroictz

Le lendemain encore grand orage audit cande

**93v**

**1661**

Bled encheri

Le bled se vent 26 sous le bouesseau et encherist de jour en jour a cause que l°on voit le bourier gaigner par sur les gaigaiges[653]/ en des endroict l°on le fauche les fourmentz pour les bestiaulx qui sont encore plus perdus que les bledz/

---

**651** *st* au-dessus de la ligne.
**652** / de la main de l'auteur.
**653** *gaigaiges* : *gagnages*

Soldartz au lion d°angers

Le mecredi[654] 29$^{e}$ juing 1661 jl ariva au lion d°angers un regiment de soldartz a pied qui venoint de cran/ ont couche une nuict audit lion et deloge le lendemain/ l°on dit qu°il estoint bien 500/ sont alles vers angers/ l°on dit que c°estoit des poulongnois et escossois/

Partie de la boucherie de nantes tombee en l°eau et 4 bancz et XI personnes noies

Le dimanche 3$^{e}$ juillet 1661 sur les 7 a 8 heures du matin jl defonsca une partie de la boucherie de nantes qui est sur la riviere d°arde/ jl tomba quatre bancz de bouchers et leurs viandes/ jl y eut unze personnes noyes et plusieurs blesses/ et plusieurs feuret sauves par l°aide que l°on leur donna/

Une grande nuee de pluye tombee es parroisses de louere et le bourg˘d°ire

Le lundi 11$^{e}$ juillet jl fist un grand orage de tonneres et esclairs dont la nuee alla tomber en la paroisse de louere et celle du bourg˘d°ire/ et fist si grande habondance de pluye qui enfla tellement la riviere de verzee que l°eau enmena tous les foings qui estoint fauches dans les prees/ et les villages qui sont situes en bas lieu les estables aulx bestiaulx enpliret tellement d°eau qu°ilz croyent perdre ledits bestiaulx/

Bled enchery

A˘la st jean 25 juing le bled se vend 25 sous le bouesseau/ huict jours apres 27 sous 28 sous/ le fourment 40 sous le bouesseau/ lors que n°on a commensce a seier jl se trouve peu de chose es champs/ jl vault 30 sous le bouesseau/ le fourment a encorre plus manque/ jl vault 45 sous le bouesseau/ des la magdlaine le[655] bled vault 100 $^{l}$i$^{b}$vres la charttee/ au commenscement du mois d°aoust jl vault 105 $^{l}$i$^{b}$vres la charttee/ les bledz sont tous entregener[656] es champs/ le jarzeau[657] fougeres et aultres bouries ont abatu lesdits bledz/[658] et les fourmentz encorre moindre tant que s°il n°estoit de vieulx bledz jl seroit bien cher/ je croy que homme vivant n°avoit poinct veu une plus chefi*f*ve[659] annéé/ car jl n°est aucun fruict de tous costes et ce qui est jl perist/ cela procede de la fleuraison de tous le fruictz qui ne feut

(Marginal notes: Bled enchery — Peu de bledz aulx ayres procede de la fleuraison — Jl n°est aulcun fruict en ceste annee/)

**654** *mercredi* corrigé sur [xxx].
**655** *le* corrigé sur *jl*.
**656** *entregener* : *entregrenés*
**657** *jarzeau* : *gerzeau*
**658** / de la main de l'auteur.
**659** *chefifve* : *chétive*

La cherte et disette procede qu°il ne fist aulcun froid l°hiver passe

que <feut que> par tonnere esclairs et brouee/ et aussi que tout durant l°hiver dernier jl n°a faict auculne gelee que deulx ou trois qui firet environ le 24 25$^{e}$ novembre/

**94r**

## 1661

Grande chaleurs en juillet

Au mois de juillet jl a faict de grande chaleurs sans faire de pluye/ les eaulx ce sont retires es ruisseaulx tant qu°il a este du foing plus que l°an dernier/ mais jl ne vault guere es pres bas a cause des eaulx qui y avoint este tout le printemps/

Bled encheri

Le bled vault 33 sous le bouesseau/ le fourment 45 sous le bouesseau/

Le mois d°aoust froid

Au mois d°aoust le vent fort froid/ le jeudi 4$^{e}$ dudit mois le vent estoit de galerne tant que toutte les nuictz jl faisoit grand froid aveqz petite gelee jusque au 14$^{e}$ dudit mois/ [e]t le reste dudit mois tousiours froid/ jl se trouve peu de bled dans les ayres/ beaucoup n°ont pas leur sepmances tant qu°il n°en est pas le cart de l°an dernier/ presque parˆtout jl vault 35 sous le bouesseau/ et le fourment 50 sous le bouesseau/ c°est ce qui a le plus manqué car beaucoup n°ont pas le cart de leurs sepmances/

Bled encheri

Les estatz a nantes

Le roy sort de paris pour y venir

Loge a millé

Loge ancenis

Le 16$^{e}$ du ~~les es~~ mois d°aoust 1661 les estatz ont commensce a tenir en la ville de nantes/ le roy a bessé de paris par la poste depuis paris jusque a nantes asiste de monsieur le prince de conde monsieu$^{r}$ d°anguien son filz monsieu$^{r}$ le duc de beaufort et de monsieu$^{r}$ le marechal de tourreinne/ ont loge a mille[660] au dessus d°angers/ passe par entre angers et bouchemayenne/ ont arivé ancenis le jeudi au soir premier jour de septembre/ le roy a loge a la croix de lorraine audit ancenis et les princes en aultre maisons/ ont parti du matin

660 *a mille* au-dessus de la ligne.

| | |
|---|---|
| Arive a nantes et tousiours˘par la poste | pour aller a nantes/ jl n°estoint pas plus de 40 ou 50/ son train avoit besse avant par sur l°eau et son armee par le poictou et tousiours a grande journnee de poste en poste/ jl avoit couché a millé le soir de devant d*isou*e en la forest de bellpoulle/ entre au chasteau das*c*erant en passant et de˘la |
| Faict prendre monsieu[r] foucquet seurintedant des finances et faict mener a chasteau d°angers | audit ancenis/ sitost qu°il feut a nantes jl a faict prendre monsieur le seurintent[661]des finances de france et l°a faict conduire au chasteau [~~xxx~~] d°angers/ et le roy s°en est retourne en poste a paris/ tousious monsieur le prince de conde aveq luy/ ont parti de nantes le mardi 6[e] septembre/ apres avoir faict entrer ledit seurintendant dans son carosse pour le faire conduire par une partie de ses gardes audit |
| Le roy envoy garnison en belle isle qui est audit sieur seurintedant | chasteau d°angers/ le roy luy fist signer une lettre comme jl mandoit au gouverneur de belle isle de delivrer la place au roy/ auquel lieu de belle isle le roy envoye partie de ses gens pour y mettre garnison/ et l°on dit que le roy y envoya |
| Le 6[e] septembre le roy a parti de nantes a 10 heures du soir | 9 millions que ledit seurintendant penssoit y envoier/ le roy apres avoir don*c* parti de nantes le mardi 6[e] dudit septembre sur les dix heures du soir asiste de monsieur le prince de conde monsieur le duc de beaufort du marechal de turreinne feuret desiener[662] a bouchemayene et coucher a blois tant de |
| Arive a paris le 8[e] septembre souper aveq la *reine* | jour que de nuict/ alla souper a paris aveq la rheinne le jeudi 8[e] de septembre jour de l°angevinne/ |

**94v**

**1661**

| | |
|---|---|
| Le roy croiet que [les] bretons estoint [re]belles a ses volontes | Le seurintendant avoit donne a entendre au roy que les bretons estoint rebelles et ne vouloint poinct paier leurs debvoirs au roy/ en arivant aulx estatz les bretons croyoint que le roy alloit leurs faires une grande demende/ jl ne leur demenda que trois millions qu°i luy acorderet/ jl leurs |

661 *seurintent*: *surintendant*
662 *desiener*: *déjeuner*

Il˘a trouve tout le contraire

*Et* a rendu les bretons content

demanda les interestz de l°argent qu°i luy doibvet depuis qu°i est roy[663]/ jlz aparuret des quitances comme jlz avoint tousiours paye audit seurintendant qui feut la cause que le roy le fist prendre/ et aussi n°on dit qu°il dist que c°estoit la cause qu°il estoit venu a nantes/ et avant que de sortir de nantes jl rendit les bretons bien comptent[664]/ jlz croioint que le roy venoit a nantes pour les subcharger[665] de grandz debvoirs et pour establir le salaige en bretaigne/ je croy qu°il n°y a jamais penscé car jl n°ont eu que du contement[666] en son voiage qu°il a faict a nantes/

Les soldartz s°en retournant ont loge ingrande

[Mene] du sel aveq eulx a ce que j°ay ouy dire

Le lundi 19$^{e}$ septem$^{bre}$ les soldartz en s°en retournant de nantes ont loge a jngrande et la chapelle montrelais/ n°ont tient[667] qu°il estoint bien 7 ou 8 centz/ la pluspart estoint charger de sel les uns sur des chevaulx les aultres a˘leur col/ jl prindret des chartiers sur le port pour mener leur sel et bagage jusques angers/ les prenoint des chevaulx sur les chemins/ jl en vint bien une traintaine par cande qui picouroint sur les villages/

Pris du bled 1octobre

Le bled continue a 35 sous le bouesseau/ le fourment 50 [~~xxx~~] sous/ l°avoinne grosse 18 sous/ la menue 13 sous/

Octobre pluvieulx

Tout le commenscement d°octobre est fort pluvieulx qui incommode les sepmaisons/[668] ont est alles en procession a nostre dame a <a> beaulieu le dimanche 9 octobre/ le temps c°est tourne en beau toute la sepmaine/

Grande discenterie

Grandes discentterie de tous costes tant a cande que circonvoisins/ cande en est fort esc*hu*e p*lus* qu°il ne se meurt de monde/

Pris du bled

A la my octobre le bled se vent 40 sous le bouesseau/ les boullengers qui n°en sont poinct gu*ar*nir[669] n°en peuvet trouver/

---

**663** *depuis qui est roy* au-dessus de la ligne.

**664** *comptent* : *contents*

**665** *subcharger* : *surcharger*

**666** *contement* : *contentement*

**667** *tient* au-dessus de la ligne.

**668** Le passage suivant est rajouté en caractères plus petits.

**669** *guarnir* : *garnis*

Missire rene huchede a celebre sa premiere messe angers chapelain de st martin

Le dimanche 2$^{e}$ octobre 1661 missire rene huchede a celebre sa premiere messe angers en l°esglise de st piere chantee en musique au cheur/ ledit huchede chapelain de la chapelle de st martin deservie[670] en l°esglise de st jean de cande par la presentation que luy en a faict missire rene cheusse aulmonnier avant que de mourir/

Deces de missire rene cheusse prestre aulmonnier

Le vendredi 21$^{e}$ octobre a este ensepulture au cimetiere des povres missire rene cheusse prestre aulmonnier de st jean les cande/ a demande par son testament a y estre entere/ jl n°a este que 10 ans 3 mois 10 jours aulmonnier/ jl en avoit prins pocession le XI juillet 1651/

**95r**

**1661**

Deces de missire le comandeur jalesne

Le dimanche 23 octobre 1661 est decede monsieur le commandeur de jalesne/ est decede a˘sa commanderie de l°ospital besconnais ou jl demeuroit/ jl y avoit encomensce de grandz bastiment pour les reparations dudit hopital qui est tout ruyné/ jl estoit oncle de defuncte dame leonart de jalesne vivante femme de monsieur le marquis de la tour landry de bourmont/

Missire rene huchede aulmonnier

Le dimanche 23 octobre 1661 missire rene huchede prestre a l°issue de la grande messe de st denis a recuilly les voirs[671] des habitans dudit cande pour la nomination et presentation de l°aumonerie de st jean/ je croy que la pluspart des habitans luy ont donne leur voir en consideration de son pere missire jean huchede procureur fiscal dudit cande/ aucun prestre n°a oze enfant natif dudit cande ~~nont~~ s°i oposer ny rechercher aulcune voir/ et y a neantmoingz 9 prestres plus antiens que luy/ car jl n°y a que 3 sepmaine qu°il a dit sa premiere messe/ et le vendredi 28$^{e}$ dudit octobre ledit sieur

Prent pocession

huchede a prins pocession de ladite aulmonnerie asiste de

**670** *deservie* : *desservit*
**671** *voirs* : *voix*

plusieurs habitans et aussi sans aulcune oposition/ c°est missire anthoine thomassin nottaire qui a escript ladite prinse de pocession/

Deces de misssire ledin cure de beligne

Le vendredi 28e octobre est decede missire ledin prestre cure de beligne ensepulture audit beligne/

Naissance du daulphin

Le dimanche 27e novembre a l°issue des vespres de st denis ont a chantte le te deum en resiouissance de la naissance du daulphin que n°on dit qu°i feut né le jour de la toussainctz/

Bledz jngrande

N°on dit que monsieur de la meillerais a faict monter grande habondance de bled par sur la riviere de loire ou en passant jl tient planche jngrande a ceulx qui en veulet achepter/ et neantmoins jl vault tousiours 40 sous a cande/ je croy que celuy la qui passe par jngrande est la cause qu°il[672] ne hausse pas de pris d°aultant que ceulx de ce coste la en acheptet/

Pris du bled

Le dimanche 4 decembre a este nommé collecteur de la taillee pour l°annee 1662 piere sahan dit pontchasteau et rene bouet/

Commission de˘la taille pour 1662

Le dimanche XIe decembre a este publie la commission de la taillee pour l°annee 1662 qui se monte en tout unze cent livres et encorre une commission de 7 livres/

Bled encheri

A noel les boullengers ne peuvet trouver de bled a moins de 45 escus/ d°aultres le veullet vendre davantage/ la fin de novembre et le commescement de decembre les pluye ont este fort jnportune avecq grandz ventz et orages de tonneres et ecclairs en plusieurs lieux tant que les eaulx estoint desrivée a tout passages le lundi mardi et mecredi /12/13/[673] et 14e jours de decembre/ apres c°est tourne en beau temps/ a˘la fin del°anne jl vault 50 sous le bouesseau/ le fourment 70 sous le bouesseau/ encorre ceulx qui en ont n°en veullet pas bailler/

Bled encheri

672 *quil* : *i* corrigé sur *l*.

673 Les trois barres obliques sont de la main de l'auteur.

**95v**

## 1662

Pris des[674] danrees

Premier du grain

En ceste annee derniere 1661/ ensuit le pris des danrees qui se vandet a candé premier en ladite annee/ 1661 a este une chestive annee pour la recoltte des biens de la tere/ jl a este si peu de bledz et aultres grains aulx ayres que les[675] povre gens en sont tous bien estonnes/ jl n°en a pas este le cart de l°an passe de l°anne 1660 a cause que lors de la fleuraison les tonneres et esclairs ont gaste[676] les espicz/ et aussi que les bourries dans les chanps ont acable les grains d°aultant qu°il n°a faict aucun yver dernier/ a present le bled vault le petit bouesseau 60 sous/ le fourment 70 sous/ le bled noir vault 30 sous/ l°avoine grosse 25 sous/ encorre ceulx qui ont de l°argent en main n°en peuvet avoir de ceulx qui en ont/ tant que les povres enduret beaucoup/ quasi de povres gens qui n°ont que de˘quoy avoir un ou deulx bouesseaulx n°en jeusne pas moins/ jl n°en trouvet pas pour leur argent/ jl n°a este en ceste annee aucuns fruict ni pommes poires preunes ny noix/ et ne c°est faict aucuns cildres au^tour de cande/ jl c°est trouve quelque chasteignes asses habondament a chaillain durant le mois d°octobre et novembre vendue au <au> marche de cande a [~~xxx~~] 6 sous la mesure/ jl c°est trouve que autour de chasteaubriant quelque paroisse ou il y avoit des pommes dergre et chasteignes asses comme en la paroisse de hion teille et ysse/ dans lesquelles paroisses des povres pour gaigner leur vie en ont amene a cande a 3 sous la douzaine de pommes ce qui a servy a ceulx qui aymet le decert d°aultant qu°il n°estoit rien que cela/ jl n°a este moittie de vin de l°an dernier/ jl vault 5 sous le pot a cande/ l°huille de noix vault 18 sous le pot angers/ la chandelle de suif a candes vault 10 sous la livre/ la viande a˘la boucherie 2 sous 6 deniers la livre/ le fagot 40 sous le cent/ la charttee de

674 *des* corrigé sur *de*.
675 *les* corrigé sur *le*.
676 *gaste* au-dessus de la ligne.

gro*ie*˘bois[677] 40 sous/ les genetz 25 sous la charttee/ le beure frais 6 sous la livre/ le beure en pot 5 sous 6 deniers la livre/ tant que les povres enduret beaucoup/

**96r**

**1662 1662**

Déces de monsieur françois de lespronniere de vriz[678]

Le mecredi 18e janvier 1662 sur les 3 heures apres midi est decede noble homme francois de l°espronniere seigneur de la rochebard*oul* le pinneau et aultres teres en poictou et de vris la saulais pres cande et plusieurs aultres dont je n°e pas la congnoissance/ a ce que n°on m°a dit jl a este enterre en une chapelle a luy aportenant[679] proche ledit pinneau/ jl estoit age de plus de 80 ans et est pere de noble homme anthoine de l°espronniere a present seigneur de la saulais et vris pres cande/ pour son honneur jlz ont sonnè les closses[680] de nostre dame de beaulieu le vendredi 20e dudit janvier depuis 8 heures du matin jusque a 4 heures apres midi/ et estoit decede dans sa maison du pinne*u*/ dieu luy face pardon/ ainsi soit il/

1672

Ces deux articles sont extraites du livre généalogique de maitre bourgrais charpentier parent du sr valuche auteur de˘ce livre[681].

L°an 1672 fut bâti le grand autel de st denis de candé et la première messe dite le˘jour de˘l'annonciation de˘la ste vierge/ la sacristie fut aussi batie dans le meme tems.

L°an 1677· au mois du mars demoiselles marthe le cerf, jeanne le royer, jeanne hiron et jeanne huchedé obtinrent droit et permission du roi et de monseigneur le˘prince de condé de faire batir l'hopital de candé/ fut bati en 1678 et 1779[682] et les dittes demoiselles s'obligerent vers les parois

677 *groiebois* : *gros bois*
678 Remarque écrite par une autre main.
679 *aportena[nt]* : *appartenant*
680 *closses* : *cloches*
681 Ce passage et le reste du texte sont écrits par plusieurs mains différentes.
682 *1779* : lapsus pour *1679*.

siens de candé <,> de faire l'écolle aux filles de˘la˘paroisse, sans salaire/ les lettres patentes du roi autorisans l°etablisement de l°hopital ont été donnée au camp de valanciennes au mois de mars 1677/

**96v**

Copie d'une charte de guillaume de chouars
seigneur de candé, – 1244 – et 1235 –

A tous les fidèles du christ qui verront les présentes lettres, guillaume de chouars, seigneur˘de candé, salut en notre seigneur.

Sachez, vous tous, que pour l°amour de dieux et pour pratiquer la charité, ainsi que pour le salut de mon ame et de celle de mes ancëtres, j'ai donné et concedé à titre d°aumône perpétuelle, à l'hôtel dieu d'angers pour l'entretien des pauvres tout le dr*o*it que j'avais et pourais avoir, c'est à dire cinq sous, sur la maison achetée par hervé de vritz des heritiers de guillaume bauteville, laquelle est située à candé sur le pont sans rien y reserrer ni pour mes héritiers ni pour moi. Et pour que cette donation soit ratifié à perpetuité j°ai livré au dit hotel dieu les présentes lettres confirmées par l°apparition de mon sceaux donné au mois d'avril 1235

**97r**

quoique contrairement à ma prom*e*ise et a mes engagements je n'ai app*osé* ou˘fait apposer mon sceau à˘la presente charte que˘le˘lundi avant la˘nativité de˘la vierge, l'an du seigneur 1244 – (ce guillaume de chouars était un [xxx] de la maison des vicomtes de chouars)

Michel luette, ecuyer, s[r] de˘la vollée et de blandouêt dit la vollée piquemouche ~~était~~ fils de guyon luette de˘la˘paroisse de blandouêt dans le maine et de catherine ayrault, était lieutenant de˘l'artillerie grand *e*cuyer de bretagne et chevalier de l'ordre de˘s[t] michel – jl˘changea son nom de˘luette en celui de˘la vollée/ il avait beaucoup de talent, le roi henri IV l°anoblit par lettres au mois de janvier 1609, pour le˘recompenser de˘ses actions militaires – il épousa louise *t*rotereau fille du s[r] *t*roterau, doyen des maitres des comptes a nantes.

# 6 Guillaume Durand/Lionel Durand : *Journal* (1610–1624)

## 6.1 Introduction

### 6.1.1 Les auteurs et leur texte

Guillaume Durand, l'auteur principal de notre texte, était « chyrurgien » (25r), « brave de son mestier » (52v). Né à Lons-le-Saunier, il pratiqua à Poligny (1592–1623) où il mourut en 1623 d'une « jaunisse noire » (ce sont les mots de son fils, 52v). Il eut sept enfants, dont deux fils qui suivirent leur père dans la profession de chirurgien : Oudot, qui mourut à Moulins en 1621 à l'âge de 24 ans (24v), et Lionel (42r).

Selon Bernard Prost, premier éditeur de notre texte (Prost 1883), c'est ce dernier qui a continué en 1623 le *Journal* du père après la mort de celui-ci : « Voyla fin de ce que mon pere en à peut remarque et escripre| cest pour quoy ie me suis resolu de poursuivre » (52r). Le présent *Journal* a ainsi, pour l'essentiel, deux auteurs : Guillaume Durand pour les pages 5r-52r, et son fils Lionel pour les pages 52r-56r.

S'il est facile de distinguer les auteurs de ce texte, il est plus problématique de distinguer les mains des deux Durand, père et fils. La partie principale du manuscrit (5r-52r) est-elle vraiment écrite par le père ? Ou bien est-ce le fils qui a copié des brouillons pré-existants de son père ? Dans l'état actuel de nos connaissances, nous n'osons trancher la question, tant les écritures des parties avant et après la page 52r nous paraissent identiques en ce qui concerne la forme des lettres, la graphie et les particularités linguistiques. Il y a, certes, des cas isolés de graphies différentes, comme *print* 7r vs. *praint* 54v ou *l'habit* 16r vs. *la'bit* 54r. Mais des graphies différentes de mots isolés pourraient se rencontrer même dans le texte d'un seul auteur. Et par ailleurs, il y a des particularités qui concernent plusieurs mots et qui se retrouvent du début à la fin du texte : une forme particulière de *n* initial (« majuscule »), *-e* comme morphème de l'infinitif (*remarque* ‹remarquer›), la graphie *avoit* pour *avoir*.

Nous avons retenu ce *Journal* pour la présente édition, même si les auteurs ne se trouvent pas vraiment en bas de l'échelle sociale : premièrement, ce serait une illusion de s'attendre, au début du XVII<sup>e</sup> siècle, à des textes écrits provenant des couches sociales les plus basses. En outre, il faut se rendre compte qu'un *chyrurgien* du début du XVII<sup>e</sup> siècle n'avait ni la formation universitaire ni la position sociale d'un « chirurgien » du XXI<sup>e</sup> siècle. C'était plutôt un modeste médecin de province dont la formation professionnelle se faisait – au moins en grande

https://doi.org/10.1515/9783110482003-007

partie – « à la maison ». Cf. la note à 42r qui nous renseigne sur la formation professionnelle du fils (Lionel) Durand : « apres avoir demure avec moy pour lespace de deux ans et demys pour apprendre lars de chyrurgie ».

Ce *Journal* n'est pas une chronique de famille : il y a, certes, des notes concernant l'auteur et sa famille ; mais elles constituent l'exception et n'ont pas une place systématique dans le texte. On constate également l'absence des évènements importants sur le plan national ou européen. Ainsi, le noyau de ce *Journal* est-il formé des évènements – grands et petits – qui ont eu une certaine importance dans le monde provincial de Poligny (6005 habitants en 1831), petite localité du Jura français : naissances et baptêmes, noces, morts, crimes, accidents, le temps et son influence sur la récolte, les orages, les peurs de la guerre, les problèmes administratifs et fiscaux de la municipalité, le logement de troupes. Par endroits, cela confine à la chronique des scandales : des amours illicites, la fuite d'un couple amoureux, les tours joués aux bons bourgeois par un groupe de jeunes gens. Guillaume Durand prend un vif intérêt aux rites et aux coutumes de l'Église, aux fêtes religieuses et aux prêches dominicaux, dont il nous livre parfois le contenu.

La chronologie des notes n'est pas très régulière (à l'exception des quelques pages dues au fils, Lionel). Il y a des notes où les faits racontés couvrent plusieurs années : la description des mauvais tours joués par une bande de jeunes gens remplit les pages 12v – 15v (Pâques 1619 – août 1622). La note suivante concerne un fait de l'année 1619. Au milieu des 26 notes relatives à 1622, on en trouve une qui se situe en 1623. Il faut en conclure que les notes furent accumulées pendant une certaine période, pour être transcrites à une date ultérieure, qu'on ne saurait indiquer exactement.

Les faits racontés ne concernent pas, pour l'essentiel, le grand monde ; la façon de les raconter est plutôt familière. La vie communale, surtout le côté administratif et les disputes au sein des organes de l'administration offrent l'occasion aux deux auteurs de recourir à l'ironie et aux sarcasmes. Et c'est ainsi qu'on rencontre bon nombre de tournures populaires.[1] Certains sujets ont des aspects juridiques, ce qui porte notre auteur à utiliser des éléments de la terminologie correspondante.[2] Son activité professionnelle de *chyrurgien* est à l'origine d'un riche vocabulaire médical et pharmaceutique,[3] ainsi que de sa connaissance du latin.[4]

---

1 Ex. *s'en retournare* [~~xxx~~] *avec deux pied de nez n'estant camu* (52v).

2 V. les pages 17 sqq et des tournures et formules comme *an sudict* 24r, *pour et à leffect de prandre* 50v, *pandres et estrangles ieusques mort s'en ensuive* 49v.

3 Ex. *la dure mere* 44r ; des noms de maladies 25v et 27v sq.

4 Ex. *ce sont gens qui font unguentum de agripa sine oleo et cera* 25v.

L'expression des sentiments de joie ou de deuil dans le cadre de la famille n'occupe guère de place dans notre texte, tout comme dans la majorité des *Journaux de famille* de cette période. Les caractérisations des membres de la famille au moment de la mort laissent à peine transparaître une certaine compassion du père ou du fils.[5]

Vu le caractère privé de ce texte, et même malgré la formule *comme verre* ou *comme verres en se livre* 47v, plusieurs fois répétée, on peut affirmer qu'il n'était pas destiné à être publié.[6] C'est Bernard Prost qui a eu l'idée de le publier vers la fin du XIX^e^ siècle (1883), son édition d'historien étant correcte quant au contenu, mais « normalisée » quant à la forme linguistique. Pour que l'on puisse juger des retouches linguistiques apportées par Prost, nous donnons ici la note concernant l'année 1611 (5r), à comparer avec le texte de notre édition :

> 1611
> Le seizieme jour du mois de juin de l'an mil six cens et onze, messieurs de la ville prièrent messieurs les chanoines pour pourter la procession à Sainct-Louthain, pour ce que la chasse estoit descendue, et pour prier Dieu qu'il luy plust envoyer de la pluye. Ce que messieurs leur accourdèrent, avec messieurs de Sainct-Dominique. Et fit-on crier la procession à blanc, où c'est qu'il y avoit près de cinq cens filles, sans les hommes et femmes.

## 6.1.2 Le manuscrit et ses particularités graphiques

### 6.1.2.1 État du manuscrit, écriture, mise en page

Le manuscrit est conservé à la Bibliothèque municipale de Salins-les-Bains, à 20 km de Poligny, son lieu d'origine ; il porte la cote M 61 (M 56 du temps de B. Prost). C'est un petit volume in -4°(23 × 16,5 cm), qui comprenait à l'origine 87 feuilles numérotées dont les quatre premières manquent aujourd'hui (et manquaient déjà au temps de B. Prost).[7] Le volume a une reliure en cuir, renforcé de carton, avec le nom de Claude de Boisset en lettres d'or. Pour plus de détails sur le manuscrit, v. aussi l'édition de B. Prost, accessible en microfiches à la Bibliothèque Nationale de Paris (LK 7 – 23270). Les notes de Guillaume Durand (5r – 52r) et celles de son fils (52r – 56r) sont suivies de quelques notes d'une autre main,

5 V. par ex. 24v (mort du fils : *beau ieune homme*), 41v (mort de la fille : *et travalloit fort bien en dentelles*), 52v (mort du père : *estant brave de son mestier*).

6 Ceci reste vrai malgré une vague allusion à la postérité : *secy c'est pour une souvenance pour ceux qui vindront apres nous*, 27v.

7 Le sommaire, ajouté plus tard, peut-être au XVIII^e^ siècle, en fait cependant mention.

concernant les années 1692 et 1696. La *Table de ce livre* comprend les pages 84r – 87v. Sont restées blanches les pages 57v – 83r.

La longueur des notes va de trois ou quatre lignes jusqu'à plusieurs pages, sans alinéa à l'intérieur d'une note. Seules les premières pages contiennent des titres (*sect. 11, sect. 12, sect. 13, Pour les ieune gens, Pour les ieunes filles*).

Les notes sont séparées les unes des autres par un espace blanc et par une lettre ornementale (« majuscule ») au commencement ; la fin de la note est marquée, en général, par un signe, en général une barre oblique. Dans la marge supérieure, on trouve souvent un signe en forme de croix.

Écriture régulière, d'une main exercée, un grand nombre de lettres ornementales (sans fonction proprement linguistique). L'écriture des pages 56v, 57r est plus serrée et moins ronde.

À gauche, on a laissé une marge de deux centimètres environ, à droite on a, en général, rempli la ligne jusqu'au bord. Pour remplir la marge de droite, l'auteur met quelquefois un trait horizontal ou il rallonge la dernière lettre. Comme les feuilles du manuscrit ont été coupées à droite, quelques lettres qui se trouvaient en fin de ligne sont tombées. Quand l'espace ne suffisait pas, un mot trop long en fin de ligne a été rayé et repris à la ligne suivante : *~~advi~~advient* 8r.

Les corrections dans l'interligne sont peu nombreuses. Dans le cas d'une lettre corrigée sur une autre, le mot en devient presque illisible : *cens*, avec *c* écrit sur *s*, 7r. Les mots rayés sont suivis du terme correct : *~~janvier~~ febvrier* 9r (et plusieurs autres cas). Nous avons mis entre < > les mots répétés par erreur : *et que monsieur <et que monsieur>* 22r. Les deux corrections ajoutées en marge (12r, 32v bis) sont à attribuer à l'éditeur, Prost, qui en parle expressément dans son édition.

### 6.1.2.2 Mots amalgamés/mots séparés

La séparation graphique des mots est relativement bien observée. Les amalgames graphiques (en général mot fonctionnel + mot porteur de sens) se trouvent surtout dans les cas d'absence d'apostrophe ou de tiret : *lospital* 6r, *lanne* ‹l'année› 16v, *laudechause* ‹le haut-de-chausses› 19v, *lendre* ‹l'endroit› 44v, *la* ‹l'a› 31v, *sapeloit* 6v, *descut* ‹d'écus› 19v, *quant* ‹qu'en› 15r, *cestoit*/*c'estoit* 40r ; *dixsept* 11v, *ceusy* ‹ceux-ci› 52v. Dans les autres cas, les amalgames sont plus rares : *touce* ‹tout ce› 11v, *asavoir* (lexicalisé au XVII$^{e}$ siècle) 52r, *deplus* 13r, *depard* ‹de par› 41v, *eteschevins* 18r. Dans les cas de liaison, on trouve parfois une consonne nasale finale reprise au commencement du mot suivant : *en nyat* ‹en y a› 6r, *l'en nemmenat* ‹l'on emmena› 10r.

Mais l'absence de l'apostrophe ou du tiret ne conduit pas toujours à l'amalgame des mots, qui peuvent aussi rester graphiquement séparés : *d environ* 48v, *beau filz* 6v, *cy dessus* 15r, *dix septieme* 10r. Un autre résultat de l'absence de l'apostrophe est la déglutination dans le cas de *la cencion* ‹l'ascension› 5v. Encore plus fréquents sont les cas où l'auteur décompose les mots selon leurs constituants supposés : *pour suivre* 20r, *en semble* 33r, *seur non* ‹surnom› 5v, *cares fours* ‹carrefours› 22v, *mal facteurs* 13r, *bon heur* 7r.

Dans plusieurs cas, une apostrophe « abusive » défait l'unité graphique du mot : *d'esbauchee* 32v bis, *d'esieune* 53r, *qu'el* 5v, *m'il* ‹mille› 5v, *m'est* ‹met› 13v, *s'ens* ‹sans› 42v, *s'ay* ‹sais› 22v, *s'ela* 44r, *n'est* ‹naît› 28v, *f'ust* 10v.

D'autres fois, une voyelle est maintenue dans une position où elle devrait être élidée : *que en* 8r, *que il* 36v, *de alemagne* 30v, *se amourachat* 45v, *de aulcune* 6r, *ie y* 6v.

Si un mot commence par une voyelle identique à la lettre finale du mot précédent, l'une des deux peut disparaître ; cela concerne surtout la préposition *à* suivie d'un mot commençant par <a> : *arbois* ‹à Arbois› 11v.

#### 6.1.2.3 Majuscules/minuscules

À la différence d'autres textes manuscrits de ce recueil, notre texte connaît toute une série de caractères qu'on pourrait considérer comme des majuscules : ils se distinguent des « minuscules » correspondantes par leur taille et/ou par une forme particulière et se trouvent exclusivement au commencement des mots, très souvent des noms propres, et en début de phrase. Si nous avons malgré tout suivi – comme pour les autres textes de cette édition – le principe de ne pas marquer les majuscules (à l'exception des débuts de phrase), c'est pour les raisons suivantes : a) le système des majuscules/minuscules n'est pas cohérent, il y a des lettres (comme *c*, *f*, mais aussi *m*, *n*, *s*) pour lesquelles la distinction entre majuscule et minuscule s'avère pratiquement impossible ; b) le système n'est pas toujours fonctionnel : on trouve des « minuscules » comme premières lettres d'un nom propre et des « majuscules » au début d'un nom commun. Mais nous reconnaissons que pour le *Journal* des Durand, une autre décision éditoriale aurait pu être prise.

#### 6.1.2.4 Forme des lettres, lettres qui prêtent à confusion

Le problème des majuscules mis à part, on trouve plusieurs lettres dont la forme diffère selon leur position dans le mot. Formes particulières en début de mot : *b*, *d*, *f*, *p*, *r* ; formes particulières en fin de mot : *d*, *l*, *n*, *r*, *s*, *t*, *x*, *y*, *z*.

Le manuscrit présente parfois des problèmes de lecture à cause des ressemblances entre certaines lettres : *a*/*o* ; *f*, *h*, *s* ; *g* et *q* dans quelques combinaisons de lettres ; *u*(*v*)/*n* (et *m* dans les combinaisons de lettres) ; *n* final/*y* final ; *r* final/*t* final. Le *t* final se limite souvent à un trait horizontal qui pourrait être lu comme partie intégrante de la lettre précédente. Il est presque inutile de dire qu'il n'y a pas de distinction graphique entre *u* et *v*, *i* et *j* (forme longue seulement en position initiale, « majuscule »).

#### 6.1.2.5 Signes diacritiques, accents

L'accent grave ne se trouve que sur *à* (préposition et forme du verbe *avoir*) et *où* (relatif et conjonction) ; pour le circonflexe, nous avons deux occurrences de *ô* ‹oh›. L'accent aigu manque complètement.

Les rares occurrences du tréma ne semblent suivre aucune règle distributionnelle : *moïs* 11v, *vïngt* 17r, *ïl* 27r, *ïeux* ‹jeu› 32r ; pas de tréma dans *heroiques* 12v, *oyist* 39r. La cédille est absente.

#### 6.1.2.6 Ponctuation

On ne trouve qu'un système très rudimentaire de ponctuation. Une virgule marque parfois des unités d'énonciation. Le point final au milieu d'une phrase plus longue constitue l'exception (15r, 56r). Pour marquer la fin d'une note, l'auteur se sert souvent (mais pas d'une façon régulière) d'un signe ‹./› ou ‹./.› ; plus rarement ‹/›, ‹/-›.

La parenthèse, dans les rares cas où elle est mise, a la fonction des guillemets (52v).

Le manuscrit ne connaît pas d'autres signes de ponctuation. Pour faciliter la lecture, les éditeurs y ont quelquefois suppléé par une barre verticale ‹|› qui tient lieu de signe de ponctuation (en général un point final) et sépare des unités d'énonciation.

#### 6.1.2.7 Abréviations, sigles

Les abréviations sont rares, tant au niveau des types que des occurrences. On peut trouver quelques occurrences d'une abréviation pour *con-*, premier élément d'un mot : *consacre* 6r. On dirait que l'auteur se sert de cette abréviation pour gagner de l'espace vers la fin de la ligne : *condamne* 20r, *contente* 20v. La même observation vaut pour le segment *-que* dans *sindique* 22v.

Pour *chane* ‹chacune› 31v nous ne sommes pas sûrs s'il s'agit d'une abréviation ou d'un lapsus calami.

#### 6.1.2.8 Correspondances phonographiques

Nous ne donnerons pas ici un tableau complet du système graphique de notre texte. Il s'agit seulement de fournir au lecteur un mode d'emploi pour déchiffrer le texte.

Ne seront pas commentées (ou seulement dans une mesure très limitée) les graphies qui pourraient correspondre à une prononciation dialectale/régionale. On ne discutera pas non plus les graphies isolées, irrégulières et « fautives » même dans le système de l'auteur, qui seront expliquées dans les notes.

### Voyelles

#### [e], [ɛ], [ə]

L'absence des accents peut rendre la lecture difficile : *enterre* ‹enterré› 5r, *coute* ‹coûté› 5r, *reputation* 5v ; *lanne* ‹l'année› 16v, *assemble* ‹assemblée› 55v ; *saizieme* 5r, *heusebe* ‹Eusèbe› 5r.

<e> pour <ai>, <ei> : *ferre* ‹faire› 5v, *fres* 6r, *merrie* ‹mairie› 6v, *iames* 9v, *puet* ‹puait› 25r ; *segneur* 10v, *fegnant* 50v, *nega* ‹neigea› 11r.

<ai> pour <è>, <ê> : *laize mageste* 30v, *baitize* 19r.

<ai>/<ei> : *saizieme* 5r, *paine* 10r ; *affeire* 7r, *le meire* 21r.

Dans les mots suivants on trouve un <e> inséré dans un groupe de consonnes – reflet d'une prononciation ([ə]) réelle ou plutôt fait d'hypercorrection graphique ? *larrecins* 12v, *laresin* 46r, *liveroit* 49r, *gileber* ‹gilbert› 37v.

#### [o]/[u]

À côté des graphies devenues « normales », on trouve souvent la graphie <ou> pour <o>, surtout dans la syllabe qui précède l'accent : *moursure* 5r, *pourter* 5r, *sourty* 8r, *pouze* ‹poser› 12v, *pistoulet* 13v. Mais aussi en syllabe tonique : *soume* 19v, *coume* 20v, *pouve* ‹pauvre› 37v. Plus rare est le cas contraire de <o> pour <ou> : *oblie* ‹oublié› 13v, *por* 35r.

<au> pour <o> : *aute* ‹ôter› 21v, *lauratoire* 35v, *lauraine* 8r.

#### [i]

La graphie de loin la plus fréquente est <i>. <j> ne se trouve qu'en position initiale : *jl* 16v. Des remarques analogues sont valables pour les graphies de la voyelle nasale [ɛ] et de [ʒ] (v. plus loin).

Au lieu de <i>, on trouve parfois <y>, surtout en position finale : *sembedy* 6r, *mydy* 8v, *vytres* 8r, *luy* 5r, *i'ay* 15r, *playe* 5r. – La graphie <ie> au lieu de <i> pourrait refléter un fait de prononciation : *diemanche* 7v, *apvriel* 7v, *offrier* ‹offri› 41v, *ouier* ‹ouï, p.p.› 15r, *reusier* ‹réussir› 15r.

[i] semble quelquefois « affaibli » à [ə] devant l'accent ; c'est du moins ce que fait supposer la graphie [e] dans *polegny* 11r, *semetiere* 13v, *letanies* 26v, *paralesie* 30r ; dans *leminan* ‹l'imminent› 37r, il pourrait s'agir d'un changement

de « préfixe ». Cas inverses (plus rares) : *lison* ‹leçons› 27r, *continue* ‹contenu› 20v.

### [a]

Quelques exemples de [e] pour [a], surtout dans la syllabe qui précède l'accent : *tenneur* 44v, *checun* 23v, *ennees* 43r (mais aussi *lanne* ‹l'année› 16v), *esmande* ‹amende› 14r ; en syllabe tonique : *quaterre* ‹catarrhe›44r, *es*[*t*]*oit* ‹état› 26r. Cas inverses : *recramee* ‹rechrêmee› 41r (à côté de *il recresma* 41r), *dualiste* 35r, *mousquaterre* 11v ; en syllabe tonique : *coronal* ‹colonels› 49r, *quasse* ‹caisse› 52r. Pour le morphème -*arent*, cf. le paragraphe consacré à l'orthographe grammaticale.

### [œ]/[ø]

La graphie <eu> au lieu de <œu> ne présente pas de problème : *veux* ‹vœux› 7r, *seurs* 24r etc.

Quelques graphies semblent indiquer une prononciation délabialisée : *treva* 27v, *vefve* 23r (fréquent dans les textes du XVII$^{e}$ siècle ; cf. Catach 1995 s. v. et § 141), *dixnefieme* 8v et la syllabe finale -*eur* qui devient -*er* dans des mots comme *recepver* 25v, *honner* 32r bis, *monsier* 22r, 23v, *nepver* 33v, *segner* 45v.

### [y]

La graphie (historique) est conservée dans les participes et dans les formes du passé simple du type *beus* ‹bu› 14v, *peut* ‹put› 5v. Inversement, on trouve une graphie « progressiste » dans *ust* ‹eut› 11v, *husmes* 5r, *q'ussies* 21v.

Dans d'autres mots, les oscillations entre <u> et <eu> pourraient refléter des faits de prononciation (cf. Catach § 7) : *iunesse* 36r ; *minur* 27r, *confessur* 26r, *messiurs* 18r (mais aussi *monsier*, v. supra) ; *ieusques* 9r, *capiateur* lat. ‹capiatur› 43r.

Il y a aussi des graphies où, étrangement, la lettre <u> semble indiquer le son [u] ou [o]/[ɔ] : *ecuter* 13r, *vulant* 14v, *cuchinet* 15r, *uist* ‹ouït› 9v, *cluche* ‹clocher› 44v, *tesurier* 42v. Dans *demuroit* 10r la prononciation du graphe <u> n'est pas sûre.

### <oi> vs. <e>, <ei>

La graphie <oi> est parfois remplacée par <e>, <ei>, ce qui semble indiquer une prononciation [ɛ] : *lendre* ‹l'endroit› 44v, *tres* ‹trois› 16v. Les graphies de ce type ne se trouvent pas dans la flexion verbale. Un exemple de graphie inverse : *dois* ‹dès› 21r ; à remarquer aussi la graphie *voeir* ‹voir› 19v.

### Voyelles nasales

#### [ã]

Les graphies <an>/<en> et <am>/<em> sont interchangeables. La distribution de <n> et <m> suit les règles du contexte (graphique) consonantique : *pancer* 8r, *trante* 6r, *pansant* 14v, *tans* 25v ; *reng* 5v, *allement* ‹allemand› 14v, *s'ens* ‹sans› 42v ; *novambre* 5v. La graphie *soulannite* 40v, *soulante* 45v ‹solennité› correspond à la prononciation [a] ou [ã].

#### Autres voyelles nasales

La distribution contextuelle (graphique) des lettres « diacritiques » <n>/<m> est observée dans la plupart des cas : *contesse* 10v, *contes* ‹comptes› 11v, *plon* ‹plomb› 50r ; mais : *nonme* 6v, *comdamne* 19r. <jn> pour [ɛ̃] en début de mot : *jnfante* 48v.

On remarquera la graphie *mointenant* 43v.

Comme notre texte ne connaît pas le tilde comme signe de nasalisation, on est étonné de rencontrer des cas de dénasalisation apparente (mais peu probable dans la réalisation phonique) : *lechenement* ‹l'enchaînement› 50r, *d'effant* ‹d'enfant› 54v, *d'infaterie* 33v, *saict* 55v, *despas* ‹dépenses› 19v (on trouve la graphie *despans* à la même page), *incidiaires* ‹incendiaires› 39r.

#### Diphtongues

Certaines graphies semblent indiquer une réduction des diphtongues. C'est vrai surtout pour [je], [jɛ], [jɛ̃] : *febvrer* 54v, *febvre* ‹fièvre› 54v, *rin* 32v, *convindroit* 17v (si ce n'est, dans ce dernier cas, une analogie avec d'autres formes verbales). Graphie inverse : *chiere* ‹chaire› 12r.

Avec réduction au premier élément : *fibvre* ‹fièvre› 5v, *virge* 10v, *piquis* ‹piquiers› 11v, *consirgerie* 15r.

Les mêmes phénomènes se trouvent – plus rarement – pour les autres diphtongues : [ui] : *perdrisane* ‹pertuisanes› 9v ; *minuct* 24v ;[8] inversement *il luy avoit* ‹il y avait› 29v.

[wa] : *armories* 26v, *chosi* 27v, 31r, *parochien* 50r.

---

**8** Catach (1995, § 8) : réduction de <ui> à <u>, aux XVIe et XVIIe siècles.

## Consonnes

### Consonnes étymologiques et historiques

Les graphies qui contiennent des consonnes étymologiques (ou prétendues telles) ou historiques sont plus ou moins celles du temps : *d'escus* 19v, *cestoit* 5v, *l'eschole* 12r, *respont* 17r ; *huict* 5r, *minuict* 5r, *subiect* 26r ; *d'altre* 5v, *sembedy* 6r, *nepveur* ‹neveu› 11r, *achepte* 38r ; *febvrier*, *debvoir*, *advocat* etc. Dans toute une série de mots, l'étymologie ne saurait justifier l'insertion d'une lettre : *scavoir* 29v, *bastizee* 6r, *esvesque* 10v, *dixhuistieme* 6r, *mestre* ‹mettre› 19r, *bastre* ‹battre› 43v, *duct* ‹dût› 53r, *tegmoins* 14r, *l'habist* 16r.

Sans consonne étymologique : *exens* ‹exempts› 41v, *contes* ‹comptes› 11v. Dans d'autres mots, la consonne étymologique a été réintroduite plus tard dans la graphie, et même dans la prononciation : *nonnostant* ‹nonobstant› 7r, *collette* ‹collecte› 17r.

### Consonnes simples/consonnes doubles

À l'intérieur des mots, on rencontre souvent des consonnes doubles au lieu des simples, mais aussi le contraire. Mentionnons le cas de <r>/<rr>, mais aussi celui de <s>/<ss> où la différence graphique ne correspond pas, dans notre texte, à une différence de prononciation (sonore vs. sourde) : *ferre* 5v, *apothiquerre* 5v, *merrie* ‹mairie› 6v, *mousquaterre* ‹mousquetaire› 11v, *larrecins* 12v ; *parain* 5v, *maraine* 5v, *lauraine* ‹Lorraine› 8r, *arivat* 13r.[9] – *maisson* 13r, *appesser* ‹apaiser› 20v ; *blanchiseur* 7r, *ausy* 12r, *desus* 13v, *reusier* ‹réussir› 15r, *mesieurs* 22v, *grose* 48v, *tousin* ‹Toussaint› 16r. Voici quelques exemples pour les autres consonnes : *cotte* ‹côté› 30v, *antthoine* ( ! ) 13r, *veulle* ‹veulent› 31v, *quellon* ( ! ) ‹que l'on› 10r, *deffaud* ‹défaut› 18v, *affin* 19r, *neufiemme* 36v ; *aprandre* 41v, *estiene* 8r, *siene* 7r, *mounoies* 30r, *soume* ‹somme› 19v, *come* 53r, *ala* 8r, *falut* 13v.

### Consonnes (graphiques) sonores/sourdes

Les sonores et les sourdes sont, en général, bien distinguées. Il y a pourtant des cas isolés de confusion : *coutes* ‹coudes› 15r, *qui quata* [sic] ‹qui gâta› 25v, *flecmatique* 28v ; *legrevisse* 20r. Un cas comme *brodeur* avec *b* corrigé sur *p* (19v) révèle une certaine insécurité de l'auteur. Pour *jacopins* 6v, *optenu* 39r, *dixneufieme* 8v,[10] d'autres explications sont possibles.

9 Pour *r*/*rr* cf. (Catach 1995, § 70).

10 Cf. Catach s. *neuf.*

### <h>

Comme la lettre <h> n'est jamais prononcée, elle peut être omise ou ajoutée d'une façon arbitraire : *husmes* ‹eûmes› 5r, *heusebe* ‹Eusèbe› 5r, *heuvres* 29r, *heus* ‹eux› 33r ; *alebarde* 9v, *aderant* 13v, *l'istoire* 15v. La graphie *laudechause* ‹le haut-de-chausses› 19v pourrait même faire penser que notre auteur néglige la distinction entre *h* muet et *h* aspiré. Pour le prénom *jehanne* 6v, la graphie avec <h> a une longue tradition.

### Muta cum liquida en fin de mot

Les exemples de la chute de *r* ou *l* dans cette position ne sont pas nombreux. Mais on trouve *peupe* 37r, *pouve* ‹pauvre› 37v, *flande* ‹Flandre› 45v. S'y ajoutent les cas d'hypercorrection (*orgres* ‹orgues› 24r, *obsecle* ‹obsèques› 27r, *putridre* 31r) et de confusion entre *r* et *l* dans cette position (*septemble* 6r, *novemble* 6v ; *peupre* 37r).

### <r>

Cette lettre tombe devant consonne non seulement dans le cas bien connu de *mecredy* 11r, mais aussi dans *bougois* ‹bourgeois› 26v, *femier* 22r, *auioudhuis* 30r, *coudonnie*[*r*] 29r. Elle tombe même quelquefois après consonne (position non-finale) : *chambier* ‹chambrier› 43v, *tesurier* 42v, *daultuy* ‹d'autrui› 28v, *seleba* ‹célébra› 45v.

### [s]/[z]

À côté des graphies usuelles, on trouve des graphies qui transgressent la norme des cas individuels et même le système des restrictions contextuelles.

En position initiale et après consonne nasale (graphique) on rencontre <c> pour <s> tout comme <s> pour <c>/<ç>/<sc> : *celon* 10r, *cestoit* ‹s'était› 5v, *pancer* 8r, *repponce* 20r, *concellier* 6v ; *selebrat* 6v, *ses* ‹ces› 13r, *se* ‹ce› 15r, *servelle* 11v ; *encommensa* 9v, *ranson* 49r, *sa* ‹ça› 15v, *consiance* 8r.

À [s] entre voyelles correspond presque toujours la graphie « normale » : selon les cas <c> ou <ss> ; exceptionnellement aussi <s> : *lison* ‹leçons› 27r, *tousin* ‹Toussaint›16r, *reseu* ‹reçu› 16r, *niese* 52v, *trase* ‹tracer› 19r.

Le groupe [sjɔ̃] connaît les graphies <tion>, <sion>, <ssion>, sans égard à la graphie usuelle : *permition* 52r, *commition* 34v, *pationne* 47r ; *causion* ‹caution› 14r, *definission* 49v.

Dans les cas de *cuchinet* ‹coussinet› 15r, *parochien* ‹paroissien› (et *embouse* ‹embouche› 27v, graphie inverse ?), la graphie <ch> semble indiquer une particularité phonétique au-delà du fait graphique.

<c>, <sc> au lieu de <ss> : *pocession* 16r, *pocescion* 54v, *legrevice* 20r, *acistance* 27r, *suice* 40r, *asciste* 27r.

[z] entre voyelles : on trouve indifféremment <s> et <z>, <ss>, mais jamais <c> : *bastizee* 6r, *poza* 7r, *pouze* ‹poser› 12v, *baitize* 19r, *maisson* 13r, *appesser* ‹apaiser› 20v.

**[k]**

Les graphies <c> (avec la valeur [k]) et <q(u)> peuvent se remplacer l'une l'autre : *cue* ‹queue› 20r, *vingtcinc* 26v ; *apothiquerre* 5v, *quasse* ‹caisse› 52r, *quapitaine* 37v.

<qu> peut être réduit à <q> devant apostrophe et voyelle : *q'ussies* 21v, *q'arquebuzes* 40r.

**[g]**

La distribution des lettres diacritiques ne suit pas toujours les règles connues. C'est ainsi que nous trouvons le digramme <gu> même devant <a> : *guangrene* 5r, *gualle* 44v, *theologual* 56r, *guardoit* 33v.

**[ʒ]**

Au lieu de la graphie <j>, on trouve <i> dans la majorité des cas : *iour* 5r, *ieunes* 5r, *desiat* ‹déjà› 20r, *ieux* ‹jeu› 32r (exceptionnellement *jeux* ‹jeu› 20r). Quelques hésitations entre <g> et <i> : *ieantilhomme* 44r, *laize mageste* 30v. La lettre diacritique <e>, qui devrait garantir la prononciation [ʒ] devant voyelle non-palatale, manque dans *nega* ‹neigea› 11r, *songant* 13r, *vandangat* 27v, *bourgois* 41r, *vergut* ‹verjus› 27v, *gans* ‹gens› 32r bis.[11]

**<l>/<r>**

Le remplacement de <l> par <r> dans les mots suivants semble renvoyer à une particularité de la prononciation. Dans la combinaison muta cum liquida : *bresse* ‹blessé› 54r, *prace* 22r, *pruvieuze* 27r ; entre voyelles : *coronal* ‹colonels› 49r *spécuratif* 48v. Cas particulier : *sordas* ‹soldat› 49r. Dans *peldroit* ‹perdrait› 29v nous avons probablement un cas de graphie inverse.

11 Dans *affi*[~~xxx~~]*gat* ‹afficha›, il s'y ajoute une différence de sonorité.

**[ʎ]**
À côté de <il(l)> on trouve <ll> en milieu et <l> en fin de mot : *veulle* ‹veuille› 5r, *ourelles* 23v, *fally* ‹failli› 10r ;[12] *oeul* ‹œil› 37r, *orguel* 27v, *deul* 23r.

**Consonnes finales**
Outre les graphies identiques à celles d'aujourd'hui, on distingue les cas suivants :
1. Disparition graphique d'une consonne finale qui n'a pas aujourd'hui (et n'avait pas alors) d'équivalent phonique : *ving* 6r, *poin* 13r, *presen* 15r, *pety* 10v, *cler* ‹clerc› 6r, *tousiour* 12v, *asse* ‹assez› 8r, *ne* ‹nez› 44r, *crie* ‹crier› 5r, *donne* ‹donner› 6r.[13]
2. Une consonne écrite au lieu d'une autre en fin de mot, ce qui montre qu'on ne prononçait ni l'une ni l'autre (excepté en cas de liaison). Dans la majorité de ces cas, la consonne en question manque également dans la prononciation d'aujourd'hui : *cens* ‹cent› 5r, *lourans* ‹Laurent› 10r, *crois* ‹croix› 7r, *crucifis* 10v, *poix* ‹poids› 30v, *froit* ‹froid› 28v, *deffaud* ‹défaut› 18v, *donc* ‹dont› passim, *avec* ‹avait› 32r. Dans les mots suivants, une consonne a été réintroduite dans la prononciation moderne : *estot* ‹estoc› 14v, *sep* ‹sept› 6r, *fugitix* ‹fugitif› 39r, *avoit* ‹avoir› 52v, *desespoit* ‹désespoir› 27v, *pas* ‹par› 7r, *procureul* ‹procureur› 18v, *seul* ‹sur› 20v, *apvrier* ‹avril› 7r (mais aussi *apvriel* 7v). Une consonne est ajoutée, mais presque certainement muette dans *nepveur* 11r.
3. Disparition d'une consonne aujourd'hui prononcée (et écrite) dans les infinitifs en *-ir : beny* ‹bénir› 24r, *baty* ‹bâtir› 7r.
4. La chute de consonnes (surtout <t> et <d>) devant <s> à la fin du mot correspond à une longue tradition graphique : *grans* 39r, *combatans* 13v, *frans* ‹francs› 7v, *bans* ‹bancs› 10r.

Dans la liaison, la consonne finale du premier mot est souvent répétée au commencement du mot suivant : *lon napourta des nouvelle* 37v, *il leust* ‹il eut› 44r.

### 6.1.2.9 Orthographe grammaticale

L'insécurité (ou bien la négligence) dans le domaine des consonnes finales et du [ə] instable ainsi que l'absence de l'accent aigu ont des conséquences pour ce qu'on a l'habitude d'appeler orthographe grammaticale : il en résulte une insécurité dans l'interprétation morphologique de certaines formes, ce qui nécessiterait un nombre élevé de notes explicatives. Si l'on a renoncé à faire suivre chaque

12 Remarquons *ville* ‹vieille› 40r et *vuillesse* ‹vieillesse› 55r.
13 La consonne (graphique) finale <l> semble être plutôt stable.

forme aberrante d'une telle note, on donnera ici une liste des cas les plus importants.

### Flexion des noms

La marque -*s* du pluriel (substantifs, adjectifs, pronoms) est souvent absente : *les ieune gens* 5r, *huict heure* 6v, *trois coup* 13v, *les aultres capitaine* 49r. D'autres fois, elle est ajoutée là où elle n'est pas justifiée : *la matières* 6r, *un brave hommes* 26r, *une espees* 13v.

Notre auteur connaît pourtant les règles orthographiques, comme l'attestent les quelques corrections dans ce domaine : *mal facteurs* 13v, *ses archiers* 14v, formes corrigées sur les formes correspondantes du singulier (cf. aussi, pour les formes verbales : *estoient* 12r, corrigé sur *estoit*). Il est néanmoins difficile de distinguer dans tous les cas dans le manuscrit un *s* ajouté après coup d'un *s* présent dès le début.

### Flexion verbale

C'est surtout dans la flexion verbale que l'insécurité et les hésitations dans la graphie de [e], [ɛ], [ə] et des consonnes finales, ainsi que l'absence de l'accent peuvent entraîner des doutes dans la lecture. Voici les cas les plus remarquables :[14]

Indicatif présent
1ère pers. sg.: *ie tient* 13v, *ie veut* 17r, *ie peut* 36v
2e pers. sg.: *me pousse tu* 18r
3e pers. sg.: (*il*) *recour* 12v, *il ne s'ay* ‹il ne sait› 16v, *coure* 28v, *n'est* ‹naît› 28v
2e pers. pl.: *voyes* 7v, *verre* 13r
3e pers. pl.: *un* ‹ont› 31r, *veulle* 18r, *die* ‹disent› 42r
Subjonctif imparfait
3e pers. sg.: *vust* ‹eût› 41r, *duct* ‹dût› 53r
Imparfait : On relèvera les formes contenant un <e> dans la syllabe finale (à côté de celles avec <oi> ou <oy>) :
3e pers. sg.: *publiet* 13r, *puet* ‹puait› 25v, *avec* ‹avait› 32r.
Passé simple
3e pers. sg.: *mouru* 5r, 52r, *peu* 38v, *rompy* 8r, *vesqui* 24r, *vendy* 38, *teny* ‹tint› 23r, *print* 7r et *prain* 54v ‹prit›, *ving* ‹vint› 19r. – Pour la 3e pers. pluriel, on remarque les

14 Quelques-unes des particularités pourraient dépasser le domaine purement graphique et correspondre à des faits de prononciation dialectale/régionale ou d'analogie morphologique.

nombreuses formes en -*are*(*nt*) au lieu de -*èrent : priarent* 5r, *ietarent* 13r, *lessarent* 14r, *donnarent* 42v, *retournare* 52v.
Infinitif
Beaucoup d'infinitifs sans <r> final : *crie* 5r, *donne* 6r, *aute* ‹ôter› 21, *treuve* 30v, *alle* 14r, 51v, *baty* 7r, *chosy* ‹choisir› 31v ; <r> final remplacé par <t> : *avoit* 11r, 52r ; remplacé par <s> : *treuves* 33v. Les verbes en <ir> connaissent un infinitif en <ier> : *venier* 14r, *survenier* 6r, *servier* 7r, *reusier* 15r, *obeier* 26v.
Participe passé
Aux infinitifs en -*ier* correspondent les participes en -*ier : offrier* ‹offert› 41v, *ouier* ‹ouï› 15r. Insécurités pour la distinction entre singulier et pluriel : *corrigez* ‹corrigé› 7r, *beus* ‹bu› 14v, *vaques* ‹vaqué› 20v, *reformet* ‹réformés› 8r. Autres formes remarquables : *vust* ‹vu› 48, *peust* ‹pu› 48v, *prin* ‹pris› 7r, *prinse* ‹prise› 51v.

## 6.2 Texte

**5r**[15]

du mois de janvier à huict heures ou à minuict l[an] mil six cens et dix| dieu veulle avoir son ame| amen.

Sect. 11

Monsieur le chanoine bulabois mouru le vingtieme iour du mois de febvrier[16] de l'an mil six cens et dix d'une maladie qu°estoit d'une moursure d'un loup en la fesse luy s'en revenant de montolier lieu de sa residence| en laquelle playe la guangrene s°y mit et en mouru en bref, dieu veulle avoir son ame amen| il est enterre devant l'autel de prime du coute gauche|

Sect. 12

Le saizieme iour du mois de juin de l'an mil six cens et onze messieurs de la ville priarent messieurs les chanoines pour pourter la procession à sainct lothain pource que la chase estoit de*ff*endue[17] et pour prier dieu qu'il luy plust envoye de la pluye. ce que messieurs leur accourda*t*, avec messieurs de sainct dominique| et fit on crie la procession à blanc ou c'est qu'il luy[18] avoit pres de <de> cinq cens filles sans les hommes et femmes./

Sect. 13e

L'an mil six cens douze nous husmes[19] pour predicateur un capucin pour l'adven et caresme qui se nommoit pere heusebe, lequel en une predication de caresme il declina les ieunes gens et les ieunes filles comme verrez|

Pour les ieune gens

Nominativo haec taberna genitivo huius hebrietat[is] dativo huic ludo, accusativo hanc blasphemiam, vocativo ô fur ablativo ab hoc patibulo·/·

15 Manquent les quatre premières feuilles.

16 *febvrier* : *f* corrigé sur *b*

17 *deffendue* : *ff* corrigé sur [xxx].

18 *luy* : *y*

19 *husmes* : *h* corrigé sur *f*.

**5v**

Pour les ieunes filles

Nominativo haec vanitas, genitivo huius loquasitatis, dativo huic inobedientiae[20], accusativo hanc superbiam, vocativo ô luxuria, ablativo ab hac desesperatione[21]|

Voyla comme l'on gouverne telle gens tant d'un coute que d'aultre et comme l'on à observe leur bonne reputation et en qu'el[22] reng l°on les tient pour le present./

Mon compere estiene masson apothiquerre mouru le iour de l°a^cencion en la maison de la crois d°or subitement et sans confession en l'an mil six cens et douze en may| dieu veulle avoir son ame| amen./

Jean durand mon filz mouru le[23] dernier iour du mois de desembre de l'an mil six cens douze à deux heures apres minuict d'une fibvre continue| son parain s°appeloit honorable jean fie sa maraine la fille dudict jean fie tous de poligny| dieu veulle avoir son ame| amen|

Monsieur le chanoine ho*u*gounet seur^non dominique mouru le dixhuictieme iour du mois de novambre de l'an m'il six cens et douze| et mouru d'une apoplexie| et ne peut on le ferre parler| et cela luy vient en revenant de seroz pource qu'il c°estoit eschauffe| il est enterre devant l'autel de prime de sainct hypolite| dieu veulle avoir son ame| amen./

**6r**

Le landemain de sainct sebastien qu°est un sembedy du mois de janvier l'an mil six cens douze fust consac[ré] l'autel de l°ospital de la ville par monsieur de corinte| donc[24] le maire estoit gabriel renaudot, monsieur daguet, estiene jaquemet et oudot renaudot eschev[in]| le sire claude maistre dict labonde mouru le iour de sainct jean es feste de noel de l'an mil six cen[t] et douze./

Messire jean masson [~~xxx~~] advocat fiscal au balliage de poligny mouru le di*x*huistieme iour du mois de septemble de l'an mil six cens douze| et mouru soudain

---

**20** *inobedientiae* : *b* corrigé sur *d*.
**21** *desesperatione* : deuxième *s* corrigé sur *p*.
**22** *qu'el* : *quel*
**23** *le* : *l* corrigé sur *d*.
**24** *donc* : *dont*

d'une apoplexie sans jamais parler ny à prestre ny à cler| dieu veulle avoir pitie de son ame| amen./
L'an mil six cens douze l°on fondy la grosse cloche de l°eglise sainct hypolite| et pour survenier[25] au fres tant pour la matieres que aultres choses messieur[s] advisarent qu'il falloit ferre un impost| la plus pard des messieurs dirent qu'il seroit plus propre que chaque communians donneroit dix gros sans dire que le fort empourteroit le foible| l°on pass[a] ainsy| et falut donne par co*n*mun accord chacun dix gros au grand detriment de aulcune maison pource que il en ny˘at[26] quy n°ont donne que ving gros qui ont plus que sep fois de bien que ceux qui en ont donne ving, trante gros| chose mal egal[e]| laditte chose fust bastizee le iour de feste sainct cecille, et fust pour parain le maire de la ville nomme gabriel renaudot, et la marraine madam[e]

**6v**

de dramelet nomme barbe de laubepin du sieur dramelet chevalier de la cour du parlement à dole| laditte cloche fust fondue par deux fois par la faute du mestre| le mestre estoit de poligny et s°apelloit maliet dict jourdain./

Le saizieme iour du mois de febvrier de l'an mil six cens treize l°on fondy la seconde cloche a huict heure du soir| le fondeur s°apeloit proudon demerant à vezou| les parrin et marrene sont monsieur le docteur chappuis beau filz à monsieur le concellier brun et demoyselle jehanne baptiste crouvoysier femme à estiene jacquemet| et fust baptisee le iour sainc pierre an susdict.

Le filz au sire hugue caseau l°oste celebrat sa premiere messe le quatrieme en novemble l'an mil six cens traize| donc[27] ie y fust invite à diner, il se nomme messire claude caseau|

Messire pierre monniet selebrat sa premiere messe le premier iour de febvrier de l'an mil six cens traize| et à este enfans de coeur./

Mestre pierre devars greffier de la merrie mouru d'une iaunisse noire| et mouru le dernier iour du mois de may de l'an mil six cens traize| et fust enterre au jacopins en la chapelle sainct [a]nthoine| dieu veulle avoir son ame| amen|

25 *survenier* : *subvenir*
26 *en nyat* : *en y a*
27 *donc* : *dont*

Monsier le secretain de vaulx nonme don claude javourel mouru le iour sainct martin

**7r**

d°ivers l'an mil six cens[28] traize| dieu veulle avoir son ame amen|

Le quatorzieme iour du mois d'apvrier de l'an mil six cens traize i'ay corrigez les cheveux à un frere la*is*[29]| lequel on a rendu chez les frere precheur de poligny jacopins| qu'est le premier que i'ay vust ne qui a este il y at plus de cinquante ans qu'est de salins| et s°apelle frere loys loyseau blanchiseur de son mestier|

L'an mil six cens traize la fille de mestre claude michil procureur postulant à poligny qui fesoit veux de chastete et avoit prin un chasse mary par l°espace d'un an ou plus| advient que le sieur michiel avoit affeire d'un cler pour s'en servier, advient ce cler q[ui] pour le servier vient, comme cler voyant qu'il fesoit la besongne de son mestre et non la siene il fist sy bien et par subtil moyen l'amour à sa fille qu'il luy emply son ventre nonnostant le chasse mary| ledict reverant cler estoit de pontarlier en montagne et se nomme pierre pouchard, et la fille claud*e* michiel, et s°epouserent la velle sainct denis au mois d'octobre an susdict au village de pasenan| et despuis la allerent à clere^vaus[30] pourter leur pres[xxx]| ledict pochard n°avoit pas dix huict [~~xxx~~] ans, depuis le vingseptieme ou le vinghuictieme[31] en octobre| pou[r] parachever son bon heur audict sieur michiel pere l°on luy print en son cabinet une bonne somme d°argent| l°on dict qu'il est mal employe pource qu'i[l] conserve les larrons./

Le vingcinquieme en janvier de l'an mil six cens quatorze l'on poza la crois pour baty une eglise et un

**7v**

batiment pour des religieux de capucin, donc madame de dramelet donna la[32] place, et le filz de monsieur daclin donna quatre mille frans| et fust capucin et

---

**28** *cens* : *c* corrigé sur *s*.
**29** *lais* : *laïc* ; *lais* corrigé sur *las*.
**30** *clere vaus* : *Clairvaux*
**31** *vinghuictieme* corrigé sur *dixhuictieme*.
**32** *la* : *l* corrigé sur *p*.

se nomme frere dominique, plus l'on posa la premiere pierre le cinquiesme en apvriel l'an mil six cens quatorze| donc monsieur le doyen la beny et monsieur darintho la posa| et fust mis dessus la pierre engravees ce que s°ensuit./[33]

Le sembedy dixsieme en may de l'an mil six cens quatorze mouru mestre jean guilliet qui à este procureur sindique, et puis apres de la maison de ville et de notable maison et homme de bien| dieu veulle avoir son ame| amen./.

Messire jean vuillemot chappelain et familier à sainct hypolite et enfans de coeur mouru le sembedy vingsixsieme en apvriel l°an mil six cens quatorze| et fust enterre le diemanche vingseptieme iour dudict mois en la chappelle du fundateur| et estoit bon musiciain et qui escrivoit et nottoit bien de musique| il mouru devant jean guillet comme vous voyes./

Le huictieme iour du mois de juin de l'an mil six cens quatorze frere claude mou~~reau~~to[t][34] filz de pierre moutot courdonnier celebrat sa premiere messe es jacopins comme enfans de la maison| et fist on bonne chere./

## 8r

Le vingquatrieme iour du mois de juillet l'an mil six cens quinze une fille qui glenoit, le temps estoit sy tempestueux et se couvrant avec tonnerre et tempeste iesque[35] à tomber de la gresle asse grosse| et en mesme temps tua la fille en la fin de poligny./

Dame jeanne de*v*[ar]s femme à feu jaques de*v*ars procureur à poligny mouru le vingtroisieme du mois de juilliet l'an mil six cens quatorze mere de messire bernard de*v*ars familier à poligny|

Monsieur publet procureur et greffier de la gruerie se <s> tua ou son cheval le tua le iour d'un lundy gras| et fust enterre à poulouze[36] le mardy gras| leˇtout sans pancer à sa consiance en l'an mil six cens quatorze| dieu veulle avoir pitie de son ame| amen./

Le traisieme iour du mois de may l'an mil six cens quatorze à trois heure apres midy le temps estoit fort facheux| l'on sonna les cloches pour le temps ~~advi~~| advient que en la maison de simounin appelle adriain bassot drapier que le diable

---

**33** Le texte en question fait défaut.

**34** *mou~~reau~~to*[*t*] : *to*[*t*] au-dessus de la ligne.

**35** *iesque* : *jusque*

**36** *poulouze* : *Toulouse-le-Château*, près de Poligny.

luy tua un enfant age d'environ sept ans et une servante qu'il blessa| et entra par la porte et sourty par les fenestre [~~xxx~~] donc il rompy beaucoup de vytres./

Le traisieme en aoust l'an mil six cens quatorze le moyne chevreau celebrat sa premiere messe le iour sainct estiene| et monsieur de vaulx le de*f*ria[37] qui se nomme phylippe de la baume| et depuis il ala au reformet en lauraine[38]| et il y est encore| dieu le conduyse./

**8v**

Mon compere le sire leonel roygnard mouru le dixneufieme en septembre l'an mil six cens quatorze ung vendredy| dieu veulle avoir son ame| amen|

Le filz du sire beufve nomme frere dominique jacopins celebrat sa premiere messe le dixnefieme iour du mois d'octoble de l'an mil six cens quatorze un diemanche ou il fist bonne chere|

Messire fredelit maliet dict courdain mouru le vingquatrieme en novamble de l'an mil six cens quatorze, qu°estoit familier à sainct hypolite| et fist ses heritier messieur les familier| dieu veulle avoir son ame| amen./

Messire jean bou*v*iez mouru le onzieme iour du mois de desembre de l'an mil six cens quatorze à deux heures apres mydy| et est mort homme de bien| et estoit familier à sainct hypolite| dieu veulle avoit pitie de son ame| amen./

Monsieur le procureur coilloz tabellion general en bourgongne mouru le onzieme iour du mois de janvier l'an mil six cens quinze| et l'on lappeloit le diable de dix heures./

Monsieur de baulme mouru le vingneufieme iour du mois de may l'an mil six cens quinze un vendredy au soir| et fust enterre le[39] diemanche| et avant toute chose il fust ouvert| et ne luy trouvat on partie de son corps gatee sinon un peux les

37 *defria* : *defraya*
38 *lauraine* : *Lorraine*
39 *le* corrigé sur *un*.

**9r**

poulmons[40]| le cerveau fust ouvert et n°y trouvat on rien de gaste| et mouru d°une fibvre continue et de fantasie| dieu veulle avoir son ame| amen./

Le penultieme en aoust de l'an mil six cens quinze l'on aporta une relique du chef de monsieur sainct dominique pour messieur les religieux de jacopins de poligny| l°on preschat[41] pour ferre entendre et savoir que c°estoit des reliques| et puis pourtat on illec la procession i*e*usques à nostre dame ou illec estoient les reliques| et furent pourtee par un sieur chanoine avec laditte procession ieusques aux freres precheurs| et le sieur chanoine estoit messire arnault marion| et lessat on la relique aux jacopins| laditte relique vient de falletem| et messieur les religieux leur en donna d'aultres qui servoient en leur eglise de falletem./
Le sire pierre andre mouru le iour de sainct simon et jude le matin de l'an mil six cens quinze| dieu veulle avoir son ame| amen./

Francois benoit mouru le iour de sainct simon et jude le matin de l'an mil six cens quinze bon ioueur de dez quarte quille et bon compagnon pour les servante et se que s°ensuit| monsieur bouverot mouru le premier./

Monsieur le chanoine bouverot mouru ne[42] nefvieme iour du mois de ~~janvier~~ febvrier à minuict qu°estoit un lundy de l'an mil six cens et quinze| et avoit un brave esprit| dieu veulle avoir son ame| amen. |

**9v**

Le diemanche dixsieme du mois de janvier de l'an mil six cens saize messire charle rigoulet selebrat sa premiere messe à l°autel de la chappelle de madame de dramelet./

Messire jean ruthy cure de tourmond mouru le lundy au soir le dishuictieme en janvier l'an mil six cens saize| dieu aye son ame| amen./

Monsieur le procureur prost mouru le neufieme iour du mois de ~~janvier~~ febvrier de l°an mil six cens et saize à une heure apres midy| dieu veulle avoir son ame| amen./

---

**40** *poulmons* corrigé sur *poulmon*.
**41** *preschat* corrigé sur *prechat*.
**42** *ne* : lapsus pour *le*

Le troisieme iour du mois de mars qu°estoit un diemanche le chanoyne quarre preschat à l°ospital celuy qu'est pres des courdelier| ce fust la premiere qu'il aye faict et la plus belle que l°on uist[43] iames en l'an mil six cens saize./

Messire pierre chevalier chanoine et familier en l°eglise sainct hypolite mouru le second iour du mois d'apvriel de l°an mil six cens et saize et le second iour d'apvriel| c°estoit la veille de pasques| dieu veulle avoir son ame| amen.

Le vingteunieme iour du mois de may l°an mil six cens saize monsieur l°archevesque encommensa sa visite| puis le iour de la pantecoste lors que l°on alla querre ledict archevesque l°on avoit une douzaine d'homme qui pourtoit des perdrisane[44] et alebarde| il advient que philibert hugonnet

**10r**

en estoit l'un| lequel luy survient un coeur fally| lequel l'en nemmenat sans iamais parler| et fust pourte en la maison de monsieur le consellier brun ou c'est que monsieur chappuis demuroit qu°estoit le merre de la ville| et la finy ses iour, et en mesme temps monsieur l°archevesque ordonna que l°on blanchiroit l°eglise et que l°on oteroit les bans[45] qu°estoit de sapins et les aultres qu°estoit de no*u*ier et les ferre à jour celon la mesure que˘ll°on avoit donne selon son commandement de mondict sieur et à paine d'excommunication| ce que à este faict| et fust blanchir l°eglise| le tout au mois de juillet de l'an mil six cens dix sept./

Le iour de feste dieu, monsieur durand qu°estoit thelo[46] de monsieur l°archevesque et chanoine à besancon qu°estoit des deputes de nostre dict sieur| lors qu'il fict sa visite à poligny il precha au predicatoire des jacopins de l'an mil six cens saize avec difficulte des jacopins./

Messire claude caseau familier de l°eglise sainct hypolite mouru le dix septieme iour du mois de juin l'an mil six cens saize à dix heures du soir qu°estoit un bon prestre et qui avoit du savoir| dieu veulle avoir son ame| amen./

Mathieu froissard procureur mouru le iour de la *s*ainct lourans de l'an mil six cens saize| et mouru à dole| et fust amene à poligny et enterre avant que de dire les trois grandes messes| dieu veulle avoi*r* son ame| amen|

---

**43** *uist* : *ouït*
**44** *perdrisane* : *pertuisanes*
**45** *bans* : *bancs*
**46** *thelo* : Proust 1883 complète : *théologal.*

**10v**

Monsieur d°arintho nomme messire anthoine de batefort filz de monsieur de dramelet chevalier de la cour de parlement a dole selebrat sa premiere messe au grand autel de sainct hypolite le diemanche sixsieme iour du mois de novambre l'an mil six cens saize| et avoit bonne compagnie dont madame la contesse de vergy madame l°abbesse de chatechallon et beaucoup de segneur./

Frere claude de la barre courdelier et gardiain à dole à este sacre souffragant à ornens au lieu de monsieur simounin ou corinthe qu°estoit religieux de l°ordre de sainct benoist| ledict sieur de la barre avoit pour esvesque monsieur le reverendissime monsieur de belle vaulx et chareton avec une bonne compagnie| le tout fust le vingtieme en novambre l'an mil six cens et saize| donc[47] mondict sieur fourny tout les fr*a*is[48]|

Le iour du grand jeudy monsieur de vallefin religieux en vaulx fist à ferre la crois avec le crucifis la virge marie et sainct jean avec un pety[49] |le tout à ses fres| et f'ust pose le jeudy sainct de l'an mil six cens dix sept./

Messire anthoine goulcheret mouru le iour de pasques à minuict et fust enterre le lundy avant que l'on pourtat la procession au capucin en mars de l'an mil six cens dix sept. /

**11r**

Le vingcinquieme iour du mois d'apvrier iour sainct marc il nega de telle fasson que l°on pansoit que tout estoit perdu| c°estoit de l'an mil six cens et dix sept./

Philiberte durand ma fille mouru le premier de may à deux heures apres midy de l°annee mil six cens et dix sept| dieu veulle avoir son ame| amen./

Le onzieme ou douzieme iour du mois de juin de l'an mil six cens dix sept mouru messire claude gille de cha*n*vaux familier en l°eglise collegiale de sainct hypolite de polegny| dieu veulle avoit[50] son ame| amen./

---

**47** *donc* : *dont*
**48** *frais* corrigé sur *fres*.
**49** Blanc après *pety*.
**50** *avoit* : *avoir*

Jaques broy procureur postulant au siege de poligny mouru le mecredy à une heure apres minuict le quatorsieme iour du mois de juin l'an mil six cens dix sept| dieu veulle avoir pitie de son ame| amen./

Le saisieme iour du mois de septemble de l'an mil six cens dix sept mouru messire leonel dounat familier et chappelain de grimon et de chamole| et mouru fol| dieu veulle avoir son ame| amen./

Guillo bergeret mon fillo et nepveur mouru le dernier iour de septembre à quatre heures du matin de l°an mil six cens dixsept| dieu veulle avoir son ame| amen./

**11v**

Le saysieme iour du mois d'octobre l°an mil six cens dixsept mon cousin franet tomba en la tine de gaspard bergeret son beau frere en laquelle il luy[51] avoit pour le plus deux ou trois chars de vandange| et la[52] il finy ses iour sans iames parle| dieu veulle avoir pitie de son ame| amen./

Le cinquiesme iour du mois de novambre de l'an mil six cens dixsept l°on baptisa le filz de monsieur decez donc monsieur de balerne estoit le parrain, et madame de talemet sa mere estoit la maraine, et madame de dramelet estoit sa lieutenande| auquel[53] iour messieurs de la ville fire ferre une assemblee en laquelle il y avoit deux cens mousquaterre cens arquebusier cens[54] piquis[55], et apres le baptesme il y ust un outrequide qui delachat son musquet contre son compagnon qui le rendy mort sans iamais parler, et le coup fust derrier la teste dont la servelle sourty tout pour un coup et tomba en terre| le mort s'apelle jean martin mareschal de son mestier beaufilz à simon perrier| dieu veulle avoir son ame| amen./

Le dix neufieme iour du moïs d'apvriel de l'an mil six cens dix huict mouru pere denys froissard capucin filz de feu simon froissard et premier de la chambre des contes à dole| et ledict pere denys mouru arbois| lequel prechoit le caresme audict lieu d'arbois| et fust amene

51 *luy* : *y*
52 *la* : *là*
53 *auquel* : *ue* au-dessus de la ligne.
54 *cens* : *c* corrigé sur *s*.
55 *piquis* : *piquiers*

**12r**

à poligny| et fust le premier que y fust enterre en leur charnier des capucin, et pere marmet fist l'oraison funebre| et fust ausy le premier que prechat au capucin et qui estrena la chiere[56]| le non de son baptesme avant qu'il fust capucin il s'appeloit claude froissard| dieu veulle avoir son ame| amen./

Messire claude chevalier filz de pierre chevalier ~~talleur~~[57] selebra sa premiere messe à l'autel du sainct suayre de l'an mil six cens dix huict au mois de juilliet le premier iour du mois| et monsieur pasquot estoit son mestre./

Noble jehan doroz mary de damoyselle luc mouru le troisieme en juilliet heure de midy de l'an mil six cens dix huict| dieu veulle avoir son ame| amen./

Messire philibert gauterot dict migu*et* mestre à l'eschole de poligny selebra sa premiere messe le diemanche huictieme iour du mois de juilliet l'an mil six cens dix huict à l'autel du sainct suayre| et son mestre estoit messire guynet chevalier chappelain en l°eglise sainct hypolite de poligny./

Jaques cecille mouru le iour de pasques florie de l'an mil six cens dixneuf| et estoit un brave capitaine et qui avoit veust la guerre d'ongrie

**12v**

en france en flandre et en bourgongne ou c'est qu°il à tousiour commande| homme fort courageux| dieu veulle avoir son ame| amen./

Messieurs de la ville de poligny firent pouze[58] un banc pour messieurs les eschevins ou fiscaulx le huictieme en mars l'an mil six cens[59] et dix neuf qu'est le premier que l°on n'ay[60] iamais pose, le maire estoit monsieur chappuis gabriel renaudot, oudot renaudot et anthoine jault eschevins./

Souvenance des actes heroiques des jeunes gens de poligny et de leur depourtement tant de iour que de nuict, et des larrecins qu'il ont faict, et de ce qui en est ensuivy./

56 *chiere* : *chaire*

57 En marge, d'une autre main, avec un + en signe de renvoi : *le mot effacé est* <u>*tailleur*</u>.

58 *pouze* : *poser*

59 *cens* : *c* corrigé sur *s*.

60 *lon n'ay* : *l'on ait*

Premier iour de la nostre dame de mars de l'an m'il six cens dix neuf les venerable voleurs s'en allerent à la doit ou illec monsieur matal avoit une serve en laquelle il y avoit bonne quantite de poisson, comme mere carpes, bruchet| ses venerable vont de nuict rompre l°arche ou estoient[61] lesdict poisson| et prindre ce que leur estoit necessaire et des plus beau les fesant transpourter dehors de poligny comme à chamole et aultre part, pour savoir des nouvelle des poisson point| mais le sieur matal qui n°avoit point faute d'esprit recour a monsieur l'official pour luy donner une excommunication pour savoir la verite, ce que luy fust octroye,

**13r**

et estant publie, il y at tousiour des gens de bien| l'on treuve les mal^facteurs[62], id[63] [~~xxx~~] est les larons| et pour les nommer c'est leonel michiel filz de mestre claude michiel procureur, l'autre c'est benoit bernard, l°autre est bernard hugonnet filz de la fille bernard choux| et l°autre est le filz du[64] jeune felim qu'est courdier| l°autre est antthoine[65] benoit filz de feu francois benoit| pour qui estoit le vicaire qui publiet leur communicati[o]n c'estoit messire jaques febvres dict guychard| de˘plus i°avois oublie que ses vouleurs de poisson me firent un traict| devant ma maisson ou illec il y at une anonciade ces meschant nuictamment ietarent de la fange en derision| et il y en avoit un nomme callignere lors que l°on me deroboit| c'est un larron de son estat sans poin ferre de punition. Et voyant ses meschant adonne à tout vice l°on leur fist un pasquin comme verre[66]./

Pour chanter les louange de trois ambitieux,
qui sont dans poligny se disant furieux,
l'un s'appelle michiel ne songant que malice,
et l°autre c'est bernard qu[i] s°adonne à tout vice,
puis il y at benoit qui porte la [~~xxx~~] curasse,
et qui l'honneur du monde et la gloyre pourchase|
De˘plus le septieme iour du mois de juin l'an mil six cens dix neuf arivat une querrelle mal à propos pour d'aulcun, et qui en furent paye comme verrez| et pour ecuter les mauvaises[67]

---

**61** *estoient* corrigé sur *estoit*.
**62** *facteurs* corrigé sur *facteur*.
**63** *id* : *d* corrigé sur *l*.
**64** *du* : *u* corrigé sur *e*.
**65** *antthoine* : *a* corrigé sur *e*.
**66** *verre* : *verrez*
**67** *mauvaises* corrigé sur *mauvaise*.

**13v**

opinion d'aultruy, et pour vous ferre savoir les combatans de part et d'aultres ie les vous veux nommer sans fixions| c°estoit loys mestres qu°estoit boisteux pourtant seur soit une rudache une carabine et une espees| l°autre est pierre chevalier filz de philippe chevalier avec son espees| et un nomme claude jault docteur avec son pistoulet lequel fit sy bien que par les infourmation il en fust ex*cuze*[68] iesques à rapel| de l°autre coste estoit loysot nomme ripalle beau filz à natoille rat[~~xxx~~]eau| l°autre pierre philippe benestier dict besain et son non de guerre brise espee. Or advient qu'il se rencontrarent devant la maison de messire guynet chevalier| lors l°on donne un coup d°espees à chevalier et sitot un coup de baton sur la teste| aincontinant loys mestre donne son coup de carrabine à pierre besain à l°espaule droite et tombat, lors advient <lors advient> que le filz de monsieur le docteur rateau nomme bernard vit que l°on *n*y[69] alloit avec des pistole| il se m'est[70] seur mestre et le frouta si bien que ie tient qu'il soit estropie de la main gauche| et le baty desus le semetiere[71] donc il le falut rebeny, ie me suis oblie que mestre et ses aderant tirarent trois coup de pistoulet. Or advient voyant que l°on ne fesoit poin d'instance de cecy le merre avec les eschevin ne pouvoir remedier|

**14r**

envoyarent une requeste à messieurs de la cour| ayant vust la requeste ordonne au secon ~~ad~~ advocat de la cour nomme monsieur toytot, pour infourmer de ce qu°il fist, tout ceux de ceste querrelle sont dehors de poligny fugitif| et les deux blesse ont preste causion iesques a tant qu'il fust guarry. De˘plus un avoit mis loysot et bernard rateau pour les conduire en prison| *c*eux[72] qui les menoient les lessarent alle sans les conduire en prison| le consellier fist mestre les conducteur en prison| ie n'en puis dire davantage iesques à la deffinition sinon que le procureur sindique fust condanne à une esmande[73] de sinquante livre pour n°avoir faict le commendement du sieur conselier, vernere huissier fust ausy condamme à une emande de sinquante livre et les deux tegmoins à ving livres tout pour un mesme faict./

---

**68** *excuze* : *c* et *z* corrigé sur [xxx].
**69** *lon* ny : *l'on y*
**70** *m'est* : *met*
**71** *semetiere* : *cimetière*
**72** *ceux* : *c* corrigé sur *s*.
**73** *esmande* : *amande*

Puis le vingeunieme iour du mois de juin de l'an mil six cens dixneuf claude doroz le richard de selieres avoit un sien beau freres qu°estoit mal à selieres| et pour prendre un aultre air pour le guarri du petit vertigo qu'il avoit et que l°on ny[74] employoit de l°argent mal à propos le fist venier à poligny en la maison de baptiste demonget pour aprendre la clargie| luy s'en allent par la ville et treuvoit des bon compagnons| et comme l'on voyoit qu'il avoit

**14v**

d*u*[75] moyen il fust suivy ou l°on vouloit ferre ioue l°aubade de[76] ses compagnons| et apres avoir bien beus il fallut prendre une querrelle d'allement[77]| ce ieune homme pansant ou vulant prandre la parole l'un desquels ie nommeray avec ses compagnon luy derouche un coup d'estot au coing de l'oeil qu'il ne parla iamais| ceux qui ont faict le coup sont gaspard lion et guillet, les aultres qu'estoit avec [~~xxx~~] claude froissard le blesserent qui en mouru| c'est benoit bernard et le filz de feu francois benois le cler richard| et tout fugitif de poligny iesques à tant que l°on voye la misericorde du prince. de plus claude doroz s'en vat à la cour pour presenter requeste pour avoir un mandement pour le pouvoir retirer des prison de tounon pour le reduire au prison de poligny| l'on fist tant que la cour de chambery ayant vust le mandement de messieurs de la cour[~~xxx~~] de dole ont octroye et permis de prandre et emmene ledict gaspard lion| ce que fust faict| donc claude doroz fit conduire le prevost de lonsles[78] nomme perret avec ses archiers[79]| et fust reduy au prison de poligny le trantieme iour du mois de juilliet l'an mil six cens dixneuf| les archers demurarent dix iour pour alle à tounon et à la cour de chambery pour le ravoir de la prison dudit tounon|

**15r**

ce que fust faict | et fust reduy au prison dudit poligny comme i'ay dis cy dessus. et puis dernier iour du moïs de juillet fust ouier[80] en responce par les sieurs fis-

---

74 *ny* : *y*
75 *du* : *u* corrigé sur *e*.
76 *de* : *e* corrigé sur *u*.
77 *d'allement* : *d'allemand*
78 *lonsles* : abréviation de *Lons-le Saunier*.
79 *archiers* corrigé sur *archier*.
80 *ouier* : *ouï*

caulx, donc l°on à recouru à grace, l°on atens tous les iours le bon vouloir du prince[81] et se qu'en poura reusier| le prince ayant vust la requeste à luy presentee de la pard dudict lion| l'on luy octroye grace, partie offencee satisfaicte| et fust publie la grace en juilliet mil six cens ving, et fust remene à la concirgerie iesques à tant qu'il ust satisfaict au commendement du prince. plus le dernier iour du mois de mars de l'an mil six cens ving et ung il fust condamne à une emande de quatre ving dix livre ayant tenu prison vingdeux mois| et le tient˘on encore en prison iesques il ust paye l'emande| l'emande à este payee et en est sourty| voyla ce qu°ant est iesques à presen. de˘plus une partie des six nomme ont desrobe des poules à monsieur de fronteray à monsieur le procureur mathon fiscal[~~xxx~~] à la dame chevalier nomme denise poux, et à moy me rompire ma lanter[~~xxx~~]ne[82] et chiarent dedans et me desroubarent un rasoir et rompire mon chassy| mais dieu les à bien paye et punis| et puis à dominique daclin l'on luy print un cuchinet[83] de tapisserie qu'estoit devant *l*es fenestres de sa salette| et l'on osta la bourre| et fust foure de fine merde [~~xxx~~]| ainsi fust il foure le matin|

**15v**

voulant mestre ses deux coutes dessus l°ourellier comme à l'accoutume la merde s°espanchat sa[84] et là à la confusion du glorieux daclin| une partie [d]es denomme ont faict ses heroiques vertus. Et puis pour parachever l'istoire c'est que le cinquieme iour du mois de febvrier l'an mil six cens ving et deux il print un cheval à son oncle moureau le mareschal à onze heures du soir en forme d'un larron| et s°en allat à la guerre avec monsieur de savoyeus| et la demeure par l°espace de sept mois ou huict pour le plus, et s'en revient le secon d'aoust de l'an mil six cens ving et deux avec trois chevaux en contant celuy qu'il avoit prin à son oncle| et bien en couche, un accoutrement d°escarlate assorti de passement d°or avec les bouton| le tout pour avoir gagne au ieux non poin à la guerre comme font les braves soudas, car en ceste guerre qu'il sont alles il est mor*s* plus de cens capitaine, comme le conte de sainct amour, monsieur de *v*illez, le conte de rosillon, et ceux que ie ne puis nommer| pour alle au pays de fer*r*ette l°on dict qu'il furent empoisonne| voyla ce qui en est./

**81** *prince* : *c* corrigé sur *s*.
**82** *lanter[~~xxx~~]ne* : deuxième *n* au-dessus de la ligne.
**83** *cuchinet* : *coussinet*
**84** *sa* : *ça*

Le iour de sainct jean pere dominique daclin capucin selebra sa premiere messe au capucin de poligny l°an mil six cens dixneuf| dieu veulle que se soit pour son salut| amen|

**16r**

L°an mil six cens dix neufs mouru jannette prothe femme de monsieur le procureur pecaud le sembedy à minuict le vingtieme de juilliet| dieu veulle avoir son ame| amen|

Le secon iour du mois d'octobre l'an mil six cens dix neufs frere mathieu broy print l'habist de sainct benoit en vaulx pour estre chantre qu°estoit religieux de balerne./

Monsieur daquet prins pocession pour estre capitaine de grimon ou il y avoit beaucoup de gentilhomme le secon iour du mois d'octobre l'an mil six cens dix neufs./

Frere antoine mouraut qu°estoit religieux en balerne fust reseu le ieudy veille de la tousin[85] de l'an mil six cens dix neufs au prioure de vaulx./

Dom jean doroz fils de [xxx] doroz nobilis moyne en vaulx selebra sa premiere messe le premier diemanche de novambre de l'an mil six cens dix neufs| et avoit bonne compagnie./

Le vingtetroisieme iour du mois de novambre l'an mil six cens dix neufs monsieur de corinthe consacra l°autel du rosaire, et celuy de sainct nicolas qu°est la chappelle de monsieur le consellier brun. /

**16v**

Le vingtquatrieme iour du mois de novambre fust apourte en l'eglise sainct hypolite le chef dudict sainct hypolite que monsieur le mestre des enfans de coeur donnat| et le fist ferre à besancon| et monsieur son nepveur il donna de belles pierres qu'est monsieur de corinte| luy mesme l'apourta de besancon ou il fust mis de belles reliques que ledict sieur de corinte donnat, et monsieur quoytier dict la messe| et l'on y fist l'offretoire ou il y avoit beaucoup de peuple| le mestre des enfans de coeur s'appelle messire philiber aymounin aultrement le rat./

**85** *tousin*: *Toussaint*

Pour le commencement de l°anne mil six cens et vingt lors que l'on monnoit[86] les eschevins advient que voyant que l'on continuoit les maires et eschevins iusques à sept ans il y ust des gens de bon esprit que voyant que l'on les continuoit il se deliberarent de ferre un pasquin comme verres, le maire s'appeloit monsieur chappuis, gabriel renaudot oudot renaudot le docteur anthoine jault tous tres[87] eschevins et comprins au pasquin comme verres./
Lessez le maieur en repos.
jl doibt estre las de ferre impos.
jl est bien temps qu'il se[88] <re> repose.
puis qu'il ne s'ay[89] faire aultre chose,
les eschevins semblablement.

**17r**

le peuple d'eux est mal contans,
car trop nous coute leur iournees.
l'un d'eux à heu pour une annee,
quatre cens frans pour ses acques.[90]
pour des causes de quatre niques,
pense[91] messieurs s'il est utile
tel gouverneur dans une ville

Encore un pasquin pour le mesme

Lessez vous pelez apeler
puis que vous este des notables|
vostre peau vous rend bien notables|
sy sans poil l'hivers vous alles
vous aures froid| cherche collett*e*|
jl en sont bien plus redoutables[92]|
la verite sy ne calles
vous ne craindre conter des fables./

**86** *monnoit* : lapsus pour *nommait*.
**87** *tres* : *trois*
**88** *se* : *s* corrigé sur *r*.
**89** *s'ay* : *sait*
**90** *acques* : *acquêts*
**91** *pense* : *pensez*
**92** *redoutables* corrigé sur *redoutable*.

Messieurs estant assemble de l'an mil six cens vïngt lors que les notable s'assembloit pour nommer les eschevins il y survient gabriel coillot et anthoine bobilier apotiquerre en la maison de la ville n'estant este appelle, coillot vient vers le merre chappuis qu'estoit encore maire| ou c'est que le merre luy dict qu'il n°estoit poin este nomme pour notable et qu'il s'en dust ennalle[93] | ce que il ne voulut avec des propos que ie ne veut point recite, le merre luy dict encore une fois qu'il s'en dust ennaler| luy respont que non| avec ledict bobilier l°on ordonne à paine de cinq de vingt de mille

**17v**

livre| ayant bien discouru il s'en allerent| le merre les faict apeler à dole| et envoyant leur besongne à la cour la cour les faict assigner le trantieme iour du mois de janvier au role *ce* qu'il l'on[94] comparu| et furent bien remontre et vesperise*z* par monsieur l'advocat toito*t* advocat de la cour| apres les ayant bien tenu et remontre monsieur le concellier grusset les envoya tout deux separe l'un de l'autre chacun chez un huissier de la cour pour responce vue leur fourmer tel apointement qu'il convindroit| il furent ouist en responce le vandredy ou sembedy et furent relache| et s'en vindrent le diemanche secon iour du mois de febvrier mil six cens et vingt qu'estoit bobilier à causion de deux cens livres[95]| et gabriel coillo[t] fust mis en la consirgerie et y demura par l°espace de trois semaine. plus le douzieme iour du mois de ~~janvier~~ febvrier mil six cens ving monsieur le concellier mercier et le subtitu[96] du procureur general vindre audict poligny pour ferre le recour devers gabriel coillot pour savoir s'il à profere telles paroles <qu'est> qu'estant en la maison de ville pour nomme les eschevins luy n°y estant apelles s°y treuve et ne s°en voulu poin alle, et dict que sy le roy d°espagne y estoit il ne s'en iroit poin| c'est pourquoy monsieur le concellier mercier est venu pour ferre le recour pour savoir s'il à profere telle parole. donc l'on examine monsieur

**18r**

chappuis iadis maire, monsieur jacquemet mere pour le iour˘d°uis| ne sachant ce qu°il lont dict sinon que messieurs du consel sont este vers le sieurs conselliers

---

**93** *ennalle* : *en aller*
**94** *qu'il l'on* : *qu'il ont*
**95** *livres* corrigé sur *livre.*
**96** *subtitu* : *substitut*

pour en dire ce qu'il en savoint et non plus. et puis ledict coillot s'en revient de dole le dix septieme de febvrier mil six cens vingt à causion de trois cens livres[97] en attendant sentance, du depuis gabriel coillot estant en la place, le pousse en fourme de querrelle d'allement| pelerin dict audict coillot| pourquoy me pousse tu| lors advient que le docteur pelerin se fache et s'en vat plaindre à messiurs de la ville luy mesme eschevin. puis deux iour apres ledict coillot print querrelle à natoile[98] chevalier secretaire de la ville| ledict chevalier s'en va à messieurs et en fist instance| gabriel coillot anthoine bobilier et anathoile chevalier le marchant fire ferre une requeste au docteur anthoine [~~xxx~~] par laquelle il veulle que l'on change tout les ans les merres et eschevins et de ne les point continuer, et pourtant[99] la requeste par la ville et par les faubour pour savoir si d°aulcun de bon esprit signeroit comme eux, d'aulcun un signe comme paysant ne sachant que c'est qu'un gouverneur d'une ville ou republique. puis ne se contantant poin il ont faict venier un monitoire contre les messiurs de la ville

**18v**

pour savoir qu'estoit devenu le revenu de la ville avec la ranson du roy, et quatre aultres impos que l°on a faict, et mesme le reste des munitions tant de ble[100], fourmage, que cher| sur˘ce messieurs se sont plain à la cour des monopoles[101] que l°on fesoit| la cour envoye le procureul general en personne et faict informer de partie à d°aultres| le procureur ayant faict et l°ayant monstre à la cour la cour envoye le prevost avec ses archiers et un mandement de capiatur pour saisi coillot et les deux aultres à comparoir à la cour à paine de trois cens livres| le tout à este au mois d'apvril l°an mil six cens vingt quand le prevost vient avec ses archers| et ledict coillot à paine de cinq cens livres il est alle en flandre| ie ne say qu'il fera. puis le vingcinquieme iour du mois d'apvriel l'an mil six cens ving anthoine bobilier et anathoile chevalier marchant sont sourty les deux pour reparer leurs deffaud qu'il firent à leur assignation à la cour pour veoir s'il braveront la ville ou les messieurs du conseil| ce que il ne pourront faire| leur capitai[~~xxx~~]ne est en flandre| et en flandre l°on verra la poursuite qu'il fera et sa diligance qu'il fera avec le credy qu'il dict qu'il at, de˘plus le cinquiesme iour du mois de may de l'an mil six cens ving ledict chevalier s'en est revenu de dole et à lesse son

97 *livres* corrigé sur *livre*.
98 à *natoile* : *à Anatoile*
99 *pourtant* : *portant*
100 *ble* : *le* corrigé sur [xxx].
101 *monopoles* corrigé sur *monopole*.

**19r**

compagnon bobilier pour gage en attendant ce que la cour ordonneroit. la cour ayant entendu ledict bobilier le renvoy le onzieme iour du mois de may, et à demure à dole p*a*r l°espace de quinze iour et comdamne au despans le tous au mois de may de l'an mil six cens ving| et ving[102] d'une requeste que luy et ses consord avoit presente à monsieur le lieutenant pour et à l'eff[et] de changer d'aulcun de la maison de ville| le sieurs lieutenant ayant vust laditte requeste luy former ung appointement| messiurs ayant vust l°appointemen en [~~xxx~~] ont appelle| donc la cour à dict bien appelle et mal iuge par ledict lieutenant| ordonnance au greffier de trase la requeste| et ordonne audict bobilier d'appourte toute copie de laditte requeste et les mestres[103] en main du greffier de la cour et en marge de la requeste inserez l°aret pour affin de perpetuelle memoyre et pour s'en servier par tant que de rayson. c'est qu'il faut que bobilier et chevalier à leur fres que le greffier de poligny pourte son regestre et trase fusse l°appointement que monsieur le lieutenant avoit donne avec toutes les copies qui en sont este festes[104] et que l°aret de la cour sera insere au regestre <du regestre> du balliage de poligny affin de perpetuelle memoyre| et leur monstre leur ieunesse et baitize pour donner exemple à d°aultre de melleu*r* esprit, et en

**19v**

attendant l°execution de l°arret et comme l°on y at procede| plus le saizieme iour du mois de may an susdict les protestant ne voulant poin manquer de *re*tourner à dole pour veoir taxe les despans d'un arrest donne contre eux et au proffit de messiurs de la ville| et ayant faict ce qu'il peurent eux arivant le mesme iour coucher à la loye il ariva la nuict qu'un estoit plus eveille qu'eux, ariva que l°on prin les haudechause[105] du brodeur, et l°autre le docteur anthoine l°on luy à print trois frans d°argent| et dans les chausses du brodeur[106] il y avoit asse d°argent, et son chappelet qu'il dict qu°i vaut une couple d°escut, cela leur servira pour leur penne, et bonne diligance pource que les astre sont pour eux| et ont prin pour leur signe le signe de l°egrevisse pource qu'elle vat à reculon| puis le vingqua-

---

**102** *ving* : *vint*
**103** *mestres* : *mettre*
**104** *festes* : *faites*
**105** *haudechause* : *haut-de-chausses*
**106** *brodeur* : *b* corrigé sur *p*.

trieme [~~xxx~~] iou[r] du mois de may mil six cens vingt lesdict, brodeur, et le docteur anthoine alere à dole pour voeir la taxe des despas[107] de l'apel que messieurs de la ville obtiendrent d'ung appointemen que monsieur le lieutenant donna aux protestans| lesquels ont monte à la soume de quatre ving quatorze frans ou traize, en ce mesme temps l°on ouyst en repponce celuy qui avoit prins l°audechause du brodeur| l'on appella le brodeur pour ferre le confron, mesme le brodeur pour le confronter

**20r**

pour savoir cy c°estoit celuy la qui l°avoit prins, le brodeur dict que c°est celuy mesme| lors le larron luy dict comme il s'avoit prin son audechause et la fourme comme il l'avoit prin| et dict que c°estoit lors qu'il alloit vers l'hotesse[108] pour la baize et ferre les[109] oeuvres d'un rufiain, cela luy servy de bon exemple| et pour le signe qu'il avoit prin de l°egrevice, il ont reprin celuy du scorpion pource qu'il mort de la cue[110], e aˇcause de l°emande qu'il ont heu| et ceux qui sont nomme des protestans et pour pour⌒suivre la requeste en question sont à la cour, et sont gabriel coillot anthoine bobilier charles jacquemet anathoile chevalier marchant et monsieur de brodeur tout gens de bon esprit| et ce que verres à la fin du jeux de leur pour⌒suite et pour veoir ce que gabriel coillot fera en flandre avec tous ses amys et parens| car les parens sont nichiel| et la fin sera plustot à leur confusion que à leur honneur comme gens temeraire et sans jugement| et pour bien montre mon dire estre vray c'est que ces cing denomme à la requeste des signant presentarent une requeste à messiurs de la[111] cour qu'il pleust à la cour que les signant ayderont <ayderont> à paye les despans à quoy il sont este condamne par arret et taxe comme i'ay desiat[112] dict

**107** *despas* : *dépens*
**108** *l'hotesse* corrigé sur *l'otesse*.
**109** *les* corrigé sur *le*.
**110** *cue* : *queue*
**111** *la* : *l* corrigé sur *d*.
**112** *desiat* : *déjà*

**20v**

par cy devant| la cour à dict quelle se contente des denomme en laditte requeste| voyla coume l°on accommode les volontaire| et pour mieux ferre une aultre fois il y penseront plus de quatre fois pour panser braver des gens d'honneur|

de˘plus le trantieme iour du mois de juilliet l°an mil six[113] cens vingt ariva le presidant des protestant| ne say˘ie ce qu'il à faict en son voyage de flandre qu'est gabriel coillot. deplus le vingtesin ou vingseptieme iour du mois d'octobre de l°an mil six cens vingt il ust le dict coillot advis pour ferre changer les messieurs du consel, ou une bonne partie, la cour à[114] depute messiurs les fiscaulx avec le sieurs lieutenant| et y à ton[115] vaques[116] ces trois iour mantionnes cy dessus ou illec l°on en apellat de ceux que n°y sont voulu alle pour les causes mantionnees| les poind principal seul[117] lesquels l°on les at examine sont quatre, la premiere s'il y˘at poin heu de reclamation, murmure, querrelle entre les magistras, et les particuliers. le secon sy pour les appesser[118] le changement seroit bon. le tiers sy le changement seroit bon comme il est continue[119] en la requeste. le quart sy l°on ne le fesoit il en arriveroit pis, et qu'il ne faut poin de parens ny de l'un ny de l°autre comme l°on faict à la cour à dole, la cour

**21r**

ayant envoye l°advis à messieurs les fiscaulx et lieutenant il ont sy bien vaque à leur debvoir que de les charges comme protestant| c°est que se dernier iour du mois de novambre ou le premier iour du mois de decembre le capitaine des protestant s°en alla à dole pour la poursuite du proces et en avoir arrest| c'est qu'il à si avant pourˆsuy que le iour de la sainct thomas l°arrest à este donne au profit desdict protestant qu'est en l°an mil six cens vingt et ung| l°arrest porte que l°on en oterat quatre, et n°y pouront estre de trois ans| et que l°on n°y mestroit poin de frere ny beaufrere| et que le procureur n°y poura demure que de trois ans en trois ans ny poin continuer le meire que dans un ans| et que l°on feroit rendre conte

**113** *six* : *x* corrigé sur *l.*
**114** *à* corrigé sur *d.*
**115** *à ton* : *a-t-on*
**116** *vaques* : *vaqué*
**117** *seul* : *sur*
**118** *appesser* : *apaiser*
**119** *continue* : *contenu*

dois[120] trante ans en sa[121]| le tout à este ainsi dict en l°arrest, despans compance sauf ving escu pour les espices à repartier dix pour la ville et dix pour les protestan*t*| les nomme en l°arret c'est charles jacquemet anthoine bobilier appotiquerre, anatoile chevalier marchant et le sieurs jean hugenet brodeur| et l°on à oublie le pagateur qu'est le capitaine coillot qui à tout paye| et quant le dict coillot apourtat l°arrest les protestant alarent au devant ieusques à la premiere croix à aute vois disant victoire audict coillot et le saluant

**21v**

avec des arquebuze q'ussies dict que c°estoit un grand segneur, et qu'il avoit faict plus que ceux de la ville. plus le dernier iour du mois de desembre dernier passez monsieur le concellier boyvin ariva à poligny pour l°execution de l°aret le iour de l°an, messieurs firent sonne le consel du matin pour nommer les notables ou illec messieur le consellier boyvin il estoit luy ayant mis les papier en main pour luy ferre veoir comme l°on y procedoit| car ceux qui sont este nomme pour l°annee passee de l'an mil six cens ving et un n°y sont pas este appelle pour cest anne mil six cens ving et deux| la ou il à vust tou˘ce que c°estoit passe. puis apres dine il sont entre en laditte maison de ville apres le son de la cloche avec tous les notables et ont faict une nomination de quatre eschevin| les notable avec ceux du consel ont faict le merre, et non comme les aultres annees, car ceux du consel fesoit le merre, le tout à este passe par devant le sieur boyvin concellier| et demurarent en laditte maison de ville par l°espace de quatre heures| et firent eschevin monsieur daguet, monsieur jacquemet, monsieur le vieux docteur jaulx, et monsieur oudot renaudot merre| et pour poursuivre l°arest qu'il porte il en faut aute[122] quatre et en *r*emestre quatre| il

**22r**

ont faict en ceste fourme, c°est que le sire ariain aymonnin estoit mort, et que monsieur <et que monsieur> de la mer dict moyne n°y alloit plus, et que monsieur rateau estoit decrepite des goutes, et ausi qu'il c°estoit excuse avec monsier cecille parce qu'il le faloit tousiour pourte au consel| il se sont excuse en la melleure

**120** *dois* : *dès*
**121** *sa* : *ça*
**122** *aute* : *ôter*

forme qu'il ont pust| le tous avec leurs honneurs| *et* en leur prace[123] messiurs les notables et messiurs de la ville [~~xxx~~] ont nomme monsieur le docteur aymonnin medecin, monsieur philiber gay escuyer, claude anthoine roygnard et oudot gay dict ramez. voyla une grande consolation pour les protestans, que ie m°assure que le capitaine ce lasserat a cause des despans qu'il y faut ferre| et cela demurerat à un *f*emier pource que ses consors[124] n°ont poin de sy bon fe*rt*[125] comme leur capitaine à ferre des cloux pour poursuivre le reste, et que avec le temps l°on en fera de belle risees[126] et de leur bon consel, et pour le regard des conte qu'il dise qu'il faut rendre, l°on à despute deux des notables qui sont jean froissard procureur postulant au balliage de poligny, et pierre hugonnet, et deux des messiurs de la ville qui sont monsieur chappuis, et monsieur pelerin tout deux docteurs. et pour le regard du procureur l°on l°a continue à cause qu'il ne s°en presente poin affin d°effectuer l°arret ponctuellement|

**22v**

Et depuis l°onzieme iour du mois de janvier de l'an mil six cens vingt et deux mesieurs de la ville l°ont faict publie par tout le caresfours, qui se voudra presente pour estre procureur et pour veoir resoudre à la pension ou gage que l°on luy donneroit à celle fin de suyvre l°arrest pour demontre à ceux qui ont signe la requeste et tous ceux qui ne l°ont pas signe la confusion aux protestans et à leur consel qui estoit mal imprime à leur servelles tant longues robes, que advocat fiscalx, sans nomme le lieutenant le pere, et tout ceux la n°ont rien faict| ne s'ay[127] ie par cy apres qu'il feront| plus on proclamat et affigat on des billes[128] qui voudroit estre procureur sindique| il ne c°est iamais personne presente ayant estes contrain de le pour^suivre pour les trois ans. et ne say on que les protestant ont faict à la ville sinon une perte. plus le iour de sainct sebastiain de l°an six cens vingt et deux l°on tient la maison de ville pour prevoir à un procureur sindique et sy s°en pouroit poin trouver| l°on à faict tout ce que l°on pouvoit ferre| et à il fallu prendre le mesme à gages de cingquante frans par ans n°ayant rien aux emandes

123 *prace* : *place*
124 *consors* corrigé sur *consor.*
125 *fert* : *fer*
126 *risees* corrigé sur *risee.*
127 *s'ay* : *sais*
128 *billes* : *billets*

à charge de bien ferre son debvoir| et messiurs les protestans[129] ont bien travalles comme tout le voyant[130] oculairement|

**23r**

Messire jean caseau selebra sa premiere messe le vingcinquieme iour de janvier un diemanche à haute ~~vox~~ voix au grand autel| et fust mene en procession avec honorable compagnie tant de messieurs de l°eglise que de la ville l'an mil six cens et ving./

Le trantieme iour du mois de janvier de l°an mil six cens vingt damoiselle claudine masson vefve de feu claude brun docteur es drois apres le deul passe icelle ce mariat avec dominique daclin marchant| le tout pour savoir s'il avoit prin un pain sur le fournet|

Messire pierre megrot chappelain et familier selebra sa premiere messe à lautel du sainct suayre en bas le iour de la purification nostre dame le second de febvrier l°an mil six cens vingt./

Le saizieme iour du mois de febvrier de l'an mil six cens et vingt mouru monsieur le docteur ducret à six heures du soir| dieu veulle avoir son ame| amen./

Le iour de feste dieu de l'an mil six cens vingt l°on teny le conseil de la ville avec les notables pour le regard de monsieur desez, lequel avoit deux compagnie de chevaulx legiers| en attendant de les parferre, monsieur le gouverneur luy donna des places pour les loger| don poligny avoit cinquante chevaulx pour les loger et ferre ce qu'il faut, l°on disoit qu'il les faloit mestre es logis et le reste par la ville| le tout avec la pluralite des voix. mais il advient

**23v**

comme il y à des gens de bon esprit qui dirent qu'il luy falloit donne deux bon courtaux et que l°on n'en parle plus| l°on luy porte la parole et il ouvrist les ourelles| et luy donnat on mille frans et l°on n'ust poin de soldas| voyla comme checun ayme l°argent, et puis envoyarent trois brave soldas à savoir leonel michiel, po*n*set doroz, bernard hugonnet filz de la fille de bernard choux avec checun quarante

---

**129** *protestans* : *n* corrigé sur *s*.
**130** *voyant* : *voient*

escu| et l°on benist la cournette arle le vingtehuictieme de juilliet l'an mil six cens vingt| donc messieurs d'aarle luy pansarent ferre un affron au capitaine, mais il leur couta bon comme il savent. et puis sourtire d'arle avec sa compagnie le vingneufieme de juilliet l'an mil six cens vingt| et passarent par poligny le mesme iour et les trois brave soldas| mais il n°ont demure que trois mois./

Le dixseptieme iour du mois de juilliet l'an mil six cens ving monsieur caseau docteur en medicine voyant que sa femme estant accouchee d'un beau filz luy ne sachant trouve moyen pour son compere| et comme il le falloit choisy il rumina tant[131] en son cerveau qu'il choisy monsieur desez à cause d'un voyage qu'il fist à milan avec un soldas| ce que monsier decez accepta| et en fust bien ayse en luy demandant qui seroit la commere| a quoy monsier le docteur luy respont madame la barronne de dramelet femme à monsieur le chevalier et barron de

**24r**

dramelet| ou illec l°on fist des triomphes les trompettes la musicque les orgres et aultres| donc monsieur le doyen nomme sïmon darc le baptiza avec les solennites requizes, et fort[132] bonne compagnie| le tout avec honneur de dieu. puis le trantieme iour du mois de juilliet ledict enfans rendy l'ame à dieu affin d°es*tr*e mieux qu'au monde| dieu veulle avoir son ame| amen./

Monsieur le procureur d[oug]ny secretaire de la ville de poligny par l°espace de cinquante ans mouru le vingtroisieme iour du mois de septembre l°an mil six cens vingt à cinq heures du soir à la mesme heure qu'il print mal| et ne vesqui que vingquatre heures| dieu veulle avoir son ame| amen./

Monsieur le soufragant qu'est monsieur dandreville vient beny les deux semetieres| celuy de nostre dame et celuy de sainct hypolite| celuy de la ville fust desbeny par le moyen de bernard rateau et estienne loysot qui bastire loys mestre dict laboude, et fust beny le iour de sainct marthin d'hivers en novambre l'an mil six cens vingt| et en ce mesme temps l°on benist l°autel des seurs de saincte claire qu°est en l°enfermerie le vandredy apres la sainct martin an susdict./

Messire francois gautherot mouru le huictieme iour du mois de febvrier à huict heure du

131 *tant* au-dessus de la ligne.
132 *fort* corrigé sur *for.*

**24v**

matin de l°an mil six cens vingt et ung| donc l°on ust bien de la dispute entre les confreres de la crois et messieurs du chappitre pour le regard de la sepulture pource qu'il vouloit estre enterre à la chappelle de la crois| et messiurs voulurent que ce fust à sainct hypolite qu'est sa mere esglise ce que fust faict| il estoit le premier chappelain de la chappelle de la crois et bon prestres| dieu veulle avoir son ame| amen./

Le traisieme ious du mois de janvier de l'an mil six cens vingt et ung mouru monsieur le concellier brun| son non et[133] claude, et mouru à dole| et fust amene à poligny le mecredy à cing heures du soir| et fust enterre au jacopins le vendredy *á* vespres| dieu veille avoir son ame| amen./

Oudot durand mon filz chyrurgien mouru le neufieme iour du mois de may de l'an mil six cens vingt et ung à moulin en bourbonnois d'une fieb[re] continue| et mouru en l'eage de vingtquatre ans beau ieune homme| dieu veulle avoir son ame| amen./

Le dixseptieme iour du mois de febvrier de l°an mil six cens vingt et ung mouru messire claude blondet cure de sainct savin et familier à sainct hypolite, à minuit ou à deux heures du soir| dieu veulle avoir son ame| amen. /

**25r**

Le si[r]e jean quatin mouru le iour de sainct yves à deux heures apres minuict de l'an mil six cens vingt et ung| et estoit de sa profession tanneur lessant ses heritier riche pres à quarante mille frans| dieu veulle avoir son ame| amen|

Monsieur le lieutenant masson mouru le traisieme iour du mois de juilliet l'an mil six cens ving et un à quatre heure du soir| et fust ouvers en la presence des medecins appotiquerre et chyrurgien | les medecins estoient monsieur panier de salins monsieur vuillin d'arbois, et monsieur aym*o*unin de poligny, monsier saule appotiquerre, et mestre guillaume durand chyrurgien celuy qui l°ouvrit| ou illec l°on luy treuva dans <dans> le rongnon drois une grose pierre toute cournue et au rongnon gauche une pierre avec d°aultres petites et au vesseau ureterres des aultres qu'est en nombre de huict qu'on treuva en la vessie toute charnue ou il n°y avoit poin d°eau, qu'est ou la mort l°a mis au tombeau| dieu veulle avoir son ame| amen./

---

**133** *et* : *est*

De˘plus la mort de feu monsieur le lieutenant masson| monsieur son filz fist si bien et acqueri les bonne grace de monsieur le marquis de listenet qu'il se mit en la place de son pere pour les bon services qu'il luy avoit faict tant monsieur son pere que ledict filz, et print pocession le second iour du mois d'aoust l'an mil six cens vingt et ung| ou c'est que~~s~~ ses

**25v**

messiurs les advocat desgourgerent et ouvrirent leurs[134] machoires avec bonne preparative de dire de leur maches dis*ie* de clergie ou tromperie| voyla ce que i°en s'ay[135] pour nouvelles car se sont gens qui font unguentum de agripa sine oleo et cer*a*./

Anthoine billard qu'est de baulme mouru le quatrieme iour du mois d'aoust l'an mil six cens vingt et ung d°une maladie apelee estiomene ou sphacelle ou aultrement desfaut de chaleur tant du foy que de l°estoumac qui ne fesoit poin leurs functions| et mouru à midy quatrieme iour que i'ay dict cy dessus| homme d'honneur, et qui a empourte beaucoup de bonne reputation| il estoit recepver de monsier de vaulx, et puet[136] tellement que quand il fust à sainct hypolite il le fallu mestre en terre et dire les trois grande messe apres| dieu veulle avoir son ame| amen./

Le neufieme iour du mois d'aoust de l°an mil six cens vingt et ~~trois~~ ung il fist un tel tans avec elude et tonnerre qu'il tomba de la gresle qui quata bien les vignes, iesques à couv*r*ier la terre| et tousiour du frois iesques à se chaufer comme l°on faict au mois de decembre./

**26r**

Pi*er*re pecheur aultrement le medecin des co*n*s mouru la veille de sainct laurans de l'an mil six cens ving et ung| et estoit de salins bon filz| de son es[t]oit[137] il estoit vigneron de l°eage de soysante six ans ou environ| dieu veulle avoir son ame| amen./

**134** *leurs* corrigé sur *leur.*
**135** *s'ay* : *sais*
**136** *puet* : *puait*
**137** *es*[*t*]*oit* : *état*

Le deuxsieme iour du mois de septemble de l'an mil six cens ving et ung l°on fist le quarantain de monsieur le lieutenant nomme estienne masson| l°on fist une oraison funesbres apres les trois grand messe ~~estant~~ parachevees ~~celuy~~ aux jacopins| celuy qui fist l°oraison funebre s°apelle philippe froissard filz de feu mathieu froissard| et fist tres bien| et prin son subiect sur nabucodonosor~~s~~| et fist si bien pour un ieune escolier qu'il empourta un honneur et bonne reputation| dieu le veulle tousiour assiste| amen./

Pere anthoine balendret compagnon au pere confessur des soeurs de saincte claire nomme pere loys de guerry fust le premier courdelier qui dict messe en l°enfermerie des soeurs de saincte claire. le mesme iour de laditte feste l°an mil six cens ving et ung, pour le regard d'une soeur qu°estoit bien malade que s°appelloit soeur guillemette quarre| et mouru le dixseptieme en aoust à quatre heures apres minuict| dieu veulle avoir son ame| amen./

Le neufieme[138] iour du mois de septembre de l'an mil six cens ving et ung le chappitre se tient des cappucin à poligny| et le bene^venerïtis estoit le ieudy

## 26v

qu'estoit le neufieme iour du presen mois comme i°ay desiat dict cy dessus| et le vandredy il commensarent à pour^suivre leur chappitre| [et] estoit le nombre des religieux de quarante troi[s]| le vendredy prechat un religieux qu'est de lon˘de˘saunier nomme marescal ie[u]ne religieux de l°eage de vingtcinc ans ou c°est qu'il fist tres b[i]en | et l°on preschoit tou[t] les iou[rs]| le vendredy il firent nomination d'un [pr]ovincial lequel est de sainct claude nomme pere loys| ou c'est qu'il firent beaucoup de seremonie pour c'este[139] charge, et luy qui fust nomme pour provincial dict qu'il n°estoit capable d°estre elu| mais puis qu'il plest à la province et qu'il faut obeier ie l°accepte estant un brave hommes. puis le mardy apres il firent leur procession en la maniere que s°ensuit, c'est qu'il allerent premier à sainct hypolite, puis au courdelier, aux jacopins tousiours chantant les *p*salmes[140]| et en s'en retournant il chantarent les letanies iusques en leur maison accompagnes des messiurs, le merre, et eschevins et des messiurs les bougois de la ville et ausy des femmes./

**138** *neufieme* : *u* corrigé sur *f.*
**139** *c'este* : *cette*
**140** p*salmes* : *ps* corrigé sur *s*.

Le douzieme iour du mois de septembre de l'an mil six cens ving et ung l°on fist les obseques de feu nostre prince l°archiduc alber| et fit on une chappelle ardante ou cest qu'il y avoit quatre page[141] en figures abillees de noir devant chacun une torche| ou c°est que les armories dudict p*r*ince estoit| et furent

**27r**

chaque page mis sur un pilier es quatre coing de laditte chappelle ardente qui pourtoint chacun un flambeau alume, le mesme iour, l°on dict les vigilles à neufs psalmes neufs lison[142] avec la musique| et a*v*ant que dire les vigilles l°on fist l'oraison funebre| et celuy qui la fit c°estoit le maire chappuis lequel fit bien estant asciste de messiurs de la ville, et les habitans, le landemain les trois grand messe et la derniere en musique| dieu veulle avoir son ame| amen./

Le dix neufieme iour du mois de septembre de l'an mil six cens ving et un messiurs de la confrerie de la crois firent afferre les obsecle de feu nostre prince alber archiduc d'austriche| et avant que les vigille fusse commancees l°on fist l'oraison funebre, qu°estoit monsieur jeune qui fist fort bien| et le landemain les trois grand messes ou ïl ust belle acistance| comme ausi les prestre de l'oratoire firent ausi les obseques et les frere minur chacun en leur ordre./

Claude mareschal tanneur mouru le vingseptieme en febvrier à minuict de l'an mil six cens ving et ung| dieu veulle avoir son ame| amen|

Ceste annee de l°an mil six cens ving et ung fust si facheuze et tellement pruvieuze et mal adroite que les fruict de la terre ne pouvoit rien profite comme les pommes, poy*r*es et les bles,

**27v**

parce qu'il sont este quazi tout germe, et quand aux vignes l'on n'en pansoit poin ferre de vin sinon du vergut| que mesme au mois de juilliet l°on ne savoit comme c°estoit| avec un desespoit des habitans| et mesmes au lieu circonvoysin| l°on recour à dieu avec les prieres des gens de bien qui furent exaucee| car la chaleur se mist avec cela la benediction[143] de nostre segneur que l°on treva aux vignes plus

---

**141** *page* : *p* corrigé sur *q*.
**142** *lison* : *leçons*
**143** *benediction* : *b* corrigé sur *d*.

que l°on ne pansoit| sauf qu'il sont este bien ver en des lieu| secy c'est pour une souvenance pour ceux qui vindront apres nous| et l°on vandagat à la toussainct et d'aulcun ont embouse[144] apres noel, le tout pour la verite./

Messiurs de la ville de poligny que sont les maire et eschevins du conseil ont coutume de choisier un predicateur tant pour l'adven que pour la caresme| et ont chosi pour c'este[145] annee un capucin, lequel en la dixieme predication qu'il fist en l'advans en l'an mil six cens vingt et ung au milieu d°icelle predication fit explication des sept fiebres au sept peches mortels comme s°ensuit|

Les medecins ensegnent qu'il y at sept fiebvres principalement la pestilantiale, l'etique, la continue, l'effemere, la quotidiaine, la tierce et la quarte qui sont appropriees au sept peches mortels, la pestilentieuse est accomparee au peche d'orguel pource que tout ainsi que ceste fiebvre s°engendre par la putrefaction

**28r**

et corruption de l°air de mesme ce peche est cause par l'infection de l'entendement| ô que l°orguel est deplessante à dieu et aux hommes| orribilis est coram deo et hominibus, superbia dict l°eclesiastique ~~est~~ initium omnis peccati est superbia| qui tenuerit illam adimplebitur maledictis./

2 La continue resemble au peche d'avarice pource que tout ainsy que c'este fiebvre (selon gallien) oste l'apetit au malade pour la grande alteration qu°elle cause, et luy aporte beaucoup d'ennuy, de mesme l°avarice oste l'appetit des choses celestes par la soif des teriayne[146]| et aporte beaucoup de trouble pour les acquerier et pour les conserve, radix omnium malorum est cupiditas| dict sainct pol et le sage, amor nihil est coelestius[147]./

3 L'etique represente le peche du luxure| et tout ainsy que ceste fiebvre est interieure au malade comme elle est changee en la seconde ou troisieme especes et que quand elle à consonme *la* ratte elle est incurable, de mesme le peches estant interieur aux hommes comme ausi il sont habitues et ont perdu tout honte tout est despeche| s'en est faict pource

**144** *embouse* : *embouché*
**145** *c'este* : *cette*
**146** *teriayne* : *terriennes*
**147** Prost 1883 corrige : *avaro nihil est scelestius.*

qu'il ne l°abandonne iamais qu'a la mort. via inferi penetrantes domus eius interiora mortis, dict salomon[148]./

4 L°ephemere resemble au peche d'ire d'autant que c'este fiebvre est causee de l°embrasement

**28v**

des esprit colleriques et de l°inflammation du sang et faict sa couche en un iour, de mesme le courous est causee par l°embrasement des esprit colleriques et sanguins qui coure au coeur. ira est accentio senguinis[149] in corde ob appetitum vindicte, qui ruine le prochain en un mesme iour le privant de l'ame ou de l'honneur| ira viri iustitiam dei non operatur| dict sainct jaques et salomon| per viam homicidii fraternitas deperiit|

5 La quotidiaine resemble au peche de gourmandize pource que tout ainsy que c'este fiebvre tourmante tou*t* les iours le malade, et provient d'un humeur flecmatique putrefie| et dissout peu à peu la vertu naturelle| aysi[150] la gourmandize occupe l°yvrongne soir et matin et luy faict oublie peu à peu le ieune, la continance, l°eglise, dieu, et le royaume de paradis, propter crapulam multi obierunt| dict l°eclesiastique./

La tierce resemble au peche d'omicide d°autant que tout ainsy que ceste fiebvre est causee d'une coulaire[151] putrefie, tercianae sunt amarabile| dict galliain, de mesme l'envye n'est[152] d'un desespoir et d'une grande douleur ~~et~~ qu'un[153] à du bien d°aultuy| putredo otium[154] invidia./

La quarte resemble au peche de paresses pource que tout ainsy que c'este fiebvre[155] causee

148 Cf. le commentaire de Prost.
149 *accentio senguinis* : *accensio sanguinis*
150 *aysi* : *ainsi*
151 *coulaire* : *colère*
152 *n'est* : *naît*
153 *qu'un* : *q* corrigé sur *d*.
154 *otium* : Prost 1883 corrige *ossium*.
155 *fiebvre* : *v* corrigé sur *r*.

**29r**

d'un humeur melancolique commense par le froit et dure un long temps de mesme la paresse rend l'homme froit au bonnes heuvres et l°entretien en delay de mestre en execution les sainctes inspirations de iour en aultre| desideria occidunt pigrum noluerunt enim quicquam manus eius operari| et à toutes les fiebvres selond hipocrate cela est coumun que, quando interiora latent exteriora frigent./

Mestre estienne lustenet coudonnie[r] mouru le vingtneufieme en decembre à six heures du soir de l'an mil six cens ving et ung| honneste homme| dieu veulle avoir son ame| amen./

Le vingteuniesme iour du mois de janvier de l'an mil six cens ving et deux messiurs de dramele*t* qu'est monsieur de laupepin capitaine de gens de pied, et son frere monsieur de chateauneuf sourtirent de poligny pour aller en flandre pour pourte les armes avec le filz de monsieur mourel beau filz à mademoiselle masson vefve de feu estienne masson apotiquerre| dieu les conduise| amen|

Mestre jean bauderat chatelain de grousson, beuvelly, d'haumond et de plusieurs aultre lieu mouru à dole le vingcinquieme iour du mois de febvrier l'an mil six cens ving et deux et est enterre à dole| et mouru d°une fiebvres continue et d'un vomissement| dieu veulle avoir son ame| am[en]|

**29v**

Don simon froissard, frere à feu mathieu froissard procureur à poligny, ledict don simon estoit moyne à balerne| comme ses parrens voyant qu'il estoit loin d'eux, firent par moyen envers monsieur de lozanne qu°estoit prieur de vaulx| pour lors messieurs les froissard prierent monsieur de vaulx pour luy donne place en vaulx ou aultrement peldroit[156] une mais[on]| monsieur ayant oyst parle ses messiurs ne voul[ut] alle contre leur volonte| et recognoissant leur valleur[157] progenitures et gens cappable de <de> scavoir la leur octroya pour don simon froissard, recognoissant que en ses messieurs les froissard il luy[158] avoit trois presidant et ung conselliers, pour l°eglise qu'est monsieur de fay, et monsieur son frere qu'est grand iuge à besancon sans nomme monsieur philiber froissard advocat et concellier en la cour, et puis un prieur des froissard prieur à l°abaye de balerne nomme

**156** *peldroit* : *perdrait*
**157** *valleur* : *v* corrigé sur *f*.
**158** *luy* : *y*

philiber froissard docteur en saincte theologie| et puis un autre soubs prieur en vaulx qui se nomme anthoine froissard, et puis deux chanoine à poligny l'un nomme jean froissard, et l'autre anthoine froissard| et puis apres la mort de feu le prieur de mouron nomme don claude mouchet dict de batefor oncle à feu le barron de dramelet

**30r**

chevalier de la cour à dole. ledict don simon pour sa bonne vie fust nomme par monsieur le prieur d'auioud°huis nomme philippe de la baume prieur de vaulx| lequel luy donna le prioure de mourond et soubprieur dudict vaulx, et ledict don simon mouru le sixsieme iour du mois de mars de l'an mil six cens ving et deux, d'une paralesie qui le prin de la moitie du corps du cotte droit| et en mesme temps perdy la parole et demura huict iour sans parle| et aux bous des huict iour il mouru à six heures du matin| dieu veulle avoir son ame| amen|

Le dixseptieme iour du mois de mars de l'an mil six cens vingt et deux messire pierre symourin print de pocession de chanoine à poligny par mutation avec messire jean duchaine enfans de dole| et estoit chanoine à poligny| et monsieur symourin enfans de poligny| voyla comme il se sont acco[ur]d[e]./

Le premier iour du mois d'apvriel de l'an mil six cens ving et deux il fust un bruict que l°on avoit faict un esdict pour le descriement des mounoies| pource que l°or estois excessivement cher les pistole estant à douze frans, les ducaton à quatre frans neufs gros, les quard d°escu à quinze gros et consequamment les aultres mounoyes| les alleman nous avoit tant farci de liarde et lucerne que ce n°estoit aultre chose| le peuple sachant cela encor que l°esdict ne fust pas publie l°on serre les tavernes et les boulanger le pain| que l°on ne

**30v**

pouvoit treuve ny pain ny vin à vendre| et cela donna une telle horreur que le peuple ust mouru d[e] fain| voyant cela, et le murmure de tous les habitans de toutes les villes l°on à recouru à la cour| la cour sur ses plaintes à ordonne a paine de ving livre avoir à prandre les lucernes et liardes ieusques aultrement soit dict| et fust publie à son de trompette p*ar* les carrefours de la ville de poulegny le second iour dudict mois. et puis messieurs de la ville firent taxe de la livre de pain blanc à cing blanc et celle de f*our*ment à quatre blanc à celle fin que le pauvre peuple fust rasazie. mais l°edit ne dura que depuis le sembedy iusques au diemanche| encore ne vouloit on plus desdittes mounoyes parce que l°edit de nostre princesse arivat à dole| cito[159] arive cito publie en la maniere que s'en suit, et le ferre observe ponctuellement à paine de laize mageste| le diemanche troizieme iour dudict mois l°on publia l°edit de part le roy, les pistole à huict frans les ducaton à trois frans quatre gros, les quard d°escu à dix gros et demy et tout les aultres mounoyes parrellement tant d'or que d'argent, et pour le regard des aultres mounoyes estrangere, comme lucerne, liarde, teston de huict gros et aultres seront pourte billion leur ordounant d'autre mounoye au poix[160] qu'il à este dict affin de oste toutes ses monnoyes de alemagne et aultres affin que l°on n'en soit plus trompe| car

**31r**

il y en avoit des fausses| apres l°edit du roy, estant este publie messieur de la ville en firent un aultre et mire les lucerne à quatre niquet et les liardes à un blanc| et pour s'en desferre l°on les pourtera au billion selond l°edit à dole et non en aultr*e* lieu à p[a]ine de la are[161]| et choisirat on un homme ou deux pour les ~~choisier~~ prandre[162] au poix en leur donnant de la mo*u*noye nou*v*elle| et pour s°en defferre l°on à donne douze iour de terme. et pour le regard des boulangieres l°on leur à taxe le pain blanc à quatre blanc la livre, et le pain de fourmen à huict niquet, et en peu de temps[163] le refut des mo*u*nois pourtoit plus de perte que l'armee du roy de france n'ast faict| car s'a este une cause de famine et sera| et les marchant qui souloient alle au marche n°y vont plus a˘cause de ses nouvelles| messieurs de la ville un[164] choisy monsieur jacquemet pour estre le changeur| et suivrat on l°edit de poin en poin, et puis anatoile chevalier marchant./

L'an mil six cens ving deux mouru viateur bouquet de sainct amour marchant, en la maison de feu dominique daclin son beau pere d'une fiebvre putridre| la cause au medecin parce qu'il ne le fist pas segne[165] en temps et lieu comme à son troisieme pour obvier à icelle fiebvre| car il l'ust restoure ; et demura malade par

**159** *cito* : *sitôt*
**160** *poix* : *poids* ; *x* corrigé sur *l*.
**161** *are* : *hart*
**162** *prandre* au-dessus de la ligne.
**163** *temps* corrigé sur *tens*.
**164** *un* : *ont*
**165** *segne* : *saigner*

l°espace de quatorze ou quinze iour tousiour avec sa fiebvre avec des ouquet[166] qu'estoit tout signe de mort| voyla comme il faut chosy de bon medecin et non pas

**31v**

de ceux qui veulle ferre leur experiance au fres des pauvres malades| le medecin qui l°a treste le premier se nomme claude caseau un ieune homme| sa sentence est bien ditte et à propos [q]ue concilium iuvenum fecit roboam egenum, au septieme iour l'on mendat querre monsieur charle medecin de lon˘de˘saunier qui en dict le mesme| ledict bouquet mouru le douzieme iour du mois d'apvril à onze heure du soir de l°an mil six cens vingt et deux| dieu veulle avoir son ame| amen| il est enterre au jacopins en la place de messieurs les[167] daclin./

L'an mil six cens ving et deux au mois d'apvriel dernier passe comme messieurs de la cour ayant publie l°edit desdites monnoyes et avoit on ordonne à chane[168] ville de choisier un homme ou deux des capables pour canger[169] lesditte monnoyes| messieurs de la ville de poligny ont choisi honorable estienne jacquemet qu'est eschevin et homme capable pour cest effect| et comme l°on s'ay[170] bien que l°envie marche parˆtout il y en à un qui vat à la cour de luy permestre avec le sieur jacquemet de mestre les armories du pays, ou illec est en escript changeur du roy| et celuy qu'est son second il s°apelle anatoile chevalier marchant| du depuis voyant qu'il changoient l'un l°autre des denomme cy dessus et qu'il avoit de la presse

**32r**

il y en i˘at deux qui vont vers le mestre ou general de la monnoy pour avoir la mesme charge, le general les admet les deux a˘savoir dominique daclin et gabriel chevalier le boyteux marchant| ledict daclin avec[171] desia faict accoumode devant sa maison pour ferre savoir au peuple qu'il estoit le changeur general tant pour les mounoyes de flandre espagne qu'aultres, mes[172] le ïeux ne dura gaire| qu'est que

---

**166** *ouquet* : *hoquets*
**167** *les* corrigé sur *le.*
**168** *chane* : *chacune*
**169** *canger* : *changer*
**170** *s'ay* : *sait*
**171** *avec* : *avait*
**172** *mes* : *mais*

messieurs de la ville ayant remarque leur menagerie ou finesse et qu'il en pouroit arrive quelque querrelle messieurs du magistras avec le conseil ayant demure en deliberation presenterent une requeste à la cour, luy remontrant qu'elle avoit desia donne à messieurs de la ville le pouvoir d'en mestre un ou deux ce quelle à faict. la cour ayant vust la requeste elle la communique à la chambre et au sieur general des mo*u*noyes| et ont faict un arret qu'il n°y auroit que jacquemet, et chevalier marchant, qu'est un affrond a monsieur dalien[173] et à chevalier le bestort| l°arrest fust apourte en la maison de ville le premier iour du mois de may| c'estoit une requeste qu'a este apointee en fourme d'arrest| elle leur à este notifie| et avec la notification l°on leur deffend de ne se poin entremestre de changer à paine de ce qui est pourte par l°appointement en la requeste| la notification fust donnee le iour de la

**32v**

saincte crois ans susdict| et ~~le~~ ont heu copie| ne s'ay[174] ie ce qu'il en surviendrat. du depuis l°on leur à resolu qu'il n°y auroit que les deux que messieurs de la ville ont nomme et que l°on n'en parle plus|

La nuict de l°ascention sur les dix heures[175] du soir advient que les ieunes desbauche| et comme il ne se pouvoit vange ou mocque de monsieur daclin marchant il mire sur son banc de pierre un griaud de fine merde ou illec on y avoit faict à blanchi pour y ferre escrire le changeur general du roy, il le machurarent de la mesme matiere| c'est pour luy montre qu'il n'est gaire ayme| le t[ou]t en l'an mil six cens vingt et deux| plus le iour sainct mathieu en septemble de l'an susdict l°on luy mist en sa porte une feulle de papier attache avec de la merde ou c'est que l°on mist en escript le mauvais riche./

Jean coyselot dit pelerin courdonnier mouru le ~~sin~~ cinquieme iour du mois de may entre cing ou six heures du matin| et estoit à <estoit à> l°eage d'environ soisante et trois ans| et mouru d'une toux seche de˘laquelle il ne pouvoit rin crache| dieu veulle avoir son ame| amen|

Le dix neufieme iour du mois de may de l'an mil six cens vingt deux arriva la compagnie

---

**173** *dalien* : *daclin*
**174** *s'ay* : *sais*
**175** *heures* corrigé sur *heure.*

### 32r bis

de monsieur de laupepin filz de feu monsieur de dramelet barron et chevalier de la cour à dole gans de pied, pour estre en garnison à poligny, en laquelle il avoit douze musquet douze piques et six arquebuses| le reste avec leurs espees et un baton en la main, et chaque souldas l°on leur donnoit six solzs par iour| et quand à leur depourtement ie n°y touche pas pour le presens car il s°y sont porte sagement| et sourtirent le premier de juin l°an mil six cens vingt deux| le tout pour alle en flandre| [~~xxx~~] en leur sourtie donnarent à boyre à tous les soldas indifferamment, sourtant avec un grand hon*n*er de tous les habitans| dieu les veulle conduyre./

La janne cugnot dict martin soeur à feu messire pierre cugnot prestre chappelain et familiers de sainct hypolite et le nommoit on le vieux loup| cecy est pour remarques que nostre vie est brieve, c'est qu'estant sur les degres entre les deux portes du reloge et qu°elle remastiquoit ses bas d°estame| ne s'ay[176] ie sy elle s°endourmit| elle tombe la teste devant et se tua| qu'estoit le vingthieme de may de l°an mil six cens ving et deux| tout cecy n°est que pour souvenance| dieu veulle avoir son ame| amen./

Le vingtroisieme iour du mois de may de l'an mil six cens vingt et deux messire claude chevalier

### 32v bis

familier en l°eglise sainct hypolite voulant alle de nuict tant[177] par la ville que pas[178] les champs et allant cherchant des ribaudes ou putain, de fortune allant vers le verger guillat il trouva des filles d'esbauchee[179] ou illec il vouloit[180] ferre le devoir d'homme avec d'autre qui ne se nomme pas| ledict messire claude n°avoit pas considere qu'il y avoit une compagnie d'infanterie qu'estoit à monsieur de laupepin frere à monsieur le barron de dramelet| et qui vouloit ledict sieur prestre incontinant sur les huict ou neuf heures acquiesser leur dessin et pour netier[181] le

**176** *s'ay* : *sais*
**177** *tant* corrigé sur *tar.*
**178** *pas* : *par*
**179** *d'esbauchee* : *débauchées*
**180** *vouloit* : *v* corrigé sur *f.*
**181** *netier* : *nettoyer*

canon de sa gebesiere lors advie*t*[182] qu'il voulu le mieu travalle| voyla mes soldas qui le prindre et luy otirent son manteau| et comme il ne furent pas les plus sot il le mirent en chemise| apres sela les soldas vont à la taverne et firent bone chere sur le manteau ieusques à sept frans| et ne fust este [~~mon~~] le capitaine monsieur de laupepin iamais il n'eust reu[183] son manteau| voyla le beau honneur pour un prestre et pour ses aderant| le tout pour la verite sans ce[184] qui se passat de plus| ce messire claude chevalier et[185] filz de pierre chevalier ~~couturier~~[186] et nepveur à messire guynet| chevalier prestre rust[187] son manteau| tan s'en faut que les soldas l'ont empourte avec le reste du butin.

## 33r

Le vingtquatrieme iour du mois de may de l°an mil six cens vingt deux monsieur le conte de cromarin venant cherg*he*[188] son frere le barron de cromarin vient loges à la crois d°or avec ses gens pour une querrelle[189] que son frere avoit avec monsieur de touraize, estant arive à poligny monsieur de touraize le vient à trouve à laditte crois d°or pour parle au sieur de croumarin| et vient du matin| et parlarent en^semble, et estoit tout deux en mesme logis| monsieur le maire et ses consor avec messieurs les fiscaulx allerent parle à monsieur[190] de cromarin et au sieur de touraize| et ayant parle à heus l°on leur fit commendement de par le roy d°entre en la ville chacun separes l'un de l'autre| ou illec obeirent au coumandement des sieurs fiscaulx| donc l°on mit monsieur de touraise chez baudot patisier et le sieur de cromarin chez caillon avec checun deux dizaine pour les gardes[191] et pour empeche de sourty de leur maison| lors advient que sur les neuf heures du soir que monsieur de touraize voyant que leux[192] qui le gardoit ne fesoient pas bien leur debvoir il print un accoutrement de noir et se sauva| et s'en retira en la maison de feu messieurs de vanno à presen chez de sainct legier| l°on crie arme et sonne

182 *advier* : *advient*
183 *reu* : p.p. de *ravoir*
184 *ce* : *c* corrigé sur *s*.
185 *et* : *est*
186 En marge, avec signe de renvoi + et d'une autre main : *le mot éffacé est m*e *tailleur*.
187 *rust* : p.s. de *ravoir*
188 *cherghe* : *chercher*
189 *querrelle* : *rr* corrigé sur *l*.
190 *monsieur* : *on* corrigé sur *es*.
191 *gardes* : *garder*
192 *leux* : lapsus pour *ceux*.

on le toxin[193] à deux cloche| et vat on treuves en la cave de laditte maison tousiour avec bonne garde, et pour vous ferre

**33v**

savoir pourquoy monsier le conte de comarin venoit cherche son frere le barron de ruphe, c'est que monsieur de touraize à une compagnie d'infaterie et qu'il à[194] faloit conduire et entretenier, il la conduit pres le vilage selon le commendement de mon signeur le gouverneur, advient que le dict sieur de touraize alla loge à ruphe ou illec estoit monsier le barron ~~de~~| dict qu'il avoit batu son nepver nomme dupuis et qu'il avoit faict davantage, et que ceux de ruphe luy avoit donne vingt escu, et qu'il ne logat pas audict lieu, ledict sieur barron de ruphe prin sela au poin de l'honneur, et recherche monsieur de touraize ieusques à luy envoye une lestre de duel par un nomme jean ville dans arbois ou il estoit avec sa compagnie, lequel jean ville la luy presente volontier| messieurs d'arbois en estant adverti les sieurs fiscaulx avec messieur de la ville pensoit bien ferre, et firent garde dans leur ville la nuict pensant que monsieur de touraize ne sourtiroit poin, mais comme le dict sieur de tourayze homme de grand esprit et qu'il à bien montre en sa sourtie d'arbois fit sy bien qu'il fit à boire les guardes qui le guardoit, et pendant qu'il bevoit il fit à leve la serrure de la porte de la ville par laquelle il debvoit sourty avec son cheval, et s'en vient à poligny le mecredi vingtcinquieme iour au mesme mois

**34r**

ou il alla treuve monsieur de comarin comme i°ay dict icy devant empecher leur mauvaize volonte| l°on à rescrit a monsieur le barron de listenet sieur de clere^val, lequel arrivat le ieudy à deux ou trois heures apres minuict avec des gens pour empecher leur mauves dessain| le barron de ruphe vient l'acompagne avec ses gens| et l°on attens monsieur le gouverneur pour y mestre la paix| celuy qui pourta la lestre qu'est jean ville francois est demure prisonnier arbois[195], du depuis le prevo de dole le vient prendre dans arbois avec trante musquet| et la on le rendit au prison de dole| et ne say que l°on en fera, et pour le presen parce que l°edict est rude qui dict que celuy qui pourtera la lestre de duel cera pendu et estrangle,

---

**193** *toxin* : *tocsin*
**194** *qu'il à* : *qu'il la*
**195** *arbois* : *à Arbois*

et comme il en at desia pourte pour d°aultre i'ay peur que l°on ne l°acourcisse du pied, le iour de feste dieu ariva le premier advo*qa*t de la cour qu'est monsieur froissard avec le procureur general nomme monsieur de mutigne pour les mestre d'accord| ne say ie qu'il feront par ce que le sieur barron de ruphes fist son testament à sainct lothain que monsieur le chatelain gourard receu, et depuis le vingthuictieme iour du mois de may l'an susdict le sieur de gate est venu de la part de monsieur le gouverneur et luy à donne toute puisance pour treste[196] la paix avec ses duelliste et en ferre coume sy la propre personne y estoit| ledict sieurs de

**34v**

gate à este parles à messieurs les duellistes l'un apres l°autre et leur ferre entendre le pouvoir de sa commition qu'il avoit de monsie*u*r le gouverneur conte de chantute gouverneur du pays, le mesme iour sur les huict heures du soi*r* c°est sauve monsieur de bougne qu'estoit mis en arrest avec un aultre gentilhomme en la maison de mestre pierre royet courdonnier et hote, et *l*°on n'at mit ledict royet en prison avec le gentilhomme qui estoit avec monsieur de bougne| furent remis au prison du roy pour en respondre, parce que le prevost davon estoit venu avec ses archers pour le mene à dole pour respondre d'un homicide que le sieur de bougne avoit commis| les sieurs fiscaulx de la cour de dole luy ont sezy son cheval qui valoit mieux de mille chequin, puis le vingneufieme iour dudict mois de may an susdit l°on licentia monsier le conte de comarin avec tout ces gens| et sourtirent à cing[197] ou six heures du soir| et estiont[198] tous en bonne couche| et les fesoient[199] tres beau voir, et le mesme iour monsieur de touraize sourti et vient au salu pour salue le sainct sacrement avec monsier son oncle le marquis de listenet et plusieurs aultres gentilhommes, le lendemain trantieme iour dudict mois de may s'en alla salue la cour et leur ferre entendre les beau miracle qu'il avoient faict| et monsier de listenet son oncle luy[200] conduit| et quand au pourteur

**196** *treste* : *traiter*
**197** *cing* : *c* corrigé sur *s*.
**198** *estiont* : *étaient*
**199** *fesoient* corrigé sur *fesoit*.
**200** *luy* : *l'y*

**35r**

de lestre dualiste ne say ie que l°on en dira parce qu'il est bien machere qu'est jean ville| il fauldrat entendre ce que la cour en definira comme souveraine, et pour le regard de l°acord d'entre monsieur le barron de ruphe et monsieur de tourayze l°on les licencies pour six semaine| apres l°on verra qu'il feront, lors monsieur le marquis de listenet amenant son nepveur à dole por satisfaire à la promesse qu'il avoit faict à messieurs les fiscaulx comme ausi au procureur general advient qu°estant vers les capucin monsier le marquis de listenet dict à son nepver qu'il alla devant avec monsier de la charme| et qu'il alla salue monsieur de monford son oncle, et qu'il alla prandre logis, et qu'il ne fauldroit d°y estre ausitot que luy| ayant tous executes les commendement de monsier de listenet son oncle, jl[201] remonte à cheval et s'en vat par la porte de besencon| ie ne say qu'el[202] chemin il tient sinon qu'il passat par la fin de poligny qu'il alloit à baulme vers sa mere pour luy dire à^dieu parce qu'il faut qu'il conduize sa compagnie en flandre avec les aultres compagnies qu°est un regimen de trois mille homme| et sourtirent le premier iour du mois juin de l'an mil six cens vingt[203] deux| et qu'ant[204] à jean ville pourteur de lettre de duel il s'en est alle bague sauve par le moyen du gouverneur./

**35v**

L'an mil six cens dix neufs au mois de juin iour de sainct barnabe fust tenu un consel general pour savoir sy l°on ~~tiendroit~~ recevroit[205] les pere de l°auratoire et s'il estudiroient ainsi que l°on leur avoit faict entendre| messieurs du conseil il dire au pere de l°oratoire qu'il n'en menasse pas grand bruis et qu'il feroient tout ce qu'il pouroit| l°on à lesse cela ieusques à trois ans passes| et messieurs du conseil leur firent entendre leur volonte| et leur donnat on les articles pour respondre qu°estoit trois poin. le premier qu'il ne pouront pas plus acquerier de cens frans par teste, et l'autre qu'est le second que pour testament l°on ne leur poura pas donne davantage de dix escu sy ce n'est leurs parens qui donneront ce qu'il voudront, et le tiers qu'il payeront les redevance à la ville comme les aultres habitans| plus le iour de sainct barnabe de l'an mil six cens vingt et deux mes-

---

**201** *jl* corrigé sur [xxx].
**202** *qu'el* : *quel*
**203** *vingt* : *v* corrigé sur *d*.
**204** *qu*'ant : *quant*
**205** *recevroit* au-dessus de la ligne.

sieurs ayant atendu par trois ans comme i'ay dict par cy devant furent contrain de ferre rapelle tout les messieurs du conseil| et d'un plain abord[206] dirent qu'il falloit encore ferre un conseil general pour ferre entendre au peuple la volonte de ses messieurs de l°oratoire pource

**36r**

qu'il dire qu'il ne veulle poin aprendre à lire ny escrire| et que si l°on vouloit que l°on fisse le college qu'il fauldroit bien vin mille frans à leur proposition, et ce qu'il ont donne par escript à messieurs de la ville, messieurs ayant vust leur article, ils resolurent de ferre encore tenier le conseil general pour ferre entendre au peuple la volonte de ses messieurs| et estant au conseil general chacun à son ran voyla le maieur avec messieurs les eschevin ayant [d]ict leur opinion l'un apres l°autre tous unanimement, que s'il ne veullent estudie qu'il s'en doibve alle, ses messieurs n°ayant pas faute de iugemens. ayant le pied a l°etrier des douze ou quinze mille frans qu'il ont heu de deux enfans de poligny, desques[207], l'un est jean crouvoisier filz de feu le docteur crouvoysier et l°autre fiancez qu'est *au* ie*u*riste| et ayant heu maison et heritage il se sont fortifie| et maintenant il nous donne du pied au cul si i°ose bien dire| cela est un traict de tyran| voyla pour estre aprins une aultre fois car sy l°on n°eust suyvi l°opinion de messieurs de salins il n'eust iamais demure à poligny sinon *q*ue pour ensegner la iunesse|

**36v**

voyla ce que ie peut dire maintenant en attendant la resolution ou de s'en aller ou d'ensegner| de˘plus ses messieurs de l'oratoire ce vouloir exempter des *succi*des[208] que l°on faict à la ville comme impos, redevances comme pour les vignes reparations de muscules, fontaines, paves, l'on dict un conmun proverbe que messieurs les eclesiastiques doibvent de drois aux villes, pons, mons, fons, et messieurs de la ville le veulle plede, i'attendray qu'en cera dict affin de poursuivre le tout, car ses messieurs de l'oratoire dient qu'il seroient ex communie s°il payent les redevances de la ville et veulle iouier des privilege d'icelle| l°on plaiderat pour vyder ce differant qui est grand./

**206** *abord* : lapsus pour *accord*.
**207** *desques* : *desquels*
**208** *succides* : *subsides* ; *succi*des corrigé sur *impos*.

Honorable jean chevalier filz de feu gabriel chevalier marchant s°epouza à salins le mardy quinzieme iour du mois de juilliet| et print femme chez messieurs les pourtiers don le frere de la fille est lieutenant à lon˘de˘saunier et son oncle est vicaire general à besancon| l˘on luy fit une bien venue de ieune gens que il n°y menquoy qu'une ensegne| et vindrent à poligny couche| dieu leur en doin ioix./ Le dix neufiemme iour du mois de juilliet de l°an mil six cens vingt et deux il fust un

**37r**

<un> bruy que le filz donne de manfel vouloit veny au conte de bourgongne avec son armee| et estant adverty par le duc de loraine, qui escrivit au gouverneur, et à la cour du parlement à dole pour se garder, et de l'empecher de ses ma*u*ais dess*a*in l°on crie l°eminan[209] peril| et faict on ramener la milicie pour la guarde du pays| l°on à adverti tout les vilages pour amener leurs soldas apres le bruit[210] que ne dura guerre, pandant les messieurs maire et eschevins de la ville de poligny qu'estoit oudot renaudot maire, monsieur daguet monsieur jacquemet et le docteur jaulx le vieux avec tout le conseil conclurent de retourner devers le plus brave capitaine qu'est nostre bon dieu, pour le prier avec un oeul de pitie qu'il veulle avoir pitie de son pauvre peuple et de ferre retourner ce grand ennemy de la foy| puis l°on vat vers monsieur le doyen et messieurs les chanoine du chappitre de poligny pour les prie s'il treuveroit bon de ferre les quarante heures et ferre prescher pour ferre entendre au peupe ce que vallent les prieres, ce que messieurs accordarent et dirent qu'il falloit ferre une procession à blanc affin que tout ce peupre priasse dieu pour empecher le mauves dessain de c'est[211] ennemys| ce que fut faict en la forme que s°ensuit| c'est que

**37v**

les peres de l°oratoires alloient les premier, et puis les [~~jacopins~~] capucin[212], et puis les deux courdelier, les jacopins, et puis messieurs du clergeus[213] de sainct

---

**209** *eminan* : *imminent*
**210** *bruit* corrigé sur *brut*.
**211** *c'est* : *cet*
**212** *capucin* au-dessus de la ligne.
**213** *clergeus* : *clergé*

hypolite tout en bon ordre et ausy messieurs de la ville avec les habitans, et puis les dames assistees des bourgoises. je diray davantage que les nombre des filles qui alloient[214] à blanc et les pied nud estoit en nombre de sept cens quarante et sept| et priat on dieu qu'il voulut avoir pitie de son pouve peuple. depuis les ~~nouvelle~~ priere l°on napourta des nouvelle que mansfel c°estoit retire. puis messieurs les freres precheurs firent les quarantes heureus et accommensare le iour de la madelaine de l°an mil six cens vingt et deux| i°espere que les priere auront lieu s'il plect à dieu. de˘plus on ust nouvelle que l'ennemy vouloit entre au pays| l°on leve les compagnie d'infanterie et celle du balliage de poligny que l°on à mict en garnison a salins| et sourtirent le vingsixsieme iour du mois de juilliet de l'an mil six cens vingt et deux, le quapitaine c'est gileber froissard et ensegne monsieur de ro*u*chaud celuy de montegu en montagne. plus advient que les gouverneurs de la court ont conclu que la milicie sourtiroit pour et à l°effec de se tenier sur ses gardes| l°on à faict savoir à tous ceux

**38r**

de la milisie tant de pied que de cheval se doibvent tous treuve à quinge pour passer montre le saizieme iour du mois d'aoust de l°an mil six cens vingt et deux, puis les mener à la pard qu'il plaira au general de la militie qu'est monsieur le marquis de varambon avec d'aultres, et puis ayant demure par l°espace de six semaine à salins ils furent renvoye. et *c*eux de poligny s'en vindre le vingseptieme iour du mois d'aoust l'an mil six cens vingt et deux, et s'en sont venu tous en bonne sente sans poin qu'il[215] fust este malade| et pour le regard de la cavalerie qu'est des dix homme que l°on à donne l°on n'en peu rien dire maintenant ieusques à tant qu'il soyent de retour. il sont retourne et reviendre le vingsept ou vinghuictieme iour du mois de septembre de l'an mil six cens ving et deux sain et sauve tant les cheval que les hommes| et ne sont este ieusques à jonvelle pays circonvoysin, parce que le capitaine avoit peur de les perdre et luy ausy, et le capitaine s°apelle montrichard| et estant tous de retour l°on vendy les onze chevaux, et l°achat des onze chevaux fust achepte douze cens frans| et quand il furent de retour l°on les vendy huict cens soysante et quatorze frans| voyla de la menagerie de poligny|

---

**214** *alloient* corrigé sur *alloien.*
**215** *qu'il* : *qui*

**38v**

Le traisieme iour du mois d'aoust iour de feste monsieur sainct hypolite patron de la ville tant renomee de poligny| vous seres adverti qu'en toutes les villes et vilages l°on at une coutume d°offrier un sierge à leur patron qu'est une belle coutume| et comme ses punaises de filles de poligny l'une par le moyen de l°autre et que l°ambition domine tousiours affin qu'il ne demeura à ferre| les ieunes gens le demandarent| donc l°on leur refusa| et dict on que ce n°estoit pas la coutume. lors messieurs le maire, et eschevins, le firent ferre en la forme qui s°enduit[216] et le plus simplement que l°on peu, asavoir que le cierge[217] estoit tout nud et qu'il n°y avoit poin de mignardize comme aux aultres fois saufs que à l°entour du cierge il n°y avoit rien sinon un chappeau de laurier les feulle dorees ce que lon ne fit iamais, et le fit on offrier à la fille du maire la moindre| le maire estoit monsieur renaudot[218] et les eschevins[219] monsieur daguet et le vieulx docteur jaulx et monsieur jacquemet| *v*oyla ce qu'en est passe./

Le vingtcinquieme iour du mois de septembre de l'an mil six cens douze fredelic froissard dict breda de celieres alla mestre le feux en une grange apartenant à charle journal ou illec il brula tout ce qui estoit en la grange conme bestial et aultre ~~grange~~ meuble sanss ce que l°on pouvoit

**39r**

oster| et apres le feux il se sauva et fut fugitix par l°espace de dix ans| ses parens firent tant qu°il recoururent à grace, et ont tant faict, qu'il l°ont optenu par la faveur de monsieur de fax qu'estoit concellier pour l°eglise à dole| et puis c'estoit son cousin| ou c'est que l°on à iamais baille de grace pour des incidiaires[220]| voyla maintenant comme l°on est corrompu et que l°argent faict tout, avec les grans./

Puis le vingtcinquiesme iour du mois de septembre de l°an mil six cens vingt et deux heure d'environ midy fust publie laditte grace| et fut envoye en arrest en la concirgerie| et il y couchat| et le lendemain il fust oyst en responce| et sourti

---

**216** *senduit* : *s'ensuit*
**217** *cierge* : *c* corrigé sur *s*.
**218** *renaudot* : *n* corrigé sur *g*.
**219** *eschevins* corrigé sur *eschevin*.
**220** *incidiaires* : *incendiaires*

dehors bague sauve| et poyat on le concierge par le moyen que monsieur le lieutenant masson avoit espouze la soeur de monsieur de fay| voyla comme la iustice est corrompue et vendue| cela servira de memoire car il ne s'en nest iamais donne que ceste cy, et puis apres son frere à espouze la vefve de feu charle journal ennemy capital d'iceluy journal./

Le premier de septembre de l°an mil six cens vingt et deux mouru claude de batefort dict de laupepin à bruxelle d'une fiebre continue| et estoit capitaine d'une compagnie d'infanterie| et prin mal devan be*u*gne sur le jon ou c°est que le camp estoit| et le batoit on avec force canon ou illec il fesoit fort bien pour sa ieunesse| dieu veulle avoir son ame| amen./

**39v**

Jean sourdet vigneron mouru le traizieme iour du mois de septembre entre six et sept heure du matin, qu'estoit celuy qui avoit espouze la fille de la barreta| son pere de la barreta s'appeloit philipe vignet enfans de louans| dieu veulle avoir son ame| amen./

Le quinzieme iour du mois de janvier de l°an mil six cens vingt trois mouru denis soudet filz de feu jean sourdet à trois heures du matin| dieu veulle avoir son ame| amen./

Dame perrenette coilloz femme de feu pierre oudez mouru le saizieme iour du mois de septembre a cinq ou six heures du matin de l°an mil six cens ving et deux| dieu veulle avoir son ame| amen./

Le vingseptieme iour du mois de septembre de l°an mil six cens vingt et deux monsieur le lieutenant nomme jean masson se maria avec la fille de feu jean froissard presidant en la cour du parlement à dole par l°advis de monsieur de fay son frere que luy servi de pere avec sa mere dudict sieur de fay et ausi son frere de bresia et messieurs leurs parens| et s°epousarent à dole le mesme iour du grand matin| et s'en viendre couche à poligny| auquel

**40r**

lieu messieurs de la ville firent si bien qu'il gagnarent les habitans| et firent une bien venue au sieur lieutenant, que il luy[221] avoit de linfanterie tant de musques[222] q'arquebuzes picques alebardes et nombre faict des soldas cinq cens hommes, et pour la cavalerie il y en avoit cinquante| et monsieur le docteur jeaulx le vieux les conduisoit, et pour capitaine de l°infanterie c°estoit monsieur bonnaventure daguet| et pour l°ensegne c'estoit anatoile doroz docteur es drois filz du tresuriez doroz| le tout à este passe sans aucun danger sinon que à la personne de claude bourcier premier sergens, qu'il[223] luy fust donne un coup de pistoulet au visage par poncet doroz et un aultre qui fut blesse au bras, et d°aultre brule par le visage| car cela ne se peut ferre qu'il n°y en aye quelque souvenance, par le moyen de la multitude de gens, et pour le regard de messieurs de dole| la mere de la fille estoit dans une litieres acistees d'une damoyselle| car la mere estoit si ville[224] qu'elle avoit perdu la [~~xxx~~] veue| et la falloit mene à l°eglise| monsier de fay et monsieur son frere de bresia avec d°aultres gentilhommes docteurs et autres tous en bonne couche. et puis le lendemain elle fust mene à l°eglise| et pour sa garde c°estoit une compagnie de suice bien accommode et en

**40v**

bonne forme, et qui les fesoit bon voir. et puis dict *on* la messe en sy grande soulannite qu°elle fust respondue en musique et bien argonize[225]| le tout bien ordonne. et puis apres dine le mestre d'escole nomme mestre jean landry filz d'un orfevre de besencon qui avoit espouze la fille de mestre jean founeret procureur à poligny| sa mere du mestre d°escole s°appelle janne fourneret| iceluy fist represente par ses escolier un ieux en fourme de pastoreaux ou de pastourelles, puis apres allarent courie*r* la bague dernier[226] l°eglise| et le plus adroit l°*eut*| et fit on en courand la bague des presens au dames de boite [~~xxx~~] de dragees et de confiture seche| voyla ce qu'en est passe. et puis le iour de sainct michiel ans susdit, le sieur lieutenant avoit faict ferre *un* banc qu'estoit d°estat à l°esglise de sainct hypolite ou c'est que sa mere ce mestoit| et comme il n'estoit pas assez grand il le fict ferre

---

**221** *luy* : *y*
**222** *musques* : *mousquets*
**223** *qu'il* : *u* corrigé sur *l*.
**224** *ville* : *vieille*
**225** *argonize* : Prost 1883 transcrit *organizée* et commente ‹avec accompagnement d'orgue›.
**226** *dernier* : *derrière*

plus grand tant pour sa mere sa femme ses soeurs pour ouier le service divin. jl fust un meschant garnement ennemy de l°eglise qui le vat tout gate| ie veu dire tout embroulle de fine merde tout au long du ban[c] sans y rien excepte| l°on en faict des recherches| ne s'ay ie que s'en sera et si l°on treuvera la verite.

Denis gremand vigneron mouru le saizieme iour du mois d'octobre de l°an mil six cens vingt et deux d'une ydropisie| et puis devient etique| dieu veulle avoir son ame| amen./

**41r**

Le vingthuictieme iour du mois d'octobre de l'an mil six cens vingt et deux monsieur dendreville soufragan qu'estoit courdelier et gardien de dole et se nomme frere claude de la barre enfans de la loys consacra et beny l°eglise des oursulles qu'estoit le iour de sainct simon et sainct jude| et apres la messe dite en solennite et qu'il eust communie les reverendes[227] dames, il recresma plusieurs tant enfans que aultres| et fust recramee pierrotte durand ma fille| et puis le diemanche apres| ans susdict| ledict sieur dendreville consacra un autel à mirry ou illec il reconfirma [~~xxx~~] estiene durand mon filz|

Denys moureau daulmond mouru le dernier iour du mois d'octobre de l°an mil six cens vingt et deux en la maison des heritier de feu henry brun à trois heures du soir d'une fiebvre continue| et fust mene en a*um*ond pour l'enterrer| et avant que de le mener audict lieu il fust represente à sainct hipolite ou illec il fust dict une messe de requiem| et puis messieurs de sainct hypolite avec messieurs les freres precheurs reconduisire le corps ieusques à la porte de charseny avec les sieurs bourgois de la ville| et puis le conduit on en son village d°aulmond en sa paroisse| c'estoit un homme qui se melloit d'admodiation| et estoit fins et caulx| dieu veulle avoir son ame| amen./

**41v**

Le huictieme iour du mois de novembre de l'an mil six cens vingt et deux mouru francoise durand ma fille à quatre heure du soir d'une fiebvre pestilentiale en l°eage de vingtquatre ans, et travalloit fort bien en dentelles| et à faict une belle mort| dieu veulle avoir son ame| amen./

**227** *reverendes* corrigé sur *reverende.*

Le iour sainct nicolas de l°an mil six cens vingt et deux messieur de la ville firent un conseil general pour le regard de messieurs de l'oratoire tant pour leur imposition que pour leur acquisition par teste| et pour le regard du college, le premier il ont offrier[228] que de trois ans en trois ans ils fourniroins un predicateur à leurs fres et qu'il soyent exens d'imposition et qu'ils n°aquerroit que <que> cens frans par teste tant en rente que heritage, et pour le regard du college, l°on ne s'en n'est accorde pource qu'il demande mille frans tous les ans pour ne ferre tant seullement que quatre classes ny poin montre les premieres choses qu'ils faut aprandre aux enfans comme leur croix de˘pard dieu, ou à lire, ou à escrire, voyla la bonne volonte qu'il ont à l°endroy des habitans de la ville de poligny, et comme messieurs les ont receu, sens ferre[229] une assemblee ny conseil general pour un faict tant important| voyla comme ils se veullent excuses, messieurs de la

**42r**

ville dient que se n°est pas leur faute, et que s'il vouloit plede il fauldroy ferre un impos pour suporte les fres, cela venant tout de leur faute| et sy cela arivoit, se seroit las[230] qu'il se fauldroit opose, parce qu'il die que la ville n'at pas les moyen de leur donne tous les ans mille frans, c'est donc la faute à messieur lors qu'il presentarent leur requeste| il debvoit ferre commes messieurs de salins./

Le second iour du mois de janvier de l'an mil six cens ving et trois messire charle rigoulet chapelain et familier de sainct hypolite à este receu pour mestre des enfans de coeur apres la mort de messire philibard aymounin chantre et mestre des enfans de coeur comme i°ay desia dict sy devant./

Le quatrieme iour de janvier de l'an mil six cens vingt et trois leonel durand mon filz sourti de ma maison pour alle prandre l'abis de capucin à dole apres avoir demure avec moy pour l°espace de deux ans et demys pour aprendre l°ars de chyrurgie| et print l'abis le douzieme[231] iour du mois de janvier comme i'ay dict cy devant| et se nomme frere theophile, et avant que d°y alles il fust roys des ieunes hommes| mes comme il estoit appele devant les rois il lessa sa place à jaque devars et alla en vaulx, et il print l°abis de capucin à dole| et y à demure environ cinq[232] mois et s°en est revenu| et à bien faict /

**228** *offrier* : p. passé du verbe *offrir*.
**229** *ferre* : *f* corrigé sur *v*.
**230** *las* : *là*
**231** *douzieme* : *u* au-dessus de la ligne.
**232** *cinq* corrigé sur *six*.

**42v**

Le vingteunieme iour du mois de janvier de l'an mil six cens ving et trois fust prin prisonnier claude moureal d°aulmond qu'estoit fourier de la compagnie de monsieur de sez gens de cheval| et comme ledict moureal estoit alle en bon ayme suyvre la compagnie et qu'il ne pouvoit endure la paine il s'en revient s'ens[233] dire à^dieu à son capitaine comme ausy poncet doroz fis de feu noble estienne doroz tesurier de dole et leonel michiel filz de mestre claude michiel procureur et tabellion en bourgongne| et comme estant venu avec checun un bon cheval et qui fesoit les bon compagnon et montre qu'il avoient de l°argent, voyant que tout leurs argent estoit tout despandu et qu'il se falloit montre, ils dechevalirent un marchant de geneve, parce qu'il leur sembloit pourte des escu| il firent si bien et mal pour eux qu'il l°alerent attraper au bois de la sevene, qu'est entre morbier et le four de plane, ou illec il luy donnarent un coup de pistoulet et mouru| ledict marchant s°apeloit boulacre, et estoit homme de grand moyen| et menoit un sien serviteur tousiour avec luy lequel se sauviat, et en remarqua un qui avoit une balafre à la ioue, cest pourquoy la cour en estant advertie commande

**43r**

absolument au prevost davon avec le mandement de capiateur d'alle prendre ledict moureal audict lieu d'aumond pour le mener[234] à dole à la concirgerie pour respondre des fais que luy seront proposes par messieurs de la cour| et quand aux deux aultres que sont doroz et michiel il sont fugitif, et depuis aux arrest dernier de la cour que sont à la nostre dame de septembre en la mesme ennees fust renvoye ledict moureal[235] sans emande[236] ny despans| voyla une belle escapade./ Mestre jean byde appotiquerre mouru le premier iour du mois de mars de l'an mil six cens ving et trois qu'estoit le iour des cendres à minuict ou à une heure apres d'une abondance de flegme qui luy bouchoit les vesseaux ureterre| et avoit de la pierre aux rains| et fust cinq iour sans espanche d'eau et sans douleur| et n°aloit poin à celle sans artifice, il estoit un gros garson plain de mauvaises humeurs et mal baty| et ne fust malade que quinze iour| et l°on à doute que ce n'estoit que d'une morfee blanche à cause qu'il ne sentoit poin de douleur| et avoit une mau-

---

**233** *s'ens* : *sans*
**234** *mener* : *r* corrigé sur *z*.
**235** *moureal* corrigé sur *mourel*.
**236** *emande* : *amende*

vaise mine qui montroit qu'il n°avoit poin de sentiement| dieu veulle avoir son ame| amen./

Le quatrieme iour du mois de mars de l'an mil six cens ving et trois advient une querrelle

**43v**

entre poncet doroz et d*e*nis sourdet contre le recepveur de madame de dramelet nomme cornillon| ayant este batu par denis sourdet et que il n°estoit pas le plus fort, il demande de l°aide au chambier[237] de monsieur de dramelet nomme la verdure et d'aultres| advient qu'entre les quatre heures apres midy. poncet doroz, et monsieur de legna venant de vaulx y ayant dine, illec ledict poncet prin querrelle avec monsieur de legna iesques à se venier, bastre à poligny| et s'en allerent en charseny, ou illec legna dess*ent* de cheval et m'est[238] son cheval chez la barreta| et s'en vat avec poncet doroz disan qu'il s'alloint bastre, et en allant il trouvarent la verdure et le recepveur de madame de dramelet nomme cornillon| ou c°est que poncet doroz dict à monsieur de legna| monsieur je vous crie mercy| *v*oy*c*i trois homme qui vienent pour me vastre[239]| ne veus˘tu pas estre de la partie| advient que le recepve[ur] dict à poncet doroz| nous nous treuveront, poncet dict| tou*t* mointenant, il s'en allerent vers les capucin ou illec la verdure dict à legna s'il s'en vouloit mele| legna dict que non, lors. la verdure montre un baston à legna, et legna luy dict qu'il le vouloit treste en vilain en luy disant|

**44r**

ie suis un ieantilhomme| m'est la main à l°espes| sito dict sito faict| et legna mist la main à l°espes d'essus[240] la verdure, et fust si bien trestes de[241] legra[242] qu'il le blessa à la teste si avant que l°on voyet la dure mere, ayant empourte du crane la largeur d'un solz de roy tout à un coup et sur le ne[243] dont il ne tenoit pas beau-

**237** *chambier* : *chambrier*
**238** *m'est* : *met*
**239** *vastre* : *battre*
**240** *d'essus* : *dessus*
**241** *de* : *d* corrigé sur *l*.
**242** *legra* : lapsus pour *legna*.
**243** *ne* : *nez*

coup et deux aultres coups sur les deux bras[244] donc[245] l'un des bras il leust le premier os qui fust coupe, et l°autre interrece| le tout sur laditte verdure| [~~xxx~~] ne[246] demeura laditte verdure au monde que l°espace de deux jour, car il fut blesse sur les quautre heures du soir du sembedi, et mouru le lundy apres, à[247] une heure apres midy| et quant à monsieur de legnà il fust bien blesse à subiec d'un coup de pierre que luy fust donne pa[r] un moureau mareschal qui le fist tombe comme mort| et estant bas l°on luy donne deux coup d°espees sur la teste ieusques aux os et un coup d°estoc vers l°*ou*ie| voyla comme il s'en est passe./

Mestre alexandre peletier paintre mouru le huictieme iour du mois de mars de l'an mil six cens vingt et trois à ~~s~~ cinq heures du matin d'une quaterre[248]| donc s'ela[249] le suffoquat| dieu veulle avoir son ame| amen./

**44v**

Le sire pierre queselot dict peletier mouru le ieudy vingtroysieme iour du mois de mars de l'an mil six cens ving trois| et estoit notaire et son pere tenneur| et ledict queselot mouru à l°eage de soysante et douze ans d°une gualle| et ne fust iames marie| dieu veulle avoir son ame| amen./

Le vinghuictieme iour du mois d'apvrier de lan mil six cens ving et trois environ les six ou sept heureus[250] du soir il vient un elant si rude que l°on n'ust bien comte de l°argent| et apres ariva le tonnerre qui tomba dessus la maison de ville ou c°est que l°on faict l°audiance| et dechira les tois[251], et rompy tous les tielles, avec les viltres de laditte audiance avec d°aultre chose, ~~comme~~ et enfonsa laditte croisson de la fenestre qu'est de pierre du coste de la rue du milieu à l°endre[252] que ce meste les fiscaulx| voyla ce que c°est passe de nouveau./

244 *bras* corrigé sur [xxx].
245 *donc* : *dont*
246 *ne* au-dessus de la ligne.
247 *à* corrigé sur *u*.
248 *quaterre* : *catarrhe*
249 *s'ela* : *cela*
250 *heureus* : *heures*
251 *tois* corrigé sur [xxx].
252 *lendre* : *l'endroit*

De˘plus le lendemain à une heure apres midy lors que l°on fesoit le quatequisme le tonnerre fist un si grand bruis avec un esclat qui entra au cluche[253] de sainct hypolite ou c°est qu'il mist ses grifes| et en passent il gata la montre| et ne fist aultre chose pour le pressent/

**45r**

Jaqu[e] quismenet de salins fille de quismenet tanneur fille de chambre à mademoiselle sabine de batefort, fille à feu noble de batefort et chevalier de la cour de dole et barron de dramelet| la fille mouru le septieme iour du mois de may à deux heures apres minuy d'une fiebvre putride et que la cognoissance estoit au medecin incognue pour le regard de ce que l°on luy fist pendant sa maladie, et pour souvenance elle pria qu'elle fust enterree au courdeliee parce qu'elle avoit prin sa place au venerable s*oe*urr religieuse pour y estre du nombre des bien^heureuse, et pour le regard de son enterrement l°on pria messieurs de sainct hypolite pour y aciste le corps, et le vouloir conduire avec le pere confesseur et son compagnon| messieurs [~~xxx~~] ont respondu qu'il irroint pourveu qu'il fust represente à la mere eglise| ce qu'il n'ont voulut ferre| messieurs de sainct hypolite le pere confesseur et son compagnon l°alerent querre| et fust porte au l*i*t desdict cordelier| voyla ce qu'en est passe| dieu veulle avoir son ame| amen./

Le quatorzieme iour du mois de may de l'an m'il six cens ving et trois messire claude loylot filz d'honorable jean loysot hoste| et en son ensegne c'est la crois d°ors ou l°on dict à l°ospital|

**45v**

faubour de poligny seleba[254] sa premiere messe à haute voix au grand autel avec grande soulante[255] ou c'est qu'il firent bonne musique| et celuy qui le mist à l°autel pour le monstre c'est messire charle rigoulet chapelain, et le fust on qu'erre[256] en procession par messieurs de l°eglise avec la crois| et l°on fist bonne chere./

---

**253** *cluche* : *clocher*
**254** *selebra* : *célébra*
**255** *soulante* : *solennité*
**256** *qu'erre* : *querre, quérir*

Histoire memorable advenue à poligny au mois de may de l°an m'il six cens ving et trois pour l°amour. entre ~~guill~~ hierome de margny, et guye laquille dict celier, lequel deˇmargny estoit gentilhommes de quatre ligne frere de monsier de cri*gla* avec aultre ~~s~~ cinq frere et une soeur| tout bon gentilhommes| et sont sorti de flande, donc l'un de leur oncle est segneur de toulouze le nommand le segner de radegonde, celuy hierome qu'est le plus ieune comme il apert par cest histoire, que en l'an mil six cens ving trois il se amourachat d'une fille de chambre que madame sa mere avoit| et pandant que ledict sieur margny fesoit l'amour à icelle fille de chambre ne sachant si c°estoit pour la surprandre aultrement pour la desbauche ou pour la prandre en mariage la mere dudict gentilhomme vient à moury et donna à sa fille de chambre quelque meuble|

**46r**

elle s'en vient vers sa mere à poligny voyant que ledict gentilhomme la poursuivoit| le gentilhomme à tant faict comme aveugle qu'il l°a [~~xxx~~] fiance par main de prestre| et la vouloit espouse| comme monsieur son frere monsieur de crigla sachant que la chose estoit sy advant il envoya un messager à poligny vers ses officier de la signorie de telouze pour empeche ledict mariage| fust envoye marc doroz avec d°aultres à frontenay ou c°est que la fille de chambre estoit couchee ~~deff~~ en la maison de son oncle perreau et le sieur hyerome ausy, la fille estant couchee avec sa tante comme il trouvirent et ledict sieur en la chambre en haud, ses messieurs, doroz, et cafoulliet de clayreval ~~disant~~ leur dirent qu'il falloit venier en prison| elle qui n°a fauste d°esprit dict qu'il n°y falloit mene que les larrons, a quoy on replique qu'elle avoit prin un sac de pistole| elle respon qu'il ny avoit homme ny femme qui le voulut dire parceˇque elle n°a rien sourty du chateau que messieur n°aye vust, il arive un nomme cafoullier de clereval qui dict que elle[257] l°avoit prin et qu'il le luy feroit party| [~~xxx~~] surˇce l°on les amesne à la concirgerie tout deux à poligny pour savoir justiffie le laresin, mais tout cela n°a este que pour empeche que le gentilhomme ne se maria pas|

**46v**

cela n'a rien faict sinon que pandant que la fille estoit en prison ledict sieur gentilhomme ne manquet poin à l'alle voir en la concirgerie| et la baizoit et carois-

---

257 *elle* : le premier e corrigé sur s.

soit comme sa maitresse| l°on à envoye à dole marc doroz <celuy> comme estant celuy qui l°avoit la[258] amene, et un aultre a besancon vers monsieur le vicaire general pour pouvoir les departi| mais il n'ont rien faict parce˘que le gentilhomme la veut, elle demeura en prison dois[259] le troizieme iour du mois de may ieusques au vingthieme, laquelle en sourty avec les circonstance que ie diray cy apres selon que monsieur le lieutenant et les sieurs fiscaulx ont receu de la cour du parlement de dole et par requeste de ce que monsieur le vicaire generar de besancon en à dict, puis le vingtieme iour du mois de may le sieur de criglat remena son frere l'amoureux| ne s'ay[260] ie qu'il en feront| l°on attendra le succes pour plus emplifie histoire. et pour le regard de cafoulliet que ~~luy~~ fit partie à la fille disant qu'elle avoit derobe le sac de pistole l°on poursuy si avant que la fille demande reparation de son honneur et ferre emande tant honorable que pecuniare tant pour les fres qu'elle à faict en prison que pour

**47r**

avoir heu sa soeur avec elle et l°avoit noury, messieurs les fiscaulx l'ont renvoye avec l°honneur et ledict cafoullet à caution pour le regard de l°emande comme i'ay dict. et pour le regard de la fille nomme guye la quille fille d'un celier[261] francois ung homme de mauvaize vie et generalement des guarson qu'il at| et à estez par sa mauvaise vie destenu en l°ospital de la ville de poligny tant pour le noury que pour le couche n°ayant rien| et comme messieurs de la ville voyant que la femme et ses punaise de fille estoit brave l'on à resolu au conseil de le renvoye à sa femme et enfans pour le nourry le reste de ses iours ayant demure par l°espace de huict ans à l°ospital| voyla l°aliance de monsieur de margny qui à prin la fille du selier./

Hystoire advenue entre monsieur de la ronce et damoyselle alix roillard dict demantry| et comme laditte damoyselle estoit au service de madame de bissyt de chalon elle fust aymee de monsieur de la ronce gentilhomme chalonnois, lequel estant pationne de laditte de mantry la mere du sieur gentilhomme ny voulant consenti| non^obstanc cela ledict sieur luy donna lestre[262] d'assurance de mariage| il ariva que madame de dramelet la demanda en son service, elle y vient comme

**258** *la* : *là*
**259** *dois* : dès ?
**260** *s'ay* : *sais*
**261** *celier* : *sellier*
**262** *lestre* : *lettre*

**47v**

y ayant desia demure cing mois| elle vust[263] une fauce nouvelle que ledict gentilhomme estoit desia marie, elle en consu un sy grand regret qu'elle en mouru dans le neufieme iour| trois iour apres ledict sieur gentilhomme ayant faict resoudre sa mere audict mariage, s'en vient à poligny ou il ne fust pas si tot qu'il aprin la mort de sa maitresse, et dict qu'il y avoit environ trois iour qu'il luy sembloit voule[264] un ombre devant ses yeulx toute blanche et que son cheval avoit bronche entrant au finage de poligny, et fust contrain de mestre pied à terre, et le ferre conduyre à l°hotelerie qu'estoit chez pagny tout le lon de son chemin, apres avoir deplore sa triste fortune il fist prie dieu pour elle, et laditte damoyselle mouru le vingcinquieme iour du mois de may de l'an mil six cens ving et trois| et fust donne par le sieur gentilhomme six gros à messire estiene boy pour la messe qu°il avoit dict pour elle| dieu veulle avoir son ame| amen./

Le onzieme iour du mois de juin qu°estoit la trinite poncet doroz comme un homme desbauche et qui à desia faict chose qui merite d°estre punie comme verres en se

**48r**

livre en un chapitre de l'homme de geneve qui s'appeloit boulacre, et un aultre pour le second lors que legna tua la verdure| et pour le dernier l'onzieme iour du mois de mars comme i'ay dict entre les huict heures du soir pour parachever son mauves dessain vat delache un coup de pistoulet à son frere| dieu voulu qu'il ne le toucha pas, et c°est pour ne luy avoir poin voulu donne d'argent, luy en nayant desia donne par plusieur fois./

Le troisieme iour du mois de juilliet de l'an mil six cens vingt et trois entre les dix heures du soir ariva que le temps se troublat| ne say ie si c°est par quelque sourcelerie ou pour la grande chaleur, ou que les astres estoient debourde contre les fruis de la terre, et contre le bestial, et oyselin, en ceste mesme nuict ariva au moutier villard que le carreau tomba au verge de petre lobeleau| lequel fist beaucoup de perte à des arbres mesme qu'ussie pence que se fust un tanneur voyant l°escorse arachee, et aupres dudict verge qu'est chez darintho il tua deux petites

263 *vust : eut ?*
264 *voule : voler*

chevrettes| et ne lessoit pandant ce temps de tonner, et eluder que vous usies[265] dict que c°estoit la fin du monde, et pansoit on à poligny que tout estoit perdu, ou gaste

**48v**

tant les vignes que les bles, et ne se trouva qu'a grouson, de gaste une bonne partie des vignes et des bles| et trouvat on que la gresle estoit grose d'un iaune d°oeufs, la foudre tomba en divers endroy à poligny ne pouvant raconte les lieu, [~~xxx~~] ou il fauldroit estre trop specuratif[266]| de˘plus il y avoit sous le tillot de nostre dame du vieux moutier plusier passereaux qui c°estoit la retire, le matin l°on les treuve tout mort| donc l'un des voysin les prin et les vouloit accommode pour son deieune| les aultres voysin luy dirent qu'il ne falloit pas cela ferre parce qu'il en pouroit arive grand mal| voyla ce que est pour la verite| car il y at des gens eage d°environ soisante et quatre vingt ans qui n°ont pas vust un tel temps ~~et~~ pour dure comme il à faict comme vous aves peust voir si devant./

Le quatrieme iour du mois de juilliet de l'an mil six cens ving et trois fust prin prisonnier jean joussot de poligny vigneron par le maieur et eschevins de poligny pour les causes et raisons que verres par cy apres. qu°est comme les regimans des bourguignons n'estoit pas complet la serenissime jnfante ordonna avec son conseil

**49r**

de ferre ferre une recrue en son pays et conte de bourgongne ce que fust faict| et vient monsieur de ronchot en lever à poligny et y ferre sa residance avec ses sordas qu'il liveroit| et leur donnoit on ranson à chacun six solz en son temps prefix qu'il avoit pour demure audict poligny| le terme estant passe l°on les en˘nenmaine en flandre comme firent tout les aultres capitaine| et n°atendant pas qu'il fust en flandre beaucoup se sont sauve. les sieurs coronal[267] ayant entendu que les soldas venoient qu'estoit ceux de la recrue et que l°on leur[268] fist entendre qu'il estoient bien cienq mille et quand l°on les fit passes en montre il s'en treuva seullement

**265** *usies* : *eussiez*
**266** *specuratif* : *spéculatif*
**267** *coronal* : *colonels*
**268** *leur* corrigé sur *luy*.

cinq[269] cens| les sieurs coronal voyant cela, et que la princesse avoit perdu ~~sela~~ son argent, monsieur de balanson avec les aultres capitaines firent plainte à son altesse| son altesse faict escrire a la cour de son parlement de dole pour leur ferre entendre ce que dessus. la cour ayant receu les patantes firent un edis de pars le roy, que tous ceux qui se sont sauve despuis un an[270] en sas[271] qu'il ayent à retourne ou s'il[272] l°on les treuvent en leurs pays l°on ordonne à messieurs les eschevins tant des villes que vilages les ayent à prendre et les conduire[273] es prison de sa

**49v**

mageste et a paine de deux cens livres et d'en respondre et aux sieurs[274] fiscaulx de leur ferre leurs proces deans quatre iours et les ferres pandres et estrangles ieusques mort s'en ensuive pour servier d'exemple à celle fin que quand l°on levera des soldas qu'ils y passent deux fois avant que de prandre l°argent du roy. ce ieune homme joussot n'at iamais voulut obeit son pere ny sa mere gens de bien et honeste moyen[275] pour[276] un vigneron| il pleut[277] à dieu d'appeler son pere et sa mere, et pour luy empeche des debauches l°on le mariat à une fille d'aumond qu'avoit pour le moins quatre cinqt cens frans, i'ay opinion qu'il en at octografie[278] les deux tiers sans le sienne| voyla de brave aliance, il à deux soeur qui sont marie à deux honneste homme de poligny qui avec le temp en pouront recepvoir un affront, si l°edict a lieu, i'attendray la definission pour discourier tout l°istoyre et pour en savoir la verite| l°on à recouru à grace| ne s'ay[279] ie qu'en dira la princesse et son conseil car il ne faudroit plus ferre d'edict, mesme que l°on l'at observe a dole car l°on en at execute deux pour le mesme subiect|

---

**269** *cinq* : *c* corrigé sur *s*.
**270** *an* corrigé sur *ans*.
**271** *sas* : *ça*
**272** *s'il* : *si*
**273** *conduire* : *i* corrigé sur *r*.
**274** *sieurs* corrigé sur *sieur*.
**275** *moyen* : *au moins ?*
**276** *pour* corrigé sur *vign*.
**277** *pleut* corrigé sur *pleu*.
**278** *octografie* sic.
**279** *s'ay* : *sais*

**50r**

Le dixsieme iour du mois d'aoust de l°an mil six cens vingt et trois le iour de monsieur sainct lorans patron de mierry| et comme monsieur le cure est curieux d'avoir tousiour un predicateur pour ferre entendre à ses parochien le debvoir qu'il faut ferre à solennise une si saincte feste| monsieur comme cure de bon esprit se trouvant à poligny, il se treuve en la maison de monsieur cecille, et treuve le nepveur de monsieur nomme jaques cecille qu'est un augustin| et se nomme frere philippe| lequel preschat et fist une sy belle predication, en laquelle il nommat toutes les paines que monsieur sainct lourans endura, avec les tourmans qui sont en nombre de dix comme ie les vous veus declares. le premier est le brulement avec des tables de cuivre appliquee desus son corps toute flamboyante. l°echenement[280] avec des chenes de fert, l°emprisonnement en un lieu obscuer, l°atouchement et batement avec des callous, l°extancion de son corps sur une claive| le foix[281] qu'il à endure, le grand tourmans avec du plon[282] verse dessus son corps tout fondu, l°orrible attouchement avec des tenalles emflambees pour estandre son corps dessus[283] le gril, le mesme corps grille sus le feux, le dixieme la pesanteur du griel avec son retour sur le mesme,

**50v**

se fesant tourne de l°autre coste| voyla[284] tous les martires qu'ils recitat avec d°aultre beau exemple./

Le sire claude pierreau vigneron clousier à madame dramelet mouru le vendredy le dixhuictieme iour du mois d'aoust de l'an mil six cens vingt et trois d'une fiebvre continue| et estoit eage d'environ soisante ans ou plus, au reste un honneste homme pour sa profession ou de son estat| dieu veulle avoir son ame| amen./

Le vingtieme iour du mois d'aoust de l'an mil six cens vingt et trois, il vient le prevost de dole avec ses archers à poligny pour et à leffect de prandre philippe coillon celuy qui à prin femme arbois et reduire au prison pour respondre des extortion qu'il à faict seur les villages, et se ferre fourier de la compagnie de mon-

---

**280** *lechenement* : *l'enchaînement*
**281** *foix* : *fouet ?*
**282** *plon* : *plomb*
**283** *dessus* : *d* corrigé sur s.
**284** *voyla* corrigé sur [xxx].

sieur de ronchot lors qu'elle parti de poligny| et ledict fourier fegnant de prandre les logis pour loger laditte compagnie, il prenoit l°argent des villages, et dict on qu'il en at bien[285] prins la valeur de cing cens frans ou plus| voyla que fit bien à murmurer les

**51r**

villages, les habitans de montolier lesques[286] avoit balle vingt[287] deux escus, ont presente requeste à la cour, la cour en estant advertie en faict faire un besongne| ne s'ay ie qu'en sera sinon que la cour à ordonne audict prevo de le conduire à dole| ce que le provost fit| et sourtirent de poligny le vingt deuxieme du presen mois pour respondre de son office de fourier| et s°il estoit fourier de laditte compagnie pour alle au service du roy, et s'il avoit sa ration à poligny comme les autres| et pourquoy il fesoit le fourier pource qu'il n'estoit ny ne fust iamais de la compagnie dudict sieur de ronchot| il faut qu'il y ayent de la faute| il la recognoistront en l°information de monsieur le procureur general| [~~xxx~~] en attendant, la cour l°a renvoye de fourier à charge de rendre les ving deux escu aux habitans de rabeur et de ratier avec une emande de cens livres, avec les fres et mise de iustice, faict aux arrest de la nostre dame de septembre de l'an mil six cens ving et trois| voyla un brave fourier | et son honneur oblige./

Messire jaques febvre dict guychard prestre et familier et vicaire en l°eglise collegiale de

**51v**

monsieur sainct hypolite de poligny mouru le vingtquatrieme iour du mois d'aoust de l°an mil six cens ving et trois, à une ou deux heures apres minuict| et mouru de villesse| et ne demeura pas à mourier huict heures| et ne languit poin car se mesme iour l°on tient qu'il dict messe et soupa chez messire estienne boy, et leur dict a^dieu, et voyant que la force luy desfalloit il desmura, c°estoit un honneste homme| en sa ieunesse, il estoit le tambour de monsieur de dramelet lors qu'il avoit une compagnie de monsieur le marquis de varambon qui avoit un regimen

---

**285** *bien* : *b* corrigé sur *p*.
**286** *lesques* : *lesquels*
**287** *vingt* : *n* au-dessus de la ligne.

pour alle en flandre, et pour alle devant mastrec, ou c'est qu'elle fust prinse un ans apres ou demy, apres la guerre de l°estoille| dieu veulle avoir son ame| amen./

Depuis la mort de feu mestre jean bide apotiquerre que fust le premier iour du mois de ~~janvier~~ mars de l°an mil six cens vingt et trois la femme se remaria à un drapier de poligny qui s°appelle leonel moureau, ou c'est que l°on mena le chervery[288] par l°espace de huict iour avec intervale| et le iour qu°elle se maria estoit le vingtseptieme

**52r**

iour du mois d'aoust an que dessus, l°on mena un tel bruit comme tambour, quasse[289], mourtier, grillot et de toutes autre sorte d'instrument à se mestier ieusques à la minuict, il accourdarent et donnarent aux peres capucins pour le regard des hommes six escus et pour les dames aultres six| lesquelles dames les donnarent aux soeurs de saincte claire| et voyla tout ce que i'en ay pust ~~d~~ apprandre./

Le huictieme iour du mois de septembre de l'an mil six cens vingt et trois que~~st~~ fust la feste de vaulx et de chausenan| le prier[290] nomme don henry nicolas leur donna permition d'offrier un sierge ce que iamais l°on n'avoit faict asavoir les ieune homme un et les ieune fille un aultre| et fit on la feste non sans querrelle car l°on s°y frontat[291] quelque peux pour ne[292] lesse escoule la memoyre à quelq'un./

Voyla la fin de ce que mon pere
en à peut remarque et escrip*re*|
c°est pour^quoy ie me suis
resolu de pour^suivre|

Dame tienette quoquelin de salins femme à mestre jean froissard chatelain de seliere mouru le iour sainct michiel à trois heures du matin de l'an mil six cens v*in*gt et trois| et estoit tousiour malade| dieu veulle avoir son ame| amen./

**288** *chervery* : *charivari*
**289** *quasse* : *caisse*
**290** *prier* : *prieur*
**291** *frontat* : *affronta* ?
**292** *ne* : *n* corrigé sur *s*.

**52v**

Francoise[293] roignard fille de leonel roignard de poligny deffuns mouru le huictieme iour du mois d'octobre de l'an mil six cens vingt et trois à dix heures du matin| dieu veulle avoir son ame| amen./

Mestre guillaume durand mon pere chyrurgien de lon˘de˘saunier mouru le iour sainct luc entre huict et neufs heures du soir qu'estois le dix huictieme iour du mois d'octobre de l'an mil six cens vingt et trois| et mouru d'une iaunisse noirre estant brave de son mestier| dieu veulle avoir son ame| amen./

Le neufieme iour du mois d'octobre de l°an m'il six cens vingt et trois celuy qu'avoit le pain beny qu'estoit couchan celuy qu'a prin la niese à messire <à messire> guinet chevalier qui s'apelle benine chevalier et son pere pierre, allat avec les compagnon du mestier presente le chanteau au filz de jean benoit drapier| l'on leur respondi qu'il estoit trop gros monsieur et qu'il ne vouloit pas exerce le mestier| ceu˘sy[294] s'en retournare [~~xxx~~] avec deux pied de nez n'estant camu, fort fache en disant qu'il romproient tout sans toutefois avoit rien faict| car le proverbe dict que (tel menasse qu'a grand peur)| un soir donc s°allent pourmene deux ou trois qu'ils estoint pourtant[295] une basse| passerent

**53r**

aupres de chez jean benoit, ou illec la femme estoit dessus leur banc| seu˘cy menoient avec la basse tant bien que mal, le montaignon le montaignon[296]| et ainsy par plusieur fois, la femme qui avoit peur des paroles qu'ils avient dict se m'est[297] viste en la maison et serre la porte sy rudement en disant| n'est ce pas se vouleur d'estienne benoit| et ainsi consecutivement des aultres| et criant ou appellant les voysins sans que personne iamais sourty de la maison eux ne pansant ferre aucun mal, toutefois ils ne lessarent de prendre le pain beny aux ensegne que les compagnon n˘y voulurent pas demure au d'esieune[298], ce fust tant seullement les aprantis et toullon du mestier et d°aultres enfans, lesques[299] devorarent

---

**293** *Francoise* : *c* corrigé sur *s*.
**294** *ceusy* : *ceux-ci ; u* au-dessus de la ligne.
**295** *pourtant* : *portant*
**296** Prost 1883 commente : « *Air populaire du temps* ».
**297** *m'est* : *met*
**298** *d'esieune* : *déjeuner*
**299** *lesques* : *lesquels*

tout, pour conclusion la femme dict à mestre ayme qu'il se duct apreste car se[300] sauroit une femme quil[301] l'offreroit a°cause qu'il vouloit marie leur enfans| dieu l°an ny doin ioix| voyla tout ce que i°en ay pust aprandre| le tout sans mantirie./

Le vingcinquieme iour du mois d'octoble de l°an mil six cens ving et trois messire jean coillot dict calame fist son oraison pour l°entree du college come c°est la coutume| en laquelle il en empourta beaucoup d'honneur de plusieurs brave gens que y estoient| et selebrat messe se iour la pour prier dieu de le vouloir aciste en tel afferre à l°autel de madame de dramelet ou c°est qu'il dict le veni creator./

**53v**

Gabriel regnaudot filz de monsieur oudot regnaudot mouru le vingneufieme iour du mois d'octobre de l°an mil six cens ving et trois| et mouru entre sept et huict en luy donnant le sainct huille| et avoit environ quinze ou saize ans| dieu veulle avoir son ame| amen./

Monsieur de legna interina sa grace d'avoir tue la verdure homme de chambre à monsier le baron de dramelet le trantieme iour du mois d'octobre de l'an mil six cens vingt et trois qu'estoit un lundy| le tout pour son proffit./

Monsieur le docteur regnaudot filz de monsieur oudot regnaudot procureur fist son premier prospot[302] le sixsieme iour du mois de novambre de l°an mil six cens vingt et trois, la ou il empourta beaucoup d'honneur, et fist on bonne chere| et y avoit environ trante personne estrangere au soupe./

Monsieur le docteur rateau le vieulx mouru le septieme iour du mois de novambre de l°an mil six cens vingt et trois environ les deux ou trois heures du soir| et estoit tout estropie des main de villesse| dieu veulle avoir son ame| amen./

**54r**

Salland de chaucenan grangier à madame de dramelet f'ust tue par berro de bousiere proche le moulin dessus la nuict du septieme iour du mois de novambre de

**300** *se* : *ce*
**301** *qu'il* : *qui*
**302** *prospot* : *propos*

l'an mil six cens vingt et trois, et iceluy berro s°alla plaindre parce[303] qu'il estoit bresse| et voyla comme il fust recognu| et ne s'est[304] on que s'en sera|

Jehanne canivot religieuse[305] de soeur de saincte claire mouru le vingtquatrieme iour du mois de novambre de l'an mil six cens vingt et trois entre cing et six du matin| dieu veulle avoir son ame| amen./

Monsieur le chaloine froissard le vieux qui se nomme jehan mouru le troizieme iour du mois de decembre à dix heures du soir en l°anne mil six cens vingt et trois| dieu veulle avoir son ame| amen./

Claude anthoine fardet prin l°a'bit de capucin à poligny un iour sainct nicolas| et s°appelle frere lupicin| en l°anne mil six cens vingt et trois./

**54v**

Denise bobillier femme de philiber glasson mouru le vingtsixieme iour du mois de decembre qu'estoit le iour sainct estiene| et mouru d'effant[306] en l'anne mil six cens vingt et trois| dieu veulle avoir son ame| amen./

Monsieur loyseau appotiquerre mouru le trantieme iour du mois de decembre de l'an mil six cens vingt et trois| et est mort de regret| au reste bon mestre de son estat| dieu veulle avoir son ame| amen./

Monsieur bouvier prain pocescion de chaloine le septieme iour du mois de febvrier de l'an mil six cens vingt et quatre en la place de monsieur froissard le vieux| et à este fort bien receu de tous| dieu veulle que se soit pour son salut| amen|

Damoiselle claudine masson femme de monsieur daclin mouru le huictieme iour du mois de febvrer de l'an mil six cens vingt et quatre d'une febvre etique| dieu veulle avoir son ame| amen|

**303** *parce* corrigé sur [xxx].
**304** *s'est* : *sait*
**305** *religieuse* : *r* corrigé sur *b*.
**306** *d'effant* : *d'enfant*

**55r**

Messire claude louysot prain poscession de chapelain le quatorzieme iour du mois de febvrier de lan mil six cens vingt et[307] quatre| et fut mis en la place de monsieur bouvier/

Le sire denis jaud mouru[308] le cinquieme iour du mois de mars de l'an mil six cens vingt et quatre environ[309] les quatres heures du soir, et n'est mort que de vuillesse| dieu veulle avoir son ame| amen./

Monsieur le chaloine javourel mouru le vingteunieme iour du mois de mars de l°an mil six cens vingt et quatre environ les quatres heures du matin d'une apoplexie qui le praint| et fust despeche en moin de vingtquatre heures| dieu veulle avoir son ame| amen./

Messire jean camu selebrat sa premiere messe à voix basse au grand autel de la chappelle des cler, environ les six heures du matin, et ceux qui le mire à l'autel furent messire jean moureau et messire jean baptiste caseau tout deux familier| le tout le quatorzieme iour du mois d'apvriel de l°an mil six cens vingt et quatre| dieu veulle que se soit pour son salut| amen./

**55v**

Messire estienne royer celebrat sa premiere messe le quatorzieme iour du mois d'apvriel de l°an mil six cens vingt et quatre environ les sept heures du matin à voix basse à l'autel du saict suayre| et ceux qui le mire à l'autel furent messire pierre magrot cappelain, et messire adriain aymounin aussy cappelain| dieu veulle que se soit pour son salut amen./

Messire phyliber marion celebrat sa premiere messe le ~~dix~~ vingthuictiesme iour du mois d'apvriel de l°an mil six cens vingt et quatre au grand autel environ les sept heureus du matin| et ceux qui le mirent à l'autel furent messire pierre magrot chappelain et messire jean baptiste caseau familier| la ou il y avoit bonne assemble et ou il y receu beaucoup d'honneur| dieu veulle que se soit pour son salut| amen./

---

**307** *et* : *e* corrigé sur *q*.
**308** *mouru* : *mo* corrigé sur *le*.
**309** *environ* : *e* corrigé sur *d*.

Monsieur simon darc doyen de poligny mouru le sayzieme iour du mois de may de l°an mil six cens vingt et quatre à huict heures du matin| et mouru d'une mort subite| et à regne doyen vingt quatre ans| dieu veulle avoir son ame| amen./

**56r**

Monsieur le chaloine brun theologual prain pocession de doyen à poligny le dix-septieme iour <iour> du mois de may de l°an mil six cens vingt et quatre environ les quatre du soir ~~p~~ apres vespre avec un grand honneur| dieu[310] qu'il fasse bien. amen |

Le sire hugue caseau ~~mouru~~ courdonnier mouru le vingteuniesme iour du mois de may de l°an mil six cens vingt et quatre à ~~dix~~ dix heures du soir et mouru hydropique| dieu veulle avoir son ame| amen./

**56v**[311]

Continuations du livres des reccolltes et <cho> choses memorable advenues dans le pais tant a dole que a˘poligny etc|

L°anné 1692 l°université fut osté de˘dole et mise a besancon| cytost apres ce changement trois professeurs moururent[312] scavoir messire loüys tixerant professeur medecin habille homme dans la theologie, dans˘le droit, et dans la˘faculté de˘medecine| cette mort arrivat le mois de febvrier. sa˘fille de premier lict est religieuse au repantres de˘la ditte ville, et˘son fils ainez s'estoit noiez quelque anné auparavent en se beignant dans˘le doux[313] a˘dole| dieu aye son ame| ainsi soit il| il est˘enterrez au˘petit st jean|

Messire jean francois bidey professeur royal et˘doien de˘la˘faculté de medecine en˘laditte université mourut le 24 mars 1692 environ les neuf heures du˘matin, il lessat six enfents[314]| le premier se fit cordelier plusieurs˘annez[315] avant˘sa mort| et˘se˘nomme jean antoine bidey, la seconde se˘nomme seur marie jeanne bap-

**310** *dieu* : à ajouter *veuille*
**311** Les pages 56v et 57r sont d'une autre main, plus tardive.
**312** *moururent* corrigé sur *mourut*.
**313** *doux* : *Doubs*
**314** *enfents* : premier *e* corrigé sur *f*.
**315** *plusieursannez* : *p* corrigé sur *l*.

tiste bidey religieuse anonciade aˇbesancon, le troisieme se nomme constance jgnace bidey. le 4$^{me}$ se fit encor cordelier observantin et s°apelle frere francois bidey. la cinquieme se maria le 4$^{me}$ iuin 1690 et seˇnomme christine teresse bidey| elleˇa pour marry. joshep. muard. lieutenant de moirans grand procureur de st claude, et bally deˇlaˇtour duˇmet, le sixieme est pierre joshep bidey presentemet confrere deˇl°oratoire de jesus, estudiens en philosophie au mans| estˇenterrez aˇst. maury aˇlaˇchapelle de monsieu$^{r}$ de falletans bussy.

Messire[316] ~~chr~~ charnage ~~pron~~ doien deˇl°universitez et deˇla[317] |

## 57r

La chambre des comptes agesté changé en bureau des aides aˇlaquelle[318] on°a adioutez la chambre dorez| toutes lesˇcharges du pais depuis celle des presidents iusque°a celle d'huissier se sont vandue aˇcause des grandes querres qui ont ruinez leˇcommerce du roy de france avec ses voisins| leˇroyaume sostenant contre tant deˇmonde pendentˇsi longtemps une querre sans pareille outre les cottes royales que l°onˇa extraordinairement augmenté| il aˇfalut payer frans aleut, amortissement, capitation, etˇquantité d°autre invention queˇl°onˇa trouvez pour ruiner leˇpeuple|

Il y est[319] arrivez une cheretez si grande queˇleˇfroment dans les endroit duˇpais a valut iusque a neufˇfrans deˇnostre monnoie, etˇordinairement six et sept frans susdite monnoie, le vin deuxˇcent frans le muit| le peuple aˇpresque estez reduit dans une famine ouverte, et generale| les vignes depuis plusieurs annez neˇraportans que tres peut de raisins aˇcause des grandes gelez d'hyver, des greles presque general. lˇannez 1696 lesˇvignes on esté entierement perdue dans besancon parˇlaˇgrelle dans le voisinage de presque six aˇsept lieux deˇtour|

## 57v-83v pages blanches

Les pages 84r-87v contiennent une *table de ce livre* qui ne sera pas reproduite ici.

**316** Blanc après Messire.
**317** Blanc après *dela*.
**318** *allaquelle* : *la* au-dessus de la ligne.
**319** *est* : *e* corrigé sur *a*.

# 7 Famille Goyard : *Journal de famille* (1611–1763)

## 7.1 Introduction

### 7.1.1 Les auteurs et leur texte

Il s'agit d'un cas tout particulier dans la série de nos textes, l'œuvre collective de plusieurs générations. Voici la liste des auteurs, leur position sociale et (entre parenthèses) les années couvertes par leurs contributions au livre de raison de la famille Goyard (v. aussi Quirielle 1899) :

a) Blaise Goyard (1611–1643), agriculteur à Bert-en-Bourbonnais[1] (actuel département de l'Allier), procureur d'office dans la châtellenie de Chaveroche.
b) Philibert Goyard (1643–1672), fils de Blaise, agriculteur et procureur d'office comme son père ; il avait en outre la fonction de « juge » à Quirielle (paroisse de Barrais).
c) François Goyard (1673–1685), fils de Philibert, même profession et fonction que son grand-père.
d) Joseph Goyard (1698–1706), fils de François, abandonna l'agriculture et embrassa la profession de négociant à Moulins ; son beau-père était « maistre coustelier » (Quirielle 1899, 101).
e) Claude Gayot (1710–1713), deuxième mari de Catherine Debard, veuve de Joseph.
f) Jacques Goyard, fils de Joseph (1713–1763), avait des fonctions dans l'administration comme Conseiller du Roy et « grenetier au grenier à sel de Moulins » (Quirielle 1899, 104).

Quirielle (1899) mentionne des notes de Jean Joseph (*1738), fils de Jacques ; ces notes ont pourtant disparu. Selon Quirielle, il aurait étudié le droit à Paris, où il exerçait la profession d'avocat, représentant le Bourbonnais aux États Généraux de 1789. L'histoire de la famille est donc caractérisée par une ascension sociale considérable.

Notre texte couvre ainsi la période allant de 1611 à 1763, ce qui lui donne un intérêt particulier : il nous permet de suivre et d'observer l'évolution des aptitudes et des habitudes scripturales d'une famille du Bourbonnais pendant un siècle et

1 Pour le toponyme *Bert*, cf. récemment Chambon (2017, 165), qui a trouvé une première attestation de la graphie *Bert* (avec *-t* final) pour les années 1764–1767. Mais dans notre texte,on trouve plusieurs occurrences de la forme *bert*, dont la première à la page 67 du premier cahier (novembre 1671).

https://doi.org/10.1515/9783110482003-008

demi. Pour l'analyse linguistique, il ne sera pourtant pas toujours aisé de considérer séparément ces deux paramètres, la diachronie et l'ascension sociale : ce qui, à première vue, semble être l'effet du temps pourrait également être dû au changement de condition sociale.

À d'autres égards, ce texte partage les caractéristiques des textes publiés ici : il n'a jamais été destiné à être lu au-delà du cercle restreint des membres de la famille Goyard. Ce caractère privé pourrait favoriser l'usage du langage dit « de l'immédiat ». Mais il ne faut pas perdre de vue la réflexion métalinguistique (inconsciente) des auteurs, conscients que l'écriture figure parmi les activités dépassant la normalité de la vie de tous les jours et qu'il faut donc abandonner la langue de tous les jours en faveur d'une langue standard.

Or, pour des auteurs de condition sociale peu élevée n'ayant pas bénéficié d'une instruction scolaire approfondie (c'est sans doute vrai pour la majorité des membres de la famille Goyard), l'objectif que constitue la langue standard est difficile à atteindre, leurs efforts mènent à des résultats douteux, comparables aux autres textes de cette série.

Les pages du *Journal* peuvent être attribuées aux différents auteurs respectifs selon la liste suivante (pour les aspects matériels du manuscrit, v. 7.1.2.1.) :

**Premier cahier**
Blaise Goyard : pages 1–42 (à l'exception de la dernière remarque), 44–61.
Philibert Goyard : 42 (dernière remarque), 43, 62–92.

**Deuxième cahier**
François Goyard : 1 (partiellement), 2–11.
Joseph Goyard : 12–18.
Claude Gayot : 1 (partiellement), 19–20.

**Troisième cahier**
Jacques Goyard : 1–23[2]

Les trois cahiers contiennent aussi plusieurs remarques (souvent des morceaux de papier insérés dans le cahier) de plusieurs autres mains : déclarations de dettes, quittances, attestations notariales et ecclésiastiques, ainsi dans le premier cahier, 69 bis ou dans le troisième, 19 bis, 23 bis. La page 64 contient une quittance émise

2 Dans la suite de cette étude, les auteurs seront cités de la façon suivante : B = Blaise, Ph = Philibert, F = François, Jo = Joseph, C = Claude, Ja = Jacques.

par Blaise Goyard ; tout le reste (64–58)[3] est dû à d'autres personnes. Nous avons renoncé à transcrire ces sept pages.[4]

Quirielle (1899, 104–108) mentionne deux autres cahiers de la main de Jean-Joseph Goyard (avec des notices allant jusqu'à 1780), mais ces cahiers sont restés introuvables aux Archives départementales de l'Allier, à Yzeure.

Le caractère de ce *Journal* varie d'un auteur à l'autre. Blaise et Philibert, les premiers auteurs, auxquels est due de loin la plus grande partie du *Journal*, ont retenu des événements qui dépassent le cadre familial : récolte du vin et des céréales, prix des denrées, situation politique, recettes contre les maladies des animaux et des hommes. Et parmi les événements familiaux, ils enregistrent non seulement la naissance, le baptême, le mariage et la mort, mais aussi (entre autres) la scolarité d'un fils. Par la suite, sous la main de leurs fils et petits-fils, le *Journal* prend plutôt le caractère d'un registre familial. Jacques Goyard, le dernier de nos auteurs (les remarques de Jean-Joseph étant introuvables), ne fait qu'écrire l'histoire de sa famille en se basant manifestement sur des registres notariaux et/ou paroissiaux et sur les informations contenues dans les cahiers de ses aïeux. Dans un cas extrême, il s'agit même d'un fidèle *extrait des registres de la paroisse* (Ja 19bis).

La langue des notaires influence aussi, dans une mesure considérable, les textes mêmes de nos auteurs ; c'est ainsi qu'on trouve chez Blaise plusieurs occurrences d'une formule comme *en foye de ce (j')ay signé*.

La distance chronologique entre l'événement même et sa mise par écrit est variable : les notes de Blaise Goyard constituent pour la plupart un résumé de ce qui s'est passé dans le cours d'une année ; notre auteur les aura probablement écrites à la fin de cette année ou dans les premiers jours de l'année suivante. Mais on trouve aussi des notes écrites le jour même de l'événement (la noce de son fils Philibert, consignée *ce jourd°huy troisiesme jour de mars audit an 1642* (39).

Notre texte a déjà connu une publication à la fin du XIX^e siècle (Quirielle, 1899). L'édition de Quirielle, qui ne donne pas le texte dans sa totalité, a établi un ordre chronologique qui n'existe pas dans l'autographe. Elle commence par le registre familial tenu par Blaise Goyard, qui se trouve dans le premier cahier à partir de la page 48. La graphie reste relativement proche de celle de l'original, mais elle n'est pas toujours fiable. Ces aspects – ainsi que le problème de l'accessibilité de cette édition ancienne – nous ont confortés dans l'opinion que le texte

---

3 Pour la numérotation à l'envers v. 7.1.2.1.

4 Les trois cahiers seront cités à l'aide des chiffres romains I, II, III. Dans les citations, nous avons souvent renoncé à indiquer le cahier : B et Ph renvoient au premier cahier, F, Jo et C au deuxième, et Ja au troisième.

méritait une nouvelle édition. Voici un passage de l'édition de Quirielle (à la page 29), à comparer avec le texte de notre édition (45) :

*Recepte pour la malladie des brebies quand elles morent fault prandre du son de fromen environ ung ras sellon la quantité de brebies avec du sel et du souffre pillé et des cendres de sermen de vigne passées dans ung seact ung peu et après avoit ung baschat dans l'estable et le mestre dedans bien mellé l'ung avec l'autre et leur en faire manger. – Recepte admirable.*

*Recepte pour le bestalh qui a le chancre soubz la langue ou sur la langue et ledit mal vient que une vessie qui ce creve et sy faict une fente qui cave la langue jusque elle est tombée s'il n'est poinct comme sy dessus est dict deux fois le jour desdites herbes avec de la poudre qu'il faut mestre sur ledit mal.*

### 7.1.2 Le manuscrit et ses particularités graphiques

#### 7.1.2.1 État du manuscrit, écriture, mise en pages

Le manuscrit, composé comme nous l'avons déjà dit de trois cahiers (un quatrième semble avoir été perdu), est conservé aux Archives départementales de l'Allier à Yzeure, où il porte la cote E 1054. Les cahiers, à l'origine cousus à la main et décousus au cours du temps, mesurent 19 × 13,5 cm. Plusieurs mains (bibliothécaires, propriétaires) ont numéroté les pages. La numérotation de la présente édition suit l'ordre original des feuilles et des pages ; elle n'est pas identique aux paginations précédentes. Le troisième cahier présente une particularité : les notices y suivent d'abord un ordre régulier (jusqu'à 23 bis, une feuille détachée, écrite par une autre main). Pour le reste du *Journal* (écrit par plusieurs autres personnes), on a retourné le cahier, pour commencer à la dernière page (p. 64 dans notre pagination), ce qui explique la numérotation à l'envers dans cette édition (la page 64 précède la page 63, etc.). Sont restées blanches les pages suivantes : premier cahier 46, 47 ; deuxième cahier 2, 4, 10, 21, 22, 24–40 ; troisième cahier 24–57, 63.

Ce n'est pas un journal écrit au jour le jour : à plusieurs reprises, il s'écoule un grand laps de temps entre une date et la suivante, et même Blaise, le plus consciencieux parmi les rédacteurs du *Journal*, ne donne pour les années 1638 et 1639 que de brefs résumés de quelques lignes. Dans la série des notices, on en trouve parfois une plus tardive, intercalée. Pour donner un exemple pris dans le premier cahier : à la page 42, on trouve des remarques de Blaise Goyard concernant les années 1642 et 1643 ; il a laissé en blanc le reste de la page et la page suivante. La remarque suivante de la main de Blaise se trouve à la page 44, elle concerne l'année 1616 ; suivent deux recettes vétérinaires (44, 45), deux pages restées vierges, et un bref registre des décès et des naissances (à partir de

1611). Philibert, son fils, a rempli l'espace vide des pages 42 et 43 pour y inscrire des remarques portant – dans l'ordre du cahier – sur les années 1658, 1646, 1649, 1652.

Cette situation a posé un sérieux problème aux éditeurs. Nous avons opté – dans un souci d'authenticité et contrairement à Quirielle (1899), qui a rétabli l'ordre chronologique – pour le maintien du désordre apparent.

Les corrections, relativement fréquentes, révèlent le travail d'écriture. Nos auteurs connaissent plusieurs méthodes pour corriger leurs fautes : lettres corrigées l'une sur l'autre, mots rayés suivis du mot correct (ajouté quelquefois dans l'interligne). Rarement, le mot erroné est suivi de la forme rectifiée, sans rature : *<je mj> je tiré* I 91. Les mots oubliés dans le texte sont ajoutés dans l'interligne. Au cas où plusieurs mots ont été oubliés, ceux-ci sont ajoutés à la fin ou en marge, avec un signe de renvoi (en général # ; v. par ex. I 58). Il arrive quelquefois qu'un auteur ne retrouve pas le nom ou la date nécessaire ; il laisse alors un blanc, dans l'espoir de le remplir plus tard (v., par exemple, I 51, II 8, III 4). Pour plus de détails voir les notes du texte.

#### 7.1.2.2 Mots amalgamés/mots séparés

L'ensemble du *Journal* présente, du début à la fin, le phénomène des groupes de mots amalgamés, en général mot grammatical (ou deux mots grammaticaux) + mot porteur de sens. Tous les auteurs du journal sont concernés. Voici quelques exemples :

B : *alyon, javois, enlannee, debonnes vendanges, desont harmée* ‹de son armée› ;
Ph : *lheure, amolin, deson logis, cest* ‹s'est›, *enestant, aesté, sixmois, quele* ‹que le› ;
F : *lannee, lepresent, delesglize, jaysigne* ‹j'ai signé›, *madit* ‹m'a dit› ;
Jo : *lesglise, unlundy, delaville, mamere, jaysigne, aesté ;*
C : *linstance, declaude, aparis, iestoit, aesté, catherinedebard, etle ;*
Ja : *lannee, unjour, enleglise, sonfrere, delaparoisse, aété, enterréen, leglise ;*

Là où manque l'apostrophe (curieusement plus fréquente dans le texte de Blaise, le premier de notre série d'auteurs), les mots se trouvent toujours amalgamés. Dans d'autres contextes, les mêmes mots sont écrits séparément, ce qui prouve que les auteurs étaient bien conscients de l'existence de l'unité segmentale du mot. Nous n'avons que quelques rares exemples de mots amalgamés ne constituant pas une unité syntaxique : *la guerre atoujours continué* B I 35, *enterréen leglise* Ja III 11, *etle quinse iour* C II 19.

Au point de contact de deux mots amalgamés, on rencontre des graphies avec redoublement d'une consonne : *alla* ‹à la›. Nous transcrivons *a˘lla*.

La séparation graphique concerne surtout deux groupes de mots : a) ceux que nous considérons comme composés ; b) des mots dont un segment est homophone avec un mot grammatical ; ce dernier groupe inclut aussi les cas de déglutination de l'article. Exemples pour le groupe a) : *dix huit* B 50, *quarente trois* Ph 62, *dix huict* J 13, *grand pere* F 1, *quarante trois* Ja 1, *sy dessus* Ph 64, *cy apres* 12. Pour le groupe b) : *la voyne* B 24, *la bondance* B 25, *la quelle* C 23, *le quel* Ja 8 ; *en cherist* ‹renchérit› B 16, *a bandonne* ‹abandonné› B 19, *a voit* ‹avait› B 29, *en fleure* ‹enflure› B 59 ; *a porté* ‹apporté› Ph 84, *em pecher* ‹empêcher› Ph 84, *beau coupt* Ph 74. Il est extrêmement rare de rencontrer des mots séparés graphiquement dont aucun des segments n'est homophone avec un mot (fonctionnel) : *bour bonnois* Ph 87, *les tom bes* Ph 71, *amo lins* Ph 84.

#### 7.1.2.3 Majuscules/minuscules ; forme des lettres

Comme pour les autres textes de cette édition, nous avons renoncé à distinguer les majuscules et les minuscules, et ce, pour deux raisons : a) la non-fonctionnalité des lettres à caractère ornemental ; b) la difficulté de faire la distinction entre « lettre ornementale » (qu'on pourrait éventuellement considérer comme une majuscule) et « lettre non-ornementale ».

La non-fonctionnalité des « lettres ornementales » ressort clairement des deux citations suivantes : *ont a veu* (= on a vu) *Une Estoille qui avoit Une grande Ceue* (= queue) *fort Longue et grosse*, Ph 76 ; *Il Est a Noter qu'en Lanneé mil six centz soixante et Douze le Douziesme Jour de Septembre est decedde maistre phelibert goyard*, F 9.

Il faut tout de même retenir que notre *Journal* connaît, au début, un grand nombre de variantes de forme pour ces lettres « ornementales ». Chez Blaise, le premier de nos auteurs, on trouve 49 formes différentes de ces lettres (5 pour <E>, 5 pour <L>, 4 pour <C> etc.) ; Jacques, le dernier de la série, se contente de 14 formes différentes. Ces chiffres sont le résultat de deux tendances concomitantes : réduction du nombre des lettres ayant une (ou plusieurs) variante(s) ornementale(s) et réduction du nombre de variantes pour chaque lettre.

Les mêmes observations sont valables pour les variantes formelles des minuscules : elles présentent au total 95 variantes dans le texte de Blaise (12 pour <s>, 9 pour <e>, 7 pour <r>) et seulement 55 dans celui de Jacques (6 pour <r>, 5 pour <t>, 4 pour <s>). Pour les minuscules il faut, bien entendu, considérer le rôle de la position dans le mot : on peut avoir des formes particulières pour le commencement, l'intérieur ou la fin du mot, ainsi que dans certaines combinaisons de lettres ; la différence de longueur des textes a sans doute également une certaine influence sur ces chiffres. Mais la tendance est là : le nombre des variantes formelles diminue du commencement du XVIIe siècle au milieu du XVIIIe siècle.

Dans notre édition, le texte du *Journal* est suivi des photocopies d'une page de chacun des auteurs, afin que le lecteur puisse juger – séparément pour chaque auteur – de la forme des lettres, des éventuelles possibilités de confusion à la lecture, et de l'évolution de l'écriture d'une génération à l'autre. V. l'annexe 12.1.7.

#### 7.1.2.4 Signes diacritiques, accents

Les accents, très rares dans les textes des premières générations, se font un peu plus fréquents dans les textes plus tardifs. L'accent aigu, s'il est mis par les premiers auteurs, identifie l'« *e* masculin » de la syllabe finale. Dans les participes passé au féminin, les auteurs placent l'accent indifféremment sur l'un ou l'autre des deux *e*. On trouve ainsi : *baptize* ‹baptizé›, *baptizé*, *baptizee*, *baptiseé* et même *baptiséé*. L'accent grave et l'accent circonflexe n'apparaissent qu'avec le texte de Ja, c'est-à-dire à partir de 1713 : *agnès* III 18, *où* III 18, 19 ; *fût* III 18, *même* III 6. Pour la cédille nous avons compté, sauf erreur, quatre occurrences dans l'ensemble du *Journal*, la première en 1660 (*guarçon*).

#### 7.1.2.5 Ponctuation

Le signe le plus répandu pour segmenter l'énoncé en unités de phrase est la barre oblique (‹/›), qui tient lieu de point ou de virgule. La barre verticale (‹|›) est due aux éditeurs ; elle ne correspond pas exactement à un signe de ponctuation, mais elle est employée pour faciliter la lecture, en marquant la fin d'une notice, d'une phrase, d'une unité de sens. À partir du commencement du XVIII^e siècle, nos auteurs trouvent d'autres solutions : C se sert presque exclusivement de la virgule ; dans le texte de Ja, la ponctuation se régularise : il fait un usage presque moderne du point, de la virgule, des deux points.

#### 7.1.2.6 Abréviations, sigles

Les abréviations posent des problèmes de lecture considérables à cause des petites lettres en exposant qui, dans la majorité des cas, ne se distinguent presque pas l'une de l'autre. Cela est particulièrement vrai pour les premiers auteurs, chez qui l'on risque de confondre les abréviations employées pour *monsieur*, *maistre*, *messire*. Dans ces cas, nous avons suivi autant que possible les indications données par le contexte et par les occurrences des mêmes mots et syntagmes écrits en toutes lettres. Voici une liste des abréviations les plus fréquentes avec leur résolution (les lettres remplacées par un symbole sont soulignées) :

Dans le texte de Blaise Goyard on trouve :

*daultres, aultre, commun, contre, contre, coupe, ledit, ledit, ladite, ladite, mondit, et, faire, febvrier, frere, libvres, mai$^{s}$tre, messieurs, me$^{s}$sieurs, messi$^{re}$monseigneur, coumunement, grandement, ave maria, nostre, nostre part* ‹par› ; *parrain, pardevant, partie, parce, pardonner, parroisse/perroisse, personne, parreau/perreau* (nom propre),[5] *pourte, pourter, present, presbtre, presbtre, que, senechaulc$^{ee}$, solz.*

Dans les textes des successeurs de Blaise Goyard on trouve quelques sigles qui leur sont propres :

Philibert Goyard :

4$^{xx}$ = 80, $^{4xxx}$ = 90, *dixhuictiesme, septembre, octobre, novembre, decembre, fevbrier, autre, autres, bourbonnais, chastelper$^{on}$* (toponyme), *ledict, ladicte, dudict, audict* (en toutes lettres, Philibert écrit toujours *ledict*), *heritiers, maistre, monseigne$^{ur}$, parroisse, pension, phellibert, pour, pourcin, presentation, procureur, recteur, tournois*

François Goyard :

*janvi$^{er}$, septembre, novembre, advoc$^{at}$, chastellenie, demeuran$^{t}$, deleurs* ‹de leurs [ames]›, *nottai$^{re}$, parroiss$^{e}$, presense, present, procureur, regist$^{re}$, royal, soubzsig$^{ne}$*

Joseph Goyard :

novem$^{bre}$, damoisel$^{le}$, maistr$^{e}$, monseigneu$^{r}$

Claude Gayot :

*8$^{bre}$ = octo$^{bre}$, 9$^{bre}$ = novem$^{bre}$*

Jacques Goyard :

7$^{re}$ = septemb$^{re}$, conseill$^{er}$, feuill$^{e}$, marchan$^{d}$, notai$^{re}$, pardevan$^{t}$, peres, révérends peres, veuv$^{e}$

#### 7.1.2.7 Correspondances phonographiques

Les remarques suivantes ont pour but de guider le lecteur dans la lecture du texte. Nous n'avons aucunement l'intention de donner ici une analyse linguistique complète du système graphique de chaque auteur.

On ne discutera qu'exceptionnellement les éventuelles prononciations régionales ou dialectales qui pourraient se dissimuler derrière certaines graphies. Pour les graphies isolées, irrégulières et « fautives », même dans le système de l'auteur, nous renvoyons aux notes qui accompagnent le texte.

5 Il n'est pas possible de distinguer les sigles employés pour par-/per-.

## Voyelles

### [e], [ɛ], [ə]

L'absence des accents peut rendre la lecture difficile : *enterre* ‹enterré› B 7, *decepde* ‹décédé› B 7, *l'anne* ‹l'année› B 4, *decedde* F 9, *quantitte* F 7, *éte* ‹été› Ja 1. Il existe aussi le cas inverse d'accents employés sans fonction évidente : *francé* ‹France› Ph 77, *mareinné* ‹marraine›, Ph 86, *freré* ‹frère› C 19, *entérré* C 19.

Dans les graphies *halmagnes* B 29, *dalmagne* ‹(d')Allemagne› Ph 85, la chute de la lettre <e> pourrait indiquer la chute du [ə] instable dans la prononciation.

<ei>, <ai> pour <e> (avec quelle prononciation ?) dans *seipmer* ‹semer› B 14, *seipmaine* ‹semaine› B 14, *fairon* ‹feront› B 61, *vinssaine* ‹Vincennes› B 89. Le cas inverse se trouve dans *metteries* ‹métairies› B 33, *vinegre* B 58, *treziesme* Ph 70, *treze* F 5. La graphie <eu> au lieu de <e> est probablement le reflet d'une prononciation dialectale dans *cheulx*, *cheul* ‹chez› B 17 et 44 (cf. Catach 1995, 234).

### [o]/[u]

Pour le phénomène bien connu de l'hésitation entre les prononciations [o] et [u], cf. les exemples suivants (tous pris dans les textes de Blaise et Philibert) :
<ou> sous l'accent : *hugenoux* B 4, *pourte* B 7, *chaverouche* B 20, *coume* Ph 43.
<ou> en position protonique : *coustez* ‹côtés› B 1, *coumunement* B 2, *jouyeux* B 29, *poulongne* Ph 85.
<o> sous l'accent : *cope* (à côté de *couppe*) B 21, *voste* ‹voûte›, Ph 88.
<o> en position protonique : *volust* ‹voulut› B 5, *trovait* B 22, *tosiours* B 60, *norrice* Ph 67 ; *molins* ‹Moulins› est la graphie normale chez Blaise et Philibert.

Blaise écrit <o> au lieu de <au> : *povre* 52, *lomal* ‹le haut mal› 60, *lostel* ‹l'autel› 60, *hozardz* ‹aux arts› 55. On trouve le cas inverse, <au> pour <o>, dans le texte de Philibert : *escaussois* 68, *aucasionné* 85, *rauiaume* 85.

### [i]

On trouve en général la graphie <i>. Pour certains mots, il semble exister une graphie traditionnelle <j>. Nous avons ainsi régulièrement *jl* chez Blaise, Philibert, François et même chez Jacques Goyard, au milieu du XVIII[e] siècle ; *jnhumé* chez François et Jacques. La graphie <y> est très répandue dans deux positions : en finale (tonique) et après une autre voyelle ou semi-voyelle (même s'il s'agit d'une combinaison vocalique uniquement sur le plan graphique) :

Blaise : *ny* 1, *aussy* 2, *lundy* 23, *cy devant* 27, *servye* 27, *reculhy* 29 ; *avoyne* 2, *juyllet* 3, *aujourdhuy* 7, *moy* 7, *cuyvre* 61, *boyre* 61, *sayson* 22 ; exceptionnellement dans une autre position : *tyrert* ‹tiré› 32.

Chez Philibert, <j> concurrence <y> dans les mêmes positions : *quj* 69, *jej* ‹j'ai› 69, *aujourdhuj* 64, *jallignj*, toponyme, 83 (à côté de *jalligny*), *roj* 85 ; avec <y> : *midy* 65, *mary* 82, *percy* ‹persil› 59 ; *foy* 62, *j'ey* 67, *luy* 79, *roy* 79, *quysine* 84.

La graphie <y> dans les positions mentionnées est encore fréquente chez François (*aussy* 11, *samedy* 11, *moy* 11, etc.) et même chez Jacques (*midy* 2, *vendredy* 3, *demy* 7 ; *celuy* 2, *may* 1, *moy* 12) ; c'est seulement à partir du milieu du XVIII[e] siècle qu'apparaissent dans le texte de ce dernier des graphies comme *mardi* (21, en 1760), *vendredi* (23, en 1763).

### [a]

Dans le texte de Blaise, la graphie <e> remplace souvent <a> devant <r> : *lergent* 25, *perroisse* 33, *perfine* ‹paraffine› 59, *decleree* 42. Inversement (plus rare) : *parpignant* 40. Ce phénomène, très probablement basé sur la prononciation réelle, disparaît dans les textes des successeurs.

### [œ]/[y]

Une graphie *seur* (Ph 43) au lieu de *sœur* ne pose aucun problème, à la différence de *sur* ‹sœur› B48. La graphie *vefve* ‹veuve› (B 58, Ph 65) est traditionnelle et se trouve aussi dans d'autres textes manuscrits. Pour *feuvrier* Jo 15, C 20 cf. Catach (1995), s. *février*.

Blaise et Philippe, les premiers deux auteurs, écrivent souvent <u> pour <(o)eu>, ce qui reflète probablement leur prononciation : *sullement* B 16, *judy* B 51, 56, *burre* B 58, *sur* ‹sœur› B 48, *june* ‹jeune› B 56, *puple* Ph 76. À l'inverse : *jeu* 'jus'B 45.

### Voyelles atones

Pour les voyelles atones, on trouve des confusions, le plus souvent en faveur d'une graphie <e>, qui correspond probablement à [ə] instable : *gemiaulx/gemeaux* ‹jumeaux› B 53, *catelhogne* ‹Catalogne› B 40, *remorain* ‹romarin› B 59, *melieu* ‹milieu› Ph 83, *decelle* ‹d'icelle› Jo 18, *semetierre* ‹cimetière› C 20.

Dans la graphie *rochelieu* ‹Richelieu› B 40, Quirielle (1899, 23) croit découvrir le résultat d'une étymologie populaire.

### Réduction de diphtongues

Dans les textes de Blaise et de Philibert, on rencontre des cas isolés de disparition du <i>, réalisé [i] ou [j] en première ou en deuxième position : *menusier* Ph 69, *genevré* B 59.

### Voyelles nasales

Les graphies <an>, <en>, <am>, <em> sont interchangeables, ce qui ne pose guère de problèmes au lecteur. Dans le choix des variantes possibles, Blaise préfère <an> (*randre* 5, *landemin* 18, *lavant* ‹l'avent› 28, mais aussi *sent serre* ‹Sancerre› 5), tandis que <en> est la graphie favorisée par Philibert (*jenvier* 77, *enjou* 86, *hirlendais* 68).

La même indifférence à l'égard de la graphie normative existe dans le cas de [ɛ̃].

Exemples de graphies déviantes : *plain* B 4, *vaingthuitiesme* B 7, *praînces* Ph 88 ; *landemin* B 18, *certin* B 34, *plin* B 52, *parin* Ph 62, *prochin* Ph 92.

Des réalités de prononciation dialectale se reflètent éventuellement dans une graphie comme *facan* ‹façon› B 58 et surtout dans les graphies <un>/<um> au lieu de <on>/<om> : *tumbes* B 28, *unze* B 32, *unsiesme* Ph 63, *unze* F 7, *tumbe* F 9 et encore au milieu du XVIIIe siècle *unze* Ja 1 et 11.

La nasalisation n'est pas indiquée dans les cas suivants : *raverca* ‹renversa› B 11, *mommoracy* ‹Montmorency› B 27, *dajou* ‹d'Anjou› Ph 73, *dojon* ‹donjon› Ph 92. À noter que ces auteurs ne connaissent pas le tilde pour indiquer la nasalisation.

### Consonnes

### Consonnes (et voyelles) étymologiques et historiques

D'une génération à l'autre, on observe une réduction continuelle des graphies étymologiques et historiques qui suit de près l'évolution des textes imprimés. Pour sa part, Blaise a encore recours à un grand nombre de ces graphies, disparues par la suite. Il s'agit surtout de <s> devant consonne (*estoille*, *eschet* ‹échec›, *mesme*, *espouza ;* sans fondement étymologique : *mesmoyre*, *mestre* ‹mettre›), du groupe <ul> devant consonne (*fault*, *aulcun*, et même, au-delà de ce qui était normal à l'époque, *heulx* ‹eux› I 34, *cheulx* ‹chez› I 26, *beaulcoupt* I 10) et de <c> devant consonne (*fruictz*, *deffunct*). Autres graphies étymologiques/historiques ou prétendues telles : *soubsigné*, *apvril*, *sepmaine*, *aage*, *decepde* ‹décédé› I 7.

Philibert (à partir de 1643) écrit déjà *faut*, mais il maintient <c> (*faict*, *ledict*, *nuict*) et <s> (*nostre*, *l'escolle*, *escheue*, et même des graphies inhabituelles comme *esvesques* I 90, *jesuistes* I 72, *post* ‹pot› I 87) ; en outre : *escripre*, *doibt*, *sceut*, *veoir*, *eaagé*, *fevbrier* (sic) I 83 (4 occurrences). <s> devant consonne se maintient encore dans le texte de François, à partir de 1673 (*esté*, *sixiesme*, *lesglize* et même *mesmoire* II 5), qui laisse tomber le <c> devant consonne (*nuit*, *fait* etc.). Ja III 4 corrige *espousa* en *epousa*.

C'est le <s> devant consonne qui se maintient le plus longtemps : *esté* chez C II 19 et encore *prestre* Ja III 1, *aoust* Ja III 4. Dans d'autres cas, restreints à des mots isolés, la graphie avec la consonne étymologique ou historique (*defunct* chez Joseph, *obmis* chez Jacques) correspond à l'usage de leur temps. Les cas de graphie étymologique/historique vieillie (par rapport à l'usage de l'époque) sont peu nombreux : *veufve* (dans C, 1710) et le groupe graphique <eu> des formes du passé simple et du participe passé (*peut* ‹put›, *feust* ‹fut›, *pleust* ‹plut›, *moureut* ‹mourut› dans le texte de B, *peu* ‹pu›, *sceut* ‹su›, *escheu* ‹échu› dans celui de Ph, *reçeu* jusqu'à Ja).[6]

**Consonnes simples/consonnes doubles**

On observe une très grande hésitation à l'égard du redoublement consonantique. Pour certains mots c'est la graphie « déviante » qui est plus fréquente que la graphie « normale » des livres imprimés : *decedde* ‹décédé› (B, Ph, F), *lescolle* (plusieurs occurrences chez F), *parroichialle* (B), *deffun(c)t* (B, Ph, C), *sirrurgient* (Ph), *chirrurgien* (F), *marennes* ‹marraines› (B), *mareinné* ‹marraine› (Ph). Pour d'autres redoublements plus ou moins fréquents, voici une liste, loin d'être exhaustive :

B : *notter* 2, *toutte* 5, *perrit* ‹périt› 2, *l'itallie* 21, *sellon* 44, *couppe* 13, *dappres* ‹d'après›[7] 25, *grenne* ‹graine› 20, *passiffiees* ‹pacifiées› 29 ; redoublements après consonne (graphique) : *entterree* 12, *longttemps* 21, *trionffe* 30.
Ph : *jejuittes* ‹jésuites› 67, *chutte* 68, *sirrurgient* 65, *cavalliers* 69, *luille* 87, *exillé* 85, *pappe* 90, *lesglisse* ‹l'église› 70 ; après consonne (graphique et/ou prononcée) : *guarsson* 92, *penssion* 91, *vinssaine* ‹Vincennes› 89.
F : *datte*[8] 8, *nottaire* 5, *faittes* 1.
Jo : *moullins* ‹Moulins› 13.
C : *semetierre* ‹cimetière› 20.
Ja : *margeritte* ‹Marguerite› 22, *certifficateur* 13.

Les dédoublements insolites sont un peu plus rares. On les trouve au point de contact entre préfixe (ou prétendu tel) et morphème de base (B : *apliquer*, *aprentissage* ; Ph : *aprendre*, *aporté*, *racoumoder*) ou bien dans le cas de <(n)n>, <(m) m>, où la première consonne nasale (graphique) indiquait une nasalisation, en voie de disparition au XVIIe siècle (B : *taneur*, *some*, *feme*). Autres cas de dédouble-

6 Pour l'histoire de la graphie de ces mots cf. toujours (Catach 1995, s.v).
7 Catach (1995) écrit à propos d'*après* : « Ce mot n'a jamais pris la consonne double.»
8 Les autres auteurs écrivent parfois *dapte*, avec une consonne parétymologique.

ment consonantique : B : *quarez* ‹carré›, *entere* ‹enterré›, *asez*, *jaques*, *aquize ;* Ph : *quitence*, *marei(g)ne*, *parin*, *alé*, *dalmagne* ‹d'Allemagne›, *embasade ;* C : *maraine*, *parain ;* Ja : *maternele*. Il s'agit toujours de variantes purement graphiques qui ne permettent pas de conclusions quant à la prononciation.

### Consonnes (graphiques) sonores/sourdes

La confusion, sur le plan graphique, entre consonnes sonores et leurs équivalents sourds n'est pas particulièrement fréquente. Pour [s]/[z], elle est liée (en partie) au problème déjà discuté des redoublements/dédoublements : *asez* B 15, *lesglisse* Ph 70, *paroisiale* Jo 17 ; <s> pour <c> : *crusifict* Ph 83, *servise* F 9. Nous avons trouvé en outre : *gondé* ‹Condé› 5, *dollif* ‹d'olive› 58 (B). Une correction comme *toujours*, corrigé sur *touchours* (B22) fait entrevoir une certaine insécurité.

### <h>

Les premiers auteurs, Blaise et, dans une moindre mesure, Philibert, ajoutent <h> même là où il n'est justifié ni par la prononciation ni par l'étymologie : B : *heust* ‹eut› 1, *heu* ‹eu› 6,[9] *harbres* 11, *hanglardz* ‹anglais› 18, *harmee* 26, *harrerages* ‹arriérages› 34, *heulx* ‹eux› 34 ; Ph : *hirlendais* 68.

Inversement, <h> manque dans : B : *leure* 52, *lerbe* 45, *lomal* ‹le haut mal› 60 ;[10] Ph : *eure* 74, *ollande* 79, *luille* 87. À l'intérieur du mot, l'insertion de la lettre <h> entre les deux éléments d'une diphtongue (ou plutôt ce qui est aujourd'hui une diphtongue) pourrait indiquer le caractère syllabique des deux voyelles. Ce sont toujours les deux premiers de nos auteurs qui présentent cette particularité : B : *mortiher* 59, *quartihers* 30, *matihas* 24, *ce jour duhy* 53, *veuhe* 3, *hourtihes* ‹orties› 58 (les deux derniers avec [ə] prononcé) ; Ph : *marihéé* 83. Philibert semble se rendre compte de cette particularité graphique quand il corrige *crestihens* en *crestiens* (Ph 88). Notre explication devient toutefois problématique dans les cas des « diphtongues graphiques », constituées par la lettre <e> avec une fonction purement diacritique, suivie par une voyelle : B : *plongeho[ns]* 19, *siegeha* 4, *assiegeha* 41. Inversement, le toponyme *Behé* présente très souvent (de Blaise jusqu'à Jacques) des graphies sans <h> : *bee*, *beé*, *béé*.

9 Un souvenir étymologique de HABERE est peu probable.
10 Dans ce dernier cas, c'est même un *h* dit aspiré qui tombe.

**<r>**

La lettre <r> tombe dans la graphie (et probablement dans la prononciation) des mots *mecredy* (B 53, Ja 9) et *aujoudhuy* (Ph 62).

**[s]/[z]**

Dans la graphie des phonèmes [s] et [z], on observe des oscillations entre plusieurs variantes, dont certaines transgressent la norme, tout en continuant à s'inscrire dans le système des correspondances phonographiques habituelles :

[s] au commencement du mot, après voyelle nasale et après consonne : B : *ce* ‹se› 5, *cest* ‹s'est› 22, *percy* ‹persil› 45 ; *sy* ‹ci›, *ses* ‹ces›, *sent serre* ‹Sancerre› 5 ; Ph : *ces* ‹ses› 69 ; *cest* ‹s'est› ; *sy* ‹ci›, *sidevant*, *sercul* ‹cercueil› 88, *siel* 74, *guarsson* 92, *vinssaine* ‹Vincennes› 89, *penssion* 92, *pention* 73 ; Ja : *simetiere* 11.

[s] entre voyelles : B : *lexpasse* ‹l'espace› 18, *face* ‹fasse› 60, *piesse* 60 ; Ph : *dessendu* 90, *clace* 67.

Pour [z] entre voyelles, on trouve souvent la graphie <z> au lieu de <s> : B : *garnizons* 5, *lesglize* 7, *dangereuze* 20, *compozarent* 34, *hozards* ‹aux arts›, etc.; Ph : *baptizer* 86 ; F : *raizon* 8, *baptize* 5, *jozeph* 5, *lesglize ;* Jo : *baptizé* 15.

Certains numéraux, de leur côté, présentent la graphie <s> au lieu de <z>, qui devait devenir la règle : B : *quinse* 4 ; Ph : *quinse* 86, *unsiesme* 63, *dousiesme ;* C : *onse* 19, *douses* 19, *quatorses* 19, *quinse* 19.

Dans plusieurs autres cas, c'est la conformité au système des correspondances phonographiques qui est en jeu. Cela est dû à la confusion entre <s> d'un côté et <ss>, <c> de l'autre (v. supra, consonnes sonores/consonnes sourdes) et à la quasi-inexistence de la cédille : *francois* se trouve dans les textes de tous nos auteurs. B : *raverca* ‹renversa› 11, *facon* 17, *exercoit* 34 ; Ph : *guarcon* 72 (mais aussi *guarçon* à la même page). Aucun de ces cas ne met en question la prononciation « régulière » [s].

Dans les mots suivants, la graphie <ch> pourrait indiquer un fait phonétique : *parroichialle* B 7 ; *cherfeut* ‹cerfeuil› B 45 ; inversement : *sirurgien* Ph 43, *sirrurgient* Ph 65.

**[k]**

Les graphèmes <c> et <(c)qu> peuvent se remplacer l'un l'autre dans les différentes positions, sans conséquence pour la prononciation. Nos exemples se trouvent tous chez Blaise et Philibert : *quysine* Ph 84, *branquard* B 14, *quaresmeprenant* B 25, *caducq* B 60, *avecq* Ph 79 ; *cueé* ‹queue› B 3, *ceue* (sans égard à la restriction de position) Ph 76, *callité* Ph 79.

### [g]

À côté de la graphie « normale » <g> (devant consonne, <a>, <o>, <u>) et <gu> (devant <e>, <i>), il existe des graphies où la lettre diacritique <u> manque ou est ajoutée d'une manière peu cohérente. Pour ce phénomène, tous les exemples se trouvent à nouveau chez Blaise et Philibert : *margeritte* B 22 ; *guarde* B 29, *guarçon* Ph 72, *deguas* ‹dégâts› Ph 68.

### [ʒ]

Pour la graphie de [ʒ], nos auteurs avaient à disposition les lettres <j> (concurrencé par <i>) et <g>, avec les restrictions de position bien connues.

[ʒ] → <i> chez Blaise (*tousiours* 60) et Philibert (*maiesté* 77), mais surtout dans le texte de Claude (*iour* 19, *iacques* 19, *ioieph* 19, *iestoit* ‹j'étais›, *ie* 23).

[ʒ] → <g> : *getter* Ph 59, *ganber* ‹jambes› (en négligeant la restriction de position) B 59.

### [ʎ]

On trouve en général la graphie « normale » <ill> ou bien <ll> après voyelle prononcée [i]. Les deux premiers auteurs connaissent en outre <lh>, graphie qu'on est surpris de trouver dans le Bourbonnais à l'époque. Voici les exemples que nous avons trouvés :

Blaise : *moulhee* 5, *veilhe* 12, *melheur* 13, *reculhy* ‹(il) recueillit› 22, *veulhe* 28, *filhe* 28, 39, *batalhe* 27, 29, *talheurs* 32, *talhes* 34, *boulhir* 58, *feulhe* 60, *culhir* 60 ; Philibert : *filhe* 62, *tailhes* 68, 87, *familhe* 75, 79. En position finale : *bestalh* B 30.

Dans le texte de Blaise, ce phénomène s'étend aussi à certains mots pour lesquels on peut présumer une prononciation [lj] ou même [l] : *milheu* 38, *halher* ‹Allier› 33, *catelhogne* ‹Catalogne› 40. Dans d'autres cas, on peut supposer une analogie (phonétique et/ou graphique) : *valhut* 32, *falheut* 34.

#### Consonnes finales

À côté des graphies identiques à celles d'aujourd'hui, on peut distinguer les cas suivants :

1. Disparition graphique d'une consonne finale prononcée ni à l'époque, ni aujourd'hui. Dans la majorité des cas, il s'agit de <-t>, mais d'autres consonnes sont aussi concernées : B : *grandemen* 11, *poin* 22, *piedmon* 23, *emprun* 34 ; *blan* 23, *percy* ‹persil› 59 ; Ph : *chally* ‹châlit› 73, *pouin* 75, *son* ‹sont› 80, *non* ‹n'ont› 89 ; *pié* 90.
2. La chute de consonnes (surtout <t> et <d>) devant le <s> du pluriel à la fin du mot correspond à une longue tradition graphique : B : *habitans* 9 ; *prisonnies*

1 ; Ph : *grans* 68, *deguas* ‹dégats› 68, *potentas* 88 ; *francs* 87. Même au XVIIIe siècle on trouve *enfans* chez Ja 1, 8.
3. Une ou plusieurs consonnes (purement graphiques) sont ajoutées à la fin du mot, ce qui révèle l'insécurité de nos auteurs dans ce domaine : B : *neaulmoingtz* 1, *part* ‹par› 1, *chanptz* 2, *audistz* 3, *retourt* 5, *chert* 9, *sont* ‹son› 4, *ont* ‹on› 2, *mont* ‹mon› 14, *soit* ‹soi› 3, *ving* ‹vin› 42, *tonneaud* 35 ; Ph : *sont* ‹son› 62, *ont* ‹on› 76, *part* ‹par› 66, *feut* ‹feu› 65, *troist* 84, *coupt* 92, *beau coupt* 74, *chateaut* 84, *turct* ‹turcs› 77 ; *anjoux* 86. Chez Blaise, on observe encore des restes de l'ancienne graphie <-ung> au lieu de <-un> : *ung* 1, *au(l)cung* 1, 35, *delung* ‹d'alun› 45. Dans les textes de Philibert et de François, on trouve encore la graphie traditionnelle *ballif* (Ph 43, 84) ou *baillif* (F 7).
4. Dans une autre série de mots, une consonne finale graphique est remplacée par une autre ; ni l'une ni l'autre n'étaient prononcées : B : *tellemens* 2, *dand* ‹dans› 28, *ganber* ‹jambes› 59, *soleyt* 60, *avoit* ‹avoir› 44, *lont* ‹long› 2, *cherfeut* ‹cerfeuil› 45 ; Ph : *cens* ‹cent› 62, *bant* ‹banc› 78. Très souvent, les lettres <d> et <t> se remplacent l'une l'autre : B : *vend* ‹vent› 11, *onguand* 59 ; *pert* 58, *quant* ‹quand› 59 ; Ph : *laurend* 92, *allement* 68. Dans les mots suivants (tous chez Blaise), une consonne a été réintroduite dans la prononciation moderne : B : *langue dol* ‹Languedoc› 26, *eschet* ‹échec› 27, *debout* ‹de bouc› 58, *suir* ‹suif› 58. De manière comparable, on trouve le cas de *chevre feu* ‹chèvrefeuille›, B 45, où la (semi)consonne disparue ici a été réintroduite plus tard. Pour *qui* ‹qu'il›, graphie fréquente chez Blaise, la prononciation d'un *l* final a été réintroduite dans une prononciation lente et soignée ; *-l* reste muet dans la prononciation familière.

À peu d'exceptions près les insécurités dans la graphie des consonnes finales ne concernent que les textes de Blaise et de Philibert Goyard, auteurs de la première moitié et du milieu du XVIIe siècle.

#### 7.1.2.8 Orthographe grammaticale

L'insécurité (ou la négligence) de nos auteurs dans le domaine des consonnes finales et du [ə] instable, ainsi que l'absence de l'accent aigu (ou la fantaisie gouvernant l'emploi de celui-ci) ont des conséquences pour l'orthographe dite grammaticale : il en résulte, pour le lecteur d'aujourd'hui, une insécurité dans l'interprétation morphologique de certaines formes, ce qui nécessiterait un nombre élevé de notes explicatives dans le texte. Nous avons toutefois renoncé à surcharger le texte par de telles notes. Le lecteur est prié de se reporter au tableau suivant des graphies aberrantes les plus fréquentes.

### Flexion des noms

La marque du pluriel manque souvent. Dans les groupes nominaux, c'est souvent un seul des éléments qui porte cette marque : B : *plusieurs des habitant* 1, *tout les fruitz* 11, *quelque fruitz* 36, *dix heure* 53, *les pluyes frequente* 2, *le rivieres* [...] *desbordes* ‹les rivières débordées› ; Ph : *quatre eure* 74, *beaucoupt de parroisse* 75, *les turc* 77, *quatre compagnie* 77 ; Jo : *sixheures* 15 ; C : *aux carme* (pl.) 19, Ja : *quelqu'autre enfans* (pl.) 10.

On trouve aussi, mais plus rarement, la marque du pluriel ajoutée à un nom au singulier : *touttes ladite annee* B 35, *le pauvre peuples* B 36.

À remarquer, l'ancienne graphie <-z> comme marque du pluriel, qui présente des occurrences isolées jusqu'au XVIII[e] siècle : B : *coustez* 1, *fruitz* 2, *quantitéz* 11, *livrez* 13 ; Ph : *lesdictz* 68, *beufz* 75, *embrasséz* 88, *ayeulz* 88 ; F : *endroitz* 7 ; Ja : *notariez* 1.

L'adjectif *grand* est encore invariable quant au genre grammatical : B : *grand quantité* 2, *grand difficulté* 5 ; Ph : *grand porte* 71 et même au pluriel : *grandz guerres* B 42.

Pour le genre des adjectifs, les cas de confusion restent isolés : *les fondz baptismalle* (pl.) B 55, *reverendes pere* (pl.) Jo 14.

Aux hésitations graphiques s'ajoutent pour le participe passé les insécurités concernant l'accord. On trouve ainsi – à côté des formes régulières – des formes déviantes du participe passé :

m. sg.: *nommée* B 5, *enterree* B 12, *née* F 7, *inhumée* Ja 10, *enterrée* Ja 9, *signés* F 5.
m. pl.: *aisees* B 6, *loge* Ph 60, *party* Ph 80, *bruslé* Ph 84.
f. sg.: *appelle* B 58, *allé* Ph 85, *né* Jo 13, C 19, Ja 6.
f. pl.: *desbordes* B 2, *allee* B 5, *abonnez* B 34, *amasseé* Ph 87.

### Flexion verbale

L'orthographe des désinences verbales est très fantaisiste, surtout chez Blaise et Philibert, les deux premiers auteurs. Cela tient à quelques particularités de la graphie, discutées dans les paragraphes précédents : une consonne muette (ou – mutatis mutandis – [ə] muet) peut tomber, elle peut être remplacée par une autre lettre, également muette ; à d'autres occasions les auteurs ajoutent une ou plusieurs lettres (toujours muettes) là où cela ne convient pas. Nous ne donnons ici que les cas les plus remarquables.

**Infinitif**

B : *remarquert* 20, *gaste* 22, *demeure* 56, *donné* 55, *demeu[r]ez* 56, *dormy* 58, *avoit* 44.

Ph : *demeuré* 43, 79, *couché* 86, *marché* 92, *comviere* 73.

**Indicatif présent**

Ph : *son* ‹sont› 80, *non* ‹n'ont› 89.

C : *at epousé* 19.

**Imparfait**

B : *avoir* ‹avait› 29.

**Passé simple**

1ère pers. sg.: B : *vintz* 17, *fistz* 32, *sorties* 17.

3e pers. sg.: B : *en chery* 6, *contin* 11, *revin* 29, *reculhy* 22, *sortir* ‹sortit› 56, *allat* 26. Les formes en *-it*/*-irent* et *-arent* des verbes en *-er* tiennent plutôt à la morphologie qu'à la graphie : B : *demeurit* 3, *renvercit* 11, *allist* 22, *abandonnirent* 17 ; *retournarent*, *quittarent* 20, *coucharent* 26, *compozarent* 34. On remarquera aussi les formes suivantes isolées (toutes chez B) : *ravilla* ‹avilit› ( ? ) 35, *venderent* 30.

**Subjonctif présent**

3e pers. sg.: *aye* Ph 82, F 5.

**Participe passé**

B : *estez* ‹été› 14, *este* 28, *tyrert* ‹tiré› 32, *employ* ‹employé› 32, *attin* 58.

Ph : *estéé* 78, *venut* 85, *valut* 75, *eust* ‹eu› 89, *sceut* ‹su› 92.

## 7.2 Texte

## Premier cahier

### (1)

Mémoires de˘blaise goyard[11]

Fault ce souvenir qu'en l°annee mil six centz dix sept au mois de janvier la ville de molins fust mutinee contre leur gouverneur qui˘est monsieur de sainct gerant| lequel fist ung grand amas de peuple de tous les coustez| jl estoit nombre de plus de cinq a six mille homme| ou jl n°y heust neanlmoingtz aulcung eschet ny mal sinon qu'il en fist mestre prisonnie[s] plusieurs des habitant de ladite ville de molins|

Le vingt troisiesme jour de novembre l°an mil six centz dixsept maistre blaise allex mon beau frere fust receu advocat a molins pardevant messieurs les presidiaulx monsieur dobeil estant presidant| faict ledit jour et an susdit part moy soubsigne B Goyard

### (2)

Nota qu'en˘l°annee 1617 ne fust aulcungtz fruitz ny gland et fust assez de˘bleds [~~xxx~~] et ne vallut tout le˘long de ladite annee que six et sept solz le plus cher|
Le fromen dix/ unze *dix* solz aussy le plus cher| L°avoyne quatre solz coumunement et cinq solz la plus chere|
En l°annee 1618 jl est a notter qu'au mois d°aoust les eaulx furent tellemens grandes et le rivieres tellemens desbordes qu'ont ne pouvoit aller part les chanptz et ce les deuxiesme 3 4 5 dudit mois| et ladite annee les pluyes furent sy frequente qu'ont ne peut presque lever les moissons et perrit ont[12] grand quantité de bled part les champtz|
Tout le lont de ladite annee le bled ne vallut que six et

11 Ce titre est écrit de la main de Jacques Goyard.
12 *perrit ont* : *périt-on*

(3)

sept solz jusques au mois de juyllet et au mois d°aoust qu'il rencherit et vallut le dernier jour de juyllet jusques a neuf solz| Ladite annee la batture battit a la perroisse de bee les couste de la marche ou jl ne demeurit presque rien|
Ladite annee 1618[13] le bled vallut es mois de novembre et decembre dix solz| le fromen XV solz et ~~VI s~~ et seize solz| l°avoyne quatre solz trois solz et demy|
La mesme annee audistz[14] mois de novembre et decembre fust remarquee une estoille qui ce levait du couste de soleil levé environ la minuict avec une grand cueé qu°elle avoit audevant de soit et fust veuhe jusques proche les festes de noel|
En l°annee mil six centz 1619 le bled vallut le mesme pris le fromen et l°avoyne|

(4)

En l°annee mil six centz vingt les bledz fustrent a˘mesme pris|
En l°annee mil six centz vingt ung le froment vallut sur le commancement de˘l°annee quinse et seize solz jusques au mois de may qu°i revint a douze et treize solz et treize solz et demy| le soigle vallut aussy au commancement de l°anne six et sept solz| et sur les moiss*ons* jl vallut jusques a dix solz| l°avoyne quatre et cinq so[l]z|

---

La mesme annee le roy de france fist la guerre aux huguenoux de sont reaulme et siegeha saint jehan d'anjelly qu'il print| et fist raser la ville avec tout plain d°aultres ville qu°i fist randre| monsieur

(5)

le prince de gondé print sent^serre[15] qu°il fist aussy desmenteller et le chasteau de sully [~~xxx~~]|
La mesme annee toute le long d'icelle elle feust moulhee et mesme tout le mois d'aoust et jl y heust grand difficulté de faire de moissons|

---

**13** *1618* : *8* corrigé sur *7*.
**14** *audistz* : *d* corrigé sur *x*.
**15** *sent serre* : *Sancerre*

Est aussy a noter qu'en ce mesme temps et ~~ladite~~ l°annee 1622[16] ~~1624~~ le roy nostre sire nommée louys XIII[e] de ce non[17] siegha la ville de mompellier| laquelle ce rendit| et y mist des garnizons et a sont retourt passa parmy ses païs part la pallisse ou jl coucha avec toutte sa court scavoir la royne mere et celle de france ~~de~~ sa femme lesquellez l'estoient allee attandre dans lyon et s'en retournarent tous a paris part le grand chemin et passant part molins ne vollust mettre pied a terre et digna[18] a toullon prestz dudit molins|

## (6)

Est a noter aussy que es annee 1623 1624 le fromen a vallu au donjon jusque a XVI solz mais pas davantage| et en y a heu de XII solz XIII solz XIIII solz| et le soigle n'a pas vallu plus haust de X solz| l°avoyne jusques a VI solz| le vin a mediocre pris|

L°annee 1624 jl n°y˘a point heu de fruictz en ce pais ny de glan|

Fault aussy noter qu'en l°annee mil six centz vingt cinq le ble en˄chery et en l°annee mil six centz vingt six| et vallut jusqu[es] a seize solz| et le fromen vingt solz XXII solz au donjon| et a˘lla[19] pallisse la soigle dix huit solz et le fromen vingt six et XXVII solz jusqu[es] a caresme˘prenant|

## (7)

Aujourdhuy vingseptiesme d'apvril 1626[20] est decepde venerabble et discrette personne messi[re] laurent mall*ier* presbtre haulmonier de monseigneur le mareschal de st gerant cure de behe| et feust enterre dans l°esglize perroichialle de l°esglize de behe a˘l°entree de˘la grand pou[r]te le vaingthuitiesme dudit mois d'apvril mil six centz vingt six en la presence de plusieurs des habitans deladite perrois[s]e et de moy soubz signe| faict le troisiesme jour de may audit an susdit 1626

B Goyard|

Et ledit jour de troisiesme de may l°an mil six centz vingt six c°est presente

---

**16** *1622* en marge.
**17** *non* : *nom*
**18** *digna* : *dîna*
**19** *alla* : *à la*
**20** En marge : *1626*.

**(8)**

venerable personne messi[re] gilbert du merit presbtre haulmonier de mondit *sr* le mareschal de sainct gerant proveu part monsieur l°esveque de clermont ou sont[21] official de ladite cure de behe qui a prins possession de ladite cure de behe par˘devant monsieur fournyer notaire royal de cusset estant en ce lieu de behe ledit jourt et part la main de venerable et discrette personne m[r] jehan perreut presbtre vicaire de barrois en la presence de mai[s]tre phellibert allex blaise goyard jehan perret claude piughlot m[r] jehan coullon sergent m[r] blaise allex advocat

**(9)**

et plusieurs aultres habitans de˘ladite perroisse et de moy soubz signe

B Goyard|

Pour l°annee mil six centz vingt six fault notter que le bled a ~~valleu~~ este chert toutte ladite annee puis le mois de mars et vallut jusques a vingt solz au donjon| et le fromens vingt cinq solz| l°avoyne huit solz jusques en moissont| et est a notter que despuis la sainct jehan jusques a˘lla fin de juillet jl pleust toujours de telle facon que l°ont ne peu[22] faire les foins ny les moissons| et

**(10)**

vallut le bled en moissons vingt solz|

En[23] ladite anneé le jour de sainct jaques et sainct ~~cristo~~ cristophe jl fist une grande batture qui gastat beaulcoupt de pais et mesme despuis varesne sur allier boucé chaseulx en tout le village de fontenne| jl n°y demeura du tout rien et fault notter que le dixme[24] appelle le dixme de fontenne estoit acce*n*cé quatre vingtz quartere de bled et feut reduict a trois quartere| ladite batture contint jusques a lirenolle et monnettey et gasta grandemen le pais|

La meme anne le jour

---

**21** *sont* : *son*

**22** *peu* : *put*

**23** *En* rajouté en marge.

**24** *dixme* : *dîme*

**(11)**

de s^t benoist ~~au~~ jl passa une aurissee de vend a langy bilhy crelhy et aultres lieux circonvoisins qui ranvercit grand quantitéz de maisonnes et granges et aultres baptimentz et tous les noyers et aultres harbres| qui porta grand prejudice au païs| En la mesme annee le dimanche deuxiesme jour d'aoust jl fist une aultre aurisse de vend qui contin tout le pais qui raverca[25] et rompit grand quantite d'harbres abattit tout les fruitz qui estoient sur les harbres| de quoy le pauvre peuple fust grandemen estonné et fist une grande perte|

**(12)**

Nota qu'en l°annee mil six centz vingt sept et le jour de sainct bonnet au mois de janvier fut tué monsieur de chytin part monsieur de charllieu seigneur de chasteaumorant qui feut ung grand domage|

En ladite annee 1627 le dimanche XXIIII^e janvier veilhe de monsieur sainct pault est decedde m^r blaise allex advocat en la senechaulcee de bou^rbonnois a molins mon beaufrere en sa maison au lieu de chaveroche| et feut entterree ledit jour de sainct paul dans l°esglize dudit chaveroche

**(13)**

proche la petite pou^rte| je prie dieu qu°i luy plaise luy pardonner ses faultes| faict ledit jour et an que dessuz B Goyard|

Notta qu'en la mesme annee mil six centz vingt sept le bled *a* vallust jusques a quarante solz la couppe et le fromen a XLV solz pou^r le mois de may et de juin| et le commun pris a trente cinq solz et trente sept solz le fromen| et pou^r moisson le bled vallust [~~xxx~~] le melheur marche la somme de quinze solz|

Le vin a vallust jusques a quarante quatre livrez en ce païs *parce* ------ XLIIII ^li^bvres|

25 *raverca* : *renversa*

**(14)**

Ladite annee a este grandemen pluieuse et a ont heu difficulte de seipmer|

Ladite annee les vandanges ont estez grandemen retardes et n'a ont vandange que la seipmaine de la toussaintz|

Nota[26] que le dernier jour de septembre audit an mil six centz vingt sept mr phellibert allex mont beaupere est deceddé| et fust enterre le premier jour d'octobre l'an mil six centz vingt sept| fust conduit sur ung branquard a chaveroche ou jl feust en^sepulture| dieu aye pitié de sont ame|

B Goyard|

**(15)**

En l°annee mil six centz vingt huit fault notter que le bled soigle feut chert toutte lannee| et vallut jusques a trente huit solz mais pas beaucoupt| et le fromen jusques a quarante cinq solz| l°avoyne six solz six deniers| le vin asez bon pris jusques a [~~xxx~~] vingt livres le tonneau| ledit bled vint a˘ravaller sur le mois de may et le fromen aussy| et ne vallut que jusques a vingt solz et le fromen vingt quatre et vingt cinq|

Nota qu'en ladite annee 1628 le bled et fromen en^cherist despuis la sainct jehan

**(16)**

jusques en moysson| et feut bien rare pour la soigle| et vallust jusques a XXVIII solz et XXIX solz au mois de juin| mais jl ne dura qu'ung lundy sullemen au marche au donjon|
Et fault noter que le bled nouveau le lundy dernier jour de juyllet en la mesme annee 1628 vallut au donjon vingt solz la couppe| l°avoyne six solz et le fromen vingt neuf solz| le vin en assez bon pris| pour le vin du pais dix huit livres le tonneau|

Jl est a remarquer qu°en ladite annee les foingtz et les moyssons furent grandement mal aisees a faire a cause des pluyes qu°i fist toutte la lune de juillet et d'aoust|

26 *Nota* corrigé sur *Le*.

Jl fauldra souvenir aussy qu°en ladite annee la peste feust grandement esprinze <a> a˘lla ville de paray et de

**(17)**

telle facon qu'ilz abandonnirent tous ladite ville et n°y avoit personne|

Jl est aussy a notter qu'en ladite annee le siege estoit devant la rochelle et despuis l°annee au paravant ou le roy estoit en personne avec une grosse harmee|
Nota qu°en ladite annee je sorties de la maison de deffunct m$^{r}$ jehan moreau au bourgt de behe ou j°avois demeure sept ou huit ans| et m°en vintz demeurer cheulx bonnet que j°avois accence de mes beaufreres maistres phellibert popon nicollas vermat et benoist parreau| et ce a˘lla st jehan deladite annee| et au mesme temps m$^{r}$ benoist juzeau [~~xxx~~] y vint demeurer laquelle jl avoit aquize part decret|

Est a notter qu'en ladite ann*e*e

**(18)**

Mil six centz vingt huit le bled soigle vallut au donjon pou$^{r}$ la saint michel et tout le mois de septembre et octobre seize solz la couppe| et le fromen XXV et XXVI solz| l avoyne cinq solz|

Ce fault souvenir qu°en ladite ann*ee* 1628 le roy print la rochelle apres avoir sousteneu le combat contre l'armee des hanglardz[27]| et ce fut au mois de novembre| en foy de quoy j°ay signe B. Goyard|

Et ce fault souvenir que le roy nostre sire tin le siege devant ladite rochelle l°expasse de deux ans et la print part famine|

Fault remarquer qu'en ladite annee 1628 le jour de s$^{te}$ catherine et le landemin jl fist ung tel desbordemen des eaux que les rivieres

27 *hanglardz* : *anglais*

**(19)**

furent tellemen grandes qu°elles firent grandemen du mal aux bledz qui estoient en plongeho[ns] dans les retroublet et dans les granges et a ceulx qui estoient seipmez dans les terres| emmena partye du [~~xxx~~] pont de molins et de vichy| enfoy dequoy j'ay signe B Goyard

En ladite annee le vin vallust jusques a noel XV libvres le tonneau| et le bled au donjon jusque[s] audit jour de noel XVI solz la couppe| le fromen XXII et XXIIIe solz|
L'avoyne IIIe et IIIIe solz [xxx]|
En ladite annee jl y heust de grand malladie a˘lla pallisse jusques audit jour de noel| et feust a^bamdonne de˘tout le monde que l°ont n°y alloit point et tout le longt de grand chemin et a˘lyon mesmes|

**(20)**

Fault remarquert qu'en lannee 1629 le bled feust au mesmes pris de seize solz jusques au mois de may qu'il vint jusques a dix huit solz| Le fromen a XXIII et XXIIII solz| L'avoyne a cinq solz| Le vin feust cher et ce vandoit quarante cinq et cinquante livres le tonneau| La grenne de cha*n*de vallut vingt cinq solz|

Jl˘y heust de˘la malladie dangereuze ladite ~~an~~ *a*nnee[28] et despuis l°annee 1628 a chaverouche| et ou jl moureut beaucoupt de peuple| et en beaucoupt d°aultres endroitz| les messieurs de chaveroche quittarent le lieu pour tous les principa[xxx]|

**(21)**

Ladite annee 1629 le XVe juillet estant aux moissons le bled vallust au donjon la couppe la somme de seize solz|

Fault noter qu'en l°annee 1630 au commancemen de ladite annee le bled [~~xxx~~] soigle a valleut au donjon vingt cinq et vingt six solz la cope[29]| Le fromen XXXIIII et XXXV solz la coupe| l°avoyne six solz| Le vin vallut pour le vin du pais dix huit et XX livres le tonneaud|

---

**28** *annee* : *a* corrigé sur *d*.
**29** *cope* : *coupe*

Ladite annee au commancemen d'icelle le roy nostre sire louys XIIIe fist une grande armee qui s'en allast et feust conduitte contre piedmon et contre l'itallie conduitte part ung cardinal nommé le cardinal de rochellieu| ou ladite armee a longttemps demeure et prins tout le scavoyes|

**(22)**

Fault noter qu'en ladite annee 1629 le bled vallust en moysson trente quatre et trante cinq solz et allist toujours[30] en escherissant et vallust le lundy apres la st berthollemy XXVIe jour d°aoust audit an[31] 1629| et le lundy ensuyvant deuxiesme septembre la somme de quarante huit solz la couppe du donjon| et le fromen cinquante cinq solz| l°avoyne dix solz et douze solz|
Et fault notter qu'en ladite annee 1629 jl ce reculhy fort peu de bled de touttes sortes| jl [~~xxx~~] fist une grande secheresse au ~~m~~ mois d°aoust ladite annee [~~xxx~~] qui pensa gaste les vignes|
Le bled estoit tellemen rare en ladite sayson qu'il ne~~n~~ s'en trovoit presque poin|
Notta qu'en lannee 1630 jl c°est reculhy encore moins de bled que l°annee derniere 1629 et a vallust apres moysson XXXV solz et tousiours en augmentant<ant> de pris| et a noter que le lundy quatorziesme d'octobre audit an 1630 qu°estoit le

**(23)**

lundy devant la sainct luc le bled soigle[32] vallust au donjon cinquante solz la couppe| Le fromen trois livres| Et l°a^voyne quinze solz|
Plus le XXVIIIe dudit mois d'octobre audit an 1630 jour de st symon lundy devant la toussainctz le bled vallut au donjon cinquante deux solz la couppe soigle| Le froment[33] III libvres| L°avoyne quatorze et quinse solz
Le mardy ensuyvant a˘lla pallisse le bled vallut III libvres| X solz la soigle| Le fromen III libvres XVI solz|
Nota qu'au˘mesme temps le roy nostre sire revint de piedmon ou jl estoit alle avecq une grosse armee| lequel estoit et avoit este grandement mallade et s'en

30 *toujours* : *j* corrigé sur *ch*.
31 *an* au-dessus de la ligne.
32 *soigle* en marge.
33 Blanc après *froment*.

retourna a paris et sont chemin feust du couste de bourgogne sur la riviere de loyre| et la royne qui y estoit aussy allee passa part le grand chemin|

Fault aussy noter qu'au mesme temps le vin blan du pais vallust

**(24)**

dix livres et douze livres le tonneau| et le vin rouge vallust dixsept livres et jusques a XIX ˡi͟ᵇvres|

1631
En l°annee mil six centz trente ung fault remarquer que le ble soigle au donjon vallut despuis noel jusques au mois de febvrier la somme de cinquante cinq solz jusques a cinquante huit solz et au mois de˘febvrier et le troisiesme dudi͟t mois qu'estoit le lundy jour de saint blaise jl vallust trois livres| et le lundy apres trois[34] livres cinq et six solz la couppe| Et alla pallisse trois livres douze solz|

Plus est a notter que le lundy XVIIᵉ dudi͟t mois de febvrier au donjon le bled vallust quatre livres cinq solz la couppe et quatre livres six solz et que le lundy ensuyvant XXIIIIᵉ dudi͟t mois qu'estoit le jour de sainct matihas jl vallust jusques a quatre livres dix solz| le fromen cinq livres| l°a^voyne ung quar*ez* d°escu| Et le lendemin jour de mardy a˘lla pallisse jl vallust le quarton[35] de soigle cent[36] dix solz| et le fromen six livres|

Et fault noter que tout le˘bled

**(25)**

qui ce vandoit aud*it* lieu de˘la pallisse qu'il venoit du couste[37] d'auvergne et du cousté d'auzance que n°eust este l°a^bondance qui venoit de ses coustez jl ne ce feust trouvé du bled pou͟ʳ de l°ergent en ces pais|

Plus fault remarquer que le 4ᵉ jour de mars qu'estoit le jour de quaresme˘prenant que ledi͟t bled feust ravalle audi͟t lieu de la pallisse de dix solz pou͟ʳ quarton|

---

**34** Blanc après *trois*.
**35** *quarton* : *quarteron*
**36** *cent* : *t* corrigé sur *d*.
**37** *couste* : *côté*

Est aussy a notter que le lundy XVII[me] dudit mois de mars qu'estoit le lundy d°appres le lundy des brandons le˘bled vallust au donjon quatre livres| le fromen IIII [l]i[b]vres X solz| et l°avoyne XVI solz| les noix quatorze solz| les poix et les febvez IIII [l]i[b]vres la couppe|

Fault aussy ce souvenir qu'en ladite annee 1631 la veilhe de s[t] *jan* baptiste qu'estoit le lundy le bled vallust au donjon la somme de trois livres treize et douze solz au commancemen du marché et a˘lla fin jl en y heust de trois livres huit solz la couppe pou[r] le bled vieulx| et pour le nouveau jl y en fust vandu une couppe la some de quarante cinq solz parce ---------- X*L*V solz|

## (26)

En l°annee mil six centz trente deux au mois de juin monsieur frere du roy passa en ses païs venant du couste de dijon ou jl avoit faict bruller des faubourgtz de˘la ville dudit dijon|

Et fault notter qu°il avoit avecq luy grand quantité de˘peuple et des estrangiers que l°ont nommoit pollacre|

Jl estoit logé dans la perroisse de behe avec tous les plus apparantz et chefz de˘sont harmeé et sont logemen de˘luy fust au chastel de˘la besche et le logemen de monsieur d'albeuf qui estoit coronel de˘l°armee estoit loge cheulx bonnet ou demeuroit pou[r] lors blaise goyard soubz^signe B Goyard

Et partant de˘ce pais s°en allat passer part l°auvergne et de˘la au langue^dol[38]|

Et en suitte de˘ce le roy sont frere et la royne regente passerent part le païs et tout le long du grand chemin de paris a˘lion au mois d'aoust| et coucharent a˘lla pallisse cheulx monsieur le mareschal

## (27)

de s[t] gerant avecq monsieur le cardinal de rochellieu| et ce avecq une grosse armee qui s°en[39] allerent tous a˘lyon|

38 *langue dol* : *Languedoc*
39 *sen* au-dessus de la ligne.

Fault remarquer que toutte ladite annee le bled ne feut chert et ne vallut au donjon le plus cher que dix huit solz et le fromen que vingt six solz le plus| l°a^voyne dix solz|

Le vin en^cherit au pres de vandang[e]| Jl ny heust poin de fruict ladite annee en ce pais|
Le bled apres moysson ne vallut que douze solz au mois de septembre| et le froment seize et dix sept solz|

Nota qu'en ladite annee mondit seigneur estant au languedol le roy sont frere s°y achemina comme sy devant est dict| ~~et~~ et fault notter qu'il l°y heust[40] quelque batalhe part l°armee de mondit *sr* le frere du roy et ceulx du roy entre aultre monsieur le compte chombert| d°aultant que le roy n°estoit encore au païs| ou jl y heust ung grand eschet et de braves hommes mortz et blesses| entre aultre monsieur de mommoracy qui feut prins

**(28)**

prisonnier et despuis la teste trenché pour avoir este contre le roy| et fut juge part messieurs de˘la court de bourdeaulx|

En ladite annee monsieur l'advocat chenal chanta messe le premier dimanche de l°avant qu°estoit le 28 novembre
En ladite annee 1632 le deuxiesme de decembre monsieur le mareschal de s[t] gerant decedda au chastel dela pallisse duquel jl feust ung grand dommage| dieu le veulhe mestre en sont[41] paradis
Le cinquiesme jour de febvrier 1634 qu'estoit ung jour de dimanche environ sur les deux heures apres midy dame marie de˘la doyre veufve de m[r] phellibert allex decedda au lieu des bonnetz| laquelle avoit demeuré l°expasse de quinze mois mallade estant audit lieu des bonnetz| estant servye et assistee de blaise goyard sont gendre et de benoiste allex sa filhe femme dudit goyard| et feust le landemin enterree dand l°esglize de behe aux tumbes de blenniere part la permission de noble anthoine vichy s[r] de˘labesche| luy estant a˘sont convoystz avecq m[r] pierre de˘ladoyre sont frere[42] messieurs anthoine et bastien chenal ses nepveux m[r] benoist perreau de s[t] legier et plusieurs aultres personnes| B Goyard|

**40** *qu'il ly heust* : *qu'il y eut*
**41** *sont* : *son*
**42** *frere* au-dessus de la ligne.

## (29)

Sera remarqué qu°en lannee 1634 au mois d'octobre monsieur frere du roy revint en france du pais des halmagnes[43] et aultres pais estranges ou jl estoit alle apres la batalhe donnee au languedoct comme sy devant est dict craignant d°avoir offencé le roy| au moyen duquel retourt touttes choses furent passiffiees| et feut le roy tres jouyeux dudit retou[rt] et fust faict de grandes rejouyssances a˘paris| et est a°noter que monsieur revin desditz païs ou jl estoit part ruzes sans que ceulx qui le gardoient s°en prince[44] guarde| assistéz de sont sixiesme entre lesquelz estoit monsieur de puy laurent qui a^voit tousiours este le plus pres de sa personne|

La mesme annee 1634 fault remarquer qu'il c°est fort peu reculhy de bled en beaucoup d°endroi[ts]| et neantmoins n°est poin enchery au donjon| pou$^{r}$ cella ne valleut que dix solz jusques a˘noel de˘ladite annee|
Jl sera aussy remarqué qu'il s°est reculhy asses de˘bonnes vandanges en ses pais| le vin au pris de douze et treize livres|
En ladite annee 1634 fust grand quantité de gland en ses pais et les pou$^{r}$ceaulx gras[45] a sy grand marche qu'ont les avoir[46] veu jl a plus de trente ans|

## (30)

### 1635

En ladite annee 1635 monsieur de sainct gerant filz de monsieur le mareschal de s$^{t}$ gerant dernier mort fust cre[47] <cre> gouverneur de bou$^{r}$bonnois et fist sont entree a˘molins le dimanche devant la dimanche grace[48] l°onziesme de febvrier audit an 1635 ou jl y fust faict grand trionffe et grand assemblee|

En ladite annee mil six centz [~~xxx~~] trente cinq le roy fist publier le ban et arriere ban part toutte la france pou$^{r}$ aller a˘lla guerre en lorraine et aux allemagne|

En la mesme annee 1635 jl ce reculhyt assez de bonnes moyssons et bonnes vandanges| le bled soigle neantmoingtz valloit huit et neuf solz la couppe au donjon|

---

**43** *halmagnes* : *Allemagne*
**44** *prince* : *prissent*
**45** *gras* en marge.
**46** *avoir* : *avait*
**47** *cré* : *créé*
**48** *grace* : *grasse*

le fromen quatorze et quinze solz| le vin en vandange valloit quatorze livres seize livres vingt livres le tonneaud|

En ladite annee 1635 ne fust pas grand glan en ses quartihers et les pourceaulx a ville pris comme aussy tout le reste dudit bestalh|

Jl fault notter que du cousté de lenax du bouchault qu'il y avoit grand quantité de gland ou jlz y firent grand proffict et a˘lla fin les pourceaulx gras ce venderent

**(31)**

grandemen| et furent des marchantz du couste de paris qui les vindrent achepter jusques au mois de juyllet

**1636**

En ladite annee 1636 est a˘noter que la veilhe de s[t] pierre de juin qu'estoit ung samedy jl fist une sy grande horisse de [~~xxx~~] vend qui continua trois ou quatre jours qu'il pensca gaster tous les bledz qui estoient poses sur les turaulx et a˘llo-posite du vend| lequel vend [~~xxx~~] en beaucoup d'androit battyt et esgrena plus des trois [~~xxx~~] quardz du bled| et fust presques general part tout le monde en ceste perroisse de behe| jl fist grandemen du mal du couste des bessones des borachotz et des charnaitz| ladite annee les moissons ne furent pas tant bonnes tant a cause dudit vend que d'une grande secheresse qu°i fist despuis le mois d'apvril jusques apres la s[t] jehan qui nuict grandemen aux bledz speciallemen a ceux des trrerres[49] des gravoches et petit

**(32)**

<et petit> terroirt| le bled soigle en^cherit en moisson et vallust unze solz|

La mesme annee je fistz reffaire le pignon du mollin bonnet du couste de˘la roüe mollan du couste de nuict qui estoit tumbe jl y avoit deux ans| et ce fust jehan et mayet lyvoirs maist[r]es talheurs de pierre nepveux de m[r] mayet lyvoir| lequel

49 *trrerres* : lapsus pour *terres*

pignon me cousta tant pour avoir tyrert[50] les quartiers que pour le prix˘fet de˘le faire faire argent *sect*[51] trente quatre livre dix solz une quarte soigle et cinq livres de lard| jl y fust employ trois tonneaudz de chault/

La mesme annee le bled ne fust pas cher jusques en moysson d°aultant qu'il ne valloit que huit neuf solz jusques en moysson qu'il vallust unze solz| le fromen vallust jusques a dix huit solz| le vin valhut vingtz frantz le tonneaud|

Sur la fin de ladite annee 1636 le bled en^cherit et vallu jusque a quinze et seize solz|

Ladite annee les pourceaulx

**(33)**

gras ce vendirent a hault pris et tiroient du [~~xxx~~] cousté de lorrayne| au moyen de quoy jl˘y heut des marchantz qui firent grand proffict|

## 1637

En ladite annee 1637 jl fist une grelle ung jour de vandredy au mois de juyllet qui commanca sur st[52] gerant le puy et continua jusques a diguoin et passa sur trezeil partie de varesne sur tesche et sur partie de la perroisse de behe du cousté de˘la besche| qui gasta grandemen les metteries[53] dudit lieu de˘la besche et leur vignes et touttes la mache en ce˘que n'avoit este moyssonné|

En la mesme annee le bled vallust quinze solz jusques en moysson| et aux moyssons revint a douze solz et puis a dix sept solz jusques a˘noel|
Le vin vallust seize et jusques a dixhuit livres le tonneaud|

En ladite annee au mois de decembre jl passa environ neuf ou dix mil~~le~~ hommes part ses païs qui vindrent du couste de marcegny et montirent part les montagnes du cousté d'arpheulhe et dessendirent du cousté de sainct germain de bilhy et varesne sur halhiet[54] et jusques

---

**50** *tyrert* : *tiré*
**51** sect : *c'est* ou *soit.*
**52** *st* au-dessus de la ligne.
**53** *metteries* : *métairies*
**54** *halhiet* : *Allier*

(34)

tout au^tourt de molin pour heulx mestre en garnizon audit molins| mais les habitantz dudit molins compozarent avec heulx jusques a˘lla somme de quarante cinq mil livres pour empescher ladite garnizon| et cella feust en desdain que les habitans dudit molin n'avoient vollu payer ung emprun que le roy avoit faict sur ~~le~~ touttes les villes abonnez tellemen qu'il falheut encore payer ledit emprunct jusques a˘lla somme de quarante cinq mil livres| et est a notter que ladite harmee sy dessuz speciffiee fist de grandz maulx et exercoit touttes sortes de cruaultez part ou jlz passoient|
Ce fault souvenir qu°en ladite annee 1637 j°ay faict commancer de faire bastir deux chambres basses au lieu du bouquet situe au bas du bourgt de behe et que celle de cousté de la nuict et de cheulx paret| le [~~xxx~~] premier[55] feu y feust mis dans ledit ~~foyer~~ lieu le propre jour de noel part marie et jehanne goyard mes filles|
Est a notter aussy qu'en laditte annee ung nomme jaques fayette habitant de ceste perroisse de behé fust conduict dans la consiergerrie de molins part les sergentz des talhes pour certin harrerages qu'il debvoit

(35)

d°un quartier de talhe qu'il avoit levé dans ladite perroisse de behe en l°annee 1635| duquel jl restoit la somme de quatorze vingtz livres| dans laquelle consiergerie jl moreut au mois de decembre environ huit jours devant noel|

## 1638

En ladite annee 1638 le bled a˘vallut tout au long de l°annee quinze solz la couppe mesure le donjon| pour le vin jl feust en assez bon marche et ne vallust que jusques a˘vin livres le tonneaud|
La guerre atoujours contïnué comme les annees precedantes|

Les moyssons ont este assez bonnes en des endroitz|

L°avoyne a vallust touttes ladite annee dix solz le retz jusques aux moyssons qu°elle ravilla|

Jl n°y˘a heu aulquuntz fruictz en ses pais de quelque nature que ce soit|

55 *premier* au-dessus de la ligne.

**1639**

En laditte annee mil six centz trente neuf le froment a vallust toute l°annee dix huit solz dix sept solz / et la soigle quinze seize XIII solz| et puis sur la fin de˘l°annez dix solz et le fromen douze| l°avoyne cinq solz et a˘lla fin de l°annee trois solz / le vin a este grandemen chert despuis les vandanges d'aultant

**(36)**

qu'il a vallust jusques a sept escuz le poinsson et jusques a vingt trois livres le poinsson / jl n°y˘a heu aucung fruit en ses quartihers de quelque fruictz que ce soit| la livre d'huylle de noix ~~v~~ a vallust sept solz la livre|
Les guerres ont toujours estez fort rudes|
Les succides[56] ont estez tres grandz sur le pauvre peuples de plusieurs facon*d*| scavoir une talhe et des subcistanc[es] qu'ont levoit pour l°entretient des harmeez| les sergentz des talhes prenoient le bestalh du pauvre peuple|
En ladite annee jl n°a este aucung gland en tout ce climat et les pourceaulx gras furent grandemen cher|

**1640**

En ladite annee 1640 le bled a este a˘bon marché despuis[57] le commancemen d°icelle jusques apres moyssons| et ne valloit que huit solz| et apres moyssons vallust au donjon dix solz unze solz la coppe[58]| a˘lla pallisse quatorze solz quinze sols le quarton[59]|
Le vin fort cher| cinquante livres le tonneaud|

Jl est a˘noter qu'il n°y a heu aulcun fruit en ces païs de quelque nature|

**(37)**

que ce fust| les moyssons ont estez fort difficille a faire comme aussy les seipmalhes|

56 *succides* : *subsides*
57 *despuis* : *d* corrigé sur *j*.
58 *la coppe* au-dessus de la ligne.
59 *quarton* : *quarteron*

~~Il ce f~~
Ce fault souvenir aussy qu°en ladite annee 1640 jl arriva ung grand scandalle en la ville de molins et mesme au faulbourgt ~~de molins~~ d'alhyer ou jl feust tué des gens qu'ont nommoit maltotiehrs qu'estoi pour levers certennes daces sur touttes marchandize| et en fust tue six ou sept part les habitantz dudit faulbourgt| et estoit pour lors gouverneurt de bourbonno*ez* monsieur de st gerant| lequel en fist pandre deux dudit faulbourgt dans le chasteaud de molins|
Ladite annee la guerre a˘toujours continué| et est a noter que la ville d'haratz[60] fust prinze part le roy de france|

Part le moyen de ce˘que ce fist en la ville de molins qui estoit ung grand tumulte monsieur de˘la besche le june fust grandemen blessé part ceulx du faulbourgt d'alhier lors qu°il tuarent les maltothiers pour ce *que* jl estoit premier eschevin de˘ladite ville de molin et jl y voullust aller pour e*m*pescher le tulmulte|

**(38)**

En ladite annee 1640 jl y a deux ou trois regimentz en guarnison et qui [~~xxx~~] logera part^tout tans dans la ville que les faulbourgtz|

En ladite annee 1640 le pauvre peuple fust grandemen fatigué de*s* succides de talhes de subcistance et aultres gabelles|

**1641**

En ladite annee 1641 le bled vallust au commancemen de˘ladite annee jusques a dix sept et dix huit solz| au mois de mars jl vallust quatorze solz|
Ce[61] fault souvenir qu°en ladite annee le 14e de mars 1641[62] ma pauvre femme decedda (que dieu absolve) et fust enterree dans l°esglize de behe soubz la tumbe au milheu de la nef de l°esglize| dieu la veulhe en sont paraditz|
Aujourd°huy XXe d'avpril 1641 est deceddé venerable personne mr gilbert dumeryt presbtre cure de behé| est deceddé en˘la maison de la malguarnyst perroisse de behe| lequel avoit demeuré

---

**60** *haratz* : *Arras*
**61** En marge, de la main de Philibert Goyard : *Ma mere*.
**62** *1641* au-dessus de la ligne.

**(39)**

curé de˘ladite perroisse de behé l°expace de quinze ans et a este enterré au devant le cruxiffit dans ladite esglize de behe proche les tumbes de˘la besche| assisté a sont enterremen plusieurs gentz d'esglize et cordelliers et quelque ungtz des habittantz et de moy solzˆsigné B Goyard|

Le vingtquatriesme de febvrier mil six centz quarante deux ~~blaise~~ phelliber goyard mon filz espouza jehanne chartier filhe a m^r martin chartihe et a dame jehanne brirot ses peres et meres| et fust faicte l'assemble des nopces au lieu des bonnetz ou jl y heust une belle assemblee en foy de quoy j°ay signé ce jourd°huy troisiesme jour de mars audit an 1642 B Goyard
En l°annee 1642 le bled a vallust jusques a vingt cinq solz au donjon| le fromen jusqu*es* a trente sept solz| le vin fust chert toutte l°annee jusque au vandange| et valloit part les logis au donjon et au˘plat pais jusque a dix solz la quarte et huit solz comunement part tout|

**(40)**

En la mesme annee le roy passa part ce pais avecq beaucoupt de peuple pour aller a˘lla catelhogne au siege de parpignant| sont armee passa partye part la bourgogne et partie part les montagne du couste du bru*et*| et vivoient part estappe et passa au mois de may et de juin avecq monsieur le cardinal de rochelieu|
Le roy s'en retourna au mois de juyllet enˆsuyvant et descandit part[63] eau despuis royne|
Au mois d'aoust ensuyvant monsieur le chancellier monta a˘llion avecq force peuple| l°ont n'a peu scavoir que c°estoit affaire|
En ladite annee les moissons furent asses bonnes| dieu soit loué| hors ł que les bledz ce trouverent gatte d°une gellee du printemptz qui en a gatté grandemen en des androitz et mesmes du cousté de la bourgongne|

Le bled a vallut la dite annee 1642[64]

**63** *part* : *par*
**64** Phrase incomplète.

**(41)**

le bled vallut au donjon jusques a XXV solz et apres les moyssons ɉ au mois d'octobre jl vint[65] a seize solz et dix sept solz| le fromen a XXV solz|

Le vin vallut le poinsson XX $^{l}$i$^{b}$vres et ce vandoit part les logis quatre et cinq la pinte|
Est a notter que la ville de parpignant ce randit au roy ladite annee qui la jouyst de present|
Et apres la reduction de˘ladite ville de parpignian le roy assiegeha une ville nommee saragousse ou jl laissa une forte armee devant| sur laquelle armee les espagnolz firent ung rancontre des francois auquel rancontre jlz fut faict ung grand[66] eschet[67] de perte de soldars et braves hommes d°une part et d°aultre/ neaulmoins la place demeura au francois/ monsieur de bollettiere y a este tué|
Nota que monsieur le cardinal de rochellieu qui avoit sy longtemptz conduict les harmeez en france decedda le quatriesme de decembre 1642 estant a paris|

**(42)**

Ce fault souvenir qu'en l°annee 1642 nous avons faict faire une roue a nostre molin| et ce au mois de decembre de ladite annee 1642|
Nota qu'en l°annee <qu'en l°annee> [~~xxx~~] 1643 le roy louys treiziesme de ce nom morut a˘paris au mois d'apvril| lequel avoit reigné l°expasse de trente ans| et avoit heu de grandz guerre sur les bras| et faict la guerre durand sa vie tant contre les ~~hug~~ huguenaux que contre le roy d'espagne et tout aussy tost apres sa mort monsieur le dauphin sont filz fust ~~coronne~~ creé[68] roy qui estant en l°aage de six a sept ans la royne sa mere fust declеree regente [~~xxx~~]|
La dite annee 1643 le bled fust cher toutte l°annee et vallust la soigle jusque a vingt cinq solz au donjon| et le fromen jusques a trente cinq solz / le ving fust aussy cher et *a* vallut jusque a quarante huit livre et cinquante le tonneaud|
L°anneé[69] 1658 le 29$^{e}$ avril jl est tombé grande quantité de nege qu°il y en y avoit un demi pied par tout| quj a˘bien gasté les bles et les arbr*et* quj estoient en fleur| faict a chastelper$^{on}$ ledict jour/

Goyard

---

**65** *vint* : *t* corrigé sur *z*.
**66** *grand* au-dessus de la ligne.
**67** *eschet* : *échec*
**68** *creé* au-dessus de la ligne.
**69** *Lannee 1658 ... ledict jour/ Goyard* de la main de Philibert Goyard.

**(43)**[70]

Memoires di˘philibert goyard[71]

**1646**

Le 3me de juin maistre francois charthier c°est marié avec dame jster preuvereaud sa femme| lequel fust faict a˘coullon coume en˘estant fermiers dans la parroisse de˘sainct leans|
Le 23e novembre 1649 maistre piere buraud maistre sirurgien du bourgt de sainct leans a espousé marie goyard ma seur| faict ledict jour Goyard P

[~~xxx~~][72]
Le IXe fevrier 1652 maistre francois chartier mon beau frere ballif et capitaine de la˘ville de jallignj est alé demeuré au chastel dudict lieu coume capit*aine*[73] dudict lieu| faict ledict jour et an *GP*

**(44)**

1611–1672[74]
Aujourd°huy quinziesme d'octobre l°an mil six centz seize a este baptizé blaise senepin filz a gilbert senepin estant metteyers cheul[75] lauren| et a este parrin blaise goyard et jozept senepin et marreine marie[76] grand commere| et est a nottez que estoit ung samedy| et ledit enffant estoit né ledit jour sur les sept ou huit heure du matin a la nouelle lune| en tesmoingtz de˘ce j°aye signé ledit jour et an que dessuz| BGoyard

70 Au dos de cette feuille se trouve la page 87 du Cahier de Philippe Goyard.
71 *Memoires diphilibert goyard* de la main de Jacques Goyard. Le texte qui suit est de Philibert Goyard.
72 [~~xxx~~] : trois lignes.
73 *capit*aine : *aine* au-dessus de la ligne.
74 *1611–1672* écrit au crayon, d'une autre main. Les pages suivantes, jusqu'à (61), sont de la main de Blaise Goyard.
75 *cheul* : *chez*
76 Blanc après *marie*.

Recepte pour la malladie des brebis quand elle morent| fault prandre du sont[77] de fromen environ ung ras sellon la quantite de brebis avec du sel et du souffre pille et des cendres de sermen de vigne passes da[n]s ung seact[78] ung peu| et apres avoit ung baschat dans l°estable et le mest[re] dedans bien melle[79] l°ung avec l°aultre et leur en faire manger| recepte admirable|

**(45)**

Recepte pour le bestalh qui a le chancre soubz la langue ou sur la langue| et ledit mal vient comme une vessie qui ce creve et s°y faict une fente qui cave la langue jusques elle est tumbee| s'il n°est perce comme sy dessuz est dict deux fois le jour desdites herbes avecq de la poudre qu'il fault mestre sur les mal|
Premierement fault prandre du vin blan de l°erbe du chancre/ de l°erbe de˘la serpent/ du chevre feu[80]/ de˘la grene de lierre du miel/ de deux ans/ du percil/ du cherfeut[81]/ de˘la saufge/ le tout pille ensemble et passe dans ung linge| et du jeu[82] leur en bien laver la bouche et la langue et sur le mal de˘ladite langue/ faut puis avoir d°elung[83] de glace/ du poyvre et du sel/ et le tout piller ensemble jusques ad ce qu'il soit empoudre et <et> en mestre sur la plaistz de˘la langue du bestal mallade durant six jours soir et matin et garder qu°il ne boyve ny mange de cinq heure apres|

**(46) – (47)[84](48)**

Le quinziesme jour de may mil six centz et unze qu°estoit ung jour de dimanche environ les quatres heures du soir la lune estant novelle et [~~xxx~~] soubz le signe de virgo naquit phellibert goyard filz a blaise et benoiste allex ses peres et meres| et fust pourte baptizé le lendemin part maistre phellibert allex son grand pere et mr phellibert popon sont oncle| ses marennes furent claude goyard veufve de francois pallebostz dit chevrot et francoise allex sur[85] de˘ladite benoiste ses tantes| faict ledit jour et an susdit| E Marcaud presbtre

77 *sont* : *son*
78 *seact* : *sas*
79 *melle* : *mêler*
80 *chevre feu* : *chèvrefeuille*
81 *cherfeut* : *cerfeuil*
82 *jeu* : *jus*
83 *delung* : *d'alun*
84 Pages blanches.

**(49)**

Le quinziesme jour de decembre mil six centz quatorze qu'estoit ung jour de lundy environ une heure apres midy la lune estant a˘la fin du premier quartier soubz le signe des gemiaulx naquit anthoine goyard filz a blaise et benoiste allex[86] et fust pou^r^tée baptize le lendamin part me^s^sieurs anthoine vichy s^r^ de la besche et francois goyard ses parrins| et furent ses marrennes honneste femme marie de˘la doire sa grand mere et simone goyard veufve de gilbert charnayt sa tante| faict ledit jour et an susdit|

E Marcaud presbtre

Le quinziesme janvier mil six centz dix huit qu°estoit ung jour de lundy [~~xxx~~] jour de sainct bonnet environ

**(50)**

les six heures du soir estant la lune en sont cinquiesme jour du plain soubz le signe de cancer naquit jehan goyard filz a blaise et benoiste allex ses peres et meres et fust le landemin qu°estoit le jour sainct marcel pou^r^té baptize part m^r^ benoist perreau de saint ligier des brieres sont oncle qui feust son parrin avec m^r^ phellibert allex son grand pere| et fust sa marrenne dame jehanne vichy veufve de m^r^ simon jolly vivant greffier en la generallite de molins estant dame de la serre et y demeurant avec honneste femme dame marie de°la doire sa grand mere| faict ledit jour et an susdit|

Nota que ledit jehan goyard est decede le neufviesme jour d°apvril audit an mil six centz dixhuit| et fust enˆsepulture dans l°esglize de bee au lieu ou avoit es[té] enˆsepulture messire blaise goyard|

85 *sur* : *sœur*

86 *naquit … allex* en marge.

**(51)**

Le seiziesme jour de may jour de judy[87] l°an mil six centz dix neuf naquist blaise goyard filz a blaise et benoiste allex ses peres et meres et fust pourté baptizé le mesme jour environ deux heures apres midy cinq ou six heures apres qu'il fust né/ la lune estant novelle soubz le signe de[88] et furent ses parrins et marreynes m[r] blaise allex advocat en la senechaulcee et siege presidial de bourbonnois a molins et mayet jozept dict freschet ses oncles| et marrennes anne hollofer*nong* femme a laurent parret| et fust baptizé part m[r] estienne marcaud presbtre demeurant a˘beé[89]| B Allex E marcaud presbtre

Ce fault souvenir que ledit povre

**(52)**

petit blaise goyard sy devant baptizé decedda le cinquiesme jour de febvrier l°an mil six centz vingt deux ung samedy au soir jour de sainct agatte veilhe du dimanche gra*dt*[90] et fust entere au mesme lieu que sont frere jehan sy devant en mesmoyre| priant a ce bon dieu qu°il aye pitie de sa pauvre ame et la condu*isz*e au reaume de paradis| faict ledit jour et an susdit| B Goyard

Le vinghuitiesme jour de juin l°an mil six centz vingt deux jour de mardy veilhe de sainct pierre entour l°eure de trois heures du matin estant dans le plin de la lune soubz le signe du mybouc nasquist claude goyard filz a blaise et a benoiste allex ses peres et meres| et fust pou[r]té baptize le troisiesme jour de juyllet audit an qu'estoit le dimanche apres part

**(53)**

claude pallebostz dit chevrot assisté de m[r] phellibert allex ses parrins et dame francoise brirot ~~et~~ assistee de dame marie de˘la doyre et aultes ses marreines| et fust baptizé part venerable et discrette personne messi[re] phellippe jay presbtre vicaire de behe| faict ledit jour et an susdit|

P Jey presbtre B Goyard

87 *de judy* en marge.
88 Blanc après *signe de.*
89 *abeé* : *à Behé*
90 *gra*dt : *gras*

~~Ce jour duhy dimanche jour de juin jour de sainct medard huitiesme~~
Ce jour d°uhy huitiesme jour de juin l°an mil six centz vingt cinq jour de dimanche et feste de sainct medard entourt l'eure dix heure et demy du soir la lune estant ~~sur~~ novelle au signe des gemeaux est né blaise goyard filz a blaise et a benoiste allex ses peres et meres| et fust baptizé le mecredy ensuyvant qu°estoit le jour de sainct bernabee|

**(54)**

et furent ses parintz et marreynes m$^{r}$ blaise allex advocat en la senechaulcee et siege presidial de bou$^{r}$bonnois a˘molins et demoizelle[91] marie gras feme a noble anthoine vichy s$^{r}$ de la besche| et feut baptizé part venerable et discrette personne messi$^{re}$ phellippe jey presbtre vicaire dudit behe qui a signe avec moy goyard pere
P Jey presbtre
B Goyard
Le dixseptiesme jour de mars mil six centz vingt neuf jour de samedy[92] la lune estant en sont dernier quarthier au signe de la ballance environ l°eure de midy naquit marie filhe de blaise goyard et benoiste allex ses peres et meres| et furent ses parrins et marreynes damoyzelle marie gras feme a noble anthoyne vichy s$^{r}$ de la besche et marie goyard femme de mayet jozept

**(55)**

dit freschet soeur dudit goyard et sont parrin m$^{r}$ claude duret de lyrenolle cousin germain dudit pere| et feust baptizee en l°esglize de behe part venable[93] et discrette personne messi$^{re}$ gilbert du merit maist$^{r}$e hozardz[94] cure dudit behe ledit jour et an susdit| en˘foye de ce ay signe B Goyard

Le vingthuitiesme jour de [~~xxx~~] janvier[95] jour de vandredy l°an mil six centz trente troïs environ les cinq heure de soirt la lune estant ~~au~~ au plin naquit jehanne goyard filhe a blaise et a benoiste allex ses peres et meres| et fust ses parrins et marreynes

91 *demoizelle* au-dessus de la ligne.
92 *jour de samedy* au-dessus de la ligne.
93 *venable* : lapsus pour *vénérable.*
94 *hozardz* : *aux arts*
95 *janvier* au-dessus de la ligne.

jehanne vichy filhe a noble anthoine vichy s^r de la besche et damoyzelle marie sa femme| ~~et~~ laquelle la vint donné[96] le nom et tenir sur les fondz baptismalle pou^r ladite jehanne sa filhe et encore francoise favier femme a francois goyard dit terpellant et sont parrin pierre fonguarnand couzin germain des peres et meres pour lors metteyers cheulx[97] bonnet| auquel lieu ladite jehanne goyard est nee et a este

**(56)**

baptizee part venerable et discrette personne messi^re gilbert du merit maist^re aux hazardz[98] presbtre cure de behe| faict ledit jour et an susditz| en˘foy de quoy j°ay signe|

B Goyard

Le dimanche vingt uniesme may 1634 mil six centz trente quatre anthoine goyard mon filz s°en allast a treizeil en aprantissage de taneur et courdonnier avecq m^r francois allex mai^stre taneur et courdonnier|
Notta que claude goyard filz a blaise sortir[99] d'avecq messire phellippe jay presbtre cure de sorbier ou jl estoit a˘ll°escolle le judy vingt sixiesme jour de decembre mil six centz trente quatre pou^r s°en aller demeu[r]ez au donjon avecq madame jolly pou^r aller a˘ll°escolle avecq monsieur foyton|
Ledit[100] claude goyard est alle demeure avec m^r sebastient chenal le june fermier de la seigneurïe de chaverche le vingt sixiesme febvrier 1638|
Nota que~~nth~~ anthoine mon garcon le tanneur est sorty de cheulx m^r francois allex le jour s^te croix de may 1641 pou^r aller demeurer avecq m^r loyzeaud taneur a˘molins| et [est] party le dimanche des rogat[io]ns|

**(57)**[101]

96 *donné* : *donner*
97 *cheulx* : *chez*
98 *hazardz* : *aux arts*
99 *sortir* : *sortit*
100 *ledit* : *l* corrigé sur *s*.
101 Page blanche.

**(58)**

Recepte pou$^{r}$ faire onguant pou$^{r}$ le mal des jambes ou coupeure|
Premieremen fault prandre de˘la perri*l*sine[102]/ ung peu/ du suir[103] de˘bout[104]| de la cire nefve/ de la gresse blanche de pou$^{r}$ceaulx aultremen de l°aune blanche/ du burre/ et de l°uylle de noix/ puis apres de l°erbe appelle du ba*ulins*| de la meme sauge| du remorain et le tout faire boulhir ensemble jusque ad˘ce quil est fondu|
Recepte pou$^{r}$ estancher le sang quand ont seigne pour les netz| fault prandre <prandre> des hourtihes et les fricasser avecq de bon vinaigre et l'apliquer sur le front en facon de bandeau[105] de celluy qui pert sont sancq et le continuer souvant jusqu[e] ad˘ce qu'il sera bien estanche|
Recepte pou$^{r}$ faire dormy ung mallade attin du maulchault[106]| fault prandre de l°uylle d°ollif avecq de bon vinegre et le faire chauffer [~~xxx~~] ung peu en[107] appres le bien battre ensemble et en faire apres ung bandeau sur front du mallade pou$^{r}$ le faire repozer|

**(59)**

Recepte pour faire ung brevage pou$^{r}$ le bestalh quant jl est mallade
Premierement fault prandre du percy| de la sauge/ de l°erbe de la rue| trente deux grains de genevré| des aux[108] environ une teste/ fault puis apres une rotye de pain bien roty avecq du vin et du vinegre| du sel|
Plus sy ont recognoist que le bestal soit attin de mal dangereux c°est a dire de peste il fauldra achepter cheulx[109] ung appotticaire quatre ou cinq grains d'antimoyne et puis le piller dans ung mortiher et apres le getter dans le brevage qui sera faict de tout ce˘que dessuz est dict et s°il <a> arive qu°il sorte quelque bolle ou enfleure[110] en quelque endroit a˘lla beste jl faudra prandre ung batton de bois de couldre et bien frotter ladite enfleure et cella ce fondra|

---

**102** *perrilsine* : *persil* ?
**103** *suir* : *suif*
**104** *debout* : *de bouc*
**105** *en facon de bandeau* rajouté à la fin de la note, avec signe de renvoi : #.
**106** *maulchault* : *mal chaud*
**107** *en* : sic.
**108** *aux* : *aulx* (pl. de *ail*).
**109** *cheulx* : *chez*
**110** *enfleure* : *enflure*

Recepte pour faire onguand pour une couppeure ou blessure et pour le mal des ganber[111]
Fault prandre de la cire neufve [~~xxx~~] de la per*f*ine[112]/ de l°uylle d°ollif / et de la turbentine[113] de venize qu'il fault achepter cheulx ung apotticaire| et puis le faire fondre tout ensemble dans ung poyllon[114] ou une petite casse et en appres le laysser froidir et en faire emplastre et le mettre sur le mal|

**(60)**

Recepte pour guerir de l°o˘mal autremen le mal caducq|
Fault faire culhir du guy de chene la veilhe de˘la nativite de mondit st jehan baptiste avant soleyt levé et le faire [~~xxx~~] benir par ung prestre| puis fault que le prestre prengue[115] trois feulhe dudit guy et cinq petite piesse de la branche couppee menue qu'ilz mettra dans ung drappeaux bien lyez| puis [~~xxx~~] prandra ledit[116] drapeaulx le tenant dans sa main avecq ce˘qui˘est plye dedantz scavoir lesdittes trois feulhes et cinq piesses dudit guy le tenant sur la teste du patien qui sera ad˘jenoux devant le prestre ayant l°estolle au col| et en sortant de l°ostel[117] et tousiours tenant la main sur la teste du patien ledit prestre dira l'imprincipio tout du long avecq la ~~col~~ collette/ une petite messe de st jehan et une aultre de saint loup ayant tosiour*s* la main sur la teste du patien| puis prandra ledit drapeaud avecq ce˘qui˘est plye dedantz et le pandra au col du pacient et fault que le patient face sont vouyage a une esglize qui soit fondee au nom de monseigneur st jehan| et y faire sont offrande durant trois vandredys consecutifz| et y faire dire messe et benistre[118] du vin pour en boyre durant neuf matin avecq de la poudre dudit bois avant desjuner| et faire sa neufviesme[119]

---

**111** *ganber* : *jambes*
**112** *perfine* : *parafine*
**113** *turbentine* : *térébenthine*
**114** *poyllon* : *poêlon*
**115** *prengue* : *prenne*
**116** *ledit* en marge.
**117** *lostel* : *l'autel*
**118** *benistre* : *bénir*
**119** *neufviesme* : *neuvaine*

**(61)**

<Et faire sa neufviesme> durant neuf matin dizant chasque matin ~~neuf~~ cinq[120] pater et ~~neuf~~ sept ave maria et sy c°est petitz enffantz le pere ou la mere le fairon et diront ce°que dessuz pou$^{r}$ heulx|
Autre recepte pou$^{r}$ le mesmal|[121]
Fault prandre peronnia et le faire cuyre avecq vin blan et puis prandre dudit vin cuyt avecq peronni*a*| de la poudre que scavez la pesanteur d°un escu| et puis en faire boyre part trois matin au pacien/ et fault au paravant tout cella faire purger le pacient/ et le fault faire seigner devant que la luy donner/ deˇla veyne du cerveaud en lune novelle et pou$^{r}$ter une racine dudit peronnia sur soy et apres la reception fault dire trois fois pater et ave maria|

**(62)**[122]

Aujoud°huy dixseptiesme may mil six cens quarente trois a esté baptisee marie goyard filhe a phellibert goyard et jehanne charthier ses pere et mere| et a esté sont parrin maist$^{r}$e martin chartier et mareine dame marie gri*ff*et assisté de dame francoise br*erot* et autres| en foy deˇquoy j°ey signé le jour et an que dessus
Goyard

Faict par moy recteur de be*hé*
N. Gouby recteur

Aujourd°huy vingt cinquiesme fevbrier mil six cens quarente cinq a esté baptisee jehanne goyard filhe a phellibert et jehanne charthier ses pere et mere| et a este son parrin messire francois chenal presbtre cure deˇbehé/ et mareigne jehanne charthier [~~xxx~~] feme a benoist pere dict charthier| faict ledict jour et an|
Goyard

Ajourd°huy dixiesme [~~xxx~~] octobre[123] mil six cens quarente six aˇesté baptizé anthoinette goyard fille a phellibert goyard et jehanne chartier ses pere et mere| et a esté son parrin maist$^{r}$e anthoine goyard

---

**120** *cinq* au-dessus de la ligne.
**121** *mesmal* : *même mal*
**122** Les pages suivantes sont de la main de Philibert Goyard.
**123** *octobre* au-dessus de la ligne.

**(63)**

son oncle et mareine dame jster preuvereau feme audict francois chartier sa tante assisté de maistre martin chartier jehanne chartier et autres| faict ledict jour et an en foy de˘quoy j°ey signé Goyard

Aujourd°huy dixiesme octobre mil six cens quarente huict entour l°heure de minuict est né francois goyard filz de phellibert et de jehanne chartier ses pere et mere| et a esté baptisé le unsiesme dudict mois et an| et a esté son parrin maistre francois chartier procureur d°office de chastel perron son oncle et mareine damoiselle jehanne v[i]chy assisté de maistre anthoine goyard et marie goyard et autre| faict ledict jour et an

N.

Gouby

Goyard

**(64)**

Aujourd°huj huictiesme may mil six cens cinquante en entour l°heure de midy est nee pierrette goyard fille de philibert goyard fermier de chastel peron y demeurant et de jehanne chartier ses pere et mere| et a estée baptisee le neufiesme dudict mois et an| et a esté son parin pierre buraud maistre chirurgien son oncle et mareine jehanne goyard sa tante|

Goyard

Nota que l°onsiesme dudit mois ladicte pierrette goyard sy dessus nommee ~~a~~ est deceddee| et a esté enterree dans l°esglise dudict chastel peron ~~po~~ proche l°autel de messieurs des escures| faict ledict jour et an|

N.

Gouby

Goyard

**(65)**

Aujourd°huj vingt uniesme jour de novembre mil six cens cinquante deux jour de˘la presentation nostre dame entour l°heure de midy/ est néé charlotte goyard fille [~~xxx~~] de phellibert goyard fermier de chastel peron y demeurant et de jehanne chartier ses pere et mere/ et a esté baptiseé le vinquatriesme dudict mois et an dans la chapelle du chastel de marcelange/ et a esté son parrin maistre claude goyard son oncle et ~~dam~~ mareine damoiselle charlotte des escures vefve feut jehan de mollet vivant[124] escuier sieur de marcelange coullon et le meritz assisté de piere buraud maist^re sirrurgient demeurant a vosmas oncle de˘ladicte charlotte et de jehanne goyard michelle chartier ses tantes| faict ledict jour et an/

N.
Gouby Goyard père

## (66)

Aujourd˘huy dousiesme septembre 1643 est deceddé maist^re blaise goyard mon pere et a˘esté enterre en l°esglise de˘behé part messire noel gouby pour lors vicaire dudict behé et a˘esté mis et enterre proche l°autel de˘sainct roc tout proche la tombe ou desfuncte benoiste allex ma mere avoit estee enterree| faict le jour et˘an que dessus|

Goyard

Au˄jourd°huy saisiesme aoust mil six cens cinquante six est néé françoise goyard fille a maist^re phellibert goyard procureur d°office de chastel per^on[125] et a jehanne chartier ses pere et mere| et a estéé baptizéé le 17^e dudit mois sur les fontz baptismaux dudit chastel per^on part messire noel gouby presbtre curé dudict lieu| et a esté son parrin maist^re blaise goyard son oncle et mareine dame françoise brirot femme a maist^re jehan pauchet| faict ledict jour et an que dessus|

N.
Gouby Goyard

## (67)

Nota que le 15^e octobre 1656 nous avons mis en norrice nostre petite françois*e* aux bardui*n* vers la˘ferme de benoist ca*n*tat/

A jourd°huj dixhuictiesme octobre mil six cens soixante j°ey mis francois goyard mon filz a l°escolle aux jejuittes a˘molin a la clace de˘sixiesme| et n°estoit eaagé que de XII ans| faict ledict jour et an Goyard

Aujourd°huy dixseptiesme novembre 1671 franc[o]is goyard mon fils a espousé claudine dorat fille de maist^re anthoine et de dame magdelanne jacquet de˘la parroisse de˘vosmas| le mariage faict aux bonnetz a˘bert| et ont esté espousé

124 *vivant* au-dessus de la ligne.

125 *procureur doffice de chastel peron* en marge.

dans l°eglise dudict bert part messire benoist bouléé presbtre curé dudit lieu ledict jour et an|  *P* Goyard

**(68)**

L°année 1657 au mois de mars avril et may les tailhes ont esteé amasseé part les gens de guerre dans le bourbonnois pour ladicte anneé 1657 et 1656| lesdictz gens de guerre estant hirlendais escaussois et allement| lesquelz ont faict grans deguas et enmené quantité de bestail pour le payement des cottes des contribuables| faict ledict jour|  *G*

Nota que ladicte année et au mesme temps un noumé blainvillé capitaine dans le regiment de˘lespine beau^reguard c°est tué part une chutte de˘son cheval revenant de barrois a˘behé le lundy de pasque XV^e avril 1657| et a esté enterré dans l°esglise de˘behé dans la chapelle sainct anthoine|

**(69)**

la ou jl a esté assisté part ses cavalliers francois[126] quj estoient loge dans ladicte parroisse de˘behé| et a esté faict beaucoupt de˘bien dans ledict esglise part les heritiers dudict deffunct quj estoit de perche en normandie| faict ledict jour et an|  *G*

L°anneé 1658 j°ey faict [~~xxx~~] racoumoder la bresche de˘l°estangt besson ~~en~~ a˘l°endroict de˘la bonde| quj m°a cousté 4^xx^x ^l^i^b^vres[127] et VIII bichez de soigle mesure le donjon| faict ledict jour et an|  *G*

L°année 1672 au mois de mars j°ej faict faire le ballustre du cœur de˘l°esglise de˘bert tant de pierre que de˘bois| et encore la chaise a˘un menusier de *c*onnerre en champagne et ~~m~~ m°a cousté le tout 18 ^l^i^b^vres sans la norriture| faict ledict jour et an part moy soubzsigne

P Goyard

126 *francois* au-dessus de la ligne.
127 *4^xx^x : 90*

**(69 bis)**[128]

Le 6me feuvier 1643 ung vandredit a 3 ou <4> 4 eure du soir est nee au gouttes claudine dorat fille d°anthoine dorat et de madelaine iacquect ces pere et meres| escrit et signe de ma main|
anthoine dorat rigolet

**(70)**

A jourd°huj saisiesme novembre mil six cens cinquante huict entour l°heure de cinq heure du matin est neé pierrette goyard fille de maist$^{r}$e phellibert goyard et de dame jehanne chartier ses pere et mere| et a estéé baptiséé sur les fontz baptismaux de l°esglisse de chastelle perron part messire noel gouby presbtre curé dudict lieu le 17$^{e}$ dudict mois et an susdict| et a esté son parrin maist$^{r}$e pierre bura*n*t maist$^{r}$e sirrurgient de vosma*s* son oncle et mareine marie goyard sœur deˇladicte pierrette| faict ledict jour et an sy dessus au chaptel dudict chastelper$^{on}$/

N. Gouby
Burand

Aujourd°huj treziesme jour de decembre audict an 1658 est deceddeé ladicte pierrette sy dessus et a

**(71)**

estée enterrée dans l°esglize deˇsorbier dans l°esglize dudict lieu et dans les tomˆbes des chartiers proche la grand porte| faict ledict jour et an sy devant|

Goyard

Le 15 fevbrier 1665 ~~jehane~~ jehanne goyard ma seur a espouzé maistre francois jolly maistre tanneur du donjon et y est allé demeurer| faict ledict jour et an|

128 Morceau de papier collé, écrit par une autre personne.

**(72)**

Molins 1660

Auˆjourˆd°huy premier juin mil six cens soixante j°ey mené mon petit guarçon aˇmolins a lˇescolle pour le faire aprendre du latin et a escripre| ou j°ej promis pour mois vingt cinq solz aˇmessi$^{re}$ guilhaumet quj demeure proche les minimes| ledict jour j°ej donné audict guilhaumet 30 solz et 30 sols despence|
Ledict jour j°ey faict marché avecq ma cousine vermat pour norrir mon guarcon a LXXV $^{l}$i$^{b}$vres par an| ou jeˇluy ay donné part advence laˇsomme de neuf livres/

Le dixhuictiesme octobre audict an j°ej mis françois goyard mon fils aˇl°escolle aux jesuistes| lequel jour jeˇluy ay achepté un manteau quj mˇa cousté XIII $^{l}$i$^{b}$vres et un chapeau quarente cinq solz|
Aujourd°huj huictiesme juin 1661 a chastel perron j°ey donné aˇma cousine vermat 14 $^{l}$i$^{b}$vres pour ~~par~~

**(73)**

parachever de paier l°anneé de pention de mon petit quj est aˇmolins chez elle| laquelle anneé est espireé le premier jour dudict mois de juin dont elle me doibt donner quitence/
~~Nota que le premier mars 1666 j°ey presté un chalit deˇbois de chesne aˇmonsieur boullé presbtre cure deˇbehé qu°il aˇmis aˇla cure et pierre troussiere un cofre deˇbois de chesne ayant clef et serrure/~~
Retiré ledict chally et jceluy presté a francois bergier mon locatier chez le bally en l°annee 1666/[129]
L°annéé 1671 au mois de septembre le roy a donné aˇmonsieur le compte deˇs$^{t}$ [~~xxx~~] geran le regiment de monsieur le duc d°ajou| ou ledict seigneur est lieutenant[130] collonnel dudict regiment| faict ledict jour et an|
L°anneé 1671 au mois deˇdecembre le roy a envoyé monsieur le compte deˇs$^{t}$ geran en enbasade en allemagne trouver monsieur le duc de branguebour pourˇle comviere en france|

129 *Rétiré ... lannee 1666* en caractères plus petits, passage rajouté ultérieurement.
130 *lieutenant* au-dessus de la ligne.

**(74)**

Nota que le 20e novembre 1661 je suis sorty de chastelperon ou j°avois demeuré puis le X3e juillet ~~1657~~ 1647 jusques a ce dict jour que je suis venu demeurer [c]hez moy au lieu des bonnez aˇbert avecq mon menage| Goyard

Nota que l°annee 1664 au mois de juillet environ les quatre eure du soir on aˇveu en ce pais et presque par ~~to~~ tout une commette fort grosse quj sortit proche la lune et courut du costé deˇsoleil levé| laquelle provoca un grand tonnerre quj fut ouy de beau^coupt de personne quoy^qu°il n°y eust aucune nuee au siel le tempt estant tout clere et serin| ceˇquj a fort estonné le peuple mesnu|

**(75)**

Ladicte annee jl y a eust grande maladie et perte du gros bestail ou jl c°est trouvé beaucoupt de parroisse ou jl n°est presque pouin demeuré de bestail notament des beufz/ faict ledict jour et an|
Le 20e octobre 1664 je suis allé demeuré en ma maison que j°avois faict batir auˇlieu des bonnetz avecq ma familhe| faict ledict jour et an| *G*

Ladicte année le vin aˇvalut le tonneau soixante livres| la pinte s°est vendue cinq solz|

**(76)**

L°annéé 1664 au mois de decembre ont a veu une estoille quj avoit une grande ceue fort longue et grosse quj se levoit environ les trois a quatre eures du matin et avoit la ceue tourné du costé deˇsoleil levé et aˇdisparu*t* quelques jours apres noel deˇladicte ann*ee*/[131] et se voyoit jusque*s* au pouin du jour| faict ledict jour et an aux bonnez|

Nota que ladicte estoille a reprains sont cours puis le sixiesme jenvier 1665 avec une grande ceue quj tiroit du costé deˇsoleil couché et parroisoit puis les six eures du soir jusques aˇla minuit et estoit proche deˇla pichotiere| quj a cause un grand estonnement aux puples[132]/ faict aux bonnez ledict jour et an|

---

**131** *et avoit … deladite annee* rajouté à la fin de la note, avec signe de renvoi : ++.
**132** *puples* : sic

### (77)

Ladicte anneé 1665 au mois de jenvier monsieur fouquet a esté relegué a pignerolle conduict part monsieur de dartaignand et quatre compagnie des mousquetaires de˘sa maiesté˘lequel fouquet avoit esté jntendant des finances de francé| Ladicte année l°armeé de france conposeé de dix mille hommes et quatre mille vollontez a esteé envoyeé dans l°empire pour prester secours a˘l°empereur contre les turct| jcelle condhuicte part monsieur de collignj et autres braves seigneurs ou estoit monsieur le compte de˘s^t^ geran|

### (78)

Chenal presbtre
Nota que le 5 avril 1665 est deceddé messire françois chenal presbtre curé béhé quj avoit servy la parroisse l°expasse de vingt ans et a esté enterré le sixiesme dudict mois et an audevant du crucifix proche le bant[133] de˘la besche| se fault souvenir que c°estoit le jour de pasque| faict ledict jour et an|

Goyard

Le 7^e^ avril 1665 messire jehan louis bally aumonnier de messi^re^ l°evesque de clermon a prains possession de˘la cure de˘bert| faict ledict jour et an| quj estoit natif de˘la ville de liege|

### (79)

Au^jourd°huj 7^e^ octobre 1665 messire benoist bouleé a prains possestion de˘la cure de behe laquelle luy a esté remise part messire jehan louis bailh*j* sidevant curé de˘behé| faict ledict jour et an| ledict curé estant d°auvergne [e]t de [~~xxx~~] verteson[134]/ en auvergne|
Nota que˘le 28 may 1672 mon fils est allé demeuré avecq sa familhe a marseigne en callité de fermier/ dudict lieu| faict ledict jour et an|

Goyard

**133** *bant* : *banc*
**134** *verteson* au-dessus de la ligne.

L°annéé 1672 le roy lo[uis] 14$^{e}$ est allé faire la guerre en ollande avec une armee de cent cinquante mille homme ~~avec~~|

**(80)**

A jourd°huj dernier de juin 1665 marie goyard ma fille a esteé mariee avecq maistre gilbert garreaud maistre si[~~xxx~~]*r*eurgien de la ville de jalligny natif deˇsainct pou$^{r}$cin sur allier| ledict mariagge faict en l°esglise de behé par messi$^{re}$ arnaud le dict presbtre curé deˇbehé| ou jl y avoit bonne compagnie| et seˇsont retirez deˇsceans pour aller demeurer a jallignj le 14$^{e}$ juillet audict an| faict aux bonnez ledict jour|

Goyard

L°année 1665 au mois de septembre les grandz jours ont estez establis a clermon en auvergne et en son party pour retourner aˇparis le dernier jenvier 1666 ou jlz ont mené beaucoupt de prisonniers| faict le 15 fevbrier 1666 audict bonnez|

Goyard

**(81)**

Le sixiesme juin 1666 monsieur le compte de sainct gerant a gagné son proces et a esté legitime part arrest de la court de paris contre monsieur le compte du ludde et madame la duchesse de ventradour| ~~ledict~~ ledict proces ayant dure vi*n*gt deux ans| faict ledict jour et an aux bonnez deˇbehé

Goyard

**(82)**[135]

Le 23$^{e}$ decembre 1666 maistre claude josse chastelin de chaveroche a prains possestion des offices de judicatures qu°il avoit acheté de monsieur chambol deˇla pallisse au lieu deˇbehé quj est la premiere terme qu°il aye faict/ faict ledict jour et an aux bonnez deˇbehé|

135 Les pages 82–85 ont été écrites avec une plume plus fine ou sont peut-être d'une autre main.

Aujourd°huj 15$^{e}$ avril 1667 j°ey faict commencer de planter une vigne de˘sepin noir au˘lieu des bonnetz au˘dessous des batimentz et proche mon grand pré de˘laseigne/ faict ledict jour et an/

L°anneé 1667 au mois de juin monsieur le compte de˘s$^{t}$ geran a espousé madame de monterville a paris laquelle est de normandie/

Nota que le jour s$^{t}$ roc 1667 est deceddé janne goyard ma soeur femme a maist$^{r}$e françois jolly| et a esté enterree dans l°eglise des cordeliers proche la tombe de messieurs du bouchaud| et n°avoit demeuré en mariage avecq son mary que deux ans|

Nota que le premier decembre 1667 j°ey mis francois goyard mon filz a˘molins chez monsieur vernois procureur a˘molins moyennant la˘somme de cinquante escus par an et dix livres d˘épingle| faict ledict jour et an|

**(83)**

Le vingtrois decembre 1667 est déceddé maist$^{r}$e francois [~~xxx~~] chartier escuier de˘son altesse capitaine et ballif de jallignj mon beaufrere| lequel est deceddé dans sa maison aux chartier| et a esté enterré dans l°eglise de sorbier ledict jour au devan du crusifict| faict ledict jour et an|
*G*

Aujourduy septiesme fevbrier mil six cens soixante huict jehanne goyard ma fille a esté marihéé avec maist$^{r}$e ~~francois~~ claude fallex filz de francois/ de˘la ville de˘la pallisse| ledict mariage faict et celebré a bert part monsieur le˘curé de˘lubier et monsieur le˘curé de bert nomme messi$^{re}$ benoist boulleé| faict ledict jour et an| *G*

Aujourd°huj vingt neufiesme juin 1668 est decedé maistre anthoine goyard le tanneur mon frere| et a esté enterré dans nos tombes au melieu de˘l°esglise[136] du costé de˘s$^{t}$ orin part messi$^{re}$ benoist boulleé presbtre curé de˘bert| et est deceddé dans la maison de monseigne$^{ur}$ chasseray| *G*

136 En marge : *de˘bert*.

**(84)**

Aujourd°huj dernier juin 1668 madame de monterville la mere avecq madame la contesse de˘st geran sa fille ont faict leur entreé a˘st geran et de˘la a˘la pallisse le 8e juillet| ou on a faict grande rejouissance| faict ledict jour et an|

Le 20e juin 1669 messire benoist boulléé presbtre curé de|bert a a^porté un soleil pour porter le˘bon dieu quj est d°argent| qu°il a prains a clermont| quj a cousté quarente cinq livres| lequel argent c°est trouvé du revenut de la fabricque rendu de compte part les heritiers feut maistre anthoine goyard| faict ledit jour et an|
Nota que˘le saisiesme juin 1669 foire a˘la pallisse la chapelle et le clochier du chateau sont bruslé par le moyen du feu quj estoit dans une cheminee de˘la ~~cus~~ quysine et c°est faict un grand desordre pour em^pecher de brusler le chateaut/

Nota que˘le 21e aoust 1669 maistre martin chartier mon beau pere est deceddé ~~amolins~~ a˘mo^lins en˘sa maison| et a esté enterré dans l°église des carmes aupres de˘la porte du coeur de˘la chapelle de nostre dame au couingt de˘l°autel du˘costé gauche et a˘donne de fondation troist cens livres| priez dieu pour son ame| faict aux bonnez le 8e septembre audict an| *G*

**(85)**

L°anneé 1671 au mois de juin le roy de poulongne est venu demeurer au chasteau de molin part ordre du roy de france quj luy donné part an six cens mille livres pour son entretien a cause qu°il avoit remis au roy de france le rauiaume de poullongné/

Ladicte anneé sy dessus et au mesme mois la princesse ~~de~~ d°almagne c°est retireé audict molins revenant des˘bains de bourbon et de˘la est allé a˘paris pour veoir le roy|

La mesme annee est venut a˘mo^lins le chancelier d°angleterre quj avoit esté exillé| et c°est rendu au roj de france quj luy a donné retraicte a˘molins| lequel estoit huguenot et avoit a˘sa suitte cinquante ou soixante [~~xxx~~] homme d°ordinaire et venoit a˘ses fraictz[137]| son frere avoit espousé la˘seur du roy d°angleterre|

137 *fraictz* : *frais*

Le 13e de juillet 1671 est decedde monsieur le duc d°anjou a˘verseil| ce˘quj a aucasionné la retraicte du roy quj estoit allé en flandre|

**(86)**

L°année 1658 au mois décembre le roy louis 14e est party de paris| et est venut a dijon ou jl a demeure quinse jours et de˘la a˘lion ou jl a demeure trois semaine/ et de˘lion a passé par la pallisse le jour st anthoine 17e jenvier 1659 ou jl a diné au logis de l°escu avec la reine sa mere et monsieur le duc d'enjou son frere/ et ledict jour est allé couché a varenne sur allier/ le 19e dudict mois de jenvier sy dessus jl est allé couché a˘molins au chateau| le lendemain monsieur de˘st geran gouverneur de˘la province l°a traicté avecq la raine monsieur le duct d°anjoux et mademoiselle de monpenssier| lequel jour[138] monsieur delerj lieutenant de˘la province a [~~xxx~~] faict baptizer un filz la ou le roy a esté parrin et madame de˘st geran mareinné| ledict jour le roy a nommé monsieur henry filz de messire de st geran/ monsieur le compte de˘la pallisse au chaptel de molins/ faict a chastel perron le 24e jenvier 1659|

Goyard

**(87)**

Le dernier jour de jenvier 1659 messire claude de˘la guiche seigneur compte st geran ~~est~~ gouverneur du bour^bonnois est decedé au chastel de molins [~~xxx~~][139]| Ladicte annee les tailhes ont esteé amasseé dans le bourbonnois part les dragons du roy quj ont faict beaucoupt de maux|

Ladicte annee 1659 les jour st george sainct marc et le lendemain jl a faict grande geleé quj a presque gellé tous les bledz les vignes et les noiers| l°uille ne valloist que quatre frans le post| et apres la gelleé elle a vallut huict livres tournois| faict ledict jour et an|

*PG*

---

**138** *jour* en marge.
**139** [~~xxx~~] : deux lignes.

**(88)**

Le XIII^e octobre 1659 messire claude de˘la guiche seigneur comte de˘s^t geran et gouverneur du bourbonnois[140] a esté prains dans son sercul audict s^t geran et condhuict dans la[141] chapelle de˘la ville de˘l^a pallisse| et a esté/[142] enterré le lendemain 14^e dudict mois dans la voste[143] de˘la dicte chapelle au dessoubz de messieurs de chabanes ses ayeulz| faict ledict jour et an/
Le sixiesme jour de juin 1660 a sainct jehan du lud en espagne la paix generalle a este faicte entre le roy d°espagne le roj de france et tous les praınces crestiens[144] et autres potentas ou les deux rois se˘sont enbrasséz|
Ledict jour le mariage de louis XIIII^e roy de france a esté faict avecq l jnfante d°espagne assisté de˘la regne mere monsieur le cardinal ~~maz~~ mazarin et toute[145] la cour|

**(89)**

Le huictiesme mars 1661 monsieur le cardinal mazarin est deceddé au˘bois de vinssaine quj estoit ministre de˘l°estat| faict a chastel perron le 17 dudict mois et an|

Goyard

Le XX^e septembre 1661 monsieur le prince de condé a˘prains possestion de˘la duche de bour^bonnois qu°il a eust du roy part eschange a celle d°albret| faict ledict jour et an|

Le jour s^t jehan 1664 la gresle a battu tout entierement la parroisse de°bert et autre circonvoisines ou jl n°est rien demeuré/ et n°on[146] pas peu avoir du bled pour semer|

---

140 *et gouverneur du bourbonnois* rajouté à la fin de la note, avec signe de renvoi : ++.
141 *la* : *l* corrigé sur *c*.
142 / marque l'espace entre deux mots.
143 *voste* : *voûte*
144 *crestiens* : le deuxième *e* corrigé sur *h*.
145 *toute* : le premier *t* corrigé sur *c*.
146 *non* : *n'ont*

## (90)

Le 15 juin 1664 est passé en bour^bonnois le legat du pappe| et c°est embarqué a rouanne et dessendu par eaue assisté de six esvesques huict cardinaux et douse archevecque| et avoit avecq luy huict ou neuf cens hommes tant a˘pié que a˘cheval| et auparavant que d°aller a paris a˘sejourné a fontaine^bleaud| faict ledict jour et an/

Ladicte année 1664 messi$^{re}$ de coullignj[147] a esté commandé par le roy louis 14$^{e}$ d°aller dans l°empire pour donner secours a°lempereur contre le turc et estoit general de˘l°armeé de dix mille homme avecq messi$^{re}$ de˘s$^{t}$ geran/

## (91)

Nota que le dix septiesme avril 1657 j°ey mis francois goyard mon filz en penssion vers monsieur du perroux presbtre curé de nostre dame de~~l~~ ~~gouttes~~ laurette aux gouttes moiennant la˘somme de 4$^{xx}$[148] livres pour un an pour norriture et ainstruction| faict a chastel perron ledict jour et an| Goyard

Le sixiesme jour d°aoust audict [~~xxx~~] an 1657 aux gouttes j°ey donné a˘monsieur du peroux presbtre curé des gouttes la˘somme de vingt livres tournois pour un quartier de˘la pention de françois goyard mon filz escheue au X7$^{e}$ juillet 1657| de˘laquelle somme <je *m*j> je tiré quitence| *G*

Le 10$^{e}$ jenvier 1658 j°ey donné a˘messi$^{re}$ le curé des gouttes sy dessus 20 $^{l}$i$^{b}$vres pour la pention de mon petit francois| desquelles 20 $^{l}$i$^{b}$vres <livres> et ledict si dessus jl m°a donné quitance|

## (92)

Le 20$^{e}$ avril 1658 j°ey donné a monsieur du perroux curé des gouttes quarente livres pour parachever la penssion de francois goyard mon filz| dont jl m°a donné quittence| faict ledit jour et an|

---

**147** *coullignj* : *i* corrigé sur *g*.
**148** *4xx* : *80*

Ledict jour sy dessus j°ey faict marché avecq ledict sieur curé pour six mois pour tenir encore mon guarcon moyennant quarente livres tournois lesquelz sixˇmois escherron au prochin jour de novembre 1658|

Le XXI$^{e}$ avril 1660 j°ej retiré des gouttes mon guarsson que j°ej amené a chastelle per$^{on}$| lequel jour j°ej donné a messi$^{re}$ du perroux son maistre 30 $^{l}$i$^{b}$vres <livres> pour reste deˇla pension des deux annee qu°il a demeure avecq ledict sieur du perroux| faict ledict jour etˇan|

Le jour s$^{t}$ laurend 1661 le filz de monsieur simon le procureur d°office du dojon[149] a esté tué a la porte deˇson logis du[150] coupt de fusil| et n°a jamais sceut parlé| et mort sans confession|

## Deuxième cahier

### (1)

1678–1713[151]

Mesmoires et remarques faittes par moy françois goyard filz mai$^{s}$tre phelibert goyard mon pere jceluy filz mai$^{s}$tre blaize[152] goyard mon grand pere suivant leurs jmitation estant a marseigne fermier en l°annee 1673| *FG*

Trouve dans la succession de deffunt ioieph goyard par moy claude gayot qui a epousé sa veufve le 25 novembre 1710[153]|

### (2)[154]

### (3)

Aujourdhuy douziesme[155]

**149** *dojon* : *donjon*
**150** *du* : *d'un*
**151** Indication des dates écrite au crayon, peut-être par un bibliothécaire.
**152** *blaize* : *b* corrigé sur *p*.
**153** Note écrite par Claude Gayot.
**154** Page blanche.
**155** Le reste de la page est vierge.

**(4)**[156]

**(5)**

Memoires de françois goyard[157]
Aujourd°huy vingt sixiesme jour de mars mil six centz soixante et treze jour des rameaux entour l°heure de deux apres midy est né jozeph goyard filz de francois et de claudine dorat ses peres et meres| lequel a˘este baptize a marseigne par mai^s^tre leger guait presbtre curé dudit lieu| et a este son parrain mai^s^tre anthoine dorat son grand pere et marraine jeanne chartier sa grand mere en presense de mai^s^tre gilbert garreau chirrurgien de la˘ville de jalligny son oncle mai^s^tre claude bernard nottaire royal demeuran^t^ audit marseigne qui ont signés avec moy| et non pas ledit s^r^ curé lequel deceda le sixiesme avril suivant| et de˘la mesme annéé le˘present mesmoire crainte que ledit s^r^ cure n°en aye fait n°ayant este treuvé aucun regist^re^ baptistaire apres sa mort| dont

**(6)**

et dequoy j°ay requis acte audit s^r^ bernard nottaire royal pour servir et valoir en temps et lieu ce˘que de raison ce˘jourd°huy le dixiesme avril mil six centz soixante et treze en presense des soubzsignes|

*A* Dorat *F* Goyard

*G* Garreau

C Bernard nottaire royal

**(7)**

Aujourd°huy quinziesme avril 1673 pandant la˘nuit est tombe grande quantitte de˘neiges et jl y en avoit en des endroitz a˘marseigne plus de demy pied/ et l°on m°a˘dit qu°il y en avoit bien un pied du coste de˘beé|

F Goyard

Aujourd°huy premier jour d°octobre mil six centz soixante et quatorze a este baptize francois goyard filz de mai^s^tre francois goyard procureur d°office de chastelperron et fermier de c[e] prieure de marseigne et de claudine dorat ses pere

156 Page blanche.
157 Titre écrit par Jacques Goyard ; les pages suivantes sont de la main de François Goyard.

et mere| et a este parrain mai^s^tre françois chartyer baillif de jalligny advoc^at^ de parlement et lieutenant particulier en la chastellenie de chaveroche et marraine damoise^lle^ jeanne dorat femme mmai^s^tre francois paradis marchand de moulins| et est neé le dernier septembre precedant jour entour l°heure de dix a unze du soir jour de˘dimanche| et a este baptize

**(8)**

par moy soubsig^ne^ curé de marseigne qui en ay fait un regist^re^ baptistaire qui en le˘present sont confor^mes de˘datte| le present pour servir et valoir ce que de˘raizon|
Et le[158] jour de[159] ledit françois goyard est decedé audit marseigne et enterré dans l°esglize dudit prieuré par mai^s^tre jean mayenure presbtre curé dudit lieu en presense de m^r^ *d*illaud et m^r^ *mil*li*s* de nevers/
Le vingt neuviesm^e^ jour de novembre 1675 j°ay vandu mon domaine de chez le baillif a mon beaufrere falaix l°ayné par˘devant monsieur terret nottair^e^ royal a˘la˘pallisse|

**(9)**

Jl est a noter qu'en l°anneé mil six centz soixante et douze le douziesm^e^ jour de septembre est decedde mai^s^tre phelibert goyard mon peré entour l°heure de neuf a dix heures du matin et a este ensepulturé en l°esglize de˘béé soubz la tumbe des goyardz le landemain| fait ledit jour| *F* Goyard

Le dernier jour de febvrier mil six centz soixante et dix huit est deceddeé jeanne chartier ma mere au lieu des bonnetz entour l°heure de˘deux a˘trois apres midy| et a este jnhuméé[160] le lendemain soubz la mesme sepulture que mai^s^tre phelibert goyard mon pere par m^r^ le cure de˘bee[161] assiste de m^r^ le cure de˘moncombro*uz*| et son servise a esté fait le cinquiesme mars audit an|

*F* Goyard

158 Blanc après *le*.
159 Blanc après *de*.
160 *jnhumée* : *j* corrigé sur *e*.
161 *par mr le cure debee* au-dessus de la ligne.

**(10)**[162]

**(11)**

Le vingt huitiesme jour d°aoust mil six centz soixante et dix sept entour l°heure de cinq heures du matin est deceddéé claudine dorat ma femme au bourg de voumas| et a este enterréé dans la sepulture de sa mere en l°esglize dudit lieu le lendemain jour de dimanche| en foy de˘quoy j°ay˘signe/

*F* Goyard

Le vingt deux janvi^er 1685 entour l°heure de cinq du˘soir est decede mai^stre claude goyard des laurandz mon oncle| et a este enterré dans nos tumbes de˘l°esglize de bée le 24 dudit mois et an|
Et le vingt sixiesme dudit mois et an est aussy deceddéé dame jeanne goyard ma soeur femme a mai^stre claude falaix de˘la pallisse| et a este enterree a lussier parroiss^e dudit la pallisse le landemain jour de samedy| pour servir de mesmoire aus su*cce*sseurs qui prieront dieu pour le repos de˘leurs ames|

Goyard en bonnetz

**(12)**

Memoire[163] par moy fait joseph goyard fils de francois goyard et claudine dorat ma˘mere du 8^e juillet mil sept cent|

**(13)**

Memoires de joseph goyard

Premierement[164]

J°ay espousé le quinziesme septembre mil six cent quatre vingt et dix huict en l°esglise parroisiale[165] de s^t pierre des menestraux de˘la˘ville de moulins catherine

**162** Page blanche.
**163** Ce qui suit est de la main de Joseph Goyard.
**164** Ce titre est de la main de Jacques Goyard.
**165** *parroisiale* : *par* corrigé sur *colle.*

debard fille de maistr^e pierre debard et de louise godin ces pere et mere maistre coustelier de˘la˘mesme ville de moullins demeurant sur le˘petit *r*is a˘l°enseigne de l'.r [166] couronné| en foy de˘quoy j°ay˘signé| Goyard

Et le quatriesme janvier mil sept cent jour du˘lundy[167] est né petronille goyard environ une heure ou˘deux apres minuit, fille de joseph goyard et de chaterine debard ces pere et mere| a˘esté *b*aptizé [168] en l°eglise de s^t pierre des menestraux de

**(14)**

la˘ville de moullins le mesme jour| son parain et maraine sont maistr^e pierre debard son grand pere et petronille dorat sa˘tante veuve de maistr^e jean paradis marchand de moullins| environ les cinq heures du˘soir| en˘foy de˘quoy j°ay signé| Goyard

Et le dixiesme jour de juin mil sept cent est decedé dame petronille dorat ma˘tante veuve de˘defunct maistr^e jean paradis marchand de˘moullins environ l°heure de six du[169] soir| et a esté jnhumé en l°eglise des reverendes pere jacobins de ceste ville de moullins le˘lendemain au˘soir| en˘foy de˘quoy j°ay˘signé| Goyard

**(15)**

Et[170] le vingtiesme feuvrier mil sept cent et deux est né jeanne goyard un˘lundy matin environ six˘heures et˘demy du˘matin fille de maistr^e joseph goyard marchand et˘de catherine debard ces pere et mere| a esté baptisé le mesme jour en˘l°eglise de˘s^t pierre des menestraux de˘la˘ville de moullins| ont esté parain et marainne maistr^e gilbert papilio maistr^e coutelier a˘l°enseigne du cinq deche*f*re son oncle maternel et jeanne dorat veuve de maistr^e francois paradis marchand de ceste ville de moullins sa˘tante environ les quatres heures du˘soir| en˘foy de˘quoy j°ay signé| Goyard

**166** *l'.r* : *Le Roy* ?
**167** *jour dulundy.* au-dessus de la ligne.
**168** b*aptizé* : *z* corrigé sur *st*.
**169** *du* : *d* corrigé sur *s*.
**170** *Et* : *e* corrigé sur *l*.

Et le cinquiesme jour de˘may mil sept cent et trois est né louise goyard un samedy au˘soir environ les six˘heures et demy du˘soir fille de maistre joseph goyard marchand et˘de catherine debard ces pere et mere| a esté baptizé le lendemain jour de˘dimanche en l°eglise de˘st pierre des menestraux de la˘ville de moullins| ont esté parrain et marraine maistre antoinne paradis marchand de ceste˘ville de moullins et louise godin sa˘grand mere femme

**(16)**

de[171] maistre pierre debard son grand pere maternel| en foy de˘quoy j°ay signé|
Goyard

Et le dernier jour d°octobre mil sept cent quatre un vendredy environ les neuf a dix heures du˘soir est né pierre[172] joseph goyard fils de joseph goyard marchand de˘ceste ville de moullins et˘de catherine debard, ces pere et mere ~~ont est~~| lequel a esté *b*aptisé le lendemain au˘soir jour de toussaint en˘l°eglise de˘st pierre des menestraux de ceste ville par maistre francois xavier de la˘menardiere l°un des douze et˘vicaire de ladite esglise| ont esté parrain et maraine maistre pierre deschamps marchand drapier de ceste˘ville et˘dame jeanne debard femme au˘sr jacque landois mon beaufrere| en˘foy de˘quoy j°ay˘signé|
Goyard

**(17)**

Et le troisiesme juin mil sepcent deux est decedé jeanne goyard fille a joseph goyard et catherine debard| et˘a˘esté enterré a bresole le mesme jour par monseigneur michel curé dudit lieu| en foy de˘quoy j°ay signé| Goyard

Et le vingt septiesme novembre mil sept cent cinq est decedé *b*ierre joseph goyard fils de˘joseph goyard et[173] catherine debard| a este enterré dans l°eglise paroisiale d°izeure devant l°autel de˘st pierre le mesme jour par maistre ga*mmon*et vicaire dudit lieu| en˘foy de˘quoy j°ay˘signé| Goyard

---

**171** *de* : *d* corrigé sur *l*.
**172** *pierre* : *p* corrigé sur *jo*.
**173** *et* : *e* corrigé sur *c*.

**(18)**

Et le quinziesme jour de septembre mil sept cent et six un jour de mercredy environ les deux ou trois heures duˇmatin est né jacques goyard fils de joseph goyard marchand de cesteˇville de moullins etˇde catherine debard cesˇpere et mere| lequel a esté baptisé le mesme jour environ les trois a quatres heures du soir en l°eglise deˇs$^{t}$ pierre des menestraux deˇcesteˇville par maistr$^{e}$ claude de rochefort neveu de maistr$^{e}$ de savegnar curé de ladite eglise et l°un des vicaire deˇcelle| ont esté parain et maraine maistr$^{e}$ jacque landois marchand de bois de ceste ville et damoisel$^{le}$ jeanne taillefert femme auˇs$^{r}$ marcellin marchand drapier deˇceste ville| enˇfoy deˇquoy j°ay signé|

Goyard

Et le ving[174]
Suivent les memoires deˇclaude gayot qui a epousé en 1710 catherineˇdebard veuve de joseph goyard[175]|

**(19)**

Et le quatorses iour de mars mil sept cent dix [~~xxx~~] est décédé maist$^{re}$ ioieph goyard, et aˇesté entérré aux carme deˇmoulins| aˇlaissé catherinne debard sa veufve louise goyard et iacque goyard mineurs|
Et le 25 novem$^{bre}$ mil sept cent dix claude gayot marchand at epousé catherinne debard fille de maist$^{re}$ pierre debard maistr$^{e}$ coutelier de cette ville de moulins etˇde louise godin ses pere, et meres, et veufve de ioieph goyard|
Etˇle quinse iour de octo$^{bre}$ mil sept cent onse environ les deux heures du matin est né petronille gayot fille de claude gayot, etˇde catherinne debard ses peres, et meres| laquelle aˇesté baptisé aˇs$^{t}$ pierre des menestraux de moulins par m$^{r}$ labé melet lˇun des douses| aˇesté parain[176] antoine gayot ~~et~~ freré esné de claude gayot

174 Ici se termine le journal de Joseph Goyard.
175 Cette note est de Jacques Goyard. Les pages suivantes ont été écrites par Claude Gayot.
176 *parain* : *i* corrigé sur *r*.

**(20)**

et maraine[177] dame pétronille debard femme a mr papillo maistre coutelier de°ceste ville de moulins| i˘estoit pour lors a˘paris|

C Gayot

Et le neuf iour de feuvrier mil sept cent treises est décédé pétronille gayot| a esté enterré au semetierre d°yseure sous la tombe de mr hatié| fille de claude gayot, et de catherinne debard ses peres, et meres| laquelle prie dieu pour nous

C Gayot

**(21)–(22)**[178]

**(23)**

Ie soussigne claude, et catherinne[179] ma famme reconnoissons [~~xxx~~] en qualité de tuteur ~~avoir repris lins~~ des mineurs de deffunt ioieph[180] avoir repris l°instance contre la veufve, et les heritiers de˘deffunt chartier| la^quelle est pendante en cette cour au raport de mr devilaine|
Barbaras procureur mr lomet avocat

**(24)–(40)**[181]

**177** *maraine* : deuxième *a* corrigé sur *e*.
**178** Pages blanches.
**179** Blanc après *catherinne*.
**180** Blanc après *ioieph*.
**181** Pages blanches.

## Troisième Cahier

### (1)

1713–63[182]

Ce˘qui suit jusqu'en l°anneé mil sept cent treize ------- a éte extrait d'un livre trouvé dans les papiers de feu joseph goyard pere de moy jacques; et dans de vieux contrats de mariages et autres actes notariez.

==================================================

Blaise goyard procureur d'office en la chatellenie de chaveroche epousa[183] benoiste alix.

Il mourut le douze septembre mil six cent quarante trois et fut enterré en l°eglise de beé pres l'autel de s[t] roch.

Le dit blaise goyard, suivant un extrait baptistaire signé blaise goyard prestre, fut baptisé le 4 juillet 1568 en la˘paroisse de beé, il etoit fils de˘gilbert goyard et antoinette fongarnand. parains maît[re] blaise terrier et francois chevrot| maraine claude mandin.[184]

Leurs enfans furent philibert[185], antoine, claude et blaise, marie et jeanne et autres qui moururent en˘bas-age.

Le dit philibert goyard juge de quiriel et procureur d'office en˘la chalellenie[186] de chaveroche epousa jeanne chartier.

Il naquit le quinze may mil six cent-un. ou mil six cent unze.[187]

Il mourut le douze septembre mil six cent soixante douze a neuf ou˘dix heures du matin et fut enterré le˘landemain en l°eglise de beé sous la tombe des goyard.

---

**182** *1713–63* en marge, écrit au crayon par une autre personne. Le texte qui suit est de Jacques Goyard.

**183** *epousa* : *p* corrigé sur *s*.

**184** Note rajoutée à la fin de la page avec signe de renvoi : ++ ; *Il mourut ... mandin* en caractères plus petits, passage peut-être rajouté ultérieurement.

**185** *philibert* souligné par l'auteur.

**186** *chalellenie* : lapsus pour *châtellenie*.

**187** *Il naquit ... unze* en marge, en caractères plus petits.

(2)

Et la dite jeanne chartier sa femme mourut au˘domaine des bonnets a˘trois heures aprés midy le dernier fevrier mil six cent soixante dix huit et fut enterreé le landemain sous la meme sepulture ~~d~~ que philibert goyard son mary par m^r le curé de beé et celuy de moncombroux|
François goyard procureur d'office de chatelperron etoit fils dudit philibert goyard et de ladite jeanne chartier| il[188] naquit a minuit le dix octobre mil six cent quarante huit et fût baptisé le landemain| furent parain francois chartier procureur d'office de chatelperron son oncle, maraine damoiselle jeanne vichy.|

Le dit francois goyard epousa claudine

(3)

dorat fille d'antoine ~~jaqu~~ dorat et de magdelaine jacquet de˘la˘paroisse de˘vomas| le˘mariage fut celebré dans l°eglise de˘beé, le dix sept novembre mil six cent soixante et unze.

La dite claudine dorat avoit deux soeurs jeanne et petronille. la˘premiere avoit epousé francois paradis marchand a˘moulins, et l'autre jean paradis son˘frere aussi marchand audit moulin[189]|

La dite claudine dorat etoit neé aux gouttes un vendredy a trois ou quatre heures du soir l'an mil six cent quarante trois.

Le vingt six mars mil six cent soixante treize jour du˘dimanche des ramaux a deux heures apres midy ou environ[190] naquit joseph goyard fils de francois goyard et de claudine dorat, fût baptisé a marseigne, furent parain antoine dorat son grand pere et maraine jeanne chartier sa grand-mere.

(4)

La ditte claudine dorat mourut le vingt-huit aoust mil six cent soixante et˘dix sept. et fut enterreé dans l°eglise de vomas dans la sepulture de sa mere.

---

**188** *il* au-dessus de la ligne.
**189** Note rajoutée à la fin de la page, avec signe de renvoi : +++.
**190** *jour ... environ* rajouté à la fin de la note, avec signe de renvoi : ++.

Petronille dorat soeur de la dite claudine mourut a˘moulins le dixieme jour de juin mil sept cent, a six heures du˘soir et fut inhumée en l°eglise des peres jacobins de la dite ville.
Elle ne laissa aucun enfant.

Jeanne dorat autre soeur de ladite claudine mourut a[191] le[192] Et fut inhumée[193]/
Elle ne laissa aucun enfant.

**(5)**

Le dit joseph goyard marchand a˘moulins[194] fils unique de francois goyard et de claudine dorat epousa le quinze septembre mil six cent quatre vingt dix huit en l°eglise de s^t^ pierre des menestraux de cette ville de moulins catherine debard fille de˘pierre debard et de louise godin.
Le contrat de mariage est reçeu cant*al* notaire a˘moulins le quatre septembre 1698.

Petronille goyard fille dudit joseph goyard et de catherine de^bard naquit[195] un lundy quatrieme janvier mil sept cent a une heure apres minuit.[196] fut baptisée en˘l°eglise de s^t^ pierre a˘moulins le meme jour. furent parain pierre debard son grand pere et petronille dorat sa tante.

Est morte en bas-age.

**(6)**

Le vingtieme fevrier mil sept cent deux jour de lundy environ six heures et˘demie du˘matin est né jeanne goyard fille de joseph goyard et de catherine debard ses pere et mere| a été baptiseé le meme jour en l°eglise de s^t^ pierre des menestraux de la ville de moulins: ont été parain et maraine gilbert papillo et jeanne dorat veuve de françois paradis sa tante environ les quatre heures du soir.

---

**191** Blanc après *a.*
**192** Blanc après *le.*
**193** Blanc après *inhumée.*
**194** *marchand amoulins* rajouté à la fin de la note, avec signe de renvoi : +.
**195** *naquit* au-dessus de la ligne.
**196** *a une heure apres minuit* rajouté à la fin de la note, avec signe de renvoi : +++.

Ladite jeanne goyard deceda le troisieme juin mil sept cent deux et fut enterreé a˘bressoles le˘même jour par m$^{r}$ michel curé dudit lieu.

**(7)**

Le cinquieme may mil sept cent trois un samedy environ les six heures et˘demy du˘soir est neé louise goyard fille de joseph goyard et de catherine debard ses pere et mere, a été baptisée le landemain en l°eglise de s$^{t}$ pierre des menestraux de˘la˘ville de moulins: ont été parain et maraine antoine paradis marchand de cette ville de moulins et louise godin sa˘grand-mere femme de˘pierre ~~de~~ <pierre> debard son grand-pere maternel.
En may le 29 may[197] ou commencement de juin mil sept cent vingt quatre la dite louise goyard epousa sebastien ravateau fils de françois ravateau procureur ès cours a˘moulins|
Le contrat de˘mariage est passé devant amy notaire audit moulins le vingt neuf may mil sept cent vingt quatre.
A la fin de mars mil sept cent vingt six ladite

**(8)**

louise goyard mourut| et fut inhumée en l°eglise des carmes sous la tombe des goyard.
Elle laissa deux enfans qui moururent en˘bas age| l'un le vingt ~~quatre s~~ un septembre mil sept cent vingt sept et le dernier le huit septembre mil sept cent vingt huit.
Le dernier jour d'octobre mil sept cent quatre un vendredy environ les neuf heures et˘demie du˘soir est né pierre joseph goyard fils de joseph goyard et˘de catherine debard ses pere et mere, le^quel a été baptisé le˘landemain au˘soir jour de toussaint en l°eglise de s$^{t}$ pierre des menestraux de cette ville de moulins| ont été parain et maraine pierre deschamps marchand et jeanne debard epouse du˘s$^{r}$ jacques landois beaufrere

---

**197** *le 29 may* au-dessus de la ligne.

**(9)**

dudit joseph goyard.
Le dit pierre joseph goyard mourut le vingt-septieme novembre mil sept cent cinq| et fût enterrée dans l'eglise paroissiale d'izeure devant l'autel de saint pierre le même jour.
Le quinziesme jour de septembre mil sept cent six un˘jour de mecredy environ les trois heures du matin est né jacques goyard fils de joseph goyard et de catherine debard ses pere et mere| le^quel a été baptisé le même jour a˘quatre heures du˘soir en l°eglise de st pierre des menestraux de cette ville de moulins par mr claude de rochefort neveu de mr de savignac curé de ladite eglise et l'un des vicaires d'icelle: ont été parain et maraine mr jacques landois marchand de bois de cette ville et

**(10)**

jeanne taillefert epouse du˘sr marcelin marchand drapier de˘ladite ville.
Le dit joseph goyard et ladite catherine de˘bard sa femme eurent encore quelqu'autre enfans qui moururent en˘bas age dont ledit joseph˘goyard a obmis d'ecrire la naissance et la˘mort|
Le quatorze mars mil sept dix est decedé le dit joseph goyard agé de trente trois ans et huit jours. il fût inhumée en leglise des carmes de moulins sous une tombe où est gravé son nom prés le tombeau qui est audevant du˘grand-autel de˘ladite eglise.

**(11)**

Catherine debard veuve dudit joseph goyard epousa en secondes noces le sr claude gayot le vingt cinq novembre mil sept cent dix.

Le contrat de mariage est˘pardevant amy notaire a moulins. ledit claude gayot mourut le trois fevrier mil sept cent quarante quatre| et fut enterré˘en l°eglise des carmes a˘moulins sous la tombe des goyard.

Le quinze octobre mil sept cent unze environ les deux heures du˘matin est née petronille gayot fille de claude gayot et˘de catherine debard ses pere et mere| laqu'elle a˘été baptisée dans l°eglise de st pierre des menestraux de cette ville de moulins par mr labbé melet l'un des vicaires de˘la^dite eglise: ont été parain et maraine antoine gayot marchand de˘bois frere ainé dudit claude gayot et petronille debard femme du˘sr papillo.

La dite petronille gayot deceda le neuf fevrier mil sept treize et fut inhumée au simetiere

**(12)**

de la˘paroisse d°izeure, sous la tombe des hatier.

Genealogie de moy jacques goyard.

Gilbert goyard et
antoinette fongarnand
Blaise goyard et benoite alix — en˘ce livre feuill$^{e}$ ou˘page I.

Philibert goyard fils dudit blaise
et jeanne chartier — page I.

Francois goyard fils dudit philibert
et claudine dorat — page 2.

Joseph goyard fils dudit françois
et catherine debard — page 3. 5.

Et moy jacques goyard fils dudit
joseph ay epousé margueritte
lomet ainsi qu'il sera dit cy aprés — page 9.
en ce livre˘page 16.

**(13)**

Genealogie de margueritte lomet mafemme.

---

Louis lomet epousa en mil six cent vingt huit margueritte chapelle veuve de s$^{r}$ gilbert berna*ch*ion| le contrat de˘mariage est˘par˘devant vigier notaire a˘moulins le vingt deux novembre mil six cent vingt huit.

Noble louis lomet avocat en˘parlement fils dudit louis (premier) et de margueritte chapelle epousa en mil six cent cinquante cinq suzanne aladanne fille de dame marie bourtil et de s$^{r}$ claude aladanne juge certifficateur au˘baillage de s$^{t}$ pierre-le-moutier|

Le contrat de˘mariage est˘par˘devant vigier notaire a moulins le dernier janvier mil six cent cinquante cinq| et ont signé au˘contrat

## (14)

claude lomet avocat en˘parlement frere dudit louis (deux). toussaint lomet conseiller du˘roy receveur des tailles en la˘generalité de moulins frere de louis (premier) et oncle de louis (deux) et jean aladanne frere de la dite suzanne.

Noble francois lomet avocat en˘parlement fils de louis (deux) et de ladite suzanne aladane epousa le dernier jour de l'année mil six cent quatre vingt seize marguerítte deruisseau fille de gilbert deruisseau et de anne berroyer.

Le contrat de˘mariage est par˘devant croizier notaire a˘moulins le vingt-un decembre mil six cent quatre vingt-seize.

## (15)

Le dit sr francois lomet deceda le huitieme decembre mil sept cent vingt six age d'environs[198] ans| et fut inhumé en l'eglise des augustins a˘moulins sous la tombe ou est gravé son nom qui est dans ladite eglise a droit un˘peu˘plus haut que le˘benitier.

Jl laissa trois enfans de son mariage savoir marianne qui mourut fille[199] en aoust mil sept cent trente trois ~~et f~~ agée d'environs[200] ans| laquelle fut inhumée dans l°eglise des augustins sous la meme tombe que son˘pere.

Louis lomet qui mourut a orleans en˘janvier mil sept cent trente huit, agé d'environ[201] ans.

Et margueritte[202] lomet neé le sept fevrier mil sept cent douze|

198 Blanc après *d'environs*.
199 *fille* au-dessus de la ligne.
200 Blanc après *d'environs*.
201 Blanc après *d'environ*.
202 *margueritte* souligné par l'auteur.

**(16)**

Le dix neuf octobre mil sept cent trente quatre je soussigné jacques goyard fils de joseph ay epousé en l˘eglise de s$^{t}$ pierre des menestraux de cette ville de moulins margueritte lomet fille de margueritte deruisseau et de feu françois lomet avocat au˘parlement|

Le contrat de mariage est par˘devant berroyer notaire audit moulins le dix sept octobre mil sept cent trente quatre.

Goyard

Le dix janvier mil sept cent trente six est né claude joseph goyard fils de jacques goyard et de margueritte lomet ses pere et mere, lequel a été baptisé en l°eglise de s$^{t}$ pierre des menestraux de cette ville de moulins: ont été parain et maraine sieur claude gayot marchan$^{d}$

**(17)**

mary de la˘grand mêre paternele et margueritte deruisseau grand-mere maternele.

Goyard

Le dit claude joseph goyard mourut chez sa nourice au faubourg des carceaux de cette ville de moulins le treizieme juin mil sept cent trente sept a huit heures du soir| et fut enterré a izeure le landemain.

Goyard

Le dix neuf avril mil sept cent trente huit a unze heures trois quarts du soir est né jean joseph goyard fils de jacques goyard et de margueritte lomet ses pere et mere| lequel fut baptisé le landemain en l°eglise de s$^{t}$ pierre des menestraux de cette ville de moulins: ont été parain et maraine jean berroyer notaire audit moulins et catherine debard sa grand-mere paternele[203]|

Goyard

**203** *paternele* : *p* corrigé sur *m*.

**(18)**

Le seize juin mil sept cent trente neuf a <a> sept heures cinquante sept minutes du matin est neé agnès goyard fille de jacques goyard et de margueritte lomet ses pere et mere, laquelle fût baptisée en l°eglise de s[t] pierre des menestraux de cette ville de moulins: ont été parain et maraine le˘s[r] girard maitre des postes a moulins et agnès landois epouse du s[r] lomet avocat en˘parlement.

Goyard

ma cousine germaine G.D.
Ladite agnes goyard est decedeé le 13. septemb[re] 1741. et enterreé en˘la paroisse de souvigny lethion où elle estoit en nourice.[204]
Le vingt-cinq mars mil sept cent quarante-un est neé ~~marie catherine~~ catherine-marie.[205] goyard fille de jacques goyard et de margueritte lomet ses pere et mere: laquelle fut baptisée en l°eglise de s[t] pièrre des menestraux de

**(19)**

cette ville de moulins: ont eté parain et maraine s[r] lomet avocat en˘parlement mon cousin germain a˘*ca*use de agnés landois sa femme, et catherine dain veuve du s[r] depringy conseiller au˘presidial de moulins

Goyard

Le treize septembre mil sept cent quarante-un environ les deux heures du˘matin est decedeé agnes goyard fille de jacques goyard et margueritte lomet ses pere et mere| et a été enterreé en la˘paroisse de souvigny-le-thion où elle etoit en˘nourice: ageé de deux ans deux mois et ving-sept jours[206]|

Goyard

204 Note rajoutée en caractères plus petits.
205 *catherine-marie* au-dessus de la ligne.
206 Le contenu de cette note reprend celui d'une note précédente (p. 18)

**(19 bis)**[207]

Extrait des registres de˘la ~~senechausseé~~ paroisse de saint˘piere de cette ville de˘moulins|
Auiourd'huy vingt cinq mars mil sept cent quaranteun á esté baptiseé catherine marie neé du même jour fille legitime du˘s[r] jacques goyard conseille[r] du roy grenetier au˘grenier á˘sel de˘cette ville et de damoiselle marguerite lomet, son parain á este sieur antoine lomet avocat en parlemen et maraine dame catherine dain veuve de monsieur vigier de pringy conseille[r] du˘roy en˘la senechausseé de bourbonnois qui ont signés avec moy ainsy signé lomet, dain de pringy et chavrier vicaire|

Je soussigné greffier en˘la senechausseé de bourbonnois *et*˘*s*iege presidial de m*o*ulins certiffie l'extrait cy dessus conforme á˘la˘minute qui est deposé au greffe de˘la senechausseé de bourbonnois en˘vertu de˘la declaration du roy de l'anneé 1736. fait à˘moulins ce premi[er] septem[bre] 1749. approuvé la rature d'un mot á la premiere ligne./.

Libau[xxx]
r

**(20)**

Le ~~31~~ trente-un octobre mil sept cent quarante trois a sept heures trois quarts du˘matin est née cecile goyard fille de jacques goyard et margueritte lomet ses pere et mere| elle fut baptisée le landemain en l°eglise de s[t] pierre des menestraux de cette ville de moulins.[208] a été parain pierre bouillet jardinier et maraine claudine marion l'une de nos domestiques|

Goyard

---

**207** Il s'agit d'une feuille détachée, écrite dans le sens de la largeur par une autre main.
**208** *elle fut ... moulins* rajouté à la fin de la note, avec signe de renvoi : #.

**(21)**

Le dix mars 1753. mil sept cent cinquante trois catherine debard ma mere veuve en premieres noces de joseph˘goyard mon pere[209] et en secondes noces de claude gayot, rendit son ame a˘dieu et fut enterrée en l°eglise des révérends peres carmes sous la sepulture des goyard qui est a environ douze pieds du tombeau un˘peu a droite.

Goyard

Le mardi seize septembre mil sept cent soixante catherine-marie goyard ma˘fille a eté marié avec m. pierre bourgeois lieutenant particulier a˘la chambre du˘domaine de bourbonnois fils de feu sieur claude bourgeois et de anne reigeron| ils reçurent la benediction nupciale en˘l°eglise paroissiale de $s^{t}$ pierre de moulins. le contrat de mariage est passé par˘devant amy et ~~jarroullet~~ beraud[210] notaires à moulins le quatorze dudit mois de septembre

Goyard

**(22)**

Le vingt cinq juillet mille sept cent soixante-un a quatre heures du matin est né jacques bourgeois fils de˘pierre bourgeois lieutenant particulier au˘domaine de bourbonnois et de catherine-marie goyard ma fille. je soussigné jacques goyard ay ete son˘parain, et sa maraine a eté anne reigneron sa˘grand mere paternelle. le batesme se fit le meme jour en la˘paroisse de $s^{t}$ pierre de cette ville de˘moulins|

Goyard

Le˘lundi treize juin mil sept-cent soixante trois vers midi, margeritte deruisseau veuv$^{e}$ françois lomet avocat, et mere de margueritte lomet ma femme rendit son ame a˘dieu: elle etoit agée d°environ quatre vingt quatre ans| et elle fut inhumée en l°eglise des pères augustins de cette ville de˘moulins le lendemain quatorze juin|

Goyard

---

**209** *pere* : *p* corrigé sur *m*.
**210** *beraud* au-dessus de la ligne.

**(23)**

Le vendredi seize decembre mil sept cent soixante trois environ les neuf heures du˘matin est né jean[211] bourgeois fils depierre bourgeois lieutenant particulier au˘domaine et de catherine-marie goyard ma˘fille. il a˘eté batisé le même jour en l°eglise paroissale de s[t] jean de cette ville de˘moulins. a eté son parain sieur jean reigneron son grand-oncle paternel, et sa maraine margueritte lomet ma femme. representée par cecille goyard ma fille soeur de ladite catherine marie| GD[212]

Goyard

Le lundi vingt-six septembre mil sept cent soixante trois jean-joseph goyard mon˘fils a eté marié avec anne lomet fille de feu[213] maîtr[e] antoine lomet et d'agnès landoys ma cousine germaine. la˘benediction nupciale leur a˘eté donnés en˘la˘paroisse de chemilli, apres la dispense necessaire a˘leur degré de˘parenté obtenu et˘la permission d'epouser hors leur ~~paro~~ propre paroisse. le contrat de mariage est passé le vingt-cinq dudit mois par˘devan[t] amy notaire a˘moulins|

Goyard

**(23 bis)**[214]

Extrait de˘registres des actes de˘bâteme de˘la paroisse de saint˘piere de cette ville de˘moulins

L'an milsept cent quarante trois et le premier novembre est neé cecile goyard fille legitime de monsieur jacques goyard conseille[r] du roy grenetier au˘grenier á˘sel de cette ville de˘moulins et marguerite lomet / á esté baptiseé par˘moy vicaire soussigné| à esté son˘parain pierre bouillet jardinier qui a avec nous signé et sa˘maraine claude marion qui à˘dis ne sçavoir signer enquis ainsy signé piere bouillet et darrot vicaire/

Je soussigné greffier en˘la˘senechausseé de bourbonnois essiege presidial de moulins certiffie l'extrait cy dessus conforme à˘la˘minute qui est deposé

211 Blanc après *jean*.

212 *representée … marie* rajouté à la fin de la note, avec signe de renvoi : #.

213 *feu* au-dessus de la ligne.

214 Il s'agit d'une feuille détachée, écrite dans le sens de la largeur par une autre personne.

au˘greffe de˘la˘senechausseé de˘bourbonnois en˘vertu˘de˘la˘declaration du roy de˘l'anneé 1736. fait à˘moulins ce˘premier septem^bre 1749. Libau[xxx]

**(24 – 57)**[215]

**(64)**[216]

Quittance pour les sa*ns* [217] du preioré du montet a cause du *man*bre d°aultrie faict ce dix septiesme septembre 1656

Blaise Goyard

215 Pages blanches.
216 Pour la numérotation en sens inverse et les pages non transcrites, v. 7.1.1.
217 *sans* : *cens*

# 8 Famille Dusson : *Journal* (1658–1685)

## 8.1 Introduction

### 8.1.1 Les auteurs et leur texte

Claude Dusson (CD), l'auteur principal de ce *Journal*[1] est né en 1641 à Chalancey, commune de Couches(-les-Mines) (dép. de la Saône-et-Loire, à mi-chemin entre Autun et Chalon).[2] Comme son père (qui occupe en outre un certain temps la fonction de *fabricien delesglises st martin de couche* (130)), il exerçait la profession de tisserand.

Sa première femme, Antoinette Gadan (épousée en 1670), mourut en 1684 ; en 1685 il épousa en secondes noces Marie Bault. De ces deux femmes, il eut sept enfants. « Voilà tout ce qu'on sait et tout ce qu'il est vraisemblablement utile de connaître sur ce brave homme » (Fontenay 1875 : 178). Son *Journal* ne nous renseigne pas davantage sur sa biographie. On aimerait bien connaître les circonstances dans lesquelles ce modeste artisan a appris à lire et à écrire, mais à ce propos son texte nous laisse sur notre soif.

Plus maigres encore sont les informations dont nous disposons (sur la base de Fontenay et du *Journal* lui-même) à propos du deuxième auteur, Jacques Dusson (JD), frère de Claude, qui célébra en 1675 ses noces avec Gabrielle Dumarchef. Il y a un troisième auteur, toujours membre de la famille Dusson, mais qui n'est pas identifiable, peut-être un neveu des deux premiers (Fontenay 181) ; nous le désignerons par la suite par le sigle NND.

Outre le texte dû à la famille Dusson, on trouve en plus des notes marginales, quelques mots isolés, des remarques entières ajoutées plus tard par une autre main, peut-être un lecteur du *Journal*, un propriétaire du manuscrit ou un bibliothécaire. Les éléments ajoutés de cette façon seront indiqués dans les notes de notre édition.

Voici la distribution des auteurs sur les pages du manuscrit et selon les années du *Journal :* Claude : pages 2–205, 222–328 ; années 1658–85, mais aucune entrée pour les années 1659, 1664, 1666–67, 1678, 1682. Au cours des premières années (jusqu'à 1663), plusieurs mois restent sans note. Les notes de Claude suivent l'ordre chronologique.

---

1 Nous avons choisi d'intituler notre édition de ce texte *Journal* malgré le titre *Mémoires de Claude Dusson* [...] qui se trouve – écrit par une autre main – en marge de la page 2.

2 Pour les détails biographiques et tout ce qui concerne l'histoire locale, nous nous basons – outre le manuscrit même – sur Fontenay (1875).

https://doi.org/10.1515/9783110482003-009

Jacques : pages 206–221, 368–391 ; années 1665–1723. Son texte ne suit pas l'ordre chronologique : il laisse de grandes parties en blanc, qu'il remplit avec des remarques à dater (beaucoup) plus tard.

NND : pages 328–367 ; années 1671–1703. Il a laissé beaucoup de pages en blanc, son texte ne comprenant en tout que 12 pages.

Aucun des trois auteurs n'a écrit au jour le jour. Il n'est pas facile de déterminer la durée qui sépare les faits racontés du moment de l'écriture. La rareté des remarques pour les années 1658–63 nous fait penser à un laps de temps très important. Pour les années suivantes on observe une certaine régularité : dans le texte de Claude, l'auteur principal, une page du manuscrit correspond en général à un mois de l'année (en moyenne 14–16 pages par année). À la fin – et non au commencement – d'une année, on trouve les indications du type *Descriptions de 1670*, précédées très souvent d'une ou plusieurs pages blanches. L'auteur avait probablement réservé d'avance une certaine quantité de feuilles destinées à accueillir les évènements de l'année, qui furent ensuite recueillis mois par mois.

Le texte est presque entièrement l'œuvre des membres de la famille Dusson. Il y a quand même des passages qui pourraient être recopiés de l'une des gazettes qui arrivaient jusqu'à Couches ; cf. 60–67 : malgré la graphie irrégulière, le texte pourrait être celui de la gazette.

Du point de vue du contenu, les pages écrites par Claude Dusson sont certainement les plus intéressantes ; elles dépassent de loin le cadre d'un simple registre des naissances, mariages et décès d'une famille. L'auteur y enregistre d'abord les évènements qui déterminent la vie d'une commune rurale (sans pratiquement rien dire à propos de son métier de tisserand), les phénomènes météorologiques, les récoltes, le prix des céréales et du vin, les fêtes du village, des accidents, les échos de la grande politique qui ont des répercussions sur la vie du village (passage de troupes de guerre, levées de soldats, effets de la révocation de l'Édit de Nantes sur les *hereticques calvinistes* de Couches, etc.).

Les passages dus à son frère, Jacques Dusson, et à NND, sont plus succincts ; dans le texte de Jacques, le caractère de registre se fait dominant : naissances, mariages, décès, qui ne dépassent que rarement le cadre de la famille. Les autres notes sont peu nombreuses ; elles répètent, en partie, celles de Claude. Même observation pour les quelques pages de NND, qui répète en partie (et parfois littéralement) les notes de Jacques, surtout celles d'intérêt généalogique.

Ce *Journal* maintient en général– comme les autres textes comparables de l'époque – un ton strictement objectif, neutre. Certes, le choix des événements à transmettre par écrit fait transparaître la personnalité, les joies et – plus souvent – les craintes des auteurs (surtout de Claude) : les inquiétudes quant à la récolte et au prix des denrées, la peur des troupes maraudant dans le pays, la résistance de la population campagnarde aux levées de soldats dans le village. Mais c'est une subjectivité implicite qui ne trouve (ou ne cherche) pas de mots pour s'exprimer. Ainsi la révocation de l'Édit de Nantes est-elle commentée de la façon suivante :

> *Pandant cedit mois de nouvembre il ariva ung esdit du roj quj donna bien de la jouoix au catholicque et bien de la fraïheur a tous ceux de la religions huguenotte* [suit le contenu de l'édit de 1685] (315).

Et même les conséquences de cet acte pour les huguenots de la région sont racontées sans aucune trace de sentiment positif ou négatif (304). La mort de la femme de notre auteur est rapportée d'une manière très détachée (309s.) – à part la petite phrase qui laisse transparaître l'état d'âme de l'auteur face aux problèmes matériels et d'organisation de sa vie à ce moment-là :

> *En ce tempt jetoit moy qui parle dans mon mesnages avec mes six anfant donc lesnez navoit que 13 an assez en peinne najant que mon travaille| graces adieu de ce quil faisoit bon vivre* (310).

Comme pour les autres textes de notre recueil de textes privés, il faut tenir compte de l'influence des lectures de l'auteur, sources qu'il nomme lui-même : *Deparis le 24e jeanvier 1668. Un courier arrivé de lisbonne en huict jour sur une fuste a apporté nouvelles au roy* (60 sqq) où *Lon mande de diion du 13e du courant* (66).

Inutile de dire que ce *Journal* était destiné à rester limité au cadre de la famille. Ses auteurs n'ont sûrement jamais pensé à une publication. C'est seulement en 1875 qu'Harold de Fontenay, à cause de l'intérêt de ce texte pour l'histoire locale, l'a rendu public. Il s'agit d'une édition relativement fidèle (mais non complète pour les parties de Jacques et de NND), qui maintient, à quelques exceptions près, la graphie du manuscrit. Les exceptions concernent quelques erreurs de lecture, l'introduction de la distinction <i>/<j>, de majuscules et d'une ponctuation moderne, ainsi que la normalisation des mots amalgamés ou séparés arbitrairement dans le manuscrit. Les résumés donnés en marge sont éliminés. Le rétablissement, enfin, de l'ordre chronologique par l'éditeur du XIX[e] siècle constitue un changement important, qui fait disparaître l'un des traits caractéristiques sur le plan textuel.

Pour pouvoir juger des différences entre l'édition de Fontenay et la nôtre, voici le début du *Journal* de la famille Dusson, comme il apparaît dans l'édition de notre prédécesseur (sans les notes de celui-ci).

> Description de 1658.
> *L'année 1658 ne fuct abondante en aucune sorte de graine, sçavoir pour ce qui est des bled et légumes, car les semeille de l'annez 1657 furent fort contraire pour cause des pluye continuelle, et les chaleur de l'ésté de laditte année 1658 perdirent et brullèrent les tremissages ; pour du*

*vin on en recueillit honnestement. Il tomba de la neiges le 28e jour du mois avril, qui estoit le dimanche de Quasimodo, toutes la journé, dont le monde fuct en grande crainte que la neige ne fuct suivie de gellée qui eusses perdu les vignes et les seigle, parces que les bourgeons des vigne estoient jà grand, et les seigle sortoient en espies. Par la grâces de Dieu, il ne gella aucunement, donc l'espérance d'amasser quelque chauses consolla le peuple, ancore que les bled ne fussent gueire beaux. Le vin coutoit vingt franc et le seigle trente sol et le froment plus. Les bruict de guerre estoient fort grand, et couroit plus de faulces nouvelle que de véritable.*

De Fontenay, historien, accompagne son édition de nombreuses notes qui identifient les personnes mentionnées ou qui commentent d'un point de vue historique les événements racontés pour les insérer dans l'histoire locale. Comme notre ambition n'est de faire de l'histoire locale (ce qui nous serait impossible), nous n'ajouterons rien à ce type de commentaire, pour lequel on se fiera toujours à de Fontenay.

### 8.1.2 Le manuscrit et ses particularités graphiques

#### 8.1.2.1 État du manuscrit, écriture, mise en page

Le manuscrit se trouve à la Bibliothèque de la Société Éduenne des Lettres, Sciences et Arts d'Autun, où il porte la cote M 50. Il comprend 22 cahiers (contenant chacun entre 1 et 10 feuilles) de taille inégale (entre 13 × 18,5 cm et 14,8 × 22,5 cm) ; la reliure (15,8 × 23,5 cm) est en carton, le dos est renforcé par une bande de cuir et porte en lettres d'or le titre *Memoires de Cl Dusson 1648–1692*. Ces dates pourraient correspondre aux dates de naissance et de mort du premier auteur, même si la dernière remarque de sa main date de 1685. Mais l'historien de Fontenay, qui a manifestement fait des recherches biographiques dans les archives, donne 1641 comme date de naissance de Claude Dusson (de Fontenay 178). De toute façon, on peut présumer que les premières pages, celles qui concernent l'année 1658, n'ont pas été pas écrites quand l'auteur avait 10 ans ; et même dans le cas d'un jeune homme de 17 ans, il est peu probable qu'il tienne un livre de famille. On peut en conclure qu'au moins les parties qui se réfèrent aux premières années ont été écrites de mémoire ou, ce qui est plus probable, en copiant un texte précédent (écrit par son père ?).

Le manuscrit est bien conservé, seules quelques feuilles sont rongées en bas par l'humidité.

L'écriture de Claude est sobre, sans trop de fioritures et, en général, bien lisible, même si la forme de certains caractères peut donner lieu à des confusions (v. 8.1.2.4.). L'écriture de Jacques est plus petite et en même temps plus ornée, avec des traits verticaux très longs ; la plume qu'il emploie donne une écriture avec des pleins et des déliés. L'écriture de NND est encore plus ornée, avec nombreuses

« majuscules » (v. 8.1.2.3.) ornementales ; sa plume est plus fine que celle de ses prédécesseurs.

Nous avons laissé la séquence des feuilles telle que nous l'avons trouvée dans le texte, malgré le désordre évident des feuillets qui concernent les années 1684 et 1685. Il faut les lire dans l'ordre suivant : 316–327 = 1684 ; 308–315 = 1685 ; 304–307 = reste de l'année 1685.

La pagination de cette édition est la nôtre ; elle remplace les diverses paginations préexistantes, dues à plusieurs mains différentes.

Le corps du texte laisse à gauche une marge, où l'on trouve des résumés du texte ou des notices supplémentaires, le plus souvent le prix des denrées (froment, seigle, vin) ; dans les textes de Jacques et NND les remarques marginales se font très rares.

En général, nos auteurs ont soin de remplir les lignes jusqu'au bout en ajoutant un trait horizontal, qui est parfois le prolongement de la dernière lettre d'un mot. Les deux premiers auteurs ne coupent pas les mots à la fin de la ligne (hormis les coupures habituelles, cf. à ce sujet 8.1.2.2.) ; NND, le dernier des auteurs, est le seul à effectuer la césure (avec et sans tiret) : *nes-/tois* 333, *blan-/che* 347, *diman/che* 334.

Il arrive à nos trois auteurs de se tromper en écrivant, d'écrire un mot au lieu d'un autre, d'oublier une lettre ou quelques mots. Quand ils se rendent compte d'un lapsus de la sorte, ils se corrigent en rayant un mot, une lettre et en insérant au-dessus la bonne lettre ou le bon mot. On trouve parfois le mot juste en marge, avec un renvoi marqué par le signe ++ à l'endroit où il faut l'intégrer dans le texte.

#### 8.1.2.2 Mots amalgamés/mots séparés

Les amalgames graphiques concernent surtout les mots grammaticaux liés au mot suivant. L'apostrophe n'existe pas dans le texte de Claude, elle est rare chez ses successeurs. Nous avons ainsi chez Claude : *lesté* 2, *dantandre* 8, *cestant* ‹s'étant› 13, *sambarquoient* 35, *ni* ‹n'y› 8, *javions* 105 ; chez Jacques : *lan* 207, *lannés* ‹l'année› 207, *sans* ‹s'en› 374 ; chez NND : *lestant* ‹l'étang› 328, *daoust* 328, *cest* ‹s'est› 332, *ná* ‹n'a› 332.

Mais ces amalgames existent aussi là où l'absence d'apostrophe ne joue aucun rôle ; ainsi Claude : *dubled* 7, *lesbien* ‹les biens› 7, *quelon* ‹que l'on›, *quelebled* ‹que le blé› 18, *aupeuples* 11, *jlne* 22, *quirendit* 23 ; Jacques : *lemardy* 207, *dumois demay* 208, *amain* 370 ; NND : *satante* 331, *leblé* 332, *sevant* ‹se vend› 333, *cetanlá* ‹ce temps-là› 333, *maitanan* ‹mettant en› 362.

Plusieurs mots amalgamés : *dalanviron* ‹d'à l'environ› 114, *etlenom* 207, *mongrandpere* 348.

D'un autre côté, on trouve des mots coupés dans la graphie ; très souvent, le premier élément qui en résulte, ressemble à un mot (grammatical ou non). Claude : *quoy que* 22, *entre prendre* 29, *par tout* 30, *a cheverent* 41, *ne stoit* ‹n'était› 253, *lon tampt* ‹longtemps› 51 ; Jacques : *en fans* 217, *de vint* 369, *tour menta* 373 ; NND : *an viron* 331, *a chetez* 332, *mar chez* 332, *tar dif* 333, *la vocat* 334, *deray sin* ‹de raisin› 332.

Plus rarement, on observe l'absence de l'apostrophe sans amalgame. Claude : *l on* 12, *qu aux* 46, *d an* ‹d'en› 171 ; Jacques : *l heglise* 206, *d hier* 206.

Le trait d'union est inconnu dans les mots composés (et autres cas semblables). Claude : *vingt quatre* 6, *pouvoit on* 31, *cy devant* 239 ; Jacques : *grand mere* 211 ; NND : *vingt huy* 331.

#### 8.1.2.3 Majuscules/minuscules

La situation est identique à celle d'autres textes privés manuscrits de l'époque : pour la forme de certaines lettres, il existe des variantes « décoratives » au commencement du mot. Mais comme ces variantes ne connaissent pas de distribution fonctionnelle,[3] on n'en tient pas compte dans cette édition. Nous avons réservé la majuscule exclusivement pour le premier mot d'une note. Ne seront pas non plus prises en considération d'autres variantes de forme, dont quelques-unes sont liées à la position dans le mot (comme certaines variantes de *n*, *r*, *s*, *t*, à la fin du mot).

#### 8.1.2.4 Lettres qui prêtent à confusion

Même si l'écriture des trois auteurs a un aspect très clair et ordonné, elle n'est pas facile à lire, à cause des ressemblances dans la forme de certaines lettres.

Nos auteurs ne distinguent pas *u*/*v* ; c'est nous qui avons introduit cette distinction. Comme d'habitude, la distinction entre *u*/*v* d'un côté et *n* (parfois *m*) de l'autre n'est pas facile ; ce problème est aggravé par les nombreux *i* qui ont perdu leur point. *i* et *j* se distinguent bien par leur forme, même si leur distribution fonctionnelle n'est pas toujours observée (v. 8.1.2.8 : <i>/<j>/<y>). Autres paires (ou groupes) de lettres faciles à confondre : – Claude : *c*/*e* ; *l*/*t* (en position finale) ; *n*/*y* (en position finale) ; *r* en position finale et dans certaines combinaisons ressemble à *u*/*v*, *n*, *m*, à l'intérieur du mot à *i*. – Jacques : *a*/*u* ; *-ec-*/*-er-* ; *r* à l'intérieur et à la fin du mot ressemble à *u*/*v*, *n* ; on trouve parfois un point au-dessus de *n*, ce qui augmente certaines difficultés de lecture ; *-es*/*-ez* (p. ex. à la page 207 : *annes*/*annez* ? *fiances*/*fiancez* ?).

---

3 Cette « majuscule » décorative apparaît dans les noms propres (où elle peut aussi manquer) comme dans les noms communs, les adjectifs et autres classes de mots.

#### 8.1.2.5 Signes diacritiques, accents

L'accent aigu se trouve surtout sur *-e* en position finale, où il est parfois redoublé dans la suite *-éé* : *estéé* 231, *arméé* 294 ; *annéé* 206 ; exceptionnellement, il est placé sur le deuxième *e* : *da coustumeé* 239, *dureé* 248. NND met parfois l'accent aigu sur les autres voyelles : *ná* ‹n'a› 332, *chállon* 333, *priórey* 332, *escú* 332, *voulúre* ‹voulurent› 348.

Le tréma se trouve (d'une façon irrégulière) sur *i* dans les combinaisons de lettres vocaliques : *moïsson* 6, *estoïent* 19, *suïvant* 35, *fueïlle* 125, *seïcheresse* 160, *naquït* 382, *septïesme* 382, *soïsante* 332.

NND est le seul à se servir parfois de la cédille : *oncommança* 333, *fiança* 362.

#### 8.1.2.6 Ponctuation

Nos auteurs ne connaissent pas de système cohérent de ponctuation, à l'exception des rares barres obliques, qui tiennent lieu de point ou de virgule. Si nous avons mis des barres verticales pour séparer les unités de l'énoncé et pour faciliter de cette façon la lecture, notre intention n'était pas d'introduire un tel système, mais seulement d'aider le lecteur d'aujourd'hui.

Les deux points se trouvent exceptionnellement chez Claude (160, 253 etc.) en fonction de point final. NND s'en sert pour séparer des chiffres (348).

Jacques a l'habitude de séparer les chiffres du contexte en mettant un point après (et par fois avant) le chiffre : *ung dimanche.6.mars* (209), *le 23. juin* (208).

#### 8.1.2.7 Abréviations, sigles

Nous avons laissé telles quelles les abréviations usuelles jusqu'à aujourd'hui et/ ou facilement compréhensibles : *24$^{e}$*, *19$^{me}$*, *m$^{r}$*, *s$^{t}$*, *s$^{te}$*, *s$^{r}$*.[4] Les autres abréviations ont été résolues en soulignant les lettres omises ou représentées par un signe d'abréviation dans le manuscrit. Ce faisant, nous avons suivi – dans la mesure du possible – la graphie des occurrences non abrégées du même mot. Comme ces formes sont très fréquentes, nous n'avons pas indiqué les pages où se trouvent les formes citées. Voici la liste de ces abréviations :

4 Dans le texte de Jacques Dusson, les abréviations *st*, *ste*, s$^{r}$ présentent un point sous la lettre supérieure.

Claude : *9$^{bre}$* = *novembre*, *Claude Dusson*,[5] *livres*, *$^{l}$i$^{b}$vres*, *maitre*, *messi$^{re}$*,[6] *monsieu$^{r}$*, *messieu$^{r}$*, sa *majesté*,[7] *tournois*.
Jacques : *dudit*, *femme*, *femme*, *femm$^{e}$*, *honorable*, *honorable*, honorabl$^{e}$, *heure(s)*, *jean* ( ? ), *jesus*, *maria*, *joseph*, *lazare*, *mait$^{re}$*, *messi$^{re}$*[8], *mathieu*, *monsieur*, *monsieu$^{r}$*, *monseigneu$^{r}$*[9], *morice*, *notair$^{e}$*, *novem$^{bre}$*, *novemb$^{re}$*, *septembr$^{e}$* (et semblables), *philibert*, *philiberte*, *pere*, *pou$^{r}$*, *reverend*, *saint*, *seiziesme*, *sieur*.
NND : *16$^{me}$* (et semblables), *claude*, *deniers*, *dudit*, *et*, *$^{l}$i$^{b}$vres*, *père*, *reverend*, *solz*.

### 8.1.2.8 Correspondances phonographiques

Comme il a été dit dans le chapitre introductif, on ne donnera pas ici une description complète du système graphique du texte. Il s'agit seulement d'aider le lecteur à déchiffrer le texte, de lui donner un mode d'emploi pour la lecture. On ne commente pas ici systématiquement les graphies qui correspondent à une prononciation dialectale/régionale (ou populaire, sans être dialectale). On ne discute pas non plus les graphies complètement isolées, qui seront expliquées, le cas échéant, dans les notes du texte.

#### Voyelles

#### Voyelles orales

#### [ə]

[ə] instable manque parfois dans la graphie là où – probablement – il n'est pas prononcé (au milieu et à la fin du mot) : *particulierment* 18, *rivier* 214, *derrier* 370, *maren* ‹marraine› 334, *cabartier* 45, *scours* 79, *vignron* 317.

Mais on trouve aussi des <e> [ə] insérés qui ne correspondent pas à la norme graphique (et phonétique) : *chereté* 7, *noguementat* ‹n'augmenta› 263.

Quelques graphies sembleraient indiquer l'affaiblissement à [ə] de diverses voyelles : *frement* ‹froment› 279, *prenier* ‹pruniers› 29, *quemancement* 348, *phelipe* 389.

La graphie <eu> qui remplace parfois <e> [ə] (mais aussi [e], [ɛ]) n'indique pas nécessairement un fait de prononciation, vu qu'elle peut (contribuer à) indiquer

5 Claude Dusson signe *CD* ou *D*.
6 La distinction entre maitre et messi$^{re}$ n'est pas toujours sûre.
7 Dans le manuscrit : *s :m :*
8 La distinction entre mait$^{re}$ et messi$^{re}$ n'est pas toujours sûre.
9 Il n'est pas facile de décider entre les différentes solutions possibles.

la valeur consonantique d'un <v> qui suit. Claude : *receupveur* 7, 45, *neupveu* 21, *feubvrier* 38, *fieuvre* 265 ; Jacques : *acheuvez* 375, *cheuvelue* 381, *feuvrier* 214 ; NND : *feuvrier* 334. Hors de la combinaison avec *v*, <eu> pour <e> [e] reste un fait isolé chez NND : *cheuz* ‹chez› 348. Pour le cas contraire, cf. plusieurs occurrences du verbe *demeurer* : *demeroit'* Claude 55, *demerant* Jacques 376, *demerois* NND 331.

### [e]/[ɛ]

L'absence fréquente des accents peut parfois obscurcir les rapports graphophoniques : *procedoit* 7, *presante* 12, *decenbre* 206, *cure* 206 (à côté de *curé* à la même page), *lepresant* 331, *deble* 332 (à côté de *leblé* à la même page) ; *particulierment* 18, *assieges* ‹assiège› 61, *apres* 209, *mere* 328, *mére* 362.

Dans la graphie de [e], [ɛ] il y a concurrence entre les diphtongues graphiques (<ai>, <ei>) et <e> avec ou sans accent. Pour la préférence donnée à <ai>, <ei>, on trouve des exemples surtout chez Claude et NND. Claude : *scaicher* 20, *maittoit* 25, *flaistrit* 48, *ameire* 200, *seic* 44, *nesseicitez* 274, *preinne* 65, etc. – NND : *maime* ‹même› 348, *faite* ‹fêtes› 348, *á prais* ‹après› 362, *honnaite* 362, *raiste* 367, *maitanan* ‹mettant en› 362.

Les cas inverses sont plus rares : *engresser* 127, *lessa* 214 (mais *laissa*, même page), *maren* ‹marraine› 334.

<ai>/<ei> : *naiges* 12, *mailleur* 29 ; *semeinne* 43, *cleir* 52, *freiche* 108.

À noter la graphie <-ey> pour <-é>, <-ez> en fin de mot, qui se trouve seulement dans les parties écrites par Jacques et par NND. Il s'agit très souvent de noms de famille et de toponymes :[10] *ragey* 213, 331 etc., *joffrey* 215, *pommey* 220, 334, 386 etc., *maney* 331 ; *chalancey* 212, 213 (28 occurrences), *messey* 207. Cette graphie se trouve aussi dans certains noms communs et dans les participes : *curey* ‹curé› 328, 331, 362, *lebley* ‹le blé› 348, *priorey* ‹prieuré› 332, *fiancey* 212, 218 etc. (au moins 13 occurrences), *commancey* 349, *trespassey* ‹trépassés› 389 (v. aussi 8.1.9.)

### [a]/[ɛ]

[ɛ] se trouve parfois abaissé à [a], surtout devant [r] : *marveille* 108, *marcy* 251, *sarpes* (forme étymologiquement « correcte ») 298, *gastre* ‹guêtre› 370 ; graphies inverses : *guerson* 35, *gerson* ‹garçon(s)› 21, 55, *cabertier* 65.

---

10 Nous indiquerons désormais parfois seulement le numéro de page ; l'auteur peut être identifié à l'aide des indications données en 8.1.1.

### [o]/[u]

Dans le texte de Claude, on trouve – en syllabe protonique et dans la diphtongue [wa/wɛ] – <ou> pour <o> et le contraire. Claude : *nouvembre* 55, *doumagable* 226, *jouoix* ‹joie› 315 ; *esposee* 55, *de tornez* 73, *tosjours* 196, *norissant* 256 ; Jacques : *norison* 381 ; NND : *mouis* ‹mois› 331.

Les graphies précédentes indiquent probablement des fluctuations de la prononciation. Dans les cas suivants, la graphie déviante ne change rien à la prononciation :

<au>/<o>. Claude : *dolne* ‹d'aune› 23, *losmone* 106, *ogmentoit* 158, *seschofer* 182 ; *aufrant* 66, *cauffre* 113, *taurans* ‹torrents› 230 ; Jacques : *d'ostun* ‹d'Autun› 375, *jogeur* 388 (mais *jaugeur* 216) ; NND : *hocquemanter* ‹augmenter› 348, *holne* ‹aunes› 367, *haute* ‹hôte› 348.

<au>/<eau> : Claude : *baux* 156, *baucoupt* 236.

### <i>/<j>/<y>

Ces lettres se distinguent bien par leur forme (trait long de <j>), mais leur distribution n'est pas très régulière ; entre <i> et <j>, il y a des écarts dans les deux sens, <j> pour la voyelle, <i> pour la consonne. Au commencement du mot, on a souvent <j> pour <i>. Claude : *jl* 2, *jver* 8, *jncomodé* 10, *jtalicque* 36 ; *obiets* 65, *desia* 66 ; Jacques : *jl* 212, *jncommodé* 369, *jrreparable* 370 ; *ie* 369 ; NND : *iuin* 331, *iuilliet* 331.

<i> et <j> peuvent remplacer <y>. Claude : *i* ‹y› 10, *j* ‹y› 23, *jojeux* 36, *rojal* 42, *pojojent* ‹payaient› 47 ; Jacques : *cinode* ‹synode› 371.

Inversement, <y> (calligraphique) peut remplacer la lettre <i> à la fin du mot. Claude : *adverty* 14, *sy* ‹ci› 18, *troy* ‹trois› 19, *mecredy* 62 ; exceptionnellement au commencement du mot : *yci* 8. Jacques : *quy* 206, *luy* 207, *sabmedy* 372, *cy* ‹si› 380. NND : *mardy* 328, *quy* 328, *cy* ‹si› 349 ; *deray sin* ‹de raisin› 332.

### <eu>/<u>

La graphie traditionnelle avec maintien graphique de l'ancienne voyelle protonique (cf. *eu*, participe passé d'*avoir* ; DHO § 23) est encore fréquente. Claude : *veu* ‹vu› 39, *veux* ‹vue› 30 (et même *voeux* ‹vue› 39), *meures* ‹mûres› 19, *sceut* 13, *beuvant* 255, *receut* 53, *leu* 39, *esleux* ‹élus› 133, etc.; Jacques : *receu* 375 ; NND *meure* ‹mûres› 333. Très rares sont les graphies inverses comme *hut* ‹eut› NND 330. À remarquer *fille de fut* [= ‹feu›] *mon honcle* 218 (quelques lignes auparavant, on lit *de feu mon honcle*) et *mugnier* ‹meunier› 199, 377 (cf. DHO § 7). – *recuillit* Claude 2, *fuille* Jacques 371 : faits de graphie ou aussi de prononciation ?

## Voyelles nasales

### <m>/<n> signes de nasalisation

Nos auteurs écrivent indifféremment <m> et <n> sans qu'on puisse constater des préférences. Claude : *lemdemain* 23, *semsible* 178, *emsamble* 13, *remcherit* 110, *primtemps* 28, *imcomodaz* 124, *comfirmer* 52, *bom* 107 ; *tonber* 50, *nonbre* 269, *fain* 274 ; Jacques : *chamvre* 372, *chamter* 375, *chamgea* 381, *nom* ‹non› 206, *comporta* ‹qu'on portât› 375 ; *novenbre* 389 ; NND : *non* ‹nom› 330.

### [ã]

Entre les graphies <an>/<am> et <en>/<em> ce sont les premières qui sont préférées par les trois Dusson ; mais on trouve aussi le cas contraire. Claude : *ancore* 3, *antroient* 6, *vandanges* 8, *accidant* 7, *vantres* 25, *samblable* 28, *sambarquoient* 35, *trampa* 48, *amflammez* 165, *amdommagez* 230, *tans* ‹temps› 163 ; *emsamble* 13 ; Jacques : *landemain* 207, *ancore* 209, *an* ‹en› 209, *lintandant* 368 ; NND : *novanbre* 329, *sanblas* 348.

### [ɛ̃]

On peut parfois trouver <ain> à la place de <aim> ou <ein> : *fain* 24, *paintes* 33, *plain* 65, *destaindre* 43. Les graphies suivantes constituent chacune un cas particulier qui ne permet ni d'établir une règle ou une tendance ni de tirer des conclusions sur une prononciation déviante : *landeman* Jacques 221, *maren* ‹marraine› NND 334, *paren* ‹parrain› NND 334, *dingleterre* Claude 13.

### [ɔ̃]

Les graphies <un>/<um> correspondant au phonème [ɔ̃] ont une certaine tradition (latinisante) (cf. DHO § 33). Claude : *unze* 33, *hunze* 44 ; Jacques : *lassumptions* 371, *undoyé* 384.

### Dénasalisation graphique

C'est surtout dans le texte de Claude qu'on trouve des graphies sans <n>/<m>, signe de nasalisation de la voyelle précédente, ce qui est d'autant plus remarquable que nos auteurs ne connaissent pas – comme d'autres auteurs – le tilde, signe de nasalisation, qui tombe facilement. Claude : *quatitez* 20, *quize* 24, *quiziesme* 127, *gredement* ‹grandement› 45, *recherit* 110, *padant* 140, *nicomoda* ‹n'incommoda› 225, *padant* 240 ; il corrige *pretations* en *pretantions* 66, *paser* en *panser* 72. Particulièrement remarquable, la graphie *chemy* ‹chemin› 271, 280, où <-y> indique la fin du mot graphique ; Jacques : *dimache* 384. On pourrait considérer comme de simples lapsus les cas inverses, très peu fréquents : *lestant* ‹l'état› Claude 122, *l'encention* ‹l'Ascension› Jacques 388.

**[wa], [wɛ], [ɛ]**

Dans la concurrence entre ces prononciations, les graphies non conformes à la norme révèlent souvent la prononciation réelle. Claude : *laveinne* ‹l'avoine› 31, *naiyaz* 224, *neiyaz* ‹noya› 227, *foenne* ‹faine› 232 ; la graphie *soipter* ‹souhaiter› 262 permet de tirer des conclusions sur la prononciation de la graphie <oi> dans d'autres mots. NND : *lavainne* 348.

## Consonnes

### Consonnes étymologiques et historiques

Nos auteurs suivent de ce point de vue une orthographe traditionnelle qui maintient beaucoup de lettres étymologiques et historiques. Il s'agit presque toujours des cas bien connus de consonnes maintenues devant une autre consonne, le plus souvent <s>, mais aussi <c>, <p>, <d> et d'autres. En voici quelques exemples pour chaque auteur, les listes incluant aussi quelques cas où la lettre ajoutée n'a pas de fondement étymologique.[11] Claude : *cousta* 6, *jesta* ( ! ) 7, *lesté* 2, *esgalle* ( ! ) 24, *huguenoste* ( ! ) 45, *prochaisne* ( ! ) 62, *gasta* ( ! ) 45, 70, 138, *resputation* ( ! ) 162, *gasgna* ( ! ) 177, *mesme* 148, 149 etc., *fuct* ( ! ) 2, *fict* 7, *subiect* 13, *bruict* 3, *estroicte* 8, *royaulme* 13, *achepter* 19, *escripte* 36, *racompter* 34, *advent* 23, *febve* 31, *receupveur* 7.[12]

Jacques : *mesme* 206, 208 etc., *espouzé* 206, *mesmoire* ( ! ) 207, *aoust* 207, *feste* 207, *niepce* 206, *nopce* 207, *magdelaine* 215, *sabmedy* 206, *faulte* 215, *febvrier* 207, *vefve* 218, *scavoir* ( ! ) 207 ; la graphie *faict* est encore fréquente (219, 371 etc.), mais le texte de Jacques ne présente aucun cas de *fict*, graphie normale chez Claude. L'insécurité orthographique et en même temps l'effort de scripturalité sont visibles dans une graphie comme *baptizéé* avec *p* corrigé sur *t* (210).

NND : *quinziesme* 328, *vintiesme* 332, *lestant* ‹l'étang› 328, *mestayer* ( ! ) 328, *escrire* 362, *soubsigne* 331, *febvrier* 330, *febve* 367, *scavoir* ( ! ) 367.

---

11 Signalés par un point d'exclamation.

12 <b>, <p> indiquent la valeur consonantique de la lettre qui suit.

**Lettres d'origine grecque**

À côté des graphies simplifiées (<ch, ph, rh, th> → <c, f, r, t>), il existe aussi des hypercorrections graphiques.

Claude : *crestien* 176, *daufin* 165, *reusme* ‹rhume› 182, *reims* ‹Rhin›, *matematicien* 40, *catedrale* 63 ; mais *thiers* 12, *thuiles* 42, *chatechisme* 53, *chatolique* 122 ; Jacques : *coeur* ‹chœur› 370 ; mais *thoille* 368 ; NND : *teresse* ‹Thérèse› 334 ; mais *bapthizé* 329.

**Consonnes simples/doubles**

Pour les consonnes simples ou redoublées, on trouve, bien sûr, beaucoup de graphies identiques à celles d'aujourd'hui. Mais les formes déviantes sont très nombreuses chez nos trois auteurs. Sans chercher ici à déterminer dans quelle mesure ces graphies correspondent à la norme de leur époque, nous nous limiterons à donner la liste suivante. Nous donnons à chaque fois d'abord les graphies irrégulières avec consonne double, puis celles avec consonne simple.

Claude : *consecutiffe* ‹-tifs› 19, *preparatiffes* ‹-tifs› 34, *proffon* ‹profonds› 24, *deffaictes* 225, *challeur* 2, *brullerent* 2, *gellée* 2, *consolla* 3, *millieux* 29, *esgalle* 24, *commettes* ‹comète› 38, *semainnes* 11, *peinne* 13, *prochainne* 60, *couppez* 179, *appre* ‹âpre› 203, *particulierrement* 137, *maisson*[13] 47, *nossoit* ‹n'osaient› 46, *laditte* 2, *mattinée* 8, *cottes* ‹cotes› 8, *moittiez* 12, *commettes* ‹comète› 38 ; *sacoutumer* 31, *sacorda* 36, *dificulté* 13, *filette* 33, *labules* ‹la bulle› 72, *jncomodé* 10, *comencement* 110, *moyenant* 64, *moissoneur* 49, *raportoit* 24, *apandizes* ‹appendice› 42, *taurans* ‹torrents› 230, *tremisages* 44, *desposede* ‹dépossédé› 60, *poussasent* 90, *desus* 177, *batres* 50. Autocorrection : *paroissoit* sur *paroisoit* 276.

Jacques : *descedda* 214, *vendreddy* 379, *malladie* 216, *thoille* 368, *vallet* ‹valets› 372, *marainne* 207, *honnorable* 385, *appres* ‹après› 215, *barronnie* 206, *entierrement* 369, *laditte* 207, *conduitte* 214, *petitte* 215, *en suitte* 370 ; *falut* 206, *comandement* 371, *philipes* 220, *marainne* 207, *enterez* ‹enterrée› 215, *desusse* ‹dessus› 208, *autechause* ‹haut-de-chausses› 370, *norison* 381, *commisaire* 383, *abatre* 372.

NND : *denoelle* ‹de Noël› 348, *es gallement* ‹également› 348, *marenne* 332, *penne* ‹peine› 333, *appres* 349, *perre* 329, *teresse* ‹Thérèse› 334 ; *parain* 328, *maraine* 328, *charlote* 362, *tousain* 333.

13 Il va de soi qu'ici (et dans des cas semblables) la graphie <s> ou <ss> n'indique pas une prononciation déviante.

**Consonnes (graphiques) sonores/sourdes**

La confusion entre consonnes (graphiques) sonores et consonnes sourdes, fréquente dans quelques autres textes privés de l'époque, est plutôt rare dans ce *Journal*. Si l'on fait abstraction de *segonde* (Jacques 377, NND 332), graphie qui reflète la prononciation sonore réelle, il ne reste que très peu de choses : *glef* ‹clé› 199, *gembollée* ‹chamboulée› Claude 51 (« sonorisées » dans la graphie) et *hocquemanter* ‹augmenter› NND 348, *autechause* ‹haut-de-chausses› (assimilation *t*/*d* ?) Jacques 370 (« désonorisées » dans la graphie). Jacques 390 corrige *tixsier* sur *dixsier*.

**Liquide + consonne**

Une liquide devant consonne tombe dans les cas suivants : *mecredy* Claude 62, Jacques 368, NND 348, *chirugien* Jacques 384, NND 348,[14] *en seputuré* Jacques 206, *estoudy* Jacques 370.

**Muta cum liquida en fin de mot**

Pour la réduction des groupes ‹consonne + *l*/*r*› à la fin du mot nous n'avons que de faibles indices dans la graphie de notre texte : *octoble* 201 (forme affaiblie et restituée d'une façon différente) et *trember* ‹trembler› 56, infinitif éventuellement refait par analogie d'après *il trembe*.

**<h>**

<h> muet tombe facilement dans la graphie. Mais il n'est pas rare de le trouver là où il n'a pas lieu d'être.

Claude : *liver* ‹l'hiver› 8, *derbes* ‹d'herbes› 10, *esritier* 21, *ottesses* ‹hôtesse› 42 ; *dhaoust* 11, *heut* ‹eut› 19, *harbres* 49 ; Jacques : *d'ollande* 374, *lostesse* 374, *autechause* ‹haut-de-chausses› 370 ; *l heglise* 206, *honcle* 206 ; NND : *hun* 333, *hune* 331, *heut* 328, *honcle* 329, *hocquemanter* 348.

**[s]**

L'absence complète de la cédille chez Claude et Jacques implique des graphies comme *faconné* 7, *commanca* 11, *francoise* 207, mais aussi avec <s(s)> *poinson* 10, *fasson* 40, *garson* 206. De telles graphies existent même dans les passages dus à

14 Dans *mecredy* et *chirugien* il s'agit probablement de dissimilation, phénomène largement répandu pour ces deux mots.

la plume de NND, qui fait un usage très parcimonieux de la cédille : *fiancaille* 328, *garson* 328, *commansa* 333, *fasson* 367 (mais *on commança* 333, *fiança* 362).

En général, les graphèmes <s>, <ss>, <c> semblent suivre une distribution aléatoire. Il en résulte dans la plupart des cas des graphies qui enfreignent uniquement la norme graphique relative à un mot déterminé (ex. *siel* ‹ciel› ou *ce* ‹se› ; *serize* ‹cerises›). Plus rares sont les graphies qui ne respectent pas le système des correspondances graphophoniques (à l'exception des cas déjà mentionnés d'absence de cédille (type *francoise*) et de quelques cas isolés (comme *apandize* ‹appendice›)). Voici sans autre commentaire les différentes graphies de [s] :[15]

[s] au début du mot, après voyelle nasale et après consonne : Claude :[16] *sy* ‹ci› 18, *serize* 19, *sept* ‹ceps› 38, *seremonyes* 62, *commensem*[*ent*] 81 ; *cestant* ‹s'étant› 11 ; *panssoit* 75 ;

Jacques : *consierge* 384 ; *ce* ‹se› 216, *cy* ‹si› 380, *cinode* 371 ;

NND : *sinquante* 332, *ápressela* ‹après cela› 333 ; *cest* ‹s'est› 332, *cy* ‹si› 349.

[s] entre voyelles : Claude : *menassez* 223, *necceicitez* 274, *nesseicaires* 279, *suices* ‹Suisse› 305 ; *apandizes* ‹appendice› 42 ;

Jacques : *possecion* 381, *lacention* ‹l'Ascencion› 389 ;

NND : *soïsante* 332, *fuce* ‹fusse› 348, *espaice* 348.

[s] devant la semivoyelle [j] : *lantiens* ‹l'ancien› Claude 99, *l'encention* ‹l'ascension› Jacques 388.

Pour les graphies suivantes avec <sc> on pourrait parler d'un <s> (faussement) étymologique : Claude : *descembre* 7, *dioscese* 106, *proscessions* 137, *scaisser* ‹cesser› 323 ; Jacques : *desceda* 214.

**[z]**

Entre voyelles, on trouve souvent <z> au lieu de <s> (et <x>) : Claude : *serize* ‹cerises› 19, *francoize* 55, *franchize* 64 ;

Jacques : *espouzé* 206, *baptizez* 207, *l'heglize* 372 ;

NND : *espouzé* 328, *siziesme* 328.

La distinction entre les graphies de [z] et celles de [s], comme nous l'avons déjà dit, est en général bien observée.

---

**15** Comme toujours dans cette introduction, nous donnons seulement les graphies déviantes ; il ne faut pas oublier qu'elles coexistent avec les graphies « régulières ».

**16** Une correction comme *ces pays* transformé en *ses pays* (52) montre que l'auteur se rend compte de l'existence d'une norme graphique.

**[k]**

Les graphies <qu> au lieu de <c> et inversement sont moins fréquentes que dans les autres textes de l'époque. Elles enfreignent les normes graphiques, mais non le système des correspondances graphophoniques.

Jacques : *comporta* ‹qu'on porta› 375 ; NND : *quemancement* 348 ; *con* ‹qu'on› 333, *casimodot* ‹quasimodo› 349.

Un cas isolé de <qu> au lieu de <t> pourrait indiquer une particularité de prononciation : *sorque* ‹sorte› Claude 140.

**<g>**

C'est surtout Claude qui a une idée très vague de la fonction auxiliaire, diacritique de <e> et <u> après <g>, censés garantir la prononciation respective [ʒ] et [g]. Il lui arrive ainsi d'écrire <g> [ʒ] même devant <a> (*assiega* 159, *doumagable* 226 ; <g> remplace <j> [ʒ] dans *gavelles* (30) ou <g> [g], même devant <e> (*gespes* ‹guêpes› 285, *gerson* ‹garçon›[17] 55). D'autres fois, il emploie la lettre diacritique alors qu'elle n'est pas nécessaire : *guagnier* 239, *anguagez* 269.

**[ʎ]**

Nos trois auteurs écrivent souvent <ll>, sans indiquer la palatalisation. Claude : *feulle* ‹feuille› 150, *vielle* ‹vieil› 126, *travaller* 184 ; et même avec un seul <l> *filette* ‹feuillette› 33. Mais on trouve aussi [ʎ] analogique avec la graphie <ill>. Claude : *vailloit* ‹valait› 129, *faillu* ‹fallu›10 ; Jacques : *travallez* 369, *jullet* 370, *ballige* ‹baillage› 383, *maralle* ‹muraille› 387, *talle* 387 ; NND : *lesolelle* ‹le soleil› 348.

**[ɲ]/[n]**

Pour [ɲ] la graphie <ngn> est fréquente, voire normale : *bourgongne* 64, 373 etc., *vingne* 98, *polongne* 136. Pour certains mots, la graphie <gn> pourrait indiquer une palatalisation de [n] devant [j] : *mugnier* ‹meunier› 85, 377, *gregnier* 184 ; sans [j] suivant : *assasigné* ‹assassiné› 60, *assassignations* 60. Mais on a aussi, d'autre part, la graphie <n> pour [ɲ] : *ganier* 259 ; *contreinoit* 56, *esparne* 315 – ce qui fait supposer que même dans d'autres cas (ex. *munier*, *meunier*), la graphie <n> pourrait correspondre à une prononciation [ɲ].

17 Probablement prononcé [gɛʀsɔ̃] ; cf. aussi *guersson* 35.

**Consonnes finales**

Parmi les consonnes (graphiques) à la fin du mot, c'est surtout <t> qui chute, mais d'autres consonnes sont aussi concernées. Claude : *ver* ‹vert› 11, *par* ‹part› 79, *thier* ‹tiers› 12, *troy* 19 ;

Jacques : *subjec* 378, *fon* ‹fond› 383, *vien* 374 ;

NND : *pety* 348, *an fan* ‹enfant› 330, *lepresan* 331, *áous* ‹aoust› 332, *tousain* ‹toussaint› 333, *vingt huy* 331, *gran* 328, *tan* ‹temps› 328, *froy* 333, *páy* 333.

Comme certaines consonnes graphiques en fin de mot ne sont pas prononcées (à l'époque comme de nos jours), les auteurs laissent libre cours à leur imagination pour inventer des consonnes finales, soit qu'ils en ajoutent une, soit qu'ils remplacent une consonne par une autre. Ici aussi, ce sont surtout <t> et <s> qui sont concernés, comme consonne remplacée ou remplaçante.

Claude : *cens* ‹cent› 7, *donc* ‹dont› 7, *dont* ‹donc› 80, *quand* ‹quant› 28, *ford* ‹fort› 235, *fronc* ‹front› 297, *sept* ‹ceps› 38, *pris* ‹prix› 57, *espaix* ‹épais› 10, *chaux* ‹chaud› 294 (très fréquent) ; *peult* ‹peu› 33, *champt* 24, *ont* ‹on› 184, *commes* 7, *graind* 6, *marchef* ‹marché› 8, 200, *peux* ‹peu› 18, *par* ‹pas›230 ;

Jacques : *enfens* ‹enfant› 219, *haul* ‹haut›, *donc* ‹dont› 207, *lestant* ‹l'étang› 215, *frant* ‹francs› 369, *soub* 214 ; *peut* ‹peu› 209, *fut* ‹feu› 218, *avrilt* 372, *sans* ‹s'en› 374, *laqueux* ‹la queue› 332 ;

NND : *lestant* ‹l'étang› 328, *sant* ‹sans› 333, *dout* ‹doux› 348, *chaux* ‹chaud› 333 ; *beault* ‹beau› 349, *casimodot* 349, *sit* ‹si› 333, *blangt* ‹blanc› 333, *vingt* ‹vin› 332, *pard* ‹par› 362, *peux* ‹peu› 348.

La chute de <l> final n'est plus aussi fréquente que dans les textes qui précèdent chronologiquement celui-ci ; cf. pourtant *lay* ‹là il› chez Jacques 380.

Des restes d'anciennes traditions graphiques apparaissent dans la chute de consonnes devant <-s> (Claude : *vens* ‹vents› 174) et dans le groupe final « voyelle + <ng> »: *ung* 7, 207, *commung* 18, *foing* 50, *besoing* 177.

Dans certains cas de liaison la consonne finale d'un mot est reprise (graphiquement) : *on n en recuillit* 2 ‹on en recueillit›. Mais régulièrement *lon nesperoit poinct de fruict* 196.

#### 8.1.2.9 Orthographe grammaticale

Les mêmes phénomènes que dans l'orthographe lexicale se manifestent nettement dans l'orthographe grammaticale, la graphie des morphèmes grammaticaux. Ce sont surtout les différentes graphies de [e] et le problème des consonnes (graphiques) finales qui peuvent obscurcir le statut morphologique d'un mot. Sans entrer dans une casuistique de l'orthographe grammaticale de ce texte (ce qui se révèlerait impossible, étant donné le manque de rigueur et de systématicité), nous présentons les cas les plus remarquables.

### Noms et pronoms

À presque toutes les pages, on trouve plusieurs exemples de <-s> (ou <-x>) ajouté à un singulier ou enlevé à un mot au pluriel. Dans un grand nombre de cas (mais pas toujours), c'est un déterminant ou un pronom, un adjectif, une forme verbale qui décide – sur le plan graphique – du nombre grammatical d'un groupe nominal. Nous avons la vague impression que les fautes de ce type sont plus fréquentes chez Claude que chez ses successeurs, mais il faudrait établir des statistiques pour l'affirmer avec certitude. Voici quelques exemples pris chez chacun des trois auteurs :

Formes du singulier : Claude : *de la neiges* 2, *toutes la journé* 2, *le vin nouveaux* 6, *la presentes annez* 22, *la recoltes* 11, *demender à dieux*[18] 72 ;

Jacques : *claude fut mariés* 207, *lannés* 207, *marie filles de mon frere* 207, *jls tomba une autre grelle 369* ; exemple de correction graphique : *le~~s~~ feu* 373 ;

NND : *marie filles de anthoine* 329, *la peaux* 348.

Formes du pluriel : Claude : *des bled* 2, *les semeille* 2, *des pluye continuelle* 2, *vingt franc* 3, *les froment* 6, *soixante deux livre* 72 ;

Jacques : *mes frere* 207, *3 semaine* 207, *le roy* ‹les rois› ( ! ) 211, *aux moulin* 372, *fure a couche de soldat* 373, *le vigneron fire* 375, *ce* ‹ceux› 206 ;

NND : *les 10 heure* 328, *deux cent bichet* 332, *les faite* (‹fêtes›) *de noelle* 348.

On observe plus de régularité pour la marque du genre. Mais les exceptions ne sont pas rares. Claude : *pluye continuel* 104, *des gellez dangereus* 175, *paix general* 243 ; on notera la forme corrigée *grand~~e~~ vent* 38 ;

Jacques confond parfois les formes masculines et féminines du pronom *lequel* : *lequelle* m. 214, *auquelle* m. 368 ; *laquel* f. 210, *laquelz* 217.

L'invariabilité de l'adjectif *grand* est encore très répandue, pour ne pas dire normale : Claude : *grand crainte* 2, *grand quantité* 10, *sa grand robes* 45, *grand pertes* 44 ;

Jacques : *grand queux* 381.

### Flexion verbale

Infinitif : la fréquence des <-e(s)> ajoutés aux infinitifs en *-er* dans les textes de Claude et de Jacques pourrait indiquer que le *-r* de l'infinitif était encore prononcé.

Claude : *couperes* 14, *scaicheres* ‹sécher› 31, *jouesre* 76 ;

Jacques : *ranvoyere* 369, *mariere* 378. Chez NND, les infinitifs en <-ere(s)> ont disparu.

---

**18** À remarquer à la même page la correction *prier dieu~~x~~*.

Chez Claude (et seulement chez lui), on trouve des <-s> ajoutés aux infinitifs des autres conjugaisons : *perdres* 18, *faires* 19, *fournirs* 133.

Il s'agit probablement de métaplasme (passage d'une conjugaison à l'autre) et non de faits de graphie dans les cas de *venier* 65, *hobeyer* ‹obéir› 306.

Indicatif présent : <-t>, <-s> et zéro sont interchangeables chez nos trois auteurs. Nous ne donnons ici qu'un petit choix d'exemples, qu'on pourrait facilement multiplier.

Claude : 3e pers. sg.: *veus* 23, *tien* 60, *viens* 65, *quies* ‹qui est› 228 ; Jacques : 1ère pers. sg.: *scait* 370 ; NND : 3e pers. sg.: *van* ‹vend› 332.

Imparfait : dans le texte de Claude, on trouve plusieurs fois le morphème <-ent> pour le singulier : *on disoient* 19, 33, *labondance* [...] *estoient* 20, *on croyoient* 32, *on les prenoit et emportoient* 19, *le froment coustoient* 136. D'un autre côté, on rencontre aussi la désinence <-oit> pour le pluriel : *les pluye gastoit* 126, *les vigne faisoit belle montres* 6, *les gens de guerre passoit* 136, *les vigneron murmuroit* 22. Ce dernier phénomène vaut aussi pour NND : *les raisin nestois* 333, *les raisin estoit* 348, *les chevalliers de couche an bevoit* 348. Du reste, il règne la confusion habituelle entre <-s> et <-t> : *je connoissoit* 219, *le vin estois* 348. Une forme comme *javions* Claude 105 ne relève plus de la graphie, mais de la morphologie.

Passé simple : on donne ici une liste des formes déviantes et remarquables sous plusieurs aspects, sans distinguer entre les trois auteurs.[19]

1ère pers. sg.: *je nouit* ‹n'ouïs› 98, *fut* 207, *alla* 369, *travailla* 369 ; 3e pers.sg.: *ravalas* 20, *trevas* ‹trouva› 221, *sanblas* 348, *payaz* 43, *tin* 66, 371, *reconnu* 40, *my* ‹mit› 332, 373, *commançat* 333, *print* 43, 373, *futte* 18, *fuctes* 135, 234 ; 3e pers. pl.: *achepteres* 85, *eures* 274, *fures* 6, *commancere* 283, *fure* 207 etc., *fire* 375, *nommere* 368, *voulûre* 348, *emfler* 300, *aller* 372, *vindres* 10, *vindrent* 383.

Subjonctif imparfait : 3e pers. sg. *coutasses* 300, *coutat* 84, *fictes* 54, *fuce* 348 ; 3e pers. pl.: *passaces* 228, *fisse* 369.

Conditionnel : 3e pers. sg. *pourroir* 65.

Participe passé : on y trouve (comme pour les noms et les adjectifs) des <s>, <z>, <x>, <t> ajoutés au singulier, <s>, <x> enlevés au pluriel. Voici quelques exemples : *de tornez* ‹détourné› 73, *eux* ‹eu› 73, *receux* 61, 367, *veus* ‹vu› 11, *á chetez* ‹-é› 332, *nez* ‹né› 331, *my* ‹mis› 332, *peut* ‹pu› 53, *sceut* ‹su› 13, *nomme* ‹nommé› 211, *prie* ‹prié› 383. Pour les participes des verbes en *-er*, nous retrouvons chez Jacques et NND le phénomène de la graphie <-ey> et même <-ay> : *fiancey* ‹fiancé› 212, 328 etc., *trespassey* 389, *commancey* 349, *nay* ‹né› 382.

---

19 Pour identifier les auteurs, on pourra recourir aux indications données en 8.1.1.

## 8.2 Texte

**1**

Claude dusson frère de vivand et d'antoine, jacques, joseph et matieu[20], et neveu d'antoine perricaudet épousa antoinette gadan fille de lazare gadan l'ancien le 10 novem^bre 1670[21].

**2**

Memoires de Claude Dusson fils de Jean Dusson de Chalen[ce]y et de Marie Perricaudet[22]

L°année 1658 ne fuct abondante en aucune sorte de graine scavoir pour˘ces qui est des bled et legumes| car les semeille de l˘annez 1657 furent fort contraire pour causes des pluye continuelle/ et les challeur de l°esté de laditte année 1658 perdirent et brullerent les tremissages| pour du vin on n en recuillit honnestement/ jl tomba de˘la neiges le 28^e jour du mois avril qui estoit le dimanche de quasimodo toutes la journé| donc le monde fuct en grand crainte que la neiges ne fuct suivie de gellée qui eusses perdu les vigne et les seigle parces que les bourgeons des vigne estoient ja grand et les seigle sortoient en espies| par la graces de dieu il ne gella aucunement| donc l°esperanc[e]

**3**

d°amasser quelque chauses consolla le peuple ancore que les bled ne fussent gueire beaux| le vin coutoit vingt franc et le˘seigle trente˘sol et le froment plus| les bruict de guerre estoient fort grand et couroit ~~d~~ plus de faulces nouvelle que de veritable|

20 *frère … matieu* rajouté à la fin de la note avec signe de renvoi : ^x.
21 Notice écrite d'une autre main.
22 Notice écrite d'une autre main.

4[23]

5

Descriptions de ~~166~~ 1658

6

L°anné 1660 fuct de petites moïsson scavoir les seigle estoient ~~estoit~~ fort clair pour causes que les semeille de 1659 ne fures pas bon| pourtant jl estoit assez bien grenéz| les froment estoit niellez pour causes de huict jour de pluye continuelle quand jl antroient en graind| le seigle coutoit trente sol et le froment quarante| le vin coutoit cinquante franc ancores que les vigne faisoit belle montres| mais jl n°estoit gueres de vin pour causes de la gellez de l°anné dernier|

Les vandanges de laditt[e]s anné 1660 furent bonne et de˘bon vin| car le vin qui n°estoit gueres bon ~~apa~~ auparavant les vandanges coutoit cinquante franc et le vin nouveaux qui estoit bien meilleur ne cousta que vingt quatre livre|

Les semeille de ladittes annez furent bien propres|

7

Ditton du peuple qui disoit que jamais jl n°avoit esté tans de monde˘sur la˘terre

Pandant et pour cause de°la chereté du˘bled et du vin une partie du monde murmuroit disant que la terre estoit trops peuplé et qu°il y avoit trops de monde sur icelle qui estoit la cause de sy grande necessité| mais cela procedoit de grande jgnorance| car c°estoit les anné qui estoit sterils et les accidant du ciel qui retranchoit les˘bien de˘la terre| car les ouvriez ne laissoit pas le travailler et gagner bonne journéz qui estoit signe qu°il n°estoit pas tropt de monde| d°autre

23 Page blanche.

part les ouvrages n°estoit pas faconné commes jl fault| car faisoit passer ung coupt pour deux dans les vigne|

Laditte anné on jesta un jmpost de deux mil huict cens livre sur la baronnye aˇla part des deux seigne[urs]| donc[24] un nommé monsieur segoillo[t] estoit receupveur et eschevin et se fict payer aˇtoutes rigueur aux mois de descembre| helas on ne

**8**

voihoient que pleures d°unes parties des pauvres gens deˇla parroisse| car c°estoit la plus estroicte saison deˇl°anné et faisoit cher vivre| les cottes de jean dusson mon pere estoit trente quatre livre|

En ce temps yci on ne parloit que d°antandre et trever le diables sur le marchef[25] de couche| mais je crois que ce n°est que fault bruict et mansonge|

L°iver de ladit anné 1660 scavoir depuis laˇs$^{t}$ martin jusque au mois de mars de 1661 fuct de pluye con[t]inuelle et grande touffeur avec grand desbordement d°eaux| jl n°i eut pandant ledit jver quelque m[a]ttinée de gellez blanche|

**9**

Description de 1660[26]

**10**

L°anne 1661 commancent par la saison printanier scavoir le 20 jour de mars| laditte saison fuct tellement humide et

24 *donc* : *dont*
25 *marchef* : *marché*
26 En bas de la page dans l'autre sens.

fraiche que les bled vindres sy espaix et sy grand que c°estoit merveille a les veoir| mais jl verserent tous es valée et lieux gras et y vingt sy grand quantité d°erbes que le grain en fuct bien jncomodé/ donc la moisson estant venue pansant bien recuillir on ne treva que de la paille encores toutes gasté de niel| jl falloit dix et douze gerbes en plusieur lieu pour faire une mesures de bled| et es lieu les plus grenez quatre ou cinq/ les tremissages furent de mesme que ~~que~~ les bon bled| je ne scaches pas qu°il i eut des glan| pour des fruict je crois que pour en˘trever un poinson jl eut bien faillu tenir du pays de quelque sorte que ce˘fuct|

**11**

L°esté de laditte anné fuct grandement chaud et bouillant de sortes ~~l~~ que˘la recoltes des bled mal grenéz fuct bien propres/ mais les maladie furent grandement frequantes et plusieur en moururent/ quand se˘vint ver la fin de laditte saison scavoir au mois d°haoust les temps humide reprenan[t] le dessus fuct causes que les semeill[es] ne furent des plus propres/ les raisin pourrissoit dans les vigne qui donna grand crainte au˘peuples qui avoit veus les bled sy beaux et n°avoit recuilly que de la˘paille qu°il n°en fuct de mesme des vandanges que l°on commanca de bonne heures pour causes de la pourriture| ainsy que on commanca[27] de vandanger| le beaux temps fuct de retour qui dura six semainnes| qui causa que les dernier qui vandangerent firent meilleur vin que les premier| on fict grande quantitez de vin qui fuct

**12**

Les bonne vigne firent cestes presante annez

causes qu°il ne couta que douze franc la quheux| le seigle coutoit trente cinq sol la mesures| et le froment qui estoient propres pour les boulanger cinquante sol parces que les

27 *commanca* : premier *c* corrigé sur *d*.

autant de quheux de vin qu°il y avoit d°ouvrez

froment de ladittes annez estoient en˘plusieur lieu la moittiez ou les deux thier de bizan/ on dit que le 24e jour du mois de may de˘laditte annez jl estoient tombez abondance de naiges du costé d°antully|

Pandant laditte annez les turc firent de sanglante guerre contre les crestien.

L°iver de ladittes annez commancant au mois de descembre finissant au mois de mars de 1662 fuct tous remplie de˘pluye et temps humide avec grand desbordement d°eaux qui gasterent bien les bled jettant de l°erbes dans les seigle et du bizant dans les fromant/ la nuict de noel ainsy que l on venoit de mattine jl

**13**

donna deux furieux coupt de tonnerre qui espouvanterent plusieurs personne non pas sans raison| car toutes la mattinez jl tomba de la neiges qui estoient signe qu°il ne faisoit pas grande touffeurs|

~~En~~ [~~xxx~~]En signe de˘paix le roy fict faire par esdit deffances a˘toutes personne de ne˘porter aucunes armes a feux couteaux pointu espee ny bayonnett[e] ny autres samblable armes a peinne de trois cens livre d°esmande|

Laditte annez le roy de˘frances et le roy d°espagne anvoyerent des ambassadeur au royaulme d°ingleterre pour quelque subiect que je n°ay sceut scavoir/ les deux ambassadeurs c°estant rancontrez jl eurent de˘la dificulté emsamble qui fuct cause

**14**

que l°espagnol tira quelque coupt de fusil sur ~~les~~ le[28] francois et fict couperes les jarret des cheuvaux du carrosses| le roy

28 *le* au-dessus de la ligne.

de frances estant adverty ~~de~~ de l°outrages que l°ambassadeur d°espagne avoit faict a celuy de france entra en grande colere| qui donna a craindre que la paix ne fuct finie| mais le roy d°espagne manda au roy de˘france qu°il luy payeroit le tous et que s°il vouloit le mal faicteur jl le luy donneroit pour en[29] a˘sa volonté|

**15–16**[30]

**17**

Descriptions de 1661

**18**

L°annez 1662 futte forte a˘passer depuis le mois de mars jusque au moisson| particulierment le mois de may et juin parces que˘le˘bled estoient bien cher| car au mois de juin le seigle couta jusque a trois franc et le froment plus| jl coutoit quatre franc et plus en˘la ville d°autun scavoir le seigle| le froment j coutas jusque a six livre| on dit que le pain cousta jusque a douze˘sol la livre a˘paris et orleans huict sol|

J°ai dit sy dessus que le seigle coustoit trois livre| mais cela ne fuct pas commung| jl est bien vrais que pandant le mois de may et au commancement de juin le seigle ne passa pas cinquante sol| car on alloit querir du˘pain a chaalon| mais on ne vouloit pas lasser sortir[31] du˘bled| a montceny on trevoit[32] un peux de[33]| mais ceux qui l°aloit querir estoient en danger de perdres leur vie et

**29** Pas de blanc après *en*.

**30** Pages blanches.

**31** *sortir* au-dessus de la ligne.

**32** *trevoit* : deuxième *t* corrigé sur *s*.

**33** Pas de blanc après *de*.

**19**

leur bled| on heut bien donnez quatre franc du seigle sy on en eust trevéz a achepter| mais jl n°en estoïent poinct| ceux qui en amenoit quelque mesure au marchef on les prenoit et emportoient sans faires prix sy bien que le vandeur ne scavoit combien en demander sinon comme jl avoit coutéz les marchef derniers| helas j°avois voeux[34] le bled l°espace de trois annez qu°il coustoient depuis quarante sol jusque a˘trois[35] l°espace desditte troy annez consecutiffe| mais on en [~~xxx~~] trevois pour de l°argent| mais a ceste fois jl en estoient sy bien que pour quelque argent que on voulut donner on pouvoit[36] avoir/ le premier fruict qui fuct propres a˘manger ce˘fuct les serize que on disoient quel seroit mangée avant que d°estres meures| mais le monde fuct bien trompez car l°abondances d°icelle

**20**

estoient sy grande que nonobstant la quantitéz que le monde mangeat quand elle commancoit a˘m*e*urir donc plusieur furent bien malade que celle que l°on mangea apres estres meures| jl en perdit encores grande quatitez| pandant ce temps la on commanca de moissonner du bled que l°on fit scaicher pour faire du pain| pour moissonner les autres bled qui estoient tres beaux et bien grenéz les laboureur n°avoit amassez des gerbes que a moittiez de l°annéz passéz| mais l°abondance de grain chassa la famine que l°abondance de gerbes avoit envoiez| des fruict jl en estoient abondemment de toutes sortes comme encores honnestement de noix et de gland| le bled ravalas jusque à ce qu°il ne cousta plus que trente sol et 28 sol| et le froment plus| par l°abondances de fruict jl tomba plusieur personne du hault

---

34 *voeux* : *vu*

35 Pas de blanc après *atrois*.

36 *pouvoit* : *po* corrigé sur *trev*.

**21**

des arbres qui causa la mort a quelcung| particulierment a un nommez guillaume bertelott de ce vilage de chalancez gerson agée d°anviron soixante et quelque annez| lequel venant de prester dix franc a jean dusson mon pere pansant aller tous deux a couche emsemble mon pere retourna a˘la maison pour quelque affaires| pendant ledit bertelot monta sur un preniez de prunes blanche[37] qui estoient de grosse prunes| lequel tomba et ce cassa la testes| dont jl mourut quatre jour apres| et demeura esritier jean pommez son neupveu par donations en donnant au autres heritier comme jl luy avoit estez ordonnez par ledit bertelot|

Fuct couvert de˘thuiles nostre sellier le plus proches du jardin et la chambre et grenier qui l*a*

**22**

joinct en ladittes annez 1662| et les dix franc que guillaume bertelot luy avoit prestez estoit pour survenir a ce faicts|

Les semeille de la presantes annez furent beaux a˘merveille| les vandanges grandement propres ancors bien que l°on dit avant lesdittes vandanges que les vigne n°estoient pas belle| elle ce treverent assé abondantes a la recoltes de sorte que le vin ne ce rencherit pas/ quoy que la gresle eut bien gastéz des vigne car jl˘ne passa gueire de nué tonnante qui ne lassat tomber de la gresle en quelque lieux|

Pour l°abondance de vin ces deux annez dernier scavoir la presante et la passez les vigneron murmuroit fort disant que les tonneaux frais de vandange mangeoient tous et qu°il

Jl tomba de la gresle en plusieur lieu ceste ditte annez 1662

37 En marge : *le prenier estoit proche nostre maison sur la rue.*

**23**

n°acquittoit presque rien ver les maistre qui leur vendoit le bled bien cher/ les maistre disoit aˇleur vigneron qu°il vandissent leur vin car jl en estoient bien de l°an passez| les bourc et ville en avoit honneste provisions| encores que le vin de la presante annéz fuct bon on ne le prisoit gueires|

L°ivert de la presante annez a commancer des le mois de descembre de laditte annez 1662 jusque au mois de mars de 1663 fuct sy remplie de neige que plusieur tant du monde que des beste en perdirent la vie| jl en tomba le lemdemain deˇla nostre dames de advent sy grande quantitez qu°il j en avoient bien un thier d°olne[38] esgallement avec un vens quiˇrendit les

**24**

rue basses et autres chemin et fosse esgalle au champagne| car tous estoit esgalle| le monde qui aloit par les champt ne connaissant pas le chemin tomboit dans des creux proffon| estoient contrainct d°i mourir pour causes de l°abondance de neiges| et en mourut plusieur ainsy que l°on raportoit/ le mois de jeanvier de mesme fuct remplie de neige| mais leˇmois de feubvrier fuct leˇplus abondant car l°espaces de quize jour jl en tomba tous les jour honnestement| qui fuct causes que les huguenot mangerent du gibier toutes la caresme aˇbon marchef/ le bestail privez eut grande fain| mais bien plus les sauvages tans les bestes aˇquatre pied que la volaille| les oiseaux antroient dans les maison et dans les estable mesme les ramier que l°on dit estres des

**25**

plus sauvage| donc plusieur en tuerent et estoient sy maigre qu°il n°avoit que les os et ne trevoit dans leur vantres la plus

---

**38** *dolne* : *d'aune*

part de leur nouritures que des grain de lier[39]| le froid fuct sy cruel que les arbres eurent fort a souffri[r]| car on les maittoit a°bas pour se chauffer parces que l°on ne pouvoit en aller querir pour causes de la neiges| les noier par la cruiaulté du froid moururent dans les valez de˘sortes que quand se˘vint au˘tempt qu°il devoit pousser jl ne pousserent que quelque bourgeons jusque au mois d°ahoult qu°il repoussere par dedans|

**26**[40]

**27**

Descriptions de la facheuse annez 1662

**28**

L°anné mil six cens soixante trois a[41] la commencer par˘la saison printanier qui est le 20e jour de mars/ comme l°ivers passez fuct de neige laditte saison du primtemps fuct de˘pluye continuellement frequante et[42] douce de sorte que les bled qui n°estoit pas rongez des gellée divers pour causes de˘la neiges continuelle mais qui estoient beaux a merveille devindrent sy espaix et sy grand que s°estoient plaisir de les veoir| pour des frui*ct* scavoir des pomme poires noix gland et autres samblable la gelléz de l°iver qui avoit faict mourir une partie des arbres particulierment les noyer et la pluye continuelle perdit le restes des frui*ct* sinon les prunes que les pluye et fraischeur n°incomoderent pas quand[43] a

39 *lier* : *lierre*
40 Page blanche.
41 *a* : *à*
42 *frequante et* au-dessus de la ligne.
43 *quand* : *quant*

ce qui est de˘l°abondance| car les pruniez en estoient tellement chargez que les branches en rompoit sur les estanson que on y mettoit| et pour causes de˘la pluye jceux prunes ne furent pas bonnes a manger car elle ne santoit presque l°eaux parces qu°elle estoit

**29**

tropt serréz et noury d°eaux| elle furent mailleur en la saison de l°autonne parces que en des lieu on en mangea jusque a˘la ~~toussaint~~ toussainct et en pourit grande quatitez sur les prenier pour causes des pluye|

L°esté de laditte année fuct a son commencement et son millieux de mesme que le primtemps que les bled donc[44] la˘saison printanier avoit donnez crainte de ne pas bien grener| la pluye de l°estéz laquelle estoit continuelle estonnoit grandement le˘peuple qui n°osoit entreˆprendre de moissonner encore˘bien que les seigles fussent ~~p~~ bien prest| car jl germoit dans l°espie sur le pied| enfin on ne pouvoit amasser les˘foing de˘sortes que˘l°on trembloit de craintes que tous les bien de˘la terres ne fussent perdus| helas|

**30**

jl y avoit deux an que la pluye avoit empescheez les bled de grener et estoient tous remplie d°erbes et autres malleur| et cest presante annez jl estoit sy bien grenéz et sy net que c°est merveille| car aulcung disoit avoir battu trois gerbes et en tirer deux mesure de bled| et parˆtout les bled estoit bien grenez| mais la pluye estant continuelle tous le long de la moisson des seigle contraignoit le peuple a˘les serrer a une veux[45] de soleil| lequelle avant que la rancontrer on voioient le˘bled reverdires sur les gavelles[46]/ une partie des foing

**44** *donc* : *dont*
**45** *veux* : *vue*
**46** *gavelles* : *javelles*

perdit dans les prex et l°auttre partie qui estoient dans les foinnault estoit verdoiant de l°erbes que l°umiditée produisoit parˇdessus| chauses[47] qui donnoit a craindre que le tous ne pourrit| les moisson furent sy abondantes et sy longue que c°estoit mervaille| et pour les pluye grandement pitoyable par la pluye| car jl ne fict que huict jour deˇsuittes deˇbeaux sur la fin lors queˇl°on moissonnoit les froment et les seigle|

**31**

du costez d°antully les tremissages estoient aussy beaux que les bon bled ou plus deˇsortes que les laboureur remplires leur granges deˇsortes que le seigle ne couttoit que seize sol| l°aveinne huict sol| les febve quatorzeˇsol/ mais pour causes deˇla mauvaises recoltes on ne pouvoit s°acoutumer a faire du pain duˇbled deˇladitte annez| car tans plus on prestissoit la pastes tans plus elle devenoit doulces de sortes que on ne la pouvoit mettre au four| et estant dans le four quel^cung[48] avoit peinne deˇle sortir| lesdit pain n°estoit gueires bon au commancemen et neˇles pouvoit on couper avec le coutteaux car jl rompoient devant le couteaux| la grande abondance de prunes qui estoit pour lors ne furent pas bonne a manger| et les fict on manger au pourceaux| on enˇfit bien scaicheres[49]| lesdittes prunes durerent jusque aˇla st martin en des lieux parces que l°autonne aˇson

**32**

commancement ~~b~~ fuct bien propre et aussy son millieux| qui fuct causes qu°il fict bon semer les froment| pour les seigle les pluye qui ~~d~~ continuerent aussy bien aˇla fin de l°esté comme elle avoit faict tous le millieux et le commancement mirent les terres en telle estat que c°estoient compassion a

---

**47** *chauses* : *chose*
**48** *quel cung* : *cung* corrigé sur *cun*.
**49** *scaicheres* : *sécher*

les veoir et les ~~semel~~ semeilles des seigle ne furent nulement propre|

Les vandanges de ladittes annez furent de petittes recoltes et deˇbien petit vin que on commanca tous proches le dixiesme jour d°hoctobres| jl y avoit encores asséz de raisin mais jl estoit sy petit que c°estoit compassion| car les pluye qui estoit frequantes toutes l°annez les fict venir deˇla sortes| le bois des vigne estoient sy languissant que on croyoient qu°il ne cerneroit pas| car a vandange jl estoient tous blanc et n°avoit poinct de couleur| on ne fict pas du vin a moittiez de

**33**

l°an passez en ce lieux| mais le plus commung au thier on en fict en des lieux sy peult[50] que on disoient que [~~xxx~~] telles homme qui avoit acoutumez d°an faires vingt ou trente quheux n°en faisoit que une quheux ouˇtroy filette[51]| mesme au pays bas dans les bon vin on disoient que pour en faire une fillette jl failloit la vandanges de trente ou quarante ouvréz de vigne/ pour le vin estoient petit a merveille et ne santoit que la verdures/ helas le peuple aˇla nativité s$^{t}$ jean baptiste dernier on bevoit le bon vin pour quinze denier la paintes et encores ne le trevoit on pas bon| mais a presant jl en fault donner cinq sol du semblables et quatre sol de celuy deˇla presantes annez| aˇla vandanges le vin nouveaux couttoient unze et douze escus et le vin vieux jusque a cinquante livre|

**34**

Au mois de septembre deˇladitte année 1663 jl passa une nué qui gasta bien les vigne de couche par la gresle qui tomba d°icelle| et plusieur autres en furent emdommagée| car elle avoient tenue tant long deˇpays que c°estoit chauses espou-

**50** *peult* : *peu*
**51** *fillette* : *feuillette*

vantable de l°antandre racompter| l°on dit que par la forces du vens ~~d~~ et de l°abondances d°eaux et de gresle elle avoient mis a˘bas des maison et arraché des arbres|

L°iver de la presantes année 1663 fuct assé propre pour la saison car jl fuct emtremellé de froid et de sec jusque a˘la fin de˘laditte saison qu°il fict un temps de pluye assé jmportunes/ durant ce presant jver le roy faisoient de grand preparatiffes de guerres| donc les troupes passoit une partie a

**35**

chaalon et s°ambarquoient sur la saolne| le peuple craignoient grandement car on ne scavoit ou alloit ses gens la| car pour lors on n°oyoient pas dires qu°il j eut guerres contre le roy de frances/ pourtant que l°armé estoit composée de quarante ou cinquante mil homme| les hereticque calviniste eurent un peux de frayeur que ce ne fuct pour aller devant geneves qui estoient pour lors[52] leurs ville capitales| d°autres disoient que la paix estoient rompue entres le roy d°espagne et le roy de france| mais cela n°estoient pas vray car c°estoit pour faires guerres contres le pape suïvant que on le rapporta au retour de ceux qui estoient alle a˘la guerre scavoir quatre ou cinq guerson de couche/ car par

**36**

la graces de˘dieux pandant que l°armé de france passoit la mer jtalicque la paix s°acorda et les soldat qui voulurent leur congé on˘le leur donna franchement par escript| donc plusieur furent bien jojeux de˘le prandre parces que la˘pluye les avoit bien tourmanté| lesdit soldat au˘retour vendoient tous leur esquipages pour vivres| et faisoit bien du mal ou jl passoit parces qu°il n°avoit pas de l°argent pour retourner

52 *lors* : *r* corrigé sur *s*.

chacung en˘leur pays| et ce retour estoient au mois de mars de l°anné 1664 qui estoient bien mal comodes pour causes des pluye qui durerent jusque proche la fin dudit mois que la seicheresses gagna le˘dessus|

37

Descriptions de l°anné 1663

38

L°annéz mil six cens soixante cinq au commencement du mois de jeanvier parut une commettes qui sembloit celles que l°on vit au mois de descembres de l°annez dernier sauf que sa queux estoient tournez du costé d°orïens parces qu°el paroissoit le <le> soir et que les raions du soleil la˘prenoit du costé d°occidant|

Le mois de jeanvier fuct de froidures fort cruelle de sortes que les sept[53] des vigne <et> furent bien estourdis et plusieur en furent fandus|

Le mois de feubvrier fuct de pluye assez frequantes|

Le mois de mars fuct de gellée avec grande vent de morvanges lequel estoient bien froid avec quelque peux de neiges|

39

Environ le 10e jour du mois avril on commanca a veoir une autres commettes du costé d°orien qui ce˘levoient environ une heure devant jour et estoient de la forme a celle que l°on avoit voeux[54] cy devant| et parces qu°el levoient le mattin sa chevelures estoit tournéz du costé d°occidan portant suivant

53 *sept* : *ceps*
54 *voeux* : *vu*

un livre qui fuct faict par un matematiciens lequel j°ai leu| jl estoient escript que c°estoit la mesme commettes du mois de jeanvier que l°on avoit veu au mois de descembre| mais seulement qu°el avoit changéz de lieux| et en changeant de lieux elle perdit sa chevelures| qui fuct causes que le

40

peuples ne la reconnu pas jusque elle fuct en lieu ou le soleil fict paroistre sa queux| mais celle dudit mois avril estoient une autres suivant ledit matématiciens qui avoit faict ledit livre au sujets d°icelle commettes|

En ce temps couroient plusieur fault bruict au sujets des commett[es] cy devant dittes et le mondes estoient bien estonnéz deˇles ~~veoir~~ veoir et non sans causes|

Ledit mois avril fuct remplye de ~~ses~~ seicheresses fort grande avec un vent de bize fort orageux et de morvanges| lequel seicherent la terres deˇtelle fasson qu°el en fandoit/ les vigne ne pousserent pas leur bourgeons jusque environ le quinziesme dudit mois[55]|

41

les seigle non plus ne pousserent pas devant ce tempt la| car jl ne tomba poinct de pluye audit mois avril| donc les vigne aˆcheverent de mourir en plusieur androict d°une mort bien abondante| car jl y avoit des lieu ou jl en mourut beaucoupt| les seigle donnerent deˇla crainte au peuple car jl n°estoient pas beaux a causes de la seicheresse|

Accidans de~~fa~~ feux fort grand

Le $18^{e}$ jour avril 1665 le feu ce mit a couche dans cheminée deˇla maison d°un nommé maître esme

55 *dudit mois* au-dessus de la ligne.

**42**

pericaudet notaire rojal audit couche| auquel on mit pas grand empeschement pour cause que la maison estoient couvertes de thuiles et quelcung s°y voulant emplojer on dit qu°il les empescha de˘sortes que la bizes qui estoient grandement violentes porta du feux sur une apandizes[56] couvertes de pailles qui appartenoit a˘la vesve tatevin ottesses sur le marchef dudit couche[57]| lequel feux estant alluméz dans laditte appandize fuct par la violances du vent allumé dans les maison couvertes de thuiles et d°assandre| lesquel furent toutes brulée scavoir celle qui estoient ~~audroit~~ ou le vent poussoient le feux| la maison ou estoient la cheminé n°eut aulcun mal| on crojoient faires pajer le dommages audit

**43**

pericaudet parces qu°il avoit empeschéz d°estaindre le feux lors qu°il estoient dans la cheminéz de sa maison| pourtant jl n°en pajaz aulcunes chause| le feux fict de grand dommage[58] en plusieur ~~pour~~ lieux a[59] cause de la grande seicheresse|

La dernier semeinne dudit mois avril fuct ~~dune~~ tous˘le lon d°icelle de grand bize froide qui gella les vignes qui estoit a˘l°abry d°icelle| les deux dernier jour[60] dudit mois la gellé fuct plus fortes que˘les autre jour|

Le premier jour de may jl tomba de la pluye honnestemen| le 4e jour dudit mois de may le feux ce print aux vilage du reulay sur deusne[61]|

56 *apandizes* : *appendice*
57 *couche* : *h* corrigé sur *s*.
58 *dommage* au-dessus de la ligne.
59 En marge : *pour*
60 *jour* au-dessus de la ligne.
61 *deusne* : *u* corrigé sur *s*.

**44**

lequelle brula hunze chauffeur[62] et plusieur toist et grange avec grand pertes de bien car le droict vens siffloit avec sy grande violances que l°on ne pouvoit approcher et les ~~mas~~ maison estoient toutes couvertes de paille et la plus part du monde estoit dans les vigne pandant que le feux faisoit ce ravages|

Audit mois de may le seigle coutoit 30 sol et le froment 38 sol

Le reste dudit mois de may fuct grandement seic de˘sortes que les foing et tremisages estoit bien petit aussy bien que les bled de sortes que l°esperances d°avoir bonne année estoit perdue| car jl ne tomba que deux ou troy petite pluye pandant ledit mois|

**45**

Le premier jour du mois de juin de l°anné ~~1664~~ 1665[63] la processions de couches ala a nostre dame de moré pour demander a dieu de˘la pluye par l°intercession de˘la vierge|

On˘disoit plusieur choses touchant la religions huguenoste qui n°estoit que faux bruict

Le septiesme jour dudit mois de juin par arrest fuct faitz deffence au ministre de couche de porter sa grand robes par les rue a peinne de troy cens livres d°amande/

Le $18^{e}$ jour dudit mois jl tomba une pluye qui dura environ dix heures gredement[64] profitable pour toutes chauses| puis le beau tempt fuct de retour jusque au 24 qu°il tomba de˘la˘pluye|

Le jour $s^{t}$ pierre et $s^{t}$ paule jl tomba de˘la petitte gresle qui par la violance du vens gasta bien les vigne de couche|

**62** *chauffeurs* : *chaufours* ?
**63** *1665* au-dessus de la ligne.
**64** *gredement* : *grandement*

**46**

A˘la˘fin dudit mois de juin ~~1664~~ on commanca de lever l°octrois au bourg de couche/ scavoir pour ledit droict les cabartier qui vendoit vin tenant table avec pain et viande donnoit la huitiesme partiez du vin qu°il vandoit scavoir la $8^{e}$ partie de l°argent| et n°osoient percer lesdit ostes le vin qu°il ne fuct marque par lesdit receupveur d°octrois| ceux qui ne vandoit qu aux pot donnoit pour ledit droict la $16^{e}$ partie/ et par ordonnance de monsieur l°intandant ceux des baronnie n°ossoit vendre vin tenant table assis sans payer ledit droict d°octrois a jceux du bourg| et ne pouvoit tenir boucherye non plus| le tous par le consentement desdit habitans par actes d°assamblé| et ne devoit plus receupvoir pour habitans jceux du˘bourg lors qu°il viendroit faire residance dans les baronnie/ tous les habitans dudit bourg payoient dix˘sol par quheux de vin qu°il faisoit dans la roiaulte| et les forain qui

**47**

possedoit des vigne dans les destroit dudit couche pojoient deux sol six denier de˘la charges au ané|

Les boucher pajoient pour les bestes qu°il vandoit a˘la boucherie scavoir ving sol pour le boeuf ou vache| cinq sol par veau mouton ou˘porc| ceux qui avoit des maisson <a> a˘louer scavoir les forain donnoit la cinquiesme partie du louage pour ledit droict| j^celuy droict fuct admodiez deux mil livre par an tous d°un coupt|

L°on fascha[65] les prez audit mois de juin| lequel en˘feut faict peur au bestaille plus qu°il ne faisoit au maistre qui estoit contraint d°emporter le foing dans des linceult au moing les plus proche prez des maison de forces qu°il estoit petit et estoit bien

**65** *fascha* : *faucha* ?

**48**

en peinne de quoj nourir leur bestaille|

A˘la fin dudit mois de juin on commanca a moissonner|

Le second jour du mois de juillet 1665 jl tomba de˘la˘pluye par l°espaces d°anviron 24 heures qui trampa˘bien les terres lequels en avoit grandement besoing| car les erbes estoient toutes brulée| puis par l°espaces de˘huict jour le˘tempt fuct couvert et humides| qui fict que les orges et aveinnes pousserent de nouvelle tiges et les herbes reprindent un peux de couleur| donc˘le monde fuct bien jojeux/ mais la˘chaleur prenant le˘dessus[66] environ le 15 ou 20e jour dudit mois les flaistrit[67] ung peut jusque a˘la fin dudit mois que le tempt humide fuct de retour|

En ce tempt le seigles coutoit 32 sol| le beau froment 40 sol| le vin 30 libvres et plus jusque a 40 libvres

Pandant ledit mois de juillet jl passa de facheuses nuée| antres autres en passa une en bresses que ceux qui en furent atteint crojoient que ce fuct la

**49**

fin du mondes par le grand orage et quantitée de gresles qu°el laissoit tomber/ le vens donc[68] elles estoient agittée estoient sy tempestueux que l°on dit avoir presque mis a˘bas tous les harbres d°un vilage ou deux/ une autres dans le charrol[ois] laquelles avoit mis deux parroisses en telles estat que l°esperances d°amasser aucunes chause estoient perdue car elles les avoit mis commes en hivers|

66 *ledessus* : *d* corrigé sur *s*.
67 *flaistrit* : *flétrit*
68 *donc* : *dont*

Le mois d°haoust fuct a˘son commancement humides avec des petites pluye jusque environ le 4$^{e}$ jour| puis la chaleur reprint le dessus| pandant ledit tempt les moissoneur de ~~loix~~ l°oxois[69] vindrent faires une poses[70] pour laisser meurir les legumes ou tremissages| lequel n°estoit venus que des le mois de juillet puis retournerent

**50**

achever leurs moisson/ les bled de ladittes année tans les froment que les seigles estoient fort petit de sortes que la pailles coustoit 25 franc le cens de faisseaux/ le chars de foing jusque a dix escus|

A˘la fin du~~dit~~ mois de juillet jl y eut des fraischeur les mattin qui firent bien tonber les feuilles des vigne|

Quand les moissoneur revindres d°achever leur moisson de l°oxois jl faillut batres les noyer car les noix estoit meures| lequel noix estoit asse abondantes|

Les huict premier jour de septembres furent de sy grande chaleur que les raisin rotissoit par les vigne| puis le˘tempt humides fuct de retour avec quelque journée chaude qui [~~xxx~~] advanca bien les raisin pour les faires meurir avec esperances de faires bon vin/ les semeille estoit fort propres qui fuct

Pandant ce chaux on amassa grand quantité de ces tremissages venu des le mois de juillet| et encores du foing qui estoit revenu dans les prez de sortes que le foing ravala un peux

**69** *loxois* : *l'Auxois*
**70** *poses* : *pause*

**51**

causes que le bled ne rancherit pas plus|

On commanca a vandanger a˘la montagne de couche communement le 22e septembre| lesquelle vigne de la montagne estoit fort belle mais particulierment celles qui avoit estez l°annez passée toutes gastée de gresles et que l°on disoit que de lon^tampt elle ne proffitoit a causes de la ravines de eaux| chauses admirable car on disoit qu°elle estoit les plus belles de toutes la parroisses| et estoit vray/ les vandanges de laditte annez furent fort malpropres pour causes des pluye gembollée de gresil et grand vens/ on fict du vin mediocrement qui coutoit a l°es^tapes austun[71] jusque a dix escus et les vin de la presantes annez estoit meilleur que celuy de l°annez dernier|

**52**

Le mois d°hoctobre a son entrée fuct plus propres pour les vandanges que le mois de septembres| car le tempt estoit cleir avec une bizes et fraiches|

Le seigle monta a 34 sol| encore n°en avoit on pas a˘son choix

Pandant ledit mois octobre on moissonna encore des tremissage en plusieur lieux de l°oxois scavoir es lieux les plus tardif| lesquelle estoit plus ~~p~~ beau que les premier qui furent moissonnez| et donnoit on cinq et six sol au vandangeur qui par ces[72] pays la passoit pour venir vandanger au pays des vignes|

Le 23e jour du mois octobre 1665 monsieur l°evesque de chalon vint a couche expres pour comfirmer ceux qui voudroit receupvoir le sacrement de comfirmation/ lequelle pour l°estimes qu°il avoit de monsieur dodin pour lors curée dudit couche jl

71 *a les tapes austun* : *à l'étape d'Autun*
72 *ces* : *ces* corrigé sur *ses*.

**53**

receut a la confirmation tous ceux qui s°y presanterent sans les jnterroger du chatechismes/ toutes fois que ledit sieur dodin curée de couche avoit faict son possibles pour jnstruir ses parroissien sur ce subject et leur avoit apprins le cateschisme le mieux qu°il avoit peut|

Le $24^{e}$ jour dudit mois octobre furent comfirmez par la grace de dieu tous ceux de˘la maison de jean dusson mon pere par ledit seigneur esvesque de chalon venu par la permissions de monseigneur l°archevesque de lion et a˘la requeste de˘monsieur dodin curé de couche/ car pour lors l°evesché d°autun estoit vacant par la mort de l°evesque/ d°icelle maison de jean dusson fuct comfirmez premierment ledit dusson et marie pericaudet sa femme et tous leur anfant qui estoit jeanne dusson claude vivand jacque anthoine josept

**54**

mathieu dusson et lazare fille qui estoit la˘plus jeune sur l°ages d°anviron huict an/ et furent comfirmez les anfant jusque a˘l°age de cinq an| et ledit sieur evesque avoit la˘bonté d°aller comfirmer les malade dans leur lict/ puis aiant comfirmé plusieur jour et presché plusieur fois jl s°en retourna et donna cent livre audit sieur curé de couche pour la despances qu°il avoit faictes| quelque resistance que fictes ledit sieur curé de couche jl les luy fit prandre/ toutes fois jl ne les mit pas a son profict car jl les mit au profict de l°esglises et supporta toutes la despances de vingt ou 30 personne chacung jour a˘sa tables parces qu°il avoit plusieur religieux et bon prestres pour receupvoir ledit sieur evesque|

**55**

Le mois de nouvembres fuct pluvieux avec grand desbordemen d°eaux|

Le seigle coutoit 33 sol et le vin jusque a 30 libvres

Le 10e ~~joud~~ jour dudit mois fuct esposée[73] thoinette gadan fille de lazare gadan des˘bertrant avec jacque dusson fils de˘leonard dusson|

Au mesme tempt mourut francoize chattery femme de mon oncle anthoine peric*a*udet qui demeroit pour lors es˘bertrant|

Le mois de descembres fuct a˘la modes de l°iver pluvieux une partye et l°autre partie froid/ pandant ledit mois on leva des gens de guerre a couche et dudit couche y ala troy gerson/ en ce tempt jl y avoit grand bruict de˘guerre|

**56**

Ce levoit sur l°octrois dudit couche pour pajer lesdit predicateur 50 escus tournois pour l°advent que pour le caresme

En ce tempt durant l°advent jl y eut predications tous les jour dans l°eglises de couche par ung pere jejuistes| lequelle faisoit trember le peuple par ses predications car jl preschoit a merveilles/ le peuples qui l°ecouttoit estoit espouvanté de sortes que˘l°on ne scavoit qu°en dire|

La deffance estoit faitte par arrest de la cour obtenu par monsieur dodin curé de couche a causes des desbauche

Pandant ledit tans on n°osoit aller a˘la taverne scavoir ceux de˘la parroisse ny jour de˘festes ny jour d°houvriez a˘peinne de cens livre d°esmande| mais cela ne dura gueires|

Pandant laditte annez 1665 depuis 1664 monsieur le conte de chamilly fict emmener du bois sur la saolne grande abondance qu°il prenoit en ses bois de montereult| et on contreinoit les boyer a˘mener ledit bois| et estoit payez suivant

---

73 *esposée* : *épousée*

**57**

Le pris de chacune pieces estoit marqué sur jcelle suivant sa grosseur

<suivant> la charges qu°il menoi*t*| et ceux qui y alloit les plus volontairement estoit les plus sages/ et tenoit on que ledit bois estoient pour faires des navires de mer|

**58**[74]

**59**

Descriptions de l°annez 1665

**60**

De˘paris le 24e jeanvier 1668

Un courier arrivé de lisbonne en huict jour sur une fuste a apporté nouvelles au roy qu°il˘y˘a en˘cettes ville la des desputéz d°espagne qui negotient seulement pour conclures une paix avec les portugais et une alliances avec une ~~ar~~ archiduchesse d°imbruk| et que les troubles y continuant tousiours| et mesme que dom[75] louys de [~~xxx~~] melos premier ministre du roy de portugal desposede a estez assasigné dans sa maison ou jl s°estoit retirez depuis les dernier desordre| et l°on tien que ceste assassignations a estez faits parce qu°il estoit trop dans les jnterest de son roy et dans ceux de la maison d°autriches|

Les troupe qui sont au environ de donkerque berque et funnes ont jnvesti dixinoudes et attendant le canon de ces places pour la presser de ce randre|

74 Page blanche.
75 *dom* au-dessus de la ligne.

Le duc de˘savoys voulant entreprendre quelque choses la champagne prochainne a anvoyez un expres

**61**

au venitiens pource que le marquis villes qu°il leur avoit donnez pour servir la republicques en candie contre le turc retournes en son services apres que monsieu$^{r}$ de s$^{t}$ andré monbrun y sera arrivé pour tenir la˘places de général menant un ranfort considerable pour defandres la metropolitainne|

D°holande que les provinces hunies ne s°estans point accordée comme pour embassadeur extraordinaire en frances y a receux ordre de retourner a˘la haye et lors approchant qu°il ne se brouillant au suiet de˘la frances|

Jl est arrivez six vingt mulet pour servir ~~monsieur~~ a l°esquipages de monsieur qui doit partir seulement le 15$^{e}$ mars pour son voyages de catalogne|

L°ordre a esté donné a monsieu$^{r}$ de choisy jntendant de mets de˘faire le plus de provisions ~~quil~~ de foins qu°il pourra pour la˘subsistances de la cavalerye sy on assieges luxembourg|

**62**

Le duc de lorrainne ajant envoyéz a monsieu$^{r}$ de ~~grandmont~~ vaudemont[76] son fils naturel[77] qui est en cette cour de prendre congé du roy pour s°en˘retourner pour luy aider a faire les seremonyes et les receptions au roy lors qu°il sera sur les frontiers| ce princes ne la peut obtenir| sa majesté luy aiant dit que son voyages n°estoit pas sy pressé et souhaittoit qu°il passat le carnaval avec luy|

Samedy dernier la cérémonie du baptesme de madame fille du roy se fict en la chappelle des˘tuilleries| madames la

---

76 *vaudemont* au-dessus de la ligne.
77 *naturel* au-dessus de la ligne.

dhouairieres d°orleans et monsieu[r] le duc d°angin estant parrein et marraine| elle fuct nommé marie therese|

Le roy et son espouse apres avoir pris congez de˘la reine d°angleterre partirent dimenche pour aller a[78] s[t] germain ou sa majesté demeurera jusque au mecredy de la semaine prochaisne voulant attendre

**63**

l°arrivez de ses troupes dans leur quartier d°assamblée auparavant que d°en partir|

Sa majesté a depesché un envoyez au˘roy pour que sa sainctеté luy accordes le thier ~~des~~ du[79] revenus dès benefices de france| sa majesté s°offrant a faire la reparations a ses despens[80]|

L°on a escript de venises que on y a receux nouvelles de candie que les troupe ottomanes avoient entierment cessé leurs attaques et s°estoient retiréz dans la canée et que si˘on leur envoyoit un puissant secours qu°il pourroit se mettre en estats de ce deffendre cette campagne prochainne avec la mesme vigueur qu°il ~~avoe~~ avoient faits|

De chaalon en champagne que jeusdy dernier le tonnerre tomba sur le clocher de la catédrale

**64**

et fondit les cloches et l°aiguille rompit le coeur| et que un prestre voulant sauver le s[t] sacrement j[81] fut bruslé|

Les espagnol on faits des remise en angleterre de 1200 [m]il piastres pour les faire tenir a leurs generault en flandre|

**78** *aller a* au-dessus de la ligne.
**79** *du* au-dessus de la ligne.
**80** *despens* : *d* corrigé sur *s*.
**81** *j* : *y* ou *il*.

De bourgongne que le projet que messi^re le princes a negociéz avec les franc contois qui doivent se mettre souz la protections de frances et recepvoir garnison francoizes en*t* toutes leur meilleur places et donner chasque anné la somme de 100^m il escus| moyenant quoy tous leur droicts franchizes et jmmunite leurs demeureront et jugeront en souveraineté comme jl font a presant|

Monsieur de chamilly envoyéz de monsieur le prince au cantons suisses et non pas a doles comme

**65**

nous avons dit estant retourné a eu ordres d°y faire un second[82] voyage pour empescher que les suisse protestant ne fussent gagnéz par les solicitations des catholicque qui s°offrant[83] de recevoir les franc contois sur la mesme alliance qu°il on avec les couronnes estrangères|

Entre les 400 chevaux de rouilliers et messages qui furent arresté ses jour passé pour servir a la conduitte de l°artillerye l°ordres a estéz donnéz a tous les cabertier[84] de donner desclarations de tous ceux qui arriveront chez eux affin que on les preinne pour servir a˘la conduittes des munitions de guerre qui doivent servir a˘la bourgongne|

De paris le 10^e feubvrier 1668

Le roy de danne^mark a nommé le contes de gabel pour venier[85] ambassadeur en˘france et ce seigneur se disposes pour partir en˘bref/

Le jeune prince de˘bavier frere de l°electeur est icy ïncognito depuis quelque jour| on croit qu°il viens chercher une maitresse en france et que son obiets est madamoiselle de˘bouillon| on dit que le roy pourroit bien a mesme

**82** *second* : *d* corrigé sur *g*.
**83** *soffrant* : *s'offrent*
**84** *cabertier* : *cabaretier*
**85** *venier* : *venir*

tempt faire une aultre alliance avec la maison ~~debaveer~~ de˘bavier|

**66**

Les espagnol ont anvoyez plain pouvoir au marquis de castel rodrigo de traitter de˘la paix avec la france/ mais que cette nations ne pouvoit pas faire un˘plus meschant choix que de sa personne attendu qu°il est presantement opposez au pretantions[86] du roy|

Monsieur de turenne a ordre de retourner bien tost sur la frontier|

En consequance de la bules que le˘pape a envoyez au˘roy touchant le revenus des beneffices de france messieur du clergez aufrant desia a˘sa majestez vingt milions moienant qu°el les veille exampter de l°assamblez qu°il font de cinq en cinq an|

L°on mande de diion du 13e du courant que on avoit faits une processions general dans dole apres laquel on tin conseil| ensuitte duquel un jejuiste monta en cheire pour en publier au peuple le resultat| que l°on respandroit jusque a˘la dernier goute de son sang que de ce randre| a peinne a˘toutes sorte de gens de quelle conditions et qualitez que ce˘fut qui en disconviendroit d°estre pandus| et pour cette effet l°on fict dresser sept potance dans la ville/ et que le roy de france avoit faict dresser deux batterye l°une du costez des capucins et l°auttre de l°auttre costez de˘la ville qui la foudroyoient sans relacher et que le mesme jour l°on ouvrit les tranchez et que la ville de grez attandoit l°issue de ce siege pour ce randre a ce qu°el aura affaire| cepandant tous le monde parle de˘la˘paix et on se disposes d°anvoier a aix la˘chappel pour en traitter particulierment le pape qui s°y emploix tous de bon[87]|

**86** *pretantions* : premier *n* au-dessus de la ligne.
**87** *tous de bon* avec signe de renvoi ++ en marge, faute de place.

**67**

J°ay donné a˘m$^{r}$ moreau 16 livres de˘laine avec le˘sac qui pesoit 2 livres et demie et 9 livres et demie avec le˘sac qui pesoit 1 livre et demie.[88]

Nouvel de paris du 24$^{e}$ jeanvier et 10$^{e}$ feubvrier 1668[89]

**68**

On dit qu°il mourut quelque personne dans des fosse remplie de neige

Le mois de jeanvier fut a son commencement scavoir la premier semeinnes de pluye et grand desbordemen*t* d°eaux| puis jl arriva une grande froidure avec abondance de neiges qui estonna bien ceux qui n°avoit pas provisions de bois| lequel temps dura jusque ~~aux~~ a˘la fin dudit mois de jeanvier| le seigle pandant ledit mois couttoit seize sol et le froment 22 sol| le vin trente six franc| pandant ledit mois jl y avoit grand bruict de guerre|

Le seigle coutoit 16 sol le froment 22 et 24 sol la quheux de vin 36 $^{l}$i$^{b}$vres et plus

Le mois de˘feubvrier fuct froid jusque au quinziesme jour avec la neiges qui estoient tombée au mois de jeanvier| donc la terres estoit toutes couvertes| laquelle fondit doucement avec les rayons du soleil et avec des petites pluye| le restes dudit mois fuct asséz propres pour la saison tant pour les laboureur que pour les vigneron|

**69**

Le seigle coutoit 16 et 17 sol| le froment 22 et 24 sol| la quheux de vin 37 $^{l}$i$^{b}$vres

Le mois de mars fuct fort mal comode jusque presque au 16$^{e}$ jour| qui retarda biens les laboureur et les vigneron de faires leur ouvrages mais quand se˘vint ver la fin dudit mois que le ~~le be~~ beau˘tempt fuct de retour jl faillut travailler avec les deux main| car par la grande challeur qu°il faisoit la vigne commanca a pousser bien fort| qui fuct causes que les vigneron gagnoit douze sol fort librement|

---

88 Note ajoutée plus tard en utilisant la page restée (presque) vide.

89 *Nouvel … 1668* écrit en bas de la page dans l'autre sens.

Pandant ledit mois les gens de guerres passoit par montceny et autres lieu en grende abondance| mais jl n°en passa poinct dans couches| l°armée qui passoit alloit dans l°illes de candie pour combatre le grand turc qui faisoit grand guerres au crestien|

**70**

Au mois de mars 1669 le roy fict ung esdit qui fut publiez a couche le 28e avril de laditte anné 1669 par lequele estoit [~~xxx~~] deffandu[90] a toutes sortes de gens de tenir escole pour enseigner la jeunesses sans en avoir promissions[91] de ~~lesv~~ l°evesque pour la grande jmportances qu°il y a d°avoir de bon maistre d°escoles|

A˘la fin d avril le seigle coutoit 18 et 19 sol| le froment 24 so|l le vin 40 livres la quheux et davantage

Le mois avril de 1669 fuct a son commencement de vent pluye et de˘la neiges assez d°abondancez qui fuct bien tost suivie d°une gellez qui fit bien ~~reserer~~ reserrer la vigne et gasta bien les noyer an des lieu tans au montagnes que au valléz| son millieux fut de grande bize froides avec gellez fortes qui donnoit grande craintes| sa fin fuct plus moderez| en ce temps y avoit quantitez de malades donc plusieur mouroit|

**71**

Le seigle pour causes que les bled estoient clarot monta a 20 sol| le froment ~~44~~ 24 sol| la quheux de vin 40 livres et 44 livres

Le mois de may fuct a son commencement et son millieux de pluye assez froide et assez jmportunes mais pourtant fort profitable pour les bien de la terres parces que les bled estoient fort ~~clar~~ clair| mais jcelle pluye suivant le dires du mondes refict bien les bled du thier ou plus/ le restes dudit mois fuct plus propres pour les vigne car elle n°estoit gueires advancez au commencement dudit mois de may| jl passoit pandant ledit mois des nuez qui ne tounoit| et pourtant greisloit en plusieur lieux non pas fortement|

90 *deffandu* au-dessus de la ligne.

91 *promissions* : lapsus pour *permission* ?

Pandant ledit mois de juin le tonnerre tomba au bourg de montceny et y brula troy ou quatre maison

Le mois de juin fuct humide a son commencement avec un peut de pluye| son millieux et sa fin furent grandement chauds et seiches qui advanca grandement les bleds et les vigne qui estoient bien retardée aux autres mois|

**72**

Toutes la candie estoit prises par les turc sauf la metropolïtainne

Les ausmone de˘la parroisse de couche ce treverent a˘la somme de soixante deux livre suivant [~~xxx~~] le rapport de monsieur dodin

Pandant ledit mois de juin on gagna le jubilée en plusieur lieux| et on le gagna a couche la dernier semainne de juin et l*a* premier semainne de juillet| jl failloit pour le gagner jeuner troy jour ce comfesser et communier prier dieux pour plusieur personne et affaires desnoncez dans la˘bules particuliermen pour demender a dieux la victoires contres les turc qui tenoit asiegée depuis lontempt la villes ~~metropoli~~ metropolitainne de candie| et failloit faires des ausmones suivant chacun sa conditions que l°on maittoit dans un tronc expres mis dans l°esglises affin de faires tenir lesdittes ausmones a ~~lesvecque~~ l°evesque affin de les envoier en candis pour soulager les crestien| car jl en estoit des mil seulement pour faultes de linges pour panser[92] leur playe et y avoit grande famines|

**73**

Le seigle coutoit seize sol| et le froment 24 le plus chere|
La quheux de vin coutoit 40 l͟i͟bvres

Le mois de juillet fuct grandement chaud et brulant jusque ver le 20$^{e}$ jour qu°il tomba de la pluye avec des grand tonnerres| laquel pluye fit grand bien au raisin lequel avoit grendement soif en plusieur lieu| mais a˘la fin dudit mois elle commancoit d°estre ennueusez a cause de sa durée| o[93] commanca a moissonner au commencemen dudit mois de juillet|

---

**92** *panser* : *n* corrigé sur *s*.
**93** *o* : *on*

moisson qui furent assez honnestement belle et honnestement grenéez| jl y avoit ung peux d°erbes dans les seigle et grande quatité de bizans dans les froment en plusieur lieux/ les moisson des lieu tardif furent un peut dificille a amasser et les legume a causes des pluye de la fin dudit mois|

scavoir le vin des dernier vandange| pour les vin de l°annez 1667 on le vandoit comme on pouvoit a troy sol la˘pinte celuy qui n°estoit pas tournez et <le> le tournez 2 sol et six˘blanc/ et plusieur en donnoit vin pour vin scavoir apres les vandange que l°on donneroit autant de vin nouveaux que l°on en avoit eux[94] de tornez des vin de 1667

Le mois aoust 1669 fuct de grand pluye les deux premier jour| puis jl fuct frais jusque environ le 24$^{e}$ jour avec des petitte pluye plusieur jour| le restes dudit mois fuct de grand chaleur fort propres|

La quheux de vin coustoit 36 $^{l}$i$^{b}$vres ou environ| le seigle 16 sol| le froment jusque a 23 sol

**74**

pour les vigne qui estoient belle a merveille avec esperances de faires de˘bon/

Le jour de˘l°aˆsomption nostre dame nous fusmes advertis de la delivrance des ille de candie scavoir que les crestien avoit chassé les turc|

94 *eux* : *eu*

Le premier jour dudit mois fuct enterrez jacque pericaudett frere de ma mere

Le mois de septembre fuct de grande chaleur jusque a l°onziesme jour qu°il tomba une pluye fort salutaire pour les vigne l°espaces de deux jour/ et apres ~~jl~~ [~~xxx~~] la chaleur fuct de retour qui fuct causes que ont commanca a vandanger au dixhuictiesme jour dudit mois| lesquelle vandanges furent belle a merveille| qui durerent ung mois avec aussy grande abondances de raisin que de˘lomˆtempt| car la˘plusˆpart des vigneron manquerent a˘poinsson parces que l°on fict plus de vin

**75**

que l°on panssoït| et esgallement parˆtout parces que ladittes annez on n°ouit pas dires que la gresles eut perdue ou emdommagez aucung lieux| qui fuct causes de la grande abondance de sortes que les poinsson neuf coustoit jusque a cinquante sol la pieces| qui est cens sol la quheux| les vieux a proportion| le vin que l°on fict la˘presan[te] annez fuct fort bon et ne differoit gueres celuy de l°an passez|

**76**

Le mois octobre 1669 fuct a son commancement de chaleur comme la fin du mois de septembre de sortes que les froment ne pouvoit sortir de terres| qui fuct ~~causs~~ causes que le froment estoit un peux ~~chair~~ cher| car jl coustoit jusque a 25 sol et le seigle dixhuict sol| pour le vin que l°on vandangea jusque au 15$^{e}$ jour dudit mois octobre estoit bon a merveille a cause de la[95] chaleur| pandant ce temps le flux de sangt e*t*[96] travailloit plusieur|

95 *la* au-dessus de la ligne.
96 e*t* : *en* ?

**77**

Le seigle coutoit dixsept sol| le froment 24 sol| le vin 15 $^{l}$i$^{b}$vres| Les auteur de la feste estoit jean chailly jean munier et denis bony qui fuct mariez au mesme tempt

Le mois de nouvembre 1669 fuct tous le long dudit mois de petites pluye / et de petites gellez scavoir ce passoit cinq ou six jour de pluye| puis autant [~~xxx~~] de froid de sorte que la˘pluye ne trampa pas la terre| pandant ledit temps plusieur moure*ut*[97] du flux de sang| entre autre moururent les deux niepces de ma mere en huict jour avec deux de leur anfant| lesquelle estoient toutes deux mariez a charcey| et c°estoit du flux de sang qu°el estoit morte/ leur pere estoit mort de˘la s$^{t}$ ladre dernier et leur frere aisneé pansa mourir la mesme semainne qu°elle moururent|

Pandant ledit mois de nouvembre troy garson firent ~~meurent~~ jouesre la feste| donc[98] jl n°en arriva que du mal parces que c°estoit contre la volontes de messieur les prestre de couche|

**78**

Le seigle coutoit seize sol| le froment 24 sol| le vin 16 $^{l}$i$^{b}$vres

Le mois de descembre 1669 fuct jusque au quinziesme de mesme que le mois de nouvembre ~~d~~ scavoir de petites[99] pluye et de petites gelleez de sorte que les bled estoient beaux| le reste dudit mois fuct de gellez asseé fortes de sortes que les munier ne pouvoit mouldre tans pour causes de la gelleé que a causes des eaux que pour lors estoit fort petites attandu que de lon^temps jl n°estoit tombez grosse pluye chauses que on commenca fort a craindre/ au commencemen[t] dudit mois nous fusme advertis de la mort de nostre s$^{t}$ pere le pape clement neufviesme [~~xxx~~]|

Pandant ladittes annez fuct prizes par les turc l°illes de venize nonobstant tous le secours que toutes la

97 *moureut* ou *mourent*.

98 *donc* : *dont*

99 *petites* corrigé sur *petite*.

**79**

crestientez y envoya et toutes les bonne nouvelle cy devant escriptes| prize qui estoit bien sansible au crestien car ont dit qu°il pouvoit venir sans contredit des venize jusque a rome/ d°autre par jl faut considerer combien de crestien mourent en tous le pays de venize que de sy long^tempt on disoit estre assiegez| car on disoient qu°il y avoit plus de vingt an que la guerre y estoit| pandant lequelle tempt plusieur [~~xxx~~] scours y alla des royaume les plus prochain| chauses qui faict congnoistre la grande peinne que soufrirent les crestien de ces lieux la|

**80**

Aˇla fin du mois de nouvembre de laditte annez 1669 monsieur l°evesque de chaalon fuct en ceˇlieux de couche pour faire la visites de l°eglises en la places de monsieur d°autun qui estoit en autre lieux/ car jl faisoit par emsemble la visites du dioceses d°autun l°un passant par un costeé et l°autre par l°autre| estant dont[100] a couche jl comfirma ceux qui n°avoit pas estez comfirmez lors qu°il vingt expres pour comfirmer| et aux mesme tempt jl establit la comfrairie de la charitez et donna la premier aumosne qui fuct dix escus qu°il donna|

**81**

Pandant les deux dernier mois de laditte annez et le commensem[ent] de l°autres les porc gras estoit a bon marchef parces qu°il fuct abondance de gland|

**82**[101]

**100** *dont* : *donc*
**101** Page blanche.

**83**

Description de lann[ée] 1669

**84**

Le seigle coutoit 16 et 17 sol| le froment 24 sol| le vin 15 lˡibvres la quheux

L°annez 1670 a commancer au mois de jeanvier qui fuct froid jusque au quinziesme jour avec de la neiges donc[102] la terre estoit couverte| la froidure pandant ses 15 jour fuct fort cruel de sortes que en plusieur on navoit[103] peinne d°avoir de l°eaux pour le bestail| car les puis en˘plusieur lieux estoit tary| les autres gellez pour la grande froidure| et n°y avoit de restes que les bonne fontainne et bon puit/ mesme on dit que a diion la quheux d°eaux couta jusque a quarante sol et deux sol le seaux de sortes que le peuple estoient bien estonnez de voir les sources[104] des eaux sy petitte et la gelleé sy fortes| et que plusieur avoit faim a faulte de mouldre quoj que le seigle ne coutat de seize et dixsept sol la mesure| pourtan le pain cousta jusque a deux sol

**85**

Plusieur furent en vois de˘faire des moulin a bras/ et d°autre des plus riches parloit de faire des moulin a vens/

la livre| mais encore n°ant[105] trevoit on pas a son choix| a couche on moulloit encore honnestement de sortes que le pain de froment ne passa pas quinze denier la livre| les moulin a bras avoit grand presse/ messire lazare brizepierre sergent general demerant[106] au vilage du ~~chateax~~ chateaux de couche avoit un moulin ~~que~~ que on faisoit moudre avec un chevaux| jl eust sy bien presses qu°il eust[107] presque

102 *donc* : *dont*
103 *on navoit* : *on avait*
104 *sources* corrigé sur *source*.
105 *nant* : *n'en*
106 *demerant* au-dessus de la ligne.
107 *eust* au-dessus de la ligne.

Le 26e jour de jeanvier vivand dusson et claude dusson frere avec leur pere achepter*es* les maison du sieur deb*i*ze en la rue st nicola de couche/

voulu ne poinct avoir de moulin tant jl estoit jmportunez des pauvre et des riche| car on dit qu°il fuct des journez qu°il n°en estoit pas le maistre mais la foule du peuple qui ~~ce~~ vouloit faire mouldre son bled| moulloit ledit moulin environ vingt mesure par jour| le reste dudit mois fuct doux et pluvieux au grand contentemen du peuple et aussy des mugnier car tous eust grand peur|

**86**

Le mois de febvrier 1670 fuct des le commencement jusque a˘la fin remplie de neiges bien abondante avec une froidure mediocre qui estonna bien ceux qui avoit du bestaille et n°estoit pas bien fourny de˘foing et de paille|

Pandant ledit mois monsieur le marquis de st leger sur deusne levoit des soldat comme estant commandant a regiment de bourgongne| donc plusieur firent grande folie en prenant party pour aller a˘la guerre| car apres estre enroolez jl s°en prenoit a leur yeux et plusieur en sortires par argent/ scavoir un jeune homme de precelle| leonard rey deffoison| un que on appeloit griveaux de˘la vareinne| et ung gerson ~~quie~~ qui estoit en fiancaille de laditte

**87**

vareinne| et plusieur autre qui furent retirez par faveur et aussy par argent| monsieur dodin eut le fils de jean clemen son vigneron par faveurs|

Ceux qui marcherent furent jean chailly gille resty philipe deroche le fils de bartelemy le gouhy de precelle joseph maistre jean et plusieur autre|

**88**

Le seigle coutoit seize sol| le froment 24 sol| Le vin on ne scavoit combien le vandre pour la crainte de la mortalitez des vigne

Le mois de mars fuct a son commancement pluvieux pandant huict jour| puis beaux a merveille pandant quinze jour| et le reste dudit mois fuct couver et frais| pandant ce tempt les vigne avoit grand bruict d°estre morte particulierment dans les terre de sable| on ne ce plaignoit pas tans des cept comme on faisoit du bourgeont car on disoit que ce n°estoit que le bourgeons qui estoit mort parce qu°il estoit noir au dedans|

**89**

Le mois avril fuct beaux au commencement jusque au sixiesme qui estoient le jour de pasque que la pluye ce print pour durer toute la plus partie des feste| puis le beau temps fuct un peut de retour jusque environ le 15e jour| puis la pluye le gresil et le tonnerre avec grand ganboullez[108] furent de retour jusque a˘la fin dudit mois|

Pandant ledit mois les vigne estoit bien emdormye parces qu°elle ne vouloit pas s°eveiller ny pousser les bourgeons qu°el avoit accoutumez| de sorte que on crojoient qu°el estoit entierment morte suivant que le bruict en avoit couru/ car quand an[109] tailloit les vigne on ne disoit pas que le cept fut ~~mo~~ morte mais seulement le bourgeons qui estoit noir au dedans| toutes^fois a˘la fin dudit mois avril et pandant le mois de may elle pousserent grandement bien en ces lieux jci| mais dans les bon vin en plusieur lieu

**90**

elle ce treverent morte| car encore qu°elle poussasent bien du bois elle ne pousserent poinct de raisin| es vallez les

108 *ganboullez* : *chamboulé*
109 *an* : *on*

noyer estoit mort ~~dans les valléz~~ de sorté que l°uilles fuct bien chere|

Le 3$^{e}$ jour dudit mois avril je partit pour aller a s$^{t}$ claude et mon pere me donna dix franc pour y aller et demeura un mois| puis estant de retour je travailla compagnon dans la maison de mon pere| j°avois pour lors 29~~e~~ annez passez|

**91**

Le seigle coutoit 16 sol le froment 25 sol| le vin 16 $^{l}$i$^{b}$vres

Le mois de may fuct pluvieux au <au> commencement| son millieux beau et a˘la fin quelque pluye de sorte que l on esperoit amasser beaucoupt de foing| le vin en ce temps commanca a venir a˘bon marchef| car les vigne poussoit a merveille/ car jl coutoit 20 $^{l}$i$^{b}$vres et jl ~~revit~~ revint[110] a seize franc|

**92**

Le seigle coutoit 16 sol| le froment 24| sol le vin 15 $^{l}$i$^{b}$vres

Le mois de juin fuct beaux au commencement| son millieu ~~fuct pluvieux qui troubla un peult~~ et sa fin furent assez propre car jl n°i eut que quelque jour de pluye de sortes que l°on esperoit faire belle moisson pour la beauteé des bled/ on ce treva bien trompez dans l°erbes des prez| car on ne treva pas tans de foing que l°on pansoient de beaucoupt/ pandant ledit mois jl tomba de la grellez un peux tous proche cette parroisse| pandant ledit mois je fuct malade grandement d°ung mal de [~~xxx~~] costez donc[111] je pansa mourir|

**93**

Le seigle coutoient 15 sol| le froment

Le moy de juillet fuct pluvieux qui retarda un peut les moisson et qui jncomoda un peux ceux qui moissonner des|

**110** *revint* au-dessus de la ligne.
**111** *donc* : *dont*

24 sol| le vin 16 livres

premier le reste dudit mois fuct chault a merveille de sorte que l°on moissonna les bled a loisir| moisson qui fuct bien abondante en toutes sorte de bien| chaleur pandant la pluspar desditte moisson que les raisin rotissoit dans les vigne| jl perdit des serize presque que l°on en[112] mangea la˘presante anné|

La pluye qui tomba au commancement dudit mois estoient ~~sy suivu~~ suivye de fraicheur de sorte que les vigne en furent bien jncomodez|

Pandant ce templ[113] jl passoit des gens de˘guerre en plusieur lieu de cette province|

**94**

Le seigle coutoit 12 sol| le froment 18 sol| le vin 17 livres

Le mois aoust fuct de chaleur extremes ~~jour~~ jusque au dixseptiesme de sortes que raisin des vigne rotissoit et toute les herbes des prez[114] estoient brulez par l°ardeur du soleil de sortes que le bestail ne pouvoit trever a manger. le dixseptiesme jour dudit[115] la processions de couche alla a morez pour prier dieu de donner de la˘pluye| et au retour la pluye commanca a˘tomber qui jusque a˘la fin dudit mois trampa peut a peut la terre de sorte que les raisin et tous le restes en fuct bien soulagez|

En ce temps jcy ung huguenot calviniste a paris tua un prestre en l°esglises de nostre dame en disant la saincte messes

**95**

en luy passant deux ou˘trois coups d°espeé dans le corps| le^quelle huguenot estans pris fuct condannez d°estre brulez|

---

**112** *lon en* : *l'on n'en* ?
**113** *templ* : sic
**114** *prez* au-dessus de la ligne.
**115** *dudit* : *dudit mois*

**96**

Le froment coustoient 20 sol| le seigle12 sol| le vin 20 ^li^b^vres

Le mois de septembre de 1670 fuct grandement beau au commencement| son millieux fuct ung peux pluvieux avec quelque brine pandant quelque jour dudit mois[116] qui meurissoit bien les raisin que l°on ~~comman~~ commanca a vandanger anviron le 18^e jour dudit mois| lesquel vandanges estoient bien abondante en des lieux et petittes en d°autres| car la grande froidure de l°iver avoit gastez les vigne en plusieur lieu particulierment dans les terres de sables / et dans les vallez/ les terres fortes estoit belle a merveilles| pandant ce temps le vin tiroient contre chalon| les noix de la presantes

**97**

anné ne furent pas bonne| car elle estoit nielleé et estoit en fort petitte quantitez/ jl estoit fort peux de gland| des pomme poire et autres fruict jl y en avoit onnestement|

Les semeille furent bien comodes a causes du beaux temps et fict bon vandanger les vigne avec esperance de faire du bon vin|

Pandant ce temps le roy de france alloit faire la guerre en lorreinne a˘la fin du presant mois|

Pandant ce temps madame la contesse de chamilly faisoit relever la forges de˘la gruesre|

**98**

Le seigle coutoit 13 sol| le froment 22 sol| le vin 14 ^li^b^vres| et en

Au commencement du mois octobre on acheva de vandanger non sans peinne| car jl tomba a la˘s^t michel de grosse pluye et ancore quelque autre jour qui rendit le reste des vandanges jmportune en les amassent| car estant grende-

116 *mois* au-dessus de la ligne.

l°estape a autun des treize livre jusque a 18 livres| Plusieur le menoit a chalon mais le profict n°estoient gueire plus grand

ment meures les raisin pourrissoient| le vin fuct mediocrement bon et fort abondant en plusieur lieux et en[117] d°autres mediocre| je n°ouit pas dires que la gresles eusses gastéz des vingne la presantes annez|

Ledit mois octobre fuct de tempt mellez scavoir de grande journez de pluye puis de la fraicheur et apres du beautemps et ce emtremellez l°un parmy l°autres|

**99**

Des garson de couche voulurent entreprendre de faire jouer la festes contre la volontez de monsieur le curé| mais jl furent bien tourmantez[118] pour une partie du temps qu°il la fire jouer| car elle ne jouaz pas tous[119] les jour que leur permissions portoit|

Le jour de la veille st simon et st judes je fus fiancez avec anthoinette gadan fille de lazare gadan l°antiens| et fuct espousez la veille st martin qui est le 10e nouvembre|

**100**

Le seigle coutoit 12 sol| le froment 20 sol| le vin 14 livre jusque a 16 livres| Le froment

Le mois de nouvembre fuct humide de[120] pluvieux jusque anviron le 18e jour sauf quelque jour de beaux temps| puis jl fict troy ou quatre journez de froid| et tous le reste dudit mois fuct de pluye et autre facheux temps|

**117** *en* au-dessus de la ligne.
**118** *tourmantez* : *z* corrigé sur *s*.
**119** *tous* au-dessus de la ligne.
**120** *humide de* : *humide et*

coustoit ~~12 sol~~ [~~xxx~~] 20 sol| le seigle 12 sol| le vin 16 $^{l}$i$^{b}$vres

Le mois de descembre fuct presque tous de pluye continuelle avec grand desbordement d°eaux|

**101–102**[121]

**103**

Descriptions de 1670

**104**

L°annez 1671

Le seigle coutoit 12 sol| le froment 22 sol| le vin 16 $^{l}$i$^{b}$vres

Le mois de jeanvier 1671 fuct de pluye continuel avec grand desbordement d°eaux *e*t avec grand bruict de gens de guerre qui donnoit grand appreansions au peuple|

Au commancement dudit mois je commanca a travailler a couche dans une chambre rier le˘bour*c* parce que je n°av*e*ns pas partagez mon frere vivand et moy| et prenoit de la besongne chez mon pere a chalancez|

**105**

Le seigle coutoit 12 sol| le froment 24 sol| le vin 16 $^{l}$i$^{b}$vres

Le mois de febvrier fuct de pluye comtinuel jusque environ le douziesme que le beau temps fuct de saison au grand contantement des laboureur et vigneron| car les houvrage estoient fort reculez a causes des mauvais temps| le reste dudit mois fuct fort propre pour toutes sorte de travaille

Pandant ledit mois je partagea les maison que j°avions acheptez de monsieur debize| et vivand dusson mon frere fuct aux choix en donnant vingt sol| et print rier le bourc en

**121** 101 – 102 : pages blanches.

me rendant vingt livre pour avoir suivant que les borne sont planteez| et furent planteez par renez muttin et mon honcle anthoine pericaudet|

Passoit de tous costez abondance de gens de guerre|

**106**

Le seigle coustoient 12 sol la mesure| le froment 24 sol| le vin 17 libvres

Le mois de mars fuct tous le lon de ~~to~~ temps fort variable scavoir une partie de pluye[122] l°autre de froid et l°autre de chaleur| ung des jour dudit mois que le froid estoit ~~fa~~ fort violent avec grand ~~fore~~ vent la forces du vent fuct sy grande qu°el rompit la grand vitre sur l°autel de l°eglise[123] st martin de couche| laquel couta quatre vingt franc de refaire encore qu°il n°y avoit que le dessus de rompue tans des vistre que la taille qui les[124] tenoit|

Pandant ce temps estoit en ce dioscese d°autun le jubileez concedez par le pape clement dixiesme| scavoir jl failloit jeusner troy jour donner l°osmone et faire prier pour toutes les chauses portez par la bulle|

**107**

Le seigle coustoit 12 sol| le froment 23 sol| le vin 16 libvres

Le mois avril fuct asseez propre pour les bien de la terre car le ~~commencement~~ commencement fuct de tempt humide avec plusieur beaux jour| sa fin assez sceiche avec quelque jour de pluye froide remplie[125] de gros gresil et tonnerre| fict bom [~~xxx~~] semer les tremissages|

En ce tempt scavoir le premier lundy apres casimodo qui estoit le sixiesme jour dudit mois avril fuct epousez anthoine dusson mon frere avec jeanne gadan fille de jean gadan de

---

**122** *pluye* au-dessus de la ligne.

**123** *de leglise* au-dessus de la ligne.

**124** *les* corrigé sur *le*.

**125** *remplie* : *i* corrigé sur *e*.

chalancez| et fuct fiancez le mecredy du carnavalle [~~xxx~~] avec laditte gadan|

**108**

Le froment coustoit 24 sol| le seigle 12 sol| le vin 18 $^{l}$i$^{b}$vres

Le mois de may fuct de grande ~~sceecei~~ sceicheresse avec des matinez bien freische jusque ver la fin qu°il tomba quelque pluye bien profitable pour les bien de la terre|

Pandant ce temps les bleds avoit bonne renommez et les vigne aussy car jl y avoit abondance de raisin beaux a [~~xxx~~] marveille|

En ces lieux jcy le monde se portoit assez bien on ne parloit que fort peux de gens de guerre|

**109**

Le froment coutoient 24 sol| le seigle 12 sol| le vin 18 $^{l}$i$^{b}$vres

Le mois de juin fuct beaux les premier jour| mais environ le <le> sixiesme jour la pluye fuct de retour qui dura environ quinze [~~xxx~~] jour| qui mis les bleds une partie par˘terre| les remplissit d°erbes a⁀bondamment et les diminua de beaucoupt suivant le dire des laboureur|

Jcelle pluye estoient froides qui retarda fort les vigne qui pour lors estoient en fleur et leur fict acquerir mauvaises renommez a causes de la fraischeur|

Le bleds pour lors ce rencherit| le vin pources qui est du˘prix fuct plus rares|

Les froment estoit bien remplie d°ivrois[126] assavoir de bizans a causes des pluye et autres erbes|

Pour les <les> lesgumes ou tremisage le temps de pluye leur estoient fort bon|

**126** *divrois* : *d'ivraie*

**110**

Le seigle coustoit 15 sol| le froment 26 sol| le vin 20 $^{l}$i$^{b}$vres

Le mois de juillet fuct fort propre pour les moisson car jl n°iˇeut que quelque jour de pluye avec des grand tonnerres et grande abondances deˇgresles en plusieur lieux| la foudre tomba sur ung homme au bois de vargenne qui est de la parroisses de s$^{t}$ gervais qui le tua tous roides| elle tomba aussy sur monsieur de chally lequel prioient dieux en sa chappelle| ~~quel~~ quy luy cassa la testes et luy fict ancore d°autre mal| toutes fois n°en mourut pas|

Les froment estoit remplie d°ivrois et autre ~~erbes~~ herbes

On commanca de moissonner au comencement dudit mois| lesquelle moisson furent assez bonne en ses lieu jci| mais dans la bresses et pays plat les froment n°estoit pas grenez qui fuct causes que le bled ce recherit| les tremisage estoient beaux|

Les vigne estoit de petit raisin[127] ~~car~~ qui fuct causes que le vin ce remcherit|

**111**

Le mois d°ahoust fuct aussy fort propre tans pour les moisson que pour les semeille| car jl ne fict que quelque jour de pluye avec de grand tonnerre et grelle en plusieur lieux|

Pandant ledit mois le vin ce rencherissoit de plus en plus et coustoient deux sol six denier la pintes[128] dans les cabaret leˇplus commun prix| et le peux de reste que on navoit[129] dans les caves tornoit tous|

En ce temps plusieur estoient jmcomodé du flux de sang| les petit anfant mouroit presque tous|

**127** *raisin* : deuxième *i* corrigé sur *o*.
**128** *la pintes* au-dessus de la ligne.
**129** *on navoit* : *on avait*

**112**

Le mois de septembre fuct chaux et sec a son commancement et fort propre pour les semeille et pour les raisin jusque environ le dixhuictiesme jour dudit mois que l°on commanca a vandanger que la pluye print le dessus| qui dura jusque a˘la fin dudit mois| qui jncomoda grandement les vandangeur et les laboureur| car le plus commung prix des vandangeur estoit huict sol ou neuf sol| car jl n°estoient pas venu beaucoupt d°estranger| et les vigne ce treverent plus belle que on ne ~~croient~~ croyoit pas| mais les pluye gastoit tous pandant le beaux temps[130] scavoir proche les vandanges| l°on amassa les noix qui estoit bien abondante et bonne|

Plusieur estoit grandement malade du flux de sang en ce temps jcy|

**113**

Le septiesme jour du mois de septembre le feux ce print en la maison de estienne vernier qu°il brula et aussy une chambre a renez muttin cordier| que on conjectura que c°estoit un vieux garson nommeé martin demanche lequel aloit fort pauvrement| lequel ce brula en ledit feux| donc le landemain jl mourut| apres sa mort on treva dans ung petit cauffre cinq cens livre qu°il avoit espargneez pandant sa vie| qui furent partageez pour ses heritier| et ceux qui furent brulez en heurent vingt escus|

**114**

Le vin coustoit 20 $^{l}$i$^{b}$vres le vieux| le

Le mois octobre fuct pluvieux ~~son~~ pour achever les vandanges jusque environ le 12$^{e}$ jour dudit mois que le beau

---

**130** *temps* au-dessus de la ligne.

temps fuct de retour jusque aˇla fin dudit mois| lequelle rejouit bien les [~~xxx~~] ~~laboureu~~ laboureur parces qu en plusieur lieu[131] les bled nˇestoit pas semez|

Pour les vadanges furent toutes amasseé pourˇla pluye|

En ce temps les gens de guerre passoit a[132] grand troupes par autun et par montceny quj faisoit trembler de peur ceux d°aˇl°anviron|

**115**

Le vin coutoit 17 $^{l}$i$^{b}$vres| le froment 22 sol| le seigle 14 sol

Le mois de nouvembre fuct a son commancement de temps humide jusque environ le dixhuictiesme jour que le froid et la neiges prindrent le dessus jusque environ le 27e que le temps humides fuct de retour|

Les gens de ~~pa~~ guerre passoit a grand troupes par autun monlceny[133] et autre lieux|

Le 16e jour dudit mois fuct tuez messire[134] pierre rouselot d°un coups de pistollet aˇl°antrez du bourc de couche par ung nommez monsieur le marchant quj faisoit aller la forges de la gruesre soubs monsieur le comptes de chamilly|

**116**

Le vin coutoit 16 $^{l}$i$^{b}$vres| le froment 22 sol| le seigle 13 sol

Le mois de descembre fuct aˇson commancement pluvieux jusque environ le <le> 15e que le froid fuct de saison jusque aˇla fin dudit ~~ma~~ mois| le gens de guerre passoit a grand troupe par les ville de bourgongne|

Pandant laditte annez ce faisoit grand preparatif de guerre| mais l°on ne scavoit pas de quel costez jl tireroit parces que

131 *lieu* au-dessus de la ligne.
132 *a* au-dessus de la ligne.
133 *monlceny* : sic
134 *messire* ou *maître*

le roy ne le˘disoit pas a ces gens sinon a ceux qui estoit des premier|

**117–118**[135]

**119**

Descriptions de 1671

**120**

| | |
|---|---|
| Le seigle coutoit 13 sol\| le froment 22 sol\| le vin 18 [l]i[b]vres | Le mois de jeanvier ~~1672~~ 1672 fuct tous remplie de bruines avec une gelleé et froid mediocres sauf quelque jour humides\|<br>Pandant ledit mois les gens de guerre passoit tousjour par monlceny et autres lieu a˘grand troupes\| |
| Le seigle coutoit 13 sol\| le froment 22 sol\| le vin 18 [l]i[b]vres | Le mois de febvrier fuct presque de mesme fasson que le mois de jeanvier sinon qu°il y eut plus de jour pluvieux\| |

**121**

| | |
|---|---|
| Le seigle coutoit 13 sol\| le froment 23 sol\| le vin 18 [l]i[b]vres | Le mois de mars fuct a son commancement beaux jusque au 18[e] jour qu°il tomba de la neiges sy grande abondances que <que> l°on fuct pres de quinze jour sans pouvoir travailler dehors des maison\| ainsy finit ledit mois\| |
| ~~Le froment~~ Le froment coutoit 22 sol\| le seigle 12 sol\| le vin 17 [l]i[b]vres | Le mois avril fuct la plus part de pluye avec des vent frais de sortes que les bien de la terre ne furent pas beaucoupt avancez\| et toutes sorte de bien avoit bonne mines et faisoit bon vivres tant pour le bled que pour le vin\| |

135 Pages blanches.

**122**

Le froment coustoit 24 sol| le seigle 14 sol| et estoit emmenez dans le ~~chalonno~~ chalonnois parce que le seigle y coutoit 20 sol| le vin 18 $^{l}$i$^{b}$vres

Le mois de may fuct pluvieux jusque environ le 15$^{e}$| et le reste dudit mois fuct de seicheresse et de chaleur fort bonne pour les bien de la terre| et faisoit fort bon vivre pandant ce temps| l°armez du roy estoit au pays de holande tant pour ce qui estoit de la religions que pour les affaire de l°estant[136]| laquelle armeez donnoit grand craintes a˘tous ceux de la religions calviniste et grande rejouissance a tous les chatolicque|

**123**

Le froment coutoit 24 sol| le seigle 14 sol| le vin 18 $^{l}$i$^{b}$vres

Le mois de juin fuct de grand seicheresse de sorte que plusieur sorte de bien en avoit besoing| car jl ne tomba de la pluye que par des nuez tonnante| pandant ce temps le roy faisoit de sy grand conqueste dans le pays de holande que c°estoit merveille a l°oujr racompter a˘la grande tristesse des hereticques|

**124**

Le vin coutoit 18 $^{l}$i$^{b}$vres| le froment 24 sol| le seigle 13 sol

Le mois de juillet fuct a son commancement humide et pluvieux qui jmcomodaz un peut les moissonneur| mais la fin fuct de temps seic et frais| pandant ledit mois on moissonnoit les bled lequelle estoient assez beaux et bien grenez de sorte que l°on esperoit une bonne annez parce que les vigne paroissoit belle et tous les autre fruict de la terre sauf des gland|

Et ancore qui faisoit le monde plus jojeux c°estoit les grand victoire de nostre bon roy au pays de holande dont on [~~xxx~~] fict deux fois les feux de [~~xxx~~] jois pandant ledit mois|

---

**136** *lestant* : *l'état*

**125**

Le mois d°haoust fuct aˇson commencement fort sec et frais les mattin| quj fuct causes que les fueïlle des vignes tombe-rent toutes par terre de sorte que le vin ce rencherit ung [~~xxx~~] peux| la fin dudit mois fuct[137] un peut pluvieux qui remit un peu les vigne[138]| pandant ce temps jl y ce faisoit de grand guerre au pays de holande|

En ceˇtemps on acheva de moissoner les bled qui estoit beaux et bien grenez en attandan les belle vandange|

**126**

Le froment coutoit 20 sol| le seigle 13 sol| le vin vielle 23 $^{l}$i$^{b}$vres

Le mois de septembre fuct presque tous de pluye et temps humide de sorte que les vigne furent bien rafraichye deˇceˇque la chaleur avoit brulé au mois de juillet et aoust| et on[139] commanca a vandanger environ le 20$^{e}$ jour dudit mois| mais les pluye gastoit tous les ~~vandan~~ vandangeurs par la continuation de sorte que en toutes les vandanges on neˇpouvoit trouver deux ensuivant deˇbeau|

Au commancement dudit mois on amassa les noix lequelle estoit assez abondante mais deˇpetitte valeur| car jl n°y avoit pas beaucoup deˇnoyer ouˇelle ne fussent niellez et de petit noyaux|

**127**

Le froment coutoit 20 sol| le seigle 13 sol| le vin vieux 20 $^{l}$i$^{b}$vres| le nou-veaux 13 $^{l}$i$^{b}$vres

Le mois octobre fuct aˇson commancement pluvieux jusque environ le quiziesme qui jncomoda bien le reste des van-dange et quj fuct causes que le vin n°estoit pas meilleur que l°an passez| mais jl estoit bien plus abondant| mais pour des gland et autre chause pour engresser les porc on n°en parloit

---

**137** *fuct* au-dessus de la ligne.
**138** *les vigne* au-dessus de la ligne.
**139** *on* au-dessus de la ligne.

pas| pour des fruict comme ~~com~~ pomme poire et autre jl y en avoit en plusieur lieu honnestement|

En ce temps les olandois attandoit grand secours de plusieur costez ~~des~~ dont[140] les hereticque de ces pays yci ce rejouissoit fort|

En ce mesme temps monsieur le compte de chamilly ~~mouru~~

**128**

mourut au pays de holande| mort ~~que~~ qui fuct bien regrettez de plusieur a causes des grand bien que l°on avoit receux de luy pour l°exemptions des passages des gens de guerre particulierment dans le bourg de couche|

**129**

Le froment coutoit 20 sol| le seigle 12 sol| le vin 13 livres

Le mois de nouvembre fuct de pluye et de˘temps humide et pluvieux tous le long dudit mois| pandant ce˘temps les vigneron estoit en practique pour vendre leurs vin qui vailloit pour lors treize franc sur le ma[x]re[141]|

Toute sorte de praticiens comme notaire procureur tant des bourgc que des ville estoient grandement triste parce que ceux de couche estoit cottises a chacung huict vingt livre et deux sol par livre en donnant lesditte huict vingt livre qu°il devoit porter a˘dijon| ceux d°autun estoit cottisez a trois cens livre qui estoit six cens livre ~~p~~ et encore deux sol par livre a tous ceux qui estoient notaire et procureur| et ceux de dijon estoit cottisez a davantage| le tous payable au premier jour de descembre prochain|

**140** *dont* au-dessus de la ligne.
**141** Fontenay lit (et transcrit) *mar*.

**130**

Le froment coustoit 18 sol| le seigle 12 sol| le vin 13 $^{l}$i$^{b}$vres

Le mois de descembre fuct remplie de˘pluye continuelle sauf environ huict jour de froid a˘deux reprises| tous le reste fuct pluvieux et bien jmcomode|

Pandant ce temps les gens de˘guerre passoit an grande abondance par les ville de bourgongne pour aller au pays de˘holande parce qu°il venoit grand secours audit pays|

Environ le commancement dudit mois mon pere et monsieur pinget notaire furent estably fabriciens de l°esglises s$^{t}$ martin de couche|

**131**

Descriptions de l°annez 1672

**132**

Le froment coustoit 18 sol| le seigle 12 sol| le vin 13 $^{l}$i$^{b}$vres

Le commancement de˘l°annez mil six cens septante ~~to~~ trois fuct grandement humide et pluvieux avec continuations de bon marchef de bled et de vin| car le froment ne coustoit que dixhuict sol le beaux| et le beaux seigle douze sol| le vin treize franc le meilleur| et plusieur le donnoit pour unze franc| et plusieur en vandoit a[142] quinze denier la˘pinte| pour les gens de guerre passoit en grande abondance par les ville de bourgongne| lesquelle aloit au pays de holande a grande peinne a causes des grand desbordement d°eaux jusque environ le 24$^{e}$ jour du mois de jeanvier que le froid print le dessus pour le reste dudit mois|

---

**142** *a* au-dessus de la ligne.

**133**

Le froment coutoit 18 sol| le seigle 12 sol| le vin 14 $^{l}$i$^{b}$vres

Le mois de febvrier 1673 fuct grandement froid suivant que la˘saison le requier| temps fort bon pour les gens de guerre qui alloit a grand foules au pais de holande|

En ce temps le grand turc faisoit de grande guerre au royaume de poulongne|

Le froment coutoit 18 sol| le seigle 12 sol| le vin 14 $^{l}$i$^{b}$vres

Le mois de mars fuct a son commencemt fort pluvieux et bien jncomode pour la˘saison a causes des ouvrages qui estoit fort retardé| mais quand ce˘vint ver le 15$^{e}$ jour dudit mois le beau temps fuct

**134**

de retour jusque a˘la˘fin dudit mois|

Au commencement dudit mois les parroisse furent cottisez par messieur les esleux de <de> cettes province a fournirs des homme pour la desmolition de seurre de verdun de s$^{t}$ jean de lo*l*ne et pour la fortification d°oxonne et de chalon sur sones| les baronnye de couches furent cottisez a cinq homme et le bourc a six et les ~~autr~~ autre parroisse a proportions| mais parces que suivant la coutumes les faux bruict couroit de part et d autre on neut[143] peinne a trever des hommez et [~~xxx~~] la[144] plus^part j alloit contre leur volontez et par forces en leur donnant quelque peux d°argent parce que on les nommoit par acte d°assembleez| et partirent le 15$^{e}$ dudit mois plus part

**135**

forces que autrement| lesquelle y furent par l°espaces d°un mois que les nommez firent plaintes et ~~fuctes~~ fuctes par eux presantez plusieurs requeste a messieur les esleux comme jl

**143** *on neut* : *on eut*
**144** *la* au-dessus de la ligne.

n°estoit ~~pas~~ pas ~~jusque~~ justes que les particulier eussent la peinne pour les communautez| de˘sorte qu°il fucte ordonnez par lesdit sieur esleux que tous ceux qui avoit receux argent des communautez le rendroit et que chacung jroient a son tour comme les habitant sont ~~sont~~ escript sur les rooles des taille jusque a ce que chacung y fuctes estez autant que ceux qui y furent envoyez par forces et nominations| et ce devoit trever audit chalon le $24^{e}$ jour du mois d°havrilt et ce changer de dix en dix jour|

**136**

Le froment coustoient 20 sol| le seigle 12 sol| le vin 14 $^{l}$i$^{b}$vres

Le mois avrilt fuct a son commancement assez froid et sec et le reste dudit mois presque de la mesme sortes sauf [~~xxx~~] plusieur jour <de> remplie de pluye froide et gemboulez de neiges de sorte que les bien de la terre n°estoient pas beaucoupt advancez| pandant ce temps on <par> parloit fort de paix avec les ollandois|

Les gens de guerre passoit tousiour par les ville de bourgongne| en ce temps jl arriva ung jubileez universelle pour demander a dieu la victoire contre le grand turc qui achevoit de prendre le rojaume de polongne|

**137**

Le mois de may fuct chault a son commancement et son millieux et sa fin frais avec des pluye assez froides| particulierrement les feste de pantecoste qui furent bien jncomodes pour les proscessions qui venoit a couche| et les vigne n°e[t]oit pas beaucoupt advancez a causes de la fraicheurs|

Le roy pandant ce temps estoient au˘pays de holande avec ~~des~~ une[145] grosse armez que l°on disoit estre de troy cens mille homme de sortes que jl [~~xxx~~] ce[146] faisoit [~~xxx~~] resdouter| et ce n°estoit pas sans subject|

145 *une* au-dessus de la ligne.

**138**

Le froment coustoit 20 sol| le seigle 12 sol| le vin 14 ˡiᵇvres

Le mois de juin 1673 fuct a son commancement jusque aux 20ᵉ jour chaux| bien propre pour les biens de la terre| ~~avec~~ des pluys tonnerre et grande gresles en˘plusieurs lieux qui estoient grandement dommagable| jl en tomba en la parroisse de morez esserteinne jusque a chalon qui gasta entierment les seigle et beaucoupt les froment et les vigne ~~be~~ bien les deux˘thiers dans le vaux| le reste dudit mois de pluye et fraicheur bien dengereuses a causes de˘la fleur des vigne|

Pandant ledit mois on eust une grande peur de l°annemy scavoir de l°empereur que l°on disoit venir en˘bourgongne pandant que le roy estoient es holande| quj porta bien dommages a beaucoupt quj

**139**

rompires mesnage et se retirent les ung dans les ville les autres dans les bois de sorte que le monde ne scavoit que faire ne dires| sinon qu°il vint des nouvelle que l°annemy n°estait pas passez le reims[147] et que le roy avoit envoyez une armez au devant|

Les maladie estoit fort frequante particulierment les fievre chaude autrement dit le [~~xxx~~] pourpre quj en faisoit mourir plusieur particulierment les plus vieux|

La veille sᵗ ~~ja~~ jean le tonnerre tomba sur l°esglize sᵗ jean de tryzy quj descouvrit le clocher rompit les thuille gasta bien la muraille et ung pillier et les vittre et blessa ung des sonneur|

**146** *ce* au-dessus de la ligne.
**147** *reims* : *Rhin*

**140**

Le froment coutoit 22 sol| le seigle 14 sol| le vin 15 $^{l}$i$^{b}$vres

Le mois de juille[148] fuct a son commancement pluvieux et sa fin encore plus| sauf quelque jour de beaux temps de sorque[149] que l°on ne commanca de moissonner que environ le 15$^{e}$ jour dudit mois avec grande jncomoditez de pluye qui perdires beaucoupt de foing et gasta bien les bled et les vigne qui ne faisoit pas bonne mines| les bled ce couchoit par terre avec quantitez d°erbes de sorte que l°on disoit adieu le bon temps[150] [~~xxx~~] sy dieu n°y met la main|

Padant ce temps le roy print mastrict ville grandement forte et bien jmportante dans les holande| et ny fuct le sieges que environ troy semainne|

**141**

Juillet
Environ le 24$^{e}$ jour dudit mois mourut monsieur dodin curez de couches ~~al~~ en˘la ville d°autun au˘grand regret de ses parroissiens et a˘leur grand dommage pour les grand biens qu°il[151] avoit receux et recepvoit tous les jour de luy tant pour les affaire du publicque que des particulier| et encore en le testament qu°il fict ung peut avant sa mort il [~~xxx~~] tesmoigna encore sa grande charitez| car jl donna troy mil livre tant au pere jejuiste que au religieuses saincte marie| puis jl donna cens livre a˘la charité cens mesure seigle pour les pauvre que l°on distribueroit peut a peut lors que l°on feroit le cateschisme au midy pour l°instruction des ~~petit an~~ anfans[152]| plus cens livre a˘la fabricque| cens livre a˘la comfrairie du s$^{t}$ sacrement| cens livre

**148** *juille* : sic
**149** *sorque* : *sorte*
**150** *temps* au-dessus de la ligne.
**151** *quil* : *qu'ils*
**152** *anfans* au-dessus de la ligne.

**142**

a˘la comfrairie du s$^{t}$ rosaire| et[153] dix escus a son valet| et[154] au maistresse d°escole je ne scay pas combien|

**143**

Le froment coutoit 23 sol| le seigle 14 sol| le vin 13 $^{l}$i$^{b}$vres|
Le vin tournoit hobondamment

Le mois aoust fuct bien contraire a celuy de juillet car d°autant que le mois de juillet fuct pluvieux d°autant le mois d°haoust fuct chaux et sec au grand contantement du peuple et pour les moisson qui tardoit trops a recuillir a causes des pluye passez que pour les vigne|

Les moisson furent assez bonne pour l°abondance qui estoient honneste tant es froment que es seigle| les legume furent bien habondant| les seigle estoit remplie d°erbes et les froment de bizans| jl y avoit honnestement de noix et de poires| fort peux de pomme| les autre fruict n°y en avoit que a places|

**144**

Le quinziesme jour dudit mois les hereticque calviniste tindre leur sinodes a couche| mais la mort de monsieur dodin fuct causes qu°il n°i eut tent de processions que l°autre fois qu°il y tint| toutes fois jl avoit donnez cinquante livre dans son testament a monsieur bugnot son vicaire qu°il constitua en son lieu et place pour curez affin de survenir a˘la despance qu°il convenoit ~~faire~~ faire a y^celuy [~~xxx~~] sinode| pandant ledit sinodes se faisoit tous les jour deux ou trois controverses et presque autant de sermon| ~~les~~ le tous par de tres habile predicateur par l°espace de huict jour que le sinode dura et y vint environ vingt processions|

---

**153** *et* au-dessus de la ligne.
**154** *et* au-dessus de la ligne.

**145**

Le froment coutoit 18 sol| le seigle 14 sol| le vin 14 $^{l}$i$^{b}$vres

Le moy de septembre fuct assez propre pour le bien de la terre| car une partie dudit mois fuct pluvieux et l°autre[155] de beau temps de sortes que les semeille furent assez bon et que le˘bled fuct tousjours a bon marchef| pour le vin estoit aussy bon marchef qu°il [~~xxx~~] fuct en toutes l°annez quoy que les vigne ne fussent pas sy˘belle que l°annez passez| on ne parla pas de vandanger pandant ledit mois|

**146**

Le mois octobre fuct a˘son commancement pluvieux quj jmcomoda bien les vandanges qui commancerent environ le huictiesme dudit mois| mais elle furent assez propre sur la fin [~~xxx~~] sauf qu°il faisoit froid avec des petitte gellez le mattin qui firent bien tost tomber les feuille|

Les vandanges furent petittes a l°esgard de l°annez passez parces que l°on ne fict que environ a moittiez de vin de l°an passez| qui estonna plusieur| mais pourtant le vin ne rencherit pas|

Les bruit de guerre estoient fort grand pour lors car la guerre fuct desclarez a˘l°ancontre du roy d°espagne a˘la fin dudit mois| ~~lesquelle furent|~~

**147**

Le froment coutoit 20 sol| le seigle 12 sol| le vin 13 $^{l}$i$^{b}$vres

Le mois de nouvembre fuct a son commencement assez pluvieux et humides| sa fin froides a merveille avec de la neiges honnestement| quj ~~estenn~~ estonna bien ceux quj n°avoit pas du bois et de la provision pour le bestaille|

Les bruict de guerre estoit sy grand que les plus assurez avoit peur a causes de˘la guerre desclarez entre le roy de france et d°espagne et autres|

155 *lautre* au-dessus de la ligne.

Pourtant jl faisoit fort bon vivre| car le vin ne coustoït que treize franc| le seigle douze sol| le froment vingt sol| ce[156] qui accomoda bien ceux qui estoit en fuictte sur les frontier de comptez et de lorreinne mais bien jncomodez par la froidure|

**148**

Le vin coutoit douze ou treize franc| le froment 18 sol| le seigle 12 sol

Le mois descembre 1673 fuct a son commancement[157] pluvieux| son millieu froict| sa fin ~~pluveu~~ pluvieuses jncomodes pour les festes de noel| mais plus jmcomodes pour ceux qui estoient sur les frontier de la franche comptez a causes des gens de <des> guerre qui faisoit des courses les un sur les autres et pilloit les villages d°une part et d°autres| en ce temps le bestail estoit a bon marche*f* notamment les porc gras|

En ce temps toutes la bourgongne ~~trembloit~~ trambloit de craintes et on faisoit grosse gardes en plusieur lieu tent es ville que bourg et chatteau mesme en des vilages| et comme c°est la coustumes les fault bruict et la peur faisoit plus de˘mal que tous le restes| les gens de guerre passoit a grand foules en plusieur lieu|

**149**

Pandant ladittes annez environ le mois aoust vint l°ordonnance du papier marque avec de grosses esmandes a tous notaire sergent et autre praticien qui ce serviroit d°autre et mesme toutes quittance devoit estre faictes sur yceluy| et le papier des notaire ne pouvoit servir au greffier ny celuy de greffier au sergent ny tous jceux [~~xxx~~] ne˘pouvoit servir[158] pour l°octrois ny pour quittance ni autre affaire| que chacun

156 *ce* au-dessus de la ligne.
157 *commancement* : *-ment* corrigé sur *-mt*.
158 *servir* au-dessus de la ligne.

suivant qu°il estoit marque sur chacunes feuilles on payoient 16 denier de la feuille de grand papier| huict denier la demy feuille| six denier le quart de feuille| le petit papier

**150**

coustoient un sol la feulle| huict la demy feulle| et six denier le quart| les feuille demy feulle et quart de feuille estoit tous marquez et le pris escript dessus de sortes que l°on scavoit le tault[159] d°iceluy| le parchemin coutoit ~~vig~~ vingt[160] sol la feuille| dix sol la demy| cinq sol le quart| marquez de mesme que le papier|

**151–152**[161]

**153**

Description de l°annez ~~166~~ 1673[162]

**154**

~~Le seigl~~ Le froment coustoit 20 sol| le seigle 12 sol| le vin 13 $^{l}$i$^{b}$vres

Le mois de jeanvier de l°annez 1674 fuct une grandes partie[163] humides et pluvïeux et le restes d°un froid qui n°estoient pas des plus rudes|

Pandant ledit mois les gens de guerre passoit en plusieurs lieu de˘la bourgongne et plusieur avoit des garnison avec grand craintes de l˘annemy du costez de la bresses parces que l°armez de france n°astendoit que le beau tempt pour aller dans la franches comptez|

---

**159** *tault* : *taux*
**160** *vingt* au-dessus de la ligne.
**161** Pages blanches.
**162** *Description ... 1673* écrit en bas de la page dans l'autre sens.
**163** *partie* : *e* corrigé sur *y*.

Pandant ce temps les huguenot de couches furent bien estonnez <et> de voir que leur presche de couche devoit aller a bas par sentences rendue et les autre habitans de couche par la

**155**

Pandant ledit mois de jeanvier furent fermez les simetier des heglises du dioceses d°autun par le commendement de monseigneur l°evesques d°autun

mesme sentences estre subiect au reverend pere jejuistes du collesges d°autun| qui fuct causes que la joies et la tristesses estoient mellez| les cattolicque bien aises de voir le presches desmoly mais bien fasches de ce voir de franc estre subject| pour ceux de la religions ce n°estoient que tristesses de toutes les fasson parces que d°un costez jl vojoient leur presches renversez et de l°autre de franc estres subject parces que la sentences portoit de n°antrer dans leur temple ny faire assembleé et que ledit temples seroit desmoly deans[164] deux mois jusque au fondations| a fautes de ce faire les cattolicque le feroit faire a leur frais et despans|

**156**

Le froment coustoit 22 sol| le seigle 13| sol le vin 14 $^{l}$i$^{b}$vres

Le mois de febvrier fuct pour la pluspart de grand pluye et ~~gla~~ grand desbordement d°eaux qui retardoit fort les gens de guerre qui attendoit avec jmpatiences le beau temps pour aller dans le comptez| qui estoit causes que lors qu°il faisoit deux ou trois jour de baux temps les troupes partoient| puis elle estoient contrainctes de retourner a causes du mauvais temps et grand desbordement d°eaux|

Pandant ce temps on levoit des troupes par toutes la provinces et on leva bien environ 30 soldat dans le bourc qui vindrent des vilages circonvoisin|

164 *deans* : sic

**157**

Le froment coutoit ~~13 sol~~ 22 sol| le seigle 13 sol le vin 14 $^{l}$i$^{b}$vres

Le mois de mars fuct de mesme conduittes que le mois de febvrier sinon que sur la fin jl fict de grand tonnerre et tomba de la gresle en plusieur lieux| qui donnoit de l°espouventes de voir de la gresle et d°aultres mauvais temps qui retardoit beaucoupt les houvrages tant des laboureur que des vigneron|

Pandant ledit mois l°on prit la ville de gré dans le comptez|

Les huguenot obtindrent six mois de respit pour la desmolitions de leur presches a conditions de murer la portes d°iceluy|

**158**

Le froment coustoit 23 sol| le seigle 16 sol| le vin ~~16~~ 14 $^{l}$i$^{b}$vres

Le mois havrilt fuct de temps assez ~~sec~~ seic et froid qui donna bien de la frayeur a toutes sorte de gens qui labouroit l*a* terre sur^tous les bled: et ce qui donnoit plus d°espouvente| les bruict de guerre qui ogmentoit de plus en plus| et[165] non pas sans raison parce que l°ennemy estoit fort proche|

**159**

Le froment coustoit 24 sol| le seigle 18 sol| le vin 14 $^{l}$i$^{b}$vres

Le mois de ~~ju~~ may fuct a son commencement fort ~~pluveux~~ pluvieux et son millieu aussy| et sur la fin le beau temps print le dessus qui rejouit fort le mondes parces que le peuple estoient ennuiez de pluye| des le commencement dudit mois [~~xxx~~] le roy de france entra de la comptez de bourgongne et assiegas premierment besancon avec sa citadelle| qui tint sieges jusque environ la fin dudit mois qu°il se rendirent a compositions comtre[166] [~~xxx~~] l°oppinions de plusieur qui disoit que tous seroient au pillages|

---

**165** *et* au-dessus de la ligne.
**166** *comtre* : *m* corrigé sur *t*.

**160**

Le froment coustoit 23 sol| le seigle 17 sol| le vin 15 $^{l}$i$^{b}$vres

Le mois de juin fuct entierment de chaleur et de ~~scheich~~ sceïcheresse qui mit les tremisages en ung pauvre estat| pour les bled de froment et seigle [~~xxx~~] avoit bonne mine et les vigne aussy: pandant ledit mois le roy assiegas la ville de doles em comptez et lion le sogniez[167] qui furent tous pris avant la fin dudit mois par la graces de dieu| car le roy estoit presont a tous ses sieges|

**161**

Le froment coustoit 23 sol| le seigle 16 sol| le vin 14 $^{l}$i$^{b}$vres

Le mois de juillet fuct aˇson commencement unˇpeut pluvieux pour commencer les moisson qui furent mediocre mais bien grenez| qui fuct causes que le bled ne rencherit pas| ~~le~~ la fin dudit mois fuct de temps chaux et fort propre|

Pandant ce temps on ne parloit que de guerre par toutes car l°empereur et le roy d°espagne et autre estoient en guerre contre le roy de france|

**162**

Le froment coustoit 20 sol| le seigle 15 sol| le vin 16 $^{l}$i$^{b}$vres

Le mois aoust fuct chaux et seic de sorte que par la grande sceicheresse le vigne vindrent en petitte resputation| les feuille d°icelle tomberent la plus part avec plusieur raisin qui furent brulez par l°ardeur du soleil de sorte que ceux qui avoit du vin fermoit leur caves| pour les semeille estoit fort propre|

Les guerre sˇemflammoit de plus en plus avec de senglante bataille de temps a autre ~~a~~ avec la mort de plusieur grand seigneur|

167 *lion le sogniez* : Lons-le-Saunier

## 163

Le mois de˘septembre[168] fuct chaux a˘son commencement[169] son millieux de mesme| qui donnaz[170] esperance de faire de bon vin| et faisoit bon semer les bled| sur la fin dudit mois jl gella qui gasta bien les raisin des vigne despouillez| lequel ne pouvoit meurir de sorte que ceux qui vandangerent padant[171] laditte gellez ne faisoit pas bon vin| mais jl vint de la pluye apres qui remit les raisin en bon estat| on commenca a vandanger environ le 24 jour dudit mois|

Pandant ledit mois tous les noble et roturier furent comvocquez par le ban et rier ban[172] pour aller a˘la guerre dont plusieur furent en grande peinne| et y allerent la moittie pour cette fois| ayant tirez au˘billet qui yroit les premier| attandant l°annez procheinne pour l°autre moittiez| ceux qui avoit des franc-fief furent cottizez par argent|

## 164

Le froment coustoit 23 sol| le seigle 16 sol| le vin 18 $^{l}$i$^{b}$vres

Le mois octobre fuct a son commencement pluvieux et bien jncomode pour les vandanges qui furent mesdiocre en abondance| et difficillement pouvoit on trever deux jour de˘beaux temps enˆsuivant| qui fuct causes que le vin fuct mesdiocre en bontez| pourtant meilleur que le vin de l°an passez|

Les bruict de guerre estoient sy grand avec plusieur battaille qui ce donnait de tans[173] a autre que l°on ne scavoit qui seroit le maistre|

Le papier que l°on vandoit en ce temps estoient marquez d°autre fasson que le precedant et du˘mesme prix sauf que l°on ce pouvoit tous en servir scavoir que le nom de ceux

---

**168** *deseptembre* : *t* corrigé sur *e*.
**169** *commencement* : *-ment* corrigé sur *-mt*.
**170** *donnaz* : *a* corrigé sur *e*.
**171** *padant* : *pendant*
**172** *rier ban* : *arrière-ban*
**173** *tans* : *temps*

qui escriroient dessus ~~so~~ sergent notaire ou procureur n°y estoient plus|

**165**

Le froment coustoit 24 sol| le seigle 19 sol| le[174] 17 l̲i̲bvres

Le mois de nouvembre fuct humide et pluvieux suivant que la saison le requier| mais toutes fois cela n°empeschoient pas que l°on ne sortit le bled ors du pays| qui le fict bien rencherir nonobstant la belle montre que faisoit les bled| car a˘la fin dudit mois le seigle coustoit 20 sol| le froment 26 sol: et les guerre qui estoie*n*t amflammez en plusieur endroient avec grand pertes de part et d°autre| car on ne scavoit qui seroit les maistre parce que en ce temps fuct descouverte une grande trahison qui couta la teste de plusieur des grand de france non pas ~~la~~ san raison| car on disoit que l°on avoit entrepris de faire tuer le roy et enlever par ruses le daufin et plusieur autre chauses| mais les moing en[175] scavoit les plus en˘disoit|

**166**

Le froment coustoit 24 sol| le seigle 18 sol| le vin 16 l̲i̲bvres

Le mois descembre fuct suivant la coutume de l°iver remplye[176] de toutes sortes d°inconstances tantost froid tantost pluvieux|

Les bruict de guerre estoit fort grand et les armez estoient tousjours en campagne de part et d°autre|

Pandant ceste annez on commanca a tenir en ses lieux jcy de l°argent de marque estrangesre scavoir des reale et autre monnoix ~~que~~ qui ne passoit pas librement pandant le temps de˘la˘paix| mais elle passoit librement en ce temps|

**174** *le* : *le vin*
**175** *en* : *on*
**176** *remplye* : deuxième *e* corrigé sur *d*.

**167–168**[177]

**169**

Descriptions de l°annez ~~1664~~ 1674

**170**

Le froment coustoit 26 sol| le seigle 20 sol| le vin 16 $^{l}$i$^{b}$vres

L°anné 1675 scavoir *a* commancer par le mois de jeanvier qui fuct une partie du temps humide et pluvieux et l°autre partye fort propre pour le travaille des vigne et autre travaille|

Pandant ce temps le roy de france emporta une grande victoire sur l°ennemy ~~au~~ avec[178] grand nombre de prisonnier| les ~~arm~~ armeé estoient en campagne pandant l°iver| qui monstroit esvidament que les guerre estoient bien emflammez de part et d°autre|

Pandant ce temps le bled sortoit de toutes part du pays pour aller ailleurs|

**171**

A˘la fin du mois de jeanvier jl arriva deux ~~soldat~~ cavallier des garde de monsieur le prince a couche| donc[179] ceux des baronnye firent refus d an recepvoir l un| donc jl y eut proces au parlement de dijon| et la causes fuct renvoÿez au conseille a˘paris pour causes d˘un arrest que ceux desditte baronnye avoit pour le mesme subject qui avoit estez randu audit conseille|

---

177 Pages blanches.

178 *avec* au-dessus de la ligne.

179 *donc* : *dont*

**172**

Le froment coustoit 27 sol| le seigle 20 sol| le vin 16 $^{l}$i$^{b}$vres

Le mois de febvrier fuct presque semblable au mois de jeanvier| qui fuct causes que l°on~~t~~ tailla presque toute les vigne|

De plus en plus le bled sortoit du payes au grand estonnement du pauvre peuple qui estoient accablez de pauvretez|

Les taille de la presante annez estoient de dixhuict cent quarante six livre suivant les billet y compris l°octrois sans y comprendre les taille negociable et ~~les~~ le droict de receptes qui montoit a beaucoupt| en˘tous deux mil [~~xxx~~] ung[180] cens soixante une livre|

**173**

Le froment coustoit 28 sol| le seigle 21 sol| le vin 17 $^{l}$i$^{b}$vres

Mois de mars fuct la plus part pluvieux et froid qui fuct causes que les bien de˘la[181] ne pousserent pas|

Les taille la presante annez estoit de dixhuict cens cinquante livre suivant les billet| et fuct jettez deux mil deux cens soixante livre

Pandant ce temps le bled sortoit de plus en˘plus que l°on disoit pour avittailler l°armez que l°on disoit s°assembler en le comptez|

Les bruict de guerre estoient tousiour fort grand| toute fois les embassadeur ~~s~~ estoient desputez pour parler de paix|

Pandant ledit mois par nouvelle ordre les deux cavallier garde de son altesse deslogerent du bourg de couche|

**174**

Le froment 28 sol| le seigle 21 sol| le vin 17 $^{l}$i$^{b}$vres

Le mois avrilt fuct une party de pluye froide avec des vens froid et petitte gellez| quj fuct causes que les vigne et les bled n°avoit gueres poussez a˘la fins dudit mois|

---

**180** *ung* au-dessus de la ligne.
**181** *dela* : *de la terre*

Le bled pandant ce mois sortoit en plus grand abondance que de coutume de sorte que plusieur grenier de bled viel furent v*u*idez au grand comtentement des maistre a quj jl estoient| car jl y avoit lontemps que on ne les avoit vendu|

Les ambassadeur enˇce temps estoit assemblez pour traicter de paix|

**175**

Le froment coustoit 28 sol| le seigle 20 sol| le vin 17 $^{l}$i$^{b}$vres

Le mois de may fuct a son commancement et son millieux remplie de grande bize froide avec des gellez bien dangereus| pourtant quˇelle ne firent [~~xxx~~] poinct de dommages| sa fin fuct de temps ~~pl~~ plus propre pour les bien de la terre|

Pandant ce temps l°on commanca d°avoir de la peinne d°avoir du bled de la sorte dont on le sortoit duˇpays|

Les gens de guerre passoit a grand foule en plusieur lieux pour s°assembler enˇle comptez|

**176**

Le froment coustoit 28 sol| le seigle 22 sol| le vin 18 $^{l}$i$^{b}$vres

Le mois de juin fuct tous frais avec ~~ave~~ des pluye froide qui empescherent la vigne de fleurir| les bled n°advancoit guesre non plus| sur la fin jl y eut environ huict jour chaux que l°on serra bien des foïng| jl n°y avoit presque poinct de serises la presante annez qui ne furent meures que environ la fin du presant mois| le bled estoient assez rares pour le grand desbit qu*i* ce faisoit du costez du pays bas| car le bled du coste de s$^{t}$ glaude neveres l°alsasses et autre lieu est fort cherres et bien rares| jl y avoit grande guerre entre le roy et princes ~~crestien~~ crestien|

**177**

Le mois de juille fuct de mesme fasson que juin| a son commancement scavoir de pluye froide| sur le milieu le beaux temps gasgna le desus au grand contentement des laboureur et vigneron car les vigne fleurirent bien| et on commanca de moissonner <q> quelque bled environ le 20e jour dudit mois a son grand besoing pour faulte de bled |car fort peux de monde en avoit| le vin ce rencherit jusque a vingt deux livre la quheux|

Le 21e jour dudit mois mon frere anthoine s°estant allez baigner en l°estans jean prost avec un nommez pierre jeoffroy cirurgiens et philipe rousselot tous [de la religion][182] pretendus

**178**

ce noyas sans estre [~~xxx~~] secouru d°iceluy rousselot et jeoffroict par leur faulte| parce que le lieu n°estoient profongt que environ a˘la moittiez du corps d°un homme et jceux s°enfuirent et le laisserent en l°eaux comme cela en˘demandent sy on ne l°avoit pas veue ~~mon frere~~| choses qui fuct bien semsible a tous ses parens particuliement[183] a˘tous ses frere craignent[184] qu°il ne fuct empoisonnez pour quelque dificultez que avoit heu la mere dudit rouselot avec luy touchant une piece de thoile qu°il luy avoit refuseé a credit[185] et ce craignirent lomgs temps|

Jl fuct levez par la justices et anterre le jour de la madelainne devant l°autel du st rosaire avec grand tristesse a tous ses parens[186] a causes de sa mors jnnopinez|

---

**182** [*de la religion*] : feuille déchirée ; texte complété d'après l'édition de Fontenay 1875.
**183** *particuliement* : *particulièrement*
**184** *craignent* : *craignant*
**185** *a credit* au-dessus de la ligne.
**186** *a tous ses parens* au-dessus de la ligne.

**179**

Le froment coustoit 27 sol| le seigle 20 sol| le vin 25 $^{l}$i$^{b}$vres

Le mois d°haoust fuct a son arriveez assez chaux| le reste dudit mois fuct de petittes pluye et de fraicheurs|

Pandant ledit mois on moissonna les bled qui estoit assez beaux| particuliement les froment qui estoit fort charbonnez| les seigle furent bien gastez pour huit jour de pluye qui firent au plus fort de la moisson qu°il estoit une grande partye couppez et que on les couppoit en attendent le beau temps| le^quelle tardant a venir gasta une partie d°iceux|

Pandant ledit mois fuct tuez monsieur le mareschal de [turenne au serv]ice du roy 1[ouys quatorziesme][187]

**180**

Le froment coustoit 25 sol| le seigle 22 sol| le vin 40 $^{l}$i$^{b}$vres

Le mois de septembre fuct a son commancement entremellez de temps fors different scavoir de fraicheurs de pluye et quelque ~~fy~~ fois chaux de sorte que les raisin ne meurissoit que de langeurs| et a peinne en pouvoit on voir qui fuct commancer a meurir| a la fin dudit mois ce fict quelque gellez blanche|

Les vigne avoit pour lors mauvaises renommez tant a causes qu°elle ne meurissoit pas que parces qu°ele n°estoit pas belle de sortes que le vin coustoit quarante livre| le seigle vingt deux sol| le froment vingt cinq sol|

**181**

Le froment coustoit 25 sol| le

~~Le [xxx]~~ Le mois octobre fuct a son commancement assez beau et propre pour les raisin qui meurissoit assez pour

187 [*turenne ... ouys quatorziesme*] : feuille déchirée ; texte restitué d'après l'édition de Fontenay1875.

seigle 22 sol| le vin 4[188] $^{l}$i$^{b}$vres

causes du beau temps qui dura presque tous ledit mois octobre de˘sorte que l°on commanca a vandanger environ le 15$^{e}$ jour dudit mois que les raisin n°estoit meurs qu a moittiez| pourtant les vigne ce treverent plus belle que l°on ne croyoient pas| ~~le bled~~ les bled estoit assez beau[189] pour la saison|

**182**

Le froment coustoit 28 sol| le seigle 24 sol| le vin 25 $^{l}$i$^{b}$vres

L°on achevas de vandanger au commancement de ce mois de nouvembre par un temps de gellez fortes de sortes que˘les raisin estoit gellez fortement| et estoient jusque a troy semeinne dans les cuves sans pouvoir s°eschofer et l°on fit du vin jusque proches la festes s$^{t}$ andré|

Ledit mois fuct a son commencement de gellez fortes| son millieu et la fin assez propre et seiches| qui fuct causes que les froment ne sortoit pas de terres| en plusieur lieu le vin coustoit vingt cinq livre la quheux| le froment vingt huict sol la mesure| le seigle vingt cinq sol|

A˘la fin dudit mois on ne voyoit que des gens de guerre passer ca et la qui alloit prandre leur quartier d˘hiver en plusieur lieux et amasser des soldat|

**183**

Le froment coustoit 30 sol| le seigle 25 so|l le vin 28 $^{l}$i$^{b}$vres

Le˘mois descembre fuct de pluye continuelle et temps humide de sorte que les eaux furent grosse plus qu°elle n°avoit estez le˘lon de l°annez|

En ce temps les reusme[190] estoient cy frecquant qu°il contraignoit plusieur a˘tenir le lict| et plusieur mouroit|

**188** *4* : sic.
**189** *beau* au-dessus de la ligne.
**190** *reusme* : *rhumes ?*

Ceste presante annez fuct assez abondante en˘bled et legume| pourtant que le bled rencherit tousjour parce qu°il sortoit du˘pajs| et on fict mediocrement du vin| mais jl rencherit parce qu°il faisoit comme le bled| jl sortoit du˘pajs|

Les maladie furent frequante pandant les moisson et au mois de descembre| le reste de l°annez fuct assez portatiffe|
En ce temps on ne vojoient que leve[r] [xxx][191] erre de˘tous [...]|

**184**

N°j eust poinct de fruict en˘plusieur lieu| n°j eust non plus poinct de gland| pour de˘la feinne[192] jl y en avoit en plusieur lieux| jl y eut fort peux de chattagne|

Ont commanca a voir ~~de~~ des[193] piece de quatre sol portant croix d°abondance sur la fin de˘la presante annez|

Les gregnier qui estoient remplie de lon^temps ce vuderent avant les moisson en plusieur lieu ~~avant les m~~ qui estoit signe de cheretez|

**185–190**[194]

**191**

Descriptio[ns de] l°annez 1[675][195]

---

**191** [xxx] : feuille déchirée.
**192** *feinne* : *faîne*
**193** *des* au-dessus de la ligne.
**194** Pages blanches.
**195** *Descriptions ... 1[675]* écrit en bas de la page dans l'autre sens ; feuille déchirée.

**192**

Le seigle coustoit 27 sol| le froment 32 sol| le vin 28 $^{l}$i$^{b}$vres

L°annez mil six cens soixante et seize commancant par le˘mois de jeanvier fuct ledit mois la˘plus^part pluvieux et quelque jour froid de sorte que l°on travalla bien dans les vigne| le froid n°estant pas rude| qui advanca bien les houvrage|

Pandant ledit mois on levoit des gens de guerre en plusieur lieu et on les prenoit comme on les pouvoit avoir|

Pandant ce temps le bled recommanca a sortir du lieu comme les annez passez de˘sortes qu°il ce remcherit|

**193**

Le mois de febvrier fuct pluvieux a son commancement| sa fin et son millieu beaux [~~xxx~~] de sorte que l°on despeischat bien les vigne et le labourage|

Pandant ce temps les jeune gens n°avoit besoing que a ce tenir a˘la maison et ne poinct courir dans le cabaret parce que ceux qui amassoit des soldat le prenoit a˘toutes sorte de main par surprises et autrement| mesme par forces[196] et plusieur[197] en furent quitte par argent|

On commanca a crier contre les revandeur de bled et ~~quelqug~~ quelcung furent battu du costez de montceny|

**194**

Le froment 34 sol| le seigle 27 sol| le vin 30 $^{l}$i$^{b}$vres

Le mois de mars fuct tout aux lon[198] de scaicheresse avec de˘la gellez presque tous les mattin de sorte que l°on sema tous a˘loisir toute sortes de˘legumes| qui fuct causes que le˘bled ne fuct pas sy rares|

---

**196** *forces* corrigé sur *force*.
**197** *plusieur* corrigé sur *plusieu*.
**198** *aux lon* : *au long*

A˘la fin dudit mois le˘seigle ne coustoit que vingt cinq sol et le froment trente sol| on ne vit pas venir querir du˘bled au estranger pandant ledit mois| choses quj ne plaisoit pas au revandeur parce qu°il ne faisoit pas le gain acoutumez| l°on disoit que la causes de ceste abondance provenoit d°une grande abondance de bled et de vin que l°on avoit faicte par a^vitailler le gros de l°armez de france qui ce devoit [~~xxx~~] faire dans le comptez| mais l°armez ajant pris autre routes jl faillut vandre le˘bled et les farine desdit magasin avec le vin qui n°aporta gueire de profict au marchant|

**195**

Le froment 32 sol| le seigle 25| le vin 30 $^{l}$i$^{b}$vres

Le mois avrilt fuct fort seïc avec de grand ven jusque ver la s$^{t}$ georges qu°il tomba ung peut de pluye qui fict grand bien tant au bled que a autre chauses|

Le mois de may fuct de mesme que le mois havrilt fort seic de sorte que de tous costez on faisoit des procession pour demender a˘dieu de˘la pluye pour les bien de˘la terre|

**196**

Le froment coustoit 30 sol| le seigle 24 sol| le vin 30 $^{l}$i$^{b}$vres/

Pandant ledit mois les chenille mangerent de telle sorte les arbre avec les autre beste qu°il n°y demeura ny fruict ny feuille en plusieur| mesme sur les noyer ny sur les chesne non plus| de sorte que l°on n°esperoit poinct de fruict ~~ne~~ ni de gland ny de lesgume| pour les seigle et froment estoit assez beau|

Pandant ce temps les armez estoient en campagne et l°on disoit pour toutes nouvelle plus de mansonge que de veritez| qui est tosjours la coustume|

**197**

Le froment coustoit 28 sol| le

Le mois de juin fuct de grand chaleur avec quelque jour de pluye de sorte que les vigne eurent le temps bien comodes

seigle 23 sol| le vin 30 livres

pour fleurir et les bled pour venir en maturitez que l°on commanca de moissonner environ la s^t^ jean| les bled estoient beau et bien gresnez de sorte que ceux quj avoit du bled a vandre n°avoit que a le despescher avant les moisson| car jl ravalla de cinq sol par mesure des le commencement dudit mois| le vin commanca sur la fin dudit mois a ravaler de prix au grand dommages de plusieur marchant quj en avoit des pleinne caves et aussy de plusieur bourgeois quj esperoit grand cheretez de vin parce que les vigne n°avoit pas bonne renommez|

Pour les foing estoient fort petit| car telle en avoit amassez l°an passez dix chart qui avoit peinne d en amasser cestes annez ung ou deux|

N°y avoit non plus de serises en ce temps| on voyoient quantitez de pieces de quatres sol pour la negaulce|

**198**

Le mois de juillet fuct chault et bouillant de mesme que le mois de juin| pourtant qu°il y eut plusieur jour de pluye et tonnerre qui firent grand bien temps[199] pour le laborage que pour les herbes| et mesmement pour les vigne| car ceux qui avoit provision de vin furent bien estonnez de voir que les vigne qui n°avoit bonne renommez commancoit a paroistre fort belle de sorte que c°estoit plaisir de voir que a˘la porte des personne riche jl y avoit par˄tous des enseigne qu°il vandoit du vin| on n°en pouvoit trever au mois de may mesme en plusieur cabaret| on˘faisoit difficultez de˘prandre des denier| mais maintenant les bourgois estoit constraint[200] de le vandre a denier scavoir a deux sol et a six blanc| et plusieur en avoit refusez jusque a trente quatre livre|

---

**199** *temps* : *tant*
**200** *constraint* : *-nt* corrigé sur *-ct*.

**199**

Le froment coustoit 25 sol| le seigle 20 sol| le vin 20 $^{l}$i$^{b}$vres

Le mois d°haoust fuct tous de grande scaicheresse de sorte que l°on acheva de moissonner a˘sa volontez et que l°on commanca a semer les bled tout a˘l°aises| pourtant que ceux que l°on semoit ne pouvoit sortir de terre a causes qu°el estoient trops sceiche| pour les vigne meurissoit a merveille| et le vin venoit tousjour a meilleur pris|

En ce temps on avoit grand peinne a faire mouldre du bled de sorte que plusieur avoit faulte de pain ajant du bled parce que le mugnier n°avoit pas de l°eaux|

En ce temps on champta le te deum pour la prises de˘la ville de erres en flandre| mais jncontinant l°annemy reprint sur nous filisbourg qui est forte ville et glef[201] du ~~pais~~ pays|

**200**

Le froment coustoit 24 sol| le seigle 18 sol| le vin 20 $^{l}$i$^{b}$vres

Le mois de septembre fuct de grand sceicheresse et grand chaleur de sorte que les premier qui vandangerent firent du vin quj n°estoit pas agreable a boire parce qu°il estoient ameire| mais la pluye venant sur la fin dudit mois fict que les vin dernier vandangez estoit plus agreable| toutes fois tant les [~~xxx~~] premier que les dernier estoit tous fort bon et autant abondant que l°an passez et a meilleur marchef|

Les semeille estoiend de sorte que le bled ne coustoit scavoir le seigle dixhuict sol| le˘froment vingt quatresol| le vin vingt livre|

**201**

Le froment coutoit 24 sol| le seigle

Le mois octoble fuct une grand partye pluvieux et l°autre beau comme tirant sur [~~xxx~~] l°iver a cause de˘la froidure|

**201** *glef*: *clé*

18 sol| le vin 20 $^{l}$i$^{b}$vres

En ce temp l°on fuct adverty de l°election d°un nouveaux pape scavoir jnocent unziesme|

**202**

Le froment coustoit 24 sol| le seigle 20 sol| le vin 20 $^{l}$i$^{b}$vres

Le mois de nouvembre fuct a son commencement fort froid avec gellez fortes jusque environ le 15 jour que le tempt fuct plus doux humide et pluvieu|

En ~~ccn~~ ce temps les armez commancerent a ce retirer a grand astes[202] et passoit a grand foules en plusieur lieu|

**203**

Le mois de descembre fuct de froid grandement appre durant ledit mois avec abondance de neige deˇsorte que ceux qui avoit du bestail estoient bien en peinne a cause du peux de fourrages que l°on avoit amassez laditte annez|

Pandant ledit mois on levoit des gens de guerre en plusieur lieu de sortes que les homme n°avoit que aˇce tenir chacun an sa maison| car on prenoit les gens comme on les pouvoit avoir|

**204**

Temps[203] jeune que vieu jl mouru sept vingt et dix personne en la paroisse de couche

La presante annez on amassa abondance de froment et de seigle| fort peux de legume| fort peux de foing| fort peux de fruict et presque poinct de serises| fort peux de gland de sorte que les porc gras furent autant cherre que deˇlonˆtempt| les maladie estoit en grand vogue et plusieur en moururent particulierment des anfant| le flux de sang fict mourir plusieur personne de bon ages|

**202** *astes* : *hâte*
**203** *temps* : *tant*

**205**

Descriptions de l°annez 1676

**206**

Memoires de Jacques Dusson[204]

Le 16 mars 1689 mourut marie pericaudet femme de jean dusson ma mere| et fut enˆseputuré en l heglise st martin le 17 mesme mois devant l'autel du st rosaire|

Le sabmedy 3 jour de decembre 1689 fut enˆsepulturé a st leger sur dheune anthoine pericaudet mon honcle et mort d hier par monsieur chiquot cure dudit lieu|

En la mesme annéé 168[205] l'ordonnance du <du> roy fit nommer un homme de bonne force et grandeur de l'aage de 20 jusqu'a 4[206] an nom[207] marié pour la milice| ce[208] du bourg nommerent le garson de edme pelicat <de>| ceux des barronnie jean menand de˘la creuze quy fut tué en un rencontre avec les ennemis| jl partirent pour y aller le 28 mars 1689|

Le[209] janvier 1690 il en falut nommer un autre au lieu dudit menand| quy fut lazare fils de philibert vincenot|

Le 24 janvier 1690 fut espouzé pierre taillard avec philiberte guion ma niepce par monsieur belin curé de couche|

**207**

Jesus maria joseph[210] Mesmoire des mariage de mes frere| le premier jour de aoust 1671

---

**204** Autre main à partir d'ici.
**205** *168* : *1689*
**206** *4* : *40* ?
**207** *nom* : *non*
**208** *ce* : *ceux*
**209** Blanc après *le*.
**210** *Jesus maria joseph* d'après l'édition de Fontenay 1875.

Laditte anthoinette sa femme mourut le dernier jour de febvrier 1685| enterez le landemain

Et premierement claude fut mariés en lan 1670 avec anthoinette gadan scavoir fiancéz 3 semaine ou environ devant la feste s[t] martin d'hiver de laditte annéz 1670 et fut espousez le landemain de laditte feste s[t] martin|

Le .14. novem[b]re 1671 fut baptizez le premier enfant de mondit frere claude et ˇleˇ nom jean luy fut donnez| pour parain il eut mon pere|

Ledit claude mon frere fut espouzé en 2 nopce avec marie bault de messey le ˇmardy 13 novem[bre] 1685|

---

1671

L°annés suivante fut maries anthoine avec janne gadan de chalancez| et fure fiancez devant le caresme de laditte annez/

1671 et le dimanche apres pasque de laditte annez jl fure espousés|

---

Le samedy 22 octobre 1672 naquit et fut baptizée marie filles de mon frere anthoine et eut pour parain jean gadan son beaupere et ma mere fut marainne marie pericaudet|

---

Plus le lundy .16. aoust 1674 naquit et fut ~~batt~~ baptizez par monseigneu[r] chauveau francoise filles de mondit frere anthoine| donc[211] je fut parrain et francoise budin femme de mon honcle anthoine perricaudet la marenne|

**208**

Le sabmedy 20[e] janvier 1674 jour de s[t] sebastien fut baptisé claude fils de claude dusson mon frere et antoinette gadan[212]|

---

211 *donc* : *dont*

212 *et antoinette gadan* au-dessus de la ligne.

jl eut pour parrain claude perricaudet du chasteau et pour marene claudine gadan femme de simon mutin|

Le premier jour du˘mois de˘may 1675 fut baptizez celce fils de mon frere claude| [et] eut pour ~~p~~ parrain celce gadan son beau frere et pour marenne la femme de vivand| mourut [~~xxx~~] le 23. juin et fut enterrée le 24 dudit mois mesme anné que desusse 1675|

Le jeudy 29 febvrier 1680 fut baptizé martin fils de˘mon frere claude dusson par monsieur chauveau| son parain fut martin bordot vallet de monsieur le curé et sa marenne gabriel parizot|

1678

Le 16. febvrier fut baptizé lazare fils de mondit frere claude dusson par monseigneur loup| il eut pour parain lazare parizot cordonnier a couche et sa marenne gabri[e]l du marchef femme de jacque dusson|

**209**

Aux caresme de l°an 1670 je fut parain d'un enfant chez jean thomas a st. leger sur d^heune| il mourut peu de temps apres|

Plus un peu devant je fut ancore parrain d ung enfant a esmillaud pestot avec marainne la femme de mr pierre chelly| ce fut le 12 janvier 1668| mort peut de˘temps apres|

Ung dimanche .6. mars jour des borde an 1672 fut baptizez jacque fils de vivand dusson des vezeau[213] et de francoise dessertenne| duquel je fut parain et susanne narjolet la marainne| baptizez a st jean de trizy par monseigneur charroilloix curé de st berain| mort peu de temps apres|

Le jour de l°ascention 26. may 1672 fut baptizé jacque fils de claude rousin de precelle mariez a la fille de maritain| duquel je fut parain et sa belle soeur marainne|

---

**213** *des vezeau* au-dessus de la ligne.

~~1668~~ 1672

Le 21$^{e}$ juillet fut baptizé[214] par monseigneu$^{r}$ bugnot jacques fils de jacque dusson des bertrand et anthoinette gadan| duquel je fut parain et la femme de messi$^{re}$ pierre chailly la˘marenne jaqueline badet|

**210**

Le mardy 19. septembre 1673 fut fiancez simon mutin avec claudine gadan filles[215] de feu guillaume gadan| et s°espouserent le mercredy 4. octobre|

---

Le jeudy sixsiesme septembre 1674 fut baptizeé par mon^sieur chauveau jacqueline munier fille de louys munier et de claudine chailly fille de jacque chailly| laquel eut pour parrain moy jacque dusson et pour marrenne la femme de ~~mre~~ maistre pierre chailly|

Mourut et fut enterré ladicte jacqueline chailly le mercredy 19$^{me}$ de septembre de laditte anné 1674|

Ung mardy 29$^{e}$ may 1675 naquit et fut baptizéé[216] marie fille de simon mutin et de laditte claudine gadan| elle eut pour parain nostre joseph et sa marenne fut la mere dudit mutin son pere|

**211**

Le mardy apres le roy[217] 10. janvier 1674 fut espousé leonard fils de mon honcle leonard dusson des foison avec benoiste prieux de s$^{t}$ marc de vaux|

---

**214** *baptizé* : *b* corrigé sur *p*.
**215** *filles* corrigé sur *fils*.
**216** *baptizéé* : *p* corrigé sur *t*.
**217** *le roy* : *les rois*

Le vendredy 8 febvrier 1675 la femme dudit dusson eut une fille quy eut nom fiacrette pour sa grand mere de s^t^ marc|

La veille de toussainct de 1676 ledit leonard dusson eut un fils quy fut nomme jean au baptesme| et jean dusson frere de son pere fut parain| et mourut avant l'aage de [~~xxx~~] 2 ans|

Le .3. octobre 1678 ledit leonard eut une fille quy fut nommé au baptesme anne| nostre mathieu fut le parain et la mere dudit leonard fut marenne|

**212**

Le mercredy[218] 19^e^ juillet 1673 mon frere vivand dusson fut fiancey avec margueritte moreau filles de la femme du marguiller nommez jea*n* qu°estait[219]

Jl fure espousé par monsieur du landoys le mardy premier jour du mois d'aoust an susdit 1673| il alla en sa maison le 11 dudit mois d'aoust|

Ledit jean dusson deceda le [~~xxx~~] 12 may 1685 fut enterr*é* le lendemain

Le mercredy 27^e^ mars 1675 fut baptizez jean fils dudit vivand dusson et de laditte moreau| eut pour parain mon pere et pour marenne la femme de maistre philibert guillemardet dit brechere|

Le jeudy 26 aoust 1677 ledit vivand dusson eut une fille quy fut nommé marie| sa˘marenne fut <fut> ma mere| nostre jose<se>p son parain| baptizéz par monsieur loup|

Le dimanche 22^me^ mars 1676 a estez baptizé jacque fils de jean jarreau et de benoiste saget ses pere et mere| a pour parain moy jacque dusson et sa marenne claudine caullin femme de vivand baudet tous de chalancey| signé en l°orignal père bugnot curé de couche|

Le dimanche 21^me^ septembre 1676 fut baptizez margueritte fill*e* depierre menede et de vivande villedieu du chasteau par

218 *mercredy* au-dessus de la ligne.
219 Phrase incomplète.

messire philibert chauveau prestre a couche| son parain moy jacque dusson sa marenne margueritte femme de mon frere vivand dusson des hall*e* de couche|

213

1680

Le lundy 23. octobre fut baptizé sebastien fils de mon frere vivand dusson des halle| son parain fut sebastien guillemardet ~~det~~ dit brechere| et sa marenne marie fille de jean pericaudet l°antien des foison|

Le[220] d'octobre 1682 fut baptize mathieu fils de vivand dusson et de margueritte moreau des halle de couche| son parain est mathieu dusson son [~~xxx~~] oncle| et sa marenne honorable francoise bureau femme de honorable charle jusseaume|

Le 28. mars 1685 fut baptizeé gabriel fille de mondit frere vivand et margueritte moreau |son parain est jacque fils de jean dusson de chalan[cey] et sa marenne gabriel ragey femme de˘mathieu dusson|

Le mercrdy 3. novembre 1683 fut fiancey a st morice mon frere mathieu dusson avec gabrielle ragey fille de philibert ragey et jeanne la creuze[221] de bouhy| espouzé le mardy ~~16~~ seiziesme dudit mois a couche par monsieur comtereau cure dudit lieu|

---

Le dimanche 8. jour doctobre 1684 naquit sur la minuit pierrette premier enfant dudit mathieu et fut baptiz[ez] le lendemain par un prestre de˘nolet nommé monsieur rubion| absence du curé| son parain est jean guion et sa marenne pierrette gadan filles de feu guillaume gadan|

---

**220** Blanc après le.

**221** *et jeanne la creuze* au-dessus de la ligne.

Le vendredy 4 octobre 1686 environ minuit naquit et fut baptizé le landemain[222] francois 2 enfans dudit matthieu duss[on] et gabriel ragey par monsieur genty chanoine a nostre dame d'autun| le curé absent| son parain est honorable francois papon boulanger a couche| sa marenne gabriel du˘marchef femme de jacque dusson| tous de chalancey|

**214**

Le 23e descembre ~~166~~ 1671 envoiron[223] les 10 heure du soir descedda mon cousin guillaume gadan de chal*an*cey| lequelle a lessez trois enfant scavoir claudine ageé de[224] seize an| lazare gadan son fils de envoiron 13. an| et pierrette sa filles d'envoiron dix an| tous soub la conduitte de jeanne peultier leur mere|

L°anné apres| le 3e may 1672 desceda mon honcle mangeot dusson du chasteau de couche demeurant pour lors es˘vezeau avec son fils vivand dusson|

Le vendredy 20. octobre 1678 mourut vivand fils dudit mangeot dusson et fut en^seputuré a st jean de trizy le landemain| laissa 3 enfant|

Le dimanche de˘quasimodo .9 avrilt 1673. desceda philibert guion mon beau frere de corcelle| et lessa huit enfant soub la conduitte de ma soeur ~~janne~~ jeanne ~~l~~ sa femme quy deceda le 11 febvrier| et fut en^sepulturé le 12 a st maurice par monsieur de comtereau pour lors curé de couche|

Le 19. jour du mois de decembre 1674 mourut mon honcle claude perricaudet frere de ma mere| et laissa deux fille jeanne et thoinette soub la conduitte de benoiste charrier leur mere|

Le jour de la chandeleur 2 feuvrier 1675 fut enterré en l'heglize s[t] martin mr chrestien segoillot sergent a couche|

222 *le landemain* au-dessus de la ligne.
223 *envoiron* : sic.
224 *de* en marge.

**215**

Le mercredy 27. mars 1675 fut enterrez margueritte dusson femme de pierre mened du chasteau|

Le dimanche 21$^{e}$ jour du mois de juillet 1675 appres les vespres mon frere anthoine dusson s°estant allez bagner en l°estant jean prost y mourut en la compagnye de pierre joffrey et du garson de monsieur rousselot par faulte de secours| et fut enterrez le landemain jour de la magdelaine a s$^{t}$ martin devant l'autel du s$^{t}$ rosaire lessant sa femme chargez de deux petitte fille marie et francoise|

Le 19. septembre 1676 mourut et fut enterrez francois du marchef mon beau frere en [xx] l'eglise sainct maurice|

Le mercredy[225] .19. janvier 1678 fut enterré mon honcle jean gouhault de charcey| et laissa dix enfant soubs la conduitte de fiacrette perricaudet sa femme et soeur de˘ma mere|

---

Le vendredy 22. aoust 1681 fut enterez jacque du˘marchef mon beau pere| et[226] mort le 21.| et jean passez mayeur[227] le 26. aoust 1681|

**216**

Le mardy dernier jour du mois de juillet 1674 furent fiancez pierrette dusson fille de˘mon honcle mangoet dusson avec ung garson de precelle nommez [~~xxx~~] fiacre[228] maytez et espouzez peu˘de temps appres|

Le dernier jour de lan 1674 fut fiancez claude fils de mon honcle jacque perricaudet concierge du chasteau de couche avec jeanne guillemardet filles de fiacre guillemardet

---

**225** *mercredy* au-dessus de la ligne.
**226** *et* au-dessus de la ligne.
**227** *mayeur* : *y* corrigé sur *i*.
**228** *fiacre* au-dessus de la ligne.

jaugeur et de lazotte nagot sa femme| et fure espouzé le jour s^t vincent 22 ~~feuvrier~~ janvier[229] de 1675|

Le sabmedy 4 febvrier 1678 ledit pericaudet sur les huit heure du soir ce laissa tomber du hault d'une galerie en bas aux chasteau de couche ou il estoit geolier| et du^quel coup il mourut le landemain sur la minuit|

Le jeudy .6. octobre 1678 mourut chez mon pere reyne fille de ma soeur jeanne sur les neuf heure du soir le 19 jour de sa malladie|

217

1676
Le mercredy .3. jour du mois de juin moy jacques fils de jean dusson fut fiancez par monsieur chauveau prestre a couche avec gabriel du marchef fille de jacque du marchef et de claudine roizot de corcelle[230]| et espouzé le lundy 15. dudit mois par monsieu^r bugnot curé dudit couche|

1677
Le sabmedy .25.^e septembre sur les 8 heure du matin naquit marie nostre premier en^fans| et fut baptizez le landemain 26. dudit mois| son parain fut mon beaupere jacque du marchef et sa marenne marie perricaudet ma mere| signé en l°original père bugnot cure de couche|

Le landemain de la s^t martin d hivert de l°anné 1678 fut baptizé jean nostre second enfans| son parain fut mon pere et sa marenne la femme de philibert ragey de bouhy| ne˘vesquit que 10 jour|

Le jeudy 15^me octobre 1682 sur les honze heure du soir naquit et fut baptizé le dimanche 18 dudit jeanne terese mon 3 enfans| son parrain est jean fils de mon honcle leonard dusson des foison et sa marennne est dame jeanne vachey

229 *janvier* au-dessus de la ligne.
230 *de corcelle* au-dessus de la ligne.

femme de˘monsieur charle le sage chirurgien a couche| laquelz avec ledit dusson ce sont soubsignez avec ~~monh~~ le˘curé en l°original[231] <loriginal> du sieur de cointereau cure de couche| qui fut mariez avec lazare bonny mareschal qui mourut le 7 avril 1734[232]|

**218**

~~Le lundy dimanche 27. feuvrier 1675~~

Le dimanche 27. janvier 1675 esmillaude et anthoinette pericaudet les deux soeur fille de feu mon honcle jacque perricaudet furent fiancey avec philibert et jean maulet freré du tronchat| et furent espouzé le mardy 12 feuvrier|

1676

Le mercredy 14e octobre 1676 furent fiancey claude roux natif de nostre dame dessertenne du village des bouvarde avec jeanne filles de fut[233] mon honcle claude pericaudet et de benoiste charrier| et espouzez le 3 novenbre|

Le mardy 10me febvrier 1677 fut espouzé edme fils de m.r lazare brizepierre sergent royal du chastel de couche avec philiberte lally vefve de m.r philibert grillot de s.t leger sur d^heune|

**219**

Ung dimanche septiesme jour du mois de juillet fut faict le contrat de mariage de pierre mened et de vivande villedieu vefve d'estienne menand par monsieur barard notaire royal a montceny en seconde nopce| il furent fiancez a couche le 24 dudit mois et espouze le landemain|

231 *lecuré en loriginal* au-dessus de la ligne.
232 *qui fut ... 1734* d'une autre main.
233 *fut* : *feu*

Le jeudy septiesme janvier 1677 furent espouzé philibert lally fils de mangeot lally de la creuze avec vivande fille de maistre noele roisot de corcelle| son premier enfens mour[ut] n°estant pas a terme|

Le dimanche .2. jour d'octobre fut baptizé[234] fils dudit lally et <et> vivande roizot|

1677

Le mardy 19. dudit mois de janvier fut espouzé esmillaude roizot avec un garson que je ne connoissoit pas|

Et en mesme jour claudine du marchef fut aussy espouzé|

Le 2 mardy apres les roy fut espouzé jeanne berthelot avec ~~claude~~ jacques chauche de la parroisse s.t jean de˘trizy|

**220**

1675

Le vendredy 28. juin fut fiancée en seconde nopce ma soeur jeanne vefve de philibert guion de corcelle avec claude pommey dit[235] prost dudit lieu| et fure espouzé le 9e juillet 1675|

Le lundy 22me jour du mois de juin 1676 fure fiancez jeanne et marie pericaudet fille de mon honcle anthoine pericaudet des bertrand avec claude et anthoine bidaux de la paroisse st leger sur d^heune et espouzé le[236]|

Le 21. dudit mois de juin audit an 1676 fut fiancez francoise fille de philipes bony et denise clerc de chalancey[237] par monsieur chauveau avec lazare fils de anthoine thurin de la paroisse de chamilly| et espouzé le mardy 13. octobre 1676|

Ledit turin mourut le 3. may 1682[238]|

---

**234** Blanc après *baptizé*.
**235** *pommey dit* au-dessus de la ligne.
**236** Blanc après *le*.
**237** *de chalancey* au-dessus de la ligne.
**238** *1682* : *8* corrigé sur *7*.

**221**

1677
Le mardy quinziesme jour du mois de juin 1677 fut fiancey sebastien guillemardet dit brechere avec anne charton de alluze| et zacarie clemenceau se noya en venant desditte[s] fiancaille dans l°estant[239] jean prost|

Ledit guillemardet fut espouzez par monsieur chauveau avec laditte charton le mardy siziesme juillet audit an 1677|

---

Le 31 mars 1680 ce fut un dimanch[e] envoiron les 10. heure du soir naquit philibert fils dudit sebastien guillemardet[240] et fut baptizé le landeman[241] par monsieur chauveau| son parain fut honorabl^e philibert guillemardet son grand pere et sa marenne fut sa grand mere d'aluz[e]|

Le premier jour de may quy fut un vendredy nquit[242] jean fils dudit sebastien guillemardet| et fut baptizé le dimanche 3. jour dudit mois| son parain est maît^re jean jullet et sa marenne dame jeanne pericaudet femme de m^r philibert guillemard[et] sa grande mere|

Le dimanche 25. juillet et jour de s^t jacque fut fiancey lazare fils de philibert patin de chalan[cey] avec jeanne delagrange fille de benigne delagran[ge] et de laurance ripard mestayer d°espougny par messire philibert bugnot curé de couche|

La veille de pentecoste 17. may naquit et fut baptizez laurance fille dudit lazare patin et jeanne la grange en 1682 <16[8]2>

A la fin du mois d'aoust 1678 ledit lazare patin eut un garson quy se trevas suffoqué au berceau peu de temps apres|

---

**239** *lestant* : *l'étang*
**240** *guillemardet* : *det* au-dessus de la ligne.
**241** *landeman* : sic.
**242** *nquit* : *naquit*

**222**[243]

Le froment coustoit 24 sol| le seigle 18 sol| le vin 20 $^{l}$i$^{b}$vres| l°huille 24 sol

L°annez 1677 fuct a˘son [~~xxx~~] commancement fort espouvantable pour ceux quj avoit du bestail| parces que le mois de jeanvier fuct de neiges continuelle jusque le 18$^{e}$[244]| et le foing et la paille estoit fort a mesnager| car on ne˘parloit que de˘la paille quj estoit abondante mais fort peut de˘foing| et la grande froidure avec la neiges estoient causes qu°il failloit tenir le betaille dans les estable de sorte que on mesnageoient tant que l°on pouvoit|

Les maladie estoient fort violante et emportoit les˘plus[245] vigoureux en peut de temps|

En ce temps on faisoit de grand levez de soldat et on prenoit les homme par surprises de˘sorte qu°il estoit bon d°estre au coingt du˘feux| non pas en compagnie|

**223**

Le froment coustoient 24 sol| le seigle 18 sol| le vin 20 $^{l}$i$^{b}$vres| l°huille 24 sol

Le mois de febvrier fuct de pluye continuelle avec quelque jour de froidure et autre temps fascheux de sorte que les houvrages estoient fort retardez et la vigne estoient menassez de mortalitez a causes des grand froidure de˘l°ivers| parces que l°on˘disoit que le bourgeons estoient mort non pas le seps| pourtant [~~xxx~~] le vin ne rencherit pas|

Pandant ce temps c°estoient pitiez d°aller par les champt a causes gens de guerre qui passoit en˘grande abondance et emmenoit le homme qu°il tenoit par les chemin|

Les maladie estoient fort a craindre et emportoient les plus robustes en peut de˘temps|

---

**243** À partir de cette page (jusqu’à 328), le manuscrit est de la main de Claude Dusson.
**244** *jusque le 18e* au-dessus de la ligne.
**245** *lesplus* corrigé sur *leplus*.

## 224

Le froment 24 sol| le seigle ~~2~~ 18 sol| le vin 20 $^{l}$i$^{b}$vres| l°huille 24 sol

Le mois de mars fuct une partie de temps humides| mais l°autre partie de temps fort propre pour les laboureur et vigneron|

Pandant ce temps le roy partit de paris pour aller aˇla guerre dans le pajs deˇflandre avec une puissante armez|

Les taille de la presante annez estoient fort rudes car les baronnie en avoit pour leur cottes deux mil deux cens livre sans j comprand[re] la receptes et autre affaire|

Le septiesme jour dudit mois jour desˇbrandon ce naiyaz[246] deux jeune homme passant la deusne ~~avec~~ conduisant des marchant d°autun|

## 225

Le froment coustoit 24 sol| le seigle 18 sol| le vin 20 $^{l}$i$^{b}$vres| l°huille 24 sol

Leˇmois avrilt fuct de temps frais et humide de sortes que les bled et les herbes avoit asseé bonne mines et que le bestail estoient hors de la famine| les vigne poussoit des raisin en grand habondances es lieu ou elle n°estoit pas mortes| car dans les lieux bas deˇterre deˇsable la froidure de l°ivers les avoit faict mourir|

Pandant ce temps le roy estoient au pays de flandre ou fuct prises la ville de vellancienne s$^{t}$ omer et cambray et fuct deffaictes l°armez du prince d°horanges par monsieur frere de sa majestez| lequelle venoit au secours de s$^{t}$ omer| pour lesquel victoire on champta deux fois le te deum [xxx]|

## 226

Le froment coustoit 23 sol| le

Le mois de may fuct frais avec deˇlaˇpluye asseé frequante| de sorte que les chenille parurent ung peux moing douma-

246 *naiyaz* : *noya*

seigle 18 sol| le vin 20 l̲ibvres| l°huille 24 sol

gable[247] que les deux annez passez| et par la permissions de monsieur d°autun elle furent exorsisez et encores les autre beste mauvaises comme souris taupes et autre qui est a dires excommuniez|

Pandant ce temps les feuille de noyer et les[248] noix tomboit en habondance de sorte que l°on disoit que l°uille quj coustoit 24 sol des[249] environ ung an ce vandroit 30 sol|

**227**

Le froment coutoit 23 sol| le seigle 18 sol| le vin 20 l̲ibvres| l°huille 27

Le˘mois de juin fuct la pluspart pluvieux et assez chault avec touffeur de sortes que l°on craignoit que les bled ne versasses en plusieur lieu| les vigne croisoit a veue d°oeil| a˘la fin dudit mois on commanca a fascher[250] les prez ausquel y avoit abondance d°erbes|

Pandant ce temps les maladye n°estoit pas sy frequante que de coustume|

Le 14e jour dudit mois ce neiyaz[251] le fils de monsieur clemanceaux en l°estans jean prost ce baignant a cheval accompagnez de hanry [~~xxx~~] desgrange|

La veille st barnabé la foudre brula une maison et tua une femme a dracy les couche|

**228**

Le froment coustoit 24 sol| le seigle 18 sol| le vin 20 l̲ibvres| l°huille 27 sol

Le mois de juillet fuct a son commancement humide et pluvieu| son millieu et sa fin belle ~~de~~ de sorte que˘l°on commanca de moissonner en^viron le 12e jour dudit mois|

---

**247** *doumagable* : *dommageable*
**248** *les* corrigé sur *le*.
**249** *des* : *dès*
**250** *fascher* : *faucher*
**251** *neiyaz* : *noya*

Les moisson de la presante annez estoit beaucoupt moindre cestes annez que l°annez passez tant en˘gerbes que en graind| parces qu°il failloit trois gerbes des mieux grenez pour une mesure et des mal grenez bien davantages suivant les lieu|

Les 16$^{e}$ jour dudit mois jl tomba de˘la gresles qui gasta[252] les vigne des baronnye toutes environ la ~~quatries~~ quatriesme partye|

En ce temps on craignoit que le˘gens de guerre ne passaces a couche l°iver prochain|

**229**

Le froment coustoit 25 sol| le seigle 20 sol| l°huille 28 sol| le vin 30 $^{l}$i$^{b}$vres a˘la fin dudit mois

Le mois aoust fuct de˘grande chaleur avec de grand touffeur de sortes que la saison estoit fort subjectes a˘tonnerre et a˘la gresle| car jl ne ce treva que fort peux de˘lieu ou les vigne ne fussent battue de˘la gresle scavoir plus en des˘lieu que an d°autre| car˘le jour de l°asomptions nostre dame jl tomba de la gresle en plusieur lieu d°une mesme nuez qui gasta les vigne de toutes la parroisses de couches de s$^{t}$ jean de trisy de s$^{t}$ morisse s$^{t}$ sering toutes la parroisse de denevy celle de s$^{t}$ leger celle de charcez et d°aluzes et plusieur autre parroisses| car on˘disoit qu°il n°y avoit que fort peut de˘lieu ou jl n°an tomba| les vigne estoit pour le commung la moittiez perdue| en d°autre

**230**

plus en d°autre moing| notamment a s$^{t}$ jean de trisy ou jl n°i avoit ny fruict ny feuille car les arbre et les buisson estoit battu d°une fasson extraordinaire a causes du grand orages| car sy les bled ne fussent par[253] estez moisssonnez jl fuct bien estez mal pour le monde| car jl ~~es~~ eust causez grand chertez

---

**252** *gasta* au-dessus de la ligne.
**253** *par* : *pas*

attandu que les bled n°estoit gueire beau et pas bien grenez| et le vin ~~que~~ quj ne coustoit que vingt livre monta d°abort a douze escus a causes des dommages de˘la gresle| plusieur arbre furent rompue et arrachée par le grand orages et par les taurans[254] des eaux et les preix[255] et terre grandement amdommagez|

**231**

Le froment coustoit 26 sol| le seigle 20 sol| le vin 36 $^{l}$i$^{b}$vres| l°uille 26 sol

Le mois de septembre fuct grandement sec et chaux de sortes que les vigne quj estoit gresleé scaichoit et les raisin tomboit et quand on regardoit les vigne du costez qu°el avoit estéé battu on n°avoit pas beaucoupt d°esperance| car on ne voyo*i*ent que raisin sec| et de l°autre costez elle estoit belle a merveille| et l°on commanca a vandanger environ le 24$^{e}$ jour dudit mois par la grand chaleur| vandanges quj surprindrent plusieur personne quj n°avoit pas faict provisions[256] de poinson| parces que l°on fict beaucoupt plus de vin que l°on n°esperoit et es lieu ou la gresles n°avoit pas beaucoupt emdommagez on n an[257] faisoit sy grand abondances que c°estoit a˘louer dieu de˘tromper les homme de˘la sortes contre leur espe*ranc*e|

**232**

et le vin estoit bon pourtant qu°il santoit ung peux le battu es lieu les plus amdommagez particulierment le vin rouges| les semeille estoit fort propre| toutes fois le bled ne sortoit pas de terre a causes de la grand sceicheresse| jl n°i eust cestes annez que fort peux de noix| fort peux de fruict en plusieur lieu| fort peut de gland| asseé de foenne[258] sur les fusteaux|

---

**254** *taurans* : *torrents*
**255** *preix* : *prés*
**256** *provisions* : *v* corrigé sur *i*.
**257** *on n an* : *on en*
**258** *foenne* : *faîne*

Le froment coustoit 26 sol la mesure| le seigle 20 sol| le vin 36 $^{l}$i$^{b}$vres| 3 sol et demy la pintes et le tournez 2 sol| la pintes d°huille de noix 26 sol|

**233**

Le froment 26 sol| le seigle 20 sol| l°uille 26 sol| le vin 18 $^{l}$i$^{b}$vres le nouveau

Le mois octobre fuct assez semblable au mois de septembre jusque environ le 12 en ce qui est de la sceicheresse| et pandant le reste dudit mois jl tomba quelque petite roseé non pas pour donner abondance d°eau au moulin mais pour remfraichir quelque peult[259] les bien de la terre qui en avoit grand besoing|

**234**

Le mois de nouvembre fuct a˘son commancement froid avec abondance de neiges jusque environ le 15 jour dudit mois que˘le temps humide print le dessus pour le restes dudit mois|

Pandant ledit mois plusieur soldat furent de retour affin de lever des troupes pour tousjours continuer la guerre es pays de flandre et d°allemagne|

Le dixiesme jour dudit mois ma soeur lazare ~~dusson~~ dusson partit pour aller a parais le moneal faire essaiz dans le couvent des soeur s$^{te}$ marie| et y fuctes ~~menez~~ conduitte[260] par deux de ses frere scavoir jacque et joseph| et y furent comduit par philipe bonj qui estoit natif de parcy| le tous de l°antreprises fuct faict par le conseille de messieur les prestre de s$^{t}$ martin de couche notamment monsieur du landois et de deux fille quj estoit dame de˘la charitez scavoir barbe charroloix et marie guillemardet|

**259** *peult* en marge.
**260** *conduitte* au-dessus de la ligne.

**235**

Le mois de descembre fuct froid a˘son commencement ~~froid~~ avec de la neiges de sortes que le monde croyoient que ce seroit comme l°annez passez que l°iver fuct ford rudes| mais le tempt humides reprint le dessus anviron le 15 jour dudit mois pour le reste de lannez|

Pandant ce temps ce n°estoit que surprises ~~trahison~~ trahison et violance pour avoir des soldat| plusieur particulier ajant charges d°an amasser bevoit avec quelque voisin ou autre sans faire aulcung samblan| apres avoir payez l°autes[261] on estoit bien estonnez que on ce trevoit enrollez par ce seul mojens sans autre formalitez de sortes que l°on n°estoit assurez que de fort peut de personne| on prenoit aussy

**236**

par forces les personne par les rue des bourg et ville et vilages et es cabaret de sortes que l°on ne scavoit que dire| [~~xxx~~] car on ne pouvoit trever des soldat et jl en failloit baucoupt|

**237**

Descriptions de l°annez 1677[262]

**238**

Le froment coustoit 25 sol| le seigle 14 sol| le vin

L°annez 1679 cammancant[263] par le mois de jeanvier qui˘es la saison de l°ivers mais jvers fascheux a causes de sa froidure continuelle et de la neiges qui estoit abondant en plu-

261 *lautes* : *l'hôte*
262 Se réfère aux notices précédentes. Le texte suivant porte sur l'année 1679. Il manque les notes pour l'année 1678.
263 *cammancant* : sic

14 [l]i[b]vres| l°uille 20 sol en destaille[264]

sieur pajs| car on disoit que la provences et autres pais chaux avoit estez remplie de ces neiges|

En ce temps le monde estoit bien pauvre et avoit la plus part bien de la˘peinne de visvre encore bien que˘le bled et le vin fusse a˘bon marchef| car le froment lequelle n°avoit pas estez abondant l°annez passez a causes qu°il estoit tous noir de pourriture que l°on

**239**

nomme charbonnez ne coustoit que vingt cinq sol| et le˘seigle quatorze sol| le vin 14 franc la quheux| mais a causes des grand neige et froid le monde ne peuvoit guagnier aucune chauses ny faire la nesgauce[265] accoutumé|

Le bled et le vin huille de mesme que cy devant

Le mois de febvrier fuct presque de mesme conditions que le mois de jeanvier| sinon que environ la fin dudit mois la neiges ce fondit par la pluye et quelque journez de temps plus doux que a˘l°a^coustumeé|

En ce temps y avoit peut de malade en ces quartier|

**240**

Le bled et autre chauses comme au mois de jeanvier

Le mois de mars fuct assez propres la plus grande partye quoj^que froid| quj fuct causes que les ouvrages quj estoit reculez furent ung peut advancez| et fuct accomplie ce proverbes que disent les vigneron| taille tost taille tard jl n°i a taille que de mars |car plusieur vigne ne furent taillez que au mois d°havrilt|

Padant ce mois de mars qui est communemant ung tenps de caresme elle fuct de ceste sortes plus que je ne l°avois veux encore| car les harans et autre mareez furent abondante au

264 *destaille* : *détail*
265 *nesgauce* : *négoce*

commancement d°icelle jusque au millieux| mais on n°en trevas pas depuis que fort

**241**

rarement pour quelque prix que ce fuct| car il n°i en avoit plus| et je croix que c°estoit par causes des grande gellez quj avoit glacez les rivier| quj ~~causes~~ empescha[266] le commerce de toutes ses chauses susditte|

Le froment coustoit 28 sol| le seigle 18 sol[267]| le vin 14 $^{l}$i$^{b}$vres |l°uille 20 sol

Le mois avrilt fuct la pluspart remplie de pluye froides et neiges fondus| quj causes ung grand retardement tant pour ~~les~~ les bled que pour les vigne de sorte que les bled en plusieur lieu froid furent

**242**

perdue| lapluspart a causes de la froidure d°i^celle pluye| et le bled quj ne coustoit que quatorze sol coustoit dixhuict sol| scavoir le seigle et le frument vingt huict sol|

Les vigne pandant ledit temps paressoit estre morte| quj donna ung peut d°esperance a ceux quj [~~xxx~~] avoit bien du vin|

Au commancement dudit mois les pieces de quatre sol qui estoit pour lors la monnoix la plus commune furent a trois sol neuf denier et aˇla fin dudit mois aˇtrois sol six denier avec les faux bruict

266 *empescha* en marge.
267 *sol* au-dessus de la ligne.

**243**

qui couroit qu°elle viendroit a tro[i]s˘sol a˘la fin de juin|

Les chenilles paressoit fort sur les arbres de sortes que plusieur ~~firent~~ coupperent leur nid sur les arbre|

Pandant ce temps l on parloit fort de˘la paix general|

**244**

Le froment coustoit 32 sol| le seigle 22 sol| le vin 14 $^{l}$i$^{b}$<u>vres</u> | l°uille 20 sol

Le mois de may fuct a commancement frais avec peinne de ce mettre au beau| mais des[268] environ le sixiesme jour jl fut chaux et seic jusque a˘la˘fin quj remit ung peut les bled en estat| les vigne poussoit abondance de raisin et n°estoit pas beaucoupt morte| quj tint tousjour le vin au mesme prix que cy devant|

Au commancement dudit mois la paix general fuct publiez et le te deum champt*ez* en actions de graces par^tous|

**245**[269]

**246**

Le froment coustoit 34 sol| le seigle 22 sol| le vin 14 $^{l}$i$^{b}$<u>vres</u>| l°uille 20 sol

Le mois de juin fuct bien chaux avec quelque jour de pluye fort salutaire pour les bien de la terre|

Pandant ledit mois on ne parloit que de la beautez des vigne a causes de la grande abondance de raisin| et ausy de la grande abondance de serizes| par^tout jl y avoit aussy beaucoup de toutes sorte de fruict avec des noix|

Pandant ledit mois jl tomba de la gresle en quelque androit et le tonnerre [~~xxx~~] tua ung homme et ~~son ane~~ une ane|

**268** *des* : *dès*
**269** Page blanche.

**247**

Elle estoit soeur du voile blanc et fict profession apres six mois d°essais et [~~xxx~~] treize mois et demy de noviciat le mois et demy a causes de quelque maladie

Le 23e jour dudit mois de juin 1679 jean dusson mon perre accompagnez de moy claude dusson vivan jacque joseph et mattieux dusson tous ses fils avec margueritte moreau femme dudit [~~xxx~~] vivan allerent a˘parais le moneal afin de voir les sceremonie ~~de~~ quj furent faicte a˘la profession que fict lazare dusson sa fille es soeur ste marie dudit parais le 25e jour dudit mois de juin| et luy porta deux cens l[iv]re pour sa dottes[270]| dix livre pour le disnez de la ~~comm~~ communautez| trois livre pour le prestre et trois livre pour sa maitresse| et avons tous signez sur le livre|

**248**

Le mois de juillet fuct beaux la plus part| il y eut quelque jour de pluye mais elle n°estoit pas de dureé|

L on commanca a moisonner environ le 10e dudit mois| les seigle qui estoit fort clair mais d°espie assez belle et bien grenez de sorte que les froment et seigle les deux gerbes faisoit le comble et plus en plusieur lieu| mais on n°avoit amassez pour le plus que a moittiez de gerbes de l°anneé passeez| quj donna bien de la crainte a plusieur pauvre gens et non pas san raison| parce que le monde estoit bien pauvre|

**249**

Le froment coustoit 30 sol| le seigle 22 sol| le vin 14 libvres| l°uille 20 sol

Le mois aoust fuct de temp assez propre scavoir une partie de temps humides et l°autres fort sceiche et de chaleur bien forte| de sorte que l°on preparoit et cultivoit bien les terre| et les vigne se parroisoit fort belle| toute fois malade de rougeot|

De toute part les gens de guerre retournoit de l°armeé a causes de la paix quj estoit faictes|

---

**270** *dottes* : *dot*

**250**

Le froment coustoit 32 sol| le seigle 23 sol| le vin 14 $^{l}$i$^{b}$vres| l°uille 20 sol

Le mois de septembre fuct a son commencement assez beau jusque au 20$^{e}$ jour que la pluye prit le dessus| qui dura jusque aˇla fin du mois octobre de sorte que les vandanges quj estoit belle pourrissoit toutes| et ne pouvoit on vandanger les vigne a causes d°icelle pluye de sorte que les vigne pourrissoit grandement| et les bled ne ce faisoit pas| car dans les pays plat les eaux jnnondoit les terre et les rivier estoit toute desbordeé de sorte que l°on neˇpouvoit semer| et le bled ce rancherit de sorte que ancores qu°il ne coutasses que 23 sol le seigle[271] on navoit[272] grand peinne pour en avoir| pour le vin estoit aˇbon marchef|

Pandant ceˇtemps on amassa les noix et autre fruict lequelle

**251**

estoit fort abondant tant en pomme poire pesche abricot prunes neffle que toute sorte de fruict| habondance de gland et de chatagne de sorte qu°il n°i avoit que leˇbled quj avoit manqué|

Mais s°etoit une chauses estonnante de voir que tous jceux bien estoit aˇla marcy[273] de la pluye et que l°on ne pouvoit les reserrer que a grand peinne|

**252**

Le froment coustoit 34 sol| le seigle 25 sol| l°uille 18 sol| le vin vielle 14 $^{l}$i$^{b}$vres

Le mois octobre comme j°aj dis sy devant fuct de pluye continuelle sauf quelque jour de beauˇtemps| de sorte que ceux quj avoit de grosse vendanges a faire estoit bien empescheé et bien tristes de voir leur raisin qui pourrisoit dans les vigne d°une fasson estranges| de sorte qu°il en demeuroit

---

**271** *le seigle* au-dessus de la ligne.
**272** *on navoit* : *on avait*
**273** *marcy* : *merci*

une grande partie d°iceux dans le vigne| et celle que l°on avoit amasseé estoit de telle manier que l°on ne[274] scavoit de quelle nature sceroit le vin que l°on en feroit|

Mais ce quj affligeoit le peuple c°est que l°on ne pouvoit avoir du˘bled pour son argent| ce quj fesoit que les pauvres gens estoit bien languissant a faulte d°avoir du pain| pour

**253**

du vin ceux quj estoit obligez d°an achepter s°il en vouloit boire il en avoit a bon prix| mais cela n°e^stoit pas pour ~~se~~ subtanter[275] les famille chargeé de ~~fa~~ femme et anfant|

Le mauvais temps causeé par les pluye continuelle mesteit[276] plusieur en crainte de grande chertez a causes des mauvais semeille: ceux quj estoit les plus aiseé ce plaignoit autant ou plus que les plus pauvre| l°on ne voyoient que des gens demender a^chepter du bled| et sembloit qu°il n°y en neut[277] plus sur la terre|

**254**

Le froment coustoit 40 sol| le seigle 28 sol| l°huille 14 sol[278] en gros| le vin 9 $^{l}$i$^{b}$vres

Le mois de nouvembre fuct plus propre que <que> le mois de septembre ny octobre| sinon qu°il sembloit bien l°iver a causes qu°il estoit froid| mais pourtant l°on semoit abondance de froment soubs esperance qu°il valoit mieux ~~amasser~~ semer tard que ne rien semer tout a faict| et que la providance y pourvoiroit comme el fict aussy bien que dans les seigle quj furent semez pandant les pluye continuelle quj pourtant estoit asseé beaux|

---

**274** *ne* au-dessus de la ligne.
**275** *subtanter* : *sustenter*
**276** *mesteit* : *mettait*
**277** *en neut* : *en eut*
**278** *sol* au-dessus de la ligne.

Pourtant le seigle coustoit vingt huict sol| le ~~fr~~ froment quarante sol| l°uille seize sol|

**255**

Le froment coustoit 40 sol| le seigle 29 sol| le vin 9 livres| l°huille 14 sol

Le mois de descembre fuct froid d°une froidure continuel non poinct rudes mais mediocres et sceiche de sorte que cela n°icomoda[279] pas les petit bled| au contraire leur fict du bien|

Pandant laditte annez plusieur soldat revindrent de l°armez de sortes que l°on ne parloit que de paix en beuvant les vin a bon marchef an mangeant des noix des autre fruict| mais pour ~~p~~ du pain chacung le regardoit de pres[280]| pourtan le monde n°estoit pas affamez|

**256**

et les bien de la terre estoit bien norissant de sorte que le monde ne mangeoit pas beaucoupt|

Les porc gras n°estoit pas chers| pour douze franc on avoit ung beaux lard| je ne parle pas des plus beau mais de mesdiocre|

Laditte annez ne fuct de grande mortalitez sur le peuple| au ~~commancemens~~ commancement d°icelle il mourut beaucoupt de brebis et pourceaux a causes des froidure du mois de jeanvier et feubvrier|

**257**

Descriptions pour l°anné 1679

279 *nicomoda* : *n'incommoda*
280 *pres* : *près*

**258**

Le froment coustoit 36 sol| le seigle 28 sol| l°uille 15 sol| le vin 8 $^{l}$i$^{b}$vres et 10 $^{l}$i$^{b}$vres

L°année mil six cens ~~quatre~~ quatre vingt ala prendre au mois de jeanvier| lequel fuct fort doux et propre pour les petit bled et pour les vigne de˘sorte que l°on advences[281] fort les houvrages|

Pandant ce˘temps les pauvre gens avoit bien de˘la peinne de vivre a causes du˘seigle qui estoit bien cachez dans les grenier et que les maistre n°en vouloit poinct donner a˘leur vigneron parce que˘le vin estoit a bon marchef scavoir huict et dix livre la quheux| et encore moïngt le seigle 28 sol| le froment 36 sol| l°uille 15 sol|

**259**

Le froment et le reste comme au mois de jeanvier

Le mois de febvrier fuct ~~au~~ aussy fort propre estant beau et non froid n°ayant presque poinct des quallitez de˘l°iver| quj fuct causes que chacung faisoit sa˘besongne et les pauvres jo*u*nalier ne trevoit rien a ganier| car on nestoit[282] tellement mesnager de˘pain que a peinne pouvoit on trever maistre a 3 sol par jour et estre nourry|

**260**

Le froment coustoit 36 sol| le seigle 28 sol| l°uille 14 sol| le vin 8 $^{l}$i$^{b}$vres et 10 $^{l}$i$^{b}$vres

Le mois de mars fuct a son commencement assez facheux a causes des pluye continuelle| mais sa fin fuct plus propre|

Les harans et autre mareez estoit abondant tous le lon du caresme a dixhuict sol le quarteron plus ou moing selon qu°il estoit beau|

L°on mangeoit des oeuf <et du> [~~xxx~~] 4 jour le semeinne et du fromages tous les jour| dans le cholonnois on mangoit tour les jour des oeuf et du fromages|

**281** *advences* : *avançais*
**282** *on nestoit* : *on était*

En ce temps le bled n°estoit pas sy rares que cy devant car on commanca d°en trever pour de l°argent facillement a 28 sol le seigle: et a 35 ou 40 sol a credit|

## 261

Le froment coustoit 34 sol| le seigle 26 sol| l°uille 15 sol| le[283] comme devant| et on en trevoit jusque a six livre la quheux

Le mois avril fuct chaux au commancement| qui fict que les bled et les vigne pousserent assez promptement| mais sur environ le 10$^{e}$ dudit mois les pluye froide et matinez fraiche eurent leur tour de sortes que l°on trembloit de crainte de fortes gelleez| mais par la graces de dieu il ne fict que de gellez blanches ~~que~~ quj ne firent pas beaucoupt de mal ~~ala~~| tous le restes dudit mois fuct de la sorte|

Ledit dupuis mourut chez monsieur desgrange cirurgiens| fuct enterrez en l°esglises s$^{t}$ martin| ceux du prieurez eures leur payes ~~quoj~~ [~~xxx~~]

Le 15 jour dudit mois mourut aubin dupuis de preselle[284] second mary de francoises desserteinne vefve de vivand dusson d°ung coupt de pierre qu°il receux de son frere pour quelque dificultés qu°il eurent|

## 262

Le froment coustoit 34 sol| le seigle 25 sol| l°uille 16 sol| les noix et les

Le mois de may fuct autant propre que on le pouvoit soipter[285] a causes de ses pluye de temps a autre et sa chaleur mesdiocre| qui fict que les bled et les vigne poussoit bien| les bled estoit asseé beau| quj fuct causes que ceux quj c°estoit chargez de grain ne ganerent[286]| car venant a˘bon marchef

283 *le* : *le vin*
284 *de preselle* au-dessus de la ligne.
285 *soipter* : *souhaiter*
286 *ganerent* : *gagnèrent*

feuille tomboit de dessus les noyer| quj monstra a ceux quj en estoit fourny de les menager| pour le vin comme cy devant

estoit constraint le donner a cresdit pour en tirer du profict| autrement ne trevoit pas leur comptes|

Car le seigle ne cousta plus que 25 sol| le froment 34 sol| le vin 8 $^{l}$i$^{b}$vres| et les pauvre gens commancerent a ce resjouir a causes des beau bled et des serises quj estoit presque meures|

**263**

Le froment coustoit 34 sol| le seigle 24 sol| le vin 8 $^{l}$i$^{b}$vres| l°uille 20 sol

Le mois de juin fuct fort desplaisant et bien fascheux a causes des pluye frequante qui mirent les bled en ung piteux estat les remplissant d°erbes| qui les mit par terre en plusieur lieu| les froment estoit remplje d°ivrois en plusieur lieu bien la moittiez et plus| de˘sortes que on les voyoient diminuer de jour et autres avec grand estonnemen et craintes que la cheretez ~~noge~~ n°oguemantat plustot que de diminuer| les vignes ce portoit assée bien et le vin estoit a bon marchef|

**264**

Le froment coustoit comme cy devant et le reste de mesme

Le mois de juillet fuct bien propre pour la moisson sauf environ huict jour que les pluye jncomoderent fort| et les bled quoj^que remplye d°erbes furent asseé bon a causes de la recoltes quj fuct sceiches| les seigle et froment estoit honnestement grenez de sortes qu encores qu°il estoit remply d°erbes et peux espais on neut[287] esperances qu°il ne seroit pas beaucoupt chers|

Jl mouroit en ce temps plusieur petit anfant|

---

**287** *on neut* : *on eut*

**265**

Le mois d°haoust fuct bien mal propres jusque a˘la fin a causes de ses pluye frequante| quj remplit les vigne et les terre d°erbes de sortes que les vigne pourissoit plustot que meurir| quj donna grand crainte au laboureur a cause des semeille et au vigneron a causes des vignes craignant de ne pas faire bon vin|

Le vin estoit lors si˘bon marchef que on en avoit jusque a six franc la quheux trois liard la pintes| et pour deux liard le vin picquez|

Les vin tournoit presque tous| et les marchant n°y firent pas grand profict ceste annez|

Les maladie estoit fieuvre chaudes et pourpre|

**266**

Le froment coustoit 38 sol| le seigle 24 sol| l°uille 20 sol| le vin 8 $^{l}$i$^{b}$vres

Septambre
Sur la fin du mois aoust le beau temps ajant pris le dessus dura tous le˘mois de septembre avec une chaleur si˘grande que les raisin rotissoit dens les vigne| et les vandangeur heurent sy grand chaux qu°il en estoit malade| et l°on fict atant[288] de vin presque que l°an passez mais beaucoup meilleur| car par sa grande chaleur plusieur furent jncomodez de flux de ventre jusque au sang| pandant ce tempt une grand partye du monde mettoit du vin vie*ux*[289] sur les cuves pour˘servir d°eaux pour l°abondance des vin vielle quj estoit picquez et que l°on ne scavoit que en faire|

**288** *atant* : *autant*
**289** *vieux* au-dessus de la ligne.

**267**

Le froment coustoit 38 sol| le seigle 24 sol| l˘uille 20 sol la pinte| le vin 8 $^{l}$i$^{b}$vres

Le mois octobre [~~xxx~~] fuct˘a son commancement chaux comme le˘mois de septembre| mais anviron le 10$^{e}$ jour dudit mois la pluye commanca a˘tomber sur la terre scaiches| quj fict sortir le bled de la terre a˘bon esciant et quj adoucit bien les raisin quj n°estoit vandangez|

En ce˘temps l°on ne parloit que de l°abondance de vin et que d°en bien boires afin d°espargner le pain quj estoit a 24 sol le seigle| 38 sol le froment| pour le vin huict livre le vielle| pour le nouveaux il n°i avoit poinct de prix arestez| le vin picquez quatre livre ou plus a petitte mesure| six denier la˘pintes|

**268**

Le bled et le reste comme cy devant| le vin nouveau neuf livre

Le mois de nouvembre sembla l°iver de bien pres a causes de ses pluye et brouillar continuelle et froidures sur la fin|

Plusieur ce plaignoit de la grande abondance de vin| les vigneron parce que ajant comptes avec leur maistre il restoit fort anguagez| les maistre parces qu°il n°en faisoit pas bonne somme d°argent| il n°y avoit que ceux quj avoit du bled quj faisoit bien leur comptes| car il avoit de l°argent et autre chauses|

Le mois de descembre fuct des le commancement jusque a˘la fin de froid continuelle avec ung peut de neiges de sorte que les vigneron et beaucoup d°autre gens ne faisoit pas grand [~~xxx~~] travaille| et suivant la coutume plusieur pauvre gens estoit en

**269**

grande necaissitez particuliermment les malades quj estoit en asseé grand nonbre|

La presantes anneé fuct bien facheuses pour plusieur| les roolle des taille montoit dans les baronnye a deux mil deux cens livre et davantages| de sortes que les pauvre ne pouvant avoir du pain on vandoit leur meuble pour leur cotte et autre debst[290]|

La mesme annez fuct pandu a dijon anthoine pages ~~par~~ de˘la vareinne par sa mauvaises vie par ses volle et larcin bature et autre chauses| il avoit rompu trois fois les prison du chateaux de couches| et pourtant

**270**

cela n°ampaicha pas qu°a la fin il ne fuct pandu| fures comdannez avec luy tous ceux quj estoit sur les jmformations de cestes homme de santenay le jour de la foire $s^t$ georges| quj fuct tuez par ung racillet amassant la vantes ledit jour $s^t$ georges accompagnez a˘laditte batture pour ledit droit de vante dudit pages| anthoine pattin jean jacqueau dit pasquiot et autre quj furent comdannez chacung comme l°on peut[291] reconoistre leur mal faict| mais tous ce sauverent| les ung furent comdannez au galaire| les autre banny| les[292] comdannez a estre pandus| pourtant il y [~~xxx~~] avoit plus de douze annez

**271**

qu°il avoit faict ceste faulte| mais dieu scait bien comme il faict ses jugement comme ce voit par ce pages[293] quj ajant quelque thoile chez mon pere [~~xxx~~] savoir 10 olne[294] laquelle

---

**290** *debst* : *dette(s)*
**291** *peut* : *put*
**292** Fontenay 1875 propose de compléter : *les autres.*
**293** *page* : nom propre
**294** *olne* : *aune*

furent saisy pour ses cottes[295] |mais[296] il alla attandre sur le grand chemy[297] et luy otta 25 olne de thoile| de qu°il luy fallait randre sa thoile et payer ses taille| mesme ne payas pas la fasson de sa thoile quj fuct mauvais tesmoignage contre luy attandu que c°estoit ung volles[298]|

**272**[299]

**273**

Descriptions de l°annez 1680

**274**

L°annez mil six cens quatre vingt et ung a commancer le premier jour de jeanvier| tous le mois fuct ranplye de neiges et de grand froidures de sorte que les oiseaux et autre beste sauvages eures [~~xxx~~] fort a soufrir a causes de la fain causez [~~xxx~~] par la neiges quj couvroit la terre| le pauvre peuple avoit aussy grande nesseicitez de pain| particulierrement les vigneron quj n°avoit poinct d°autre profession que la vigne| parces que le vin estant a˘bon marcheé les maistre ne vouloit rien donner a˘leurs vigneron| et ceux quj avoit du vin ne˘le

**275**

pouvoit vandre de sortes que l°argent n°estant pas frecquant entre les gens de basses condition causoit ung grand desordres| le seigle coustant en ce temps vingt quatre sol la

**295** *cottes* : *cotes*
**296** *mais* au-dessus de la ligne.
**297** *chemy* : *chemin*
**298** *volles* : *vol*
**299** Page blanche.

mesure| le froment 36| l°uille 20 sol la pintes| les taille fort rudes car elle montoit a environ deux mil trois cens livre| et le vin ne coustoit que des huict livre jusque a dix livre pour ce qui est de vin commung et grossier|

**276**

Le mois de febrier fuct de mesme natures que le mois de jeanvier jusque a˘la fin que la neiges fondit a causes des pluye| et temps plus doux que pour le passeé ce quj fict grand plaisir a ceux quj avoit ~~bien~~ du bestail| car le fourrages estoit assez dissipez par la longeur de l°ivers|

Le bruict couroit que es grand villes on bruloit les plancher des maison particulierment a lion pour faire du feux| car les gelleé estant fortes l°on ne pouvoir charroyer le bois sur les rivier|

**277**

Le mois de mars fuit[300] fort jnconstant parces qu°il fuct la plus grandes partye de journeé remplye de neiges et de pluye froides quj fict perdres les bled en plusieur[301]| et l°autre parties fuct asseé froides et de gelleez| pourtant le bled estoit assez frecquant| et plusieur de ceux quj en avoit le vendoit librement a vingt quatre sol le seigle| le froment 38 sol|

Le vin comme cy devant|

**278**

Le mois avril fuct froid et ramplye de grand vent| fort seic sinon quelque journeé de pluye ancores bien froides| quj fuct causes que les vigne moururent en plusieur endroit particu-

**300** *fuit* : sic.
**301** *plusieur* : *plusieurs lieux*

lierment es lieux de montagne et ne pousserent leur bourgeons que sur la fin dudit mois| ancores lantement a causes de la froidure| les seigle paroissoit[302] fort petit es lieux froid car une grandes partye d°iceux ~~e~~estoit perdu a causes des neiges et pluye froides| qui fict que le seigle coustoit 26 sol| le froment quarante sol| le vin ne coustoit que neuf ou dix franc| l°uille vingt sol|

**279**

Le fremen[303] coustoit 40 sol| le seigle 28 sol| le vin IX livres| l°uille 20 sol

Le mois de may fuct de temps fort chaux de sortes que les vigne qui estoit ung peux endurcie commancerent fort a˘pousser| les noyer aussy| grande abondance de noix| toutes sortes d°arbre| abondance de fruict notamm*e*nt des serises grandement nesseicaires a causes de la nesseicitez du pauvre peuple| car sur la fin dudit mois on ne pouvoit trever du bled sinon es m*a*ison riches quj le vandoit ce qu°il leur plaisoit| pour a credit fort peut on[304] en parloit| ~~ou~~ pour le vin l°on n°en faisait pas grand comptes| pourtant que c°estoit le vin qui eschappoit les pauvre gens ne coustant *qu*e˘un sol

**280**

la pintes| et estant fort bon avec ung morceaux de pain| une personne passoit chemy on lessoit les vigne de faire parce que le vin n°avoit poinct de desbit| les vin de l°anneé passez estant une partye renouvellez causoit une tristesse grande a ceux quj en estoit ~~cha~~ chargez jusque a˘perdre courages de faire fassonner leur vigne de sorte que les houvriez ne gagnoit presque rien| il gagnoit quatre sol cinq sol au plus|

302 *paroissoit* : deuxième *s* corrigé sur *o*.
303 *fremen* : sic.
304 *on* au-dessus de la ligne.

**281**

Le froment coustoit 42 sol| le seigle 29 sol| le vin 10 $^{l}$i$^{b}$vres| l°uille 20 sol

Le mois de juin fuct chaux a merveille <et> pour causes de la sceicheresses et le ven de bizes et morvanges [~~xxx~~] quj reignoit et soufloit d°ordinaire| quj empeschoit les serizes d°emvermer et de meurir sy promtement| quj fuct ung grand bien pour le soulagement du peuple| car [~~xxx~~] on les mangeoit a loisir les vandant petit a petit pour avoir du˘pain| parces que la plus grande partie du mondes ne vivoit que de pain a˘la livre ne pouvant avoir du bled| pourtan qu°il ne passa pas plus de 29 sol| et quand il ce trevoit ung grenier de sept ou huict cens mesure il n°i avoit que

**282**

pour six ou sept jour| de˘sortes que ceux quj estoit ung peut esloignez en ajant des [~~xxx~~] nouvelle et pansant en aller querir ce trevoit n°y rien avoir| sy grande estoit la presses|

Au comement[305] de ce [~~xxx~~] mois le bled a˘l°a^coutumee 29 sol le seigle| et 40 sol le fromen| mais a˘la fin seize sol le seigle attandant le froment| et le vin 12 $^{l}$i$^{b}$vres

Le mois de juillet estant arriveé l°on commanca a moissonner environ le 8$^{e}$ jour les seigle quj n°estoit pas bien meur| mais [~~xxx~~] on les faisoit scaicher au fourt pour les moudre| attandant les autre bled meurir| la moisson de˘la presante anneé estoit petites en gerbes mais sy habondante en grain que c°estoit merveille| particulierm197ent les seigle| car ce trevois des gerbes faire la mesure 10 gerbes 10 mesure|

**283**

de ~~sot~~ sortes que le seigle vint d°abort a seize sol/ mais il n°y avoit que le grain sy bien il estoit nest[306]| n°y avoit poinct de bizan parmy le froment pour causes de la grande scaiche-

305 *comement* : *commencement*
306 *nest* : *net*

resse| les vigne commancere aˇprendre mauvais renon de sorte que ceux quj avoit du vin commancerent *ă* tenir ferme| pour les moissonneur furent a bon marchef et les moisson ~~ben~~ bien tost faicte parce que les bled n°estant pas espais et fort droit a causes de la propreté du temps | car ceste anneé on ne parla pas de bled mouillez|

**284**

Le fromen coustoit 24 sol| le seigle 16 sol| le vin 12 $^{l}$i$^{b}$vres

Le mois aoust fuct fort seic et chaux de sorte que les vigne paroissoit estre rostie| mais particulierment celle quj n°avoit pas esteé bien faconneé| car la presante anneé une grande partie d°icelle n°avoit pas esteé sommardeé a cause de la raretteé du bled et de la grande abondance d*e* vin les 2 anneé passez| mais ceux quj avoit leur caves plainne ce resjouyssoit bien esperant bonne vantes|

**285**

Le bled comme cy devant| le vin 15 $^{l}$i$^{b}$vres

Le mois de septembre fuct de mesme nature que le mois d°haoust sauf quelque petitte pluye quj ce fict ung peut avant les vandange| quj consola fort les bien de la terre parce que les bled sortirent de terre et vigne meurirent a merveille| l°on commanca a vandanger environ le 15 dudit mois avec une sy grande chaleur que on en estoit malade| les gespes faisoit la guerre au fruict et au raisin bien fort| et on avoit bien de la peinne[307] de ce garder d°icelle aˇcause de la[308] grande quantitez d°icelle mouche| la presante anneé la gresles n°avoit pas faict grand mal la presante annez| car on n°oyoit pas dire qu°il eut tombeé *en* nul lieu quantité| qui causa plus l°abondance|

**307** *de la peinne* au-dessus de la ligne.
**308** *la* au-dessus de la ligne.

**286**

Le bled et le vin comme en septembre et l°uille 20 sol

Le m[o]is octobre fuct fort seic au comman[ce]me[nt] de sorte que le betaille avoit bien de la peinne de trever a manger| parce que les herbes estoit bruleé a causes de la chaleur| sur la fin le temps fuct ~~ph~~ plus humides|

Les vin la presante annéé ne ce treveres pas de la qualitez que l°on esperoit| car ancores qu°il fusses nourry et <et> vandangé par les grande chaleur| pourtant il estoit fort doux et bien dificille a faire dans les cuves a causes de leur grande douceur| ~~pourtan~~ pourtant on esperoit bonne vente|

**287**

[xxx][309]
Le mois de nouvembre fuct beau pour sa saison| de sorte que les vigneron et laboureur faisoit a˘loisir leurs ouvrages| et a causes de la˘grande chaleur les porc quj estoit dans les bois ne pouvoit engresser|

Le bled et le vin estoit asseé esgalle de prix| le seigle coustoit seize sol| le froment 24 sol[310]| le vin seize livre| l°uille 16 sol| les porc a˘bon prix|

**288**

Le mois de descembre ne sembla pas l°iver| mais estoit doux comme ung primt˄temps| de˘sortes que les bled et les˘herbes estoit fort verdoyantes et les arbres bien vers| ce quj donnoit de la crainte au laboureur de voir les bled cy beau|

Le froment coustoit le plus chers 24 sol le seigle seize sol| le vin seize livre| l˘uille seize sol la pintes| les porc gras a˘bon pris| et tous le reste de la vie de l°omme a bon pris|

---

**309** Note dissimulée sous une bande de papier collée dessus.
**310** *sol* au-dessus de la ligne.

**289**

Description[s] de l°anneé 1681

**290**

Le froment coustoit 20 sol| le seigle 13 sol| l°uille 16 sol| le vin 18 ˡiᵇvres

L°anné mil six cens quatre vingt trois commancant par le mois de jeanvier| ledit mois de jeanvier et de febvrier furent presque de mesme natures pour ce qui˘est de la constitutions de <de> l°air| car le temps estoit ~~secque~~ saic et pas beaucoupt froid| de sorte que le monde ne laissoit pas que de travailler n°estant pandant tous l°iver que en viron 2 journez de neiges| le monde se˘portoit bien| il faisoit bon vivres| pour ce qui estoit du bled le seigle ne coustant que treize ou quatorze sol| le fromen*t* vingt sol| l°uille seize sol| pour le vin ce vandoit asseé car il valloit jusque a vingt livre| quj estoit causes que les vigneron faisoit leur affaire| car les gens riche soubs l°esperance du gain an faisoit provisions| mais ceste annee ceus qui le garderent les plus de temps perdirent les

**291**

plus| parce que sur la fin du mois de febvrier les nouvelle vindre que le roy sur la fin du printemps viendroit poser ung campt fort grand a chalon tous le lon de la saulne| mesme fuct envoyez des gens expres pour faire la visites de la˘prairie afin d°achepter l°erbes|

**292**

Le froment coustoit 22 sol|

Le mois de mars et le mois d°havrilt furent aussy presque samble[311] pour la conduittes du tempt| car il furent ~~f~~ plus

---

**311** *samble* : *semblable*

le seigle 14 sol[312]| l°uille 16 sol| le vin 20 $^{l}$i$^{b}$vres

froid et plus saic que le mois de jeanvier et febvrier de sortes que les vigne moururent en plusieur lieu particulierment es lieu denuer[313]| avec celle mortalité et ce bruict du camp le vin tenoit ferme de prix| telle avoit besoing d°argent que au lieux de ~~v~~ vandre son[314] prenoit du˘bled a credit plustot que s°ans deffaire| car on disoit que le vin de bourgongne leur passeroit tous par le col| car c°estoit ung campt de parades| on faisoit aussy grande provision de froment et autre chauses nessaicaire pour recepvoir une sy grande et sy belle armeé| car c°estoit toute la cour|

**293**

Pandant ce temps le bled avoit mauvaises renomméé| et les vigne aussy a causes de la mortalité pour la grande˘halles[315] et de la grande froidure| car la vigne ne poussa gueire devant le mois de maix|

A la fin du mois avril fuct anvoyez des commissaire pour marquer la prairie afin de poser le campt au mois de juin prochain| et fuct marquez a seurre et auxone et le prix faict par soipture|

**294**

Le froment coustoit 22 sol| le seigle 14 sol| l°uille 18 sol| le vin 22 $^{l}$i$^{b}$vres

Le mois de may fuct fort propre et chaux avec quelque jour de pluye qui fuct causes que le bled ce refirent beaucoupt et les[316] seps de vigne quj n°estoit pas mort pousserent abondance de raisin|

**312** *sol* au-dessus de la ligne.

**313** *denuer* : *dénués*

**314** *son* : *son vin*

**315** *halles* : *hâle*

**316** *les* au-dessus de la ligne.

Pandant ce tempt on ne parloit que du campt du roy ne scachant quand il viendroit| et on faisoit grande provision particulierment de vin qui coustoit jusque a vingt deux livre dans le chalonnois|

L°on disoit plusieur faulce nouvelle touchant ceste belle arméé| quelcung disoit qu°elle y venoit attandre l°ampereur quj venoit en bourgongne avec 40 mil homm[es]| les autre disoit que c°estoit pour prendre genesve et plusieur autre compte|

**295**

Le froment coustoit 22 sol| le seigle 13 sol| le vin 22 $^{l}$i$^{b}$vres| l°uille 18 sol

Le mois de juin fuct fort chaux et sec et sans pluye| et sy pourtant les bled vindrent fort beaux et on les vojhoient croistres de jour a autre d°une belle manier| les serises meurissoit a merveille avec une belle abondance de toutes fasson| les vigne fleurissoit a merveille| pour les lesgume avoit grand soif|

Au commancement de ce mois le campt fuct planté a seurre proche d°un lieux appellez champt blan| et de plusieur costez les gens de guerre y abordoit| mais d°une belle manier et[317] d°un belle ordre| tous bien vestu et bien armé| mais sur^tous la cavallerie monteé tous sur de beau chevaux tous de beau soldat gens d°ellitte| car tous soldat estoit de belle taille et bien faict de

**296**

corps| parce que on les choisisoit en ce tempt de paix et on ne voulloit que des gens de bonne mines et bien grand| quand le camp fuct assemblez toutes la plus belle noblesses de france j estoit| parce que le roy et toute la cour j estoit| la reine monseigneur le dauffin et tous les plus grand prince et princesses de tous le royaulme| et on faisoit nombre de

317 *et* au-dessus de la ligne.

cinquante regiment tans cavallerie que infanterie tous en belle ordre| et furent campé en viron douze jour| pandant lequelle tans le peuple j alloit a foules pour voir une sy belle chauses| car tous alloit en suretez et les femme et les homme| et on˘portoit vendre tous ce que on vouloit| car sy ung soldat eut pris ung oeuf ou autre chauses il estoit a˘la fin de ses jour| car on ne parle d°aulcung desordre| tous estoit bien payez|

**297**

Le plus grand desordre estoit que tans de gens quj alloit de toutes part ne portoit pas du vivre pour sois| particulierment du pain| cela causa une grande cherté a causes que on ne pouvoit mouldre a l°aises a faulte d°eaux| car il faisoit grande chaleur et plusieur jour le pain d°environ deux sol ce vandoit sept ou huict sol ou plus| pour l°eau j estoit plus rares que le vin| car il y avoit du vin pour six [~~xxx~~] liard et deux sol le pot ou la pintes| les resgiment faisoit tous les jour exercices| le roy prenoit grand plaisir de les voir en˘bataille| le plus admirable estoit quand il alloit au fourrages dans la prairie chacung jour| on disoit qu°il alloit bien dix mil a˘la fois en belle ordre avec les commissaire quj les limittoit| chacung jour chacung portoit son faulcheur a˘la main| chacung sa corde a son costez et alloit de fronc[318] et en˘belle ordre et ne perdoit poinct d°erbes

**298**

car il vivoit tous en bon mesnager| il estoit quatre a˘quatre en chaque barracque| deux chavallier avoit ung faulcheur et une sarpes et une cordes| les fantassin entre deux une sarpes tellement que les artisans de ville avoit tousjour quelque desbit de leur marchandise| depuis la[319] il alle^rent

**318** *fronc* : *front*
**319** *la* : *là*

camper[320] a [a]uxones en la franche comptez puis en autre lieux et retournerent en fin a˘paris ou environ le mois d°haoust la reine mourut de maladie en les bras du roy| a[321] l°aimoit grandement parce qu°el estoit bien vertueuses| ses funeraille furent faicte par tous le rojaulme| mourut aussy monsieur de colber intandans de finances|

**299**

Le froment coustoit 20 sol| le seigle 10 sol| le vin 20 $^{l}$i$^{b}$vres| l°uille 16 sol

Le mois de juillet et d°ahoux furent asseé propre pour les moison et pour semeille| moisson autant belle que de lontempt| tans pour les froment que les seigle| abondance de gerbes et de grain| les moisonneur gagnoit honnestement| on donnoit du seigle a dix sol la mesure|

Les vigne avoit grandement soif| quj donnoit ~~de la~~ un peut de consolation a ceux quj estoit chargez de vin pour abrever le campt| car on ne connut pas pour le vivre ceste passades| ceux quj ne vendirent pas des premier n°eurent que de la pertes|

**300**

Le froment coustoit 18 sol| le˘seigle 10 sol| le vin vieux 18 $^{l}$i$^{b}$vres| l°uille 16 sol

Le mois de septembre et octobre fuct fort propre pour ~~les~~ les vandanges parce que un peut avant lesditte vandanges et au commancement d°icelle il tomba abondance de pluye quj emfler[322] les raisin de˘sorte que on fict du vin grande abondance| a˘la[323] des vandanges vint une gellez fortes environ le 20 octobre quj gella les vigne de sorte que les vin blan ne jetterent nullement dans les lieu ~~d~~ tardif| on fict [~~xxx~~] tans de vin que la plus^part n°eut pas des poinson| et furent bien cher car ceux quj avoit abondances de vigne jl leur en fail-

**320** *camper* corrigé sur *campe*.
**321** *a* : sic
**322** *emfler* : *enflèrent*
**323** *ala* : *à la fin ?*

loit des char entier plus qu°il n°en avoit preparez| il y avoit honnestem[ent] de noix et autre fruict|

En ce temps les maladie estoit fort peut frequante|

**301**

Le froment coustoit 18 sol| le seigle unze sol| le vin 10 $^{l}$i$^{b}$vres| l°uille 14 sol

Le mois de nouvembre et descembre furent de la qualitez de l°iver car le froid ce prit a˘la s$^{t}$ martin quj dura presque jusque a la fin de descembre| un peut avant noel il tomba grande abondance de neiges| et peut apres vints de grande pluye quj firent de grand desbor[dement] d°eaux pandant le feste de noel| quj ravagea bien les plat pais et ceux qui estoit proche les rivier|

En ce tempt il faisoit bon vivre tans de pain que de vin et de viande parce que la chair de porc estoit a˘bon marchef et estoit fort gras| on avoit un beau lard pour dix livre| l°uille coustoit quatorze sol la pintes| et le vin ung sol la˘pinte es caves|

**302**[324]

**303**

Description de l°annez 1683

**304**

Le froment 22 sol| le seigle 13 sol|

Pour[325] ceste effect le grand prevost avec les archer alloit parˆtous desmolïssent les presche les muraille aussy bien

324 Page blanche.

325 Il manque probablement une partie du texte ; il faudrait peut-être insérer ici la page 315. Nous avons maintenu l'ordre du manuscrit. La première note se rapportant à l'année 1684 serait alors celle de la page 316.

le vin 22 $^{l}$i$^{b}$vres| l°uille 18 sol des la ~~grell~~ gresle| leˇbled et le vin furent de ce mesme pris jusque aˇla fin de cette annez

que les couver| les prestre et autre religie*u* et les gens de justice monseigneur d°autun monsieur l°intandant de la mareschauceez d°autun les [~~xxx~~] forsoit scavoir ceux quj ne vouloit pas aller de bonne[326] graces pour renoncer aˇleur mauvaises religions| et les faisoit on aller par force aˇla messes| les uns fuihoit les autre ce cachoit| la plus^par aloit crainte de chattiment| fuct deffance n°achepter aulcune choses de leur meuble|

**305**

pourtant la plus grande partie vandit avec le tans tous leur meuble et d°annez a autre ce retiroit du rojaulme et aloit demeurer chacun ou il pouvoit mieux trever| scavoir les uns a geneve d°autre en suices d°autre en la ollande es alemagne et autre lieux|

Quand il estoit partis la justice fermoit bien les portes| puis on vendoit tous les meuble et le bestaille et admodioit les heritages d°iceux| car le roj s°atribua tous leur bien pour en disposer a sa volontez|

C D[327]

**306**

plusieur estoit pris en ce retirent[328]| estoit mis en prison fort lontempt| il y en avoit quj y furent plus d°un an ~~plus de~~| d°autre estoit comdannez au galesre| puis envon[329] deux annez apres vojant qu°il ne vouloit pas hobeyer on les [~~xxx~~] laissa a leur volontez aler de sorte qu°il n°en resta gueire| et ceux quj resterent ne faisoit poinct professions de la religions catholicque et n°avoit aulcune charge| leur cotte de

**326** *bonne* : Deuxième *n* corrigé sur *e*.
**327** *C D* : *Claude Dusson*
**328** *retirent* : *retirant*
**329** *envon* : *environ*

thaille ce payoient sur leur bien| voila comme ce finit ceste presante annez|

**307**

Descriptiont de l°annez 1685
C D

**308**

Le froment coustoit 20 sol| le seigle 12 sol| le vin 14 ^l^i^b^vres| l°uille 16 sol

L°anné 1685 a commancer par le mois de jeanvier fuct de grande froidure et abondance de neiges de sorte que les pauvre gens avoit bien de la peinne ancores qu°il fit bon vivre| car le froment ne coustoit que 20 sol| le seigle ~~14~~ 12[330] sol| l°uille 16 sol| le vin six ~~liard~~ liard la pinte| le lard estoit a˘bon marchef car les porc estoit bien gras|

Les maladie n°estoit pas frequante|

Les gens de guerre n°estoit pas rares car on ne vouloit poinct de soldat qu°il ne portat cinq pied d°auteur et plus|

**309**

Le pris de la vie comme cy devant

Le mois de febvrier fuct de mesme que le mois de jeanvier scavoir de grande froidure et de neiges de sorte que les beste sauvages eurent beaucoupt a soufrir parce que outre le rude hiver on en fict bien mourir|

Le 24 jour du mois de descembre de l°anneé dernier 1684 anthoinette gadan ma femme tomba malade d°une maladie quj luy dura jusque a°la fin du mois de febvrier qu°el mourut

330 *12* au-dessus de la ligne.

et me laissa avec six anfant scavoir jean claude anne et lazare martin et ɉ nicola-martin|

Mourut au mois de juin de ceste presante anneé|

**310**

De mesme que cy devant

Le mois de mars et avrilt tindrent bien de la qualitez de l°iver a causes des froidure continuelle|

Le seigle coustoit 13 sol| le froment 20 sol| l°uille 16 sol| le vin 14 $^{l}$i$^{b}$vres la ~~quehu~~ quheux| En ce tempt j°etoit moy qui parle dans mon mesnages avec mes six anfant donc l°esnez[331] n°avoit que 13 an assez en peinne n°ajant que mon travaille| graces a˘dieu de ce qu°il faisoit bon vivre|

**311**

Le froment coustoit 22 sol| le seigle 14 sol| l°uille 16 sol| le vin 15 $^{l}$i$^{b}$vres

Le mois de may fuct asseé beau de sort[e]que les vigne commancerent a pousser leur bourgeon et les seigle a pousser leur espie| le tous assez petitement de sorte que l°on haprehandoit la cheretez|

Le mois de juin fuct bien propre tant pour les bled que pour les vigne| quj pourtant ne faisoit pas venir le bon marchef parce qu°il n°estoit pas beau|

La gresle estoit assez frequante ceste presante anneé|

D[332]

**312**

Le froment 20 sol| le seigle 12 sol|le

Le mois de juillet fuct de grande chaleur et toufeur quj causa de grand tonnerre et grosse gresle en plusieur lieu|

---

**331** *lesnez : l'aîné*
**332** *D : Dusson*

vin 18 $^{l}$i$^{b}$vres|
l°uille 18 sol

Le 24$^{e}$ jour dudit mois de juillet il passa une nuez quj vint du costez de montceny quj gasta les vigne de la montagne et toute celle de la parroisse sauf la varenne| mais de telle sorte que quant il vint a vandange il n°i avoit pas pour la peinne de vandanger| car on me donnoit scavoir monsieur de cointereaux les raisin de quatre cens houvré de vigne pour cens livre| et sy j°eusses faict le marchef j°eusse perdu plus de la moittiez|

**313**

Le mois aoust fuct remplie de grande ~~chaleu~~ chaleur quj brula les raisin greslez de sorte qu°il n°y demeura presque rien| ceux quj avoit du vin faisoit bien leur compte| c°estoit une grande compassions de voir les pauvre gens qui estoit vigneron| car il avoit tous perdu et on n°entendoit que pleur et gemissement|

A˘a fin de septembre on vandangea les vigne non greslez qui estoit [~~xxx~~] mesdiocres en beautez|

D

**314**

Pour les vigne greslez ne furent vandangéé que environ le quiziesme octobre| mais ceux quj tarderent un peut tropt tar ~~la~~ il tomba une grosses gresle quj ~~vandang~~ vandangea le reste|

Le 13$^{e}$ jour du mois de nouvembre de ceste ditte annez 1685 je fuct espouze avec marie bault fille de esmillan bault et de reinne forin du vilages de messez| laquel demeuroit pour lors au service de monsieur segoillot| elle avoit son petit trousel[333] comme il est portez par le constract de mariage|

---

**333** *trousel* : *trousseau*

receu pinget| et trente deux livre de ses esparne n°ajant aulcun patrimoines|

**315**

Pandant[334] cedit mois de nouvembre il ariva ung esdit du roj quj donna bien de la jouoix[335] au catholicque et bien de la fraïheur a tous ceux de la religions huguenotte| car il portoit que quinze jour apres la publications d°iceluy tous ministre qui seroit trevez en ce royaulme de france et pais apertenent a˘sa majeste seroit envoyez au galere| et que tous le presche seroit renversez| deffance a tous ceux de laditte religions de faire aulcun exercices d°icelle ny aulcune assemble sous quelque pretexe que ce fuct| de faire tous abjuration[336]|

**316**

Le froment 18 sol| le seigle 10 sol| le vin 10 livres| l°uille 16 sol en destaille

L°anneé mil six cens quatre vingt quatre a commancer au premier jour de jeanvier| ledit mois de jeanvier fuct de grande froidure| et le mois de febvrier fuct de la mesme qualité jusque environ le 20e jour que le desgelle arriva avec grande pluye avec la neiges quj fondoit de sorte que ceux qui estoit proche les rivier furent bien jmcomodé par les eaux| ceux quj estoit chargez de bestaille furent bien estonneé de voir ung hivers| plusieur heurent bien froid a faulte de bois| car les bohyer[337] ne pouvoit charroyer a causes des glaces| le bled coustoit dix sol le seigle| le froment dixhuict sol la mesure| le vin dix livre la quheux| l°uille 16 sol la pintes ou moing|

---

**334** Cette remarque devrait probablement précéder la page 304 du manuscrit.
**335** *jouoix* : *joie*
**336** *abjuration* au-dessus de la ligne. Suite de cette note à la page 304.
**337** *bohyer* : *h* corrigé sur [xxx].

**317**

Le bled et le vin et huille comme cy devant

Le mois de mars fuct d°une qualité suivant la saison tantost froides d°autre fois pluvieuses et remplie de neiges| par fois de grande halles et des jour beaux| quj fuct causes que les houvrages des laboureur et vignron[338] ne furent gueire advancez|

Pandant ce temps on ne choisisoit pas les soldat comme les anneé passez| on les prenoit pourveux qu°il fussent propre a p*or*ter les armes| car on faisoit de grande leveé par tous le royausme|

**318**

Pandant ce temps le papes avoit anvoyez desˇbules ~~pour~~ par tous le royaume afin que tous les peuple s°umilliassent par ce s$^{t}$ jubileé devant dieu en faisant penitance de leur pechez pour demander a dieu toutes les chauses que l°on a accoutumé de demander| mais particulierment la victoire contre le grand ottomant qui est le grand turc quj ravageoit le pays de l°empereur et autre lieux de la crestienté|

**319**

Le froment coustoit 20 sol| le seigle unze sol| le vin 10 $^{l}$i$^{b}$vres

Le mois havrilt fuct asseé p*ro*pre de sorte que on ce hasta de travailler[339]| les houvriez gasgnoit jusque a sept sol| on trevoit que c°estoit grosses journeé| les arbre estoit bien fleury| les bled a causes de la grande froidure estoit perdu en diverses lieux notamment les froment et les navettes| les vigne estoit mortes en plusieur lieu| pourtant le vin ne rencherit pas ny gueires le bled|

---

**338** *vignron* : sic.

**339** *travailler* corrigé sur *travaille*.

**320**

Le mois de may fuct asseé sec| quj fuct causes que les foing ne furent pas beaucoupt abondant| les bled parroissoit asseé beaux| et les froment ce refirent bien de sorte que on esperoit bonne moisson|

En ce tempt ~~d~~ on ne parloït que du sieges de luxambourg|

**321**

Le bled et autre chauses comme cy devant

Le mois de juin fuct a commancement fort chaux| quj gasta bien les bled au dires des laboureur| car scaichant tro*pt* promtement le grain ce treva fort petit en plusieur terre| les lesgume furent bruleé par la chaleur et plusieur fruict en furent bien gastez| pourtant le bled ne ~~renchrit~~ coustoit que unze sol le seigle| le froment vingt sol| et l°uille vingt sol|

En ce tempt [~~xxx~~] fuct prises ceste jmportante ville ~~d~~ luxambour et en fuct chamté le tedeum par toute la france: avec abondance de chanson jojeuse que l°on vandoit a ce subjest|

**322**

Le mois de juillet fuct a son commacement assez remplie de pluye| quj jmcomoda quelque peux les moissonneur| particulierment ~~ug~~ ung grand vent quj mit a˘bas plusieur arbre avec [~~xxx~~] grand tonnerre [~~xxx~~] qui[340] espancha plusieur javelle par ses tourbillon et tempeste| car on[341] ne scavoit que dirent| et ce vent fict venir la pluye| on commanca a moissonner a˘la fin de juin| moisson quj espouvanta bien le monde car les bled ne ce treverent pas beaux comme on esperoit et mal grené en plusieur lieu| particulierment les froment de sorte que la moisson rencherit le bled et l°uille| car les navette estoit perdue et ~~bl~~ brulez a causes de la grande chaleur|

---

**340** *qui* au-dessus de la ligne.
**341** *on* : *o* corrigé sur *u*.

**323**

Le mois aoust fuct aussy chaud qu°il appartien a˘la saison non pas tent brulan de sorte qu°il faisoit bon semer| les vigne ce portoit bien et le vin estoit a ~~grand~~ petit prix ne coustant que dix ou˘douze franc la quheux| pour le bled jusque a quatorze sol le seigle et 22 sol le froment|

En ce tempt fuct faicte une paix ou treves entre le roy de france et d°espagnes pour 20 annéé suivant le dires du populaire quj fict scaisser[342] les armes de part et d°autre au grand soulagement du peuple| et on commanca a comgedier plusieur soldat|

**324**

Le froment coustoit 22 sol| le seigle 13 sol| le vin 12 $^{l}$i$^{b}$vres| luille 20 sol

Le mois de septembre fuct fort propre tans pour les semeille que pour les vandanges que l°on commanca environ le dixiesme dudit mois| vandange qui furent plus belle que on ne pansoit pas car les vigne ce treverent en des lieux aussy belle que l°an passez et en d°autres un peut moindre de sorte que le vin demeura presque dans le mesme estat que devant|

Les noix ~~neste~~ n°estoit pas beaucoupt abondante|

Des fruict pomme et poires estoit assez rares particulierment les pomme|

En ce tempt les soldat retournoit a grand foule de l°armez et ne faisoit pas bon aller par les champt seul et avoir de l°argent|

**325**

Le prix des chause comme cy devant

Le mois octobre fuct assez propre a son commancement| froid sur la fin quj fict tomber les feuille des vigne| ceux qui vandangerent les dernier firent du vin doux qui est au commancement de ce mois|

---

**342** *scaisser* : *cesser*

Le noix en plusieur lieu estoit nielleé et les fruict fort subject a˘la pourriture|

Les maladie n°estoit pas beaucoupt frequante| pourtant le monde ne faisoit que ce plaindre ~~q~~ de ce que le vin estoit a˘bon marchef disant les riches| et les pauvre que l°argent estoit rares| et le monde faisoit bonne cheres ne pouvant trever ny pain ni vin a son goult| a causes de l°abondance [tousj]our grondant|

**326**

Le mois de nouvembre et descembre furent bien esgalle tant pour la froidure que autre jnconstance de sorte que on esperoit avoir un hiver bien long|

Ceste presante annez ne fuct pas abondante en aveines ny en gland| mais abondance de feinnes de sorte que les porc estoit honnestement gras|

L°aveine estoit presque aussy chere que le seigle|Le froment coustoit vingt sol| le seigle douze˘sol| l°uille 18 sol| [~~xxx~~] l°aveine dix sol| le vin[343] dix et douze livre|

En ce temps monsieur zacarie decomtereaux curé de couche prit possession de la cure de s$^{t}$ [berain] sur deusne et m[on] sieur [belin] curé de lucen[ay pr]it sa [places][344]

**327**

Ce dernier article est bon à l'histoire de m$^{r}$ de contereau curé de

1684

a couche| le tous suivant que l°avoit ordonnez monsieur de roquette esvesque d°autun en sa visites du mois de juin

343 *vin* au-dessus de la ligne.

344 Feuille en partie déchirée et recollée à l'aide d'un bout de papier sur lequel une autre main a ajouté les lettres ou les mots qui manquaient.

coûches dep*uté* et renvoyé curé à st berain[345]

dernier suivant qu°il fuct jmformez touchant plusieur services quj ne ce faisoit en l°esglise s$^{t}$ martin dudit couche| faulte audit sieur decointereaux d°avoir ung vicaire| ledit sieur belin estant en saˇplace faisoit faire autant ou plus beaux service que feut monsieur dodin| car ledit sieur belin tenoit le seminaire comme luy [~~xxx~~]|

**328**

Manuscrit d'un dusson neveu des précédents[346]

1677

Le mardy quinziesme jour du mois de juin 1677 fut fiancey sebastien guillemardet dit brechere avecque anne charton de alluze| et zacarie clemenceau seˇnoyá en venant desdite fiancaille dans l°estant[347] jean prost|

Ledit guillemardet fut espouzé par monsieur chauveau avec laditte charton le mardy siziesme juillet audit an 1677|

Le 31 mars 1680 ce fut un dimanche envoiron les 10 heure du soir naquit philiber fils dudit sebastien guillemarde*t* et fut baptizé le landemain par monsieur chauveau| son parain fut honorable philibert guillemardet son gran pere et sa *maraine* fut sa grant ~~da lu~~ mere d°a^luze|

Le premier jour deˇmay quy fut un vandredy naquit jean guillemardet fils dudit sebastien guillemardet et fut baptizé le dimanche 3 jour dudit mois| son parain est m$^{r}$ jean juillet et sa maraine dame jeanne pericaudet[348] femme de m$^{r}$ philiber guillemardet sa grande mer[e][349]|

Le dimanche 25 juillet et jour de s$^{t}$ jacque fut fiancey lazare fils de philipe patin de chalancey avec jeanne deˇla grange fille de benigne deˇlaˇgrange et de laurance ripard mestayer de spougny par messire philiber bugnot curey de couche|

345 Phrase écrite d'une autre main.

346 Les pages suivantes sont d'une main différente, un autre membre de la famille Dusson.

347 *lestant* : *l'étang*

348 *pericaudet* : *et* au-dessus de la ligne.

349 *mere* au-dessus de la ligne.

A la fins du mois d°aoust 1678 ledit lazare patin heut un garson qui se treva suffoqué au berceau peu de tan apres|

**329**

La veille de˘pantecote 17 may naquit et fut baptizé laurance patin filles de lazare patin et jeanne de la˘grange an 1682|

Le 21 juillet ~~1668~~ 1673[350] fut baptizé par mr bugnot jacque fils de jacque dusson des bertran et anthoinette gadan| jacque dusson de chalancey son parein et la femme de mr pierre chailly la˘mareine|

Le 14 novanbre 1671 fut baptizé jean dusson fils de claude dusson et de anthoinette gadan| son parain fut jean dusson mon˘gran perre|

Le samedy 22 octobre 1672 naqui et fut baptizé marie filles de anthoine dusson et de jeanne gadan| jean gadan son gran perre parein et marie pericaudet ma gran mere maraine|

Le 16me aoust 1674 naquit et fut bapthizé par monsieur chauveau francoise filles de anthoine dusson| jeacque dusson de chalancey son parain et francose[351] budin ma˘mere sa mareine|

Le samedy 20e jeanvier 1674 jour de st sebastien fut baptizé claude fils de claude dusson et claude pericaudet| son parain du chateau et pour maraine claudine gadant famme de simon mutin|

**330**

Le ~~16 febvrier~~

Le mardy apres les roy 10 jeanver 1674 fut espouse leonard fils de mon honcle leonard dusson des foison avec benoiste prieux de st marc de vaux|

350 *1673* au-dessus de la ligne, d'une autre main.
351 *francose* : sic

Le vendredy 8 febvrier 1675 la femme dudit dusson hut une fille quy eut non fiacrette pour sa grand mere de s^t^ mare|

Le dimanche 8 jour doctobre 1684 naquit sur la minuit pierette premier an^fan dudit mathieu| et fut baptisez le landemain par un prestre de nolay nomme monsieur rubion ab^sent du˘cure[352]| son parain est jean guion et sa marenne pierrette gadan fille de feu guillaume gadan|

J[a]cques frère de claude.[353]

Le samedy 25 septembre 1677 sur les huit heure du˘matin naquy marie notre premiere en^fant et fut baptizé le landemain| fut[354] mon˘beaupere jacque du marchef et sa marenne marie pericaudet ma mere| signé en l°original père bugnot cure de couche|

Le jeudy 15me octobre 1682 sur les honze heure du˘soir naquit et fut baptize le˘dimanche 18 dudit mois jeanne terese mon 3 anfan| son paren[355] est jean fils de˘mon honcle leonard dusson des foison et sa marenne est dame jeanne

**331**

vachey femme de monsieur charle lesage chirugien a˘couche| laquelle avec ledit dusson ce˘son soubsigne ~~avec~~ avecque le sieur de cointereaux cure audict couche|

Le vingt huy jour du mouis de may quy est le°jeudy 1692 le 29 may á estez baptizé ~~gabrielle~~ fille de mathieu dusson et de gabrielle ragey| son paren est claude meney sa marenne marguerite qu˘estay femme de vivant dusson|

Le 2 iuin 1692 est né philiber vincenot fils de philiber vincenot| son paren son gran pere et sa marenne sa˘tante qui demerois a dijon pour [~~xxx~~] le˘presan|

352 *ducure* : *du curé*

353 *J[a]cques ... claude.* En marge, d'une autre main.

354 *fut* : compléter *son parain*

355 *paren* : *parrain*

Le 13 iuilliet 1692 est nez jean desmaisier fils de jean des maisier et de jeanne gaudriaut| son parain est jean des maisier et sa marenne jeanne des maisier sa˘tante|

Le 3 aoust qui˘est le˘dimanche a 9 heure apres midy[356] vingt^tiesme jour de la lune de l°an mil six cent quatre vingt douze est nez maurice ~~lebault~~ talliard fils de pierre talliard et de philiberte guion| son paren est maurice lebault et sa˘marenne gabrielle ragey femme de mathieu dusson| a este baptize[357] par claude belin curey a couche|

Le 7 aoust 1692 est nez jean fils de jean dusson et de jeanne nouvéaux| son paren leonar dusson sa marenne[358]| est nez le jeudy an^viron hune heure du matin aux dernier quartier de la lune qui˘est le 6 aoust 1692|

**332**

Le 17 aoust 1692 qui est le dimanche an^viron les dix heure est nez le premier an^fant de jean charleux et de philiberte patin| á estez baptize le lundy 18 aoust| son paren est monsieur pere[359] debar*i*e [~~xxx~~] sa˘marenne madame de truchy segonde femme de˘monsieur detruchy|

L°an mil six cent quatre vingt et onze le vingtiesme jour du˘mois de octobre j°ay á^chetez dix queus de vingt qui ma coutez trante trois livre la˘queus ~~jay~~| je l°ay gardez jusque an l°annez 1692 que les vigne montrer grande abondance de˘ray^sin| aux mois de may le vin coutá trante huy et qurante livre| les premiere jour de juilliet le rouiot˘se my es vigne| qui mit le vin a sinquante livre| aux vintiesme áous de l°an 1692 les pere jesuite du priórey s[t] george le vandire soïsante livre a des mar^chant de baune et jean taliard debouy vandy le vin de monsieur tiroux d°autun mesme jour 22 escú|

---

**356** *a 9 heure apres midy* au-dessus de la ligne.
**357** *baptize* : *b* corrigé sur *p*.
**358** Blanc après *marenne*.
**359** *pere* au-dessus de la ligne.

Le quinze septembre mesme annez le vingt c°est vendu quatre vingt cinq livre librement| le˘blé au marˆchez de couche ce van[360] 25·26·27 solz et le froment 30·31·32 solz libremant| le˘dime de˘ble de $s^t$ jean est admodiez deux cent bichet ce que on n°á jamais vu| mesme dime de˘vingt á estez my

**333**

a quarante cinqˆque et on n°an á pas voulu faire la˘délivrance| l°annez 1691 il estoit á quarante six queu hun poinson| l°an 1692 á la $s^t$ remy les vigne n°etois la˘moitiez meure| il fesois froy sans geléz| on˘commença de vandanger le˘quinze octobre| le froment se˘vant quarante solz| le˘seigle trante solz|

Le quinziesme jour du˘mois d'octobre 1692 ont commançat de vandanger| les raisin n°es-tois[361] rien˘que rouge| a penne pouvoit˘on trouver un bon˘raisin propre à manger| le˘tan fut sit[362] mal propre pour semer que a˘la tousain il y an navois[363] ancor à semer| l°annez fut tarˆdif an tout les páy| le dix huy octobre il vint hun gran vant qui duras huy jour| áˆpres˘selat[364] le˘tan fut propre jusque a la˘tousain| pandant ce˘tan˘lá ont fit les vandange| le vin blangt fut huy jour dant les poinson sant qu°il dict hun mot| ápres celas il commansa á˘s°esˆchauffer| le vingt rouge dant les cuve ne˘dict pas hun mot| il y an na[365] qui fut quinze jour san c°on[366] le foulas|

Jl y an na qui vandire leur vin tou chaux jusque a 22 escut le 20 novembre 1692|

**360** *van* : *vend*
**361** Tiret en fin de ligne.
**362** *sit* : sic.
**363** *an navois* : *en avait*
**364** *selat* : *cela*
**365** *an na* : *en a*
**366** *con* : *qu'on*

**334**

Le 30 aoust 1692 qui˘est le samedy á minuy est nez claude fils de claude patin et de philipe bony| son paren[367] est claude poumey et sa marenne est claudine chally| a estez baptize le˘diman^che 31 du˘mois d'a^oust|

Le 28 octobre 1692 á estez baptize la fille de jean gaudinet et de francoise[368]| son paren monsieur charle lesage sa˘marenne la fille de monsieur l°a^vocat duran de chállon sur saune|

Le onze du°moy de octobre 1692 la˘nuy du samedy et du dimanche douziesme la lune est du vandredy nouvelle est nez jean fils de vivant dusson et de marguerite[369]| son paren maitre jan qu°estay margullier sa˘marenne jeanne teresse dusson fille de maitre jeacque dusson|

A la fin du mois de feuvrier 1693 est nez jeacque crepeault fils de guillaume crepeaux et de[370] | son parain fut jeacque dusson fils et sa maren marie dusson|

**335**[371]

**336**

Il contient des remarques pour les récoltes. il est bon à consulter pour le vin et la vigne surtout[372]|

**337–347**[373]

---

**367** *paren* : *parrain*
**368** Blanc après *francoise*.
**369** Blanc après *marguerite*.
**370** Blanc après *de*.
**371** Page blanche.
**372** Note rajoutée verticalement dans la marge, d'une autre main.
**373** Pages blanches.

**348**

Le 29 octobre 1692 qui˘est le mecredy mon˘granpere á vandangé sa plante qui sanblas estre bien belle| mais les raisin estoit un peux vain| la peaux estoit for espaice| il ne˘fit que trois filiette[374] de vin et tout truliez| il ne fit que quatre queu de vin tou˘chaux| le vin valois les premier jour de novembre á autun vingtrois esˆcu| le[375] vin estois tou˘trouble an˘sortan de la˘cuve| il me le˘vandy 50 livre le˘prandre tout| le˘prandre le˘premier jour de descembre| les marchand ne voulúre ~~pa~~ poin s°an charger craignant que le˘vin ne fuce pas de durez|

Les premier jour de descembre il se˘my un verglat qui dura huit jour partout| il s°an˘mire[376] l°epaisseur d°un dost de gouy| esˆgallemant les faite de˘noelle fure for pluvieuse| le[377] jour de l°an fut for dout et pluvieux| le jour des roy le˘solelle luisoit for˘doux| le vin rouge et blan ce vanˆdoit douze solz la pinte[378] du vin du lieux de l°annez 1691| ~~po~~ les messieur les chevallier de couche an bevoit du maime pour crier les roy cheux[379] un nommez philipe chauche haute[380] a couche| le vin nouveaux estoit for pety| il ce˘vandoit 5 et 6 solz la pinte librement| le froment ce vandoit 38:39:40 solz| le saigle 31:32:33: solz| l°orge 20:21:22: solz l°avaine 12:13:14: solz| le premier˘iour de mars le˘bley ravallá qui valla 26· <26> 27 28 solz| le 26 mars il valut 33 solz| qui fit hocquemanter la cherranties[381]| ce fut que la pluis ce prit au quemancemant de mars qui dura tou le mois sans avoir for peux de beau jour|

**374** *filiette* : *feuillette*
**375** *le* : *l* corrigé sur *v*.
**376** *sanmire* : *s'en mirent*
**377** *le* : *l* corrigé sur *d*.
**378** *la pinte* au-dessus de la ligne.
**379** *cheux* : *chez*
**380** *haute* : *hôte*
**381** *cherranties* : *cherté* ?

**349**

Le jour des rameaux le jour fut beault jusque ~~q~~ appres la procession que la pluis ce prit| le jour de pasque la pluis ce prit qui dura toute les faite de pasque| le dimanche de casimodot la nuy il ce my a naiger cy bien que les montagne du cotez de s$^{t}$ aubin estoit toute blanˆche le landemain| aux mois de˘mars le vingt ce vanˆdoit 30·35·40·50 livre an la ville d°autun la˘queus| la pinte a couche ce van 3 sol 4 solz · 5 solz| a la fin du˘mois de mars le vigne n°estoit pas ancore commancey de sommardé| nous n°avon pas commancey de taillez| l°annez 1692 fut for abondante de tout fruit|

**350–361**[382]

**362**

L°an mil six cent quatre vingt onze le 22 ~~novembr~~ novembre á estez espouzé maurice lebault fils de jean lebault et de francoise budin ses pere et mére et marie dusson filles de maitre jacque dusson et de gabrielle dumarchef ses pere et mere pard maitre claude belin curey a s$^{t}$ martin de˘couche|

Mesme annez 8 jour áˆprais ~~zacarie zacqrie~~ nicolas[383] claire et anthoinaite gadant lazare ragey et lazaire claire fille de l*o*uy legarson de jean legouy avcque francoise lagrange jean gaudrio*t* marichalle avecque charlote choizelot marie pericaudet andre dubois et claudine roisot debouy esmilian gaudriot et la fille de philipe nertout joseph gadan et charle deroche|

L°an 1692 le 18 iuin honorable philiber rousseaux fils de père révérend et honnaite hyve pommey|

**382** Pages blanches.
**383** *nicolas* au-dessus de la ligne.

Le premier jour de jean^vier 1693[384] maurice budin fit escrire son contra de˘mariáge avecque jeanne munier chez monsieur bouthenet notaire á couche et fut fiancez mesme jour a^pres les vespre| fut maitre claude belin curey à couche qui les fiança| il ce sont marié par leur droit tou deux ce maitan˘an communion á^vecque claudine chally famme dudit luy[385] munies[386]| le 27 jeanvier 1693 maurice budin á estez es^pouze a s^t martin áveque jeanne muniez et lazare brisepierre ave~~c~~que fiacre dusson|

**363–366**[387]

**367**

Jean dusson desvezeaux doit la fasson de 7 holne de toille á 3 solz et la fasson de 12 holne á 2 solz 6 deniers du mois de novembre 1692|

Le 10^e iuin 16 olne de toille a 2 solz 6 deniers|

On luy doit 3 livres scavoir 32 solz de fumez et 28 solz pour une mesure febve| receux 16 solz| raiste pour 15 solz|

Ce[388] jour d°huy 29 avril 1703 de conte faict avecque guillaume chally| je luy doict trois livre quatorze sols sur˘quoy j°ay praitée dix livre a són pére|

**368**

Mémoires de jacques dusson de coùches ~~homme~~

Le dimanche 19 mars 1673 monseigneur l°intandant de dijon envoya une ordonnance par laquelle jl obligeoit les parroisse a envoyer des pionnier pour la fortification de la citadelle de

384 *1693* au-dessus de la ligne.
385 *luy* : *louis*
386 *munies* : nom propre
387 Pages blanches.
388 Note écrite d'une autre main.

~~de lettre qui a écrit de~~ 1652 [~~xxx~~] ~~il étoit prêtre il vivoit a còuches~~ il était marie avec gábrielle dumarche[389]

chalon et desmolition de $s^{t}$ jean de laune seurre et verdun quy se devoit treuver audit challon le mecredy $22^{e}$ dudit mois de˘mars|

Ceux du bourg de couche en devoit six lesquel jl menerent par force|

Les baronnie en devoit cinq lesquelle jl nommere a voix scavoir ung des fils de la vefve mutin de la creuze| ce fut simon quy y alla| ung de chez jean [~~xxx~~] mugnier du chasteau| se fut louy quy y alla| ung de chez pierre <de> demonporcelay des foisson et le fils de benigne cuireau et ung de chez nous| ce fut ung nommé andré charrier de $s^{t}$ *le*[ger] sur d'heune quy y alla pour cuireau en luy donnant argent ~~de le~~|

Pour nous ~~noy ny~~ envoyere en nostre place ung nommez lazare tremeau de $s^{t}$ jean de trizy auˆquelle nous donnere ung habit de thoille tout accompli et des souliez quy couterent cinquante sols|

**369**

Ledit tremeau deˆvint jmcommodé es jambe de˘quoy <n> les habitant nous contraignire d°ans ranvoyere un autre n°y ayant travallez que quinze jour| c°est pourquoy le mecredy de pasque 4 avrilt 1673 <jep> [~~xxx~~] ie[390] y alla et y travailla jusque aux dimanche 16. dudit mois que mon pere presanta une requeste par laquel jl obtin que les habitant en fisse[391] autant a˘tour de rolle en rendant chacun dix frant qu°il avoit donnez quand il contragnire d'y aller| nul ne les randit que mon pere|

---

**389** Note rajoutée verticalement dans la marge. Une troisième main a ajouté (avec un x en signe de renvoi après la date 1652) : *Claude Dusson frère de Jacques a laissé des notes de 1658 à 1685.*
**390** *ie* en marge.
**391** *fisse* au-dessus de la ligne.

Le mardy .6. juin de ladite anné 1673 jl tomba de la grelle quy gasta les bled et les vigne de morez et de s^t marc et s^t denis de vau*lt* meulsey et autre|

Plus le mercredy 14^e dudit mois jls tomba une autre grelle quy gasta les vigne et les bled du costez de l'hospitaux jusque a rully|

Le vendredy 23^e dudit mois de juin 1673 le tonnerre tomba sur l'heglize de s^t jean de trizy premierement sur le˘poullet qu°il mit en 3 piece| plus toute les tuille du couv*a*er qu°il mit a bas entierrement|

370

en suitte ledit tonnerre perc*a* la muraille du haul en bas a˘main droitte en entrant aux coeur| fandit le pillier et le pignont| en^suitte les trois sonneur quy estoit en l'heglize fure renversé par terre| l'un avoit trois trous en la˘teste| et son autechause[392] et ses gastre[393] ~~toutte~~ fure toute deschirez| et demeura tellement estoudy qu°il˘le fallut ~~em~~ emporter| les autre n°eure pas grand mal[394] sinon la peur| a luy il luy rompit son sabot sans luy faire mal aux pied| il mit a bas les vase quy estoit sur le grand autel| en rompit l'une| emporta les 3 petitte vitre derrier ledit autel et ne scait pas ce qu°il en fit| ________

Le 24^e jullet 1673 mourut messire joseph dodin curé de couche a autun| perte jrreparable pour laditte parroisse de couche| jl ordonna par testament mons^r bugnot son vicaire curé appres luy| lequel en prin possession le vendredy jour s^t nazere et s^t celse 28^e dudit mois de juillet 1673|

**392** *autechause* : *haut-de-chausses*
**393** *gastre* : *guêtre*
**394** *mal* au-dessus de la ligne.

**371**

Le premier jour de l°an 1686 et le jour des roy fut faict comandement es dit huguenot de˘venir tous a la messe a peine de souffrir telle punition qu°il plairoit a monsieu$^{r}$ l°intandant de dijon auquel le roy les avoit donnée|

Le jour de l°assumptions nostre dame[395] quinziesme aoust 1673 le cinode des huguenot tin a couche quy dura huit jour entiers| il y avoit tous le jour deux controverse et quelque fois trois| il vint aussy plusieur procession|

Le lundy 23. janvier 1680 sur les 4 heure du soir deceda m$^{r}$ philibert bugnot curé de couche et fut enterré le landemain a˘mesme heure en la chapelle du s$^{t}$ sacrement|

Aux commencement du mois de septembre 1673 ~~vint~~ fut affichez sur le marchef a couche l°ordonnance du papier marqué pour tous les officier de justice| ledit papier couste ung sol la fuille[396]| la demy six denier et d°autre 2 sol|

Le˘sabmedy s$^{t}$ 21 avrilt 1685 sur les 10 heure et demy du˘soir deceda messire estien[ne] dulandoix prestre chanoine a s$^{t}$ nicolas| et fut enterez en la chapelle du s$^{t}$ sacrement le lendeman|

L°an 1674 aux mois de janvier et febvrier il s°en alla plusieur garson en la ~~gu~~ guerre| entre autre denis clerc fils de leonard clerc au regiment du celle| ~~mon~~ monsieur venot de chalon 4 ou cinq| le chevalier de foudroit 22 entre autre le fils de marc martin et plusieur de bouhy dracy et autre lieu|

**372**

1674
Le 3. dimanche avrilt 15$^{e}$ <du> jour dudit mois l°on commanca a ne plus chanter la messe votive du s$^{t}$ sacrement a couche ny celle du rosaire mais seulement la messe du jour propre|

Plus le dimanche 17$^{me}$ jour du mois de juin de laditte anné 1674 on n°exposa plus le s$^{t}$ sacrement les dimanche que pendant le service[397]|

---

**395** *dame* au-dessus de la ligne.
**396** *fuille* : *feuille*
**397** *pendant le service* au-dessus de la ligne.

Aux mois de janvier 1686 m^r belin curé dudit couche fit abatre le 4 autel des 4 grand pilier de l'heglize scavoir de s^t hubert de la visitation de s^t joseph et de s^te anne|

Ung sabmedy 22. decembre 1674 le feu fut aux moulin de chez boudet par le moyen des arriveur de chamvre| lequel feu brula le couvert du moulin et de la˘maison leur asnesse et tout leur linge et autre chose|

1675

Le dimanche 27 feuvrier fiacre desmaizier fils de jean desmazier ~~et jean robert~~ aller en la guerre|

En cette anné 1675 ont fit des petitte piece d'argent a lion quy valloit 4 sol| furent reduitte a 3 solz 6 deniers[398]|

**373**

Aux mois de feuvrier de 1675 fure a couche de soldat des garde de monseigneur le˘prince avec trois vallet a˘quy il falloit chacun un escu par jour| faisan cinq escu tous les jour| quy tour^menta fort le bourg|

Le lundy 13^me may 1675 le feut ce mit chez jean martin des foisson| lequel brulla sa maison[399] et celle de pierre demonporcelay et les autre joignant|

Le vendredy suivant ont my les feu a la fosse chez jean gadan| lequelle brulla la maison et celle de chez mounier avec tous leur mesnage|

Le 21^e janvier 1676 genet mutin et jean patin pierre clerc du chasteau et autre aller[400] en la guerre au regiment de bourgongne soub la conduitte du marquis de s^t leger de la maison de chamilly en la compagnye ou le fils de la conseilles lesage de la creuze estoit*te* lieutenant|

---

**398** *furent ... deniers* rajouté ultérieurement.
**399** *maison* au-dessus de la ligne.
**400** *aller* : *allèrent*

**374**

Le jeudy 24e janvier 1676 nostre maison neuve ou je demeure[401] faitte en 1674 et 1675 fut benitte par messire berthelemy loup prestre a couche|

Le 22 janvier 1680 monsieur bugnot mourut et le 28. dudit mois 1680 messire bertelemy loup print possessions de la cure de couche par les main de monsieur de montag*ne*[402] prevot de st nicola|

1685
Le 21 avrilt mourut monsieur du landoix|

et monsieur dodun le 24 juillet 1673

Au mois de feuvrier 1676 s°ans aller a la guerre pierre faget dit pernot et pierre gadan fils de jean gadan dit galas et jean routey et autre| tous au regiment de bourgongne quy estoit en garnison a oudenarde ville d'ollande| ce fut jean chally quy les y mena| il y avoit desja cinq an qu°il y estoit|

Au commencement du mois de mars 1677 vint a couche le fils de l°ostesse cortelot d'autun[403] pour servir de sacristain au prieurez de couche le vieu estant mort quelque temps devant|

**375**

An 1677

Aux mois de juin et juillet de laditte annez 1677 fut blanchie l'heglize st martin| ~~monsieur~~ maistre ~~pier~~ lazare brizepierre[404] donna dix escu pour se subject et fit commancer a˘y travaller|

**401** *ou je demeure* au-dessus de la ligne.
**402** *montagne* ou *montague*.
**403** *d'autun* au-dessus de la ligne.
**404** *brizepierre* : *re* au-dessus de la ligne.

Aux mois de juin 1678 le vigneron fire blanchir la chapelle s^t vincent| et les tonnelier celle de s^t mathieu au mois d'octobre| 1678|

Le mercredy[405] 18. aoust 1677 envoiron une heure appres minuit naquit et fut baptizé a˘midy[406] edme fils de denis bony et de claudine[407] de chalancey| signé en l°original de edme brizepier son parain et la vefve denis robert sa marenne|

Ma soeur lazare dusson

Aux moys de˘novem^bre 1677 fut menez ma soeur lazare au noviciat des soeur s^te marie a paray et print l°habit en 1678|

1677
Le jour s^t andré le cimetier estant acheuvez de clore fut reconciliez et benit par monsieur bugnot curé dudit couche quy en avoit receu le pouvoir de monseigneur d'ostun|

Le jour de noel de l°anné 1677 monsieur le curé ne permit pas c°om˘porta les livre aux prieureé pou^r chamter a cause du˘procey entre luy et les jesuitte|

376

1677

Le mardy premier jour du mois decembre 1677 fut baptizé guillaume fils de lazare chailly et jeanne pommey[408]| guillaume silvand fut son parain et guillemette pommey sa marenne|

Le sabmedy 4 decembre 1677 naquit et fut baptizé le landemain francoise fille de claude roux et de jeanne pericaude[t]| francois petot fut son parain et benoiste charrier sa grand mere fut sa marenne| signé en l°original père bugnot|

---

**405** *mercredy* ou *meccredy*
**406** *amidy* au-dessus de la ligne.
**407** Blanc après *claudine*.
**408** *et jeanne pommey* au-dessus de la ligne.

1678

Le .7. janvier 1678 fut baptizeé jeanne filles de rubin badet et de jeanne lanbeuf demerant a chalancey| le pere de laditte jeanne fut parain et marie boutenet femme de jean badet fut marenne|

Le vendredy 5e may 1678 naquit jacqueline fille de jean badet et de marie bouthenet| et fut baptizé le dimanche 8. dudit mois| son parain fut mr lazare bouthenet et sa marenne la femme de mr pierre chailly procureur d°office|

**377**

1681

Le 17. mars murut jean badet et fut enterez le 18.|

Le 20. mesme mois 1681 murut philibert fils de jean pommey|

Le jour de st jean de noel mourut jacque chailly| et fut enterrez le landemain an 1681|

Le jeudy[409] 8. janvier 1682 naquit jeanne fille de claude roux et de jeanne perricaudet sur environ les 10 heure du˘matin et baptizé le mesme jour| son parrain fut jean desmazier le garson et sa marenne la vefve guillaume gadan de challancey|

Le jeudy 12 febvrier 1682 fut en^sepulturé ma soeur jeanne dusson femme en segonde nopce de claude pommey mugnier[410] a corcelle deceddez du jour d hier par mr zacarie de cointereau pour lors curé de couche a st maurice|

Le vendredy 20. mars 1682 le˘matin envoiron les 5 heure naquit et fut baptizé le soir nicolas fils de˘mon frere claude dusson par monsieur de cointereau pour lors cure de couche| son parain est maître nicolas firmy notaire audit couche| et

409 *jeudy* au-dessus de la ligne.
410 *mugnier* : *meunier*

sa˘marenne est margueritte fille de maît$^{re}$ charle lesage chirugien dudit lieu|

**378**

Je luy a randut

1677~~Le jeudy.16.decembre 1677~~ ~~mr esmilland thomas d°ostun me laissa sept vingt et deux livre que luy devoit mon pere deconte faict ledit jour| de˘quoy je luy doit payer les jnterest dudit argent| font par an a 15 deniers par livre 8 libvres 15 solz 6 deniers~~

~~Le 10 aoust 1681 pierre cheuvreau dit saclier me donna cent livre en escu bland et piece de trante solz| de°quoy je luy a faict un contra de ma main portant jnterest de trois livre par an| d'accord faict avec luy que jay signe|~~

1678

Le jour s$^{t}$ sebastien 20. janvier mon frere claude et matthieu furent voir michelette fille de philibert brunot de monti-gnon a[~~xxx~~] nivernoix[411] proche chatelchignont aux subjec et solicitation de jean robert pour mariere mathieu avec elle| le 24 febvrieer mesme anné moy jacque et ledit mathieu y retournerent le mercredy 13. avrilt 1678| ledit philibert brunot vint avec ledit robert le 21 avrilt| une lettre de congez leur fut envoyé|

**379**

1678
Le dimanche 12 feuvrier 1678 fut fiancey joseph mened du chasteau avec leonarde patin de trizy| et espouze le mardy gras 22 dudit mois|

Le mardy 4. jour du mois de febvrier 1681 fut espouzée reyne pericaudet avec ung garson nommez bonvallot de blaizy|

---

411 *nivernoix* : premier *n* corrigé sur [xxx].

1681 au mois de˘mars|

Le vendredy environ midy naquit gabriel fille de simon mutin et de claudine gadan| fut baptizée le landemain par monsieur gros prestre a dracy| son parain fut mon frere mathieu et sa marenne gabriel dumarchef ma femm$^{e}$

Le sabmedy 27. may 1684 naquit et fut battizeé le landemain jour de tres˘s$^{te}$ trinité gabriel fille de lazare pommey dit prost et de jeanne guion de corcelle paroisse s$^{t}$ maurice par monsieur charrolloix curé dudit lieu| son parain est claude [~~xxx~~] guion et sa maraine gabriel dumarchef femme de jacque dusson de chalancey|

**380**

1678
Le dimanche 8 may ma soeur lazare receu l'habit de religieuse a paray le monneau en charolloix|

Le jour du vendredy s$^{t}$ de laditte anné 1678 l°on cessa de faire l'office dans le prieuré pour la cause jntanté entre le pere jesuitte et monsieur le curé de couche nommé messire philibert bugnot| il fut tousjour faict a s$^{t}$ martin| le˘pere révérend jannont jesuitte fut se˘presanté pour dire les messe de rogations| mais il ne les dit pas|

En 1679 il firent accord et on[412] retourna faire l°office audit prieurez|

1665

Le 29. juin 1665 je fut receu en la confrairie du s$^{t}$ scapulaire au carme a chalon sur saune

Le 24. octobre 1665 mesme anneé monseigneur de chalon estant a couche a la solicitations de˘monsieur dodin curé dudit lieu[413] *lay*[414] administra le s$^{t}$ sacrement de confirma-

**412** *on* corrigé sur *ont*.
**413** *lieu* au-dessus de la ligne.
**414** *lay* : *là il* ?

tions a un cy grand nombre de gens que l'on en estoit estonnez| je le receu avec les autre|

**381**

Le 21. decembre de 1680 il parut une estoille a la grand queux cheuvelue <chevelut>[415]: sur une heure[416] en nuit elle ce couchoit| et sa queux tenoit presque le quart du ciel| elle remonta desus nostre horison en perdant petit a˘petit sa queux jusque au 3 febvrier 1681 qu°el se perdit entierement| et le 12 may 1682 la terre trambla|

Le 28. janvier 1680 m.$^{r}$ berthelemy loup prestre ayant etez receu curé de couche la chamgea avec monsieur cointereau pour lors curé de denevy et en print possecion[417] audit denevy le lundy 10. febvrier 1681 par les main de˘monsieur martin curé d°aluze|

Et ledit sieur de cointereau print pocession[418] de celle de couche le sabmedy 15. dudit mois de febvrier 1681|

Aux premier jour de juin octave de la feste dieu| monseigneur l°esvesque d'autun procedant a sa visite desposa de la cure de couche ledit sieur de cointereau et le curé de s$^{t}$ berain [~~xxx~~]| il ordonna que ledit sieur de cointereau seroit cure

1681

Le 4 may il vint un prestre audit curé sieur nommé mesire jean fichot| il ne fut que huit mois a couche|

415 *<chevelut>* au-dessus de la ligne.
416 *heure* au-dessus de la ligne.
417 *possecion* : *c* corrigé sur *s*.
418 *pocession* : *c* corrigé sur *s*.

dudit[419] s[t] berain
de˘quoy il print
possession es
premier jour
d°octobre 1684[420]|

**382**

Le dimanche septïesme mars mil six [~~xxx~~] cent quatre vingt et trois fut baptizé pierre fils de haubin badet et de jeanne lembeuf de chalancey nay[421] le jeudy environ les sept heure du soir| son parain maît[re] pierre chailly dudit chalancey procureur d°office de monseigneu[r] le premier president et sa marenne damoiselle pierrette d'aubenton d ernay le duc absente| signé en l°original m[r] jean verneau chanoine a s[t] nicolas de couche| absence du sieur cure de couche et père chally|

Le jeudy s[t] 15. avrilt 1683 naquït et fut baptiz[é] le jour de˘pasque par monsieur de cointereau curé de˘couche francoise petot filles de francois petot et de marie bouthenet sa femme vefve de jean badet tous de chalancey| son parain [~~xxx~~] m[r] lazare bouthenet notaire royal[422] et sa maraine dame francoise clemenceau vefve d'estienne bouthenet hoste a couche|

**383**

Le dernier may de l°anneé 1684 monseigneur l°esvesque d'ostun arriva de˘roquette[423] a couche| ce fut la veille feste dieu| procedant a sa viste[424] il˘y administra le s[t] sacrement de confirmation a un grand nombre de personne|

---

**419** *dudit* corrigé sur *de*
**420** *ordonna ... 1648* commencé dans la marge pour continuer à droite.
**421** *nay* : *né*
**422** *mr ... royal* au-dessus de la ligne.
**423** *deroquette* au-dessus de la ligne.
**424** *viste* : lapsus pour *visite*.

Ledit belin mourut le 3. aoust 1694

Il desposa le curé cointereau[425] et y fit venir a la toussaint messire claude belin curé de lucenay quy en avoit prie possession des le 4 octobre 1684|

Il fit le curé de couche s.r cointereau[426] curé de st. berain et le curé de st. berain d'une cure en l°ossois|

Le lundy cinquiesme novembre 1685 fut ab*a*tu de fon en comble le preche de huguenot par l°ordonnance du˘roy|

Le 20. novembre 1685 mondit seigneur l°esvesque d'autum et monsieur l°intandant vindrent audit couche ou il avoit envoye une mission de capucin pour les huguenot| il leur fut ordonnez a tous de venir a la messe et de renoncer a leurs heresie et livrez par sa majesté audit seigneur pouvoir de˘punir ceux quy seroit rebelle a sa volontez|

Le 26 et 27 juin 1686 monseigneur l°esvesque fut en 2 visite audit couche ou lesdit huguenot ne firent pas grand fruit| plusieur s°absentere hors du royaume de france dont les meuble et revenus de leurs bien furent vandu par des commisaire de sa majesté |scavoir au ballige[427] d'autun monsieur roupiez vandit le 4 juillet mesme anneé ceux de madame la cade*ll*e et son filz et de˘suitte de˘monsieur armet de bour et de la˘vefve monsieur salomon la grange| pour montceny ce fut monsieur villedieu quy vandit ceux de monsieur guichenon|

## 384

Baptesme

Le mardy[428] 12 juin 1684 naquit et fut baptïzé le landemain jacque fils de jacque cornu et de simonne jouber de corcelle[429] par monsieur charrolloix curé de st maurice| son parain est moy jacque dusson et sa˘marainne dame francoise girard

---

**425** *cointereau* au-dessus de la ligne.
**426** *s.r cointereau* au-dessus de la ligne.
**427** *ballige* : *baillage*
**428** *mardy* au-dessus de la ligne.
**429** *de corcelle* au-dessus de la ligne.

femme de m$^{r}$. charle le sage chirugien a ~~cha~~ couche| signé des 2|

Le jour s$^{t}$ marc 25 avrilt 1687 mourut et fut enterré le lendemain lazare fils de feu guillaume gadan et de jeanne pelletiers tous de chalancey|

Le˘dimache 6. jour de juillet mourut et fut enterré en l heglize s$^{t}$ martin [~~xxx~~] claudine[430] develay femme de joseph pericaudet consierge du chast*e*a[u] de couche avec un garson undoyé[431] a la˘maison quy la fit mourir en couche[432]|

**385**

Le mardy 18. may 1688 joseph dusson mon frere fut <fut> fiancez a denevy par monsieur loup cure dudit lieu et espouse ~~par~~ en mesme lieu et par le mesme avec eslizabeth a^lexemdre de s$^{t}$ gille le premier juin 1688[433] ou honnorable celce gadan et anne a^lexemdre sa femme le faisoit leurs heritiers par leurs dit contract de˘mariage| receu pinget notaire ledit 18 may|

Mondit frere joseph mourut le sabmedy 13 novembre 1723 environ les 4 h du matin et es 4 h du soir| enterrez au cimetier proche la cure| agé d°environ 70 an|

**386**

1677

Le lundy 8. nouvembre 1677 fut fiancez guillaume tixsier par monsieur loup avec lazotte pommey filles de jean pommey et de francoise petot tout deux de challancey| et furent espouzé le mardy 23 dudit mois de novembre|

---

**430** *claudine* : *cl* corrigé sur *la*.
**431** *undoyé* : *ondoyé*
**432** *en couche* : *en couches*
**433** *le premier juin 1688* au-dessus de la ligne.

Vivand fils de denis clerc fut espouzé le mesme jour avec esmillaude fille de jean crestien|

Le vendredy 14 septembre 1685 sur les 7 heure du matin naquit et fut baptizeé le mesme jour par monsieur charrolloix prestre a couche marie fille de guillaume tixsier et de lazotte pommey| son parain joseph dusson et sa marenne marie pommey| sa mere tin sa place|

1678

Le jeudy .6. jour du mois de septembre 1678 naquit et fut baptizé [~~xxx~~] jeanne premier enfans de guillaume tixsier et de lazotte pommey| jean pommey son grand pere fut son parain et la[434]

**387**

1682

Le 9. febvrier 1682 fut espouzé philipes reniault de charcey avec anthoinette pericaudet fille de feu claude pericaudet mon honcle de chalancey par monsieur de cointereau pour lors curé de couche|

Le lundy 19. avrilt nous tous les habitant du bas de chalancey accommodere nostre reux et le conduit de la fontaine don[435] le bassin de la source es au long de la maralle[436] <du> ~~petit jardin~~ de˘tixsier[437] de jean desmazier et de celuy de guillaume tixsier dudit chalancey et tout le long dudit conduit est aux habitant|

Le 21 avrilt 1682 fut un esleu de ~~de~~ dijon a la solicitation*t* de plusieur habité[438] quy fit nommer des autre prud˄home pour jetter le talle| et la pluralitez des voix tomba sur philipe

434 La suite de la note fait défaut.

435 *don* : *dont*

436 *maralle* : lapsus pour *muraille*.

437 *detixsier* au-dessus de la ligne.

438 *habité* : sic.

nertoux de la creuze claude ragey du chasteau et estienne bonnot d°origny quy refire un rolle|

**388**

Le 28. avrilt 1682 fut espouzé francois petot avec marie bouthenet vefve de jean badet|

Le lundy 4. may ~~168~~ 1682 fut ensepulturé[439] a s$^{t}$ martin de˘couche lazare thurin gendre de philipe bony mort du dimanche|

Le jour de l'encention[440] mourut honnorable fiacre guillemardet jogeur du chasteau et fut enterrez le landemain 8. may 1682|

Le jour s$^{t}$. thomas 22 decembre 1687 il ce fit un autre tramblement a 6 heure du soir

Un mardy 12 may sur envoiron une demy heure devant le jour il ce fit un grand tramblement de terre avec un son bruiant|

Le jour de la pentecoste 17. may 1682 mourut anne pericaudet femme d'estienne robert du chasteau|

1682
Le 21. may mourut francois robet du chasteau 1682|

**389**

Le mardy 17. novenbre 1684 jean janvier fut espouzé avec pierrett˘gadan fille de feu guillaume gadan et de jeanne peultier tous deux de chalancey| et fiancey du jour des trespassey|

---

**439** *ensepulturé* : *ré* au-dessus de la ligne.
**440** *l'encention* : *l'ascension*

Le jour de l°acention 23 may 1686 au jour de la lune

Claude patin et phelipe fille de philibert bony fure espouzé quinze jour devant ledit janvier en mesme mois et mesme an 1684|

naquit et fut baptizée marie fille dudit patin et bony| son parain philibert bony son grand pere et sa mar*en* marie fille de jacque dusson tous de chalancey| signé en l'original père prieux prestre a couche|

Le premier may sur les 10 heure du soir 1685 naquit et fut baptizeé par monsieur belin[441] le landemain gabriel fille de lazare patin et laurance lagrange| son parain est claude patin et sa marenne gabriel dumarchef femme de jacque dusson| tous de chalancey|

Le sabmedy 21. juillet 1685 fut baptizé par monsieur[442] lazare fils de jean guillaumez et de leonarde bony de chalancey neé du vendredy| son parain est lazare gadan dudit chalancey et sa marenne la soeur dudit guillaumet|

Le mercredy appres 24 dudit mois <ils> il tomba une grelle quy perdit les baronnie de couche et plusieur autre˘paroisse|

**390**

Le 29. mars 1685 fut fiancey jean ~~d~~ dumarchef de corcelle mon beau freres avec jeanne[443] godillot fille de esmillaud godillot et j.[444] de˘repas paroisse de˘raussy| espouzé a s$^t$ morice par monsieur charrolloix prestre a couche le mardy .5. juin 1685|

1686

Le mardy 12 febvrier fut espouzeé claudine du marchef fille de feu esmillaud dumarchef dit berliet et de[445] de bouhy jcelle pour lors servante a chalon avec jean[446] le fils de lazare matey de trizy laboureur en la parroisse de s$^t$ jean dudit trizy par monsieur ballard curé dudit lieu|

441 *1685 par monsieur belin* au-dessus de la ligne.
442 Blanc après *monsieur*.
443 *jeanne* corrigé sur *jean*.
444 Blanc après *j.*
445 Blanc après *de*.
446 *jean* au-dessus de la ligne.

Le˘mardy appres 19 dudit mois febvrier 1686 fut espouzé par le mesme en mesme lieu vivand moreau de precelle et magdelaine clerc fille de jean clerc et janne boury vigneron a chalance[y]|

Le jeudy 21 feuvrier une heure apres minuit 29 de la lune 1686 naquit et fut baptizé par monsieur[447] lazare fils de jean janvier et de pierrette gadan vigneron a chalancey| son parain est lazare gadan son oncle et sa marenne honneste marie bouthenet femme d honorable francois pestot dudit lieu|

**391**

Le mardy second jour de juillet 1686 fut espouzé en l'heglize st vincent a chalon sur saune jean guion fils de philibert guion et de jeanne dusson ma soeur avec philiberte royzot fille de mangeot roizot et de[448] | tout de corcelle paroisse de˘st maurice|

1687

Le sabmedy 17. may 1687 de grand matin veille de pentecoste naquit et fut baptizeé philipes fille de jean guillaumez et de leonarde bony tixsier[449] de˘thoille a chalancey| son parain est anthoine guillaumez et sa marenne philipes bony femme de claude patin|

Le vendredy 21 decembre 1687 fut baptizé morice patin fils de claude patin et de philipe bony son˘pere et sa mere| nay[450] environ[451] les 8 heure[s] du matin le 16 de la lune| son parain est morice le bault et sa marenne gabriel du marchef femme de jacques dusson| tous tixsier de thoille a chalancey| signé en l°original morice bault et de monsieur rey prettre a couche|

---

**447** Blanc après *monsieur*.
**448** Blanc après *de*.
**449** *tixsier* : *tissier*, *tisseur* ; *t* corrigé sur *d*.
**450** *nay* : *né*
**451** *environ* : *i* corrigé sur *r*.

# 9 Jean Desnoyers : Memoire de cequi s et passé (1689–1725)

## 9.1 Introduction

### 9.1.1 L'auteur et son texte

Selon les recherches de Pierre Dufay, premier éditeur de ce texte (Dufay 1912), l'auteur de ce texte est Jean Desnoyers, chirurgien à l'Hôtel-Dieu de Blois dans les années 1698–1728, mort le 24 février 1728.[1] Dans son journal même, on trouve quelques indications de caractère biographique : le 19 février 1689, il célèbre ses noces avec *ursulle durand fille de deffunt rené durand et de marie breton sa mere vivante* (10r), en septembre 1693 il est reçu maître chirurgien (11v), le 12 mai 1698 il devient chirurgien à l'Hôtel-Dieu (12v), au mois de septembre de la même année il achète une maison pour *deux mille cinq cens cinquante livres et cent livres de los et vantes* (13r). D'autres informations concernent sa famille et celle de sa femme : les décès d'un oncle, de beaux-frères et belles-sœurs, le mariage d'une sœur avec un marchand de vin de Paris (18v). Les conditions météorologiques (inondations, sécheresse, périodes de froid et de chaleur), les prix des denrées, les années de famine (pour l'année 1709, v. les pages 15r-17v), les impôts et taxes à payer, la vie urbaine de Blois (construction de ponts, 23v/24r), plus rarement l'activité professionnelle de l'auteur lui-même (mort de la reine de Pologne : *ian ay fait louverture et lay embaume*, 22v), les naissances, les noces et les décès de hauts personnages constituent autant de sujets de ce journal, qui n'était certainement pas destiné à être publié. Et pourtant le *Mémoire* est d'une étendue réduite : 19 feuilles (37 pages, y compris le *Cours danatomique*, v. ci-dessous) d'un petit format pour 37 années, en moyenne une page par année.

On aura compris que ce n'est pas un journal tenu au jour le jour : l'auteur a probablement noté les évènements remarquables (avec leurs dates) sur des feuilles volantes, pour les réunir dans son journal à la fin de l'année. Pour certaines années (ex. 1695, 12r), il n'y a qu'une seule remarque, pour d'autres (ex. 1701–1703), il n'y en a aucune.

En ce qui concerne la place que l'auteur tient dans la société, on peut répéter ce que nous avons déjà dit à propos de Guillaume Durand, auteur du document n°6 dans cette collection de textes privés : un chirurgien de profession, qui peut acheter une maison pour plus de 2500 livres, n'appartient certainement pas aux

1 Dufay (1912, 5–7).

https://doi.org/10.1515/9783110482003-010

couches sociales les plus basses. Mais il ne faut pas oublier qu'un chirurgien de cette période était loin d'avoir la formation universitaire ou la position sociale d'un chirurgien du XXe siècle. Et il est sûr que l'activité scripturale ne constituait pas une part essentielle de son activité professionnelle. C'est ainsi que nous avons décidé d'accueillir son texte dans cette collection de textes privés d'auteurs peu lettrés des XVIIe et XVIIIe siècles.

Dans le manuscrit, le *Mémoire* est précédé d'un bref texte intitulé *Cours danatomique/ et crit par le/ sieur goy/ sirurgien a pranti/ en cyreurgie* (pp.2r-8v du manuscrit).[2] Ce titre a été rayé plus tard à grands traits de plume. Il s'agit d'un cours d'anatomie humaine, précédé d'une page d'exercices d'écriture et d'une page blanche. Difficile de décider qui en est l'auteur : s'agit-il d'un apprenti de Desnoyers même ? L'écriture, ronde, très différente de celle du *Mémoire*,[3] plaide en faveur de cette hypothèse. Une autre solution, moins probable, sinon impossible : si nous interprétons les mots *et crit par* de la deuxième ligne comme ‹composé par›, il pourrait s'agir de la copie d'un manuel d'anatomie, et cette copie pourrait être de la main de Jean Desnoyers lui-même, alors qu'il était encore très jeune. Cette hypothèse impliquerait un changement considérable – et hautement improbable – entre l'écriture juvénile et celle de l'homme mûr.[4] Vu les problèmes liés à ce texte, je l'ai exclu de cette nouvelle édition de textes privés.[5]

### 9.1.2 Le manuscrit et ses particularités graphiques

#### 9.1.2.1 État du manuscrit, écriture et mise en page

Le manuscrit est conservé à la Bibliothèque municipale de Blois, où il porte la cote ms. 91. Relié en carton, il mesure 15x20 cm. Le papier fin laisse transparaître le texte de l'autre côté de la feuille, ce qui rend parfois la lecture difficile. Il n'y a pas de pagination ; celle de la présente édition est la nôtre. Les 28 feuilles écrites constituent à peu près un tiers du volume ; les autres feuilles sont restées blanches.

---

2 Dufay (1912) n'a pas publié ce petit texte de 13 pages. Il ne le mentionne même dans son édition du manuscrit.

3 Pour l'écriture de Desnoyers v. l'annexe 12.2.9.

4 Merci à mes amis Marie-Ange et Martin Glessgen pour leurs conseils à ce sujet.

5 Le texte se trouve cependant dans l'édition sur cédérom (Ernst/Wolf 2005).

En général, les remarques ne portent pas de titre.[6] L'indication des années est donnée dans une ligne à part. Très souvent, les remarques sont séparées l'une de l'autre par une ligne horizontale sur toute la largeur de la page.

Dans la majorité des cas, les lignes sont remplies jusqu'à la fin ; lorsque l'auteur a eu des problèmes à remplir la ligne (mot très long ou trop court), il a eu recours à plusieurs solutions : serrer les lettres du dernier mot, rayer le mot commencé pour le répéter au début de la ligne suivante,[7] ou couper le mot, sans pour autant se servir d'un signe de séparation.[8]

Quand l'auteur se rend compte d'une erreur, d'une faute d'orthographe, d'un mot mal placé, il corrige son texte en rayant l'élément en question. Là où cet élément est resté lisible, nous l'avons également transcrit.[9] Une lettre ou un mot oubliés ont été ajoutés au-dessus de la ligne.[10] À la page 26v, une remarque tout entière est rayée, pour être reprise sous une forme corrigée à la page suivante. Si l'auteur ne se rappelle plus la date exacte, il laisse un blanc, afin de pouvoir le remplir par la suite.[11]

L'écriture ne reste pas la même au cours des 37 années allant de 1689 à 1725 : très fine au début, elle se fait plus épaisse vers la fin de cette période, mais c'est toujours la même main assez ferme, qui écrit d'une façon très régulière.

De ce journal, nous l'avons dit, il existe déjà une édition, celle de P. Dufay (1912). Pourquoi donc faire une nouvelle édition d'un texte dont l'intérêt historique est limité ? La réponse est celle que nous avons déjà donnée pour d'autres textes de cette collection : l'édition du début du XX^e^ siècle est utilisable par les historiens, mais à cause de la normalisation graphique, qui touche aussi à la morphologie, elle ne peut pas servir de base à une analyse linguistique. Voici, pour permettre une comparaison avec notre édition, la remarque qui concerne l'inondation de l'année 1711 (18v, 19r) dans la version donnée en 1912 par Dufay :

> Le six février, la Loire a été si grande qu'elle a débordé partout et sauf que toutes les levées étaient rompues par la crue de devant, elle aurait surpassé la crue de la Saint-Denis. Elle a duré grande jusques au trois de mars ; il y a eu de si grandes pluies que toutes les rivières ont débordé. A Vendôme, il y a eu beaucoup de maisons qui furent emportées et une bonne partie de la ville pensa périr. On croyait que c'était le déluge. A Paris, à la Grève et à la place Maubert, il fallait y aller en bateau et dans beaucoup d'autres endroits (Dufay 1912, 40).

---

**6** Il y a, bien entendu, l'exception du titre déjà cité de l'ensemble du journal, et les titres *Lhotel dieu* (12v) et *Insendie de Chateaudun* (27r).

**7** 12v : ~~cinq~~/*cinquente* ; 15v : ~~*noye*~~/*noyers*.

**8** 12r : *vand/anges* ; 16v : *aug/mantation*.

**9** 16v : *tenu~~rent~~* ; 27v.

**10** Ainsi *vingt* dans *quatre vingt* 12v ; *u* dans *morut* 18v.

**11** 19v : Le *18 de      a 8 heures du matin* ; ici, c'est le nom du mois qui manque.

#### 9.1.2.2 Mots amalgamés/mots séparés

Le phénomène des amalgames de mots est devenu rare en comparaison des textes qui précèdent le nôtre. Mais on le trouve toujours dans les mêmes conditions : mot grammatical + mot suivant, souvent à cause de l'absence de l'apostrophe : *leglise* 10r, *dangleterre* 10v, *doctobre* 11v, *alage* ‹à l'âge› 27r, *iey* ‹j'ai› 10r, *la* ‹l'a› 14r, *set* ‹s'est› 12r, *san* ‹s'en› 14r, *cest* ‹c'est› 14r, *sil* ‹s'il› 19v, *quils* 14v. Mais aussi là où l'apostrophe (ou son absence) ne joue aucun rôle : *afait* 23v, *aesté* 28r.

Les coupures arbitraires de mots sont rares dans le *Mémoire* de Desnoyers ; ce phénomène se trouve parfois en fin de ligne, sans signe de séparation : *ret/ourné* 21v, *canoni/sation* 20v. Autres cas de mots coupés : *beau coup* (plusieurs fois ; trace de l'étymologie ?), *chateau dun* (3 occurrences : 25r, 27r), *ius ques* 12r. Pour *la voyene* 20r, *la voyne* 20r (à côté de *lavoyene* 20v) ‹l'avoine›, on pourrait parler de déglutination.[12]

#### 9.1.2.3 Majuscules/minuscules

Les majuscules sont très rares dans le texte de Desnoyers. On les trouve dans les titres (*Memoire de cequi s et passé ; De l'année 1690*), au début des remarques (*Le mercredi* [...]) ou très rarement à l'intérieur du texte (*Jean* 14r, *Janvier* 22v). Même les nombreux noms de personne, les toponymes et les titres n'ont pas de majuscule. Comme les rares « majuscules » n'ont pas de fonction, nous avons renoncé à les transcrire, à l'exception du titre et des débuts de remarque.

#### 9.1.2.4 Forme des lettres/Lettres qui prêtent à confusion

L'auteur des *Mémoires* ne distingue pas entre <i> et <j> : il emploie toujours la lettre <i>, dans *il* comme dans *iey* 'j'ai.[13] Exceptionnellement, on trouve une majuscule, qui ressemble à <J> : *Janvier* 10r, *Joye* 12v.

De même, il existe une seule lettre pour <u> (vocalique) et <v> (consonantique) ; la distinction introduite ici est de notre fait.

La distinction entre <n> d'un côté et <u/v> de l'autre est problématique, comme dans beaucoup d'autres manuscrits.

---

12 Les coupures de mots arbitraires sont beaucoup plus fréquentes dans le *Cours d'anatomique* (v. supra) et contribuent fortement au caractère grotesque de la graphie de ce petit texte. Très souvent, le premier élément d'un mot scindé est homographe à un mot existant : *et crit* ‹écrit› 2r, *et chapper* 8r, *les toumac* 5v, *le pisgastre* 6r, *le froy* ‹l'effroi› 6v, *six teuee* ‹situées› 7v, *dans tretenir* 8v etc.

13 Seule occurrence de la lettre <j> minuscule : *juin* 11v.

Autres lettres qui prêtent à confusion : <u>/<a> ;[14] <s> long/<t> à l'intérieur du mot ;[15] <g>, <q>/<y> ;[16] <c>/<e>.

### 9.1.2.5 Signes diacritiques, accents

Le seul accent que l'on rencontre est l'accent aigu, qui marque surtout [e] en position finale, très souvent dans les participes passés : *eté* 11r, *canonisé* 12r, *chanté* 14r, *année* 11v (également sur le deuxième <e> : *lanneé* 15r) ; en position finale, même suivi d'une consonne (graphique) : *louér* ‹Loire› 14r, *avét* 16r ; sur les deux <e> en fin de mot : *levéés* 18v. Dans les autres positions, l'accent aigu est rare : *épidemiques* 12r, *égraines* ‹égrenés› 17v. Il peut aussi manquer en fin de mot : *mortalite* 12r, *entere* ‹enterré› 12r, *gelles* ‹gelés› 15r ; cas inverse : *ioyé* ‹joie›17r. L'accent grave et l'accent circonflexe sont absents du texte.

Le tréma figure surtout dans des groupes de voyelles, sans que sa fonction soit totalement claire ; très souvent, il est placé sur ce qui correspond à un [ə] muet/instable dans la prononciation moderne : *veneuës* 14v, *cruë* 18v, *ruë* 22r, *vië* 14r, *sortië* 21r, *dapoplexië* 27v ; sur <u> dans les groupes <ou> + voyelle : *roüilles* 15v, *loüere* ‹Loire› 16r, *genoüil* 16v. La graphie *donquërque* ‹Dunkerque› 14v constitue un cas particulier.

### 9.1.2.6 Ponctuation

Les chiffres sont parfois suivis d'un point : *le 22. octobre* 14r, *23. sols* 17r, *les 2. cotaux* 16r. Le point peut aussi précéder le chiffre : *le lundi .14. iuillet* 13r.

La virgule, très rare, a parfois la fonction d'un point final (11v, 12r, 12v, 14v, 16v etc.). À une occasion, elle se trouve aussi employée en guise de point d'interrogation : *Helas dieu que dirons nous de ceste année,* 15r. Pour suppléer à la ponctuation lacunaire, articuler les énoncés, et faciliter ainsi la lecture, nous avons introduit la barre oblique, sans que ce signe corresponde exactement à un signe de ponctuation déterminé.

### 9.1.2.7 Abréviations, sigles

Le texte connaît peu d'abréviations. Dans celles-ci, sous les lettres mises en exposant – à l'exception de sols et libvre – l'auteur a (presque) toujours mis un point, qui n'est pas rendu dans notre transcription.

14 La lettre <a> n'est pas toujours fermée dans la partie supérieure.

15 Pour *esté* 16r la lecture *etté* serait possible.

16 Les lettres <g> et <q> ne sont pas toujours fermées dans la partie supérieure.

On a laissé telles quelles les abréviations encore en usage aujourd'hui : *mr*, *st*, *24e* etc. Ont été résolues les abréviations suivantes :[17] *lempereur*, *generalement*, *libvres*, *marchand*, *madame*, *mademoiselle*, *messieurs*, *monsieur*, *monseigneur*, *messieurs*, *pour*, *premier*, *premier*, *premier*, *sols*, *sols*.

#### 9.1.2.8 Correspondances phonographiques

On ne donnera pas ici de description complète du système graphique. Les remarques suivantes sont destinées à aider le lecteur, à lui donner un mode d'emploi pour la lecture. On ne commente pas les particularités dues à une prononciation dialectale ou régionale. Les graphies complètement isolées seront commentées dans les notes.

**Voyelles**

**Voyelles orales**

**[ə]**

Des accents mis d'une façon arbitraire ( ? ), des <e> ajoutés en fin du mot et l'usage du tréma peuvent causer des doutes concernant les rapports phonographiques : *levéés* ‹levées› 18v, *asturiées* ‹Asturies› 14r, *pluiés* ‹pluies› 19r, *venuees* ‹venues› 10v, *vië* 14r, *cruë* 18v.

La graphie <ai> dans *égraines* ‹égrenés› 17v tient compte de la base lexicale de ce mot.

**[e]/[ɛ]**

L'absence de l'accent (aigu) peut rendre la lecture malaisée ; la prononciation [e] reste pourtant claire dans des mots comme *ble* 14r, *paye* ‹payé›, *entere* ‹enterré› 12r, *mortalite* 12r, *prece dante* 17r et même dans *moulet* ‹moulé› 20v.

Dans d'autres cas, la graphie <é> semblerait indiquer la voyelle [e] : *louér* ‹Loire› 14r, *chéretté* ‹cherté› 25r, *noél* 16v, *éstét* 26r.

<e> peut remplacer les graphies <ai>, <ei> : *meson* 13r, *lessa* 15v, *oreson* 23r, *neges* 11r, *magdelene* 11r. Des graphies comme *estet* 14v révèlent la réalité phonique [ɛ] de la graphie <oi> dans *etoit* 15v, *passoit* 15r.

---

17 Les lettres qui manquent dans l'abréviation sont soulignées.

<ai>, <ay> remplacent <ei> dans *traise* ‹treize› 17v, *saise* 23r, *raine* 21r, *rayne* 21v.

### [o]/[u]

Dans notre texte, la bataille entre « oïsme » et « ouisme » a lieu seulement en protonie.[18] On a <ou> [u] là où l'on s'attend à <o> [o] : *revoulteé* 14v, *pousible* 16r, *deplourable* 16v, *fourets* 16v, *tounneau* 17r, *poullogne* 28r. À remarquer aussi la graphie <ou> pour la diphtongue [wɛ] dans *louér* ‹Loire› 14r, *loüere* 16r, *louerre* 18v, *loüerre* 18v.

Inversement, avec la graphie <o> ([o]) pour <ou> ([u]) : *porpruses* ‹pourpreuses› 12r, *coleur* 13v, *morirent* 15v, *toiours* 17r, *noveau* 17v, *epoventable* 25r.[19]

### <o>/<au>/<eau>

À la différence du paragraphe précédent, les confusions entre ces graphies ne sont pas liées à des faits de prononciation.

Avec <o> : *st lomer* ‹Saint-Laumer (toponyme)› 13r, *lorant* ‹Laurent› 26r.

Avec <(e)au(x)> : *saulongne* 14v, 17r, *cotaux* ‹coteaux› 16r ; *animeaux* 15r, *caneaux* 24r.

### [a]

[a] se trouve en une occasion élevé à [e] / [ɛ] dans *semedy* 10r (mais *samedi* 13r). Inversement, on trouve <a> au lieu de <e> devant <r> + consonne dans le toponyme *harbault* ‹Herbault› 16r. Dans *missoner* ‹maçonner› 24r, c'est <i> qui remplace étrangement <a>.

### <i>

Desnoyers se sert de la lettre <i> non seulement pour la voyelle [i], mais aussi pour [ʒ] – au début et à l'intérieur du mot : *iey* ‹j'ai› 10r, *ieudi* 10r, *iuillet* 10v, *iusques* 11v, *iesté* ‹jeté› 19v, *maieur* 27r, *verieux* ‹verjus› 17r,

---

18 Seule exception : *mounde* 14v, avec [u] sous l'accent.

19 À la rigueur, on pourrait lire ces deux derniers exemples comme *noueau*, *epouantable*, avec chute de [v] entre voyelles ; mais cette lecture est peu probable.

### <y>

Le <y> dit calligraphique est fréquent, sans totalement exclure d'autres graphies, à la fin du mot : *semedy* 13r, *came[d]y* 23r (mais *samedi* 13r), *midy* 10r (mais *midi* 13v), *roy* 10v, *may* 12v, *quoy* 16v. Un cas de graphie inverse : *beri* ‹Berry› 13r.

### <u>/<eu>

Il faut distinguer les cas suivants : d'une part la graphie traditionnelle, historique, <eu> de certains participes passés en [y],[20] avec des élargissements dus à l'analogie, et d'autre part les oscillations phonétiques entre [œ]/[o] et [y]. Appartiennent au premier groupe les participes *veu* 14r, *veneuës* 14v, *valeu* 10v, *vendeu* 21r, *atandeu* 24r, *c[r]eu* ‹crue› 18v. Inversement, on trouve la forme du passé simple *urent* 15v.

La concurrence entre les prononciations [œ]/[o] et [y] – fréquemment au bénéfice de [y] – se reflète dans les graphies *hures* 10r, *porpruses* ‹pourpreuses› ( ? ), 12r, *thumurs* 12r, *lemperur* 12v, *sulement* 16r, *flurirent* 16v, *mudon* ‹Meudon› 19r. Inversement : *esceus* 10v, *verieux* ‹verjus› 17r.

## Voyelles nasales

### [ã]

Les graphies <an>/<en> peuvent se remplacer l'une l'autre :

<an> : *commancé* 11v, *vand anges* 12r, *antre* 13v, *san* ‹s'en› 14r, *tran blement*[21] 24v.

<en> : *cinquente* 12v, *dengleterre* 14v (mais *dangleterre* 12v), *dens* 19r, *pesent* ‹pesant› 20v, *disent* ‹disant› 21r.

Pour la graphie *cepindent* 25v (*i* au lieu de *e*), on ne saurait dire si elle correspond à une réalité phonétique.

### [ɛ̃]

<in>, <im> au lieu de <ain>, <aim>, <eim> : *insi* 25v, *rims* ‹Reims› 26v.
<ain> au lieu de <ein> : *plain* ‹plein› 12r.

---

**20** Cf. *eu*, *sceu* de *avoir*, *savoir.*

**21** Avec <n> comme signe de nasalisation, même devant consonne labiale, ce qui est extrêmement rare dans ce texte.

### Consonnes

#### Consonnes étymologiques et historiques

<s> étymologique devant consonne est très souvent maintenu : *esceus* 10v, *daoust* ‹d'août› 11v, *teste* 12r, *ceste* 15r, *pescher* ‹pêcher› 15v, *nostre* 16v, *estet* 18v, *vendosme* 19r. Dans *iesté* ‹jeté› 19v, la lettre <s> ne correspond pas à l'étymologie.

Autres consonnes étymologiques devant consonne, abandonnées plus tard dans la graphie moderne : *magdelene* 11r, *doibt* 12v, *acheрté* 13r, *niepce* 13v, *bleds* 15v.

Lettres étymologiques absentes du texte de Desnoyers, mais écrites dans la graphie (normative) moderne : *ving* ‹vingt› 18v, *vintieme* 26v, *exepté* 17v.

#### Lettres d'origine grecque

<th>, <ch>, <ph> peuvent être simplifiées en <t>, <c> ou – dans ce dernier cas – ‹modernisés› en <f> : *catredalle* ‹cathédrale› 23r, *coeur* ‹chœur› 23r, *daufine* 19v. *thumurs* 12r est une hypercorrection savante pour *tumeurs*.

#### Consonnes simples/doubles

Les redoublements et les simplifications contraires à la norme graphique moderne (et le plus souvent à la graphie des textes imprimés contemporains) sont plus rares en comparaison avec d'autres textes de cette collection. On trouve toutefois les redoublements suivants : *deffunt* 10r, *louerre* ‹Loire› 18v, *fontainnes* 24r, *semmer* 15v (mais *sema* 17v), *memme* 19r, *vallu* 11v, *gelles* ‹gelés› 15r, *pilliers* 24r, *crette* ‹crête› 15v, *chérетté* 25r, *pacques* ‹Pâques› 11r (mais *paques* 27v).

Consonnes doubles simplifiées : *beri* ‹Berry› 13r, *entere* ‹enterré› 12r, *toneau* 12r (mais *tounneau* 17r), *donés* 25v, *home* 14r, *mile* 10r, *atandeu* 24r, *aprochant* 13v, *pousible* 16r, *ausitot* 21v.

Il s'agit toujours, bien entendu, de faits purement graphiques : aucune de ces graphies déviantes (pas même <s> pour <ss>) ne reflète une particularité de la prononciation.

#### [s]

Desnoyers ne connaît pas la cédille, ou du moins il ne s'en sert pas. Dans ces conditions, la lettre <c> peut avoir la valeur de [s], même devant [a], [o], [u] : *ca* 15r, *penca* 19r, *came[d]y* ‹samedi› 23r, *poincons* 25r. Dans le seul cas de *missonner* ‹maçonner› 24r c'est <ss> qui remplace la graphie normative avec <ç>.

Devant <e, i> et dans les deux positions ‹début du mot› ou ‹intérieur du mot après <consonne>›, <s> et <c> sont librement interchangeables, sans enfreindre les règles du système phonographique : *rembources* ‹remboursés› 25v, *monpencier* 26r ; *sercle* 13v, *insendie* 27r. La même chose vaut pour <c> remplacé entre voyelles par <ss> : *beausse* ‹Beauce› 17r.

Sont contraires au système des correspondances phonographiques les graphies *soisente* 20r (<s> pour <x>), *sphaselles* ‹sphacèles› 16r (<s> pour <c> entre voyelles) et *pousible* 16r (<s> pour <ss> ; v. supra) ; dans tous ces cas, une prononciation [z] est très improbable.

**[z]**

Étrangement, c'est surtout dans la graphie des numéraux qu'on trouve la graphie <s> au lieu de <z>. Cela vaut pour la position entre voyelles, mais aussi après consonne (écrite), où les règles modernes des correspondances phonographiques/graphophoniques entraîneraient la prononciation [s] : *traise* 15v, *saise* 23r, *dousai nes* 15v ; *lonse* ‹le onze›13v, *quatorse* 13v.

**[k]**

Les règles orthographiques (celles de la distribution systématique, mais aussi les normes orthographiques lexicales) sont en général bien observées. Quelques cas particuliers :

La graphie *qarante* (plusieurs occurrences : 11v, 12r, 17r) nous fait présumer que Desnoyers considérait <q> (sans <u>) comme un correspondant graphique de [k].

Dans les graphies *éceus*, *esceus* ‹écus› 12r, 10v, il y a éventuellement analogie avec les participes du type *veu*, *receu* etc. La prononciation [k] n'en est pas affectée.

**<h>**

<h> ajouté dans le toponyme *houque* ‹Oucques› 20v.

**[ɲ]**

Comme graphie de [ɲ], on trouve indifféremment <gn> et <ngn> : *bourgongne* 133 et *bourgogne* 22r, *saulongne* 17r et *saulogne* 21r. Il y a aussi réduction à <(n)n> : *bourgonne* 19v.[22] Inversement, le toponyme *vineuil* 17v apparaît aussi sous la graphie *vigneuil* 18r.

---

22 *auvernat*, malgré l'étymologie (*Auvergne* + *-at*), est devenu la forme « normale » pour désigner un cépage et le vin qu'il produit (TLFi).

**Consonnes devant consonne**

<r> tombe dans *mady* ‹mardy› 20r. La chute d'une consonne devant <-s> final constitue une trace de l'ancienne orthographe traditionnelle : *cens* ‹cents› 13r, *los* ‹lots› 13r.

**Restrictions de position non observées**

Même si la graphie de Desnoyers est plus proche de la norme de son temps que celle des auteurs qui le précèdent chronologiquement, il n'est sans doute pas sans intérêt de réunir dans ce paragraphe (limité au consonantisme) les cas où une lettre maintient une valeur phonétique au-delà des positions prévues par le système graphophonétique :

<c> avec valeur [s] devant voyelle non-palatale : *poincons* 25v, *penca* 19r, *came[d]y* 23r ;

<s> avec valeur [s] entre voyelles : *pousible* 16r, *ausitot* 21v, *comision* 21r, *soisente* 20r ;

<s> avec valeur [z] après voyelle nasale ou consonne : *lonse* 13v, *quatorse* 13v ;

<c> avec valeur [k] devant <e> : *éceus*, *esceus* ‹écus› 18v ;

<g> avec valeur [ʒ] devant <a>/[a] : *ravaga* 16r.

**Consonnes finales**

La chute des consonnes (graphiques) en fin de mot concerne surtout <s> et <t>, rarement les autres consonnes : *son* ‹sont› 10v, *on* ‹ont› 25v, *auverna* 18r, *ving* 18v, *suevre* ‹Suevres (toponyme)› 17v, *versaille* 19v. Remarquons qu'il n'y a aucun exemple de <l> omis dans le pronom *il* ; mais à la page 18v, on a la graphie inverse *quil* à la place de *qui*.

Comme il s'agit d'un phénomène purement graphique, une consonne finale (graphique) peut en remplacer une autre ; cette confusion affecte surtout <-s>, <-x> et <-t> : *verieux* ‹verjus› 17r, *poix* ‹pois› 25v, *grois* ‹Grouët (toponyme)› 17v, *pris* ‹prix› 18v.

Un échange semblable existe entre <-t> et <-d> : *verd* 25v, *blet* 25v (mais *bleds* 15v).

Pour les conséquences de cette situation sur l'orthographe grammaticale cf. le paragraphe suivant.

### 9.1.2.9 Orthographe grammaticale

En comparaison avec d'autres textes de cette collection, le *Mémoire* de Jean Desnoyers présente une remarquable correction dans le domaine de l'orthographe grammaticale. C'est la conséquence d'une plus grande régularité dans l'usage de l’accent aigu sur <e> [e] final et d’une plus grande stabilité des consonnes graphiques finales. Les « fautes » dans la graphie des morphèmes verbaux sont devenues rares dans ce texte. Leur fréquence est semblable à celle qu’on trouve dans le texte manuscrit d’un français moyen d’aujourd’hui.

Participe passé avec *-e* final sans accent : *crë* ‹créé› 25r, *moulet* 20v, *entere* ‹enterré› 12r, *gelles* ‹gelés› 15r.

Participe présent avec <-ent> : *pesent* 20v, *disent* 21r.

L’élément <-t> manque dans *son* ‹sont› 10v, *on* ‹ont›25v.

Le morphème de l’imparfait est écrit soit <oi>, en graphie traditionnelle, soit modernisé en <e>, <é> : *etoit* 15v, *passoit* 15r ; *etet* 12r, *estet* 18v, *éstét* 26r, *avët* 18v, *prenet* 12r. À la 3e pers. pl. le morphème <-ent> est parfois réduit à <-nt> : *servoint* 16r, *fandoint* 16v. – Exceptionnellement, la forme de la 3e pers. pl. devient homographe de celle du singulier : *avét* ‹avaient› 23v.

Des anomalies comme *morirent* ‹moururent› 15v ne font plus partie de l’orthographe grammaticale, mais de la morphologie du verbe.

## 9.2 Texte

### 10r

Memoire de ce˘qui s et[23] passé

**1689**/

Le dix neuf du mois de˘fevrier mille six cents quatre vingt[24] neuf i°ey épousé en l°eglise de s^t^ honoré le semedy a cinq hures du matin ursulle durand fille de deffunt rené durand et de marie breton sa mere vivante/

---

De l°année 1690/
Le mercredi vingt cinq du mois de janvier mile six cents quatre vingt dix mon oncqule[25] desnoyers demurant aux trois marchands est mort a trois hures apres midy/ et a eté enterré le ieudi a cinq hures du soir a s^t^ nicolas sa paroisse/

---

### 10v

++ De l°année 1690
Le lundi six du mois de fevrier mille six cents quatre vingt dix mon beau frere durand a epousé en la chapelle des noels la fille de m^r^ guerin soeur a m^r^ ducormier/

L°année mille six cents quatre vingt dix i°ey paye la capitation sept livres dix sols/
Et en quatre vingt onse i°ey payé sept livres, et les esceus ont valeu trois livres .2. deux sols, et les neufs trois livres six sols/

---

**1691**

++ Le trois de iuillet mille six cents quatre vingt onse les chasses[26] de s^t^ boire son venuees a notre dame de viene pour la secheresse/

---

Le dix sept de iuillet mille six cents quatre vingt onse m^r^ de colbert est mort a versailles/

---

23 *s et* : *s'est*
24 *vingt* corrigé sur *ving*.
25 *oncqule* : sic.
26 *chasses* : *châsses*

---

++ Le dix sept de decembre mille six cents quatre vingt onse le roy d°angleterre a

**11r**

passé a blois pour aller a brest/ et il a repassé le huit de ianvier mille six cents quatre vingt douse/ il a logé a la galere avec son fils naturel/

---

**1692**

Le vingt de janvier mille six cents quatre vingt douse m$^r$ ditely oncqule a ma famme a eté enterré a s$^t$ nicolas/

---

L°an mille six cents quatre vingt douse i°ey payé six livres de taxe/

---

Le trante a venir au trante un du mois de ianvier mille six cents quatre vingt douse il est tombé une grande quantité de neges/

---

Le vingt deux de iuillet mille six cents quatre vingt douse iour de la magdelene ma belle soeur ia*n*drier est morte/ et a eté enterée le 23 a 5 hures du soir a s$^t$ honore/

---

**1693**

L°an mille six cents quatre vingt traise nous avons éu la chandeleure la veille du mardi gras et pacques le vingt deux de mars/

---

**11v**

Le vingt un de *i*uin mille six cents quatre vingt traise les doubles ont valeu un liard/

---

L°an mille six cents quatre vingt traise sur la fin du mois d°aoust le pain a vallu vingt trois sols, et le mois d°octobre vingt et quatre et iusques a vingt huit et trante sans etre susé/

---

Le vingt quatre septembre mille six cents quatre vingt traise i°ey eté receu maistre chirurgien cinq ans apres avoir eté marié/

---

---

**1694**

L°an mil six cents quatre vingt quatorse au mois de may le pain a commancé a valloir trante huit et qarante sols/ et avons éu chere année/ le pain a valu 43 $^{s}$ols 6 <de> deniers iusques a la recolte[27]/

---

L°an mil six cents quatre vingt quatorse le 24$^{e}$ aoust mon beaufrere durand est mort entre onse hures et minuit/ et a eté enterré le 25. a s$^{t}$ solen/

---

**12r**

++ L°an mille six cents quatre vingt quatorse nous avons éu les grandes maladies épidemiques dont il s°et[28] ensuivi une grande mortalite, la maladie prenet a la teste/ le malade etet hebeté/ son corps plain d'humeurs cristalines, de grandes taches porpruses, et de thumurs[29], et l°on mit la fouiere en bourg neuf/

---

Le vingt neuf septembre de˘la meme année mon beaufrere ditely est mort de ces maladies a dix hures du soir/ et a ete entere le trante a s$^{t}$ honoré/

---

**1695**

L°an mille six cents quatre vingt quinse le vingt sept avril on a canonisé aux peres cordeliers s$^{t}$ iean de˘capistran et s$^{t}$ pascal baylon/

---

**1696**

++ L°an mille six cents quatre vingt saise le vin noir a valleu a la sortie de vand^anges deux cent vingt ius^ques a deux cents cinquante livres le toneau/ et les vins de dessus les pavé de vineuil a valeu qarante éceus/

---

**12v**

**1697**

++ L°an mille six cents quatre vingt[30] dix sept le ieudi quatorse de novembre la paix d°angletere et d'holande a eté publiée/ et le dimanche ensuite celle

---

**27** *le pain a valu ... a la recolte* rajouté en caractères plus petits.

**28** *Set* : *s'est*

**29** *thumurs* : *tumeurs*

**30** *vingt* au-dessus de la ligne.

d°espagne et le feu de joye, et celle de l°emperur n°a eté publiée que le dimanche vingt six ianvier quatre vingt dix huit/

---

**1698**

L°an mille six cents quatre vingt dix huit le sept may m$^{r}$ charanton est mort/ et a eté enteré le ieudi a l°hotel dieu/

---

++ L°an mil six cents quatre vingt dix huit le trois may iour de s$^{t}$ croix les vignes ont ete toutes gellées/

---

L°hotel dieu/

++ L°an mille six cents quatre vingt dix huit le lundi douse may i°ey eté receu chirurgien de l°hotel dieu/ et l°on me doibt donner par an deux cents ~~cinq~~ cinquente livres/

---

**13r**

++ L°an mil six cents quatre vingt dix huit le deux septembre i°ey acheptė ma meson/ elle me coute deux mille cinq cens cinquante livres et cent livres de los[31] et vantes/

---

**1700**

++ L°an mille sept cens le dix decembre le duc d°aniou roy d°espagne, le duc de bourgongne et de beri ont passé a blois/ il a logé a la galere, et les deux princes a s$^{t}$ lomer, et sont partis le samedi pour amboise/

---

**1704**

L°an mil sept cens quatre le lundi .14. avril m$^{r}$ besnard mari de margot girault est mort a onse hures du matin/ et a eté enteré le mardi a dix hures dans l°eglise de vienne/

---

L°an mil sept cens quatre le lundi .14. iuillet le neveu girault a epousé la fille de madam$^{e}$ rangart de vienne/

---

L°an mille sept cens quatre le duc de bourgogne a eu un prince qui est né le .25. iuin/ et nomé duc de bretaigne/

---

31 *los* : *lots*

**13v**

**1705**

++ L°an mille sept cens cinq le vingt neuf de may les vignes ont eté toutes gellées/ et la gelée a continué iusques au onse de iuin/

---

L°an mille sept cens cinq l°onse de iuin iour de la fete dieu a l°heure de midi a la sortie de la procession on a veu un grand sercle aprochant en coleur de l°arc en ciel tout au tour du soleil/

---

L°an mil sept cens cinq notre niepce girault fille de madam^e rangart est morte le vingt sept septembre/ et a ete enterée a s^t sollen/

---

**1706**

++ L°an mille sept cens six le mercredi douse may le soleil a eclipsé antre neuf et dix hures du matin/

---

**1707**

++ L°an mille sept cens sept le quatorse iuin nanon derigny fille de madam^e petit a epousé m^r cousin a quatre hures du matin en l°eglise de s^t jean/

---

**14r**

L°an mille sept cens sept nous avons éu la fete dieu la veille de la s^t jean/

---

L°an mille sept cens sept le deux iuillet ma cousine debrac est arrivée a blois/ et elle s°an est retournée a dax le 22. octobre/

---

L°an mille sept cens sept le dix huit septembre on a chanté le tedeum et fait le feu de ioye pour la naissance du prince des asturiées premie^r fils au duc d°aniou philip cinq roy d°espagne/

---

++ L°an mille sept cens sept le huit octobre la riviere de louér a eté si grande qu°elle a debordé par tout/ toutes les levées en ont rompu/ iamais home ne l°a veu si grande/ c°est la crue de la s^t denis/

---

**1708**

++ En l°an mille sept cens huit la lise du ble n°a valleu que vingt et quatre/ et vingt six livres le muid/ et le vin deux liards la pinte, l°eau de vië vingt et quatre vingt et cinq et vingt six livres/ le premier de mars les pieces de dix

---

**14v**

sols sont veneuës a neuf, le sept de mars le prince de galles roy d°engleterre est parti de versailles pour donquërque la ou il [d]oibt s°embarquer pour aller en écosse qui s°et revoultée contre la reyne anne fille du roy qu°ils ont chassé et qui est mort a st germain/ qui estet le pere du prince de galles/ voiage avorté[32]/

++ Le traise de mars a quatre hures et demi du matin il est arrivé un tran^blement de terre qui a duré peu/

Le premier avril les pieces de neuf sols sont encore diminuées de deux liards et celles de quatre sols et demi d°un liard et les esceus d°un sol/

On a cuilli fort peu de vin cette année/ a la sortie de la vandange on a vandeu en saulongne vingt et vingt deux esceus le toneau/

De l°année mil sept c[e]ns neuf
1709/

++ L°hiver a esté tres rude/ le froid a commancé le iour des roy[s]/ la riviere a esté prise par la glace/ tous le mounde

**15r**

la passoit par dessus, toutes les vignes et tous les arbres ont este gelles/ c°a[33] este l°hiver le plus rude que homme aye veu/ les hommes et les animeaux enduroit de froid/ i°ey eu a l°hotel dieu une grande quantité de pieds iambes et mains gellées/

De l'anneé mil sept cent [ne]uf
1709/

++ Helas dieu que dirons nous de ceste année, elle a esté la plus dure et la plus facheuse que iamais homme aye veu/ premierement l°hiver qui commenca pour la 2. fois[34] le iour des roys a este le plus grand et le froid le plus penetrant et le plus sensible qu°on puisse iamais voir/ la riviere de loere feut toute prise asses longt^temps/ l°hiver feut tres long et si rude que toutes les vignes furent gellées

32 *voiage avorté* ajouté ultérieurement.

33 *ca* : *ça a*

34 *pour la 2. fois* au-dessus de la ligne.

**15v**

[~~xxx~~] de telle sorte qu°on ne cuillit pas de vin pour la messe/ et si ce n°etoit que du verius/ tous les arbres quasi gellés/ principalement tous les ~~noye~~ noyers peschers, abricotiers, poiriers de bon *c*retien, figuiers et amandiers tous gelles a plate coture/ beaucoup d'hommes et d°animeaux morirent de froid/ tous les coqs urent la crette gellée/ les poulles mortes/ trois oeufs frais feurent vandus pour l°autel de soissons a paris sept livres dix sols/ un oeuf frais t[r]ante sols/ les autres cinq sols piece/ on trouvoit iusques a 4. et 5. dousai^nes de pigeons morts dans les fuies/ les bleds furent tous gelles/ et furent apres labores[35] pour y semmer de l°orge/ et bien [e]n valut/ car ceux que l°on lessa feurent tous roüilles/ et si on n°avét pas semmé de l°orge tout le

**16r**

monde seroit mort de faim, le 6ᵉ may le bled valeut a harbault deux cent livres le muid et l°orge autant, le boisseau de carabin a valu iusques a traise et quat[o] rse sols le boisseau/ la livre de pain a paris ~~huit~~ 9 sols [~~xxx~~] celle d°orge 4 sols[36], et le pain a blois pesant douse livres avec la farine et le son quarante sols, par bon^heur de dieu il y avét de bleds et de vins vieux, la mortalité n°a pas esté grande/ il y a sulement éu bien de gangrenes et sphaselles tant aux pieds, iambes que mains/ le tout ~~de~~ causé [~~xxx~~] par le froid[37]/ la riviere de loüere a esté si grande le 15. de iuin que la cruë a égalé celle de la sᵗ denis/ les 2. cotaux servoint de levée/ elle ravaga toutes les *v*arannes qu°on avét fait son pousible pour les ense^mancer ce qui causa encore une aug^mantation de misere[38] et une desolation si grande qui tiret les larmes des yeux les

**16v**

plus fiers/ ce fleuve si fier et cest element si redoutable ~~da~~ nous tenu~~rent~~ dans ce deplourable estat quinse iours san[s] diminution, monsieur de saumery est mort le 4ᵉ may a 4 hures du matin/ mʳ le prieur de sᵗ solenne a este enterre la surveille de

---

**35** *labores* : *labourés*
**36** *celle dorge 4 sols* au-dessus de la ligne.
**37** *par le froid* au-dessus de la ligne.
**38** *de misere* au-dessus de la ligne.

noél et m$^{r}$ brillon admistrateur de l°hotel dieu le iour de noel, il y a eu des esceus de cinq livres, les gros chaines dans les fourets se fandoint par le grand froid, il y eut beauˆcoup d°arbres fruitiers qui flurirent/ et cella par un reste de seve car la fleur resta la[39] et l°arbˆre morut[40]/, tournay fut pris par les enemis apres quoy ils nous livrerent la bataille de˘malˆplaqué[41]/ m$^{r}$ de villars general de nostre armée y feut blessé au genoüil/ l°esnemis[42] resterent les

**17r**

maistres du champ de bataille/ et furent encore prandre mons, on paya le rembourcement de la capiˆtation six années non obstant qu°il ne feut point cuilli de vin/ celluy qui [~~xxx~~] éstoit reste de l°année preceˆdante n°a ésté vandu au mois de mars 1710 tant de saulongne que de beausse que qarante un, deux, et trois escus, et on estimoit plus les vins de saulongne que les mesˆliers/ et le verieux qui feut cuilly feut encore vandu quatre vingt livres le tounneau/ la cause que les vins vieux feurent vandus si peu et si lantement ce feut la grande misere qui éstoit a paris aussi bien que dans toute la france/ depuis la recolte ~~lorge~~ l°orge a toiours esté fort chere et le boisseau a valeu iusques [a] 23. sols/ elle n°a diminué q'uau mois de mars qu°i n°a vallu que dix a douse sols/

**17v**

ce qu°il y a de remarquable/ come on n°avét point cuilly de bled on sema du vieux qui vint fort bien et aussi bien que s°il avet este no*v*eau/

1710

De lannée mile sept cent dix/

++ Le deux de mars on a chante le tedeum et on a fait un feu de ioyé pour la naissance du duc d'aniou/ au mois d'aoust il est surveneu un si grand vent devant que de couper les bleds qui les a beaucoup égraines/ la perte feut au tiers/ il y avét de champs qui en estet tout couverts/ et ils furent laborés sans les semer/ le bled leva fort bien et estet tres beau/ mais au mois de mars on feut obligé de˘les labourer et d'y semer de l°avoine ou d[e] l°orge/ et au mois d°octobre quoyˆque la couvraille feut tres belle le bled valleut .25.26. iusques a 27. esceus/ on a cuilly fort peu de vin exepté aux grois a vineuil a suevre et a mer ou on en a cuilli un

---

**39** *la* : *là*

**40** *morut* : *u* au-dessus de la ligne.

**41** *demal plaqué* au-dessus de la ligne.

**42** *lesnemis* : le premier *s* rajouté ultérieurement.

**18r**

peu davantage/ la saulongne a esté fort mechante/ et dans 8, ou dix arpents on a cuilli 3 quarts en 12 arpents 5 qu*arts*[43]/ a la vandange on a vendu aux grois trois cent quatre vingt dix livres le tonneau d'auverna/ a vigneuil cent quatre vingt dix les paysans et deux cent l̲ibv̲r̲e̲s̲[44] les bourgois, le gro˘*n*oir[45] deux cent trante iusques a deux cent qarante livres le tonneau, non˄obstant qu°il feut cuilli fort peu de vin il y a eu si peu de consomation a paris qu°il en a resté beau˄coup a vendre/ et au mois de mars mil sept cent onse le vin dont on avét refuse deux cent livres on en avét a cinquente esceus/ la livre de pain valleut 8. a 9 sols et celle d'orge quatre sols, a la sourti de [l]a vandange on a refusé du vin de sau˄logne du cru de murblin cent quatre vingt dix et quatre vingt quinse livres du tonneau/ et des autres crus il en feut vendu cinquente escus/ la nuit a venir

**18v**

++ du dix au onse la louerre a esté si grande qu°elle a surpassé la cruë de la s^t^ denis de 8. pouces/

Chose surpenante/ non obstant le peu de vin qu°il a ésté cuilly il est venu a si bas pris que de celluy dont on avët refusé deux cent livres/ on l°a éu a ving escus au mois de iuin/ et le gros noir dont on avét refusé deux cent trante on l°a acheptë vingt cinq et trante éceus dans le dit mois/

++ De l°annee mil s[e]pt c[e]nt onse 1711/

Le mardy 3^e^ fevrier ma soeur babi a epousé m^r^ bailleul marchan̲d̲ de vin a paris/
Le 6 fevrier la loüere a esté si grande qu°elle a debordé par tout/ et sans que toutes les levéés estet rompus par la c[r]eu de devant elle auroit surpassé la cruë de la s^t^ denis/ elle a duré

**19r**

grande iusques au 3. de mars, il y a eu de si grand pluiés que toutes les rivieres ont debourdé, a vendosme il y a eu beau˄coup de maisons qui furent emportéés/

---

43 *5 qu*arts au-dessus de la ligne.
44 l̲ibv̲r̲e̲s̲ au-dessus de la ligne.
45 *gronoir* : *n* corrigé sur *i*.

et une bonne partie de la ville penca perir/ on croyoit que c°etoit le deluge, a paris a la greve et a la place maubert il failloit y aller en bateau et dens beau^coup d°autres endroits/

Le dix huit mars 1711 madame ditelly est mo[r]te a 5 heures et demy du matin/ et a este enterree le memme iour veille de st iosepht a six hures du soir/

Le quatorse avril 1711 monseigneur le dauphin est mort a onse heures du soir a mudon[46] agé de 52 ans/ et l°empereur est mort le 17 trois iours apres/

Le 30 octobre surveille de la toussaints le prince de galles est arrive a la

**19v**

galere/ et est parti pour paris le iour de˘la toussaints/ Le dix de decembre il a fait un si grand vent et une tempeste si˘furie^use qu°elle a decouvert et iesté[47] a bas quasi toutes les maisons et les che^minéés/ les ormeaux de sur le port ou arraches ou tous courbes/

De l°annéé mile sept cents douse/

Le douse fevrier 1712 madame la daufine duchesse de bourgonne est morte a versaille a 8 hures du soir/

Et monsieur le daufin duc de bourgonne son mary est mort le 18 de[48] a 8 heures du matin/

On n°a pas cuilli beaucoup de vin et sil[49] n°a pas esté cher/

Madame durand ma belle mere est morte

---

**46** *mudon* : *Meudon*
**47** *iesté* : *jeté*
**48** Blanc après *de*.
**49** *sil* : *si il /s'il*

**20r**

le lundy sept de novembre entre 6. et 7.heures du soir/ et a esté enteréé le mady[50] au soir a s^t honore sa paroisse/ Le vendredy 30 decembre m^r girault mon beau frere est mort/ et a esté enterré le 31. a s^t sollen soubs les cloches/

De l°annee mile sept cents traise/

Au mois de mars le bled a valleu cinquente éceus, l°orge ving et 2 sols le boisseau/ l°a^voyene 9 sols/ et au mois de may le bled a valleu [~~xxx~~] soisente[51] un et deux esceus/ et le 17 l°orge a valleu a houcque qarente et cinq sols le boisseau/ et le 3 iuin trante sols la velte 18/ et l°a^voyne 13 sols et demy/ le bled qarante et deux éceus/ le pain de 12 livres qarante sols/

Le premie^r de iuin la paix generalle

**20v**

a l°ecception de l°empereur a esté publiéé, et celle de l°empereu^r a esté publiéé le 26 avril 1714/

Le 22 iuillet le bled a valleu soixan[te] et quatre esceus et l°avoyene quinse sols/

Le 9 aoust le muid de blé a valleu a houcque quatre vingt esceus/ le pain qarante huit sols le pain moulet[52] cinq sols/ et huit iours apres le pain pesent douse livres a valleu cinquente sols/

Le 3 iuillet on a commence la procession generale pour la canoni^sation de pie cinq iacobin/

Et le ieudy dix sept aoust on a comme^ncé la procession generale pour la canonisation de s^t felix de cantalice capucin/

Le premie^r de decembre les louis^dor de vingt livres ont diminué de

50 *mady* : *mardi*
51 *soisente* au-dessus de la ligne.
52 *moulet* : *moulé*

**21r**

dix sols, les éceus de cinq livres de deux sols et six, et les pieces de dix sols d'un liard/

Le bled a ésté fort cher pend*e*nt toute l°annéé/

A la˘sortië de˘vandanges le vin doux de saulongne a ésté vendeu quatre vingt quinse livres le˘tonneau f[ra]nc de comision/

++ De lannee mile sept cent quatorse/

Le vingt six avril la paix a esté publiéé entre le roy de france et l°empereur/

++ Le dix huit septembre la raine de poulogne est arrivéé a blois/ et a loge au chateau/

A la sortie de˘vandanges les vins de saulogne doux ou soit^disent ont este vendeus qarante éceus/

**21v**

De l°annee mile sept cent quinse 1715/

Le vingt deux de fevrier le duc de baviere est veneu voir la rayne de po[u]logne sa belle mere/ il a reste deux hures et demy avec elle/ et est reparti ausitot pour versailles/

Le trois de may il y a eu un grand éclipse du soleil qui a duré depuis[53] /

++ Au mois d'aoust monseigneu^r de villars est veneu a blois/ a logé a la galere/ il allet prandre les eaux de barege/ il s°an˘est ret^ourné a paris a cause de˘la

**22r**

maladië du roy/

Le roy louis quatorse ou louis le grand est mort le premie^r iour de septembre agé de soixante et dix sept ans moins quatre iours d'une gangrene a la iambe causée

53 Blanc après *depuis*.

de cause interne, son cœur a esté porté aux grands iesuites ruë s[t] antoine/ ses antrailles a notre da[me]/ et s[on] corps a s[t] denis le 9[e] iour/

Louis quinse luy a succedé qui est son arriere fils c°est a˘dire fils de feu monseigneur le duc [de] bourgogne agé de cinq ans et demy, il a fait son antree au parlement le douse septembre 1715/ et a esté proclamé roy/ et monseigneu[r] le duc d°orleans regent pendent sa minorité/

**22v**

++ De l°annee mile sept cent saise 1716/

Le trante de janvier 1716 la rayne de poulogne est morte au chateau de blois/ i°an ay fait l°ouverture et l°ay embaumée la nuit du tra[n]te un a venir au premie[r] de˘fevrier assisté de m[r] pelloquin, m[r] bucher son chirurgien et de messieu[rs] vallon pere et fils/ et c°est moy qui en ay fait l°embaument[54]/

Et le trois d°avril elle a ésté depousée dans une chapelle de l°eglise du chateau sur la droite

**23r**

vis a vis le coeur a huit hures du soir/ et le landemain vendredy son oreson funebre a ésté proˆnoncée par un iesuite/

++ Le quatorse et le quinse de iuillet les deux grosses cloches du chateau ont ésté dessandeus[55] du clocher dans l°eglise/ le saise elles ont resté dehors et couché dans la cour du dit chateau, le dix sept elles ont couché a la porte charˆtraine/ et le came[d]y dix huit [o]n les a randeus a˘s[t] solenne qui est la catredalle pour estre mounˆtées a la tour, les charpantiers qui les ont entreprises, sont louis leso*ur*, clement, et refoulé/ et en ont éu deux mile quatre cent livres/

54 *lembaument* : *l'embaumement*
55 *dessandeus* : *descendues*

**23v**

L[e] cinq et le six de fevrier mile sept cent saise les ponts de blois ont ésté emportés par les glaces avec les cinq moulins qui y estet/ il y avet neuf cent ans quils avét esté faits/

++De l°annee mile sept cent dix sept 1717/

Le 15 avril le duc de popoly prince d[e] peterane a [e]pousé la fille de m^r de boufflers au chateau de blois dans la chapelle de s^t callays/ elle éstét agée d°environ 15 ans/ et environ 20 le dit prince/

++Au mois d'avril on a abatteu les allees de blois pour servir a batir le pont de bois q'uon[56] a˘fait en

**24r**

attandant le pont de pierre, et au commencement du mois de may on a commancé a travailler au dit pont de pierre/

++ Le vingt six de iuillet on a commencé a missoner la cullee du dit pont, et le vingt sept on a posé la premiere pierre, et pendent la ditte année on n°a mis que trois pilliers hors l°eau/

L°esté a ésté fort sec la riviere fort basse et les fontainnes sans eau/ il a falleu ouvrir les caneaux dans les ruës pour faire sortir les vents qui y éstént[57] dedans/ et avec tout cella on n°a pas éu davantage d'eau dans les fontainnes atandeu la grand secheresse/

**24v**

De l°année mile cept cent dix huit/

Le premie^r de iuin les esceus de cinq livres ont valeu six livres/ les louis^dor vieux qui valent dix huit ont valeu vingt quatre/ ceux de trante livres ont valeu trante six/ les pieces de dix sols douse/ les sou˘marqués de sept liards neuf/ ceux de cinq six/

---

56 *q'uon* : *qu'on*
57 *éstént* : *étaient*

L[a] nuit du douse au traise du mois d°octobre 1718. madam$^{e}$ petit ma belle soeur est morte/ elle a esté enterrée le traise a s$^{t}$ louis/

**25r**

De l°année mile sept cent vingt/

Le saise de ianvier 1720 monsieu$^{r}$ delorme a epousé mademoisel$^{le}$ deˇvalˆlencé pour sa quatrieme femme/

Le vingt trois du meme mois girault a épousé la fille de m$^{r}$ blin notaire/

Le six de fevrier moreau a épousé mademoisel$^{le}$ soubrillard fille de m$^{r}$ soubˆrillard de chateauˆdun/

L°anée mile sept cent vingt a ésté la plus facheuse qu°on ayt iamais veu/ car toutes ch[o]ses ont ésté d°une chéretté épov*e*ntable par la raretté de l°argent/ en ce que monseigneu$^{r}$ le regent en l°anée 1719 a crë des billets de banque pour prandre

**25v**

tout l°argent/ apres quoy au mois d°octobre mile sept cent vingt il les a tous suppriˆmes et point de cours/ ce qui a [~~xxx~~] fait que tous les contracts generalement ont ésté rembources de sorte qu°il n°est pas resté un sol deˇrante/ et ceux qui ont placé de ces billets les ont donés au denier cinquente et soixante/ ce qui a causé une grande desolation en france/

Cepindent on a cuilly beaucoup de blet et silˇa [v]alleu cent deux et cent quatre livres le muid/ on a aussi cuilly beaucoup de vin et du fruit et deˇlegumes/ le boisseau de poix siches[58] a valeu trante un et trante deux sols/ les souliers 8 $^{l}$i$^{b}$vres/ les sabots 20 $^{s}$ols et insi du reste/ le vin on n°an a iamais plus cuilly mais fort verd/ on a laissé bien de vignes a vandanger faute de poincons qu°on a vendeu cinquente esceus la dousaine argent content[59]/ les vendengeurs on valeu 20 $^{s}$ols/ les hotteux

58 *siches* : *chiches*
59 *content* : *comptant*

30 sols/ les liards ont valu huit deniers/ les sols marques neufs 5 sols/ les autres 4 sols/ les esceus vieux 15 libvres/ les autres 12 libvres/

**26r**

De l°annee mile sept cent vingt un 1721/

++ Le premier mars 1721 l°embassadeur turcy est arrivé a blois/ il a logé a la gallere/ et est parti le 2e pour aller coucher a st lorant des eaux/ il est venu debarquer a bayone n°ayant peu[60] debarquer a marseille a cause de la peste qui y éstét/

++ Le 24. du mois de novembre mademoiselle de monpencier fille du regent a passe a blois/ logé a la galere pour aller epouser le prince des asturies/
<Le 22>

**26v**

De l°annee mile sept cents vingt deux 1722/

Le vingt cinq oct[o]bre le roy louis quinse a ésté sacré a rims a l°age de douse ans et neuf mois/

++Le sept decembre mademoiselle de beaugelois fille de monsieur le regent agée de huit ans a passé a blois/ a logé a la gallere pour aller *é*pouser le prince dom carlos, fils du segond mariage du roy d°espagne et de la princesse de modene/
~~Le 22 fevrier 1723. le roy louis quinse a ette recu maieur a l°age de traise ans et 7. a 8. iours~~/

**27r**

De l°année mile sept cent vingt trois 1723/

Le 22. fevrier 1723 le roy louis quinse a ésté reconneu maieur a˘l°age de traise ans et .8. iours/

++Le traise may toute la paroisse de st leonard est veneu en procession avec leur chasses[61] en vienne pour implorer le secours de la st vierge a cause d°une

**60** *peu* : *pu*
**61** *chasses* : *châsses*

grand secheresse, et sitot qu°ils ont ésté arrivés il a pleu asses considerablement/
Insendie de chateau^dun/

Le dimanche vintieme iuin 1723 a deux hures apres midi le feu a pris a la ville de chateau^dun/ il y a éu plus de onse a douse cent maisons insendiées et plusieurs persones etouffées et brullées/

**27v**

Le 2e decembre 1723. monsieur le duc d°orleans regent a˘la minorité du roy louis quinse est mort le ieudy a 7. ou 8. hures du soir a versailles d°apoplexië/

Le 21 decembre ma belle soeur bailleul est morte a paris/

De l°année 1724/ ~~notre neveu~~
Le 14. avril le vendredi saint notre neveu girault pere de mademoisele daubichon est mort a six hures du soir/ et a esté enterré le iour de paques en l°eglise de st sollen/

**28r**

De l°année 1725/
Le quise[62] septembre mil sept cent vingt cinq le roy louis quinse agé de saise ans a épousé la fille du roy stanislas qui a˘esté roy de poullogne deux ou trois iours agée de vingt deux ans, le duc dorleans fils du regent a ésté l°epouser a strasbourg/ le mariage a esté consumé a fontaine^bleau/[63]

62 *quise* : *quinze*
63 À partir de 28v, les pages restantes sont vierges à l'exception de quelques exercices d'écriture.

# 10 Isaac Girard : *Journal* (1722–1725)

## 10.1 Introduction

### 10.1.1 L'auteur et son texte

Les informations dont nous disposons à propos d'Isaac Girard, auteur de ce *Journal*, sont plus riches que pour les autres auteurs de *Journaux* recueillis dans cette série de publications, et ce pour deux raisons : Pierre Dufay, historien blésois du commencement du XX^e^ siècle, a fait précéder son édition de ce texte d'une introduction particulièrement riche en détails biographiques (Dufay 1912). Nous savons ainsi qu'Isaac Girard, issu d'une famille d'horlogers de vieille tradition huguenote, naquit le 8 novembre 1668 et fut baptisé trois jours après au temple (huguenot) de Blois. Comme son père et son grand-père, il exerçait le métier d'horloger. Jusqu'à ses dernières années (mais il mourut relativement jeune, à 57 ans), il resta solidement ancré dans le réseau de sa famille, même s'il semble ne s'être jamais marié. Dans les années qui suivirent la révocation de l'Édit de Nantes, cette famille s'était convertie au catholicisme (en partie ou dans sa totalité ?), on ignore avec quel degré de conviction. De toute façon, sans cette conversion – réalisée dans les premières semaines de son hospitalisation – Isaac Girard n'aurait probablement pas été admis à l'hôpital de Blois, où il passa ses dernières années et où il écrivit le *Journal* que nous allons aborder.

L'autre source d'informations sur la vie d'Isaac est son *Journal* même, qu'il a tenu depuis son entrée à l'hôpital jusqu'à sa mort.[1] Ce *Journal* nous renseigne sur les détails des petits évènements survenus à l'hôpital et les faits divers de la ville de Blois. C'est à juste titre que Dufay caractérise ce texte comme « le résumé des papotages du bureau de l'Economat et des bons vieux qui, quand il fait beau, chauffent leurs rhumatismes au soleil » (Dufay 1912, 7). Mais il y a plus encore : à la différence d'autres journaux de cette série, notre texte se rapproche dans une certaine mesure du genre des « Journaux intimes », il laisse transparaître la mentalité de l'auteur et, d'une façon explicite, ses convictions, ses opinions, ses appréciations des personnes de son entourage, des membres de sa famille.[2] Certes, le « Journal intime » « dans lequel quelqu'un manifeste un souci quotidien

1 Voir au verso du titre : « Remarques faites par moy Jsaac girard en lann*éé* 1722 du depuis son antr*é* a lhopital jusq[u]a ce quil aete au lit de la mort ». Le début de cette espèce de titre est de la main d'Isaac, la suite (« du depuis ... ») – on l'aura deviné – est d'une autre main.

2 Cf. par ex. les remarques du 11 décembre 1722 à propos de *madame sadié* et de *ma cousine cadiou* : la premiere *est venue me voir avec bien de lamitié*, tandis que la cousine *ne ma pas fait*

https://doi.org/10.1515/9783110482003-011

de son âme »[3] ne fut introduit que plus tard dans la typologie des textes, et par des personnages bien plus importants, mais il faut voir qu'il y a des textes (et même des précurseurs) qui lui correspondent à un niveau social inférieur.

Pourtant, l'intimité de ce *Journal* n'était pas absolue. On peut même présumer qu'Isaac laissait traîner son *Journal* pour permettre au personnel de l'hôpital de lire les pages où il fait l'éloge de l'abbé Poitraz, les remarques flatteuses à propos des oraisons de ce dernier, censées probablement démontrer comment leur auteur, ancien adepte de la « Religion prétendue reformée », était devenu une ouaille obéissante de l'Église catholique romaine. Qu'on lise, par exemple, ces deux notes des 19 et 20 avril 1723 (133/134) :

> Ledit jour monsieu$^{r}$ secours ~~a fait icy~~ oculiste de naissance a fait icy une operation sur le nommé dabert et levé une cataracte fort adroitement en presence de plusieurs personnes et particulieremen$^{t}$ de monsieur labbé poitraz qui a un talent bien plus precieux car il ouvre les yeux de lame pour conduire a la vie eternelle et bien heureuse
> Le 20 geléé| lon tient que les vignes sont bien gastéés| et moy ie dit que sy dieu conserve le reste que lannéé sera bonne| armons nous dela foy| par elle s$^{t}$ pierre marcha sur les e[a]ux de la mer comme en terre ferme| mais venant a luy marquer [=manquer] / il commenca denfoncer de sorte quil fut obligé de secrier et dire seigneur sauvez moy car ie pery

Cette image qu'il voulait donner de lui-même risquait d'être ternie par son amour pour le tabac, l'eau-de-vie et les *b. de v.*, les bouteilles de vin, qu'il désigne souvent sous cette abréviation – on ne sait pas trop si c'était pour cacher à l'éventuel lecteur une certaine tendance à l'alcoolisme (secret pourtant bien facile à éventer) ou pour aller vite, parce que c'est un syntagme très fréquent dans son *Journal*.

Mise à part cette – probable – intention de laisser lire en secret le journal par une personne curieuse de son entourage qui fouillerait ses affaires personnelles, ce texte ne fut certainement pas écrit pour être accessible à un public plus large. Cela vaut même pour un passage comme le suivant : aux pages 3–7, Isaac parle d'une lettre *m'estant tombéé par hazard entre les mains* : *jay creu que lon trouveroit de la consolation a la lire du moins a ceux qui sont du bon goust*. On peut se demander qui devait trouver *de la consolation a la lire* dans le *Journal* de ce vieillard. Je répondrais que dans ce passage, notre homme respecte les conventions du rôle d'auteur, mais sans vraiment penser à un futur public.

Ce *Journal* fut tenu avec une grande régularité : pendant des mois entiers, on y trouve une entrée presque chaque jour. L'auteur se croit même obligé d'expli-

---

*la mesme grace| et son amitié pour moy est changéé en jndifferance depuis que ie suis icy| et ne veux plus me voir.*

3 Pachet (1990, 13).

quer une interruption de quelques jours : *Depuis ledit jour jusquau six dudit mois* [septembre 1723] *je nay fait aucune remarque estant bien fatigué dun devoyement* (267). À l'évidence, il ne s'écoule guère de temps entre les faits racontés et leur fixation par écrit.

Le texte est celui d'un esprit simple, attentif aux petits détails de la vie de l'hôpital, aux petites joies de la vie d'un vieillard (son texte et le style avec lequel il raconte sa vie le font paraître plus âgé qu'il n'est, du moins à nos yeux de lecteurs modernes) : les visites d'amis et de ses sœurs, les bouteilles de vin et d'eau-de-vie et les « bouts de tabac » qu'il reçoit en cadeau. Le style et la langue du texte trahissent pourtant par endroits une certaine formation littéraire due à l'éducation huguenote, enrichie par des éléments religieux de l'Église catholique. Girard a beaucoup lu et il continue à lire, même si le genre de ses lectures change avec sa conversion au catholicisme. Dans son *Journal*, il mentionne parfois ces lectures ; elles sont dans leur grande majorité de caractère religieux : le 24 mars 1723 *mademoiselle la Supérieure* lui fait cadeau de *ljmitation de jesus* (121) ; quelques jours auparavant, il avait vendu pour 45 sous son *Dictionnaire royal* (119).[4] Au mois de septembre de la même année, il reçoit de ses sœurs *le livre de lexposition dela doctrine de leglise catholique sur les matieres de controverse par monsieur de condom evesque de meaux etc.* (167) ; à d'autres occasions, on lui prête les *Caractères* de Théophraste (66) ou *le tome premier des œuvres de mr racine* (180). Ces lectures, de même que l'attention qu'il prête aux prêches dominicaux de l'abbé Poitraz (et, peut-être, les souvenirs des sermons entendus au temple protestant) expliquent les éléments rhétoriques, voire pathétiques qui parsèment son texte chaque fois qu'il traite de sujets religieux. Pour le reste, son texte est celui d'un homme simple sans ambition (ni même aptitude) littéraire, rédigé dans un style plat et une langue informelle, proche de ce qu'on appelle le « pôle de l'immédiat », même si, comparée aux textes privés du siècle précédent, l'orthographe est plus régulière, plus proche de la norme orthographique des textes imprimés. Du reste, outre son journal, notre auteur produit un grand nombre de textes : il écrit des lettres à sa famille et à ses amis, dont quelques-unes sont même en vers (91, 92, 186). Dufay (1912), suppose même que « I. Girard devait être employé comme scribe au bureau, où on utilisait son instruction relative ».

Il existe déjà une édition de ce texte, celle de l'historien Pierre Dufay (1912), qui réunit dans un même volume les *Journaux* de Jean Desnoyers et d'Isaac Girard. À propos de l'édition de Girard, on peut répéter les mêmes remarques que celles faites pour le *Journal* de Desnoyers : c'est une édition correcte pour son

4 Il s'agit probablement d'une des nombreuses éditions du dictionnaire trilingue (français/latin/allemand) de François Antoine Pomey.

époque, qui satisfait pleinement les besoins et les intérêts des historiens, surtout les spécialistes d'histoire locale et de sociologie historique,[5] voire d'histoire des mentalités. Malheureusement – mais c'est chose normale pour les éditions de l'époque – elle laisse à désirer du point de vue d'une éventuelle analyse linguistique : l'éditeur du début du XXe siècle a introduit une ponctuation moderne, il a modernisé la graphie, il a parfois mal lu ou mis un mot pour un autre.[6] C'est pour satisfaire les exigences des linguistes que nous publions ce texte dans une transcription presque diplomatique (pour les détails, v. les paragraphes suivants).

Pour pouvoir juger des différences qui existent entre l'édition de Dufay et la nôtre, voici les notices du 14 et du 17 mars 1722 (p. 7s.) dans l'édition de Dufay :

> Le samedi quatorze dudit mois de mars, à six heures du soir, il est passé ici, dans la charrette de Tours, un jeune homme de ladite ville avec les fers aux pieds et aux mains ; il est condamné par le présidial dudit Tours à faire amende honorable, d'avoir le poing coupé et d'être roué au vif et le clergé l'a jugé à une prison perpétuelle, au pain et à l'eau. Le tout pour avoir tué, en plein midi, de deux coups de pistolet, à ce que l'on dit, l'aumônier des dames religieuses de Beaumont. Ledit criminel avait reçu les ordres du diaconat et il est appelant desd. deux sentences à Paris.
> Le dix-sept dudit mois, le sieur Mollineau, mousquetaire à genou, a épousé en secondes noces une demlle Aubert de Lacorne, fille dévote ou soi-disant, car elle a préféré le lien du mariage au cordon de Saint-François qu'elle avait pris ; on leur a fait un charivari pendant quelques jours.

Dufay a enrichi son édition de nombreuses notes, qui identifient les personnes dont parle notre auteur et éclairent nombre d'autres détails de l'histoire locale. Ainsi, pour les deux notices précédentes, il ajoute d'abord une note au sujet de l'abbaye de Beaumont-les-Tours. Pour la note suivante, qui lève un doute linguistique, il a pu se baser sur ses recherches dans les registres de Saint-Nicolas de Blois : le « mousquetaire à genou », « le Sieur René Molineau, était apothicaire ... L'instrument de Molière était son mousquet » (Dufay 1912, 63s., n.2). On comprendra facilement que notre ambition n'est pas de faire concurrence à Dufay dans le domaine de l'histoire locale, qui sera toujours bien mieux faite par les historiens de l'endroit. Pour les notes de ce type, également utiles pour des éclaircissements linguistiques, on se fiera donc toujours à Dufay.

5 Cf. p. ex. Dinet-Lecomte (1985 ; 1986).

6 Pour ne donner qu'un seul exemple : à la page 57 du manuscrit, on lit *nous avons recognu*, qui devient *nous avons appris* dans l'édition de 1912.

## 10.1.2 Le manuscrit et ses particularités graphiques

### 10.1.2.1 État du manuscrit, mise en page

Le manuscrit est conservé à la Bibliothèque municipale de Blois, où il porte la cote ms. 91. La reliure en carton mesure 14,5 × 11,5 cm, mais les feuilles sont d'un format très inégal : il semble que Girard ait laissé à la postérité un tas de feuillets[7] qui n'ont été reliés qu'après sa mort.

La pagination en haut de la page est due à une main postérieure.[8]

L'écriture est ferme, claire et facile à lire ; c'est seulement vers la fin du manuscrit qu'elle se fait plus tremblée, indice, peut-être, de la maladie qui devait entraîner la mort de l'auteur. Toutefois, deux éléments matériels viennent compliquer la lecture : jusqu'à la page 90, des taches d'eau ont endommagé le manuscrit ; en outre, comme le papier n'est pas de la meilleure qualité, le texte d'une page transparaît souvent de l'autre côté de la feuille.

L'auteur articule son texte en réservant une ligne entière à l'indication de l'année et/ou du mois. Les remarques sont séparées l'une de l'autre par un alinéa, parfois aussi par une ligne horizontale ou par une fioriture.[9]

Girard ne coupe jamais les mots en fin de ligne ; là où il reste de la place, il remplit la ligne par un trait horizontal (qui constitue parfois un élément de la dernière lettre de la ligne).

### 10.1.2.2 Mots amalgamés/mots séparés

Il semblerait que le phénomène de l'amalgame (graphique) de mots soit plus rare que dans les textes privés plus anciens. Mais on le rencontre toujours dans les mêmes circonstances, concernant, en général, la combinaison d'un mot grammatical et d'un mot lexical : *jay* 3, *mestant* ‹m'étant› 3, *ma* ‹m'a› 183, *ladame* 3, *devin* 200, *destre* ‹d'être› 7, *ames* [*sœurs*] 197, *sen* ‹s'en› 274, *aesté* ‹a été› 3, *abrisé* 155, *deladite* 7, *ces* ‹c'est› 61. Dans une certaine mesure, c'est l'usage (non systématique) de l'apostrophe (v. 10.1.2.5.) qui a contribué à réduire la fréquence des amalgames.

Dans les coupures de mot irrégulières, l'observateur moderne est tenté de distinguer deux cas différents :

---

7 Cf. aussi les remarques où Girard mentionne *une main de papier* dont quelqu'un lui a fait cadeau (160 etc.).

8 La numérotation saute la page 76 ; le numéro de page 104 a été attribué deux fois. Nous avons maintenu la pagination originale.

9 Dans cette édition, nous avons remplacé la fioriture par des astérisques : ***.

a. on analyse encore deux éléments dans un mot déjà lexicalisé : *quoy que* 16, *quoy quil* 291, *a dieu* 75, *de rechef* 100, *en suitte* 144, *long temps* 162 (cela vaut aussi pour les cas où la norme moderne requiert un trait d'union : *lamy caresme* ‹la mi-carême› 22, *cy dessus* 120) ;
b. le premier des deux éléments issus d'une telle coupure « arbitraire » est graphiquement identique à un élément grammatical (fait résultant de l'étymologie ou du hasard) : *a chepté* ‹acheté› 104 bis, *a manderont* 121, *en fans* 229, *en terréé* 231, *sa tendoit* ‹s'attendoit› 16.

L'auteur du texte n'était certainement pas conscient d'une telle distinction.

#### 10.1.2.3 Majuscules/minuscules

Au début des mots, on trouve plusieurs occurrences des formes « majuscules » des lettres <E, J, L, M> ; pour <B, D, G, R, S, T, V> il n'y a que des occurrences isolées. Nous avons renoncé à reproduire les majuscules dans notre édition – à l'exception de la première lettre de chaque notice –, et ce pour deux raisons :

a) la distinction entre majuscule et minuscule, qui repose souvent uniquement sur une différence de taille, n'est pas toujours sûre ;
b) les lettres « majuscules » ont surtout une fonction « décorative », leur fonction linguistique est très réduite : il est vrai que les noms propres et les titres sont souvent (mais pas toujours !) ornés de ces lettres ‹majuscules› ; mais cela vaut aussi – certes, dans une moindre mesure – pour les noms communs et les mots grammaticaux.

Pour illustrer cet aspect, voici une page choisie arbitrairement, la page 101 du manuscrit, dans une transcription essayant de tenir compte des lettres dites « majuscules » :

> presté un livre qui a pour tiltre La vie de Dom Barthelemy des Martyrs Religieux de Lordre de s$^{t}$ dominique archevesque de Brague en portugal /
> Ledit Jour M$^{r}$ Beaujouan est venu me voir au sujet de La nouvelle annéé| Jay escrit par Son moyen a Mon frere dans un paquet quil envoye a angoulesme|
> Le 5 brouillard froid| Ledit sieur beaujouan ma Envoyé une bouteille de bon vin nouveau du cru des groix|

De même que pour ces pseudo-« majuscules », on ne tiendra pas compte, dans la présente édition, d'autres variantes graphiques de certaines lettres, dont quelques-unes sont liées à la position dans le mot (<n, r, s ...>).

#### 10.1.2.4 Problèmes de lecture, formes des lettres

Les taches d'eau et l'écriture parfois tremblée peuvent rendre la lecture problématique. D'autres fois, c'est la forme même des lettres qui rend difficile leur distinction. Cela vaut non seulement pour *u/v* (qui ont la même forme dans le manuscrit ; c'est nous qui les avons distinguées dans l'édition) et le cas bien connu de *n* et *u/v*, mais aussi pour *c/e* et *l/t* (sans trait horizontal)/*f* (à la page 162, on est tenté de lire *graftard* au lieu de *graffard*). La lettre *a* est parfois ouverte dans sa partie supérieure ; elle ressemble alors à *u/v*. Pour le reste, il n'y a pas de grands problèmes de lecture.

#### 10.1.2.5 Signes diacritiques, accents, apostrophe

L'accent aigu se rencontre en fin de mot ; dans les participes (au féminin) et les substantifs terminés par *-ée*, notre auteur aime mettre deux accents : *aagéé* 1, *soiréé* 1. Exceptionnellement, l'accent aigu se trouve aussi dans d'autres positions : *négé* ‹neigé›10.

L'accent circonflexe semble parfois remplacer un *e* étymologique disparu (cf. dans la graphie moderne *dû* < *deu*) ou un autre élément graphique : *pû* 57, *vûe* 231, *eûe* 260. Cf. aussi *dejeûnant* 80, *toûjours* 225, *lhôpital* 85.

Le tréma se trouve presque exclusivement dans les combinaisons de deux (ou plusieurs) lettres vocaliques, ce qui ne signifie pas nécessairement qu'il s'agisse de voyelles appartenant à deux syllabes différentes : *boü[es]* 10, *brouïllard* 173, *laïr* ‹l'air› 183, *chau foïr* ‹chauffoir› 183, *continuatïon* 217, *maladïe* 292 ; exceptionnellement (par erreur ?) sans une telle combinaison de lettres vocaliques dans *cousïn* 225.

L'apostrophe existe, mais elle est employée d'une façon très irrégulière : *n'est* 12, *n'a* 182, *qu'une* 182, *d'orleans* 191, etc.; l'auteur en fait un usage peu orthodoxe dans *qu'atorze* 7, *d'unkerque* 212, *m'est* ‹mes› 217 (inversement *ces* ‹c'est› 16, 229, *ses* ‹s'est› 28).

#### 10.1.2.6 Ponctuation

Le système de ponctuation est limité à deux signes, la virgule et la barre oblique, les deux indistinctement dans plusieurs fonctions : pour marquer la fin d'une phrase, d'un énoncé, d'une remarque, plus rarement dans d'autres fonctions attribuées à la virgule dans le système moderne de ponctuation. Pour suppléer à la ponctuation lacunaire et faciliter la lecture, nous avons ajouté des barres verticales, qui articulent les unités de sens, sans pour autant correspondre exactement à un système de ponctuation.

#### 10.1.2.7 Abréviations, sigles

La gamme des abréviations est moins vaste que dans certains des autres textes publiés dans cette série. Nous avons laissé telles quelles les abréviations encore en usage aujourd'hui ou facilement reconnaissables (en renonçant toutefois au point parfois placé sous les lettres en exposant) : *st, ste, sr, srs, mr, mrs, mlle, 8*$^{e}$, *3me, chap.* Pour résoudre les autres abréviations, nous avons choisi – dans la mesure du possible – les graphies qui se trouvent ailleurs dans le manuscrit, en soulignant les lettres omises ou représentées par un signe d'abréviation dans le manuscrit.[10] En voici la liste :

> *12s* = *12sols* ; *6d* = *6deniers* ; *7bre, 9bre, xbre* = *septembre, novembre, decembre*
> *b* = *bouteille* ( ? ) (219) ; *bv, b.d.v.* (à partir de 220) = *bouteille de vin, bouteille de vin ;laquelle, led* etc. = *ledit, audit, dudit, ladite, deladite, desdits, desdites* etc.; *demoiselle, damoiselle, mademoiselle, madame monsieur, -mt* = *-ment* : *entierement, malheureusement, particulierement, notaire, parroisse, qu'e*$^{lle}$, *reverand père.*
> L'abréviation &c a été résolue en *etc.*

#### 10.1.2.8 Correspondances phonographiques

Comme pour les autres textes publiés ici, on ne donnera pas de description complète du système graphique de Girard. Le but de ce chapitre sera de guider le lecteur dans le déchiffrement du texte, de lui donner un mode d'emploi pour la lecture. Ne seront commentées ici ni les graphies usuelles à l'époque ni les graphies complètement isolées, pour lesquelles nous renvoyons aux notes.

##### Voyelles

##### Voyelles orales

##### [ə]/[e]/[ɛ]

L'absence d'accent peut créer des problèmes de lecture pour des mots comme *infinite* ‹infinité› 5, *labbe* ‹l'abbé› 24, *alle* ‹allé› 79, *cure* ‹curé› 132, *lesne* ‹l'aîné› 249 ; *pres* ‹près› 21 ; la lecture sera moins problématique dans des cas comme *fevrier* 1, *depart* 2, *leloge* 180 ; *proces* 9, *pieces* 74.

On rencontre fréquemment une « monophtongaison graphique » de <ai> (plus rarement <ei>), qui devient <e> : *tresne* ‹traîné› 10, *vesselle* 189, *dellessa* ‹délaissa› 195, *lesne* ‹l'aîné› 249, *resins* ‹raisins› 60, *derain* ‹d'airain› 147 ; *négé* ‹neigé› 10. Le contraire est beaucoup plus rare : *seiche* ‹sèche› 212.

10 Nous avons renoncé, dans la plupart des cas, à indiquer les pages où se trouvent les abréviations citées.

La graphie <oi> pour [ɛ] ou [wɛ] (v. ci-dessous) est bien établie : *foible* 209, *foiblesse* 129, *connoistre* 64, *baujollois* 93 et les morphèmes verbaux *-ois*, *-oit* (passim).

### <i>/<j>

Dans la plupart des cas, notre auteur fait la distinction entre <i> (vocalique) et <j> (consonantique). Mais on trouve aussi des graphies comme *jl* 2, *jnconstans* 188, *jnceu* ‹insu› 271 ; *ie* 5, 31, etc.

### <y>

Le <y> dit calligraphique est fréquent en fin de mot : *icy* 2, *jay* 23, *may* 23, *sy* 28, *celluy* 197, *party dicy* 272. Mais il se trouve aussi à l'intérieur du mot, souvent dans un groupe de lettres vocaliques : *demye* 1, *joye* 1, *lyvraye* ‹l'ivraie› 86, *pluye* 13, 53 et passim, *aymable* 124. Par ailleurs, le <y> savant d'origine grecque se trouve changé en <i> : *hidropique* 73, *lipoteque* 218.

### <o>/<au>

Comme pour <ai>, il y a une certaine tendance à la « monophtongaison graphique » de <au>, qui passe à <o> : *loditoire* 24, *fosse* ‹fausse› 162, *noffrage* 164.

### <oi>

La graphie <oi> représente la prononciation [wɛ]. C'est ce que laisse supposer la graphie *groix* 101, 187, pour désigner la localité *Grouets*.

### [o]/[u]

L'oscillation entre [o] et [u] en protonie se reflète dans des graphies comme *soumeil* 13, *soumellier* 166, [re]*coumencé* 86 ;[11] *norry* 47.[12]

### [y]

La graphie historique <eu> est maintenue dans des mots comme *receu* 1, *creu* 3, *asseurer* 5, *blesseures* 20, *beu* 217, *jnceu* ‹insu› 271.

---

**11** *u* de lecture incertaine.

**12** On peut observer une hésitation semblable entre [ɛ]/[e] et [i] en protonie : *cerimonie* 24, *chiverny* ‹Cheverny› 43.

### Voyelles nasales

#### <n>/<m> comme signes de nasalisation

<n> empiète parfois sur le domaine de <m> : *enmené* 84, *menployer* 227.

#### [ã]

Les graphies <an>/<en> et <am>/<em> peuvent se remplacer l'une l'autre : *danrées* 11, *splandide* 13, *landemain* 93, *a manderont* 121, *patiance* 135, *santinelle* 213 ; *esperence* 17, *respendre* ‹répandre› 24, *charment* 88, *tente* ‹tante› 177 ; *redampteur* 17, *examplaire* 206.

#### [õ]

La graphie <-ens> comme morphème verbal (1ère pers. pl.) dans *reposens* ‹reposons› 136 semble être isolée dans ce texte.

### Consonnes

#### Consonnes étymologiques et historiques

C'est surtout le *s* étymologique (ou considéré comme tel) devant consonne qui est maintenu dans la graphie de Girard : *estre* 1, *fenestres* 1, *espouser* 2, *goust* 3, *fust* 20, *fasché* 27, *d'aoust* 43, *desja* 48, *gasteaux* 139, *tousjours* 165 ; *pastrimonneaux* ( ! ) 177, *oeconosme* ( ! ) 294. Pour les autres consonnes étymologiques ou historiques, v. p. ex. *condampné* 7, *fructiers* 15, *deub* ‹dû› 23, *(je) doibt* 58, *debtes* 118, *niepce* 183, *deffunct* 194, *tiltre* 62, *gaulche* ( ! ) 64. La tradition graphique d'insérer une consonne pour marquer la valeur consonantique de <u/v> est maintenue dans les graphies de *orfebvre* 85, *febvrier* 211 (mais aussi *fevrier* 212).

#### Lettres d'origine grecque

Les graphies <th, rh, ph> sont parfois simplifiées en <t, r, f> : *lipoteque* 218, *rume* 108, *rumatisme* 192. Mais on trouve également des graphies hypercorrectes « savantes » comme *thedeum* 90, *autheurs* 110, *thonnelliers* 143, *caraphe* 209.

#### Consonnes simples/doubles

Parmi les consonnes redoublées (sans motif évident), c'est surtout <ll> au lieu de <l> qui est très fréquent : *pistollet* 8, *volleur* 17, *collique* 68, *exille* 51, *gillet* 104bis, *thonnelliers* 143, *soumellier* 166, *enfiller* 248. Autres consonnes redoublées : *col-*

*licque* 35, *secq* 145, *deceddéé* 3, *édiffié* 130, *noffrage* 164, *st honnoré* 78, *patrimonneaux* 177, *couppé* 7, *drappiere* 13, *encorre* 5, *fuitte* 9, *visitte* 68 (à côté de *visiter*, *visite*, formes du verbe), *lhôpittal* 115 (mais 4 occurrences de *lhôpital*).

En ce qui concerne les consonnes (graphiques) doubles simplifiées dans la graphie de Girard, on remarque d'abord le groupe des mots dans lesquels la simplification a eu lieu à la frontière entre un préfixe (ou ce qui en était un historiquement) et la base lexicale : *racomoder* 90, *apris* 21, 37, *daprendre* 56, *aparemment* 121, *suprimëé* 255, *corompu* 212, *arose* 83. Autres cas de consonnes doubles simplifiées : *sacagé* 155, *moyenement* 256, *charette* 7, *poura* 79.

Inversement, on trouve, dans la même position, des consonnes redoublées (par comparaison avec la norme graphique) dans *abbattu* 39, *dellessa* ‹délaissa› 195.

### Désonorisation (graphique) de consonnes sonores

Ce phénomène, fréquent dans d'autres textes de cette série (Valuche, Desnoyers, Montjean, Ménétra), est très rare dans notre texte. Je n'ai trouvé à ce stade qu'un mot docte comme *cangrenne* ‹gangrène› 171.

### Réduction de groupes consonantiques

Il n'y a que très peu d'exemples pour documenter des phénomènes de ce type : *denier* ‹dernier› 84, *satiffaction* 237 ; *fultigéé* ‹fustigée› 78 doit sans doute être lu [fyti'ʒe]. Dans *mauguemente*[*r*] 22, on observe une voyelle [ə] insérée dans un groupe consonantique difficile à prononcer.

### [s]/[z]

L'absence de la cédille sous la lettre <c> n'empêche pas la prononciation [s] : *francois* 9, *garcon* 99, *soupconne* 156, *glacon* 195.

Pour [s] en position initiale, nous avons les graphies <s> et <c>, qui ne correspondent pas toujours à la norme graphique : *sependant* 11, 259 ; *ce* ‹se› 19, *cy* ‹si› 46, *ces* ‹ses› 124. Après consonne, à l'intérieur du mot : *rembourcement* 116.

Pour [s] suivi d'une consonne, la graphie normative prescrit la lettre <s> ; contrairement à cette restriction de position, notre auteur écrit *jndigection* 36, *macquez* ‹masqués› 45, en étendant la valeur [s] de la lettre <c> à la position devant consonne.

À l'intérieur du mot, entre voyelles, Girard écrit parfois <z> au lieu de <s> : *espouze* 29, *cazernes* 258, *aize* 274, *razé* 278. Ces graphies ne correspondent pas à la norme, mais elles n'enfreignent pas le système des correspondances phonographiques. La même observation vaut pour la graphie <t> (au lieu de <ss> ou <c>) devant semi-voyelle : *jntermition* 204, *antien* 79.

La graphie <s> au lieu de <ss> affecte le mot rare *mouseline* 193.

Pour la graphie *xaintonge* 9 (mais aussi *saintonge* 41) cf. DHO (1144) : cette graphie « souvent d'origine dialectale et maintenue régionalement a été conservée dans certains noms de ville comme *Xaintes*, *Xaintonge* ... ».

### [k]

Les graphies <c> et <qu> peuvent se remplacer l'une l'autre, mais les restrictions de position sont observées : *cantiesme* 47 ; *vaquances* 54, *dominiquains* 245.

### <h>

La lettre <h> peut manquer dans des mots comme *exortation* 24, *rabiller* 52.

### [ɲ]

Comme dans beaucoup d'autres textes, la graphie de [ɲ] peut être <gn> ou<ngn> : *solongne* 58, *besongne* 204.

### Consonnes finales

Dans le domaine des consonnes (graphiques) en fin du mot, notre texte ne présente plus l'arbitraire qui règne dans certains textes qui le précèdent. Il perpétue pourtant certains usages graphiques traditionnels qui vont disparaître plus tard (ou qui ont déjà disparu des textes imprimés de l'époque) : <-ez> au lieu de <-es> dans les syllabes finales toniques des participes au pluriel (*conviez* 13, *tuéz* 33, *aagez* 98, *cazernez* ‹casernés›109) et des substantifs en *-té* au pluriel (*qualitez* 26, *bontez* 36, *infirmitez* 63) ; autres syllabes finales accentuées : *accez* 135, *labcez* ‹l'abcès› 283.

Chute d'une consonne finale devant *-s* du pluriel : *enfans* 14, *habitans* 235, *mars* ‹marcs› ; *esparts* ‹épars (pl.)› est probablement un cas de graphie inverse.

Parmi les consonnes graphiques finales, c'est très souvent *-s* (et *-x*) qui tombe : *vergla* 191, *asturie* (toponyme, pl.) 2, *suevre* ‹Suèvres (toponyme)› 70, *maslive* ‹Maslives (toponyme)› 57, *vieu* 103.

Ailleurs, une consonne muette à la fin du mot est remplacée par une autre consonne (ou par *-e*), également muette : *vend* ‹vent› 253, *se vent* ‹se vend› 221, *dont* ‹donc›,[13] *lye* ‹lys› 33, *toue* ‹toux› 210, *foix* ‹fois› 245.

Consonnes ajoutées à la fin du mot, sans conséquences pour la prononciation : *peut* ‹peu› 53, *cancert* 168.

13 À l'évidence, la prononciation [dõk] n'est pas encore réintroduite.

#### 10.1.2.9 Orthographe grammaticale

La chute de certaines consonnes en position finale ainsi que la substitution d'une consonne muette à une autre, également muette, ont des conséquences pour la forme des morphèmes grammaticaux.

**Noms**

Dans la plupart des cas, la chute de *-s*, morphème du pluriel, est compensée par un autre élément du même groupe nominal. Nous ne donnons qu'une petite série d'exemples, qu'il serait facile de multiplier : *les habitant* 2, *des monnoye* 84, *deux paires de manchette* 97, *mes estrenne* 100, *2 cervelat* 102, *six semaine* 148, *mes soeur* 151 ; *quelques jours bien chaud* 15, *plusieurs parroisses circonvoisine* 155. Dans d'autres exemples, c'est le contexte qui éclaire le sens : *en couche* 147, *pour les nettoyer de punaize* 159.

La marque du genre, *-e*, se trouve d'une façon assez régulière. Dans *grand maison* 67 (à côté de *grande maison* 170) et *grand fontaine* 43, il s'agit du phénomène bien connu de l'invariabilité (en genre) de l'adjectif *grand*.

**Morphologie verbale**

L'infinitif des verbes en *-er* est souvent homographe au participe passé : *donné* 40, *soupé* 63, *gardé* 103, *preservé* 246. Notons que nous n'avons pas trouvé le même phénomène pour les verbes en *-ir*.[14]

Aux formes personnelles du verbe, on observe la chute fréquente de *-s*, *-t* ou on les voit se remplacer mutuellement. Nous avons ainsi à l'indicatif présent :

1ère pers.sg.: *doibt* 58, *peut* 116, *scay* 119, *prend* 173, *craint* 210, *croy* 224 ; *pery* 135.

3e pers.sg.: *scay* 19, *veux* 64, *peu* 74, *dois* 129, *pleu* ‹pleut› 243 ; *vy* ‹vit› 17.

Les formes de la 3e pers.pl. sont souvent identiques à celles du singulier, à cause de la chute de *-nt : donne* 95, *travaille* 143, *aspire* 178, *brusle* 261, *patisse* 144,[15] *souffre* 263. Avec *-s* final : *mons* ‹m'ont› 21.

Autres formes remarquables :

Imparfait, 3e pers.pl.: *respirois* 183.

Conditionnel, 3e pers.sg.: *deverois* 127.

---

14 Cela pourrait démontrer que pour les verbes en *-ir* la prononciation du *-r* final a déjà été réintroduite.

15 Ici, c'est l'infixe *-ss-* qui distingue le pluriel du singulier.

Participe passé : *iay put* 237. Dans les participes passés, la chute de -*s*, marque du pluriel, est particulièrement fréquente : *battu* 9, *venu* 21, *cuit* 221 ; *venue* ‹venus› 39, *venu* ‹venues› 29.

## 10.2 Texte

Journal
d'Jsaac Girard,
pensionnaire
à l'hôpital de
Vienne-lès-Blois
(1722–1724)[16]

Remarques faites par moy
jsaac girard en l°annéé
1722 du[17] depuis son antré
a˘l°hopital jusq[u]a ce qu°il a˘ete au lit
de la mort[18]

---

**1**

Le dimanche 22 fevrier 1722 la˘bourgeoisie de cette ville avec le regiment de xaintonge ont pris les armes pour aller au˘devant de l'infante d°espagne aagéé de quatre ans destinéé pour estre reine de france| elle arriva a la gallere sur les cinq heures et˘demye du soir et ap[r]es avoir receu les harangu[e]s et les presents de ville ordin[ai]res en [~~xxx~~] pareilles occasions l˘on alluma un feu de joye dan[s l]a place devant les jesuites, et toute la soiréé il y eut des ch*a*nd*e*lles alluméé aux fenestres

**2**

dans tous les quartiers, et le landemain matin les habitant et ledit regiment ont˘derechef pris les armes pour accompagner la˄dite[19] future reine a son depart qui fut a neuf heures et demye avant midy| elle est alléé coucher a s[t] laurens des eaux, jl y a trois mois que madame la princesse de monpensier aagéé de douze

---

16 *Journal ... 1724* titre d'une autre main.
17 *du* corrigé sur /.
18 *Remarques ... de la mort* : verso du titre *du depuis ... de la mort* d'une autre main.
19 *la dite* : écrit par une autre main sur un morceau de papier collé sur un trou du manuscrit.

ans fille de monsieur le regent passa icy pour aller en espagne espouser le prince des asturie|

**3**

* * *

Mars

Le 13 dudit mois et an 1722 la dame veuve collet sieur de˘lapreé vivant receveur du domaine du roy est morte fort aagéé|

---

La lettre qui suit m°estant tombéé par hazard entre les mains j°ay creu que l°on trouveroit [~~xxx~~] de la consolation a la lire du moins a ceux qui sont du bon goust| cette lettre a˘esté escrite au sujet de la mort de la˘dame veuve tremblay deceddéé le dix novembre dernier 1721 par

**4**

la dame veuve landré au sieur tremblay son neveu| en voicy la teneur

De mestre^dain ce 12 feuvrier 1722

Monsieu^r mon neveu

je ne suis pas moins toucheé de vostre fermeté que de vostre affliction, vous perdez une mere qui avoit mille bonnes qualitez et qui vous estoit necessaire| cette perte vous est extremement sensible mais vostre pieté vous fournit les consolations

**5**

necessaires, et vous regardez cette epreuve du costé qu°il faut, si c'est une consolation aux affligez de scavoir qu'on prend part a leurs douleurs ie puis vous asseurer mon cher neveu que i'en prens beaucoup a la vostre et que j°y suis aussy sensible que vous mesme, vostre mere est dans le repos de son dieu et nous sommes encorre sur la terre exposez a une jnfinit*é* de disgraces| c'est par sa mort qu°elle est heureuse et c'est son bonheur

**6**

qui doit faire nostre consolation| vous ne l°avez perdue que pour un temps| car nous la reverront un jour dans le ciel couronnéé de la gloire que dieu promet a ses saints, continuez a vous resigner a sa volonté et soyez persuadé qu°il vous donnera des jours de joye apres vous en avoir donné de tristesse| je faits les mesmes souhaits pour ma niece vostre espouse et vos chers enfans a qui je suis comme a vous vostre

**7**

tres humble et affectionnéé tante la veuve landré

* * *

Le samedy q'uatorze dudit mois de mars a six heures du soir il est passé icy dans la charette de tours un jeune homme de˘ladite ville avec les fers aux pieds et aux mains| il est condampné par le presidial dudit tours a faire amande honorable d˘avoir le poing couppé et d˘estre rompu vif et le clergé l°a jugé a une prison perpetuelle au pain et a l°eau|

**8**

le˘tout pour avoir tué en plain midy de deux coups de pistollet a ce que l°on dit l°aumosnier des dames relligieuses de beaumont| ledit criminel avoit receu les˘ordres du diaconat et il est appelant desdites deux sentences a paris|

* * *

Le 17 dudit mois le sieur mollineau mousquetaire a genoulx a espousé en seconde nopces une demoiselle aubert de lacorne fille

**9**

devotte ou soit disant| car elle a prefere le lien du mariage au cordon de st francois qu°elle avoit pris, on leur a fait un charivary pendant quelques jours|

* * *

Le 18 dudit mois deux sold[ats] du regiment de xaintonge se sont battu en duel sur la butte des capucins| il en [es]t resté un mort sur la place et l°autre a pris la fuitte| le mort a esté transferé en prison pour luy faire son proces|

**10**

Et le 20 dudit mois apres midy il a esté tresné sur la claye par l°executeur des sentences criminelles et son corps jetté a la voirye pour servir de pasture aux animaux de proye|

* * *

Jl est a remarquer que l°hiv*er* de cette annéé 1722 a esté doux et pleuvyeux de sorte que les chemins pendant son cours ont presques esté jmpratiquables en plusie*rs* endroits a˘cause des boü[es]| il˘a fort peut négé et gelé|

**11**

et sependant l°on a beaucoup bruslé de bois qui estoit bien cher| et le charbon encore plus| car il s°est vendu jusqu°a un ecu le poinsson| ce qui ne s°estoit veu de nos jours en cette ville, le paisan est a˘present plus aisé que le bourgeois par le debit de ses danréés qu°il survend par raport que l°on n'a pas *pû* faire ses provisions dans son temps a˘cause de˘la rareté de l°argent les meilleures familles estant reduites au petit pied et dans l°indigence

**12**

causéé par les billets d*e* banque dont chacun a une mauvaise provision et qui tient lieu de leurs revenus annuels| le vin se vend un asse*z* bon prix| et le bled n'est pas che[r]| car le pain ne vaut qu°un sol la livre| dieu soit benit|

* * *

La nuit du mercredy 25 dudit mois de mars 1722 a esté accompag[n]éé d°un vent t[err]ibl[e] et capable de troubler le repos de ceux qui dorment du

**13**

plus profond soumeil| il a bien aussy timbé[20] de˘la pluye durant le cours de ces affreux tourbillons| ledit jour le fils de madame lorieux veuve, marchande drappiere a pris l°hibit[21] de cordellier| en suitte de quoy il a esté fait un splandide repas

---

**20** *timbé* : *tombé*
**21** *lhibit* : *l'habit*

de poisson par l°hullier maistre traiteur de cette ville ou plusieurs des parents et amis dudit futur relligieux ont esté conviez et remply leur devoir [~~xxx~~] et le mousle de leur pour^point /

* * *

**14**

Le samedy 28 dudit mois de mars veille de pasque fleurie il a esté pendu deux volleurs et un troisieme a esté pendu en effigie, depuis le retour du printemps il est a remarquer qu°il fait plus froid qu°il n°a quasy fait pendant l°hiver| et comme la vigne est bien avancéé il est a craindre que s°il vient a geler comme l°apparence y est les enfans de bacchus passeront mal leur temps| dieu par dessus tout| le 31 et dernier jour dudit mois de mars forte geléé|

**15**

Avril

Le samedy quatre dudit mois il a gelé plus fort qu°il n°a point fait pendant l°hiver| apres quoy il y a eu quelque jours bien chaud qui ont fait fleurir les arbres fructiers| et ensuite continuation de froidure| dieu veille[22] destourner la mauvaise influance des astres et avoir pitié de son pauvre peuple qui espere en sa bonté|

---

Le mardy 21 dudit mois davril 1722 a quatre heures apres mid[y]

**16**

madame sadié quoy que malade a mon grand regret et retenue au lit par la fievre, m°a fait porter en chaise a l°hospital ou j°ay monté a la porte de mademoiselle rogier| ceˇqui a surpris bien du monde et particullement ceux de nostre famille qui ne s°atendoit a rien moins que cela, dieu veille que ce soit pour sa gloire mon salut et l°edification de mon pro[chain]| c°es ce que luy demande de tout mon coeur[23]

---

**22** *veille* : *veuille*

**23** *coeur* au-dessus de la ligne.

**17**

p[ar] le merite du sang precieux de son fils unique nostre sauveur et redampteur jesus christ qui en l°unité du s$^{t}$ esprit vy[24] et regne eternellement| amen|

* * *

Le vendredy 24 dudit mois il a [es]té pendu un volleur / le 25 feste d[e] s$^{t}$ marc evangeliste qui fait l[~~xxx~~] de la [~~xxx~~] la rigueur du froid a cessé et le [ch]aud a commencé a regner ce qui donne bonne esperence| dieu [sait]mieux

**18**

ce qu°il nous faut que nous mesme| sa sainte volonté soit faite en la terre comme aux cieux/

Le 28 j°ay escrit a mademoise$^{lle}$ rogier au sujet d°un songe qui mºa bien fait de la peine et passé une mauvaise nuit|

Le 29 j°ay receu une lettre de˘laditte damoise$^{lle}$ qui m°a bien fait du plaisir et de la consolation et en mesme temps respendu des larmes au sujet de la continuation de la maladie

**19**

de madame sadié que j°aime et honore comme un enfan[s] doit faire une bonne et charitable mere|

* * *

Le 30 et dernier jour dudit mois d°avril le temps a c[han]gé et la pluye a commencé a ce declarer en faveur des biens de la terre qui *en* avoit grand besoin|

May

Le lundy 4 dudit mois il a este [trouv]é deux hommes morts| on ne scay d'ou ils sont ny

---

**24** *vy* : *vit*

**20**

comment leur malheur est arrivé|
Le 5 dudit mois il a esté amené icy en prison l°homme borgne qui a massacré depuis quelque mois un prestre passant a coups de couteau sur le visage et l°a laissé croyant qu°il fust mort| il est a˘présent guery de ses blesseures et dit la messe|
Le neuf dudit mois ledit borgne a esté roué tout vif| puis apres estranglé| il avoit

**21**

esté arresté a callais ou il estoit pres a s°embarquer pour aller en angleterre|

---

Le 21 dudit mois de may m[r] et mademoise[lle] rogier me sont venu voir et m°ons apris pour une triste nouvelle que madame manon badaire avoit perdu l°esprit| ce qui m°a bien surpris| car c°estoit une fille fort sage et bonne chrestienne, je souhaite que cela n°ait pas de suitte et qu°elle revienne en son bon sens| dieu luy en fasse la grace|

**22**

Le 22 dudit mois monsieur chartier drapier a pris la peine de venir icy pour me donner des marques de son amitié que j°estime fort| et en mesme temps il m°a temoigné qu°il approuvoit ma conduite d°estre venu icy pour y faire mon salut| dieu m°en fasse la grace je l°en prie de tout mon coeur et de m°augue-mente[r] le don precieux de la foy pour vivre en sa crainte et mourir en sa grace/ jl m°a

**23**

payé tout ce qui me restoit deub des mois de son fils et de sa fille avec une honnes-teté ache[vé]é s°en estant entierement raporté a moy|
Le 26 dudit mois de may derniere feste de la pentecoste ma soeur manon et mes cousines cadiou, fillonniere et tessier sont venues me voir|

* * *

Le jeudy 28 dudit mois de may 1722 a quatre heures du soir j°ay fait ma reunion a nostre

**24**

mere s[te] eglise| monsieu[r] l°abbe poictratz en a fait la cerimo[nie]| et son exortation a esté sy touchante que la plus g[r]and[e] partie de l°oditoire en a pleur[é] et moy le premier| le zele de ce monsieu[r] est sy grand et des expressions sy vives qu°il faudroit estres des coeurs de rocher pour ne pas respendre des larmes| c°es le temoignage que je peut rendre avec bien de la justice a c[e] bon et fidelle pasteur des ames que le

**25**

seigneur a commise[25] a sa conduite|

Juin

Le dimanche sept dudit mois mademoise[lle] rogier et mademoise[lle] siret me sont venu voir|

* * *

Le huit feste de s[t] medart apres midy il a tombé de˘la pluye, pour remarque s˘il pleuvera quarante jours de suitte selon la commune oppinion de pere en fils|

**26**

Le neuf dudit mois de juin 1722 j°ay fait ma confession generalle| ledit jour le pere jean baptiste poirier cordellier a esté enterré| il estoit aagé de 78 ans| sa memoire est en bonne odeur et il est regretté des petits comme des grands| il ne confessoit plus depuis deux ans et auparavant il avoit un nombre jnfiny de penitent de˘toutes qualitez et conditions| ce mesme jour il a pleu et tonné| l°annéé est tendre| jusques a present les bleds

25 *commise* : *commis*

**27**

et les vignes ne font pas bien| ~~et~~ le pain de 12 l*i*b*vres* vaut quatorze sols et l°on craint qu°il ne monte encore a un plus haut prix| la misere est grande et l°argent [~~xxx~~] rare| dieu est bien fasché contre les hommes| tachons dont[26] de l°appaiser par la priere et la penitence|

* * *

Le 10 mon cousin fillonniere est venu me voir/
Le 11 j°ay escrit a mad*emoise*lle rogier| elle m°a fait reponse en des termes

**28**

sy tendres et sy humains qu°il faudroit avoir un coeur de rocher pour n°en estre pas touch[é]| j°ay fait reponse a laditte dam*oise*lle le 12 dud*it* mois, non pas comme elle l*a* meritte mais selon ma petite capacité|
Ledit jour 12 dud*it* mois le temps s°es mis au beau et fait bien chaud |ce qui fait plaisir a tout le monde
Le 16 dud*it* mois de juin pluye et tonnerre, led*it* jour madame

**29**

agaisse mr son frere et son espouze avec mr de lonpre sont venu me voir, et j°ay receu une lettre de madem*oise*lle rogier avec un morceau de tabac/
Le 17 des dames des nouvelles catholiques sont venu me voir avec madem*oise*lle duqueray| le˅temps est a la pluye depuis 2 ou trois jours/
Le 21 madame sadié m°a fait presen[t] une paire de souliers neufs/

**30**

Le 22 laditte dame et madem*oise*lle rogier m°ont donné de˅quoy faire une cullotte|
Le 23 j°ay esté a confesse et le mercredy 24 dud*it* mois de juin feste de st jean baptiste j°ay fait ma premiere communion|

---

26 *dont* : *donc*

Ledit jour mes soeurs manon et judith me sont venu voir| je leur ay escrit le 26 dudit mois, la chaleur continue depuis quelques jours ce qui fait esperer que tout ira bien|

***

Le 28 mademoise^lle rogier et manon badaire sont v[e]nues

**31**

me voir, et une heure apres une autre compagnie composéé de mes cousines tessier, fill[onniere] madame delaunay chandelliere m^lle bourgeois et madame trinquart|

***

Le 29 dudit mois de juin madame daudin est venue me trouver|
et ie luy ay donné les ve[rs] qu°elle m°avoit prié de luy faire au sujet d°un bouquet pour une relligieuse|
Le 30 et dernier jour dudit

**32**

mois de juin j°ay escrit a laditte damoise^lle rogier|
Le temps continue a estre favorable pour les biens de la terre| dieu soit benit|

Juillet

Le jeudy deux dudit mois j°ay receu une lettre de ma soeur nannon|
Le trois j°ay escrit a ma cousine gousset|
Ledit jour il a esté condamn[é] trois hommes scavoir un banny l°autre aux galleres|

**33**

et le troisieme a eu le fouet et la fleur de lye, le˘chaud continue qui est un temps de grace et de benediction|
Je me suis laissé dire que l°on demande aux bouchers depuis pasques dernier un estat des boeuf veaux et moutons qu°ils ont tuéz pour en payer scavoir 40 ^sols par boeuf 12 ^sols par veau et 4 ^sols par mouton et continuer a l°advenir| cela n°est pas le moyen de manger la vi[ande] a bon marché/

**34**

Le 4 dudit mois le sieur guillemeau chirurgien est mort subitement|
Le cinq mademoise$^{lle}$ besnard de vienne m°est venu randre visitte avec bien de l°honnesteté et de l°amitié|
Le jeudy neuf dudit mois a quatre heures j°ay esté a la premiere messe de l°eglise de vienne ou je n°avois point encore esté|

**35**

<Ce jour> Ce jourd°huy dix dudit mois de juillet 1722 madame mardelliere fille est morte icy fort aagéé| elle a esté enterréé a cinq heures du soir dans le cimetiere dudit hospital|
Depuis quelque jours le˘temps est rafr*e*schy et disposé a la pluye|
La nuit du vendredy au samedy 11 dudit mois m$^{r}$ labbé poictraz s°est trouvé mal d°une collicque et

**36**

d°une grande jndigection| ce qui a bien fait de la peine a˘toute la communeauté chacun estant jnteressé dans tout ce qui le regarde avec bien de l*a* justice| et moy particullieremant qui suis obligé a ce juste devoir pour toutes les bontez qu°il a en mon endroit|
Ledit jour onze j°ay escrit a mademoise$^{lle}$ rogier|
Le 12 ladite damoise$^{lle}$ et madame bellanger de bourgneuf me sont venu voir, comme aussy madame

**37**

lalement sa fille| une demoise$^{lle}$ bellanger qui est en pension chez elle et la dame veuve nicolas ferrand procureur|
Le mercredy 16 dudit mois de juillet m$^{r}$ labbé poictratz a esté seigné|
Ledit jour nous avons apris la nouvelle de la mort de m$^{r}$ de comartin frere de m$^{r}$ de comartin second evesque de blois|
Apres midy madame

**38**

gobert veuve the*n*ot est venue me voir| son dessein est de venir a l°hospital pour y finir le reste de ses jours| elle est aagéé de 80 ans ainsy qu°elle m°a dit|

---

Le 16 ledit s$^{r}$ abbé a esté seigné de rechef, son sang est tres mauvais|
Le temps est bien rafreschy et pleuvyeux|
Le 18 mademoise$^{lle}$ rogier m°a envoyé un morceau de tabac| elle est sur son depart|

**39**

Ledit jour 18 pluye et tonnerre qui ont rechauffé le temps et abbattu le vent|
Le dimanche 19 dudit mois de juillet mon cousin desforges m$^{r}$ et madame regnier et mes soeurs manon et judith sont venue me voir|
Le 21 monsieu$^{r}$ poictratz a pris une medecine qui a bien fait|
Ledit jour j°ay escrit a mes soeurs et leur ay envoyé des vers pour donner deux bouquets le jour de s$^{te}$ anne|

**40**

le 23 dudit mois de juillet mademoise$^{lle}$ rogier m°a escrit|

---

Le 24 ie luy ay fait reponse et envoyé des vers pour donné un bouquet a une dame anne|
Le 25 j°ay escrit a ma soeur nannon en luy envoyant un bouquet|
Ledit jour monsieu$^{r}$ tessier et mademoise$^{lle}$ leroy me sont venu voir|
Le 26 pluye tonnerre et gresle|

**41**

Le 28 dudit mois de juillet j°ay escrit a mes soeurs|

---

Le 29 j°ay receu une lettre de ma soeur nannon|
Ledit jour monsieur[r] duhamel m°a fait present d°un demy quarteron de belles poires pour la saison|
Le 26 dudit mois de juillet 1722 monsieur[r] le chevallier officier au regiment de saintonge est venu prendre son logement chez nous pour la seconde fois, il a un gar[c]on avec luy qui couche dans mon lit|

**42**

Le 31 et dernier jour dudit mois de juillet j°ay escrit a madame sadié|

Aoust

Le samedy premier jour dudit mois j°ay escrit a mon frere par la poste avec une lettre que ie luy envoye de la part de monsieur[r] poitratz a mon sujet dont j°ay retenu la coppie par devers moy|
Le 2 dudit mois le pain de 12 [l]i[b]vres vaut 15 [s]ols| cela est bien facheux| plusieurs personnes n'en mangeront pas leur a[i]se a ce prix|

**43**

Le 3 dudit mois d'aoust j°ay receu une lettre de mademoise[lle] rogier de court chiverny|
Le 4 j°ay fait reponse a˘laditte damoise[lle]| le˘temps ce comporte assez beau pour l°oust|
Le 5 j°ay escrit a mon cousin tessier le jeune proche la grand fontaine en luy envoyant un trebuchet pour en donner ce qu°il luy plaira|
Ledit jour le˘sieur fauchet cafetier a esté enterré aux jacobins| l°hospital a esté a son convoy|

**44**

Le six mon cousin tessier m°a fait reponse et renvoyé mon trebuchet avec une piece de vingt cinq sols|
Le 7 j°ay escrit a monsieur le chevallier officier au regiment de xaintonge qui est logé chez nous|
Ledit jour pluye et vent jmpetueux/
La nuit passéé une jeune fille de baugency nomméé leroy servante du sieur

**45**

montreuil hoste de la pucelle a vollé dans l°eglise de st honoré et en voulant se sauver par une fenestre elle est tombéé sur le pavé dans la rue ou elle s°est demise la cuisse| on l°a transportéé a l°hostel dieu jusqu°a nouvelle ordre|
Le 9 monsieur boirault est venu me voir| depuis huit jours monsieur soudart curé d°averdon a esté vollé de nuit par des hommes macquez[27]| l°on *croi*t qu°il l[u]y a esté pris

**46**

32000 libvres d°argent contant sauf a rabattre| il est bien malade du mauvais traitement qu°il a receu de ces volleurs| et l°on ne scay pas s°il n'en perdera point la vie|
Le 10 dudit mois d°aoust feste de stlaurens mes soeu[rs] manon et nannon me sont venu voir et raporté la lettre que j°avois escrite a monsieur le chevall[ier] le 7 du c[ou]r[an]t| n°ayant pas voulu luy mettre entre les mains par raport qu°elles ne vell[en]t

**47**

pas qu°il sache que ie suis a l°hospital| comme cy c°estoit un deshonneur pour eux et nostre famille| et mesme m°ont jmposé pour ainsy dire que quand j°ecrirois de ne point marquer le lieu ou ie suis et de me contenter du cantiesme du mois| a quoy ie veux bien consentir par complaisanc[e] et ne faire de peine a personne|

---

Le 11e dudit mois le bureau a tenu ou il a esté parlé de faire un acte en ma faveur par lequel ie doit estre norry et entretenu

27 *macquez* : *masqués*

**48**

a l°hospital en qualité de pensionnaire quoy que ie ne le sois pas| ce qui avoit esté desja conclu et arresté verballement entre messieurs les administrateurs avant mon entréé en cette maison|

---

Le 12 continuation de chaleur, ledit sieur soudra*d* curé d°averdon est mort du mauvais traitement qui luy a esté fait par ceux

**49**

qui l°ont vollé, le s$^{r}$ m*a*illard curé de chambon est a l°extremité de maladie naturelle|

---

Le 13 j°ay envoyé une lettre a madame sadié| le bruit court que ledit s$^{r}$ maillard est mort| ainsy c°es deux cures a pourvoir|
Ledit iour ladite dame sadié m°a envoyé un bout d*e* tabac|
Le 14 j°ay esté a confesse|
Ledit jour monsieu$^{r}$ poitraz

**50**

a receu une lettre de mon frere par la poste dans laquelle il y en avoit une pour moy/
Le 15 dudit mois d'aoust j°ay fait ma seconde communion|
Ledit jour ma cousine tessier, madame boirault et mes trois soeurs sont venue me voir| elles m°ont apporté un morceau de tabac pour mon argent|

**51**

Le dimanche 16 dudit mois pluye et vent, monsieu$^{r}$ le mareschal de villeroy gouverneur du roy est exillé|
Ledit jour monsieu$^{r}$ sauvageau est venu me voir avec bien de l°amitié|
Depuis quelques jours grande chaleur| le 20 dudit mois pluye et tonnerre| temps propre pour la vigne|

Le 21 la du foix soeur au sieur sauvageau boutonnier a esté enterréé a s$^{t}$ saturnin de vienne| c°es pour la 3$^{me}$ femme dudit du foix|

**52**

Le 23 dudit mois d°aoust 1722 madame sadié mademoise$^{lle}$ sa fille et madame daudin leur domestique sont venu me voir et m°ont temoigné beaucoup d°amitié et de la bien veillance et offre de service| ladite dame sadié m°a fait present d°un morceau de tabac et promis de me donner quelques cravattes et de faire rabiller mes vieux soulliers pour passer l°hiver|
Le soir dudit jour 23 dudit mois il a fait une grande orage

**53**

composéé de gros nuages de furieux esclairs sans jnterval de grand coups de tonnerre bien du vent et peut de pluye|
Le 24 feste de s$^{t}$ barthelemy la˘dame guillais espouze de monsieu$^{r}$ rebu bourgeois a esté enterréé dans l°eglise de s$^{t}$~~solenne sa parroisse~~ honoré[28]|
Ledit jour tonnerre et pluye| monsieu$^{r}$ l°abbé m°a donné un bout de tabac|
Et le mesme jour madame leroux avec madame bretheau

**54**

lestumier et jeanneton brunet sa fillole me sont venu voir|
Le 25 et 26 le temps s°est rafreschy| ledit jour 26 le˘bureau a tenu icy| qui doibt estre le dernier jusques a la s$^{t}$ martin prochaine a˘cause des vaquances| ainsy ie ne suis pas pres d°avoir l°acte que l°on devoit faire en ma faveur pour estre norry et entretenu a l°hospital en qualité de pensionnaire|

* * *

28 *honoré* au-dessus de la ligne.

**55**

Le 27 dudit mois d°aoust 1722 a trois heures du matin m°estant levé pour aller aux petits lieux| ou estant il m°est arrivé ce qui suit|
J°ay entendu marcher et venir de loin comme une personne| comme en effet l°on est venu se pauser sur le sueil de˘la porte desdits lieux| et j°ay veu au clair de la lune qui estoit dans son plain une vieille femme qui avoit une bequille sous son bras gauche mal

**56**

coifféé et les cheveux esparts sur le visage, laquelle m°a dit par deux fois venez venez contre le puits et je vous diray ce qui ce passera pendant la foire| je n°ay pas esté bien estonné de cette avanture croyant que ce fust quelqu°un de˘la maison qui vouloit me faire peur| ie n°ay pas eu la curiosité d°aprendre les nouvelles de cette femme mais au contraire je me suis promptement retourné coucher

**57**

sans avoir pû scavoir la verité de cette histoire qui est assez surprenante, sinon que l°on dit que c°est quelque esprit qui revient et qui ce transforme en plusieurs figures et se contente souvent de faire du bruit sans se faire voir ny parler,
Deux jours apres nous avons recognu que ledit revenant qui s°estoit presenté a moy estoit une pauvre fille de la maison nomméé marie de maslive

**58**

qui a perdu l°esprit| laquelle s°estant levéé cette nuit et ayant trouvé une porte ouverte est venue dans l°appartement des hommes sans scavoir ou elle alloit ny aucun mauvais dessein|

* * *

Le dimanche 30 dudit mois d'aoust mon cousin viet en revenant de solongne est venu me voir, le˘temps est disposé a la˘pluye|

**59**

Le 31 et dernier jour dudit mois d'aoust pluye, le˘bureau a tenu depuis neuf heures jusqu'a midy|

Septembre

Le mercredy 2 dudit mois j°ay escrit a madame marjolla au sujet de ce que ie luy doibt|
Le 3 dudit mois ma cousine jolly de mer et trois dames de vendosme me sont venu voir, depuis 2 ou 3 jours il s°est noyé dans un puits un

**60**

domestique d°un monsieur de consequence qui est icy en exil et qui demeure dans la montéé de st nicolas| on ne scay comment la chose est arrivéé car c°estoit dans la nuit|
Le cinq dudit mois temps bas et touffeur ce qui est bon pour meu*r*ir les resins ou il y en a| un marchand dans la foire donne de la marchandise pour des billets de banque scavoir

**61**

pour un billet de cent frans/ il donne pour 50 livres de marchandise et pour un de 50 livres il en donne pour vingt cinq de sorte que c°es la moittié de proffit pour luy sy l°on en est payé| mais aussy il risque a tant perdre ou du moins la plus grande partie| car la chose est bien jncertaine [et] douteuse|
Le six le sr blondeau et sa femme me sont venu voir|
Le 7 grande chaleur| ledit jour

**62**

sept dudit mois et an 1722 le bureau tenant il a esté faict en ma faveur l°acte dont est cy dessus fait mention| on l°a escrit sur le registre des deliberations| l°on m°en delivrera la coppie pour me servir de tiltre|
Apres midy madame sadié est venue me voir| elle avoit avec elle mademoiselle blanchet et une jeune demoiselle nomméé de˘la chaize qui estoit a˘la visitation ste marie| laquelle

**63**

a esté receue icy ledit jour a˘cause de ses jnfirmitez| elle est noble|
Le 8 continuation de beau˘temps| mes soeurs manon et nannon et mon cousin coullange me sont venu voir| et apres midy mes petits cousins chapuzet et champmarqué,
Ledit jour il a esté fait icy une charité de pain vin et viande dont chacun a eu sa portion et moy aussy| c°estoit a soupé| ces personnes ne se donne pas

**64**

a connoistre| ainsy leur action en est plus agreable a dieu a qui rien n°est caché et qui ne veux pas que dans ces occasions nostre main gaulche sache que fait la droite| la recompense leur en sera faite dans le ciel suivant la parole du seigneur qui dit que celuy qui aura donné un verre d°eau froide en son nom [ne] perder[a] point son salaire|

**65**

Le 9 dudit mois de septembre 1722 j°ay escrit a monsieur boirault|
Le vendredy onze dudit mois nouvelle lune et pluye douce qui est un beau˘temps pour avancer la vendange et faire de bon vin|
Ledit jour j°ay escrit une lettre en vers a mademoiselle rogier|
Le 13 froid| ledit jour j°ay escrit a mademoiselle manon badaire|
Le 14 chaud| j°ay disné chez mr duhamel qui m°a presté un livre

**66**

jntitulé les caracteres de theophraste et les moeurs de ce siecle qui est un livre curieux|
Le 15 continuation de beau temps| ledit jour monsieur l°evesque est arrivé a blois|
Le 18 beau| la nuit du 17 esclairs et tonnerre sans pluye|
L°on m°a dit que mr brunier a cuilly a madon 20 pieces d°auvernat il n°en avoit que 15 l°an passé|

## 67

Le samedy 19 dudit mois de septembre 1722 petite roséé| ledit jour l°on a˘commencé a vendangé l°auvernat a nostre closerie de la˘grand maison, avant midy monsieu$^{r}$ girard et monsieu$^{r}$ l°abbé m°ont chacun donné un morceau de tabac,
Le 20 temps couvert sur le soir qui promet de la pluye|
Ledit jour monsieu$^{r}$ bellanger de bourgneuf est venu me voir et m°a apporté une lettre de mademoise$^{lle}$ rogier qui m°a fait plaisir|

## 68

Le mesme jour les dames veuves grousteau et gigot du bourg s$^{t}$ jean m°ont fait visitte|
Le lundy 21 dudit mois beau et froid, ledit jour messire ponce doury prieur de st solenne est mort d°une collique|
Le 22 couvert| l°hospital a esté a l°enterrement dudit s$^{r}$ prieur, ledit jour j°ay fait reponse a mademoise$^{lle}$ rogier et luy ay envoyé la coppie de la lettre de mon frere|

## 69

Le mercredy 23 dudit mois de septembre pluye froide|
Le 24 beau pour la vendange| ledit jour je me suis trouvé fort jndisposé d°un devoyement par en haut et par bas| des douleurs en tout mon corps etc.| particullierement une grande debillité d°estomach|
Apres midy mon cousin fillonniere est venu me voir|

---

Le 26 j°ay esté a confesse|

---

## 70

Le dimanche 27 dudit mois de septembre j°ay communie/
Ledit jour m$^{r}$ poitraz est party apres vespre pour aller a suevre voir m$^{r}$ de bertault son cousin qui fait vendange audit lieu|

Le 28 beau| la femme a m$^{r}$ pelloquin conseiller et medecin a esté enterréé a s$^{t}$ honoré sa parroisse| l°hospital a assisté a son convoy|
Le 29 continuation de beau temps| m$^{r}$ de lannoys chanoine

**71**

de la cathedralle a dit la messe jcy,
Le mercredy 30 et dernier dudit mois de septembre chaleur|
Ledit jour j°ay escrit a madame bezard superieure des nouvelles catholique, le 28 dudit mois m$^{r}$ d'ampierre prieur de s$^{t}$ lazare a pris pocession du prieuré de s$^{t}$ s[o]-l[enne]|

Octobre

Le˘jeudy premier dudit mois temps couvert et vain, ledit jour un soldat du regiment de xaintonge a eu la teste casséé pour le fait de d*e*sertion|

**72**

Le 2 beau| ledit jour j°ay escrit a mes soeurs|
Le 3 la soeur gabriella besnard de l°hostel dieu est morte subitement|
Le 4 la veuve jouanne[au] est morte icy, ledit jour mes soeurs judith et nannon me sont venu voir et m°ont dit que ma soeur manon est a la serfilliere ou m$^{r}$ tremblay est mort le jour de s$^{t}$ michel dernier et que monsieu$^{r}$ regnier est

**73**

devenu hidropique| elles m°ont apporté un bout de tabac qu*i* m°estoit deub[29]|
Le 6 continuation de beau temps| ledit jour j°ay escrit a mademoise$^{lle}$ de marescot a la˘grand maison| elle m°a envoyé des resins et une bouteille de vin doux|
Le 9 dudit mois d°octobre m$^{r}$ poitraz est revenu de vendange

**29** *deub* : *dû*

**74**

ou il a esté environ quinze jours| l[e]dit jour j°ay escrit a mademoiselle rogier|
Le lundy 12 continuation de beau temps, sy la vendange n°a pas esté abondante elle a esté aussy belle qu'on en peu souhaiter, nous avons cuilly a la grand maison soixante pieces de vin, et a la haute piece 25| revenant le tout a 85 poinssons|
Le 13 temps charmant| ledit

**75**

jour mademoiselle rogier est venue en s°en retournant a cour me dire bon^jour et a^dieu en un mesme moment,
Pour remarque| le pain de 12 livres vaut 17 sols| la viande 4 sols 6 deniers|le sel 13 livres 10 sols le boisseau| le vin bien cher et peut d°argent| ainsy la vie de l°homme est facheuse et fort penible|
Le 15 la continuation du beau temps m°a fait naistre l°envie de sortir et j°ay esté chez

**77**[30]

monsieur le jard qui demeure a l°entréé du vieux pont| il m°a bien fait de l°amitié et boire deux coups de bon vin a six sols la pinte|
Le vendredy 16 dudit mois pareil| la couvraille est fort belle| ce qui donne lieu d°esperer que le bled diminura de prix| ledit jour monsieur labbé m°a fait present d°un bout de tabac|
Le 17 dudit mois pareillement beau, ledit jour la fille nomméé le roy, ou bovet qui

**78**

avoit vollé dans l°eglise de st honnoré le 7 d'aoust dernier ayant appellé de sa sentence du presidial de blois qui la condamnoit a estre pendue a esté jugéé a paris

30 La personne qui a numéroté les pages a sauté le chiffre 76.

a fair[e] amande honorable la corde au cou| estre fultigéé[31] avoir deux fleurs de lys et bannie| ce qui a esté executé ledit jour samedy 17 dudit mois d°octobre 1722|
Le 18 beau| le pain est amandé d°un sol|

**79**

Le 19 frais| ledit jour m^r duhamel est alle faire un voyage dans la bourgogne qui est son pays natal| son absence poura estre de 3 semaine,
Apres midy j°ay esté faire visitte aux damoise^ll[es] bernards|
Le 20 gelléé blanche| ledit jour m^r chartier antien procureur a esté

**80**

enterré a s^t solenne| il est mort en dejeûnant|
Le 21 beau froid, il y a aujourdhuy six mois que je suis a l°hospital et il me semble qu°il n°y en a pas la moitié| ayant trouvé icy des amis qui me dedommage de l°indifferance de mes parents| dieu soit benit|
Le 22 pareil| ledit jour j°ay escrit a monsieu^r sauvageau|

**81**

Le dimanche 25 dudit mois d°octobre brouillard froid| monsieu^r sauvageau est venu me voir| il m°a dit que mon cousin tessier a cuilly a onzain huit poinssons de vin plus que l°an passé| le pain ne vaut plus que 15 sols|
Ledit jour mademoise^lle simonet de villeneuve est venue icy| elle m°a fait beaucoup d'amitié|
Le 26 bonne pluye et favorable pour tous les biens de la terre| il n°avoit point tombé d°eau depuis le 23 septembre| dieu soit benit|

---

**31** *fultigéé* : *fustigée*

**82**

Le 27 dudit mois d°octobre 1722 beau et froid|
Le 30 belle geléé| ledit jour j°ay escrit a madame potin de˘la foullerie| elle m°a envoyé une petite bouteille d°eau de˘vie d°environ une chopine, sur le˘soir la˘dame veuve amaury a esté enterréé a st solenne|
Le samedy 31 et dernier jour dudit mois d°octobre forte geléé de matin| j°ay esté a confesse, depuis peu de jours madame de caumartin mere de monsieur nostre evesque est morte|

**83**

Novembre

Le˘dimanche premier jour dudit mois et an 1722 j°ay communié| le temps a changé et devenu plus doux| et il a tombé une petite rosée| le seigneur me fasse la˘grace de changer aussy la glace de˘mon coeur en un feu de charité et qui me fasse brûler ~~du f~~ d'amour pour luy| et que le st esprit arose mes secheresses et guer[iss]e les maladies de mon ame, Apres midy monsieur tremblay et mes soeurs judith et nannon me sont venu voir|

**84**

Le 2 dudit mois pareil, madame lalement qui est une prou a enmené d°icy une jeune fille nomméé morin pour les servir| elle a convenu de luy donner 15 livres par an et deux cornettes pour son denier[32] adieu et luy fournir de sabots,
Le mardy 3 dudit mois beau| ledit jour le nommé du foix savattier[33] a esté marié pour la quatriéme fois/
Le 4 pareil| monsieur nostre evesque est arrivé icy sur les 4 heures du soir| l°on parle fort de la diminution des monnoye|

---

**32** *denier* : *dernier*
**33** *savattier* : *savetier*

**85**

Le 5 dudit mois de novembre brouillard bien froid| monsieur pontier curé de st secondin des vignes a dit la messe icy| ledit jour monsieur roger prestre de l°hostel dieu a esté enterré dans l°eglise dudit lieu| il est mort d'une chute| l°hôpital a esté a son convoy|

Le 6 couvert| ledit jour j°ay escrit au sieur augustin beaujouan orfebvre|
Le 7 pluye douce| monsieur duhamel est de retour de son voyage, mademoiselle rogier

**86**

estant venue a blois la veille de la toussaints ou elle a resté quelque jours| s°an est retournéé sans me venir voir| c'est un reproche que j°ay a luy faire|
Le dimanche 8 dudit mois assez beau| monsieur [~~xxx~~] poitraz a [re]coumencé a monter en chaire| il a presché d°une maniere[34] fort touchante sur la parabole du bon grain et de l°yvraye [a] st mathieu chapitre 13|

**87**

Le lundy 9 douceur| le bureau a tenu| ledit jour le sieur regnier perruquier est mort hidropique|
Le 11 dudit mois feste de st martin beau et chaud| ledit jour monsieur beaujouan orfebvre est venu me voir et m°a fait bien de l°amitié et des offres de services et donné la piece de 50 sols que ie luy demandois par ma lettre du 6 dudit mois|
Le 14 beau| ledit jour madame huet de bertault espouze de monsieur baudry fils de

**88**

monsieur le procureur du roy est accouchéé d°une fille qui est son premier enfant n°en ayant point eu de monsieur ~~de l~~ leroux de sudon son premier mary|
Le dimanche 15 dudit mois temps charment| ma cousine gousset a envoyé scavoir de mes nouvelles par sa servante|

34 *maniere* au-dessus de la ligne.

Le 16 pluye| ladite dame gousset m°a envoyé une bouteille de vin blanc nouveau pour boire a sa santé|
Le 17 beau froid| monsieur l°abbé m°a donné un bout de tabac|

**89**

Le 18 pluye et vent bien froid|
Le 19 un peut plus beau| ledit jour j°ay escrit a monsieur beaujouan et mis une lettre dans la sienne pour envoyer a mon cousin elie yver d°angoulesme, apres midy madame sadié est venue me voir avec une demoiselle deschandelliers|
Le 20 beau| ledit sieur beaujouan m°a envoyé une bouteille de vin pour boire a sa santé| et monsieur poitraz m°a fait present d°une paire de gants|

**90**

Le 22 dudit mois de novembre beau| ledit jour l°on a chanté le thedeum pour le sacre du roy et allumé un feu de joye devant les jesuittes|
Le 24 froid| la soeur gribelin des nouvelles catholiques avec une autre dame d°orleans novice pour estre soeur me sont venu voir|
Le 27 brouillard bien froid| ledit jour madame sadié m°a renvoyé ma paire de vieux souliers qu'elle a fait racomoder|

**91**

Le dimanche 29 dudit mois de novembre 1722 premier dimanche de l°avent qui commence l°annéé ecclesiastique beau temps| ledit jour le regiment de xaintonge qui est icy depuis le 7 octobre 1721 est party pour aller en Allemagne de sorte qu°il a esté a blois 13 mois 22 jours|
Le 30 et dernier jour dudit moi[s] de novembre pluye| ledit jour j°ay escrit a madame sadié en luy envoyant un sonnet|

* * *

**92**

Decembre

Le mardy premier jour dudit mois temps couvert et pluye qui a continué jusques a ceˇjourd°huy 4 dudit mois que monsieu$^{r}$ beaujouan m°a envoyé une bouteille de bon vin|
Le six neigeux| monsieu$^{r}$ maunoir tailleur est venu icy deˇla part de madame sadié me prendre la mesure d°un habit complet|
Le 7 dudit mois de decembre bien froid| j°ay escrit a madame potin qui m°a envoyé une petite bouteille d°eau deˇvie, et j°ay fait des vers aˇla requeste de marie chauvigny pour donner un bouquet a la soeur leroux|

**93**

Ledit jour sept dudit mois de decembre 1722 madame la princesse de baujollois fille de monsieur le regent aagéé de huit ans est arrivéé icy| elle va en espagne pour espouzer le prince don carlos un peut plus jeune| laˇbourgeoisie aˇpris les armes pour honorer son entréé| elle a couché aˇla gallere| [~~xxx~~] le presidial la chambre des comptes et le clergé l°ont complimentéé et le landemain a neuf heures du matin elle est partie/

---

Le 8 dudit mois ~~bien~~ forte geléé| monsieu$^{r}$ poitraz m°a donné un bout

**94**

de tabac dont j°avois grand besoin n°ayant point d°argent pour en avoir et m°estant presque jmpossible de m°en passer de sorte que je luy suis bien obligé deˇtoutes manieres/
Le 9 bien froid et sombre ce qui m°est fort contraire et me fait souffrir de presentis douleurs en tout mon corps| et particulierement dans les jambes| ledit jour madame sadié m°a envoyé par monsieu$^{r}$ duhamel un morceau deˇtabac|
Le 10 pareil| ledit jour j°ay escrit a ma cousine gousset|

**95**

Le 11 moins froid| madame sadié m°a envoyé une paire de bas neufs et ma cousine gousset une bouteille de˘vin| et sur le˘soir elle est venue me voir avec bien de l°amitié| ma cousine cadiou qui estoit de sa compagnie ne m°a pas fait la mesme grace et son amitié pour moy est changéé en jndifferance depuis que ie suis icy et ne veux plus me voir|

---

Le samedy 12 dudit mois broillard froid| le bled a esté vendu a˘la halle jusqu°a 96 livres le muid ce˘qui est facheux|

**96**

Le 13 humide et venteux| monsieur poitraz a presché sur la necessité de l°humilité et de la rareté de cette vertu qui est aussy precieuse que la charité et dit que c°est deux soeurs qui se donne la main et qui marchent de compagnie|
Le 17 couvert| j°ay receu un billet de˘la part du sieur marjollat et luy ay fait reponse le mesme jour et souhaité par avance la bonne annéé|
Le 19 pareil| le˘bled est amandé de 18 livres par muid| ce qui est un grand sujet de joye pour le pauvre peuple|

**97**

Le dimanche 20 dudit mois de decembre 1722 de mesme| ledit sr mosnoir tailleur m°a apporté mon habit neuf complet avec une cravatte et deux paires de manchette de˘la part de madame sadié| apres midy ladite dame sadié est venue me voir et m°a apporté une seconde cravatte que l°on avoit oubliéé a m°envoyer|
Le 21 assez beau| madame daudin domestique de madame sadié est venue me voir et m°a donné 9 sols|

**98**

Le 24 dudit mois de decembre fort humide| ledit jour j°ay esté a confesse et fait mes devotions a la messe de minuit|
Le 29 pareil| madame sadié est venue me voir et m°a˘donné de l°estoffe pour me faire des guestres qui ont esté convertie en bas|

Le 30 pluye| le bonhomme [~~xxx~~] gabriel guiot et jacques mauché malades et fort aagez ont communié ce matin dans l°eglise avant la messe/
Le 31 et dernier jour dudit mois de decembre 1722 grand vent et

**99**

pluye| jacques bault bien jnfirme a communiée| monsieur servais le jour d°hier m°a donné de la part de monsieur poitraz un bout de tabac|

Annee 1723

---

Le premier janvier sur le soir pluye gresle et neige| mon cousin desforges est venu me souhaiter la bonne annéé et m°a apris que depuis trois jours ma cousine fillonniere estoit acouchéé d'un garcon|

---

Le samedy 2 dudit mois le pain est enchery de deux

**100**

~~sols~~ liards[35] de sorte qu°il vaut *18* sols 6 deniers| ledit jour la mere robert m°a donné un quarteron de tabac pour dix sols 6 deniers que ie luy doibt m°ayant obligé de le prendre a credit contre ma volonté/
Le 3 beau et froid, ledit jour le sr sauvageau et mademoiselle manon badaire sont venu me souhaiter la bonne annéé| elle m°avoit apporté un gobelet de cristal pour mes estrenne qui s'est malheureusement cassé dans sa poche/
Le 4 forte geléé| mr duhamel m°a souhaité de rechef la bonne

**101**

annéé et presté un livre qui a pour tiltre| la vie de dom barthelemy des martyrs religieux de l°ordre de st dominique archevesque de brague en portugal/
Ledit jour mr beaujouan est venu me voir au sujet de la nouvelle annéé| j°ay escrit par son moyen a mon frere dans un paquet qu°il envoye a angoulesme|

---

35 *liards* au-dessus de la ligne.

Le 5 brouillard froid| ledit sieur beaujouan m°a envoyé une bouteille de bon vin nouveau du cru des groix|

**102**

Le 6 pareil| monsieu$^{r}$ chartier est venu me voir au sujet deˇla nouvelle annéé et m°a bien fait de l°amitié et des offres de service|
Le [~~xxx~~] sept nouvelle lune| le temps s°est declaré au froid| ledit jour j°ay receu une lettre de mademoise$^{lle}$ rogier dans laque$^{lle}$ il y en avoit une pour mademoise$^{lle}$ auriou que ie luy ay fait tenir| mes soeurs ont aussy fait response a celle que je leur ay escrite|
Le 8 forte geléé| ledit jour mademoise$^{lle}$ badaire m°a envoyé un gobelet de cristal et m$^{r}$ chartier 2 cervelat pour me ragouster|

**103**

Le 7 dudit mois de janvier laˇdame veuve brillon a esté enterréé a s$^{t}$ martin| l°hospital a assisté a son convoy| elle est morte subitement|
Le 9 pareil| le 10 deˇmesme| ledit jour la maladie [m']a obligé de gardé le lit|
Le 11 pareil| ledit jour mes trois soeurs me sont venu voir et la chauvigny m°a donné 4 $^{l}$i$^{b}$vres pour la vente de mon vieu habit| sur quoy j°ay paye au s$^{r}$ poulvé 12 $^{s}$ols 6 $^{d}$eniers pour du vin et a la mere

**104**

robert 10 $^{s}$ols 6 $^{d}$eniers pour le quarteron deˇtabac en dessus mentionné, le mesme jour la soeur velour m°a donné deˇla part de m$^{r}$ poitraz six mouchoirs a tabac tels quels|
Le 12 bien froid| ma soeur manon et mes cousines cadieu et gousset qui m°a donné 50 $^{s}$ols me sont venu visiter| et la domestique a m$^{r}$ chartier m°a apporté une grigne de pain benit|

**104 (bis)**[36]

Le 17 dudit mois de janvier 1723 monsieur girard m°a donné par charité un gillet de serge neuve qui m°a esté fait par la soeur leroux qui est une habile couturiere| sa veue suffit pour en venir a bout|
Le 19 continuation de gelléé bien forte| ledit jour j°ay a^chepté une chopine d°eau de vie chez madame potin qui me l°a donnéé pour six sols|
Le dimanche 24 moins froid| mon cousin fillonnier et 2 de mes soeurs me sont venu voir

**105**

et m°ont apris que madame agaisse est marieé a un monsieur de vendosme qui est advocat et que nous avons un garcon major du regiment royal roussillon logé chez nous, ledit jour la veuve jouanneau dit graslé a esté enterréé icy|
Le 25 dudit mois degel|
Le 28 doux| ledit jour monsieur bourgeon et madame seigneur ont esté enterrez dans l°eglise de vienne| et l°hospital a assisté a ces deux enterrements.

**106**

Fevrier

Le lundy premier dudit mois douceur| ledit jour madame daudin m°a envoyé un cierge pour la chandeleur et madame sadié un chapelet|

---

Le 2 un peut froid| ledit jour une dame janvier lingere a esté enterréé en vienne| l°hospital a assisté a son convoy, le mesme jour monsieur poitraz m°a donné un bout de tabac|
Le samedy 6 dudit mois pluye et gresleaux| ledit jour monsieur

36 Erreur de numérotation dans le manuscrit.

**107**

thomas procureur fiscal de madame la contesse de chiverny est venu me voir et m°a donné une lettre deˇla part de mademoise$^{lle}$ rogier|
Le 7 petite gelléé| ledit jour la soeur marie fortier antienne cuisiniere de cette maison a esté enterréé| le mesme jour j°ay escrit a mademoise$^{lle}$ maras suivant leˇdesir deˇladite damoise$^{lle}$ rogier|
Le 12 j°ay apris que le roy avoit esté saigné 2 fois sans scavoir sa maladie|
Le 13 j°ay gardé le lit d°un

**108**

gros rume et d°une douleur de costé bien pressente|
Ledit jour madame bellanger de bourgneuf m°a donné une petite bouteille d°eau deˇvie|
Le dimanche 14 mademoise$^{lle}$ maras est venue me voir|
Le 15 discontinuation de froid| ledit jour j°ay escrit a mes soeurs|
Le 18 chaud| ledit jour mes soeurs m°ont envoyé une demye livre de tabac pour

**109**

six sols| dont j'en ay ceddé la moitié a marie chauvigny au mesme prix|
Le 19 dudit mois de fevrier beau et agreable temps| ledit jour j°ay escrit a mademoise$^{lle}$ rogier|
Le 20 pluye ledit jour j°ay esté a confesse, nota l°on ma dit que les archers de la mareschausséé sont a present cazernez comme les soldats| je n'en scay pas la raison/
Le dimanche 21 beau, ledit jour j°ay fait mes devotions ayant

**110**

esté retardé de huit jours par une callomnie que j°ay pardonnéé de bon coeur a ceux qui en ont esté les autheurs|
Le 22 beau et froid| ledit jour leˇbonhomme guiot a receu l°extreme onction|
Le 23 belle gelléé|
Le 24 feste de s$^{t}$ mathias changé| ledit jour le thedeum a esté chanté dans l°eglise cathedralle et en suitte un feu de joye pour la convalessance du roy, a 6 heures du soir guiot a receu leˇs$^{t}$ sacrement|

**111**

Le 26 beau| ledit jour m$^{r}$ lefebvre lieutenant particulier a esté enterré a s$^{t}$ solenne| l°hospital a esté a son convoy| son meritte estoit grand| c°est une perte considerable pour le barreau|
Le mesme jour j°ay escrit a m$^{r}$ chartier| il s°est trouvé qu°il estoit en campagne| et en son absence sa femme m°a envoyé une petite bouteille d°eau de vie|

---

Le 27 de˘mesme| le˘jour d°hier madame potin m°a envoyé de l°eau de˘vie dans ma bouteille|

---

Le dimanche 28 et dernier

**112**

dudit mois de fevrier 1723 l°on a chanté le tedeum en action de grace de ce que la maladie de˘la peste a cessé de faire ravage en plusieurs provinces de ce royaume et de ce que ce fleau de l°jre de dieu n°est pas venu jusqu'a nous|

Mars

Le lundy premier jour dudit mois de mars grand vent| mademoise$^{lle}$ rogier est venue me voir en arrivant peur d°y manquer|

**113**

elle ma fait esperer d°y revenir encore avant que de s°en retourner|
Le 5 dudit mois continuation de˘vent et pluye accompagné de soleil de sorte que ce n°est qu°un temps favorable pour faire les mars|
Ledit jour j°ay escrit a m$^{r}$ beaujouan|
Le 6 nouvelle lune| temps assez beau| ledit jour m$^{r}$ poitraz m°a fait present d°un baston de˘tabac et m$^{r}$ beaujouan m°a envoyé une bouteille de vin pour boire a sa santé|

**114**

Le lundy huit dudit mois de mars 1723 temps couvert et petite roséé sur le soir/
Ledit jour ledit s^r^ beaujouan est venu me voir et m°a donné une lettre de mon frere en˘datte du 24 febvrier dernier et de la 61me annéé de son aage ou il me mande avoir donné ordre audit s^r^ beaujouan comme il a fait de me donner 9 livres 10 sols faisant avec 50 sols que ledit s^r^ beaujouan m°avoit desja donné la somme de˘douze livres qu°il espere tous les ans de me donner a

**115**

commencer le premier jour de l°annéé/
Le 9 beau| ledit jour j°ay escrit a mon cousin tessier de la˘grande fontaine et payé a poulevé 9 sols que ie luy devois pour du vin|
Le mercredy 10 dudit mois temps couvert et froid| ledit jour ledit sieur tessier mon cousin m°a envoyé une bouteille de bon vin nouveau|
Le 11 humide| ledit jour mademoiselle de˘la saussaye fille devotte et fort aagéé a esté enterréé a st solenne| l°hôpittal a esté a son enterrement|

**116**

Le 12 assez beau, j°ay escrit a monsieur vallon notaire au sujet des billets de banque de mon frere que j°ay a luy provenant du remboursement qui luy a esté fait par jullien morin de st georges qui sont en tout 200 livres tant en principal qu°jnterest| j°ay prié ledit sieur vallon de me faire reponse par escrit afin d°en donner avis a mon frere et scavoir sy ie peut les luy envoyer pour les trafiquer comme il me le mande|
Le 13 dudit mois de mars 1723

**117**

ledit sr vallon m°a fait reponse au sujet desdits billets de banque dont on ne parle plus a present que sous le nom de billets liquidez| par la raison que chacun ne les a plus icy les ayant abandonnez a monsieur le subdelegué lors de˘la liquidation| je reserve la lettre dudit sr vallon pour la envoyer a mon frere aux premiers jours|

Le˘dimanche 14 dudit mois beau temps| ledit jour monsieur marjollat avec le sr lebrun son beau frere me sont venu voir et j°ay donné audit sieur marjollat une piece de 50 sols qu°il

**118**

m°a promis de me tenir compte et d°en mettre le receu sur ma promesse de sorte que ie ne luy doibt plus que cent dix sols declarant en cas de mort que c°es toutes mes debtes,
Le 15 dudit mois beau et chaud| avant le soleil levé il a fait un brouillard| l°on tient par tradition et comme disent les bonnes gens que les brouillards du mois de mars[37] sont autant de gelléé en avril de sorte que le 15 d°avril prochain le feu sera encore de saison sy le proverbe est veritable et

**119**

l'observation juste, ledit jour la˘dame massnan m°a envoyé 45 sols par son fils pour vente que je luy ay faite de mon dictionnaire royal| c°es monsieur vignau qui a négocié cette affaire| il est un de ses escolliers a˘qui il enseigne le latin,
Depuis le 15 jusques au 18 dudit mois continuation de chaleur de sorte que la vigne avance beaucoup jusqu'a commencer a pleurer| je ne scay pas sy c°est qu°elle craint [~~xxx~~] que son fruit avorte et d°estre vendangéé avant qu°il soit temps/

**120**

Ledit jour 18 j°ay escrit a mon frere par l°occasion de mr beaujouan| et monsieur poitraz y a joint quelque chose| et dans ma lettre j°ay aussy envoyé celle dudit sr vallon notaire dont est cy dessus fait mention|
Le vendredy 19 dudit mois et feste de st joseph le temps changé et moins chaud| monsieur beaujouan m°a envoyé une bouteille de vin|
Le 20 commencement de froid ce qui a fait dire a mr gentils notaire qui est venu icy ce matin

37 *mois de mars* au-dessus de la ligne.

**121**

qu’avant huit jours les poinssons a^manderont aparemment selon son jdéé que les vignes doivent geler| et selon mon avis l°homme [~~xxx~~] est un jgnorant et ne peut penetrer dans les secrets de dieu qui a luy seul les temps et les saisons dans sa main et qui en dispose a sa volonté etc.
Le 24 pluye dans la nuit et le jour beau et clair| ledit jour mademoiselle la superieure m°a donné l°jmitation de jesus| dieu me fasse la grace d°en estre fidelle jmitateur comme st paul

**122**

l°a esté luy mesme se donnant pour example aux corinthiens en la premiere epistre qu°il leur escrit chap. 11 verset premier,
Sur le soir le sieur bezard chandellier est venu me voir|
Le˘jeudy saint 25 dudit mois de mars j°ay fait mes pasques, ledit jour qui estoit fort beau et chaud la bourgeoisie a pris les armes pour honorer l°entréé d°un nouveau gouverneur|
Le 26 pareil| le˘gouverneur cy dessus qui est monsieur d herbault est party d°icy des le matin par la poste pour

**123**

aller a paris, c°es a˘present monsieur desnoyers du faubourg du foix qui est nostre maire de˘ville/
Le 27 continuation de chaleur| mademoiselle rogier est venue me voir|
Le st jour de pasque 28 dudit mois de mars madame bellanger de bourgneuf et sa famille et les dames girards du foix en faisant leur stations sont venues me voir|
Et sur le soir mes cousins tessier et delaunay avec deux autres mrs me sont aussy venu voir| ledit sr tessier m°a donné 25 sols pour avoir du tabac| ledit jour a esté fort bien et bien chaud|

**124**

Le 29 dudit mois de mars 1723 changé en froid| ledit jour le˘sr pierre ferron est venu retirer une coppie qu°il mavoit donnéé a faire et m°a donné une piece de douze sols| et monsieu^r^ labbé m°a fait present d°un baston de tabac| apres vespre les damoise^lles^ meras et fins me sont venuée voir et m^r^ liotté a fait la mesme chose par cas fortuit| c°es un homme fort aymable et qui a bien du meritte|

---

Le 30 pareil| ledit jour la dame de˘la prairie est venue me voir et m°a bien fait de l°amitié|

**125**

Le mercredy 31 et dernier jour dudit mois de mars continuation de froid[38] pendant la nuit et beau le˘jour, les habitants de vienne ont pris les armes pour faire ho[n]-neur au gouverneur qui est venu icy pour la seconde fois| le mesme jour mon cousin tessier m°a envoyé une bouteille de vin nouveau|

Avril

Le jeudy premier dudit mois b*e*au et chaud, le 2 pareil| ledit jour m^r^ laurens curé du chasteau a *es*té enterré a s^t^ sauveur|

**126**

Le samedy 3 dudit mois d°avril vent bien froid| le bon^homme guiot a fait ces pasques,

---

Le 4 pluye et vent froid|
Ledit jour j°ay donné a marie chauvigny six sols pour payer le repassage de mon chapeau fin|

---

Le lundy 5 dudit mois et nouvelle lune le temps change[39] et bien doux, ledit jour le sieur sauvageau et son fils, madame regnier, mademoise^lle^ desprez avec madame sadié qui m°a donné une piece de 12 ^s^ols me sont venu voir, et sur les cinq

---

**38** *froid* au-dessus de la ligne.
**39** *change* : *changé*

**127**

heures du soir ma soeur manon avec un abord fort serieux| je luy ay donné pour payer son passage du pont et <et> quatre sols pour boire a ma santé, ces manieres m°ont fait connoistre qu°elles ont de˘la jalousie contre moy de ce que mon frere m°a donné quelque chose| je ne l°ay pas demandé| c'est pourquoy ie luy en suis plus obligé| apres tout elles deverois[40] estre bien contentent[41] de ce que plusieurs personnes sont portez de bonne volonté pour moy veu qu°elles ne sont pas en estat

**128**

de me faire du bien| dieu soit benit/
Le 7 beau| ledit jour monsieur cormier a pris possession de la cure de st sauveur|

---

Le 8 beau| j°ay escrit a mes soeurs en leur envoyant une quittance pour recevoir du sieur mosnoir 46 sols 6 deniers pour une annéé de rente eschue le 28 fevrier dernier, ledit jour madame degraffard des montils m°a fait l°honneur de me venir voir| le moment de sa conversation qui fut chez monsieur girard augmenta encore l°estime que j°ay pour elle|

**129**

Le 9 dudit mois d°avril bien froid pour la saison, ledit jour a mon levé ledit sieur girard nostre administrateur perpetuel m°a envoyé une paire de souliers neufs dont il m°a fait present| et a l°heure de mon disné marie chauvigny qui venoit de porter ma lettre chez nous m°a dit que ma soeur nannon avoit esté saignéé| que sa maladie continue et qu°elle a bien de la foiblesse| cette nouvelle est facheuse pour moy qui la aime autant qu°un frere dois aimer une soeur/

**40** *deverois* : *devraient*
**41** *contentent* : *contentes*

**130**

Le dimanche 11e dudit mois d°avril 1723 a neuf heures du matin le bonhomme gabriel guiot aagé de 83[42] ans apres avoir gardé le lit pendant six semaines et trois jours a l°agonie est mort, nannon leroux jnfirmiere l°a gouverné pendant sa maladie avec autant de charité que l°on puisse avoir pour son prochain| dont j°ay esté fort édiffié|

**131**

Ledit jour monsieur pajon nouveau administrateur m°a fait l°honneur de me venir voir et marqué bien de l°amitié| ceux qui sont nommez avec luy| mr de lannoye chanoine *e*t mr de remeon conseiller et pour receveur mr desert praticien|

* * *

Le 12 dudit mois continuation de geléé blanche| ledit jour marie chauvigny m°a dit que ma soeur nannon se porte mieux et qu'elle a assez bien passé la nuit| cette nouvelle m°a fait un vray plaisir|

**132**

Le 14 beau et chaud| ledit jour le sr d*a*veu a esté enterré en vienne| et l°hospital a esté a son convoy| en mesme temps monsieur bernard a pris pocession de la cure dudit vienne|

---

Le jeudy 15 dudit mois d'avril pareil| ledit jour marie chauvigny m°a apporté de la part de mes soeurs 3 onces de tabac pour 7 sols 6 deniers |et m°a dit que ma soeur nannon se porte mieux| dieu soit benit|

**133**

Le 16 pluye et vent froid|
Le 17 sombre et froid| l°on commence a dire que le temps est facheux pour la vigne qui est fort avancéé| nostre mefiance est souvent la cause de nostre malheur| abandonnons nous entre les mains de la providance et tout jra bien|

---

42 83 : souligné par l'auteur.

Le 18 geléé blanche et vent bien froid dans la journéé et sur le soir de˘la pluye|
Le 19 dudit mois beau et moins froid|
Ledit jour monsieur secours ~~a fait icy~~ oculiste de naissance a fait icy une operation sur le nommé dabert et levé une cataracte fort

**134**

adroitement en presence de plusieurs personnes| et particulierement de monsieur l°abbé poitraz qui a un talent bien plus precieux| car il ouvre les yeux de l°ame pour conduire a la vie eternelle et bien heureuse|
Le 20 geléé| l°on tient que les vignes sont bien gastéés| et moy ie dit que sy dieu conserve le reste que l°annéé sera bonne| armons nous de˘la foy| par elle st pierre marcha sur les e[a]ux de˘la mer comme en terre ferme| mais venant a luy marquer[43]

**135**

il commenca d°enfoncer de sorte qu°il fut obligé de s°ecrier et dire| seigneur sauvez moy car ie pery|
Ledit jour madame bezard superieure des nouvelles catholiques de cette ville a esté enterréé dans son esglise| elle est morte d°un cansert au sein| la patiance dans les maux qu°elle a soufferts est un modelle a suivre| et l°on peut dire que sa resignation a la volonté de dieu luy a fait trouver un accez facille et favorable[44] au throsne de sa grace|
Le mercredy 21 dudit mois davril 1723 qui est le˘bout de l'an de mon

**136**

entréé a l°hospital et que je condidere[45] comme un jour tres avantageux pour moy et des plus heureux de ma vie etc.|
Ledit jour *l*e temps changé et moins froid| monsieur poitraz m°a donné de˘la part de madame sadié une piece de 25 sols| et il ma dit en mesme temps qu°elle n°avoit

43 *marquer* : lapsus pour *manquer*
44 *et favorable* au-dessus de la ligne.
45 *condidere* : lapsus pour *considère.*

pas du fond pour m°avoir un habit d'eté comme elle me l°avoit promis ne pouvant le faire par elle mesme| reposens[46] nous sur la providence et nous ne manquerons de rien|
Le mesme jour j°ay escrit a madame sadié|

**137**

Le 22, 23 et 24 beau temps|
Ledit jour 24 monsieur l°abbé m°a dit que j°aurois un habit d'eté a quoy ie ne m°atendois plus,
Le dimanche 25 dudit mois pareil|
Ledit jour ma soeur manon avec le petit tessier et manette chartier me sont venu voir|
Le 26 temps clair et bien chaud| ledit jour monsieur poitraz m°a donné un morceau de tabac|
Le 28 de˘mesme| le nommé phillippes[47] valentin aagé de 15 a 16 ans a esté enterré icy|

**138**

May

Le samedy premier jour dudit mois beau et bien chaud,
Le 2 pareil| ledit jour le sieur mosnoir est venu me prendre la mesure d°un habit d'eté de la part de madame sadié|
Le 3 continuation de beau temps| ledit jour a 7 heures du matin le nommé aignan gaultier de chiverny aagé de 7 a 8 ans a esté enterré icy,
Le mardy 4 dudit mois grand hasle|
Ledit jour mr jolly de mer et sa femme ma cousine avec la˘dame

**139**

veuve lehoux sa fille et une dame mosny de˘la porte chartraine me sont venu voir et m°ont fait present de trois petits gasteaux de mer|

46 *reposens* : *reposons*
47 *phillippes* au-dessus de la ligne.

Le 6 jour de˘l°ascension bien chaud| ma soeur judith est venue me voir et monsieur poitraz m°a presté un livre qui a pour titre| poeme sur la˘grace| dont mr racine le jeune est l°autheur, ses jdéés sont nobles [~~xxx~~] magnifiques et sublime| il ne faut pas s°en estonner puisque c°es de[48] l°ecriture ste ou il les a puiséés|

**140**

Le 10 dudit mois de may temps frais et couvert| ledit jour le lieutenant collonel du regiment royal de roussillon a esté enterré á st honoré| il est mort subitement en faisant la reveue de ses troupes| l°hospital a esté a son convoy|
Le 12 beau| j°ay donné a monsieur servais un bouquet avec des vers|
Ledit jour j°ay escrit a madame sadié et fait present d°un poeme sur la grace dont est cy dessus fait mention|

**141**

Le 13 la chasse de st leonnard a esté apportéé processionnellement et en grande devotion dans l°eglise de˘vienne| et sur le soir il a tombé une bonne pluye| dieu veux estre prié etc.|
Le samedy 15 dudit mois de may veille de˘la pentecoste le temps clair frais et venteux| ledit jour j°ay esté a confesse|
Le dimanche 16 dudit mois de may 1723 jour de˘la pentecoste j°ay fait mes devotions| et apres midy monsieur labbé poitraz m°a fait

**142**

porté en chaise a la cathedralle ou j°ay esté confirmé apres le salut par monsieur de caumartin second evesque de blois| ensuite de quoy j°ay esté souper chez madame sadié qui m°a fait toutes sortes d°amitiez d°un coeur charitable tendre et sincere, ledit jour la chaleur estant fort grande il a tonné et plu, a la confirmation j°ay joint a mon nom celuy de paul| dieu m°ayant fait la grace comme a luy destre converty|

48 *de* au-dessus de la ligne.

**143**

Le 17 beau, monsieur et madame tremblay avec ma soeur manon me sont venu voir, je leur ay rendu un fidelle temoignage du contentement ou je suis tant pour le spirituel que le temporel| et elles m°en ont marqué bien de la joye etc.|
Le 19 bien chaud| ledit jour anthoine belin voiturier par eau s'est noyé en voulant pescher des allozes| il laisse sept enfans|
Le 24 continuation de hasle| les vignes sont belles et les thonnelliers travaille

**144**

a force| les bleds patisse et le pain de 12 livres vaut 18 sols| selon l°apparence le fourage sera bien cher le temps n°estant pas favorable pour les prez ny les menus grains| dieu par dessus tout etc.|
Ledit jour les deux grosses cloches de˘la cathedralle cy devant de st sauveur ont esté fondue,
Le 25 de˘mesme| ledit jour un soldat du regiment royal de roussillon a eu la teste casséé et un autre passé aux verges et en suitte son congé|

**145**

Le jeudy 27 dudit mois continuation de temps secq| les nuits sont bien froides et les matinéés de mesme|
Ledit jour mes soeurs judith et nannon me sont venu voir|
Le 29 temps couvert et froid. ledit jour j°ay escrit a mr chartier qui m°a envoyé une petite bouteille d°eau de vie|
Le dimanche 30 temps disposé a˘la pluye| ledit jour le˘sr et dame amaury mon cousin coullange et le sieur josneau chandellier me sont venu voir| le pain a enchery de 4 sols de sorte qu°il vaut a˘present 22 sols|

**146**

Le 31 et dernier dudit mois de may couvert| ledit jour la millet femme du nommé pineau a esté enterréé en vienne| l°hospital a assisté a son convoy| elle est morte subitement en mal d'enfant|

Juin

Le mardy premier jour dudit mois de˘juin tonnerre et pluye sur le soir|

Le 2 froid et couvert| ledit jour mon cousin coullange m°a envoyé un chiffre neuf pour mon vieu dont j°avois perdu la pierre|
Le 4 le ciel continue d°estre

**147**

d°erain[49] et la terre de fer| c°est ce que dieu a dit autrefois par la bouche de ses prophetes qui devoit arriver pour punir les pechez des hommes|
Ledit jour la femme a mon cousin viet horloger fille de monsieu$^{r}$ le roy de la maison de ville est morte en couche de son premier enfant, elle a esté enterréé a s$^{t}$ sauveur| l°hospital a esté a son convoy|
Le 6 challeur et sur le soir une pluye douce| le s$^{r}$ marjollat est venu me voir|

---

Le 7 tonnerre pluye et vent| ledit jour j°ay escrit a mademoise$^{lle}$ rogier| et

**148**

le s$^{r}$ servais m°a donné du tabac de˘la part de m$^{r}$ poitraz|

---

Le 10 beau| ledit jour monsieu$^{r}$ du hamel m°a envoyé une bouteille de vin pour me ragouster| et presté la vie de s$^{t}$ athanase patriarche d'allexandrie, et de mon costé je luy ay presté un livre qui a pour tiltre| le monde| par ce qu°il traite de˘toutes ses parties,
Le 12 bien chaud| ledit jour la domestique de madame sadié m°a apporté un habit d°eté que le sieur mosnoir avoit depuis six semaine entre les mains sans pouvoir le faire

**149**

a cause qu°il travaille avec les autres tailleurs a habiller les soldats de˘la garnison qui est icy pour achever le pont|

---

**49** *derain* : *d'airain*

Le 13 pareil| monsieu^r poitraz a presché sur le 8^e chapistre de l°espitre de s^t paul aux romains avec son eloquence ordinaire| il a une onction particuliere pour toucher les coeurs/
Le 14[50] excessive chaleur| ledit jour m^r chartier est venu me voir|
Le 15 de˘mesme et tonnerre sans pluye|
Le 16 moins chaud et sur les onze heures du soir tourbillons pluye esclairs et tonnerre|

**150**

Le 17 vent gresle pluye et tonnerre|
Le 18 jnconstant| ledit jour m^r beaujouan m°a envoyé une bouteille de vin|
Le 20 chaleur extreme|
Le 21 couvert et chaud et sur les 10 heures du soir pluye et tonnerre|
Le 22 pareil| ledit jour j°ay escrit a mon cousin papin qui m°a envoyé une bouteille d'eau de vie|
Le 23 beau| ledit jour j°ay fait des vers pour grousteau qui a donné avec bigrier un bouquet a po*n*levé|
Le 24 chaleur| ledit jour j°ay communié|

**151**

Le 25 dudit mois de juin 1723 moins chaud| les nouvelles depuis quelques jours sont que le dimanche vingt dudit mois la˘ville de chasteaudun a esté bruslée par accidant et qu°il n'en est resté que onze ou douze maisons etc.|
Le 27 beau| ledit jour le˘s^r josneau est venu me voir|
Le 28 pareil| j°ay envoyé a mes soeur par jacques poiremolle deux quittances scavoir une pour gabriel mousnier et l°autre pour la veuve chereau|

**152**

Le 30 et dernier jour dudit mois de˘juin couvert| m^r servais m°a donné un petit bout de tabac|

---

**50** *14* : *4* corrigé sur *5*.

Juillet

Le jeudy premier jour dudit mois frais et couvert| j°ay escrit a m^r chartier un petit billet| et il m°a envoyé de l°eau˘de˘vie, ledit jour j°ay receu une lettre de mademoise^lle rogier|
Le 4.6. et 7 dudit mois de˘juillet pluye bonne particulierement pour la vigne et les jardins etc.|

**153**

Le 8 frais et sur le soir de˘la pluye| ledit jour mademoise^lle rogier est venue me voir|
Le 9 et 10 beaux et clairs,
Le dimanche 11^e dudit mois de˘juillet beau| m^r poitraz a presché sur le 8^e chapistre de l°espitre de s^t paul aux romains| et apres midy mademoise^lle rogier et la niepce de madame sadié nouvellement sortie du couvent de la visitation s^te marie me sont venues voir et mes soeurs manon et judith|

**154**

Le 13 dudit mois vent et pluye froide| la soeur de˘la chaize a receu le s^t sacrement, ledit jour j˘ay donné des vers a marie chauvigny qui a envoyé un bouquet a m^r mesnage vicaire de˘s^t honoré qui a nom henry|
Le 16 beau| ledit jour m^r beaujouan m°a envoyé une bouteille de vin /
Le 18 pareil| le˘s^r servais m°a donné du tabac de˘la˘part de m^r poitraz /
Le 20 tonnerre pluye et gresle|
Ledit jour mes soeurs m°ont envoyé un bout de tabac/ le pain vaut 23 ^sols|

**155**

Le 21 dudit mois de˘juillet rafreschy| nous avons apris ce matin une triste nouvelle qui est que la gresle qui tomba le˘jour d'hier a˘brisé et sacagé les vignes et les arbres de la closerie de˘la˘haute piece et que plusieurs parroisses circonvoisine ont eu le mesme sort| baisons la main de dieu qui nous chatie et disons avec le s^t homme job le seigneur nous avoit donné ces biens et il nous les a ostez son s^t nom soit benit etc.|

**156**

Le dimanche 25 feste de sainct jacques chaleur sombre| ledit jour <l>monsieu$^{r}$ girard nostre oéconome s'est trouvé fort jndisposé d°un devoyement d°en haut et d°en bas, nota le pain est diminué de 2 $^{s}$ols de sorte qu°il ne vaut plus que 21 $^{s}$ols| l°on a arresté prisonniers 3. ou quatre hommes que l°on soupconne d°avoir voulu mettre le feu dans la ville et aussy comme volleurs| ils ont fait forte resistance au prevost|

---

Le 26. beau| madame du four de l°hostel besnard a esté enterréé a s$^{t}$ solenne sa parroisse|

**157**

Le 27 pareil, le 28 grand vent, on ne parle que de voleurs qui veulent mettre le feu par tout| la mareschaussée fait le˘guet toutes les nuits dans la ville|
Le 29 pluye vent et soleil| une demoiselle de flandre a esté enterréé a s$^{t}$ solenne, le vent fait mangé des prunes aux tailleurs a bon marché/
Le 30 beau| ledit jour j°ay escrit a m$^{r}$ chartier| l°on ma dit qu°il est a paris| et en son absence son espouze m°a envoyé une petite bouteille d°eau de vie|

**158**

Aoust

Le dimanche premier jour dudit mois et nouvelle lune temps changé| m$^{r}$ girard se porte mieux et a esté a la messe, apres midy les s$^{rs}$ fariau le˘jeune et transon avec deux jeunes abbez me sont venu voir|
Le 2 vent jmpetueux qui a fait tombé bien des fruits des arbres|

* * *

Le 3 froid| l°on tient que la gresle qui tomba le 20 du mois dernier a fait tort au pays d'onze mil pieces de˘vin ou environ|

**159**

Le 4 beau et chaud| j°ay escrit a mon cousin tessier qui m°a envoyé une bouteille de vin, ledit jour l°on a desmonté les lits de l°infirmerie des hommes pour les nestoyer de punaize|

* * *

Le 6 temps couvert| mes soeurs m°ont envoyé un petit bout de tabac|

* * *

Le 7 dudit mois d°aoust jnconstant et tonnerre| ledit jour j°ay envoyé une lettre a madame potin qui m°a fait present d°une petite bouteille d°eau de vie, le s^r chahuneau boullanger a esté enterré a s^t nicolas| l°hospital a esté a son convoy|

**160**

Le lundy 9 dudit mois d'aoust pluye chaude| monsieu^r girard m°a donné une main de papier,
Sur le soir tonnerre esclairs vent et grande pluye, le 10 frais,
Le 11^e vent jmpetueux/
Le 12 beau| monsieu^r beaujouan m°a envoyé une bouteille de vin|
Le 13 dudit mois d'aoust pareil|
Le 14 pluye chaude| ledit jour j°ay esté a confesse|
Le dimanche 15 grande chaleur| j°ay communié ledit jour, sur les cinq heures du soir par l°occasion de la procession mes soeurs manon et nannon me sont venu voir|

**161**

Le 16 beau et bien chaud| ledit jour le s^r de^lhomme boucher a esté enterré| l°hospital a esté a son convoy|
Le 17 pareil| ledit jour apres midy le regiment royal a pris les armes| l°on m°a˘dit que c°estoit pour cassé la teste a deux deserteurs, cela n'est pas vray/

---

Le 18 frais et clair| ledit jour mes soeurs m°ont envoyé un petit bout de tabac| et le s^r servais m°en a aussy donné de˘la part de monsieu^r l°abbé|
Le 20 dudit mois d°aoust chaleur excessive|

**162**

Le 21 changé, la nomméé moreau vieille femme apres avoir esté long temps en prison a eu le fouet et la fleur de˘lys pour avoir exposé et mis dans les marchez de˘la fosse monnoye, ledit jour mademoiselle brunier et madame de graffard me sont venu voir|

---

Le 22 beau| mr boirault est venu me voir|

---

Le 23 pareil| depuis huit jours monsieur le batteux organiste de bourgmoyen est mort en campagne subitement|

**163**

Le 24 bien chaud| depuis quelques jours les louis d°or et d°argent sont diminuez de prix|
Le 25 de˘mesme,
Le 26 tonnerre et pluye|
Le 27 dudit mois d'aoust pluye douce et propre a avancer la vendange| ledit jour j°ay envoyé un bouquet a monsieur beaujouan avec des vers| et il m°a envoyé une bouteille de vin|
Le 28 beau| le cousin estienne tessier est venu me voir et m°a˘dit que leur closerie de coullange est entierement perdue de˘la gresle du 20 juillet dernier| ils esperois cuillir cent

**164**

pieces de˘vin, c°est beaucoup sy le reschapé du noffrage[51] remply deux tonneaux,
Le 31 dudit mois d°aoust frais et beau| ledit jour j°ay renvoyé a monsieur duhamel la vie de st athanase et il m°a presté les lettres choisies de st jerome|

---

51 *noffrage* : *naufrage*

Septembre

Le mercredy premier jour dudit mois fraicheur| l°on a estably un corps de garde dans la foire pour la sureté des marchands composé des soldats de˘la garnison|
Le 8 dudit mois frais et clair|

**165**

Tous les jours de˘la foire ont esté fort beaux| et les marchands ont assez bien fait leurs affaires| ledit jour mes soeurs manon et judith me sont venu voir et m°ont donné un peut de tabac|
Le 9 pareil| il y a desja bien du vin entonné| depuis long temps la vendange n°a esté sy prime| l'oust a esté de˘mesme| l°on a bien recuilly du bled| et neantmoins le pain est tousjours cher et vaut a˘present 22 sols six deniers qui est a raison de 106 livres le muid|
Le 11 dudit mois bien froid le mati et chaud apres midy| ledit jour monsieur l°abbé m°a donné du tabac|

**166**

Le dimanche 12 dudit mois de septembre pareil| ledit jour jean poulevé nostre soumellier malade depuis six jours a˘communié en viatique|
Le 13 beau et plus chaud| ledit jour l°on est party d°icy pour faire vendange a˘la grand maison et monsieur l°abbé est allé a suevre chez monsieur de bertault pour une quinzaine de jours|

---

Le 14 pareil| mes soeurs m°ont envoyé du tabac par marie chauvigny|
Le 15 grande chaleur| c°est le neuf jour que ledit poulevé est allitté[52]| il est bien malade|

52 *allitté* : *alité*

**167**

Le 16 et 17 extreme chaleur| ledit jour 17 nannon leroux nostre jnfirmiere est restéé malade au lit d°une grosse fievre et une douleur de costé| l°on peut attribuer cette maladie a la peine quelle s'est donnéé a gouverner ledit poulevé|
Le 18 dudit mois changé et moins chaud avec une petite roséé| ledit jour j°ay escrit a mes soeurs et elles m°ont envoyé le livre de l°exposition de˘la doctrine de l'eglise catholique sur les matieres de controverse par monsieu$^{r}$ de condom evesque de meaux etc.|

**168**

Le dimanche 19 dudit mois de septem$^{bre}$ frais et beau| monsieu$^{r}$ le doyen a˘dit la messe icy|
Le 20 pareil| le pain est enchery d[e] 2 liards et vaut a present vingt trois sols| dieu vueille que cela ne dure pas long temps car la pauvreté est grande et l°argent bien rare|
Ledit jour dame margueritte grimaudet espouze de charles jsaac drouin escuyer seigneur de˘la bordes vosliard et autres lieux et collonnel de˘la bourgeoisie a esté enterréé a s$^{t}$ solenne| elle est morte d°un cancert|

**169**

Le 23 continuation de grand hasle| ledit jour monsieu$^{r}$ de miremont commissionnaire a esté enterré a s$^{t}$ solenne| il est mort de la goutte|

---

Le 24 beau| poulevé est restably de sa maladie| il ne luy manque plus que des forces, et nannon l[e]roux en a esté quitte a bon marché| elle se porte bien a present et va rentrer aux premiers jours dans son office d°jnfirmiere|

---

Le 25 chaud, le dimanche 26 ledit poulevé a esté a˘la messe qui a esté ditte par monsieu$^{r}$ le˘doyen|
Ledit jour nos vendangeurs sont

**170**

revenu de˘la grande maison ou il a esté cuilly 50 pieces de vin et a la haute piece 20 poinssons qui font en tout 70 pieces de vin| l°année derniere il en fut recuilly 86 poinssons de sorte que c°est 16 pieces de moins| il est a remarquer que ces deux closeries ont passé par la geléé et la gresle|

* * *

Le 27 dudit mois continuation de chaleur et de grande seicheresse| le jour d°hier sur les quatre heures du soir l°abbé herault a esté arresté chez monsieur jmbert proche les minimes par

**171**

la mareschausséé| de˘la ils ont pris le chemin de paris| l˘ont tient que c°est par l°ordre de monsieur nostre evesque|
Le 28 dudit mois de septembre 1723 couvert et moins chaud| ledit jour la veuve goupy a esté enterréé icy| elle[53] est morte d°une cangrenne[54] au bras et n°a esté malade que quatre jours| c°est mr marchais qui luy a administré les sacrements|
Le 29 sur les six a sept heures du matin esclairs et tonnerre pluye et gresle, nota le˘bled enchery presque tout les 8 jours| le pain vaut 24 sols qui est a raison de 2 sols la livre|

**172**

Le 30 et dernier dudit mois de septembre pluye chaude| il a esclairé une partie de˘la nuit, ledit jour mr l°abbé poitraz est revenu de vendange ou il a esté 18 jours|

Octobre

Le vendredy premier jour dudit mois beau et chaud depuis trois semaines| j°ay presque tousjours la fievre et bien des douleurs| il faut prendre courage et souffrir les jnfirmitez dont dieu me visite avec une entiere soumission a sa ste volonté|

---

**53** *elle* au-dessus de la ligne.
**54** *cangrenne* : *gangrène*

**173**

Le dimanche 3e dudit mois d°octobre brouïllard au matin et beau temps apres midy, madame sadié a vendu 35 poinssons de vin de sa closerie de morest parroisse de st claude qu°elle a acquise l°an passé a raison de 63 livres le˘tonneau| revenant ensemble a la somme de onze cent deux livres dix sols cy ...[55] 1102 livres 10 sols |la part que ie prend a ce qui fait plaisir a cette dame m°a fait mettre par escrit cette remarque,
Le 4 beau et chaud| ledit jour j°ay rendu au bonhomme jacques en presence de nannon leroux et villezanton les 24 sols qu°il mavoit donné a gardé|

**174**

Le mardy 5 dudit mois d°octobre pareil| la domestique de madame sadie est venue icy et m°a fait des compliments de˘ladite dame et donné 8 sols pour avoir du tabac|
Ledit jour la˘garnison et la bourgeoisie ont pris les armes et la mareschausséé est montéé a cheval pour aller audevant de monsieur le˘duc d°antin et madame la princesse de condé| ils ont couché a la gallere et vont a frontevault[56]|
Le 6 continuation de beau temps| le pain est amandé d°un sol

**175**

et ne vaut plus que 23 sols| ledit jour madame potin marchande rue de˘la foullerie a esté enterréé a st solenne| c'est une grande perte pour les pauvres| et l°on peut dire de cette dame ce que l°ange dit a corneille ~~que ces~~ au chap. 10 des actes que ses prieres et ses aumosnes sont montéés jusqu'a dieu et qu°il s°en est souvenu pour l°en recompenser dans le ciel a la sortie de cette vie etc.|

* * *

Le 7 pareil| madame bidault et madame regnier me sont venu voir|

---

55 Les points de suspension sont de la main de l'auteur.
56 *frontevault* : *Fontevrault*

**176**

Le 9 grande chaleur, l[a] bourgeoisie et la garnison ont pris derechef les armes pour le retour dudit seigneur duc d°antin et princesse de condé,
Ledit jour charles gonnet nostre fossoyeur malade depuis un mois de˘la discenterie a communié en viatique|
Le dimanche 10 dudit mois pareil| mes soeurs manon et nannon sont venue me voir et m°ont dit que mon cousin fillonniere a cuilly a la guillonniere 186 pieces de vin et que m^r beaujouan est receveur

**177**

des pastrimonneaux de˘la maison commune de cette ville etc.|
Le 11 pluye chaude, ledit charles gonnet a esté enterré icy| il est mort en bon chrestien et a receu tous les droits de leglise,
Ledit jour j°ay escrit aux damoise^lles trebuchet au sujet de˘la mort [~~xxx~~] de madame potin leur tente|
Le 12 dudit mois d°octobre frais et beau| ledit jour l°une desdites damoise^lles trebuchet est venue icy et elle a donné un sol a chaque personne etc.|
Le 13 et 14 dudit mois de mesme/
Le 15 pleine lune petite roséé, ledit

**178**

jour la femme a m^r collineau des ormeaux commissionnaire qui est une coullange est morte dans la parroisse de s^t solenne|

* * *

Le 16, beau| ledit jour ma soeur manon est venue me voir et ie luy ay fait une quittance pour andré ronce de˘la somme de 9 ^li^b^vres|
Le dimanche 17 dudit mois changé et disposé a˘la pluye| a quoy aspire les laboureurs pour faire les bleds| nota mon cousin fillonniere a vendu ces 186 pieces de vin a raison de 47 ^li^b^vres le tonneau| qui font en tout la somme de 4371 ^li^b^vres|

**179**

Le 18. dudit mois d°octobre 1723 couvert vent froid et petite pluye| madame chartier m°a envoyé une chopine d°eau deˇvie| la veille ses filles et sa domestique me sont venu voir avec la domestique de monsieur prieur droguiste|
Ledit jour a 8 heures du matin comme on alloit dire la messe mathurin tassin a receu l°extreme onction|
Le 19 beau et bien froid| ledit jour ledit tassin aagé denviron 52 ans a esté enterré icy et regretté deˇtoute la maison| il estoit aveugle et ~~neant~~ neantmoins c°es luy qui fendoit le bois d°icy toute l'annéé| et faisoit bien d°autre chose

**180**

de sorte que l°on peut dire de luy avec justice qu°il ne mangeoit pas le pain d°oisiveté|

---

Le mesme jour 19 dudit mois d°octobre apres midy dame charlotte amaury femme du sr castille huissier est venue me voir comme ayant esté voisins| j°ay esté charmé de sa conversation et de son christianisme| l°eloge qu°elle ma fait de monsieur poitraz m°a bien fait plaisir|
Le 20 vent froid| ledit jour mr duhamel m°a presté le tome premier des oeuvres de mr racine|

**181**

Le 21 beau et moins froid| ledit jour j°ay disné chez monsieur du^hamel avec mr et mademoiselle mareschal des alléés etc.|
Le 22 et 23 pareils| ledit jour 23 mr l°abbé m°a donné du tabac|
Le dimanche 24 changé| ma cousine gousset est venue me voir et m°a donné une piece de 46 sols,
Elle m°a dit avoir vendu a mon cousin fillonniere la moittié a elle appartenant deˇla closerie deˇla guillonniere pour la somme de 2400 livres dont il luy doit payer par an 120 livres|

**182**

Le 25 dudit mois d°octobre 1723 jnconstant| le fils de m[r] billault nostre boucher a esté enterré| il est mort subitement et n'a esté malade qu'une demye journéé|
Sy nous ne voulons point craindre la mort pensons y tous^jours| car elle vient couper le fil de nostre vie a l°heure qu°on n°y pense pas| veillons dont et prions affin de n'estre point surpris au moment qu°il faudra rendre nostre ame a dieu et nostre corps a˘la terre d°ou il a esté pris|

**183**

Le 26 beau| monsieu[r] beaujouan m°a envoyé une bouteille de vin pour boire a sa santé etc.|
Le 27 jnconstant| plus froid que chaud de sorte que nos bonhommes respirois plus l°aïr du feu que celuy de˘la cour| cependant leur chaufoïr a esté les rayons du soleil qui n°estoit pas bien chaud etc.|
Le 28 pareil, monsieu[r] l°abbé m°a dit que la niepce de madame sadié est dangereusement malade|

* * *

Le dimanche 31 et dernier dudit mois d°octobre couvert et froid, monsieu[r] poitraz a recommencé a prescher dont j°ay esté

**184**

fort touché et édiffié et tous ceux de son oditoire| ledit jour j°ay esté a confesse, et sur le soir monsieu[r] chartier est venu me voir et m°a apporté une petite bouteille d°eau de˘vie et donné a son ordinaire bien des marques d°amitié|

Novembre

Le lundy premier dudit mois beau et froid| ledit jour j°ay communié|
Le 2 continuation de˘belle froidure| ledit jour j°ay baillé a nannon leroux l°argent au˘bonhomme jacques qui est 28 [s]ols qu°elle a donné a m[r] girard qui luy en fera raison|

**185**

Le mercredy 3 dudit mois de novem$^{bre}$ pareil| avant midy madame sadié est venue me voir et m°a donné une piece de 23| et m°a fait bien de l°amitié| elle estoit accompagnéé de mademoise$^{lle}$ desprez|
Le 5 dudit mois brouillard bien froid et beau temps apres midy|
Ledit jour le˘s$^{r}$ servais m°a donné de˘la part de m$^{r}$ l°abbé de˘bon tabac pour me desdommagé du passé|
Le 7 couvert| mes soeurs m°ont apporté du tabac de˘la part de nostre officier| et sur les cinq heures du soir madame sadié m°a envoyé une

**186**

paire de bas neufs par madame transon|
Le lundy 8 dudit mois de novem$^{bre}$ pareil et doux| ledit jour le bureau a recommencé a tenir|
Le 9· 10, 11, et 12 beaux| ledit jour 12 dudit mois j°ay escrit une lettre en˘vers a mon cousin tessier|
Le 13 brouillard| ledit s$^{r}$ tessier m°a envoyé une bouteille de vin nouveau|
Le 14 brouéé bien froide| ledit jour il a esté dit un salut dans toutes

**187**

les eglises pour obtenir de dieu de˘la pluye et un temps favorable pour tous les biens de˘la terre etc.|
Le 15 plus doux, le 16 changé en petite pluye et vent humide| ledit jour j°ay escrit a monsieu$^{r}$ beaujouan|
Le 17 pareil| ledit s$^{r}$ beaujouan m°a envoyé une bouteille de˘vin des˘groix|
Le 18 dudit mois humide et beau pour les biens de˘la terre|
Le 19 beau et chaud| ledit jour monsieur duhamel m°a envoyé la seconde

**188**

partie des oeuvres de m$^{r}$ racine avec une bouteille de bon vin|
Le 20, 21 et 22 jnconstans et venteux| ledit jour 22 j°ay receu une lettre du s$^{r}$ marjolla|

Le 23 dudit mois de novembre grand vent et pluye| ledit jour j°ay fait reponse audit s[r] marjolla|
Le 24· 25 et 26 humide et pleuvieux et propre pour les biens de˘la terre|
Ledit jour 26 m[r] poitraz a esté saigné pour un mal de gorge| et il m°a donné un bout de tabac|

**189**

Le 27 dudit mois de novembre beau|
Le 28 brouillard bien froid| le 29 pareil| depuis trois semaines l°entretien des petits et des grands ne rousle que sur l°absence de monsieur druillon lieutenant general| il a vendu sa charge a monsieu[r] heritte du gravier et a emporté de chez sa mere la valleur de 100000 livres ou environ tant en argent monnoyé que vesselle d°argent et autres effets| il a enmené avec luy la fille de monsieu[r] paris huissier|

**190**

Decembre

Le mercredy premier dudit mois forte gelléé avancouriere selon l°apparence de plusieurs autres qui sont a sa suitte| ledit jour ma cousine gousset m°a envoyé une bouteille de vin blanc nouveau| et sur le soir le nommé lamarche marchand de poisson sallé a esté enterré a s[t] martin| il a esté trouvé mort au bas du pont de bois| l°hôpital a esté a son convoy|
Le 2[e] pareil| ledit jour le nommé francois oury aagé de 10 ans a esté enterré icy| il a longˆtemps combatu avec la mort|

**191**

Le 3 dudit mois de decem[bre] vergla et pluye bien froide|
Le 4 pluye| les nouvelles de ce˘jour sont que monsieur leduc d'orleans regent du royaume est mort subitement|
Le 7 continuation de temps humide| mes soeurs m°ont envoyé une bouteille de vin blanc nouveau avec un bout de tabac/
La mort de monsieu[r] le regent ce confirme de˘jour a˘jour|
Le vendredy 10[me] dudit mois de decembre 1723 doux et beau

**192**

comme au printemps, il y a sept ans jour pour jour que monsieu$^{r}$ labbé poitraz est directeur de l°hospital etc.|
Le 11$^{e}$ pluye et vent| les fievres le rumatisme et la petite verole sont en regne|
Le mercredy 15 dudit mois m$^{r}$ paris est party pour aller a paris au sujet du rapt de sa fille| m$^{r}$ vignau luy a donné 45 $^{l}$i$^{b}$vres pour faire le voyage| ledit jour temps couvert et pluye froide|
Le 18 dudit mois belle geléé

**193**

blanche| il y a aujourd°huy 67 ans que l°hôpital est fondé| tout les ans a pareil jour il se˘dit icy en action de grace une grande messe du s$^{t}$ esprit|
Le dimanche 19 dudit mois temps sombre| ledit jour mademoise$^{lle}$ sadié m°a apporté de˘la part de madame sa mere deux cravattes de mouseline et quatre mouchoirs| et madame daudin leur domestique m°a donné un bout de tabac et monsieu$^{r}$ l°abbé aussy, la veille ladite dame sadié m°a envoyé une bouteille de˘vin de˘sa closerie de morest|

**194**

Ledit 20 dudit mois de decembre 1723 le temps clair et beau| le˘jour d°hier la domestique de mon cousin tessier de˘la˘grande fontaine est venue me voir et m°a apris que mon cousin tessier des forges sera marié apres les roys a mademoise$^{lle}$ leroy fille de deffunct m$^{r}$ leroy drappier| c'est une amitié contractéé depuis long temps,

* * *

Le 21 humidité et pluye| monsieu$^{r}$ beaujouan m°a envoyé une bouteille de˘vin, le 22 vent jmpetueux| ledit jour j°ay escrit a mon cousin tessier sur son mariage futur|

**195**

Le 23 dudit mois un peut froid| ledit jour j°ay escrit a mon cousin tessier de˘la˘grande fontaine et souhaité par avance une bonne annéé|
Le 24 doux et couvert de sorte que l°on peut dire a˘propos le commun proverbe|

a noel le mouscheron
et a pasque le glacon|

* * *

Le 25 pareil| j°ay communié ledit jour/ monsieur vignau mon amy apres avoir tres peut disné s°est allé coucher s°estant trouvé jndisposé des la veille| il ne dellessa[57] pas neantmoins d°aller a˘la messe de minuit| ie souhaité que ce ne soit rien, le mesme jour monsieur royer hoste de˘la˘gallere

**196**

a esté enterré a st nicolas| l°hospital a assisté a son convoy|
Le 26 dudit mois mr tessier des forges et mademoiselle leroy son accordéé me sont venu voir avec ma cousine tessier la jeune et ma cousine fillonniere|
Le 28 continuation de˘beau temps, ledit jour j˘ay escrit a mademoiselle rogier a ma cousine gousset, a madame sadié et a monsieur chartier au sujet de˘la nouvelle annéé|

**197**

Le 30 dudit mois de decembre 1723 doux et couvert| ledit jour j°ay escrit a monsieur beaujouan et a˘mes soeurs sur la nouvelle annéé|
Le 31 et dernier dudit mois pareil, ledit jour j°ay escrit a mon cousin fillonniere le jeune et a monsieur duhamel qui a envoyé par celluy qui luy a donné ma lettre une bouteille de vin pour boire a sa santé et l°histoire du lutheranisme|

Annéé 1724

Le samedy premier de janvier 1724 commencement et disposition au froid| ledit jour j°ay receu une lettre de mon

**198**

frere par la poste| dont j°ay payé cinq sols que j°ay emprunté a nannon leroux| mon frere me marque qu°il m°envoye 12 livres par le messager d°angoulesme que monsieur beaujouan retirera vendredy prochain 7 dudit mois| deschargera le livre et payera le port et me donnera le surplus,

57 *dellessa* : *délaissa*

Le 2 jnconstant| m$^{r}$ marjolla est venu me souhaiter la bonne annéé| j°estois apres a˘luy escrire sur le mesme sujet et mesme je luy ay donné ma lettre, ledit jour

**199**

madame bidault est venue de˘la part de ma cousine gousset me souhaiter aussy une bonne annéé|
Le 3 dudit mois obscur et peut froid|
Ledit jour j°ay escrit a mademoise$^{lle}$ badaire sur l°annéé nouvelle et j°ay receu de mes soeurs une lettre sur le mesme sujet| monsieu$^{r}$ beaujouan est venu me voir et je luy ay communiqué la lettre de mon frere| il m°a promis de faire pour moy avec plaisir selon son contenu| et apres midy m$^{r}$ chartier est venu me voir aussy pour me souhaiter la bonne annéé|

**200**

Le 4 dudit mois de˘janvier 1724 nous promet du froid| mes soeurs m°ont envoyé une bouteille de˘vin blanc, ledit jour la˘veuve helie fort aagéé a esté enterréé icy| et la dame veuve bodin procureur a s$^{t}$ honnoré sa parroisse|
Le 5 mes cousins tessiers avec m$^{r}$ lorieux sont venu m°aporter a signer les articles de mariage du s$^{r}$ pierré tessier avec mademoise$^{lle}$ leroy| et m$^{r}$ duhamel m°a souhaité la bonne annéé dans le mesme moment/

**201**

Le dit jour cinq dudit mois de janvier monsieu$^{r}$ chartier m°a envoyé une petite bouteille d°eau de˘vie|
Le 8 le fils de m$^{r}$ beaujouan m°a apporté 12 $^{l}$i$^{b}$vres de˘la part de mon frere| sur quoy j°ay payé 10 $^{s}$ols pour le port au messager d°angoulesme|
Le 9 gelléé| ledit jour ma cousine gousset est venue me voir et m°a donné une piece de 46 $^{s}$ols pour mes estrenne| mes soeurs sont aussy venues et m°ont donné du tabac| et madame badaire qui m°a fait present d°un gobelet de cristal/
Le 10 sombre| j°ay receu de mademoise$^{lle}$ rogier une lettre|

## 202

Le 11 dudit mois de˘janvier humide| ledit jour j°ay escrit a mon frere par la poste| et monsieur beaujouan m°a envoyé une bouteille de˘bon vin|
Le 12 venteux| j°ay escrit a mon cousin tessier de˘la grande fontaine|
Le 13 jnconstant, ledit jour j°ay payé a˘jean poulevé 3 libvres 5 sols 4 deniers que ie luy devois pour du vin 3 libvres 5 sols 4 deniers|

* * *

Le [~~xxx~~] 15[58] dudit mois de˘janvier 1724 sombre et doux| ledit jour j°ay payé a madame marjolla en presence de madame regnard sa locataire 5 libvres 10 sols que ie luy devois de reste

## 203

de huit livres contenu en ma promesse qu°elle m°a rendue|
Le mesme jour mon cousin fillonniere le jeune m°a envoyé du tabac et mon cousin tessier une bouteille de vin pour boire a sa santé, cy[59] 5 libvres 10 sols|
Le 16 pareil madame sadié et mademoiselle desprez sont venues me souhaiter la bonne annéé| et madame sadié m°a donné une piece de ...[60] 23 sols|
Le 18 beau| j°ay escrit a madame marjolla| et le landemain elle ma envoyé une bouteille de˘vin pour boire a˘sa santé etc.|

## 204

Le lundy 24 dudit mois de˘janvier 1724 pluye froide et vent jmpetueux| les couvreurs ont de la besongne tailléé etc.|
Le 25 assez beau| ledit jour le˘sr servais m˘a donné du˘tabac de˘la part de monsieur poitraz|
Le 26 jnconstant et venteux|
Ledit jour madame sadié ma envoyé une bouteille de vin par la mere robert|
Depuis ledit jour 26 dudit mois jusqu'au 31 et dernier jour un vent terrible a reigné sans jntermition accompagné de pluye bien froide|

---

58 *15* au-dessus de la ligne.
59 Blanc après *cy*.
60 Les points de suspension sont de la main de l'auteur.

**205**

Febvrier

Depuis le mardy premier jour dudit mois jusques au 7 temps jnconstant et peut froid,
Ledit jour sept febvrier catherine hubert fille aagéé de 15 a 16 ans a esté enterréé icy| elle est morte de˘la petite verolle et du pourpre apres avoir long temps souffert|
Le mesme jour le˘sr servais est tombé malade par un grand mal de coeur|
Le 8 dudit mois fort beau et clair|
Ledit sr servais a esté mis a l°infirmerie dans le lit qui joint le mien, ledit jour j°ay escrit a mr beaujouan, et il

**206**

m°a envoyé une bouteille de bon vin pour boire a sa santé|
Le 9 dudit mois de fevrier froid ledit sr servais est bien malade et mesme en˘danger, ledit jour mr levasseur marchand a esté enterré simplement a st solenne| il n'a esté malade que 4 jours| on peut dire de luy qu˘il estoit bon chrestien et sa vie examplaire|
Le 10 beau| la maladie dudit servais augmante| on luy a tiré de tres mauvais sang et il a esté confessé|
Le vendredy 11e dudit mois sombre et froid| la nuit derniere ledit sr

**207**[61]

servais est entré dans un transport extreme et a bien donné de˘la˘peine a ses veillant| et mesme n°a point voulu se soumettre a˘la priere de mr poitraz son bon maistre qui s°est levé a˘trois heures pour tacher de le˘tranquiliser et le faire coucher| et a huit heures du matin il a esté saigné au pied| a quoy il a fait une forte resistance| mais a l°aide de neuf personnes qui le tenoyent monsieur delestre en est venu a bout avec bien de l°adresse et sur les six heures du soir ledit servais est devenu sy

61 *207* : *7* corrigé sur *5*.

**208**

furieux que l°on a esté obligé de le lier dans son lit|
Le 12 dudit mois de fevrier belle gelléé| ledit servais a esté saigné derechef au pied et son transport est plus viollant qu°il n°a point esté de sorte que l°on ne peut en attendre que la mort| il croit tousjours que l°on le veux empoisonner et ne cesse de parler|
Le dimanche 13^me dudit mois vent et pluye froide| a trois heures apres midy ledit servais a receu le sacrement de l°extreme onction|
Le 15 beau et vent froid| ledit s^r servais se porte mieux| sa

**209**

fievre est bien diminuéé et son transport aussy de sorte qu°il y a tout lieu d°esperer qu°il relevera de cette maladie| toute la maison le souhaite et le demande a dieu et particulierement m^r poitraz son bon maistre etc.|
Nota ledit jour 15 dudit mois m^r chartier m°a envoyé une petite bouteille d'eau de˘vie et mon cousin tessier une caraphe de bon vin pour boire a sa santé et mes soeurs un petit bout de˘tabac|
Le 16 gelléé blanche| marie chauvigny m°a donné ma raspe ou elle a fait mettre une feuille qui ma cousté 3 sols|
Ledit servais est bien foible et a

**210**

un gros rume que ie craint qui luy joue d°un mauvais tour et que la toue[62] n°emporte le batteau,
Ledit jour monsieu^r figuier sergent major du regiment royal roussillon qui est logé chez nous est venu me voir|
Le 17 pluye froide| ledit servais selon toute apparance est hors de danger, ledit jour monsieu^r poitraz m°a donné par la soeur lidoreau deux bout de tabac/
Le 19 doux| ledit servais estant las d°estre dans l°infirmerie s°est fait transporter dans le˘dortoir des enf*ans*| il a esté saigné ledit jour|

62 *toue* : *toux*

**211**

Le 20 dudit mois de febvrier 1724 ledit s[r] servais rottier sur le midy a fait son testament devant monsieu[r] lambert notaire| le s[r] chauvigny et moy l°avons signé comme tesmoins| et apres vespre ledit servais a communié|
Le 21 continuat[io]n de˘douceur| ledit servais a esté saigné, le˘jour d'hier monsieu[r] duhamel m°a presté le livre de˘la pratique de˘la perfection chrestienne par alphonse rodriguez de˘la compagnie de˘jesus, et m°a envoyé une bouteille de bon vin|

* * *

Le 22 dudit mois et le seize de˘la maladie dudit servais| il a esté saigné| son sang

**212**

est tres mauvais et corompu| une toue seiche qui le menace d°une fluction sur la poitrine| dieu est tout puissant| il n°a qu'a dire la parole et son serviteur sera gueri etc.|
Le 23 jnconstant| ledit servais est tousjours bien mal |ledit jour un soldat du regiment royal m°a dit qu°il ont une ordre ~~pour~~ de[63] partir le 15 de mars prochain pour aller a d'unkerque en garnison/
Ledit servais a encore esté saigné|
Le˘jeudy gras 24 dudit mois de˘fevrier pareil| le bon homme martelliere a esté confessé| il est malade

**213**

depuis quatre jours d°une retention d'urine| il a esté sondé deux fois| apres la priere du soir il a communié| et deux heures apres il a esté baigné| la sonde et le bain ne luy ont point apporté de soulagement|
Le 25 dudit mois feste de s[t] mathias sombre et froid.| ledit s[r] servais se porte beaucoup mieux| le jour d'hier j°ay escrit a madame sadié qui m°a envoyé une bouteille de˘vin, la nuit derniere la santinelle du corps de garde sur les neuf a 10 heures du soir a tué un bon garcon de cette ville,
Le 26 neige et gelléé| ledit jour au soir ledit martelliere a receu l°extreme onction|

---

63 *de* au-dessus de la ligne.

**214**

Le 27 dudit mois de fevrier belle gelléé| ledit martelliere a la fluction sur la poistrine|
Le 28 dudit mois pluye et vent| ledit martelliere aagé d'environ 80 ans a esté enterré icy| il n°a esté malade que huit jours| il a souffert de pressantes douleurs avec une constance admirable| et l°on peut dire qu°il est mort avec une entiere soumission a˘la volonté de dieu| je prie le seigneur qu°il me fasse la mesme grace etc.|
Le mardy gras 29 et dernier jour dudit mois de fevrier beau|

**215**

Mars

Le mercredy des cendre premier dudit mois de mars jnconstant|
Ledit jour la˘dame deverge a esté enterréé a $s^{t}$ solenne| l°hospital a assisté a son convoy|
Le 2 geléé blanche| ledit jour mademoise$^{lle}$ siret est venue me voir ce qu°elle n°avoit point fait depuis que ie suis icy quoyque bons amis,
Le 3 grand vent froid| le sieur rossier boucher a esté enterré en vienne| il n'a esté malade que quatre jours, ledit jour j°ay escrit a $m^{r}$ chartier et il m°a envoyé une petite bouteille d°eau de vie|
Le jour d°hier j°ay escrit aussy a ma cousine gousset qui m°a fait present d°une bouteille de˘vin/

**216**

Le 4 dudit mois de mars 1724 pluye froide| ledit jour j°ay esté a confesse|
Le dimanche 5 dudit mois pareil|
Ledit jour j°ay communié|
Le six assez beau| ledit jour il a esté dit un service icy pour le repos de l'ame de deffunct monsieu$^{r}$ lefebvre vivant lieutenant particulier|

* * *

Le 7 froid| le˘jour precedant mon cousin tessier m°a envoyé une bouteille de vin par le[64] mere robert,

* * *

64 *le* : lapsus pour *la*.

Le 8 dudit mois gelléé| ledit jour a 10 heures du matin le nommé noel gremillon dit francoeur tessier en˘toille est mort icy a la sortie de l°extreme onction| il n°a esté malade que neuf jours/

**217**

Le 9 dudit mois de mars pareil| ledit gremillon aagé d°environ 50 ans a esté enterré icy| ledit jour m^r beaujouan m°a envoyé une bouteille de vin|
Le 10 continuatĭon de belle gelléé| ledit jour monsieu^r figuier est venu me voir et m°a donné du˘tabac| nous avons beu ensemble de˘la bouteille de˘vin cy dessus|
Le 11 de˘mesme, le 12 sombre et froid|
Ledit jour m'est[65] trois soeurs me sont venu voir et m°ont donné un bout de˘tabac de˘la part dudit s^r figuier|

* * *

Le 13 belle gelléé| ledit jour le bonhomme bault fort jnfirme a communié a˘la chappelle, et apres midy la dame mosnoïr m°a dit qu°elle estoit sur le˘point de nous rembourser la moittié du

**218**

contract de 44 ou 45 ^li^bvres de principal qu°elle nous doit suivant l°hipoteque qu°elle et son mary nous en ont passé devant boureau notaire|
Le mesme jour 13 dudit mois de mars le nommé francois haran aveugle a esté receu icy|
Le 14 dudit mois beau et chaud apres midy, ledit jour le s^r servais estant bien restably de sa maladie a quitté le˘dortoir et retourné coucher dans sa chambre|

* * *

Le 15 pareil, le 16 doux et beau| mon cousin fillonniere est venu me voir| et sur les 4 heures la˘domestique de madame sadié qui m°a bien fait de l°amitié

65 *m'est* : *mes*

**219**

et m°a donné un bout de tabac|
Ledit jour 16 dudit mois de mars j°ay escrit a madame marjolla nostre voisine, bouteille etc.|
Le 17 humide| j°ay escrit a madame sadié qui m°a repondu par des compliments| bouteille etc.|
Le 18 dudit mois de mars beau| marie chauvigny m°a donné mes souliers que monsieur girard a eu la bonté de me faire racommoder|
Ledit jour le˘bonhomme guesdon est sorty d°icy ayant mal a˘propos tenu teste audit sr girard nostre tres digne superieur et manqué de respect etc.|
Le˘dimanche 19 dudit mois pareil|

**220**

Monsieur poitraz est bien fatigué d°un gros rume| ledit jour 19 dudit mois de mars madame sadié et mademoiselle sa fille me sont venu voir et m°ont fait toute l°amitié possible et des offres de service tant et plus|
Sur les 7 heures du soir ledit sr poitraz a esté saigné|
Le 20 dudit mois vent froid| le˘jour d'hier ledit guesdon a esté bien aise de revenir icy| monsieur girard a eu la bonté de le recevoir et de luy pardonner comme il a desja fait plusieurs fois|
Ledit jour 20 dudit mois madame

**221**

sadié m°a envoyé par sa domestique des pruneaux des noix et des resins cuit| bouteille de vin etc.|
Le 21 beau| par ordre de˘la˘pollice le poisson se vent a present a˘la livre comme la chair a˘la boucherie| chaque espece de poisson a son prix,
Ledit jour le˘sr servais m°a donné de la part de monsieur l°abbé du tabac| et monsieur cha[r]tier m°a envoyé par la mere robert une petite bouteille d'eau de vie|
Le 22 dudit mois et premier jour du printemps beau| l°hiver a esté pleuvyeux venteux et peut froid| les rumes ont beaucoup reigné dans cette saison et plusieurs personnes ont bien de˘la peine s°en remettre| moy le˘premier|

**222**

Le jeudy 23 dudit mois de mars 1724 qui est la˘my caresme temps doux| depuis deux jours je suis bien fatigué d°une douleur de costé| quoy qu°il en soit j°ay tous^jours bon visage de sorte que mes jnfirmitez passe pour jmaginaire| ie n°en souffre pas moins| dieu soit benit loué adoré et glorifié par toute la terre|
Le 24 dudit mois jnconstant et pleuvieux| j°ay escrit a mon cousin tessier, bouteille de vin, ledit jour qui est le cinq de˘la maladie de monsieur vignau il a esté saigné/
Le 25 pluye et vent| monsieur poitraz a˘dit la messe| il ne l°avoit pas dite depuis le 19 dudit mois de mars|

**223**

Ledit jour 25 mon cousin tessier coullange est venu me voir|
Le 26 beau plusieurs personnes sont malades icy|
Le 27 pluye et vent| ledit jour j°ay escrit a ma cousine gousset,

---

Le 28 dudit mois de mars 1724 jnconstant| ledit jour ma cousine gousset m°a envoyé par˘la mere robert du vin du sucre et autres douceurs pour mon rume et me fortifier l°estomac que j°ay rompu a force de tousser le˘jour et la nuit etc.|
Le 29 pareil| mademoiselle la superieure est venue me voir

**224**

au bureau avec bien des marques d°amitié| mesme elle m°a fait un present de noix et de guigne cuittes/
Le 30 dudit mois de mars froid sans gelléé| ledit jour ie me suis trouvé extraordinairement fatigué de mon rume| il se trouve sy bien avec moy que ie croy qu°il ne veut point me quitter qu'a la mort etc.|
Le 31 jnconstant| le reverand pere don louvart de l°ordre de st benoist est venu me voir| sa conversation est charmente et profitable et sa douceur fait plaisir etc.|

**225**

Avril

Le samedy premier dudit mois d'avril beau, le 2 pareil| ledit jour mes soeurs manon et judith et ma cousine cadiou me sont venu voir a˘cause de ma maladie| a l°esgard de ma soeur nannon elle est toûjours bien jnfirme et garde souvent le lit, dieu veille avoir pitié de son estat et luy donner la vertu de patience|
Le 3 dudit mois d'avril gelléé/
Le 4 pluye douce entremesléé de soleil| ledit jour j°ay escrit a monsieur[r] beaujouan et a monsieur[r] chartier qui m°a envoyé de l°eau de˘vie et du casson| et mon cousïn tessier m°a fait present d°une bouteille de bon vin|

**226**

Le 5 dudit mois d°avril 1724 sombre et doux| le s[r] servais a˘taillé la treille du costé de l°appartement des femmes| c°est du verjus pour les rats| ainsy peine perdue|
Ledit jour madame mesnard a esté enterréé a s[t] honoré| l°hospital a esté a son convoy|
Le 6 frais| mademoise[lle] rogier avec la niepce de madame sadié me sont venu voir| et ladite damoise[lle] rogier m°a fait present d°un bout de tabac|

---

Le 7 dudit mois froid| le˘jour d'hier les louis d°or et d°argent et menue monnoye tout a amandé| et monsieur[r] girard nous a enchery le vin de six deniers par pinte|

**227**

Le 8 dudit mois d°avril belle gelléé| monsieur[r] l°abbé m°a donné un petit bout d[e] tabac carré| et madame sadié m°a envoyé par la mere robert une bouteille de vin et du fil blanc et brun pour m°enployer au besoin|
Le˘dimanche des rameaux 9 dudit mois petite roséé| ledit jour un monsieur dubois a esté enterré a s[t] solenne| l°hospital a esté a son convoy|
Le 10 sombre et pleuvieux| ledit jour mademoise[lle] de marescot m°a˘donné en secret 2 pieces de 16 [s]ols 6 [d]eniers| elle ne m°a point dit de quelle part| et ie ne luy ay pas demandé aussy a cause du monde qui estoit dans l°infirmerie|

**228**

Le 11e dudit mois d°avril 1724 froid et venteux| ledit jour soeur estiennette nignet ~~habit~~ fille habitante de l°hospital depuis la fondation d°jcelluy a esté enterréé icy aagéé de 81 ou deux ans| elle est morte en odeur de sainteté etc.|
Le 12 grand vent et bien froid| ledit jour une fille au sr pasté rotisseur a esté enterréé a st martin| six filles de l°hospital l°ont portéé en terre|

---

Le jeudy st 13 dudit mois d°avril giboulléé bien froide| ledit jour j°ay fait mes pasques, j°ay fait le mesme jour tenir par la mere robert une lettre a mr beaujouan| et il m°a envoyé une bouteille de vin/

**229**

Le 14 dudit mois d'avril sombre|

---

Le 15 beau| ledit jour monsieur beaujouan est venu me voir et m°a bien fait de l°amitié et des offres de services [~~xxx~~]| jl m°a dit que mon cousin yver le parisien avoit quitté son pere avec lequel il estoit associé pour leurs ouvrages d°orlogerie et qu°il a attiré a luy plusieurs de ses pratiques| c°es la recompense que les peres doivent aujourd°huy attendre de leurs enfans car tout le monde est perverty|
Le 16 beau au matin et apres midy jnconstant| ledit jour au soir monsieur girault le veuf tanneur a esté

**230**

enterré a st solenne|
l°hospital a osté[66] a son convoy| il estoit mort depuis trois jours de sorte qu°il sentoit fort mauvais|
Le 17 et 18 beaux|

**66** *osté* : lapsus pour *esté*.

Le 19 de˘mesme| ledit jour la˘dame veuve chartier vivant antien procureur a esté enterréé a s[t] solenne| nota le s[r] noury sur le soir est venu me voir et nous avons beu deux coups ensemble sans manger avec la mere robert|
Le [2]0 chaleur| le 21 qui est la seconde annéé que ie suis a l°hospital beau et chaud| ledit jour

**231**

ma cousine pajon des˘guillonnieres a esté en^terréé a s[t] solenne| l°hospital a esté a son convoy|

---

Le 22 dudit mois d'avril de˘mesme|
Ledit jour j°ay escrit a m[r] beaujouan| et il m°a envoyé une bouteille de tres bon vin pour boire a sa santé|

---

Le 23 jnconstant| le 24 pluye|
Ledit jour monsieu[r] l°abbé poitraz est allé a chambon pour trois ou 4 jours|

---

Le 25 dudit mois chaud| ledit jour madame sadié m°a envoyé une bouteille de vin par la mere robert| elle m°a dit qu°elle a esté jndisposéé| ce qui fait que ie ne l°ay pas vûe dans la quinzaine de pasque|

**232**

Le 26 dudit mois d°avril continuation de beau temps| m[r] chartier m°a envoyé un septier d°eau de˘vie/
Ledit jour m[r] brethon nouveau vicaire de vienne pour l°absence de monsieu[r] labbé poitraz a donné l°extreme onction a soeur marie gendrier de vineuil antienne jnfirmiere et fait communié le bonhomme la liberté nostre portier,
Le 27 de˘mesme| le 28 grande chaleur| ledit jour ladite soeur marie de˘vineuil aagéé d°environ 65 ans a esté enterréé icy, elle a souffert long^temps bien des jnfirmitez et des maux avec une constance admirable/

**233**

Le 29 sombre vain et pluye chaude| ledit jour j°ay escrit a mon cousin tessier| et il m°a envoyé une bouteille de˘vin| et mr l°abbé m°a donné du tabac|

* * *

Le 30 et dernier jour dudit mois d°avril pluye| messire jean simart prestre chantre en dignité en l°eglise cathedralle de st louis a esté enterré a st sauveur| l°hospital a esté a son convoy|

May

Le lundy premier dudit mois beau| ledit jour le bonhomme michel herault dit la liberté aagé d°environ 72 ans a esté enterré icy| il n'a esté malade que sept jours et est mort en tres bon chrestien|

**234**

Le 2, 3 et 4 dudit mois de may 1724 beaux et chaud| ledit jour 4 j°ay escrit a madame sadié| et elle m°a envoyé une bouteille de vin|
Nota le mesme jour 4 dudit mois le pont neuf est ouvert et sans barriere| et l°on passe par dessus sans rien payer|
Le 5 et dernier jour de˘la vintaine qui a esté fort belle sombre et frais a cause du˘tonnerre qu°il fit hier au soir, ledit jour mes soeurs m°ont envoyé deux petits bout de tabac par marie chauvigny|
Le 6 dudit mois beau| ledit jour j°ay escrit a monsieur beaujouan| bouteille de vin|
le sept pluye|
Le 9 doux et sombre| ledit jour mr

**235**

marchant greffier du presidial a esté enterré a st solenne| l°hospital a esté a son convoy|
Le 10, 11 et 12 dudit mois beaux et chaud| ledit jour 12 la nostre dame qui estoit a l°entréé de˘la porte du vieu pont a esté transportéé a 7 heures du soir dans l°eglise de vienne par un grand nombre des habitans dudit faubourg et au son des cloches| et en^suitte l°on alluma un feu de joye dont le sieur prou hoste du collier estoit le commendant|

* * *

Le 13 pareillement beau et bien chaud| le bled amande beaucoup| et les vignes promettent une abondance de vin| il y aura de˘tout s˘il plaist a dieu etc.|

**236**

Le 14 dudit mois de may grande chaleur, le s$^{r}$ delisle petineau avec deux de ses amis me sont venu voir| nous avons mangé ensemble une sallade chez m$^{r}$ burelin| jls m°ont dit que mon cousin fillonniere le jeune est mourant et que sa fille a la jambe casséé| ledit jour le s$^{r}$ et dame la prairie me sont aussy venu voir|
Le 15 touffeur| ledit jour a sept heures du soir des soldats du regiment royal roussillon se sont battu aˇla porte de costé a coups de couteau dont un est mort a l°heure mesme et deux de blessez qui sont en prison|

**237**

Le 16 dudit mois de may vent bien froid| ledit jour nannon leroux m°a fait une mercurialle au sujet de mon disné qu°elle m°a apporté au bureau et dit qu°elle ne pretendoit pas m°y servir et que sy m$^{r}$ girard le scavoit qu°il ne le permettroit pas, la satiffaction que i°ay put luy faire c'est de luy dire qu°elle ne m°en raporteroit plus| ce qui la a appaiséé| mon jntention estant de ne faire de peine a personne et mesme de me soumettre aux plus petits|

* * *

Le 17 temps clair et froid ce qui releve un peut l°esperence des usuriers, ledit jour

**238**

17 dudit mois de may 1724 monsieu$^{r}$ beaujouan m°a envoyé une bouteille deˇvin| et le soldat qui avoit tué son camarade a coups de couteau a esté pendu au bourg s$^{t}$ jean par son cou comme une gourde/

* * *

Le 18 fort beau, le 19 jnconstant| les nouvelles sont que le roy viendra cette annéé a chambord et que les ordres sont desja donnéé pour le vistrage,
Ledit jour monsieu$^{r}$ poitraz m°a donné un bon bout de tabac|
Le 20 pluye et vent froid| le pain comm*un* ne vaut plus que 16 $^{s}$ols 6 $^{d}$eniers/

**239**

Le 21 dudit mois de may beau| ledit jour mes soeurs me sont venu voir| et j°ay eu malgré moy deˇla consteste et un peut d°aigreur avec manon dont l°humeur est

tousjours facheuse et contrariante| s°imaginant que ie veux leur faire de la peine a˘cause que ie refuse de signer des quittances dont ie ne touche rien,
Le 22 pareillement beau et chaud| ledit jour a six heures du soir il y a eu une eclipse de soleil qui a duré environ deux heures/
Le 23 de˘mesme| madame sadié m°a envoyé une bouteille de vin|

**240**

Le 24 et 25 dudit mois de may beaux et bien chauds| ledit jour 25 mes soeurs manon et judith me sont venu voir et m°ont dit que madame boirault nostre voisine se meurt| et que mon cousin fillonniere se porte mieux|

* * *

Le 26 de˘mesme| ledit jour mr desouches gard[e] des chasses a esté enterré a st solenne|
L°hospital a esté a son convoy|
Le 27 dudit mois pareil| j°ay escrit a ma cousine gousset et elle m°a envoyé une bouteille d°excellent vin/

**241**

Ledit jour 27 dudit mois de may il a esté pendu en bourgneuf deux jeunes hommes|

* * *

Le 28 continuation de chaleur| le pain est amandé de deux liards et ne vaut plus que 16 sols| l°on espere encore de semaine en semaine de˘la diminution les bleds estant fort beaux et les vignes de˘mesme| dieu soit benit|
Le 29 beau, le 30 sombre et vain| ledit jour le pere louvart de st lhomer est venu me voir,
Le 31 et dernier dudit mois de may changé par une petite roséé agreable au matin| ledit jour la femme au sieur boirault perruquier a esté enterréé

**242**

a saint honoré, la˘derniere nuit ma cousine gousset devant la maison de˘ville a pensé estre volléé| l°on avoit desja ouvert sa fenestre et comme elle a crié a feu les voleurs ont pris la fuitte avec precipitation| il faut qu°ils se soient blessez car on a trouvé du sang repandu,

Juin

Le˘jeudy premier dudit mois pluye chaude et favorable aux biens de˘la terre, ledit jour j°ay escrit une lettre en˘vers a mon cousin tessier et il m°a envoyé une bouteille de˘vin|
Le 2 et 3 jnconstant, le 4 dudit

**243**

mois de juin tonnerre pluye gresle et vent, ledit jour feste de˘la pentecoste| j°ay communié|
Le 5 beau| ledit jour monsieur l°abbé m°a donné du tabac| et mr beaujouan m°a envoyé une bouteille de vin|
Le 6 frais| les nouvelles sont que la gresle du 4 dudit mois a bien gasté des vignes, ledit jour six madame sadié mademoiselle sa fille et sa niepce me sont venu voir| et ladite dame m°a donné 24 sols/
Le 7 et 8 pluye bonne et favorable|
Le 9 dudit mois fort beau| ainsy ie[67] croy que c°es un abus que lors qu°il pleu le jour

**244**

de st medard la pluye continue quarante jours|
ledit jour 9 dudit mois de˘juin mr rabouin perruquier estant venu au bureau pour affaire m°a fait bien de l°amitié et mesme donné un bout de son tabac avec promesse de me revenir voir,
Le 10 de˘mesme| le 11 grande chaleur|
Le 12 changé en pluye et vent froid au matin et beau apres midy|
Le 13 beau et chaud, le 14 grande chaleur pluye et tonnerre| ledit jour j°ay escrit a madame sadié et elle m°a envoyé une bouteille de˘vin|
Les nouvelles sont que le nouveau

67 *ie* au-dessus de la ligne.

**245**

pape s°appelle benoist 14 et est de l°ordre des dominiquains et aagé d°environ 78 ans| il est jtallien de naissance et d°une jllustre maison et doué de toutes les qualitez requises pour remplir le s[t] siege|
Le 15 beau| ledit jour mes soeurs m[e] sont venu voir et m°ont donné deux petits bout de tabac pour la derniere foix| car le regiment s°en va a s[t] homer et celuy de bourbon doit venir icy en leur place/

* * *

Le 16 dudit mois sur le soir pluye douce et tonnerre en loing|
Le 17 beau| ledit jour le regiment royal roussillon s'en est allé|
Le 18 bien chaud|

**246**

Le 19 dudit mois de˘juin pluye chaude| ledit jour j°ay escrit a ma cousine gousset et elle m°a envoyé une bouteille de vin pour boire a sa santé|

---

Le 20 gros brouillard au matin| dieu veuille avoir pitié de son peuple et preservé nos bleds de rouille et nos vignes de˘toutes mauvaises jnfluances|
Ledit jour j°ay fait collation avec le *sieu*r rabouin et il m°a donné un morceau de son tabac|
Le 21 tonnerre et pluye| le 22 chaleur| le 23 beau et frais|

**247**

Le 24 dudit mois de˘juin jnconstant| ledit jour feste de s[t] jean nostre patron j°ay communié, apres midy monsieu[r] beaujouan est venu me voir et m°a donné cent sols de˘la part de mon cousin elie yver d°angoul*e*sme|
Le dimanche 25 dudit mois assez beau| ledit jour mes soeurs ma cousine baignoulx viet avec madame duchesne la veuve me sont venu voir, ce que ma cousine gousset a aussy fait apres soup[é] et m°a donne une piece de 16 [s]ols 6 [d]eniers|
Le 26 frais et clair| le jour d'hier j°ay payé a poulevé 35 [s]ols que ie luy devois pour du vin|

**248**

Le 27 dudit mois de juin beau| ledit jour les peres jacobins ont fait un feu d°artifice sur la riviere en l°honneur de benoist 14 nouveau pape qui est de leur ordre|
Le 28 beau et bien chaud|
Le 29 pareil| ledit jour bigrier m°a raporté ma[68] petite bouteille vuide de chez monsieur chartier| il y a sept semaine qu°elle estoit chez luy| ie ne scay pourquoy|

* * *

Le 30 et dernier jour dudit mois de juin beau a enfiller des perles|

**249**

Juillet

Le samedy premier dudit mois continuation de grande chaleur| monsieur poitraz m°a donné du tabac, le mesme jour j°ay envoyé a monsieur beaujouan par la mere chauvigny un paquet de lettres dans lequel il y en *a* une pour mon frere et l°autre pour mon cousin yver l°esné d'angoulesme| et ledit sr beaujouan m°a envoyé une bouteille de vin pour boire a sa santé|
Le 2 pareil, le 3 chaleur extreme de sorte que l°on peut dire

**250**

que dans cette saison il ne fait pas beaucoup plus chaud dans l°espagne et dans l°jtalie| ledit jour monsieur duhamel dont la charité est examplaire et collegue de monsieur girard nostre tres digne supérieur m°a apporté une petite phiole d°eau pour guerir une fluction que j°ay sur les yeux| et en mesme temps il m°a presenté une bouteille de son bon vin pour boire a sa santé|
Le 4, 5 et six moins chauds et fraicheur agreable et propre aux biens de la terre|

**251**

Le 8 dudit mois de juillet tonnerre et pluye sans orage, le 9 beau| ledit jour mes soeurs manon et judith me sont venu voir|

68 *raporté ma* au-dessus de la ligne.

Le 10. dudit mois venteux|
Le 11 pluye douce, ledit jour j°ay escrit a mon cousin tessier| et il m°a envoyé une bouteille de bon vin avec bien des compliments|
Le 12 jnconstant pluye et vent froid, ledit jour les murs de l°infirmerie des hommes ont esté blanchis et une partie des lits renouvellez|

**252**

Le 13 14 et quinze dudit mois de˘juillet temps frais| ledit jour 15 j°ay escrit a madame sadié et elle ma envoyé une bouteille de vin|

* * *

Le 16 jnconstant| ledit jour nostre voisine meusnier de˘la rue vienne avec la valléé me sont venu voir et nous avons beu ensemble une bouteille de vin qu°ils ont payéé|

* * *

Le 17 pareil et vent bien froid| ledit jour monsieur pajon l°un de nos administrateurs est venu me voir| et il m°a dit que mr madame beaujouan et son fils mes bons amis sont tous trois malades| dont je suis bien faché et prie

**253**

dieu qu°il leur donne la santé et prolonge leurs jours,
Nota le 15 dudit mois de juillet mon cousin tessier des forges qui va demeurer a romorantin est venu me dire adieu|
Le 18 pluye et vent| ledit jour j°ay eu du tabac de˘la part de monsieur l°abbé dont j°avois grand besoin| et nannon leroux m°a acheté un flacon au lieu de celuy que guillaume m°a cassé,
Le 19 dudit mois jnconstant et moins froid|
Le 20 pareil, le 21 dudit mois de

**254**

juillet 1724 beau, la mere robert m°a dit que monsieur beaujouan sa femme et son fils continue a estre griévement malades et qu°ils ont receu a la mesme heure le s[t] sacrement| ledit jour 21[69] la˘dame veuve guignard a esté enterréé en vienne| l°hospital a esté a son convoy/
Le 22 dudit mois et premier de˘la caniculle temps charment| ledit jour j°ay escrit audit sieur pajon| et il m°a envoyé une bouteille d°excellant vin par la mere robert|
Le 23 grande chaleur| ledit jour le pain a enchery de 3 sols 6 deniers de sorte qu°il vaut 23 sols|

**255**

Le 24 dudit mois de˘juillet touffeur| ledit jour il a esté dit icy un service pour le repos de l'ame de deffunct monsieur marchant, nota les nouvelles sont que les charges de villes de nouvelle creation sont supriméé|
Le 25 jnconstant| ledit jour j°ay envoyé une lettre a ma soeur nannon avec un bouquet,
Le 26 beau, ledit jour deux girards du foix et deux autres jeunes filles leur compagnes me sont venu voir| et la veille la˘dame camereau et les filles baudet, et brochet nos voisines sont aussy venues et m°ont bien fait de˘l°amitié|

**256**

Le 27 et 28 dudit mois de juillet couverts et moyenement chaud et favorable pour ceux qui travaille a la campagne a faucher les foins et couper les bleds,
Le 29 beau et chaud| le bled est amandé de 12 livres par muid| ledit jour j°ay escrit a madame sadié| et elle m°a envoyé une bouteille de vin|
Le 30 dudit mois jnconstant et venteux| ledit jour madame daudin m°a apporté de˘la part de laditte dame sadié deux belles chemises et un bon bout de tabac|
Le 31 et dernier dudit mois de juillet beau| ledit jour a sept heures du matin mademoiselle burelin

69 *21* corrigé sur *22*.

**257**

couturiere m°a apporté de˘la part d°une dame qui ne se nomme pas deux pistoles| cette charité est evangelique et conforme a˘la volonté de nostre souverain seigneur qui dit en st mathieu chap. 6. que vostre aumosne se fasse en secret| et vostre pere qui voit ce qui se passe dans le secret vous en rendra luy mesme la recompense devant tout le monde| je l°en prie de tout mon coeur| nota le mesme jour j°ay achepté un chapeau qui a cousté 3 livres 10 sols et j°ay payé 7 sols 6 deniers pour du vin|

**258**

Aoust

Le mardy premier dudit mois d'aoust temps jnconstant| ledit jour j°ay escrit a madame sadié au sujet du don cy dessus et pour la remercier en particulier de˘toutes les bontez qu°elle a pour moy| marie chauvigny a esté la messagere de cette lettre|

Le 2 dudit mois beau| ledit jour les habitants de˘la ville et faubourgs ont esté advertis d°apporter dans les cazernes les fournitures a eux jmposez pour recevoir la garnison du regiment de bourbon qui arriver[ont] dans peut de jours|

**259**

Le 3 dudit mois d°aoust pareil| ledit jour j°ay escrit a mademoiselle rogier en dilligence ayant apris qu°elle estoit malade|

Le 4 fort beau| ledit jour j°ay envoyé par marie chauvigny une lettre a mr beaujouan au sujet de sa convalessance et de sa famille|

* * *

Le 5 dudit mois grande chaleur| ledit jour monsieur le doyen estant venu pour confesser s'est trouvé fort mal chez monsieur girard| ce qui a fait une vraye peine a˘toute la communeauté| sependant deux heures apres il s'en est retourné chez luy bien mieux|

**260**

Le six dudit mois d°aoust pareil| le 7 changé| ledit jour j°ay escrit a mon cousin tessier et il m°a envoyé une bouteille de bon vin|
Le 8· 9 et 10 grande chaleur| ledit jour 10 aoust 1724 un bataillon du regiment de bourbon est arrivé icy pour rester en garnison| nous avons logé chez nous un officier dudit regiment qui a la petite verolle| ce qui me fait craindre pour ma jeune soeur qui ne l°a point encore eûe|
Le 11 dudit mois extreme chaleur| laditte garnison est alléé audevant de madame la duchesse d°orleans qui est passéé icy et va a frontevault[70]| le mesme

**261**

jour j°ay escrit a ma cousine gousset| et elle m°a envoyé une bouteille de˘vin|

* * *

Le 12 dudit mois continuation de chaleur| sy la chose contin*ue* la nopce sera bonne et l°on ne manquera de roty| les resins brusle a l°ardeur du soleil a ce que l°on dit| dieu scay mieux ce qui nous faut que nous mesme| laissons agir sa providance et nous seront toûjours heureux|
Nota nos demoise^lles^ de marescot d°un meritte distingué ont dans ledit regiment de bourbon un nepveu qui n'a pas manqué de les venir voir a son arrivéé avec son capitaine| il est aagé de 17 ans|

**262**

Le 13 et 14 dudit mois grande chaleur| ledit jour 14 dudit mois d°aoust sur les 7 heures du soir la chaleur es*t*ant extraordinair[e] le temps a changé| les esclairs estoient sans nombre| la pluye en˄suitte et le tonnerre effroyable qui est tombé en divers endroits|
Le 15 pareil en grande chaleur et le tonnerre moins éclatant| ledit jour j°ay communié|
Le 16 dudit mois d'aoust beau et continuation de chaleur extreme|
Ledit jour j°ay escrit a m^r^ chartier ce que ie n°avois pas fait depuis long temps/

---

70 *frontevault* : *Fontevrault*

### 263

Le 17 et 18 dudit mois d°aoust grande chaleur| les humains souffre beaucoup et la vendange bien disposéé| dieu soit benit|
Le dimanche 20[71] dudit mois d°aoust pareil| ledit jour monsieur de marescot a commencé a coucher icy dans la chambre a costé du bureau ou il luy fut dressé un lit le mesme jour a cause d°un heripelle[72] qu°il avoit a la jambe et fut saigé[73] sur les 7 heures du soir par mr leroux qui a continué de le gouverner| c°est un jeune homme fort habille|

### 264

Le 21 et 22 dudit mois continuation de chaleur| depuis plusieurs jours je suis fort fatigué d°un devoiement| et ie passe mal les nuits| et les jours ne me sont guere plus favorables| dieu soit benit|
Le 23 changé et un peut de pluye et tonnerre| ledit jour mr beaujouan m°a envoyé une bouteille d°excellent vin [~~xxx~~], le 24 et 25 beau| ledit jour 25 ma soeur manon est venue me voir et m°a dit que nannon estoit en delire| ce qui m°a bien affligé|
Le 26 monsieur chartier m°a envoyé une petite bouteille d°eau de˘vie|

### 265

Le 27 dudit mois d°aoust grande chaleur| madame gratian tiby a esté enterréé en vienne| l°hospital a esté a son convoy| et elle a donné 100 francs a laditte maison par son testament|
Le 28 moins chaud| depuis 3 jours la femme a mr ferr*a*nt procureur qui estoit une oury est morte subitement|
Le 29 dudit mois beau| le pere louvart est venu me voir ou[74] apres une petite conversation il fit la lecture en presence de son compagnon et de monsieur

---

**71** *20* corrigé sur *19*.
**72** *heripelle* : *érysipèle*
**73** *saigé* : *saigné*
**74** *ou* : *où*

**266**

l°abbé poitraz d°une conferance entre un curé et une dame au sujet de la constitution ou la dame par ses reponses fait connoistre que la science ne manque pas au sexe etc.|
Le 30 pareil| ledit jour par ordre de la police il a esté permis a toutes personnes de faire et vendre du pain par raport que le peuple crie a la faim et n°en peut avoir pour son argent|
Le 31 de mesme|

Septembre

Le vendredy premier dudit mois

**267**

chaleur extreme| ledit jour la dame veuve cagneux a esté enterréé a s$^{t}$ honoré| l°hospital a esté a son convoy|

* * *

Depuis ledit jour jusqu°a*u* six dudit mois je n°ay fait aucune remarque estant bien fatigué d°un devoyement, ledit jour six a 9 heures du matin estant encore au lit madame sadié et mademoise$^{lle}$ rogier me sont venu voir et ladite damoise$^{lle}$ m°a donné un bon bout de tabac pour ma foire|

**268**

Le 7 dudit mois de septem$^{bre}$ beau, le 8 pareil| ledit jour madame sadié ma envoyé un pot de confiture de geneuvette pour me fortifier l°estomach|
Le 9 pareil| le pain a amandé de 2 $^{s}$ols 6 $^{d}$eniers|
Le 10 beau| ledit jour ma soeur manon est venue me voir et m$^{r}$ sauvageau| nous avons beu une chopine de vin qu°il a payéé|

**269**

Le 11 dudit mois de septembre beau frais et serain| ledit jour m$^{r}$ duhamel m°a envoyé le second tome de rodriguez avec une bouteille de bon vin|
Le 12 frais et beau| le grand hasle boit bien du jus du resin| ainsy la vandange selon l°apparence ne sera pas sy abondante que l°on croioit|

Le 13 pareil| monsieu$^{r}$ poitraz est allé en vendange a suevre chez m$^{r}$ de bertault qui est dangereusement malade d'une retention d'urine|

**270**

Le 14 dudit mois de septembre continuation de secheresse| ledit jour m$^{r}$ simonet de villeneuve a esté enterré a s$^{t}$ solenne| l°hospital a assisté a son convoy|
Le 15 pareil| mon cousin tessier m°a envoyé une bouteille de bon vin par la mere robert| il partira demain pour aller vendanger a onzain|
Le 16 beau, le 17 changé et bonne pluye sur le soir|
Le 18 chaud et beau| ledit jour monsieu$^{r}$ girard a receu une

**271**

lettre de monsieu$^{r}$ poitraz ou il luy marque que m$^{r}$ debertault est tousjours dangereusement malade et qu°ainsy il ne sera pas[75] sitost de retour qu°il nous l°avoit fait esperer| et qu°en cas de mort il restera pour faire la vendange|
Le 19 dudit mois pareil| ledit jour marie chauvigny a changé ma fourchette qui estoit casséé| il m°en a cousté trois sols de retour|

---

Le 20 deˇmesme| ledit jour j°ay escrit a m$^{r}$ chartier au sujet deˇla maladie qu°il a eue a mon jnceu|

**272**

Le jeudy 21 dudit mois de septembre 1724 feste de s$^{t}$ mathieu| l°on est party d°icy par un fort beau temps pour aller a laˇgrande maison faire vandange qui sera bonne et abondante selon l°apparance| dieu veuille y donner sa s$^{te}$ benediction|
Nota l°on a desja cuilly cinq a six pieces d°auvernat ce qui n°estoit pas arrivé de puis long^temps,
Le 22 beau, le 23 grand vent| ledit jour laˇdomestique de m$^{r}$

---

75 *pas* au-dessus de la ligne.

**273**

chartier est venue me voir et m°a dit que son maistre est dangereusement malade| elle m°a donné de sa part 3 pieces de 16 sols 6 deniers et recommandé de prier dieu pour luy| ce que j°ay fait en mon particulier et le soir recommandé aux prieres de l°eglise ou ie ne l°ay pas oublié|
Le 24 beau| ledit jour j°ay fait comme une maniere de plainte a mr girard que l°on ne me donnoit presque rien[76] tous les jours a disné| dont j°ay eu une favorable audiance|

**274**

Le lundy 25 dudit mois de septembre beau et chaud| ledit jour monsieur de bertault conseiller au presidial de blois a esté enterré a suevre ou il estoit allé pour faire vendange|
Le 26 pareil| ledit jour un bataillon du regiment de bourbon s°en est allé| il en a esté bien aize et les habitants aussy, partie egalle|
Le 27 couvert| la mortalité et les maladies sont en grand regne| la vandange est abondante et l°on cuille bien plus qu'on ne croyoit|

**275**

Le 28 dudit mois de septembre pluye et grand vent, la dame veuve petineau áagéé de plus de 90 ans a esté enterréé a st honoré| l°hôpital a esté a son convoy/
Le mesme jour monsieur le moine prestre aveugle a esté receu audit hospital,
Le 29 beau| mr girard a deux fois depuis six jours nous a amandé le vin d°un sol de sorte qu°il ne vault a present que six liards la pinte|
Le 30 et dernier dudit mois beau et frais| ledit jour madame sadié m°a envoyé

**76** *rien* : sic ! Dufay 1912 corrige *de vin*.

**276**

une bonne panneréé de resins et une grosse bouteille de vin doux,
Nota depuis six jours les louis d°or sont amandé de 4 livres| les escus de cent sols de 20 sols| et les autres pieces d°argent a proportion| il n°y a que la menue monnoye qui est restéé a son prix ordinaire|

Octobre

Le dimanche premier dudit mois beau|
Le 2 pareil| ledit jour monsieur le moine a dit la messe icy et monsieur phelipot prestre la a servie|

**277**

Le 3 dudit mois d°octobre frais| ledit jour j°ay escrit a mademoiselle rogier par mr vignau qui est party pour aller a chiverny|
Le 4 et 5 dudit mois beaux et froids les matinéés/
Le six changé| couvert et disposé a l°eau, ledit jour monsieur vignau estant de retour de chiverny m°a bien fait des compliments de mr et mademoiselle rogier| ils ont beu ensemble a ma santé, mademoiselle meras ma voisine du˘puits du quartier estoit pour lors chez eux qui a fait la mesme chose|

**278**

Le 7 dudit mois d°octobre pluye et vent, ledit jour mr leroux m°a razé gratis faute d'avoir eu de˘quoy le satisfaire, et mademoiselle de marescot m°a envoyé un panier de resins,
Le 8 pareil| le 9· 10 et onze dudit mois beaux et froids, depuis trois jours l°on a commencé a faire du feu dans nostre jnfirmerie le soir et le matin a˘cause de nos vieillards,
Le 12 dudit mois sombre| nous avons cuilly cette annéé

**279**

1724 tant a la grande maison que la haute piece 212 pieces de˘vin et l°annéé derniere il n°en fut vandangé que 70 pieces| de sorte que c°est 142 poinssons de plus que l°an passé| dieu vueille y donner sa ste benediction et nous faire la grace de le boire en bonne santé|

Le 13 dudit mois beau et clair| ledit jour la˘dame veuve sauvage de˘la poste a esté enterréé a s$^{t}$nicolas| l°hospital a esté a son convoy|
Le 14 dudit mois couvert et froid| il y a un mois que m$^{r}$ l°abbé est

**280**

absent| l°on nous fait esperer qu°il doit estre icy mardy prochain 17 dudit mois d°octobre| je suis ennuié de ne le[77] pas voir|

* * *

Le 15 et 16. beaux et frais| depuis le depart de m$^{r}$ l°abbé il m°en a cousté cinq sols pour ma barbe que ie reservois pour avoir du tabac|
Le 17 dudit mois beau| monsieu$^{r}$ l°abbé est revenu de suevre|
Le 18 pareil| monsieu$^{r}$ l°abbé m°a fait present d°une demye main de papier a lettre|
Le jeudy 19 dudit mois fort beau|

**281**

Ledit jour la femme a m$^{r}$ desert receveur de l°hospital a esté enterréé a s$^{t}$ honoré| les pauvres dudit hospital ont assisté a son convoy| et la nomméé marie de˘la fontaine aagéé de 18 ans a esté enterréé icy|
Le 20 be[a]u et chaud| monsieu$^{r}$ l°abbé m°a donné du tabac|
Le 21 pareil| ledit jour m$^{r}$ vignau a commencé d°estre fort jndisposé d'une efluction au menton|
Le 22 de˘mesme| l°enflure dudit sieur vignau est augmantéé| l°on tient que c°es un abces qui percera| il souffre

**282**

beaucoup et a bien de˘la peine a manger et ne sommeille point| je plaint son sort|
Le 23 dudit mois d°octobre temps agreable| le bled continue toûjours d°estre cher| et le pain vaut 2 sols la livre|
Le mardy 24 dudit mois changé| ledit jour mon cousin tessier m°a envoyé une bouteille de bon vin par la mere robert etc.|

---

77 *le* au-dessus de la ligne.

Le 25 couvert et chaud| ledit jour m$^{r}$ vignau a esté saigné|
Le 26 pareil| ledit jour le sieur le conte marchand a esté enterré en vi[en]ne|

**283**

Le 27 dudit mois d°octobre pluye| ledit jour m$^{r}$ vignau a esté confessé| il est dangereusement malade| dieu veuille avoir pitié de luy (et le soir il fut saigné)|
Le 28 pluye| ledit s$^{r}$ vignau a communié en viatique et a esté saigné deux fois|
Le 29 dudit mois beau et froid| l°abcez dudit s$^{r}$ vignau a esté percé par nostre chirurgien,
Le 30 couvert| ledit s$^{r}$ vignau a esté saigné, le 31 et dernier dudit mois pluye| ledit jour j°ay esté a confesse| ledit sieur

**284**

vignau a encore esté saigné|

Novembre

Le mercredy premier dudit mois beau| ledit jour j°ay ~~esté~~ communié|

---

Le 2 sombre| ledit sieur vignau se porte mieux ce qui me fait bien plaisir| et d°une autre part je suis chagrain d°apprendre que ma˘jeune soeur continue d°estre languissante et digne de faire pitié aux coeurs les plus durs|
Le 3 froid| ledit jour monsieur poitraz m°a donné d*u* tabac|

**285**

Le 4 dudit mois de novembre beau| le bled est enchery et le pain a monté d°un sol| les oeufs communs vaillent 8 $^{s}$ols la douzaine et ceux qui sont frais 15 $^{s}$ols la douzaine|
Le 5 couvert et froid| ledit jour m$^{r}$ vignau a esté saigné| il est toujours bien malade|
Le 6 dudit mois pluye| ledit s$^{r}$ vignau a esté recommandé a la priere|
Le 7 froid| nos vins sont en grand nombre et point de debit| ce qui commence a chagriner le bourgeois car la vendange a bien cousté etc.|

**286**

Le 8· 9· 10 et onze dudit mois de novembre jnconstant| depuis deux jours ledit s$^{r}$ vignau commence a ce lever sur le soir et venir a l°infirmerie|
Et jusques au 16 froid et brouillards| ledit s$^{r}$ vignau est toujours bien jncommodé et l°on ne scay qu°en dire|
Le 17 froid| ledit s$^{r}$ vignau a esté saigné|
Le 18 gelléé blanche| m$^{r}$ labbé m°a[78] du tabac|
Le 19 pareil, le [~~xxx~~] 20[79] dudit mois deˇmesm*e*| m$^{r}$ girard m°a donné une paire deˇbas neufs| et m$^{r}$ vignau a esté saigné|

**287**

Le 21 dudit mois de novembre pluye douce| ledit jour ma cousine tessier est venue me voir|
Le 22, 23 et 24 froids| le 25 neige| ledit jour mon cousin tessier m°a envoyé une bouteille deˇvin,
Le 26 pareil| 27 forte gelléé et jusque au 30 temps couvert|

Decembre

Le vendredy premier dudit mois pluye|
Le 2 pareil| j°ay envoyé a ma cousine tessier des vers pour son fils pour dire le premier jour de l°an|
Le 3 humide| mes soeurs manon et judith me sont venu voir et m°ont dit que

**288**

mon cousin yver lejeune d°angoulesme estoit passé par icy au mois de septembre dernier et qu°il alloit a paris| il est revenu et il n°est point venu me voir comme il l°avoit promis a mes soeurs,
Le 4 et 5 dudit mois sombre|
Le 6 pluye| ledit jour leˇbonhomme jusseaume a communié en viatique|
Le 7 dudit mois pareil| le 8 deˇmesme| la femme a m$^{r}$ papin commissionnaire a esté enterréé a s$^{t}$ solenne|
Le 9 disposition au froid| laˇbonne femme treize cartes a esté enterréé icy| et m$^{r}$ labbé m°a donné du tabac|

---

**78** *ma* : *m'a donné*
**79** *20* au-dessus de la ligne.

**289**

Le 10 dudit mois de decembre forte gelléé| ma cousine gousset [~~xxx~~] m°a[80] envoyé une bouteille de vin|
Et jusques au 16 dudit mois pluye froide|
Le 17 vent furieux| le 18 gelléé blanche, ledit jour l°ouverture du jubillé a esté faite icy par une grande messe du s^t esprit,
Nota mon cousin fillonniere est venu me voir, le 19 pluye et vent terrible| ledit jour j°ay escrit a m^r chartier sur le retour de sa santé et par avance sur la nouvelle annéé|
Le 20 dudit mois beau et froid| ledit sieur chartier m°a envoyé de l°eau de˘vie| ledit jour monsieu^r beaujouan est venu me voir et m°a dit que les cent sols que j°ay receu a la˘s^t

**290**

jean derniere m°ont esté donnez de˘la part de mon frere et non de celle de mon cousin yver lesné a qui i°ay escrit dans ledit temps pour l°en remercier|
Le 21 dudit mois beau et froid| ledit jour madame bellanger de bourgneuf en faisant sa station icy m°a fait present d°une petite bouteille d°eau de vie, et madame sadié avec mademoise^lle sa fille et sa niepce me sont venu voir,
Le 24 dudit mois j°ay fait mon jubilé et ladite dame sadier m°a envoyé un bonnet d°evesque une bouteille de˘vin et du tabac avec une lettre par sa domestique qui m°a donné de sa part

**291**

et par bonne amitie six sols pour mes menus plaisirs|
Le 25· 26· 27 et 28 dudit mois de decembre continuation de pluye| quoy qu°il en soit plusieurs personnes me sont venu voir en faisant leur stations au sujet du˘jubilé| nostre petite esglise qui est l°hospital a esté bien visitéé| et la plus grande partie de vienne a esté confesséé par m^r poitraz et m^r le moine directeurs de nostre communeauté|
Le 29 assez beau| m^r l°abbé m°a donné du tabac|

80 *ma* au-dessus de la ligne.

**292**

Le 30 dudit mois de decembre couvert, et le 31 et dernier beau| m$^{r}$ vignau estant entieremen$^{t}$ guery de sa longue maladïe a fait son jubilé| et apres midy mes soeurs me sont venu voir ~~en m~~ et m°ont donné une bouteille de bon vin doux|

Annéé 1725

Le lundy premier de˘janvier de˘ladite annéé beau| le s$^{r}$ tiby m°a fait present d°une langue fouréé pour estrenne|
Le 2 dudit mois pareil| mon cousin fillonniere et m$^{r}$ debegue son beau frere me sont venu

**293**

voir| et ledit s$^{r}$ debegue en me disant adieu m°a mis dans la main une piece de 26 $^{s}$ols 8 $^{d}$eniers| et jusques au neuf dudit mois de janvier pluye et vent| ledit jour mardy 9 dudit mois le fils a m$^{r}$ beaujouan a huit heures du matin m°a apporté une lettre avec 12 $^{lib}$vres de˘la part de mon frere pour mes estrenne| je n°ay pas fait reponse car j°estois malade au lit,
Le 10 pluye et vent| ledit jour d'hier le reverand pere louvart de s$^{t}$ l'homer est venu me voir au sujet de˘la nouvelle annéé| ledit jour j°ay payé au s$^{r}$ chauvigny nostre nouvel

**294**

oeconosme 31 sols six deniers que ie luy devois pour du vin|

# 11 Bibliographie

Andrieux-Reix, Nelly/Monsonégo, Simone (edd.), *Segments graphiques du français. Pratiques et normalisations dans l'histoire*, Paris, Larousse, 1998.

Ayres-Bennett, Wendy, *From « l'usage » to « le bon usage » and back: Norms and usage in seventeenth-century France*, in: Rutten, Gijsbert, et al. (edd.), *Norms and Usage in Language History 1600–1900*, Amsterdam/Philadelphia, Benjamins, 2014, 173–200.

Baddeley, Susan/Biedermann-Pasques, *Histoire des systèmes graphiques du français à travers des manuscrits et des incunables (IXe–XVe siècle). Segmentation graphique et faits de langue*, Revue de linguistique romane 68 (2004), 181–201.

Beck-Busse, Gabriele, *Rome tremble, & les Cardinaux, & tous les Evesques: à propos de Sabbataï Zevi (1626–1676), faux Messie de Smyrne*, in: Busse, Winfried/Varol-Bornes, Marie-Christine (edd.), *Hommage à Haïm Vidal Sephiha*, Bern et al., Lang, 1996, 445–464.

Birk, Jana, *Français populaire im siècle classique*, Frankfurt am Main et al., Lang, 2004.

Brunot, Ferdinand, *Histoire de la langue française*, vol. 4/1, Paris, Colin, 1966.

Catach, Nina, *Dictionnaire historique de l'orthographe française* (DHO), Paris, Larousse, 1995.

Catach, Nina, *L'Orthographe*, Paris, PUF, [8]1998.

Catach, Nina, *Histoire de l'orthographe française*, Paris, Éd. Honoré Champion, 2001.

Cazal, Yvonne/Parussa, Gabriella, *Introduction à l'histoire de l'orthographe*, Paris, Colin, 2015.

Chambon, Jean-Pierre, *Toponymies et vicairies carolingiennes*, Revue de linguistique romane 81 (2017), 157–170.

Chervel, André, *Histoire de l'enseignement du français du XVIIe au XXe siècle*, Paris, Retz, 2006.

Collectif, *Au fil des rues. Histoire et origine des rues de Lille*, Villeneuve-d'Ascq, Ravet-Anceau, 2003.

DHO = Catach 1995.

*Dictionnaire des communes*, Paris, Berger-Levrault, 1973.

Dinet-Lecomte, Marie-Claude, *Vieillir et mourir à l'hôpital de Blois au XVIIIe siècle*, in: *Annales de démographie historique. Vieillir autrefois*, Paris, Éd. des Hautes Études en Sciences Sociales, 1985, 85–101.

Dondaine, Colette, *Trésor étymologique des mots de la Franche-Comté d'après l'Atlas linguistique de la Franche-Comté*, Strasbourg, Société de Linguistique Romane, 2002.

DQ = *Dictionnaire québécois d'aujourd'hui*, Montréal, DicRobert, 1993.

Drescher, Martina/Neumann-Holzschuh, Ingrid, *La syntaxe de l'oral dans les variétés non-hexagonales du français*, in: Drescher, Martina/Neumann-Holzschuh, Ingrid (edd.), *Les variétés non-hexagonales du français et la syntaxe de l'oral*, Tübingen, Stauffenburg, 2010, 9–35.

Dufay, Pierre, *Blois à la fin du XVIIIe et au commencement du XVIIIe siècle. Journaux inédits de Jean Desnoyers, chirurgien de l'Hôtel-Dieu de Blois, 1689–1728, et d'Isaac Girard, pensionnaire à l'hôpital de Blois, 1722–1725*, Paris, Éd. Honoré Champion, 1912.

Dufter, Andreas/Stark, Elisabeth, *La linguistique variationnelle et les changements linguistiques « mal compris ». Le cas du « ne » de négation*, in: Combettes, Bernard/Marchello-Nizia, Christiane (edd.), *Études sur le changement linguistique en français*, Nancy, Presses Universitaires de Nancy, 2007, 115–128.

Duval, Frédéric/Rey, Alain/Siouffi, Gilles, *Mille ans de langue française. Histoire d'une passion*, Paris, Perrin, 2007.

https://doi.org/10.1515/9783110482003-012

Erfurt, Jürgen, *Sprachwerk(eln) und Sprachwandel(n). Über J. L. Ménétras « Journal de ma vie » und die Skalierung schriftinduzierten Sprachwandels im Französischen*, Osnabrücker Beiträge zur Sprachwandeltheorie 47/4 (1993), 147–183.

Ernst, Gerhard, *Zur Herausgabe autobiographischer Non-Standardtexte des 17. (und 18.) Jahrhunderts : für wen ? wozu ? wie ?*, in : Mensching, Guido/Röntgen, Karl-Heinz (edd.), *Studien zu romanischen Fachtexten aus Mittelalter und früher Neuzeit*, Hildesheim, Olms, 1995, 45–62.

Ernst, Gerhard, *Wörter und (Mode-)Sachen im Paris des 17. Jahrhunderts. Lexicologica zum Haushaltsbuch der Anne-Marguerite le Mercier (1645–1661)*, in : Gil, Alberto/Osthus, Dietmar/Polzin-Haumann, Claudia (edd.), *Romanische Sprachwissenschaft. Zeugnisse für Vielfalt und Profil eines Faches. Festschrift für Christian Schmitt zum 60. Geburtstag*, Frankfurt am Main, Lang, 2004, 179–201.

Ernst, Gerhard, *« qu'il n'y a orthographe ny virgule encore moins devoielle deconsol et pleinne delacunne » : la norme des personnes peu lettrées (XVII*[e] *et XVIII*[e] *siècles)*, in : Danler, Paul/Iliescu, Maria/Siller-Runggaldier, Heidi (edd.), *Actes du XXV*[e] *Congrès International de Linguistique et de Philologie Romanes, Innsbruck 2007*, vol. 3, Berlin/New York, De Gruyter, 2010, 543–551.

Ernst, Gerhard, *Lexikographie und die Lexik von Nonstandard-Texten*, in : Overbeck, Anja/Schweickard, Wolfgang/Völker, Harald (edd.), *Lexikon, Varietät, Philologie. Romanistische Studien. Günter Holtus zum 65. Geburtstag*, Berlin/Boston, De Gruyter, 2011, 433–446.

Ernst, Gerhard, *Aspects lexicologiques de la Chronique Memorial (Lille 1657–1693) de Pierre-Ignace Chavatte*, Revue de linguistique romane 76 (2012), 437–452.

Ernst, Gerhard, *Les « fautes » des peu-lettrés : idiosyncrasies ou autre ?* in : Lagorgette, Dominique (ed.), *Repenser l'histoire du français*, Chambéry, Université de Savoie, 2014, 165–193.

Ernst, Gerhard, *La diachronie dans la linguistique variationnelle du français*, in : Polzin-Haumann, Claudia/Schweickard, Wolfgang (edd.), *Manuel de linguistique française*, Berlin/Boston, De Gruyter, 2015, 72–107.

Ernst, Gerhard, *Konvergenzen und Divergenzen im Schreiben ungeübter Schreiber*, in : Patzelt, Carolin/Prifti, Elton (edd.), *Diachrone Varietätenlinguistik. Theorie, Methode, Anwendungen*, Frankfurt am Main, Lang (= à paraître a).

Ernst, Gerhard, *Il ne scavoit ne flament ne wallons* (= à paraître b).

Falkert, Anika, *Valeur sémantique et comportement syntaxique de l'infinitif substitut dans quelques corpus oraux*, Linx. Revue des linguistes de l'Université Paris Ouest Nanterre La Défense 57 (2007), 69–78.

Farge, Arlette, *La vie fragile. Violence, pouvoirs et solidarités à Paris au XVIII*[e] *siècle*, Paris, Hachette, 1986 (traduction allemande *Das brüchige Leben*, Berlin, Wagenbach, 1989).

Farge, Arlette/Foucault, Michel, *Le désordre des familles. Lettres de cachet des Archives de la Bastille au XVIII*[e] *siècle*, Paris, Gallimard, 1982.

FEW = Wartburg, Walther von, *Französisches etymologisches Wörterbuch. Eine Darstellung des galloromanischen Sprachschatzes*, Bonn/Leipzig/Basel, 1922ss.

Fontenay, Harald de, *Mémoires de Claude, Jaques et N* Dusson pour servir à l'histoire de Couches au dix-septième siècle*, Mémoires de la Société Eduenne. Nouvelle série 4 (1875), 173–278.

Furet, Francois/Ozouf, Jaques, *Lire et écrire : l'alphabétisation des français de Calvin à Jules Ferry*, 2 vol., Paris, Les Éd. de Minuit, 1977.

Gougenheim, Georges, *La langue populaire dans le premier quart du XIXe siècle d'après le Petit Dictionnaire du Peuple de J.C.L.P. Desgranges (1821)*, Paris, Belles Lettres, 1929.

Haag, Eugène/Haag, Emile, *La France protestante ou vies des protestants français*, vol. 7, Paris, Joël Cherbuliez, 1857.

Hillairet, Jacques, *Dictionnaire historique des rues de Paris*, 2 vol., Paris, Éd. de Minuit, 41963.

Hillairet, Jacques, *Connaissance du vieux Paris*, Paris, Rivages, 1993.

Horiot, Brigitte, *Les aires linguistiques II. Dialectes de l'Ouest*, in : Holtus, Günter/Metzeltin, Michael/Schmitt, Christian (edd.), *Lexikon der romanistischen Linguistik (LRL)*, vol. V/1 : *Le français*, Tübingen, Niemeyer, 1990, 615–637.

Jordan, Lena, *Die Graphie im « Journal » von Jaques Valuches (1607–1662)*, Magisterarbeit (mémoire de maîtrise), Regensburg, 1999 (non publié).

Koch, Peter/Oesterreicher, Wulf, *Langage parlé et langage écrit*, in : Holtus, Günter/Metzeltin, Michael/Schmitt, Christian (edd.), *Lexikon der romanistischen Linguistik (LRL)*, vol. I/2 : *Méthodologie (Langue et société/Langue et classification/Collection et traitement des données)*, Tübingen, Niemeyer, 2001, 584–627.

Lahouati, Gérard, *Ménétra, Jacques-Louis*, in : Françoise Simonet-Tenant (ed.), *Dictionnaire de l'autobiographie. Écritures de l'autobiographie*, Paris, Éd. Honoré Champion, 2017, 550–552.

Lodge, Anthony, *Compte rendu de : Ernst, Gerhard/Wolf, Barbara, « Textes françaises privés des XVIIe et XVIIIe siècles (éd. CD-Rom, première version) », Tübingen, Niemeyer, 2001*, Romanische Forschungen 114 (2002), 72–74.

Lodge, Anthony, *Jacques-Louis Ménétra and his experience of the « langue d'oc »*, in : Gijsbert Rutten/Rik Vosters/Wim Vandenbussche (edd.), *Norms and Usage in Language History : 1600–1900. A sociolinguistic and comparative perspective,* Amsterdam, Benjamins, 2014, 201–221.

Lottin, Alain (ed.), *Chavatte, ouvrier lillois. Un contemporain de Louis XIV*, Paris, Flammarion, 1979.

Lottin, Alain (ed.), *« Chronique mémorial des choses mémorables par moi Pierre-Ignace Chavatte » 1657–1693. Le mémorial d'un humble tisserand lillois au Grand Siècle*, Bruxelles, Royale de Belgique, 2010.

Mahieu, Pierre (2006–2014), *Lille d'antan. Site dédié à l'histoire de Lille*, en ligne : https :// www.lilledantan.com (dernier accès le 30 décembre 2017).

Marion, Marcel, *Dictionnaire des Institutions de la France aux XVIIe et XVIIIe siècles*, Paris, Picard, 1923 (Repr. New York, Franklin, 1968).

Martineau, France, *Pratiques d'écriture des peu-lettrés en québécois ancien : morphologie verbale*, in : Pierre Larrivée (ed.), *Variation et stabilité du français. Des notions aux opérations,* Louvain/Paris, Peeters, 2007, 201–220.

Michaelis, Susanne Maria, et al. (edd.), *The survey of Pidgin and Creole Languages*, vol. 2 : *Portuguese-based, Spanish-based and French-based Languages*, Oxford, OUP, 2013.

Mousnier, Roland, *La stratification sociale à Paris aux XVIIe et XVIIIe siècles*, Paris, Pedone, 1976.

Neumann-Holzschuh, *Les formes verbales invariables en créole : un cas de réanalyse*, in : Kriegel, Sybille (ed.), *Grammaticalisation et réanalyse. Approches de la variation créole et française*, Paris, CNRS, 2003, 69–86.

Oizon, René, *Dictionnaire géographique de la France. Communes, départements, régions, population, économie, tourisme*, Paris, Larousse, 1979.

Pachet, Pierre, *Les baromètres de l'âme. Naissance du journal intime*, Paris, Hatier, 1990.

Pannier, Jaques, *Une femme de qualité au milieu du XVII^e^ siècle d'après le livre de raison de Marguerite Mercier (Madame d'Espesses puis Madame du fay de la Taille) 1650–1661*, Bulletin de la Société de l'Histoire du Protestantisme Français (1905), 481–533.

Pellat, Jean-Christophe, *Les mots graphiques dans des manuscrits et des imprimés du XVIII^e^ siècle*, in : Andrieux-Reix, Nelly/Monsonégo, Simone (edd.), *Segments graphiques du français. Pratiques et normalisations dans l'histoire*, Paris, Larousse, 1998, 88–104.

Petersilka, Corina, *Die Zweisprachigkeit Friedrichs des Großen. Ein linguistisches Portrait*, Tübingen, Niemeyer, 2005.

Pierrard, Pierre, *Histoire de Lille*, Paris, Mazarine, 1982.

Port, Célestin, *Le Journal de Jacques Valuche*, Revue historique, littéraire et archéologique de l'Anjou 6 (1870), 331–341 ; 7 (1870), 122–133.

Prost, Bernard, *Journal de Guillaume Durand, chirurgien à Poligny de 1610 à 1623*, Paris, H. Champion, 1883.

Quirielles, Roger de, *Le « Livre de Raison » des Goyard, bourgeois-agriculteurs de Bert-en Bourbonnais (1611–1780)*, Curiosités bourbonnaises 15 (1899), 5–108.

Radtke, Edgar, *Gesprochenes Französisch und Sprachgeschichte. Zur Rekonstruktion der Gesprächskonstitution in Dialogen französischer Sprachlehrbücher des 17. Jahrhunderts unter besonderer Berücksichtigung der italienischen Adaptionen*, Tübingen, Niemeyer, 1994.

Rézeau, Pierre, *La régionalité lexicale du français après 1500, à travers des régionalismes recueillis dans les correspondances de poilus*, in : Glessgen, Martin/Trotter, David (edd.), *La régionalité lexicale du français au Moyen Âge*, Strasbourg, Éditions de linguistique et de philologie, 2016, 111–130.

Ricci, Alessio, *Libri di famiglia e diari*, in : Antonelli, Giuseppe/Motolese, Matteo/Tomasin, Lorenzo (edd.), *Storia dell'italiano scritto*, vol. 3 : *Italiano dell'uso*, Roma, Carocci, 2014, 159–194.

Roche, Daniel, *Journal de ma vie. Jacques-Louis Ménétra, compagnon vitrier au 18^e^ siècle*, Paris, Montalba, ²1998 (traduction anglaise *Journal of my life, by Jacques-Louis Ménétra* [...], New York, CUP, 1986 ; traduction italienne *Così parlò Ménétra : diario di un vetraio del 18° secolo* [...], Milano, Garzanti, 1992).

Roques, Gilles, *Compte rendu de : Ernst, Gerhard/Wolf, Barbara, « Textes français privés des XVII^e^ et XVIII^e^ siècles (éd. CD-Rom, première version) », Tübingen, Niemeyer, 2001*, Revue de linguistique romane 66 (2002), 310–312.

Saint-Léger, Alexandre de, *Histoire de Lille*, vol. 1 : *Des origines à 1789*, Lille, É. Raoust, 1942.

Schlieben-Lange, Brigitte, *La construction des champs déictiques dans la semi-oralité*, in : Van Deyck, Rika (ed.), *Diachronie et variation linguistique. La deixis temporelle et spatiale*, Ghent, Communication & Cognition, 1994, 115–128.

Schlieben-Lange, Brigitte, *Les hypercorrectismes de la scripturalité*, Cahiers de linguistique française 20 (1998), 255–273.

Seguin, Pierre, *Le Journal de ma vie de J. L. Ménétra : une syntaxe populaire ?*, in : *Mélanges de langue et de littérature française offerts à Larthomas*, Paris, ENSJF, 1985, 437–450.

Seguin, Pierre, *L'ordre des mots dans le « Journal » de Ménétra*, in : *Grammaire des fautes et français non conventionnels. Actes du IV^e^ colloque international organisé à l'École Normale Supérieure les 14, 15 et 16 décembre 1989*, Paris, PENS, 1992, 29–37.

Seguin, Pierre, *L'invention de la phrase au XVIII^e^ siècle*, Louvain/Paris, Peeters, 1993.

Seguin, Pierre, *Les incertitudes du mot graphique au XVII^e siècle*, in : Andrieux-Reix, Nelly/ Monsonégo, Simone (edd.) *Segments graphiques du français. Pratiques et normalisations dans l'histoire*, Paris, Larousse, 1998, 105–124.

Serianni, Luca, *Saggi di storia linguistica italiana*, Napoli, Morano, 1989.

Simoni-Aurembou, Marie-Rose, *Les scriptae françaises V. Haute-Bretagne, Maine, Anjou, Touraine, Orléanais, Berry*, in : Holtus, Günter/Metzeltin, Michael/Schmitt, Christian (edd.), *Lexikon der romanistischen Linguistik (LRL)*, vol. II/2 : *Les différentes langues romanes et leurs régions d'implantation du Moyen Âge à la Renaissance*, Tübingen, Niemeyer, 1995, 347–365.

Steuckardt, Agnès, *Sans point ni virgule*, in : Steuckardt, Agnès (ed.), *Entre village et tranchées, L'écriture de poilus ordinaires*, Uzès, Inclinaison, 2015, 91–100.

Thibault, André, *Le sort des consonnes finales en français, en galloroman et en créole : le cas de « moins »*, Revue de linguistique romane 81 (2017), 5–41.

Thurot, Charles, *De la prononciation française depuis le commencement du XVI^e d'après les témoignages des grammairiens*, 2 vol., Paris, Imprimerie Nationale, 1881/1883 (réimpr. Genève, Slatkine, 1966).

Trénard, Louis (dir.), *Histoire de Lille*, vol. 2 : *De Charles Quint à la conquête française (1500–1715)*, Toulouse, Privat, 1981 ; vol.3 : *L'ère des révolutions (1715–1851)*, Toulouse, Privat, 1991.

Trénard, Louis, *La chronique d'un modeste Lillois (1500–1656)*, in : *La France d'Ancien Régime : études réunies en l'honneur de Pierre Goubert*, vol. 2, Toulouse, Privat, 1984, 683–693.

Wautier, Christine, *Le foyer et la sociabilité au XVII^e dans le livre de raison de Marguerite Mercier 1650–1661*, mémoire de maîtrise sous la direction de Pierre Chaunu, Paris, 1979.

Wiesmath, Raphaële, *Les périphrases verbales en français acadien*, in : Brasseur, Patrice/ Falkert, Anika (edd.), *Français d'Amérique : approches morphosyntaxiques*, Paris, Harmattan, 2005, 145–158.

Wiesmath, Raphaële, *Le français acadien*, Paris, Harmattan, 2006.

Wüest, Jakob, *Les scriptae françaises II. Picardie, Hainaut, Artois, Flandres*, in : Holtus, Günter/ Metzeltin, Michael/Schmitt, Christian (edd.), *Lexikon der romanistischen Linguistik (LRL)*, vol. II/2 : *Les différentes langues romanes et leurs régions d'implantation du Moyen Âge à la Renaissance*, Tübingen, Niemeyer, 1995, 300–314.

# 12 Annexes

## 12.1 Illustrations

### 12.1.1 Chavatte

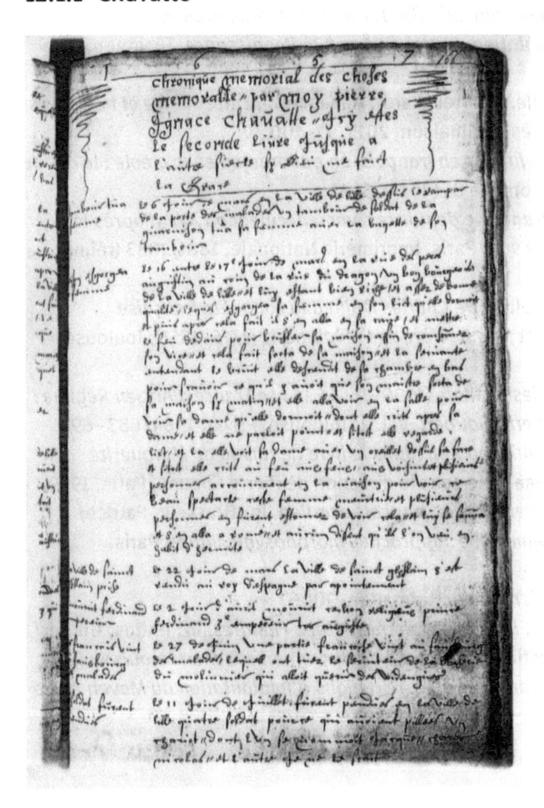

Chavatte 166r

https://doi.org/10.1515/9783110482003-013

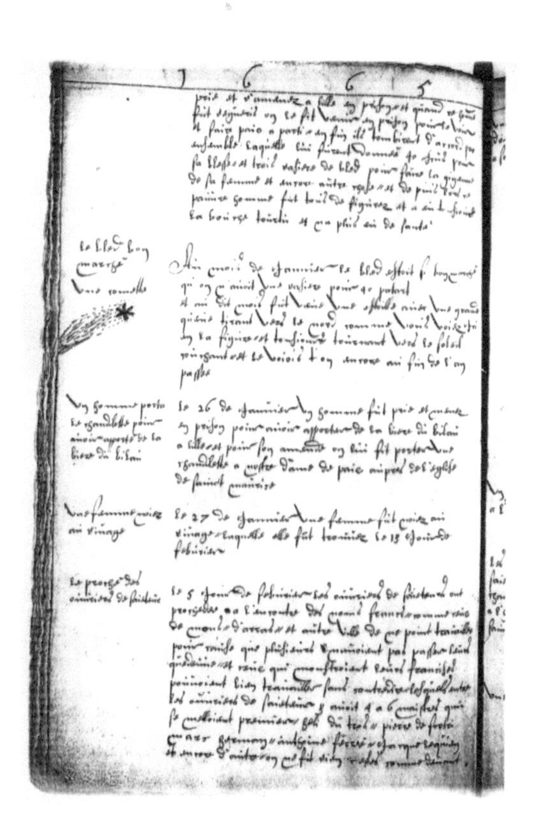

Chavatte 177v

Chavatte 327r

## 12.1.2 Mercier

Memoire de ce que jay mis et metray lannee [illegible] 564
premierement donne a vn valet de movet qui me ramena de cheuaux le 3 de
jenvier 5 6ß 3d
le 5. du mesme mois perdu au jeu 10ß
le 13 donne a vn garçon que jenvoye sur les chars 7ß
le mesme jour pour vn almanac 1ß 3d
le 15 perdu au jeu [illegible] et donné le tout faisans 26ß
le premier jour de feurier donne pour des port de lettres 4ß
le 3 pour 3 liures de chaux 1lt [illegible]ß
le 12 donne au laquais de mme. de m. pour faire tourner 2lt 13ß 6d
de ce mesme jour donne a une personne 15ß 6d
le 6 mars au chirurgien pour [illegible] seignee 1lt 11ß
le 6 auril donné au chirurgien pour vne seignee 1lt 7ß
le 7 pour 4 aune de ruban que jay donné 20ß
le 10 donne a la c 20ß
le 20 auril pour des port de lettres a mr le beuf 5ß
donne a vn garçon qui me ramena le movet le 16 3ß
le 6 auril pour vn demi coupon de batiste que jai donné 10ß
le 14 donné pour [illegible] de [illegible] 6ß 3d
le 17 [illegible] a vn homme qui ma porte mon corps [illegible]
le 12 juin donné a [illegible] 25ß
le 25 donne a quelques personnes en venans de
france 50ß
et a vn garçon qui me amena 31ß
le dernier de juin donné au cocher qui me mena 15ß 6d
a la veuue [illegible] a paris 15ß 6d
a la [illegible] de mme de [illegible] mon manteau 10ß

Mercier 64

139

donné a Mr vne piesse de ... 28ß
le 28 auril pour 5 aune de ruban noir
a 5ß 6d laune ... 30ß
pour 5 cartiers de petit ruban couleur de
feu a 4ß 6d laune ... 5ß 8d
pour vn tiers de ruban a 10ß laune ... 3ß
pour 5 aune de ruban couleur de serise 30ß
pour 5 aulne de blanc a 5ß ... 25ß
pour 3 cartiers et demy de bon tafetas
noir ... 3tt 10ß
pour vn veste de camelot de 7 cartiers 7tt 10ß
pour aune de ruban couleur de feu a 8ß laune 6ß
pour vn coife de tafetas et vne pointe de deuil
... 5tt 2ß 6d
pour des soulier a la petit ... 16ß
pour des bas destame ... 12ß
le dernier dauril donné a Mr ... 9tt
pour 2 pere de souliers a nos laquais ... 6tt
oublie descrire le mois que jay donné a la
~~[illegible]~~ nors qui est echu au mois dauril a la
fin jay donné a Me buisson pour li porter 6tt
pour 8 douzaine de pilules a 30ß la douzaine 2tt
pour 12 aune de galon a nos laquais a 2ß 6d la douz
laune ... 30ß
pour vn veste de serge fueille morte a 2 envers de
ruvon vn tiers ... 35ß
donne a Mr le 4 de may et moy mes ... 3tt 15ß
pour faire reblanchir le curie dona au maison 50ß
le 5 donné a Mr et moy mes ... 18tt 10ß
pour 3 cartiers de tafetas noir dangleterre a
6tt 10ß laune ... 4tt 17ß 6d
pour 3 aune de basin ... 3 cars a 28ß laune 3tt 5ß

Mr dois donner de son argent 20ß

jay paie le cocher pas quau premier de may 10ß 8d

Mercier 139

### 12.1.3 Ménétra

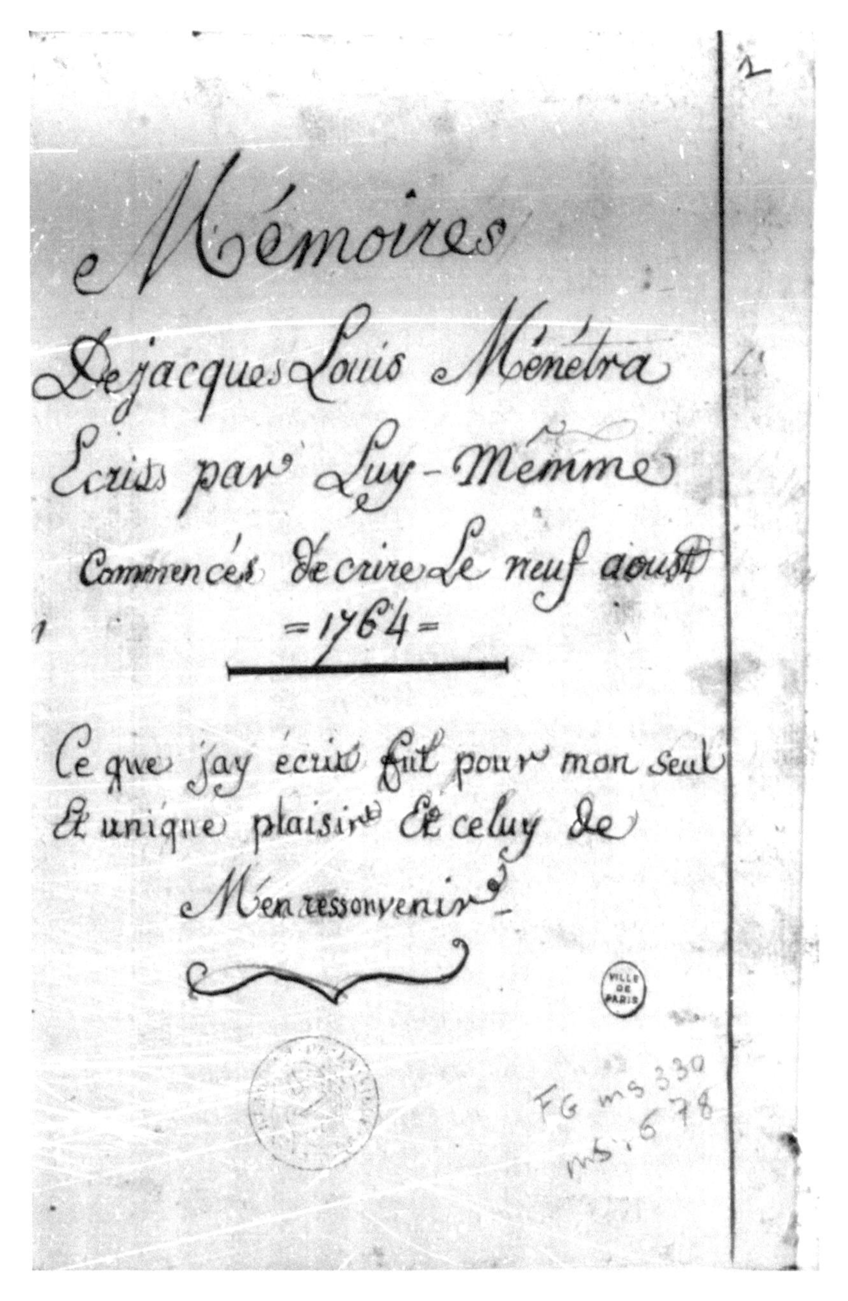
1

Mémoires
De jacques Louis Ménétra
Ecriss par Luy-Mémme
Commencés decrire Le neuf aoust
=1764=

Ce que jay écriss fut pour mon seul
Et unique plaisir Et celuy de
Men ressouvenir



Ménétra, titre

5

Journal de Mavie
Ecris par moy an Lan 1764 menetra
de tout
Sans Obstentation Et Sans Reflexition

Ecrire La verité Selon moy Seladoit etre
ne parlé ni darme et de blasonl
oublier cequetoit Ses ancetre
et deset Vain titre rendecorée Son nom

Je Suis née le13 juillet 1738 natif de cette grande
citée mon pere etoit dela clase de Se que lon
apelle ordinairement artisant il profesoit Letat
de Vitrie cest donc de luy que jetabliray La Souche
demafamille et ne parlerez nulement de mes
ancetre mon pere Semaria et Setablit en meme
Temps et epousa une fille vertueuse quy luy
donna quatre enfant trois fille et un garson dont cest
de moy que jevais ecrire toute Les petite fredaine
mon pere devint veuf que javoit deux ans Lon
mavoit mis en nourice magrand mere quy
ma toujour beaucoup aimee et meme idolatrée

Ménétra 7

nous passoit la soiré dans lajoye et ledivertissement cette impression
de cette main pasée sous latable il sembloit que tout envers
moy se reunissoit cest douze franc donnée avec tans de delicatesse
tous cela une femme une suivante letout et un entretien
charmant Letemps de nous retirée etant arivée jenvoye cherché
une Voiture nous arivont alaporte elle me fait ses adieu en
medisant aurevoir jene pretends point faire mes adieu ala
porte mes bien a lapartement Lon se defends lon me objecte
quil est tars et quil faut que jeme retire jensiste je
gagne mon point me voila dans lapartement jeveut
restée Lon me fait beaucoups dobjections je finis Comme
tous bon garson doit finir quand il ny a que lepremier pas
afranchir Lon me fait bien dejeunnée et cela avec mon
aimable Compagne Lon medit que laporte sera toujour
ouverte pour moy et jelentendoit bien dememe je vas souvent
rendre visite jemninforme je say que lon est entretenue
par un cordon bleu notre comerce dure Longtemps et auroit
encore durée si jeneus pas ettée sourd au mariage le pere
et lamere la pousse avec sequelle de faire une fin un amoureux
se presente cest un comis des ferme duroy jeme retire ny pense
plus et en place de se nomer melle debeaufort elle prend celuy
demde B.... nous nous perdont devue je vas tous les soirs chez Cadet
vinteix ou chez magnie avec ma charmante boncqtiere quy resemble
a bien dautre femme de son espece et comme moy neit pas trops
fidel nous vivont sans gene cela est dans mon caractere mon
amie Elophe vient medebauches pour travailler chez luy

149
16

VILLE DE PARIS

Ménétra 149

### 12.1.4 Montjean

Detail de tout ce qui c'est passé
Depuis le 30 mars 1774.

le 30 mars [illegible] avec sa fille ainé
elle a partie Pour [illegible] et med cochereau
Mr Demard et mr Dequintier. Elle y elle a
eu resté un mois et trois jours avant [illegible]
elle a fait une scene terrible a son Pere qui etoit
si forte qu'elle a fait amasser du monde a la Porte
et sous les fenetres de son Pere, a ce que m'a dit
depuis son pere.
le 4 may elle est revenue avec sa fille med cochereau
et mr Demard, et [illegible] souper chez
mr cochereaux. avant nous elle embrasse, la
premiere chose que elle m'a dit a eté qu'elle s'est bien
Diverti que mr Demard etoit un garçon tres aimable
qu'il avoit eu plus de preference et d'attention
pour elle que pour sa soeur cochereaux qui je
lui fasse bien des amitiés et que je l'engage a souper
pour le lendemain au soir, elle s'etoit brouillé avec
mr de quintier beau frere de sa soeur, je lui
dit je le veut bien mais il faut que vous priez
mr De quintier de venir aussi souper, elle a aussitot
prie mr dequintier qui etoit a l'arrivé de sa
soeur de venir soupé le lendemain au soir et qui
l'accepta. je pris aussitot ma petite dans mes
bras et je la portai de l'hostel contre [illegible]
[illegible] des petits champs [illegible] je [illegible], je fit

Montjean 1

je lui dit que je n'ecoutois pas ces ordres et je
m'en allai au palais royalle au caffé de foix
je ne trouvai personne j'attendis au but d'un gros
quart d'heure je vois arrivé ma femme qui me dit
comment il ne sont pas venu, j'en suis surpris car ils
ont plus de coeure que vous et je suis sur
qu'ils viendreront, j'atten jusqu'a neuf heures dix
heures voiant qu'ils n'etoient pas venu je dit
a ma femme ~~[illegible]~~ puisqu'ils ne sont pas
venu je m'envais, elle me Dit qui dit huit heures
dit onze heures attendez les encore un heure, je
m'en allai par la rue des bons enfans et j'allois vite
parce que je vis qu'elle me suivoit j'entrai dans
la premiere porte et me cachai de façon que je la
vis passer elle enfila la rue du maille prit un
fiacre et se fit conduire a leur porte rue du
maille ou il demeure et les fit descendre dans
sa voiture, je l'avoit suivis, je m'en suis retourné
chez moy, ou la cuisiniere etoit bien inquiete et
la demoiselle, et me dirent comment une honnete
femme peut elle exposer son mari vis avis des
pollissons comme cela, ma femme les fit donc
descendre dans son fiacre et leurs dit c'est donc
comme cela Messieurs ne vous vous trouvez au rendez
vous que vous donnez vous etes bien brave –

Montjean 47

## 12.1.5 Valuche

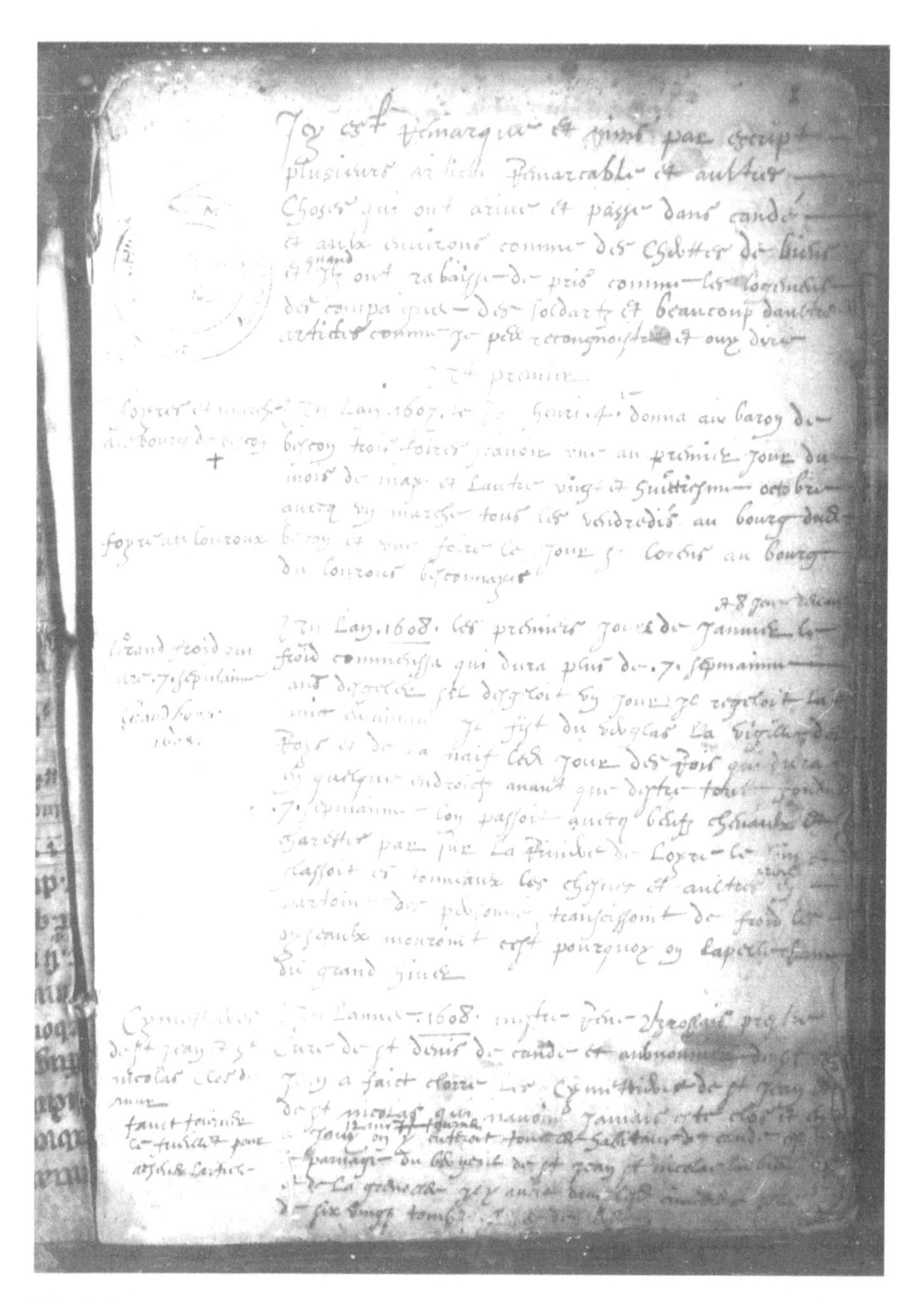

Valuche 1r

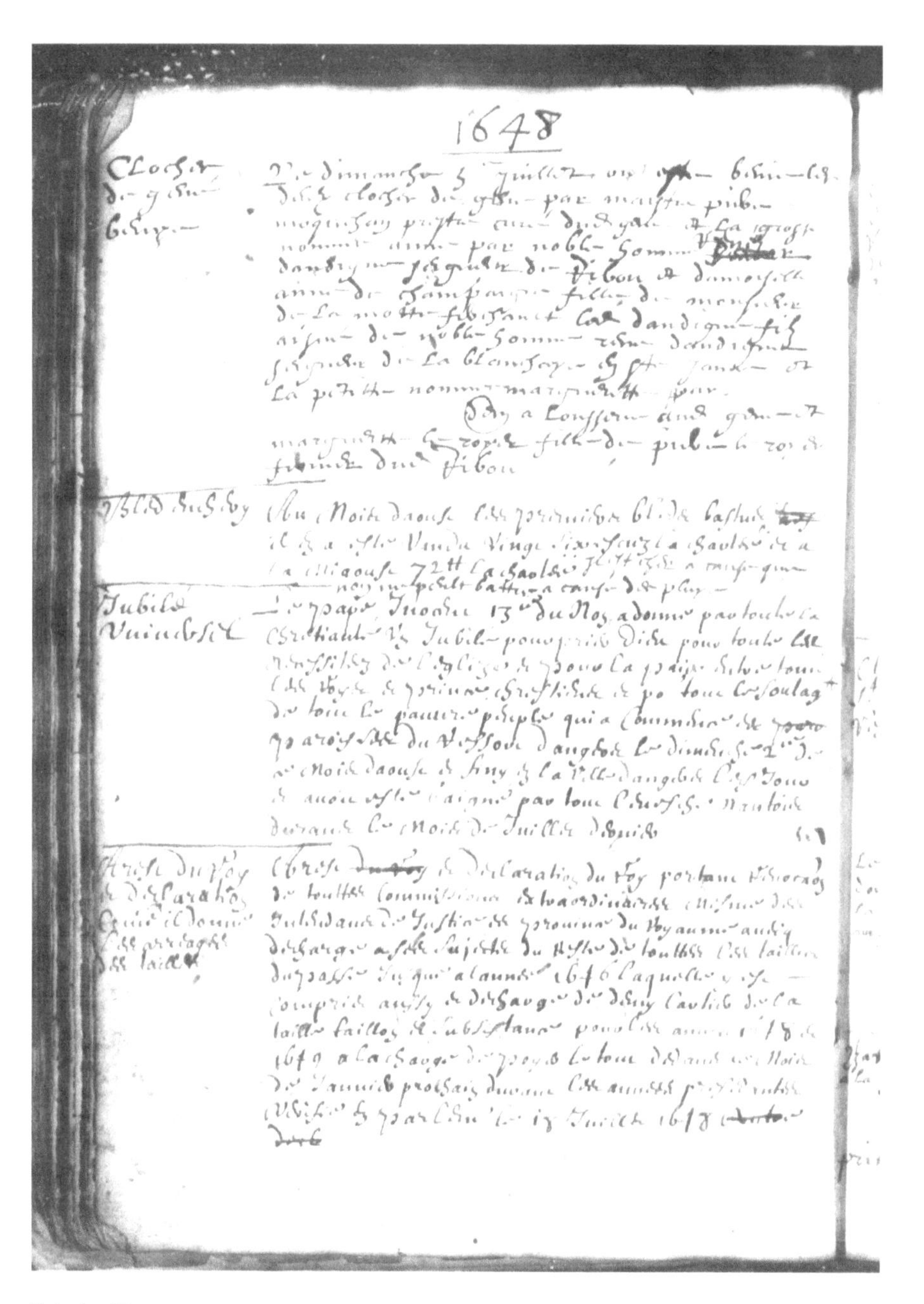
1648

Valuche 63v

## 12.1.6 Durand

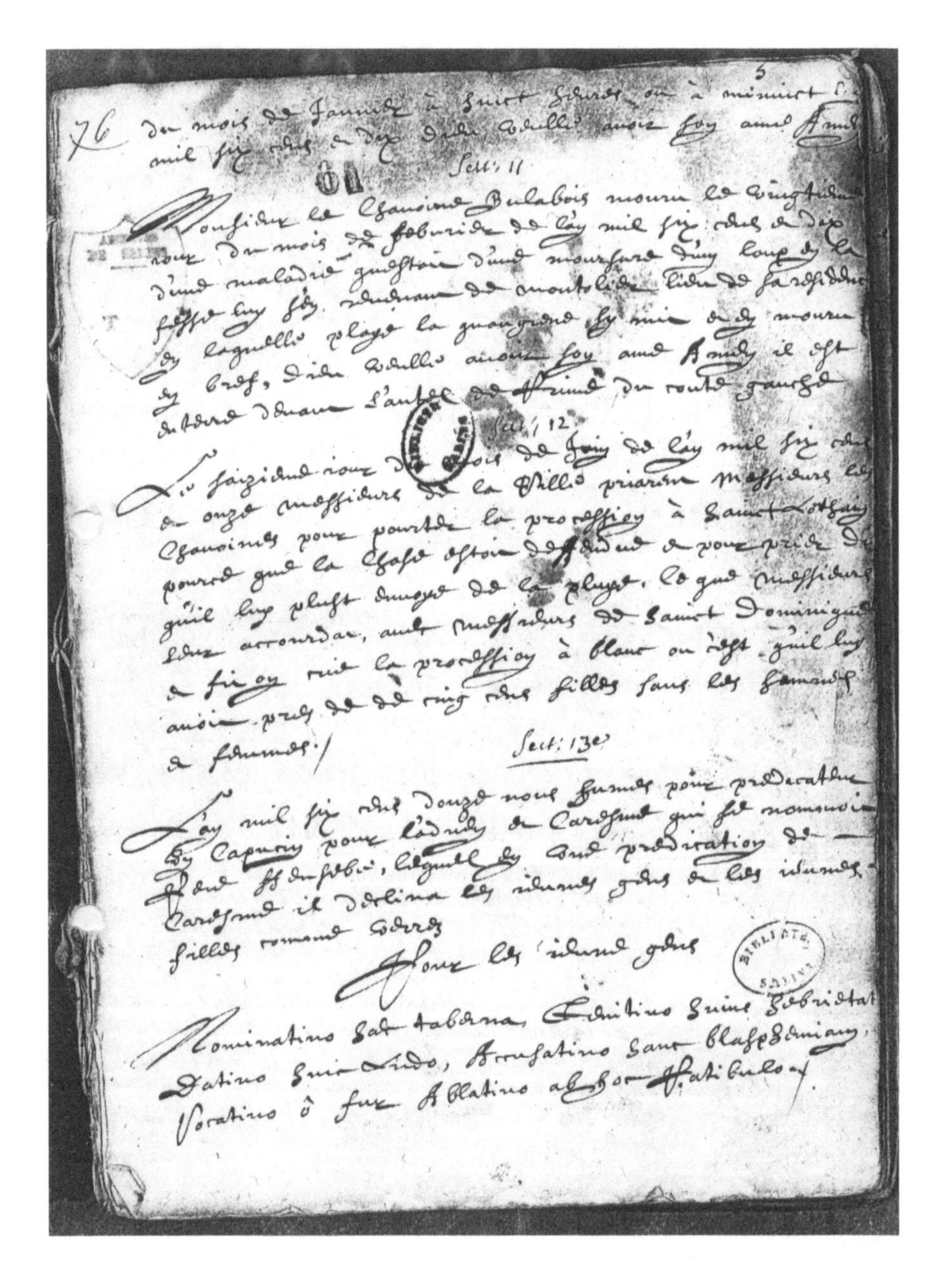
76

du mois de Janvier à huict heures ou à minuict l'an
mil six cens et dix. Dieu veuille avoir son ame. Amen

Sect: 11

Monsieur le chanoine Bulabois mourut le vingtiesme
jour du mois de febvrier de l'an mil six cens et dix
d'une maladie qu'estoit d'une morsure d'un loup [illegible]
[illegible] revenant de [illegible] lieu de sa residence
de laquelle playe la gangrene s'y mit et y mourut
en bref. Dieu veuille avoir son ame. Amen. Il est
enterré devant l'autel de [illegible] du coste gauche.

Sect: 12

Le seiziesme jour du mois de Juin de l'an mil six cens
et onze messieurs de la ville prierent messieurs les
chanoines pour porter la procession à Saint [illegible]
pource que la chasse estoit descendue et pour prier Dieu
qu'il luy pleust envoyer de la pluye. Ce que messieurs
leur accorderent, aussi messieurs de Saint Dominique
et firent la procession à blanc ou il y eust qu'il y
avoit pres de cinq cens filles sans les hommes
et femmes.

Sect: 13

L'an mil six cens et douze nous eusmes pour predicateur
[illegible] pour l'advent et caresme qui fut nommé
des Capucins [illegible] une predication de
[illegible] lequel il y une predication de
caresme il declina les noms [illegible]
filles comme s'ensuit

Pour les noms [illegible]

Nominativo [illegible] Genitivo [illegible]
Dativo [illegible] Accusativo [illegible]
Vocativo ô fur Ablativo [illegible]

Durand 5r

42

Ville d'ilen que se n'est pas leur faute, e que s'il
vouloir pleder il faudroy fere des impos pour
suporter les frais, cela devant tout de leur faute
e si cela arivoir, se serois las qu'il se faudroit
oposer, parce qu'il dit que la Ville n'ot pas les moyens
de leur donner tous les ans mille franc, c'est donc
la faute à messieurs lors qu'il presentarent leur
requeste il debvoit fere comme messieurs de
Salins. /

Le second iour du mois de Janvier de l'an mil
six cens vingt et trois messire Charle Rigoulet
Chapelain en familier de Sainct Hypolite a esté
reseu pour maistre des enfans de coeur apres la
mort de messire Philibert Aymonin, ioutet
en maistre des enfans de coeur comme i'ay desia
dict cy devant. /

Le quatriesme iour de Janvier de l'an mil six cens
vingt et trois Claude Durand mon filz sortit
de ma maison pour aller prandre l'abis de Capucin
à Dole apres avoir demeuré avec moy par l'espace
de deux ans et demys pour aprendre l'art de
Chyrurgie et print l'abis le doziesme iour du mois
de Janvier comme i'ay dict cy devant et se
nomme frere Philophile, et avant qu'il y allet
comme il fust Roys des ieunes hommes comme il
estoit apellé devant les Rois il laissa sa place
à Jaque Demars et alla à Vaulx, et il print
l'abis de Capucin à Dole et y a demeuré environ
cinq mois et puis est revenu à Vaulx faict /

Durand 42r

## 12.1.7 Goyard

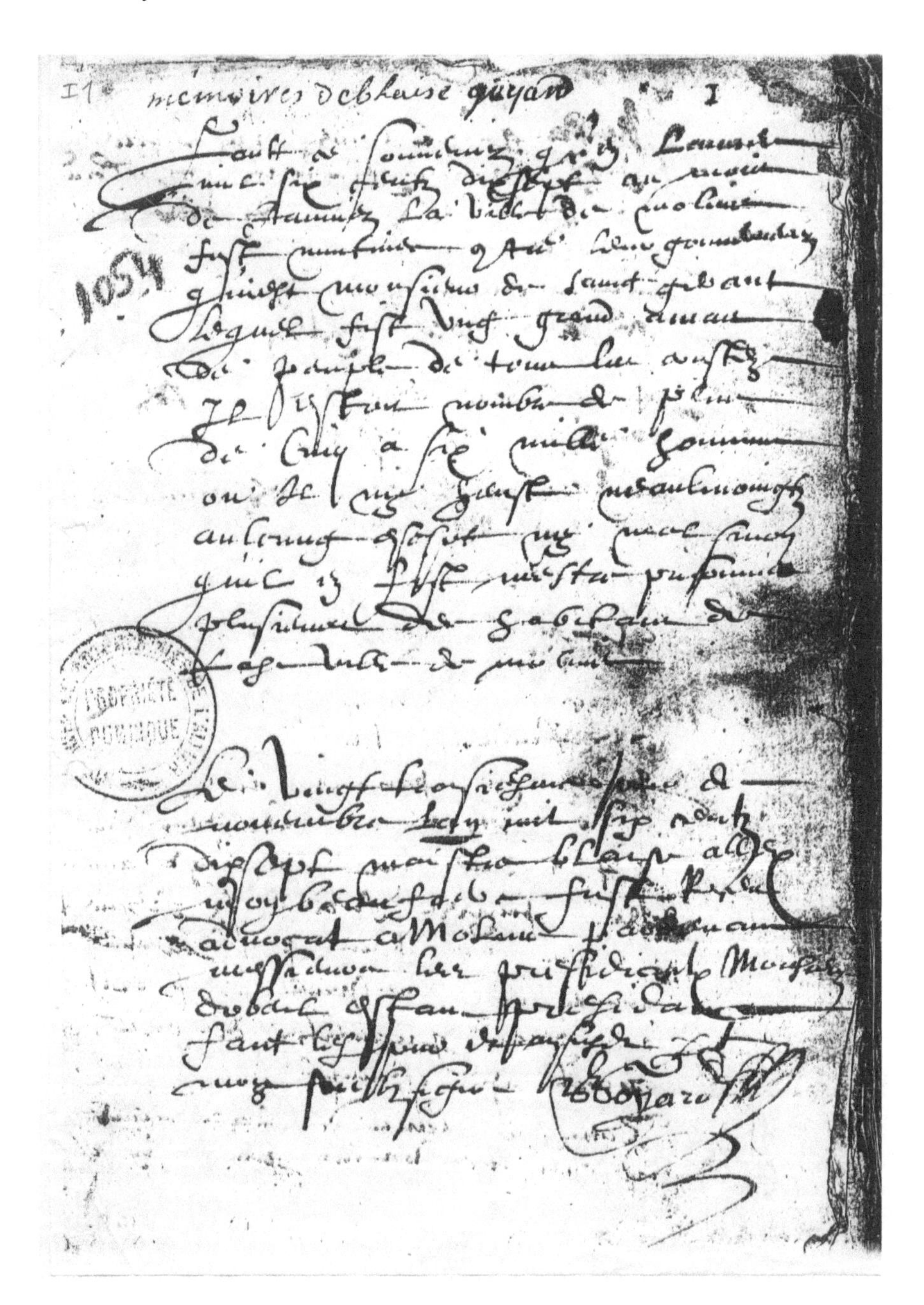
memoires de blaise goyard

Goyard I, 1

I 68

63

L'annee 1657 au mois de mars
avril et may les taignes ont
estes amassees par les gens de
guerre dans le bourbonnois
pour les annee 1657 et 1658
lesdits gens de guerre estans
[illegible] Escaussoir et allemans
lesquels ont faict grans
degast et enorme quantite
de bestail pour le payement
des cottes des contribuables
faict ledict jour

Nota que ladicte annee
et au mesme temps le nomme
blanville capitaine dans
le regiment de [illegible]
[illegible] par un [illegible] de son
[illegible] lieutenant de barron
a boge le lundy de pasques 26
avril 1657 et a este enterre
dans l'esglise de boge dans
la chapelle sainct anthoine

Goyard I, 68

II 7 — 17.

Aujourdhuy quinziesme avril 1673 pendant la nuit est tombe grande quantitte de neige et [illegible] [illegible] des [illegible] [illegible] plus de demy pied et [illegible] quil y en avoit bien 8 pied du coste de chez Goyard

Aujourdhuy premier jour doctobre mil six cent soixante quatorze a este baptize francois goyard fils de Me francois goyard docteur de chastelperron et [illegible] [illegible] et [illegible] et de claudine Dorat ses pere et mere a este parrain Me francois chauvigny bailly de salligny et pareillement lieutenant particulier de la chambre de [illegible] et marraine damelle jeanne Dorat femme de Me francois paradis marchand de moulins a este ne le dix neuf septembre precedant jour entour l'heure de dix a onze du soir jour de [illegible] a este baptize

Goyard II, 7

ce Le quinziesme jour de septembre mil
sept cent cinquante six ce jour de mercredy environ les
deux a trois heures du matin est né Jacques
Goyard filz de Joseph goyard marchand de
cette ville de moulins et de Catherine Debard
ses pere et mere lequel a esté Baptisé le
mesme jour environ les trois a quatre heures
du soir en leglise de St pierre des menes [illegible]
de cette ville par mr Claude de Rochefort neveu
de mr de [illegible] curé de lad. eglise et l'un des
vicaire d'icelle ont esté parain et maraine mr
Jacques Landois marchand de bois de cette ville
et dame Jeanne taillefert femme au sr marcellin
marchand drapier de cette ville en foy de quoy
jay signé

Goyard

ce Le vingt

suivent les memoires de claude goyot
qui a epousé en 1760 catherine debard
veuve de joseph goyard

Goyard II, 18

### 12.1.8 Dusson

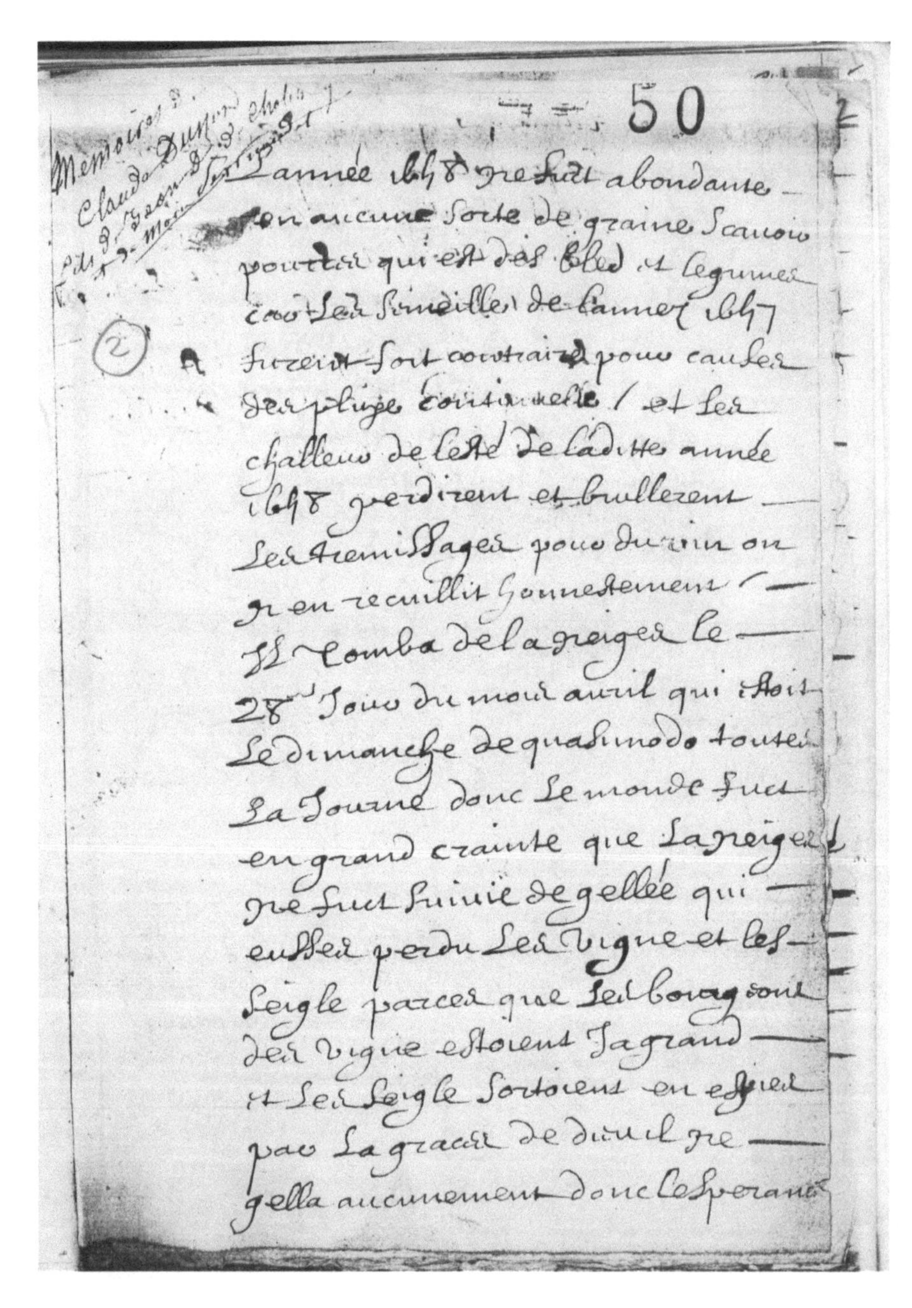
50

Lannée 1648 ne fut abondante
en aucune sorte de graine scavoir
pour ce qui est des bled et legumes
car les [illegible] de lannee 1647
furent fort contraires pour causes
des pluyes continuelle / et les
challeurs de lesté de ladite année
1648 perdirent et brullerent
les tremissages pour du vin on
en recuillit honnestement —
il tomba de la neige le
28me jour du mois avril qui estoit
le dimanche de quasimodo toutes
la journé donc le monde fut
en grand crainte que la neige
ne fut suivie de gellée qui
eussent perdu les vigne et les
seigle parceque les bourgeons
des vigne estoient ja grand
et les seigle sortoiens en espied
par la grace de dieu il ne
gella aucunement donc lesperance

Dusson 2

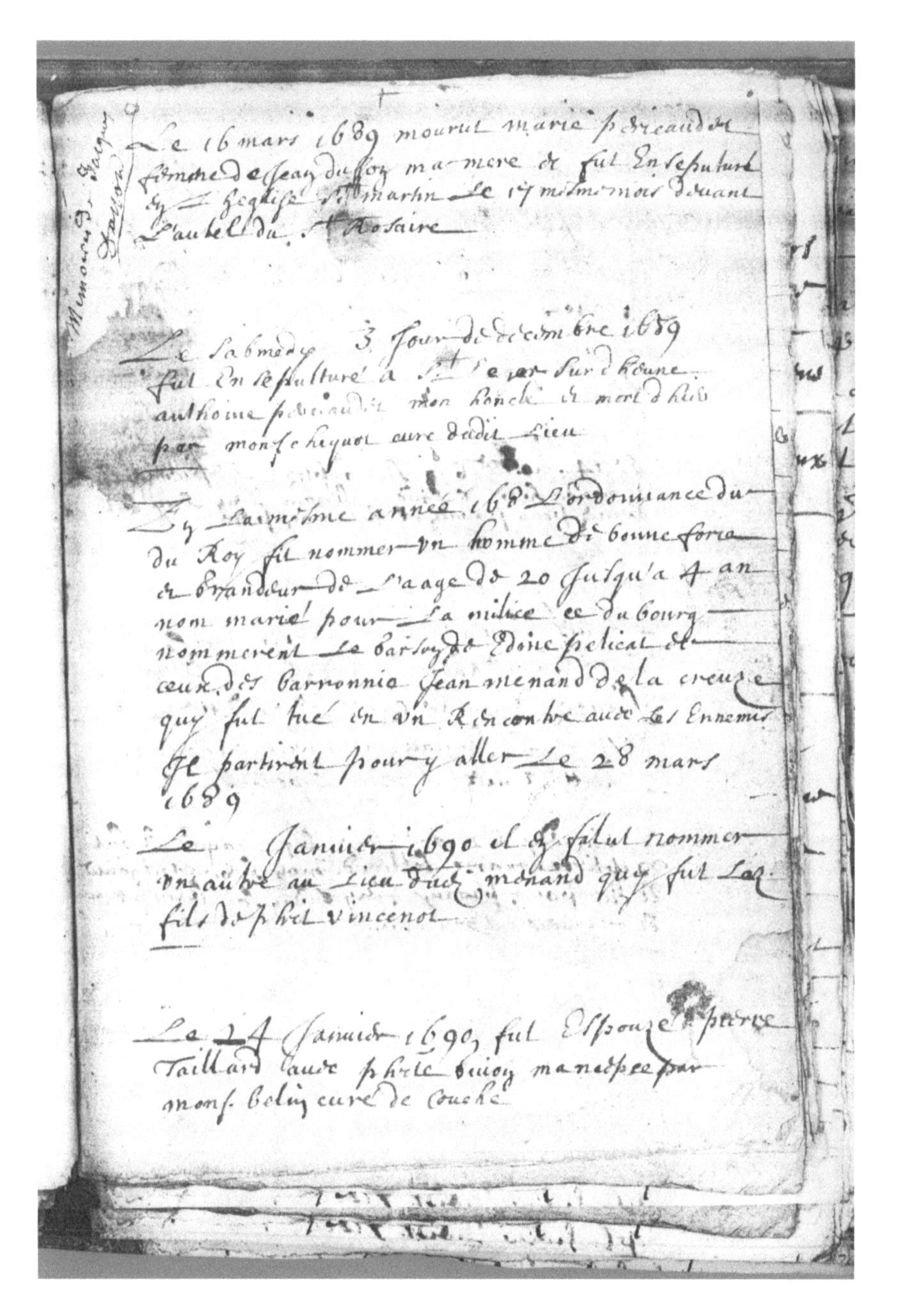
Memoire de Jacques Dusson

Le 16 mars 1689 mourut marie pedricaud femme de Jean du Roy ma mere et fut en sepulture en l'eglise St martin le 17 meme mois devant l'autel du St Rosaire

Le Sabmedy 3 jour de decembre 1689 fut en sepulture a St [illegible] sur d'houne anthoine pedricaudie mon oncle et mort d'hier par mons. [illegible] curé dudit lieu

En la meme année 1689 l'ordonnance du Roy fut nommer un homme de bonne force et grandeur de l'age de 20 jusqu'a 4[illegible] an nom marie pour la milice ceux du bourg nommerent le [illegible] de [illegible] pelicat et ceux des barronnies Jean menand de la creuze quy fut tué en un Rencontre avec les Ennemis Ils partirent pour y aller le 28 mars 1689

Le [illegible] Janvier 1690 il a fallut nommer un autre au lieu dud. menand quy fut [illegible] fils de phil vincenot

Le 24 Janvier 1690 fut Espouzé pierre Taillard avec [illegible] [illegible] [illegible] par mons. belin curé de Couche

Dusson 206

348

Le 29 octobre 1692 quiest Le mecredy Mongranpere
á Vandangé Sa plante qui Sanblas estre bien belle
mais Les Raisin estoit un peux vain Lazeaux
estoit for espaice il ne fit que Trois filiette de
vin & Tout bruliez il ne fit que quatre queu
de vin Touchaux Le vin valois Lis premier
Jour de nouembre á autun Vingtrois escu Le vin
estois Toutroubles andortan di Lacuue il me Le vandy
50 Liure Liprandre Tout Liprandre Lipremier
Jour de decembre Lis marchand ne voulure pas
poin San Chargen Craignant que Levin ne duce
pas de durez Lis premier Jour de descembre
il somy vn verglat qui dura huit Jour partout
il Sanmire Lepaisseur dun dost de gouy esgalleman
Lis faite denoille fune for pluvieuse Li Jour
di Lan fut for dout et pluvieux Le Jour de Roy
Li Solelle Luisoit fordoux Le vin Rouge & blan
Ce van doit douze Solz La pinte du vin du lieux de Lannez
1691 Lis messiour Lis Chevallier de Couche
an biroit du maime pour Crier Lis Roy Cheux
vn nommez Philipe Chauche haute a Couche
Le vin nouviaux estoit for peţy il ce vandoit 5 & 6 R
La pinte Librement Le froment ce vandoit
38: 39: 40 Solz Le saigle 31: 32: 33: Solz
Lorge 20: 21: 22: Solz Lavaine 12: 13: 14: Solz Le
premier iour de mars Lebley Ravallá qui valla 26·26
27 28 Solz Le 26 mars il valut 33 Solz
Qui fit hacquennanter La cherrantes ce fut que
La pluis ce prit au quemancemant de mars qui
dura Tou Le mois Sans avoir for peux de beau Jour

Dusson 348

### 12.1.9 Desnoyers

Lan mille six cents quatre vingt
quatorse nous avons eu les grandes
maladies épidemiques dont il s'est ensuivi
une grande mortalite, la maladie prenoit
a la teste le malade etoit hebeté son corps
plain d'humeurs cristalines, de grandes
taches porpruses, et de tumeurs, et lon
mit la fouriere en bourgneuf

Le vingt neuf septembre de la meme
année mon beau frere Ditely est mort
de ces maladies a dix heures du soir et a
ete enterre le trante a st. honoré

1695

Lan mille six cents quatre vingt
quinse le vingt sept avril on a canonisé
aux peres cordeliers st. ieau de capistran
et st. pascal baylon

1696

Lan mille six cents quatre vingt saise
le vin noir a valleu a la sortie de vand
anges deux cent vingt ius ques a deux
cents cinquante livres le toneau et les
vins de dessus les pavé de mineuil
a valeu quarante ecus

Desnoyers 12r

## 12.1.10 Girard

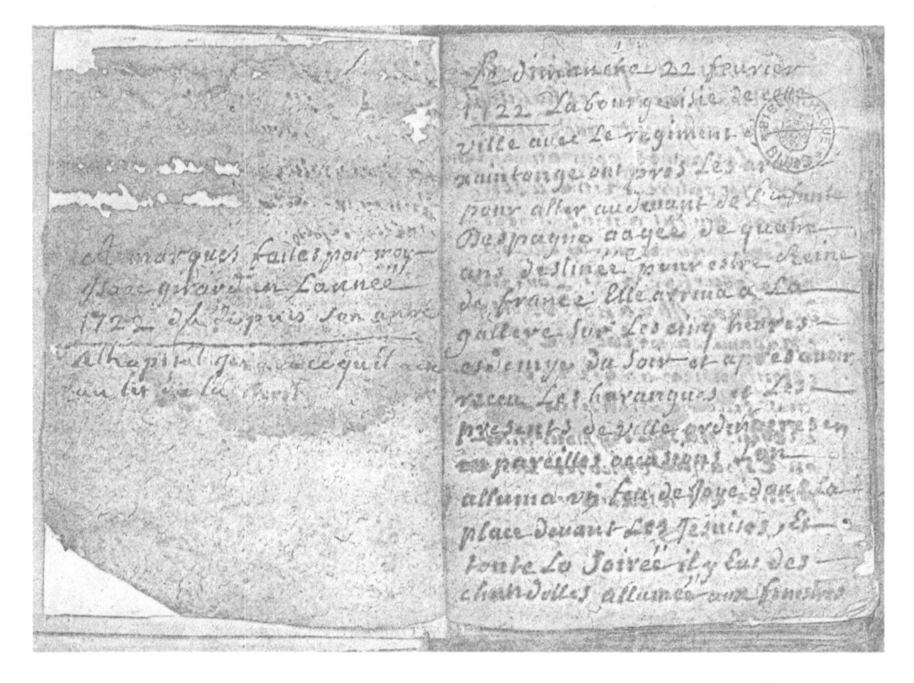

Remarques faites par moy Isaac girard en Lannee 1722 et depuis

Le dimanche 22 feurier 1722 La bourgeoisie de cette ville avec Le regiment de xaintonge ont pris Les armes pour aller au devant de L'infante Despagne agée de quatre ans destinée pour estre Reine de france elle arriua a La gallere sur Les cinq heures et demye du soir et apres avoir receu Les harangues et Les presents de ville ordinaires en pareilles occasions Lon alluma un feu de joye dans La place devant Les Jesuites, Et toute La soirée il y eut des chandelles allumées aux fenestres

Girard 0/1

porté en chaise a la cathedralle
ou Jay esté confirmé apres Le
Salut par Monsr. de Caumartin
Second Evesque de Blois Ensuitte
de quoy Jay esté Souper chez
Madame Sadié qui ma fait
toutes Sortes damitiez dun
coeur charitable tendre et
Sincere, Led Jour La chaleur
estant fort grande il a tonné
et plu, a la confirmation Jay
Joint a mon nom celuy de paul
Dieu mayant fait La grace
comme a Luy destre converty

Le 17 beau, Monsr et madame
tremblay avec ma Soeur manon
me Sont venu voir, Je Leur
ay rendu un fidelle temoignage du
contentement ou Je Suis tant pour
Le Spirituel que Le temporel et
elles men ont marqué bien de
La Joye &c
Le 19 bien chaud Led Jour anthoine
Belin voiturier par Eau Sest
noyé en voulant pescher des
allozes il Laisse Sept Enfans
Le 24 continuation de haste Les vignes
Sont belles et Les thonnelliers travaille

Girard 142/143

## 12.2 Variantes graphiques des lettres

Dans les tableaux qui suivront, il y aura toujours deux séries de lettres de l'alphabet: la première série est constituée par des « majuscules », formes décoratives, ornementales des lettres, mai qui n'ont aucune fonction strictement linguistique. Elles se trouvent, en général au commencement du mot, mais sans connaître une distribution systématique quant aux classes des mots. Deux constatations s'imposent : Certains auteurs ne connaissent au commencement du mot qu'une variante décorative et / ou plus grande que la même lettre à l'intérieur du mot. Il nous semble inutile de discuter s'il s'agit d'une lettre majuscule (qui est mise indistinctement au commencement de chaque mot) ou bien si ce n'est qu'une variante en position initiale de la lettre minuscule. Les listes des majuscules connaissent des lacunes considérables, ce qui pourrait indiquer que la connaissance de ce type de caractères est également lacunaire. Dans ce contexte, il est intéressant de voir que Chavatte ne se sert de certaines majuscules que dans les parties qu'il copie d'un texte imprimé, ce qui se traduit aussi par la forme de ces lettres. La deuxième série contient les formes « normales », ordinaires des lettres. Là où il nous a été possible de constater une distribution systématique des variantes graphiques, nous avons ajouté des notes à chaque tableau. Dans ces notes, nous n'avons pas distingué entre « position fréquente », « position prévalente », « position exclusive ».

Les deux listes des lettres de l'alphabet seront suivies, dans chaque cas, d'une liste des abréviations. Pour une meilleure lisibilité, ces tableaux sont disponibles au format PDF sous le lien suivant : https://www.degruyter.com/books/9783110470871.

### 12.2.1 Pierre-Ignace Chavatte

Les majuscules se trouvent presque régulièrement au commencement d'un paragraphe et souvent comme première lettre d'un nom propre. Comme la plupart des paragraphes commencent par une indication chronologique (Au ...., Le...), les lettres concernées ne sont pas nombreuses. D'autres lettres majuscules ainsi qu'une partie des abréviations se trouvent seulement dans les parties copiées d'un texte imprimé ; leur forme ressemble alors à celle des caractères imprimés.

$V_{1,2}$ : majuscule ou minuscule en position initiale
$c_1$ : à l'intérieur du mot, sans lien graphique avec les autres lettres
$c_3$ : très rare
$m_1$, $r_1$, $s_1$, $s_8$ (rare) : en position initiale
$m_2$, $s_2$ : à l'intérieur du mot

$r_2$ : à l'intérieur et à la fin du mot
$n_2$, $r_3$, $r_4$, $s_4$, $s_6$, $s_7$, $s_9$, $x_1$, $z_1$ : en position finale
$s_5$ : dans le groupe <st>
Parmi les abréviations il y en a un certain nombre qui se trouvent souvent en fin de ligne : *lequel*, *laquelle*, *-que*, etc., *père*.

| Chavatte T1 | | | | | | | | | | |
|---|---|---|---|---|---|---|---|---|---|---|
| | 1 | 2 | 3 | 4 | 5 | 6 | 7 | 8 | 9 | 10 |
| A | A | A | | | | | | | | |
| B | B | | | | | | | | | |
| C | C | | | | | | | | | |
| D | D | D | | | | | | | | |
| E | E | | | | | | | | | |
| F | F | | | | | | | | | |
| G | | G | G | | | | | | | |
| H | H | | | | | | | | | |
| I | I | | | | | | | | | |
| J | J | J | | | | | | | | |
| K | | | | | | | | | | |
| L | L | L | L | | | | | | | |
| M | M | M | | | | | | | | |
| N | N | | | | | | | | | |
| O | O | | | | | | | | | |
| P | P | P | P | | | | | | | |
| Q | | | | | | | | | | |
| R | R | | | | | | | | | |
| S | S | S | | | | | | | | |
| T | T | | | | | | | | | |
| U | Ŭ | | | | | | | | | |
| V | V | V | V | V̆ | | | | | | |
| | | | | | | | | | | |

Chavatte T2

| W | | | | | | | | | | |
|---|---|---|---|---|---|---|---|---|---|---|
| X | | | | | | | | | | |
| Y | | | | | | | | | | |
| Z | | | | | | | | | | |
| | 1 | 2 | 3 | 4 | 5 | 6 | 7 | 8 | 9 | 10 |
| a | | | | | | | | | | |
| b | | | | | | | | | | |
| c | | | | | | | | | | |
| d | | | | | | | | | | |
| e | | | | | | | | | | |
| f | | | | | | | | | | |
| g | | | | | | | | | | |
| h | | | | | | | | | | |
| i/j | | | | | | | | | | |
| k | | | | | | | | | | |
| l | | | | | | | | | | |
| m | | | | | | | | | | |
| n | | | | | | | | | | |
| o | | | | | | | | | | |
| p | | | | | | | | | | |
| q | | | | | | | | | | |
| r | | | | | | | | | | |
| s | | | | | | | | | | |
| t | | | | | | | | | | |
| u/v | | | | | | | | | | |
| | | | | | | | | | | |

Chavatte T3

| | 1 | 2 | 3 | 4 | 5 | 6 | 7 | 8 | 9 | 10 |
|---|---|---|---|---|---|---|---|---|---|---|
| w | w | w | | | | | | | | |
| x | x | | | | | | | | | |
| y | y | | | | | | | | | |
| z | z | | | | | | | | | |
| | 1 | 2 | 3 | 4 | 5 | 6 | 7 | 8 | 9 | 10 |
| mm | m̃ | | | | | | | | | |
| nn | ñ | | | | | | | | | |
| septem bre | 7tembre | | | | | | | | | |
| novem bre | 9bre | | | | | | | | | |
| octo-bre | 8bre | | | | | | | | | |
| -ième | e | | | | | | | | | |
| saint, e | St | Ste | | | | | | | | |
| (la-) quelle | qlle | | | | | | | | | |
| (le-) quel | ql | | | | | | | | | |
| (jus) que | q | | | | | | | | | |
| etc. | &c | | | | | | | | | |
| la neu-vaine | 9e | | | | | | | | | |
| père | p | | | | | | | | | |
| révé-rend père | R-P | | | | | | | | | |
| son altesse électo rale | S.A.E | S-A-E | | | | | | | | |
| son altesse sérénis sime | S.a.S | S-A-S | | | | | | | | |
| son al-tesse électo-rale pa latine | SAEP | S-A-E-p | | | | | | | | |
| les al tesses électo rales | LAEE | | | | | | | | | |
| | 1 | 2 | 3 | 4 | 5 | 6 | 7 | 8 | 9 | 10 |

Chavatte T4

| les ma jestés électo rales | LLMEE | | | | | | | | | |
|---|---|---|---|---|---|---|---|---|---|---|
| les ma jestés impé- riales | L·M-I | | | | | | | | | |
| sa ma- jesté | S M | | | | | | | | | |
| son élec- teur | S-E | | | | | | | | | |
| sa hau tesse | S-H | | | | | | | | | |
| grand sultan | G-S | | | | | | | | | |

### 12.2.2 Anne-Marguerite Mercier

$f_4$, $l_3$, $n_5$, $p_1$, $s_3$ : en position initiale
$n_1$, $n_2$ : au commencement et à l'intérieur du mot
$f_1$, $s_2$, $s_4$, $z_2$ : à l'intérieur du mot
$l_2$, $s_1$ : en position finale
$s_{3,5,8}$ : en position initiale
$s_7$: ss
$u_1/v_1$ : au milieu du mot
$u_{2-4}$ / $v_{2-4}$ : en position initiale
$u_3/v_3$ : surtout en position initiale
$u_5/v_5$ : confusion possible avec a
$z_2$ : confusion possible avec y
Nous avons laissé de côté les abréviations « privées », ou Madame Mercier écrit seulement la première lettre du mot, sans autre signe d'abréviation. Dans la majorité des cas, il s'agit de noms propres.

| Mercier T1 | | | | | | | | | | |
|---|---|---|---|---|---|---|---|---|---|---|
| | 1 | 2 | 3 | 4 | 5 | 6 | 7 | 8 | 9 | 10 |
| A | | | | | | | | | | |
| B | B | | | | | | | | | |
| C | | | | | | | | | | |
| D | | | | | | | | | | |
| E | | | | | | | | | | |
| F | | | | | | | | | | |
| G | | | | | | | | | | |
| H | | | | | | | | | | |
| I | | | | | | | | | | |
| J | | | | | | | | | | |
| K | | | | | | | | | | |
| L | L | | | | | | | | | |
| M | M | M | | | | | | | | |
| N | | | | | | | | | | |
| O | | | | | | | | | | |
| P | | | | | | | | | | |
| Q | | | | | | | | | | |
| R | R | R | | | | | | | | |
| S | S | | | | | | | | | |
| T | | | | | | | | | | |
| U | | | | | | | | | | |
| V | | | | | | | | | | |
| | | | | | | | | | | |

Mercier T2

| | 1 | 2 | 3 | 4 | 5 | 6 | 7 | 8 | 9 | 10 |
|---|---|---|---|---|---|---|---|---|---|---|
| W | | | | | | | | | | |
| X | | | | | | | | | | |
| Y | | | | | | | | | | |
| Z | | | | | | | | | | |
| | | | | | | | | | | |
| a | a | a | a | a | a | | | | | |
| b | b | b | | | | | | | | |
| c | c | c | c | c | | | | | | |
| d | d | d | d | d | d | d | | | | |
| e | e | e | e | e | e | | | | | |
| f | f | f | f | f | f | | | | | |
| g | g | g | | | | | | | | |
| h | h | h | h | | | | | | | |
| i/j | j | j | i | i | | | | | | |
| k | | | | | | | | | | |
| l | l | l | l | l | | | | | | |
| m | m | m | m | | | | | | | |
| n | n | n | n | n | n | | | | | |
| o | o | | | | | | | | | |
| p | p | p | p | p | p | | | | | |
| q | q | q | q | | | | | | | |
| r | r | r | r | r | r | | | | | |
| s | s | s | s | s | s | s | ß | s | | |
| t | t | t | t | t | | | | | | |
| | | | | | | | | | | |

Mercier T3

| | 1 | 2 | 3 | 4 | 5 | 6 | 7 | 8 | 9 | 10 |
|---|---|---|---|---|---|---|---|---|---|---|
| u/v | u | v | v | v | u | | | | | |
| w | | | | | | | | | | |
| x | | | | | | | | | | |
| y | y | y | y | | | | | | | |
| z | z | z | | | | | | | | |
| | | | | | | | | | | |
| sous | β | | | | | | | | | |
| deniers | ∂ | | | | | | | | | |
| -ième (p)our, (p)ort, (p)auvres, (p)uis, (po)ur | ~ | | | | | | | | | |
| livrets | tt | | | | | | | | | |
| | | | | | | | | | | |

## 12.2.3 Jacques-Louis Ménétra

$s_5$, $s_6$ : en position initiale

$a_2$, $e_2$, $l_8$, $m_2$, $n_3$, $r_4$, $r_6$, $u_3$, $x_1$, $x_2$ : en position finale

$s_3$, $s_4$ : seulement sur la page du titre

$s_7$ : ss

| Ménétra T1 | | | | | | | | | | |
|---|---|---|---|---|---|---|---|---|---|---|
| | 1 | 2 | 3 | 4 | 5 | 6 | 7 | 8 | 9 | 10 |
| A | | | | | | | | | | |
| B | | | | | | | | | | |
| C | | | | | | | | | | |
| D | | | | | | | | | | |
| E | | | | | | | | | | |
| F | | | | | | | | | | |
| G | | | | | | | | | | |
| H | | | | | | | | | | |
| I | | | | | | | | | | |
| J | | | | | | | | | | |
| K | | | | | | | | | | |
| L | | | | | | | | | | |
| M | | | | | | | | | | |
| N | | | | | | | | | | |
| O | | | | | | | | | | |
| P | | | | | | | | | | |
| Q | | | | | | | | | | |
| R | | | | | | | | | | |
| S | | | | | | | | | | |
| T | | | | | | | | | | |
| U | | | | | | | | | | |
| V | | | | | | | | | | |
| | | | | | | | | | | |

Ménétra T2

| | 1 | 2 | 3 | 4 | 5 | 6 | 7 | 8 | 9 | 10 |
|---|---|---|---|---|---|---|---|---|---|---|
| W | | | | | | | | | | |
| X | | | | | | | | | | |
| Y | | | | | | | | | | |
| Z | | | | | | | | | | |
| | | | | | | | | | | |
| a | | | | | | | | | | |
| b | | | | | | | | | | |
| c | | | | | | | | | | |
| d | | | | | | | | | | |
| e | | | | | | | | | | |
| f | | | | | | | | | | |
| g | | | | | | | | | | |
| h | | | | | | | | | | |
| i | | | | | | | | | | |
| j | | | | | | | | | | |
| k | | | | | | | | | | |
| l | | | | | | | | | | |
| m | | | | | | | | | | |
| n | | | | | | | | | | |
| o | | | | | | | | | | |
| p | | | | | | | | | | |
| q | | | | | | | | | | |
| r | | | | | | | | | | |
| s | | | | | | | | | | |
| t | | | | | | | | | | |
| | | | | | | | | | | |

Ménétra T3

| | 1 | 2 | 3 | 4 | 5 | 6 | 7 | 8 | 9 | 10 |
|---|---|---|---|---|---|---|---|---|---|---|
| u | | | | | | | | | | |
| v | | | | | | | | | | |
| w | | | | | | | | | | |
| x | | | | | | | | | | |
| y | | | | | | | | | | |
| z | | | | | | | | | | |
| | | | | | | | | | | |
| mon-sieur | | | | | | | | | | |
| mon-seig-neur | | | | | | | | | | |
| made-moi-selle | | | | | | | | | | |
| mada me | | | | | | | | | | |
| mar-chand, s | | | | | | | | | | |
| maitre | | | | | | | | | | |
| saint,e | | | | | | | | | | |
| numé-ro | | | | | | | | | | |
| grand | | | | | | | | | | |
| (cla-que)-ments | | | | | | | | | | |
| deuxiè me | | | | | | | | | | |

## 12.2.4 Montjean

$a_4$, $m_1$, $n_2$ : en position initiale
$r_5$,$s_3$, $s_5$, $s_6$ : surtout en position initiale
$b_1$, $b_2$, $b_3$ : au commencement et à l'intérieur du mot
$a_1$ : à l'intérieur et à la fin du mot
$a_5$ : rare, en position finale
$r_1$, $r_4$, $s_1$ : surtout en position finale
$n_3$, $s_2$, $t_3$, $x_1$ : en position finale
$b_4$ : ressemble à <h> dans *tombe*
$c_4$ : ç
$f_3$, $f_4$ : dans les groupes <ff, ft>

$s_4$ : deuxième élément du groupe <ss>
$y_4$ : exclusivement pour l’adverbe pronominal y
etc.$_1$ : Le sens « etc. » n’est pas toujours très évident.

Montjean T1

| | 1 | 2 | 3 | 4 | 5 | 6 | 7 | 8 | 9 | 10 |
|---|---|---|---|---|---|---|---|---|---|---|
| A | | | | | | | | | | |
| B | | | | | | | | | | |
| C | C | C | C | | | | | | | |
| D | D | D | D | D | | | | | | |
| E | | | | | | | | | | |
| F | | | | | | | | | | |
| G | | | | | | | | | | |
| H | | | | | | | | | | |
| I | | | | | | | | | | |
| J | J | | | | | | | | | |
| K | | | | | | | | | | |
| L | L | L | L | L | | | | | | |
| M | M | M | | | | | | | | |
| N | | | | | | | | | | |
| O | | | | | | | | | | |
| P | P | P | | | | | | | | |
| Q | | | | | | | | | | |
| R | R | R | R | | | | | | | |
| S | S | S | S | | | | | | | |
| T | | | | | | | | | | |
| U | | | | | | | | | | |
| V | V | | | | | | | | | |
| | | | | | | | | | | |

Montjean T2

| | 1 | 2 | 3 | 4 | 5 | 6 | 7 | 8 | 9 | 10 |
|---|---|---|---|---|---|---|---|---|---|---|
| W | | | | | | | | | | |
| X | | | | | | | | | | |
| Y | | | | | | | | | | |
| Z | | | | | | | | | | |
| | | | | | | | | | | |
| a | | | | | | | | | | |
| b | | | | | | | | | | |
| c | | | | | | | | | | |
| d | | | | | | | | | | |
| e | | | | | | | | | | |
| f | | | | | | | | | | |
| g | | | | | | | | | | |
| h | | | | | | | | | | |
| i | | | | | | | | | | |
| j | | | | | | | | | | |
| k | | | | | | | | | | |
| l | | | | | | | | | | |
| m | | | | | | | | | | |
| n | | | | | | | | | | |
| o | | | | | | | | | | |
| p | | | | | | | | | | |
| q | | | | | | | | | | |
| r | | | | | | | | | | |
| s | | | | | | | | | | |
| t | | | | | | | | | | |
| | | | | | | | | | | |

Montjean T3

| | 1 | 2 | 3 | 4 | 5 | 6 | 7 | 8 | 9 | 10 |
|---|---|---|---|---|---|---|---|---|---|---|
| u | u | | | | | | | | | |
| v | v | y | v | u | | | | | | |
| w | | | | | | | | | | |
| x | x | x | | | | | | | | |
| y | y | y | y | y | | | | | | |
| z | z | z | z | | | | | | | |
| | | | | | | | | | | |
| etc. / et? | &c. | | | | | | | | | |
| sous | ſs | | | | | | | | | |
| madame | m^d | m^d | m^d. | mad | | | | | | |
| monsieur | m.^u | m^r. | | | | | | | | |
| messieurs | m^rs | meſſrs | | | | | | | | |
| sieur | ſ^r. | ſ^r. | | | | | | | | |
| -ième | .m^e. | e | | | | | | | | |
| Monseigneur | monſ^r. | | | | | | | | | |
| premier | 1^r. | | | | | | | | | |
| saint,e | ſt | ſte | | | | | | | | |
| marchand,e | m^d. | m^d | | | | | | | | |
| mademoiselle | melle | | | | | | | | | |
| livre,s | # | | | | | | | | | |
| septembre | 7bre | | | | | | | | | |
| comme | côme | | | | | | | | | |
| femme | fême | | | | | | | | | |

### 12.2.5 Valuche

#### 12.2.5.1 Jacques Valuche

$e_3$, $e_4$, $e_5$, $n_{2-5}$, $s_{2-3}$, $s_6$, $x_2$ : en position finale
$f_3$ : ff
$p_2$ : pp
-*dit* : se trouve même comme partie intégrante du mot *édit* (38r)
Certaines abréviations se trouvent surtout en fin de ligne, comme -*ment* (dans des mots comme *journellement*, *parfaictement*, *comandement*, *commancement*), -*tion* (*revocation*), *recepveur*, *habitants*, *nostre*.

Jacques Valuche T1

| | 1 | 2 | 3 | 4 | 5 | 6 | 7 | 8 | 9 | 10 |
|---|---|---|---|---|---|---|---|---|---|---|
| A | | | | | | | | | | |
| B | | | | | | | | | | |
| C | | | | | | | | | | |
| D | | | | | | | | | | |
| E | | | | | | | | | | |
| F | | | | | | | | | | |
| G | | | | | | | | | | |
| H | | | | | | | | | | |
| I/J | | | | | | | | | | |
| K | | | | | | | | | | |
| L | | | | | | | | | | |
| M | | | | | | | | | | |
| N | | | | | | | | | | |
| O | | | | | | | | | | |
| P | | | | | | | | | | |
| Q | | | | | | | | | | |
| R | | | | | | | | | | |
| S | | | | | | | | | | |
| T | | | | | | | | | | |
| U/V | | | | | | | | | | |
| W | | | | | | | | | | |
| X | | | | | | | | | | |
| | | | | | | | | | | |

Jacques Valuche T2

| | 1 | 2 | 3 | 4 | 5 | 6 | 7 | 8 | 9 | 10 |
|---|---|---|---|---|---|---|---|---|---|---|
| Y | | | | | | | | | | |
| Z | | | | | | | | | | |
| | | | | | | | | | | |
| a | | | | | | | | | | |
| b | | | | | | | | | | |
| c | | | | | | | | | | |
| d | | | | | | | | | | |
| e | | | | | | | | | | |
| f | | | | | | | | | | |
| g | | | | | | | | | | |
| h | | | | | | | | | | |
| i/j | | | | | | | | | | |
| k | | | | | | | | | | |
| l | | | | | | | | | | |
| m | | | | | | | | | | |
| n | | | | | | | | | | |
| o | | | | | | | | | | |
| p | | | | | | | | | | |
| q | | | | | | | | | | |
| r | | | | | | | | | | |
| s | | | | | | | | | | |
| t | | | | | | | | | | |
| u/v | | | | | | | | | | |
| w | | | | | | | | | | |
| x | | | | | | | | | | |

Jacques Valuche T3

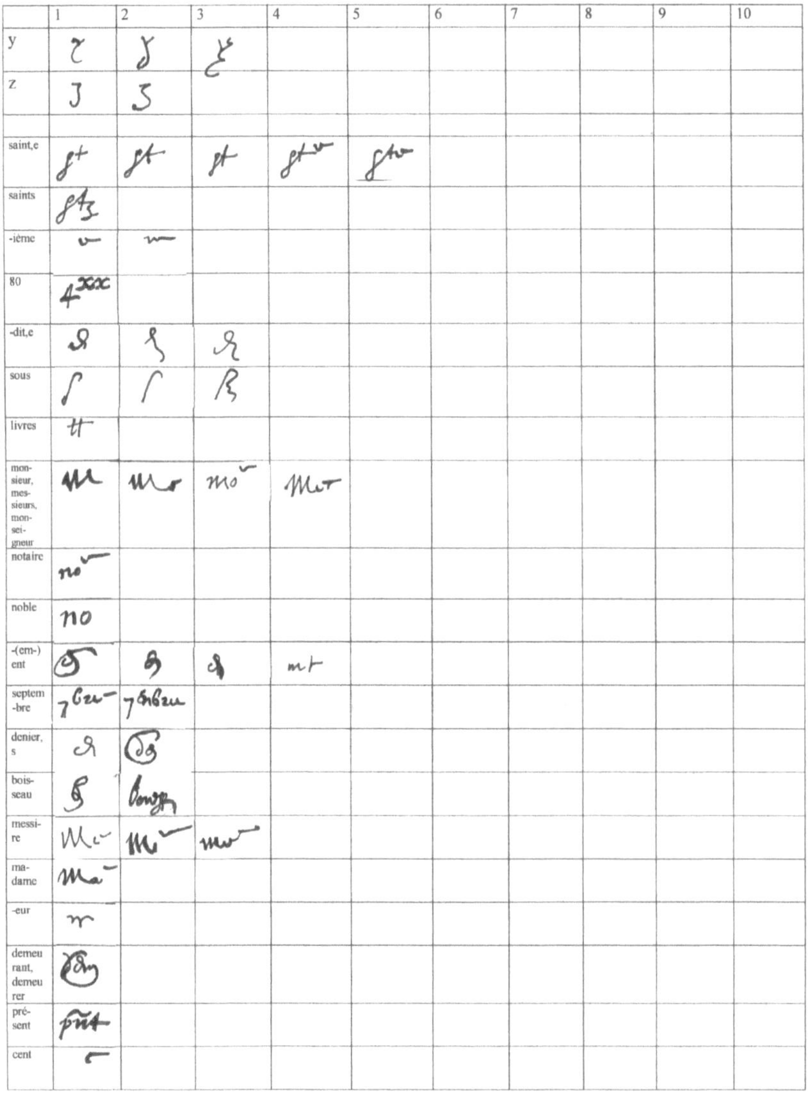
1
2
3
4
5
6
7
8
9
10
y
z
saint,e
saints
-ième
80
-dit,e
sous
livres
mon-sieur, mes-sieurs, mon-sei-gneur
notaire
noble
-(em-) ent
septem -bre
denier, s
bois-seau
messi-re
ma-dame
-eur
demeu rant, demeu rer
pré-sent
cent

Jacques Valuche T4

| | 1 | 2 | 3 | 4 | 5 | 6 | 7 | 8 | 9 | 10 |
|---|---|---|---|---|---|---|---|---|---|---|
| maître | me | mat | | | | | | | | |
| tour-nois | tourn | | | | | | | | | |
| Mon-trelaye | montrel | | | | | | | | | |
| procu-reur | p | | | | | | | | | |
| pre-mière | pre | | | | | | | | | |
| sépul-ture | sepult | | | | | | | | | |
| Guil-laume | guilm | | | | | | | | | |
| octo-bre | 8bre | | | | | | | | | |
| novem -bre | 9bre | | | | | | | | | |

### 12.2.5.2 NN Valuche

$a_2$, $e_5$, $n_3$, $s_3$, $t_1$, $t_3$ : en position finale
collecteur$_2$ : à la fin de la ligne
-ment : Cette abréviation comprend parfois une ou deux lettres de la base lexicale précédente, comme dans *soulagement* 63v, *commencement* 64v.
comme$_2$ : Des abréviations du même type pour *homme*, *femme*, *nommé*

NN Valuche T1
63v, 64, 65-68

| | 1 | 2 | 3 | 4 | 5 | 6 | 7 | 8 | 9 | 10 |
|---|---|---|---|---|---|---|---|---|---|---|
| A | | | | | | | | | | |
| B | | | | | | | | | | |
| C | | | | | | | | | | |
| D | | | | | | | | | | |
| E | | | | | | | | | | |
| F | | | | | | | | | | |
| G | | | | | | | | | | |
| H | | | | | | | | | | |
| I | | | | | | | | | | |
| J | | | | | | | | | | |
| K | | | | | | | | | | |
| L | | | | | | | | | | |
| M | | | | | | | | | | |
| N | | | | | | | | | | |
| O | | | | | | | | | | |
| P | | | | | | | | | | |
| Q | | | | | | | | | | |
| R | | | | | | | | | | |
| S | | | | | | | | | | |
| T | | | | | | | | | | |
| U/V | | | | | | | | | | |
| W | | | | | | | | | | |
| X | | | | | | | | | | |

NN Valuche T2

| | 1 | 2 | 3 | 4 | 5 | 6 | 7 | 8 | 9 | 10 |
|---|---|---|---|---|---|---|---|---|---|---|
| Y | | | | | | | | | | |
| Z | | | | | | | | | | |
| | | | | | | | | | | |
| a | | | | | | | | | | |
| b | | | | | | | | | | |
| c | | | | | | | | | | |
| d | | | | | | | | | | |
| e | | | | | | | | | | |
| f | | | | | | | | | | |
| g | | | | | | | | | | |
| h | | | | | | | | | | |
| i | | | | | | | | | | |
| j | | | | | | | | | | |
| k | | | | | | | | | | |
| l | | | | | | | | | | |
| m | | | | | | | | | | |
| n | | | | | | | | | | |
| o | | | | | | | | | | |
| p | | | | | | | | | | |
| q | | | | | | | | | | |
| r | | | | | | | | | | |
| s | | | | | | | | | | |
| t | | | | | | | | | | |
| u/v | | | | | | | | | | |
| w | | | | | | | | | | |

NN Valuche T3

| | 1 | 2 | 3 | 4 | 5 | 6 | 7 | 8 | 9 | 10 |
|---|---|---|---|---|---|---|---|---|---|---|
| x | | | | | | | | | | |
| y | | | | | | | | | | |
| z | | | | | | | | | | |
| | | | | | | | | | | |
| -ième | | | | | | | | | | |
| sieur | | | | | | | | | | |
| -dit,e | | | | | | | | | | |
| saint | | | | | | | | | | |
| missire / maît-re | | | | | | | | | | |
| pré-sent | | | | | | | | | | |
| hom-me | | | | | | | | | | |
| rece-veur | | | | | | | | | | |
| com-missai re | | | | | | | | | | |
| -bre | | | | | | | | | | |
| livre,s | | | | | | | | | | |
| pour | | | | | | | | | | |
| -ment | | | | | | | | | | |
| -ation -ition | | | | | | | | | | |
| sous | | | | | | | | | | |
| gou-ver-neur | | | | | | | | | | |
| collec teur,s | | | | | | | | | | |
| (def) funt | | | | | | | | | | |
| de-nier, s | | | | | | | | | | |

NN Valuche T4

| | 1 | 2 | 3 | 4 | 5 | 6 | 7 | 8 | 9 | 10 |
|---|---|---|---|---|---|---|---|---|---|---|
| premier | primer | | | | | | | | | |
| madame | M.me | | | | | | | | | |
| autres | (au)tre | | | | | | | | | |
| Monsieur, messieurs | M.r | mons.r | Mo.r | M.rs | M.urs | mess.rs | rs | | | |
| notre | Nre | | | | | | | | | |
| comme | Coṁe | Come | | | | | | | | |
| boisseau | bo. | | | | | | | | | |
| -ission | iss.on | | | | | | | | | |
| majesté | Maj.te | | | | | | | | | |
| d'autant | dautat | | | | | | | | | |
| notaire | no.re | | | | | | | | | |
| nombre | Nobre | | | | | | | | | |
| faire | fe | | | | | | | | | |
| 60 | Soixa.te | | | | | | | | | |
| n'ont | Nōt | | | | | | | | | |
| habitant | habitat | | | | | | | | | |
| plusieurs | plus.rs | | | | | | | | | |
| (marchandise | ādise | | | | | | | | | |
| Candé | Cā dé | | | | | | | | | |
| cent | C | | | | | | | | | |
| -sion | s.on | | | | | | | | | |
| | | | | | | | | | | |

## 12.2.6 Guillaume Durand / Lionel Durand

### 12.2.6.1 Guillaume Durand

$p_1$, $p_4$, $r_5$ : de préférence en position initiale
$a_2$, $l_3$, $n_1$, $n_4$, $s_2$, $s_4$, $s_5$, $t_1$ : en position finale
$r_1$ : de préférence en position finale
$f_3$ : ff
$p_3$ : pp
$t_4$ : tt

Guillaume Durand T1
5-52r

| | 1 | 2 | 3 | 4 | 5 | 6 | 7 | 8 | 9 | 10 |
|---|---|---|---|---|---|---|---|---|---|---|
| A | | | | | | | | | | |
| B | | | | | | | | | | |
| C | | | | | | | | | | |
| D | | | | | | | | | | |
| E | | | | | | | | | | |
| F | | | | | | | | | | |
| G | | | | | | | | | | |
| H | | | | | | | | | | |
| I/J | | | | | | | | | | |
| K | | | | | | | | | | |
| L | | | | | | | | | | |
| M | | | | | | | | | | |
| N | | | | | | | | | | |
| O | | | | | | | | | | |
| P | | | | | | | | | | |
| Q | | | | | | | | | | |
| R | | | | | | | | | | |
| S | | | | | | | | | | |
| T | | | | | | | | | | |
| U/V | | | | | | | | | | |
| W | | | | | | | | | | |
| X | | | | | | | | | | |
| Y | | | | | | | | | | |

Guillaume Durand T2

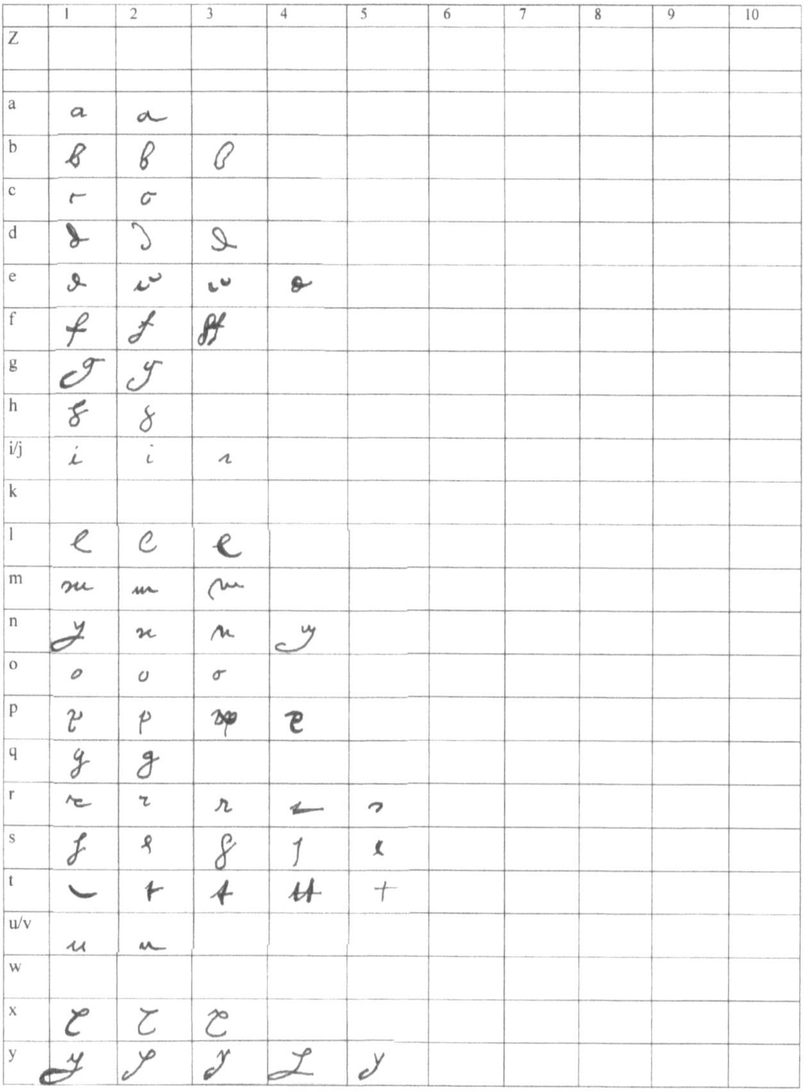
1 2 3 4 5 6 7 8 9 10
Z
a
b
c
d
e
f
g
h
i/j
k
l
m
n
o
p
q
r
s
t
u/v
w
x
y

Guillaume Durand T3

| | 1 | 2 | 3 | 4 | 5 | 6 | 7 | 8 | 9 | 10 |
|---|---|---|---|---|---|---|---|---|---|---|
| z | ʒ | 3 | 2 | | | | | | | |
| | | | | | | | | | | |
| con- com- | 2 | | | | | | | | | |
| (syn- diq)ue | ʒ | | | | | | | | | |

#### 12.2.6.2 Lionel Durand

$e_2$, $t_2$ : en position finale

$f_3$ : ff

$p_3$ : pp

Lionel Durand T1
52r-56r
1 2 3 4 5 6 7 8 9 10
A
B
C
D
E
F
G
H
I/J
K
L
M
N
O
P
Q
R
S
T
U/V
W
X
Y

Lionel Durand T2

| | 1 | 2 | 3 | 4 | 5 | 6 | 7 | 8 | 9 | 10 |
|---|---|---|---|---|---|---|---|---|---|---|
| Z | | | | | | | | | | |
| | | | | | | | | | | |
| a | | | | | | | | | | |
| b | | | | | | | | | | |
| c | | | | | | | | | | |
| d | | | | | | | | | | |
| e | | | | | | | | | | |
| f | | | | | | | | | | |
| g | | | | | | | | | | |
| h | | | | | | | | | | |
| i/j | | | | | | | | | | |
| k | | | | | | | | | | |
| l | | | | | | | | | | |
| m | | | | | | | | | | |
| n | | | | | | | | | | |
| o | | | | | | | | | | |
| p | | | | | | | | | | |
| q | | | | | | | | | | |
| r | | | | | | | | | | |
| s | | | | | | | | | | |
| t | | | | | | | | | | |
| u/v | | | | | | | | | | |
| w | | | | | | | | | | |
| x | | | | | | | | | | |
| y | | | | | | | | | | |

Lionel Durand T3

| | 1 | 2 | 3 | 4 | 5 | 6 | 7 | 8 | 9 | 10 |
|---|---|---|---|---|---|---|---|---|---|---|
| z | | | | | | | | | | |

## 12.2.7 Famille Goyard

### 12.2.7.1 Blaise Goyard

$B_1$ : signature Blaise
$h_1$, $i_1/j_1$, $n_2$, $n_3$ : en position initiale
$i_2/j_2$, $s_1$, $s_2$, $s_3$ : à l'intérieur du mot
$x_2$ : à l'intérieur et à la fin du mot
$n_4$, $n_5$, $n_6$, $r_2$, $s_5$, $s_7$, $t_4$, $x_3$, $z_1$, $z_4$ : en position finale
$r_4$ : dans le groupe <er>
$s_1$, $s_3$, $s_4$, $s_6$ : en position initiale
$s_7$ : = es

| Blaise Goyard T1 | | | | | | | | | | |
|---|---|---|---|---|---|---|---|---|---|---|
| | 1 | 2 | 3 | 4 | 5 | 6 | 7 | 8 | 9 | 10 |
| A | | | | | | | | | | |
| B | | | | | | | | | | |
| C | | | | | | | | | | |
| D | | | | | | | | | | |
| E | | | | | | | | | | |
| F | | | | | | | | | | |
| G | | | | | | | | | | |
| H | | | | | | | | | | |
| I/J | | | | | | | | | | |
| K | | | | | | | | | | |
| L | | | | | | | | | | |
| M | | | | | | | | | | |
| N | | | | | | | | | | |
| O | | | | | | | | | | |
| P | | | | | | | | | | |
| Q | | | | | | | | | | |
| R | | | | | | | | | | |
| S | | | | | | | | | | |
| T | | | | | | | | | | |
| U/V | | | | | | | | | | |
| W | | | | | | | | | | |
| X | | | | | | | | | | |

Blaise Goyard T2

| | 1 | 2 | 3 | 4 | 5 | 6 | 7 | 8 | 9 | 10 |
|---|---|---|---|---|---|---|---|---|---|---|
| Y | | | | | | | | | | |
| Z | | | | | | | | | | |
| | | | | | | | | | | |
| a | | | | | | | | | | |
| b | | | | | | | | | | |
| c | | | | | | | | | | |
| d | | | | | | | | | | |
| e | | | | | | | | | | |
| f | | | | | | | | | | |
| g | | | | | | | | | | |
| h | | | | | | | | | | |
| i/j | | | | | | | | | | |
| k | | | | | | | | | | |
| l | | | | | | | | | | |
| m | | | | | | | | | | |
| n | | | | | | | | | | |
| o | | | | | | | | | | |
| p | | | | | | | | | | |
| q | | | | | | | | | | |
| r | | | | | | | | | | |
| s | | | | | | | | | | |
| t | | | | | | | | | | |
| u/v | | | | | | | | | | |
| w | | | | | | | | | | |
| x | | | | | | | | | | |

Blaise Goyard T3

1
2
3
4
5
6
7
8
9
10
y
z
et
ss
pp
ff
sieur ?
mon-
sieur
maît-
re
-vrier
mes-
sire
mes-
sieurs
sei-
gneur?
con-
-di(t)
-aire
par-
per-
royal
-ent
-tres
autre
autres
-(b)le
-(t)re
-ur
(z.B.
pour)
livres
1
2
3
4
5
6
7
8
9
10

Blaise Goyard T4

| | 1 | 2 | 3 | 4 | 5 | 6 | 7 | 8 | 9 | 10 |
|---|---|---|---|---|---|---|---|---|---|---|
| coupe | | | | | | | | | | |
| sous | | | | | | | | | | |
| présent | | | | | | | | | | |
| séné-chaus-sée | | | | | | | | | | |
| prêtre | | | | | | | | | | |
| que | | | | | | | | | | |
| Maria | | | | | | | | | | |

### 12.2.7.2 Philibert Goyard

$m_2$, $m_4$, $p_3$, $p_4$ : en position initiale

$r_2$ : à l'intérieur et à la fin du mot

$e_4$, $e_8$, $n_2$, $s_3$, $s_6$, $s_7$, $t_2$, $t_5$ : en position finale

$f_1$ : dans le groupe <sf> (comme dans *desfunct*)

Philibert Goyard T1
42 (note dernière), 43, 62-92

| | 1 | 2 | 3 | 4 | 5 | 6 | 7 | 8 | 9 | 10 |
|---|---|---|---|---|---|---|---|---|---|---|
| A | | | | | | | | | | |
| B | | | | | | | | | | |
| C | | | | | | | | | | |
| D | | | | | | | | | | |
| E | | | | | | | | | | |
| F | | | | | | | | | | |
| G | | | | | | | | | | |
| H | | | | | | | | | | |
| I/J | | | | | | | | | | |
| K | | | | | | | | | | |
| L | | | | | | | | | | |
| M | | | | | | | | | | |
| N | | | | | | | | | | |
| O | | | | | | | | | | |
| P | | | | | | | | | | |
| Q | | | | | | | | | | |
| R | | | | | | | | | | |
| S | | | | | | | | | | |
| T | | | | | | | | | | |
| U/V | | | | | | | | | | |
| W | | | | | | | | | | |
| X | | | | | | | | | | |

Philibert Goyard T2

1 2 3 4 5 6 7 8 9 10
Y
Z
a
b
c
d
e
f
g
h
i/j
k
l
m
n
o
p
q
r
s
t
u/v
w
x

Philibert Goyard T3

1
2
3
4
5
6
7
8
9
10
y
z
Maître
mes-sire
mon-sei-gneur
-dit,e
-sse
Phili-bert
prêtre
-eur
-tion
-sion
pour
tour-nois
-(i)tiers
-ième
-bre
(fé)-vrier
bour-bon-nais
autre,s
livres

Philibert Goyard T4

| | 1 | 2 | 3 | 4 | 5 | 6 | 7 | 8 | 9 | 10 |
|---|---|---|---|---|---|---|---|---|---|---|
| 90 | | | | | | | | | | |
| 80 | | | | | | | | | | |
| (Châtel-) perron | | | | | | | | | | |
| pour-cin | | | | | | | | | | |

### 12.2.7.3 François Goyard

$G_1$, $G_2$, $G_3$ : signature *Goyard*
$I_3/J_3$ : correction d'un lapsus
$e_{2-5}$ : surtout en position finale
$l_4$ : en position finale
$n_{3-5}$ : en position finale
$p_1$ : en position initiale
$x_{2-3}$ : en position finale
$y_5$ : seulement dans la signature
$s_7$, $s_8$, $t_4$, $t_5$ : en position finale

François Goyard T1

II 1 [première moitiè de la page], 2-11

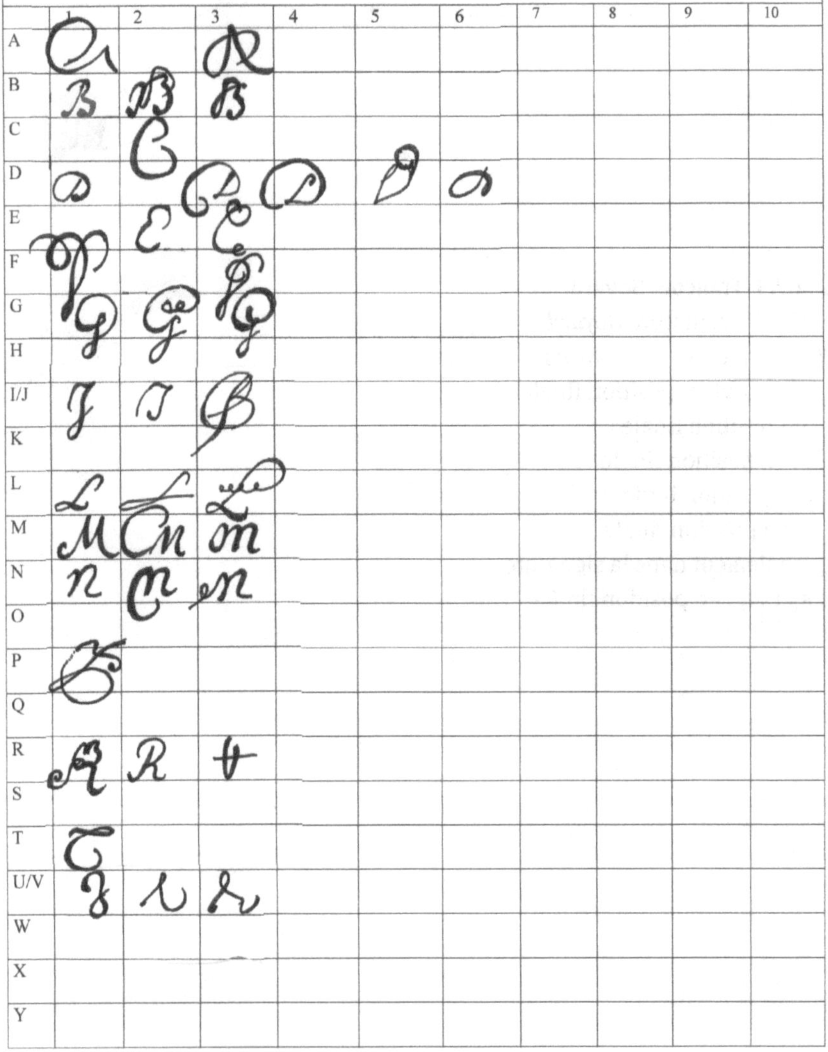
1
2
3
4
5
6
7
8
9
10
A
B
C
D
E
F
G
H
I/J
K
L
M
N
O
P
Q
R
S
T
U/V
W
X
Y

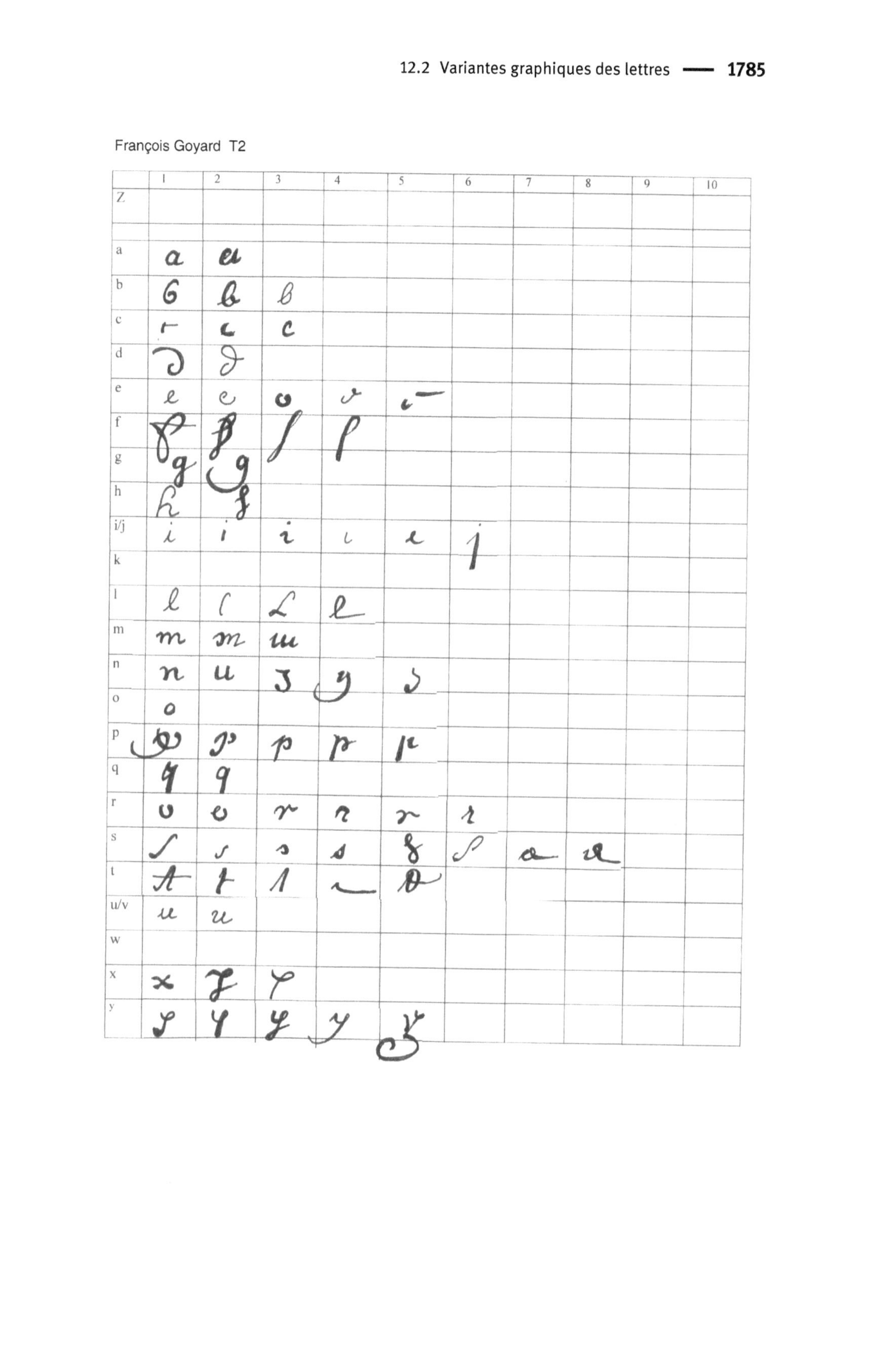

François Goyard T2

| | 1 | 2 | 3 | 4 | 5 | 6 | 7 | 8 | 9 | 10 |
|---|---|---|---|---|---|---|---|---|---|---|
| Z | | | | | | | | | | |
| a | | | | | | | | | | |
| b | | | | | | | | | | |
| c | | | | | | | | | | |
| d | | | | | | | | | | |
| e | | | | | | | | | | |
| f | | | | | | | | | | |
| g | | | | | | | | | | |
| h | | | | | | | | | | |
| i/j | | | | | | | | | | |
| k | | | | | | | | | | |
| l | | | | | | | | | | |
| m | | | | | | | | | | |
| n | | | | | | | | | | |
| o | | | | | | | | | | |
| p | | | | | | | | | | |
| q | | | | | | | | | | |
| r | | | | | | | | | | |
| s | | | | | | | | | | |
| t | | | | | | | | | | |
| u/v | | | | | | | | | | |
| w | | | | | | | | | | |
| x | | | | | | | | | | |
| y | | | | | | | | | | |

François Goyard T3

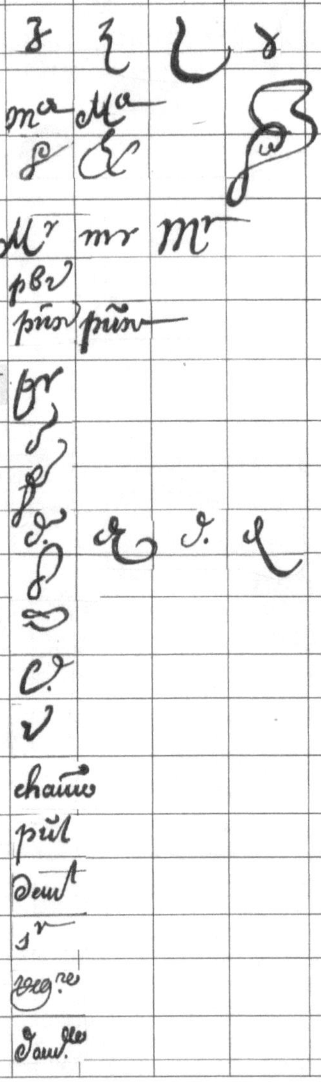

| | 1 | 2 | 3 | 4 | 5 | 6 | 7 | 8 | 9 | 10 |
|---|---|---|---|---|---|---|---|---|---|---|
| z | [illegible] | [illegible] | [illegible] | [illegible] | | | | | | |
| maître | ma | Ma | | [illegible] | | | | | | |
| et | [illegible] | [illegible] | | | | | | | | |
| monsieur | Mr | mr | mr | | | | | | | |
| prêtre | pbr | | | | | | | | | |
| Présence | pñs | pñs | | | | | | | | |
| procureur | pr | | | | | | | | | |
| -ème | [illegible] | | | | | | | | | |
| -vième | [illegible] | | | | | | | | | |
| -dit | d. | d | d. | d | | | | | | |
| -bre | [illegible] | | | | | | | | | |
| (paro)isse | [illegible] | | | | | | | | | |
| leurs | l. | | | | | | | | | |
| (no)taire | [illegible] | | | | | | | | | |
| Châtellenie | chatnie | | | | | | | | | |
| présent | pñt | | | | | | | | | |
| demeurant | demt | | | | | | | | | |
| sieur | sr | | | | | | | | | |
| registre | reg.re | | | | | | | | | |
| damoiselle | damlle. | | | | | | | | | |

François Goyard T4

| | 1 | 2 | 3 | 4 | 5 | 6 | 7 | 8 | 9 | 10 |
|---|---|---|---|---|---|---|---|---|---|---|
| avocat | | | | | | | | | | |
| sou-signé | | | | | | | | | | |
| royal | | | | | | | | | | |

#### 12.2.7.4 Joseph Goyard

B/P : On ne distingue pas bien entre B et P

$D_3$ : correction d'un lapsus

c : confusion possible avec des variantes de <e>

$e_5$, $n_2$, $n_3$, $t_4$, $t_5$, $x_4$, $x_5$ : en position finale

$s_{1,3}$ : en position initiale et au milieu du mot

$s_2$ : en position finale et au milieu du mot

$s_4$ : dans le groupe -st-

$s_5$: en position finale ; très rare.

Joseph Goyard T1
12-18

| | 1 | 2 | 3 | 4 | 5 | 6 | 7 | 8 | 9 | 10 |
|---|---|---|---|---|---|---|---|---|---|---|
| A | | | | | | | | | | |
| B | | | | | | | | | | |
| C | | | | | | | | | | |
| D | | | | | | | | | | |
| E | | | | | | | | | | |
| F | | | | | | | | | | |
| G | | | | | | | | | | |
| H | | | | | | | | | | |
| I/J | | | | | | | | | | |
| K | | | | | | | | | | |
| L | | | | | | | | | | |
| M | | | | | | | | | | |
| N | | | | | | | | | | |
| O | | | | | | | | | | |
| P | | | | | | | | | | |
| Q | | | | | | | | | | |
| R | | | | | | | | | | |
| S | | | | | | | | | | |
| T | | | | | | | | | | |
| U/V | | | | | | | | | | |
| W | | | | | | | | | | |
| X | | | | | | | | | | |
| Y | | | | | | | | | | |

Joseph Goyard T2

| | 1 | 2 | 3 | 4 | 5 | 6 | 7 | 8 | 9 | 10 |
|---|---|---|---|---|---|---|---|---|---|---|
| Z | | | | | | | | | | |
| | | | | | | | | | | |
| a | | | | | | | | | | |
| b | | | | | | | | | | |
| c | | | | | | | | | | |
| d | | | | | | | | | | |
| e | | | | | | | | | | |
| f | | | | | | | | | | |
| g | | | | | | | | | | |
| h | | | | | | | | | | |
| i/j | | | | | | | | | | |
| k | | | | | | | | | | |
| l | | | | | | | | | | |
| m | | | | | | | | | | |
| n | | | | | | | | | | |
| o | | | | | | | | | | |
| p | | | | | | | | | | |
| q | | | | | | | | | | |
| r | | | | | | | | | | |
| s | | | | | | | | | | |
| t | | | | | | | | | | |
| u/v | | | | | | | | | | |
| w | | | | | | | | | | |
| x | | | | | | | | | | |
| y | | | | | | | | | | |

Joseph Goyard T3

| | 1 | 2 | 3 | 4 | 5 | 6 | 7 | 8 | 9 | 10 |
|---|---|---|---|---|---|---|---|---|---|---|
| z | | | | | | | | | | |
| saint | | | | | | | | | | |
| sieur | | | | | | | | | | |
| hui-tième | | | | | | | | | | |
| maître | | | | | | | | | | |
| -dit,e | | | | | | | | | | |
| mon-sei-gneur | | | | | | | | | | |
| demoi-selle | | | | | | | | | | |
| novem-bre | | | | | | | | | | |

#### 12.2.7.5 Claude Gayot

$s_6$, $t_9$ : en position finale

$t_7$ : tt

Claude Gayot T1
1 (la moitié de la page), 19, 20, 23

| | 1 | 2 | 3 | 4 | 5 | 6 | 7 | 8 | 9 | 10 |
|---|---|---|---|---|---|---|---|---|---|---|
| A | | | | | | | | | | |
| B | | | | | | | | | | |
| C | C | | | | | | | | | |
| D | | | D | | | | | | | |
| E | E | E | | | | | | | | |
| F | | | | | | | | | | |
| G | G | | | | | | | | | |
| H | | | | | | | | | | |
| I/J | | | | | | | | | | |
| K | | | | | | | | | | |
| L | L | | | | | | | | | |
| M | | | | | | | | | | |
| N | | | | | | | | | | |
| O | | | | | | | | | | |
| P | | | | | | | | | | |
| Q | | | | | | | | | | |
| R | | | | | | | | | | |
| S | | | | | | | | | | |
| T | | | | | | | | | | |
| U/V | | | | | | | | | | |
| W | | | | | | | | | | |
| X | | | | | | | | | | |
| Y | | | | | | | | | | |

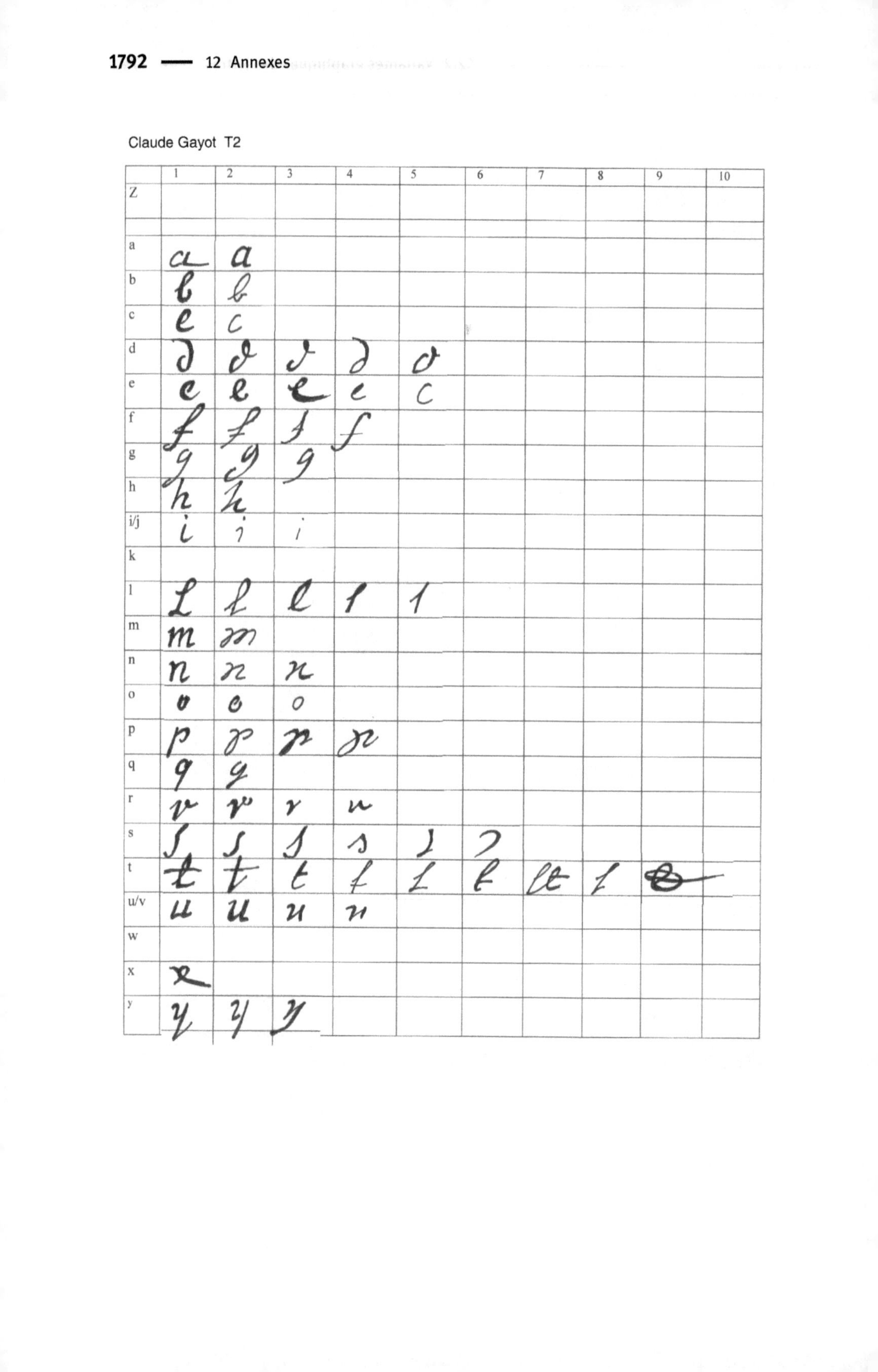

Claude Gayot T2

| | 1 | 2 | 3 | 4 | 5 | 6 | 7 | 8 | 9 | 10 |
|---|---|---|---|---|---|---|---|---|---|---|
| Z | | | | | | | | | | |
| | | | | | | | | | | |
| a | | | | | | | | | | |
| b | | | | | | | | | | |
| c | | | | | | | | | | |
| d | | | | | | | | | | |
| e | | | | | | | | | | |
| f | | | | | | | | | | |
| g | | | | | | | | | | |
| h | | | | | | | | | | |
| i/j | | | | | | | | | | |
| k | | | | | | | | | | |
| l | | | | | | | | | | |
| m | | | | | | | | | | |
| n | | | | | | | | | | |
| o | | | | | | | | | | |
| p | | | | | | | | | | |
| q | | | | | | | | | | |
| r | | | | | | | | | | |
| s | | | | | | | | | | |
| t | | | | | | | | | | |
| u/v | | | | | | | | | | |
| w | | | | | | | | | | |
| x | | | | | | | | | | |
| y | | | | | | | | | | |

Claude Gayot T3

| | 1 | 2 | 3 | 4 | 5 | 6 | 7 | 8 | 9 | 10 |
|---|---|---|---|---|---|---|---|---|---|---|
| z | | | | | | | | | | |
| | | | | | | | | | | |
| maî-tre | mre | | | | | | | | | |
| maî-tre | mr | mre | | | | | | | | |
| octo-bre | 8bre | | | | | | | | | |
| saint | st | | | | | | | | | |

## 12.2.7.6 Jacques Goyard

$f_5$ : ff

maistre / messire : sans différenciation visible

Jacques Goyard T1
1-23, 58-64

| | 1 | 2 | 3 | 4 | 5 | 6 | 7 | 8 | 9 | 10 |
|---|---|---|---|---|---|---|---|---|---|---|
| A | | | | | | | | | | |
| B | B | B | B | | | | | | | |
| C | C | | | | | | | | | |
| D | D | D | | | | | | | | |
| E | E | E | | | | | | | | |
| F | | | | | | | | | | |
| G | G | G | | | | | | | | |
| H | | | | | | | | | | |
| I | | | | | | | | | | |
| J | | | | | | | | | | |
| K | | | | | | | | | | |
| L | L | L | | | | | | | | |
| M | | | | | | | | | | |
| N | | | | | | | | | | |
| O | | | | | | | | | | |
| P | P | P | P | | | | | | | |
| Q | | | | | | | | | | |
| R | R | R | | | | | | | | |
| S | | | | | | | | | | |
| T | | | | | | | | | | |
| U | | | | | | | | | | |
| V | | | | | | | | | | |
| | | | | | | | | | | |

Jacques Goyard T2

| | 1 | 2 | 3 | 4 | 5 | 6 | 7 | 8 | 9 | 10 |
|---|---|---|---|---|---|---|---|---|---|---|
| W | | | | | | | | | | |
| X | | | | | | | | | | |
| Y | | | | | | | | | | |
| Z | | | | | | | | | | |
| | | | | | | | | | | |
| a | | | | | | | | | | |
| b | | | | | | | | | | |
| c | | | | | | | | | | |
| d | | | | | | | | | | |
| e | | | | | | | | | | |
| f | | | | | | | | | | |
| g | | | | | | | | | | |
| h | | | | | | | | | | |
| i | | | | | | | | | | |
| j | | | | | | | | | | |
| k | | | | | | | | | | |
| l | | | | | | | | | | |
| m | | | | | | | | | | |
| n | | | | | | | | | | |
| o | | | | | | | | | | |
| p | | | | | | | | | | |
| q | | | | | | | | | | |
| r | | | | | | | | | | |
| s | | | | | | | | | | |
| t | | | | | | | | | | |
| | | | | | | | | | | |

Jacques Goyard T3

| | 1 | 2 | 3 | 4 | 5 | 6 | 7 | 8 | 9 | 10 |
|---|---|---|---|---|---|---|---|---|---|---|
| u | u | | | | | | | | | |
| v | v | v | u | v | | | | | | |
| w | | | | | | | | | | |
| x | x | x | x | | | | | | | |
| y | y | y | | | | | | | | |
| z | z | z | z | | | | | | | |
| saint | st. | st. | | | | | | | | |
| mon-sieur | mr. | | | | | | | | | |
| sieur | sr. | sr. | | | | | | | | |
| -dit, e | d. | d. | | | | | | | | |
| maître mes-sire | me. | me. | | | | | | | | |
| (par-) devant | dt | | | | | | | | | |
| folio | fo | | | | | | | | | |
| notaire | notre | | | | | | | | | |
| con-seiller | conser. | | | | | | | | | |
| mar-chant | marchd. | | | | | | | | | |
| septem-bre | 7bre | | | | | | | | | |
| veuve | ve. | | | | | | | | | |

### 12.2.8 Famille Dusson

#### 12.2.8.1 Claude Dusson

F : Probablement correction d'un P erroné

$L_1$ : Parfois aussi à l'intérieur et à la fin du mot

$u_{1,3}$ / $v_{1,3}$ : au milieu et à la fin du mot

$u_2$ / $v_2$ : en position initiale

$m_2$, $n_3$ : en position initiale

$l_3$, $t_2$ : à l'intérieur et à la fin du mot

$a_2$, $e_1$, $l_5$, $n_1$, $n_7$, $r_2$, $s_1$, $s_4$ : en position finale
$f_3$ : ff
CD : plusieurs formes de la signature *Claude Dusson*

Claude Dusson T1

| | 1 | 2 | 3 | 4 | 5 | 6 | 7 | 8 | 9 | 10 |
|---|---|---|---|---|---|---|---|---|---|---|
| A | | | | | | | | | | |
| B | | | | | | | | | | |
| C | | | | | | | | | | |
| D | | | | | | | | | | |
| E | | | | | | | | | | |
| F | | | | | | | | | | |
| G | | | | | | | | | | |
| H | | | | | | | | | | |
| I/J | | | | | | | | | | |
| K | | | | | | | | | | |
| L | | | | | | | | | | |
| M | | | | | | | | | | |
| N | | | | | | | | | | |
| O | | | | | | | | | | |
| P | | | | | | | | | | |
| Q | | | | | | | | | | |
| R | | | R | | | | | | | |
| S | | | | | | | | | | |
| T | | | | | | | | | | |
| U/V | | | | | | | | | | |
| | | | | | | | | | | |

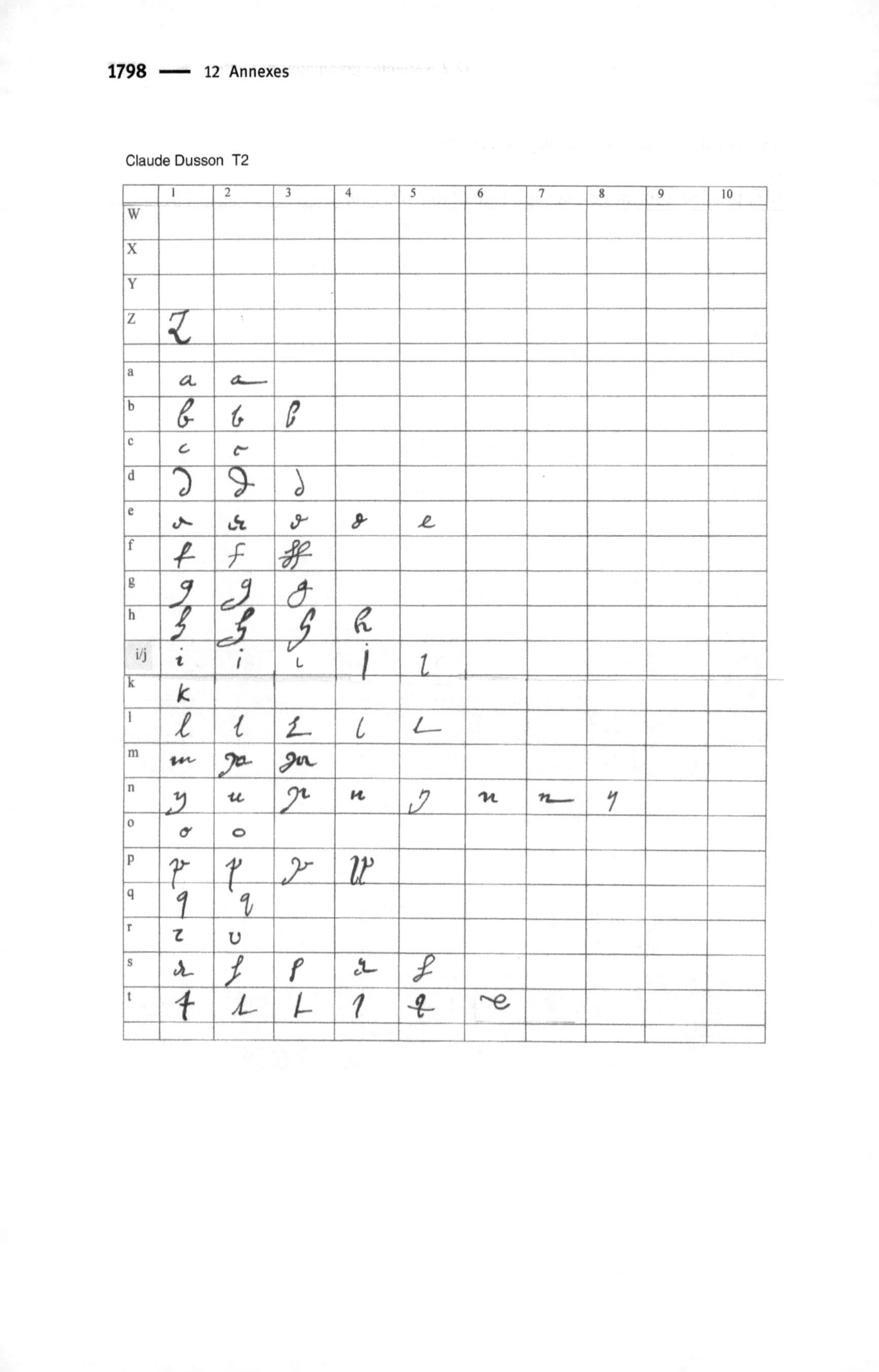

Claude Dusson T2

| | 1 | 2 | 3 | 4 | 5 | 6 | 7 | 8 | 9 | 10 |
|---|---|---|---|---|---|---|---|---|---|---|
| W | | | | | | | | | | |
| X | | | | | | | | | | |
| Y | | | | | | | | | | |
| Z | | | | | | | | | | |
| | | | | | | | | | | |
| a | | | | | | | | | | |
| b | | | | | | | | | | |
| c | | | | | | | | | | |
| d | | | | | | | | | | |
| e | | | | | | | | | | |
| f | | | | | | | | | | |
| g | | | | | | | | | | |
| h | | | | | | | | | | |
| i/j | | | | | | | | | | |
| k | | | | | | | | | | |
| l | | | | | | | | | | |
| m | | | | | | | | | | |
| n | | | | | | | | | | |
| o | | | | | | | | | | |
| p | | | | | | | | | | |
| q | | | | | | | | | | |
| r | | | | | | | | | | |
| s | | | | | | | | | | |
| t | | | | | | | | | | |
| | | | | | | | | | | |

Claude Dusson T3

| | 1 | 2 | 3 | 4 | 5 | 6 | 7 | 8 | 9 | 10 |
|---|---|---|---|---|---|---|---|---|---|---|
| u/v | u | v | u | | | | | | | |
| w | | | | | | | | | | |
| x | x | x | | | | | | | | |
| y | y | y | | | | | | | | |
| z | z | z | z | | | | | | | |
| | | | | | | | | | | |
| -ième | [illegible] | [illegible] | | | | | | | | |
| maît-re mes-sire | mre | Mre | | | | | | | | |
| saint,e | st | ste | | | | | | | | |
| tour-nois | tour | | | | | | | | | |
| livres | tt | tt | | | | | | | | |
| mon-sei-gneur | monsr | | | | | | | | | |
| 1200 mil | m / 1200 | | | | | | | | | |
| C(lau-de) D(us-son) | [illegible] | [illegible] | [illegible] | [illegible] | | | | | | |

## 12.2.8.2 Jacques Dusson

$a_2$, $e_5$, $n_2$, $n_4$, $r_2$, $s_5$, $s_6$, $t_2$, $t_3$ : en position finale

$p_3$ : pp

$u_3$ / $v_3$ : en position initiale

$u_{1,2}$ / $v_{1,2}$ : au milieu et à la fin du mot

Jacques Dusson T1
206-21; 368-391

| | 1 | 2 | 3 | 4 | 5 | 6 | 7 | 8 | 9 | 10 |
|---|---|---|---|---|---|---|---|---|---|---|
| A | | | | | | | | | | |
| B | | | | | | | | | | |
| C | | | | | | | | | | |
| D | | | | | | | | | | |
| E | | | | | | | | | | |
| F | | | | | | | | | | |
| G | | | | | | | | | | |
| H | | | | | | | | | | |
| I | | | | | | | | | | |
| J | | | | | | | | | | |
| K | | | | | | | | | | |
| L | | | | | | | | | | |
| M | | | | | | | | | | |
| N | | | | | | | | | | |
| O | | | | | | | | | | |
| P | | | | | | | | | | |
| Q | | | | | | | | | | |
| R | | | | | | | | | | |
| S | | | | | | | | | | |
| T | | | | | | | | | | |
| U/V | | | | | | | | | | |

Jacques Dusson T2

| | 1 | 2 | 3 | 4 | 5 | 6 | 7 | 8 | 9 | 10 |
|---|---|---|---|---|---|---|---|---|---|---|
| W | | | | | | | | | | |
| X | | | | | | | | | | |
| Y | | | | | | | | | | |
| Z | | | | | | | | | | |
| | | | | | | | | | | |
| a | | | | | | | | | | |
| b | | | | | | | | | | |
| c | | | | | | | | | | |
| d | | | | | | | | | | |
| e | | | | | | | | | | |
| f | | | | | | | | | | |
| g | | | | | | | | | | |
| h | | | | | | | | | | |
| i | | | | | | | | | | |
| j | | | | | | | | | | |
| k | | | | | | | | | | |
| l | | | | | | | | | | |
| m | | | | | | | | | | |
| n | | | | | | | | | | |
| o | | | | | | | | | | |
| p | | | | | | | | | | |
| q | | | | | | | | | | |
| r | | | | | | | | | | |
| s | | | | | | | | | | |
| t | | | | | | | | | | |

Jacques Dusson T3

| | 1 | 2 | 3 | 4 | 5 | 6 | 7 | 8 | 9 | 10 |
|---|---|---|---|---|---|---|---|---|---|---|
| u/v | u | u | v | | | | | | | |
| w | | | | | | | | | | |
| x | x | | | | | | | | | |
| y | y | y | | | | | | | | |
| z | z | z | | | | | | | | |
| | | | | | | | | | | |
| messire | m.re | m.re | Mre | | | | | | | |
| -dit | dt | dt | | | | | | | | |
| saint,e | st. | s.te | s. | | | | | | | |
| novembre | Nobre | no.bre | no.bre | | | | | | | |
| monsieur | mr | mr. | mr. | Mr | | | | | | |
| monseigneur | mons. | mons. | mons. | monsr | mons.r | | | | | |
| -ième | e | me | me | | | | | | | |
| Philibert,e | Phert | Phert | Phete | Phte | | | | | | |
| sous | s | | | | | | | | | |
| Mathieu | Mat. | | | | | | | | | |
| Lazare | Laz. | | | | | | | | | |
| pour | po | po. | | | | | | | | |
| deniers | d | | | | | | | | | |
| livres | lt | | | | | | | | | |
| femme | fem. | f. | | | | | | | | |
| sieur | s. | s.r | | | | | | | | |
| Pierre père | P. | | | | | | | | | |
| notaire | not. | not. | | | | | | | | |

Jacques Dusson T4

| | 1 | 2 | 3 | 4 | 5 | 6 | 7 | 8 | 9 | 10 |
|---|---|---|---|---|---|---|---|---|---|---|
| heure | | | | | | | | | | |
| septem -bre | | | | | | | | | | |
| hono-rable | | | | | | | | | | |
| Mauri-ce | | | | | | | | | | |
| (premi-ère)-ment | | | | | | | | | | |

### 12.2.8.3 NN Dusson

$l_3$ : à l'intérieur et à la fin du mot

$r_5$, $t_1$, $t_3$, $t_5$ : en position finale

$p_4$ : pp

$u_1$ / $v_1$ : en position initiale

$u_{2-4}$ / $v_{2-4}$ : au milieu et à la fin du mot

NN Dusson T1
328-367

| | 1 | 2 | 3 | 4 | 5 | 6 | 7 | 8 | 9 | 10 |
|---|---|---|---|---|---|---|---|---|---|---|
| A | | | | | | | | | | |
| B | | | | | | | | | | |
| C | | | | | | | | | | |
| D | | | | | | | | | | |
| E | | | | | | | | | | |
| F | | | | | | | | | | |
| G | | | | | | | | | | |
| H | | | | | | | | | | |
| I | | | | | | | | | | |
| J | | | | | | | | | | |
| K | | | | | | | | | | |
| L | | | | | | | | | | |
| M | | | | | | | | | | |
| N | | | | | | | | | | |
| O | | | | | | | | | | |
| P | | | | | | | | | | |
| Q | | | | | | | | | | |
| R | | | | | | | | | | |
| S | | | | | | | | | | |
| T | | | | | | | | | | |
| U/V | | | | | | | | | | |

NN Dusson T2

| | 1 | 2 | 3 | 4 | 5 | 6 | 7 | 8 | 9 | 10 |
|---|---|---|---|---|---|---|---|---|---|---|
| W | | | | | | | | | | |
| X | | | | | | | | | | |
| Y | | | | | | | | | | |
| Z | | | | | | | | | | |
| a | | | | | | | | | | |
| b | | | | | | | | | | |
| c | | | | | | | | | | |
| d | | | | | | | | | | |
| e | | | | | | | | | | |
| f | | | | | | | | | | |
| g | | | | | | | | | | |
| h | | | | | | | | | | |
| i | | | | | | | | | | |
| j | | | | | | | | | | |
| k | | | | | | | | | | |
| l | | | | | | | | | | |
| m | | | | | | | | | | |
| n | | | | | | | | | | |
| o | | | | | | | | | | |
| p | | | | | | | | | | |
| q | | | | | | | | | | |
| r | | | | | | | | | | |
| s | | | | | | | | | | |
| t | | | | | | | | | | |

NN Dusson T3

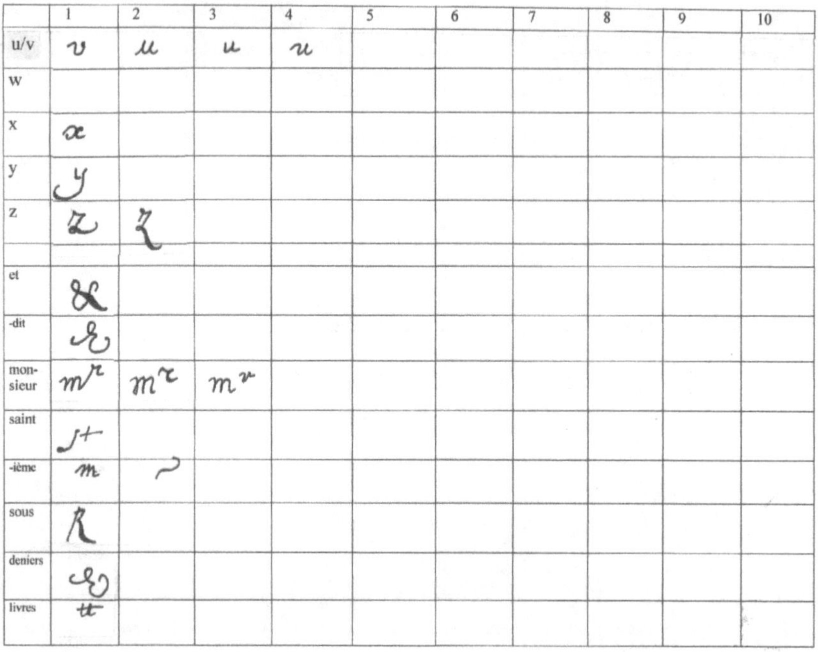

| | 1 | 2 | 3 | 4 | 5 | 6 | 7 | 8 | 9 | 10 |
|---|---|---|---|---|---|---|---|---|---|---|
| u/v | v | u | u | u | | | | | | |
| w | | | | | | | | | | |
| x | x | | | | | | | | | |
| y | y | | | | | | | | | |
| z | z | z | | | | | | | | |
| | | | | | | | | | | |
| et | & | | | | | | | | | |
| -dit | [illegible] | | | | | | | | | |
| mon-sieur | mr | mr | mv | | | | | | | |
| saint | st | | | | | | | | | |
| -ième | m | [illegible] | | | | | | | | |
| sous | [illegible] | | | | | | | | | |
| deniers | [illegible] | | | | | | | | | |
| livres | tt | | | | | | | | | |

## 12.2.9 Desnoyers, Journal

$e_1$ : en position finale
$f_4$ : ff
st : même abréviation pour *saint* / *sainte*
Quelques abréviations se trouvent surtout en fin de ligne : *marchand*, *empereur*, *generallement*.

| Desnoyers T1 | | | | | | | | | | |
|---|---|---|---|---|---|---|---|---|---|---|
| | 1 | 2 | 3 | 4 | 5 | 6 | 7 | 8 | 9 | 10 |
| A | | | | | | | | | | |
| B | | | | | | | | | | |
| C | | | | | | | | | | |
| D | | | | | | | | | | |
| E | | | | | | | | | | |
| F | | | | | | | | | | |
| G | | | | | | | | | | |
| H | | | | | | | | | | |
| I/J | | | | | | | | | | |
| K | | | | | | | | | | |
| L | | | | | | | | | | |
| M | | | | | | | | | | |
| N | | | | | | | | | | |
| O | | | | | | | | | | |
| P | | | | | | | | | | |
| Q | | | | | | | | | | |
| R | | | | | | | | | | |
| S | | | | | | | | | | |
| T | | | | | | | | | | |
| U/V | | | | | | | | | | |
| W | | | | | | | | | | |
| X | | | | | | | | | | |
| Y | | | | | | | | | | |
| | | | | | | | | | | |

Desnoyers T2

| | 1 | 2 | 3 | 4 | 5 | 6 | 7 | 8 | 9 | 10 |
|---|---|---|---|---|---|---|---|---|---|---|
| Z | | | | | | | | | | |
| | | | | | | | | | | |
| a | a | a | | | | | | | | |
| b | b | b | b | b | | | | | | |
| c | c | c | | | | | | | | |
| d | d | d | d | d | | | | | | |
| e | e | e | | | | | | | | |
| f | f | f | f | ff | f | | | | | |
| g | g | g | g | g | g | g | | | | |
| h | h | h | | | | | | | | |
| i/j | i | i | | | | | | | | |
| k | | | | | | | | | | |
| l | l | l | l | l | | | | | | |
| m | m | m | | | | | | | | |
| n | n | n | | | | | | | | |
| o | o | o | | | | | | | | |
| p | p | p | p | | | | | | | |
| q | q | q | q | | | | | | | |
| r | r | r | r | r | | | | | | |
| s | s | s | s | s | | | | | | |
| t | t | t | t | t | t | t | | | | |
| u/v | u | u | | | | | | | | |
| w | | | | | | | | | | |
| x | x | x | | | | | | | | |
| y | y | y | y | | | | | | | |

Desnoyers T3

| | 1 | 2 | 3 | 4 | 5 | 6 | 7 | 8 | 9 | 10 |
|---|---|---|---|---|---|---|---|---|---|---|
| z | | | | | | | | | | |
| | | | | | | | | | | |
| saint | $s^t$ | | | | | | | | | |
| monsieur | $m^r$. | | | | | | | | | |
| -ième | | | | | | | | | | |
| madame | $mad^e$. | $mad^e$ | | | | | | | | |
| premier | $pr^e$. | $pr$. | $p^{re}$. | | | | | | | |
| Sous | s | s. | | | | | | | | |
| livres | # | | | | | | | | | |
| (mar-ch)and | 9 | | | | | | | | | |
| (lem-pe)-reur | $\bar{r}$. | | | | | | | | | |
| monseigneur | $mons^r$. | | | | | | | | | |
| messieurs | $mes^{rs}$. | | | | | | | | | |
| mademoiselle | $mad^{le}$. | $mad^{le}$. | | | | | | | | |
| (générale)-ment | nt. | | | | | | | | | |
| pour | $p^r$. | | | | | | | | | |

## 12.2.10 Isaac Girard

$a_2$, $c_3$, $d_2$, $e_2$, $f_4$, $l_3$, $m_2$, $n_2$, $r_2$, $s_3$, $t_1$, $t_5$, $u_2$, $x_1$, $z_2$, $z_3$, $z_4$ : en position finale
$f_1$, $f_6$ : ff
$t_6$ : tt
$u_{1,2}$ / $v_{1,2}$ : au milieu et à la fin du mot
$u_{3-5}$ / $v_{3-5}$ : en position initiale
abréviations : Le point sous (ou après) les abréviations peut manquer.

| Girard T1 | | | | | | | | | | |
|---|---|---|---|---|---|---|---|---|---|---|
| | 1 | 2 | 3 | 4 | 5 | 6 | 7 | 8 | 9 | 10 |
| A | | | | | | | | | | |
| B | B | | | | | | | | | |
| C | C | | | | | | | | | |
| D | D | D | | | | | | | | |
| E | E | | | | | | | | | |
| F | | | | | | | | | | |
| G | G | | | | | | | | | |
| H | | | | | | | | | | |
| I/J | I | I | J | J | | | | | | |
| K | | | | | | | | | | |
| L | L | L | | | | | | | | |
| M | M | M | | | | | | | | |
| N | | | | | | | | | | |
| O | | | | | | | | | | |
| P | P | | | | | | | | | |
| Q | | | | | | | | | | |
| R | R | R | | | | | | | | |
| S | S | S | | | | | | | | |
| T | T | | | | | | | | | |
| U/V | V | | | | | | | | | |
| W | | | | | | | | | | |

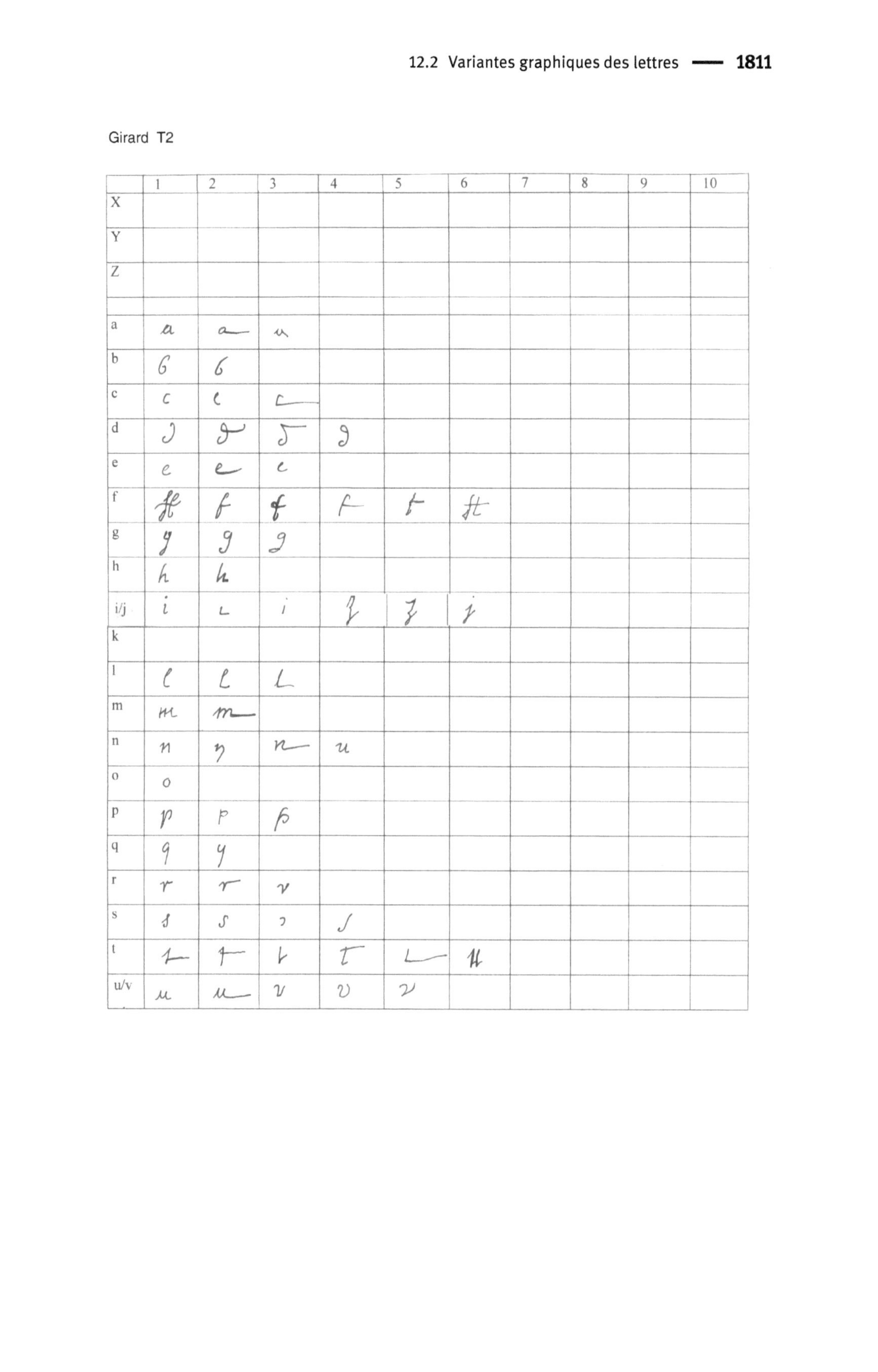

Girard T2

| | 1 | 2 | 3 | 4 | 5 | 6 | 7 | 8 | 9 | 10 |
|---|---|---|---|---|---|---|---|---|---|---|
| X | | | | | | | | | | |
| Y | | | | | | | | | | |
| Z | | | | | | | | | | |
| | | | | | | | | | | |
| a | | | | | | | | | | |
| b | | | | | | | | | | |
| c | | | | | | | | | | |
| d | | | | | | | | | | |
| e | | | | | | | | | | |
| f | | | | | | | | | | |
| g | | | | | | | | | | |
| h | | | | | | | | | | |
| i/j | | | | | | | | | | |
| k | | | | | | | | | | |
| l | | | | | | | | | | |
| m | | | | | | | | | | |
| n | | | | | | | | | | |
| o | | | | | | | | | | |
| p | | | | | | | | | | |
| q | | | | | | | | | | |
| r | | | | | | | | | | |
| s | | | | | | | | | | |
| t | | | | | | | | | | |
| u/v | | | | | | | | | | |

Girard T3

| | 1 | 2 | 3 | 4 | 5 | 6 | 7 | 8 | 9 | 10 |
|---|---|---|---|---|---|---|---|---|---|---|
| W | | | | | | | | | | |
| x | x | x | | | | | | | | |
| y | y | y | y | y | | | | | | |
| z | z | z | z | z | z | | | | | |
| | | | | | | | | | | |
| etc. / et | &c | &c | &c | | | | | | | |
| dit, e | d | | | | | | | | | |
| made-moi-selle | madem.lle | Mad.lle | | | | | | | | |
| saint | st | | | | | | | | | |
| mon-sieur/ mon-seig-neur | M.r | mons.r | Mrs | m.lle | | | | | | |
| notai-re | nre | | | | | | | | | |
| sieur,s | S.r | S.rs | | | | | | | | |
| demoi selle/ damoi selle | Dam.lles | Dem.lle | | | | | | | | |
| sous | s | | | | | | | | | |
| deniers | d. | | | | | | | | | |
| -ième | e. | me. | [illegible] | | | | | | | |
| livres | [illegible] | | | | | | | | | |
| chapi-tre | chap | | | | | | | | | |
| Tous-saints | touss.t | | | | | | | | | |
| (la)-quelle | q.lle | Laq.lle | | | | | | | | |
| -ment | m.t | | | | | | | | | |
| -bre | 6re. | | | | | | | | | |
| rapt | rap. | | | | | | | | | |

Girard T4

| | 1 | 2 | 3 | 4 | 5 | 6 | 7 | 8 | 9 | 10 |
|---|---|---|---|---|---|---|---|---|---|---|
| madame | Mad.[me] | | | | | | | | | |
| bouteille (de vin) | B. | 6 | B.v | B.d.v. | | | | | | |
| révérend père | R P | | | | | | | | | |
| parroisse | parr. | | | | | | | | | |